Zur Konzeption

Liebe Auszubildende, lieber Auszubildender,
verehrte Kollegin, geehrter Kollege,

Sie haben das Lehrbuch

Sozialkunde und Wirtschaftslehre in Lernbausteinen

aufgeschlagen, das auf der Grundlage der Lernbausteine des rheinland-pfälzischen Lehrplans für die Lernenden der **Berufsschule (SK1, SK2, SK3, WL)** sowie der **Berufsfachschule II (SK1, SK2)** entwickelt wurde. Das Buch ist darüber hinaus für alle anderen Bundesländer konzipiert, in denen das Fach Sozialkunde/Wirtschaftslehre in Lernbausteinen unterrichtet wird.

Wir haben in jedem der Lernbausteine Situationen beschrieben, die Sie aus Ihrem täglichen Leben oder aus Ihrem Beruf kennen. Diese Situationen werden dann in den jeweiligen wirtschaftlichen und sozialen Zusammenhang gebracht.

Wenn Sie auf eine **LERN-BOX** stoßen, werden Sie hier in Kurzform das finden, was vorher ausführlich beschrieben wurde.

Im **WISSENS-CHECK** werden Ihnen einige Fragen gestellt, die Sie auf der Grundlage des vorhergehenden Lernbereiches beantworten sollen und auch sicherlich können.

Der Lernbaustein Wirtschaftslehre »Grundzüge des Wirtschaftens« entfällt für kaufmänische Berufe.

Die nun vorliegende 7. Auflage berücksichtigt Wünsche und Anregungen von Kolleginnen und Kollegen sowie Änderungen wirtschaftlicher Daten und gesetzlicher Rahmenbedingungen bis zum 01. Februar 2011.

Wir wünschen Ihnen Freude und viel Erfolg im Fach Sozialkunde und Wirtschaftslehre.

Die Verfasser

Bad Neuenahr-Ahrweiler *Frühjahr/Sommer 2011*

Lernbaustein 1

Menschenrechte und Grundzüge des politischen Systems der Bundesrepublik Deutschland

Lernbaustein 2

Deutschland in der internationalen Gemeinschaft

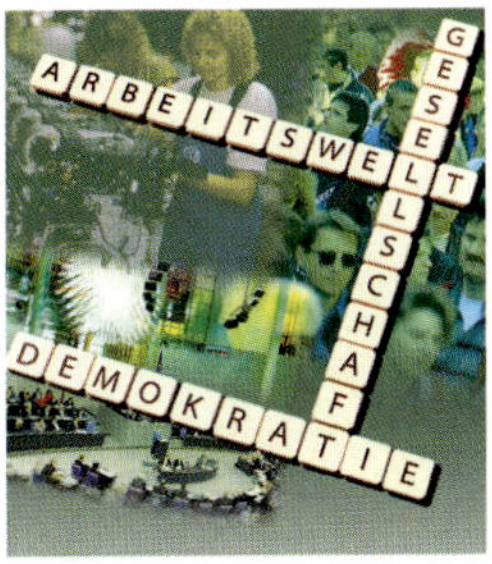

Lernbaustein 3

Beteiligung in der Arbeitswelt, Gesellschaft und im demokratischen Prozess der Bundesrepublik Deutschland

Lernbaustein WL

Grundzüge des Wirtschaftens

Lernbaustein 1

UN-Menschenrechtserklärung

Die ausdrückliche Verkündigung von Menschenrechten stellt etwas verhältnismäßig Neues dar, auch wenn ihre geistigen Wurzeln bis in die griechische Philosophie zurückreichen.

»Virginia Bill of Rights« vom 12. Juni 1776

Die älteste Menschenrechtserklärung ist die »Virginia Bill of Rights« von 1776, die im Rahmen der amerikanischen Unabhängigkeitserklärung entstand. Hierbei erhält erstmals eine Menschenrechtserklärung den Rang einer Verfassung, da Freiheits-, Gleichheits- und Unabhängigkeitsgrundsätze in Regeln oder Gesetze gefasst wurden.

»Erklärung der Menschen- und Bürgerrechte« vom 26. August 1789 vor der Nationalversammlung

Die Französische Revolution 1789 benutzt die Erklärung und Verkündung der Menschenrechte als Grundlage für die Forderung einer radikalen Umänderung des Staates. Diese Erklärung, die später auch Eingang in die erste französische Verfassung findet und Vorbild für zahlreiche Verfassungen in Europa ist, legt in 17 Artikeln die einzelnen Grundrechte des Menschen dar.

Artikel I Die Menschen sind und bleiben von Geburt an frei und gleich an Rechten...

Artikel II Das Ziel einer jeden politischen Vereinigung besteht in der Erhaltung der natürlichen und der unantastbaren Menschenrechte. Diese Rechte sind Freiheit, Sicherheit und Widerstand gegen Unterdrückung...

Artikel IV Die Freiheit besteht darin, alles tun zu können, was dem anderen nicht schadet...

Artikel XI Freie Gedanken- und Meinungsfreiheit ist eines der kostbarsten Menschenrechte...

Artikel XVII Da das Eigentum ein unverletzliches und heiliges Recht ist, kann es niemanden genommen werden...

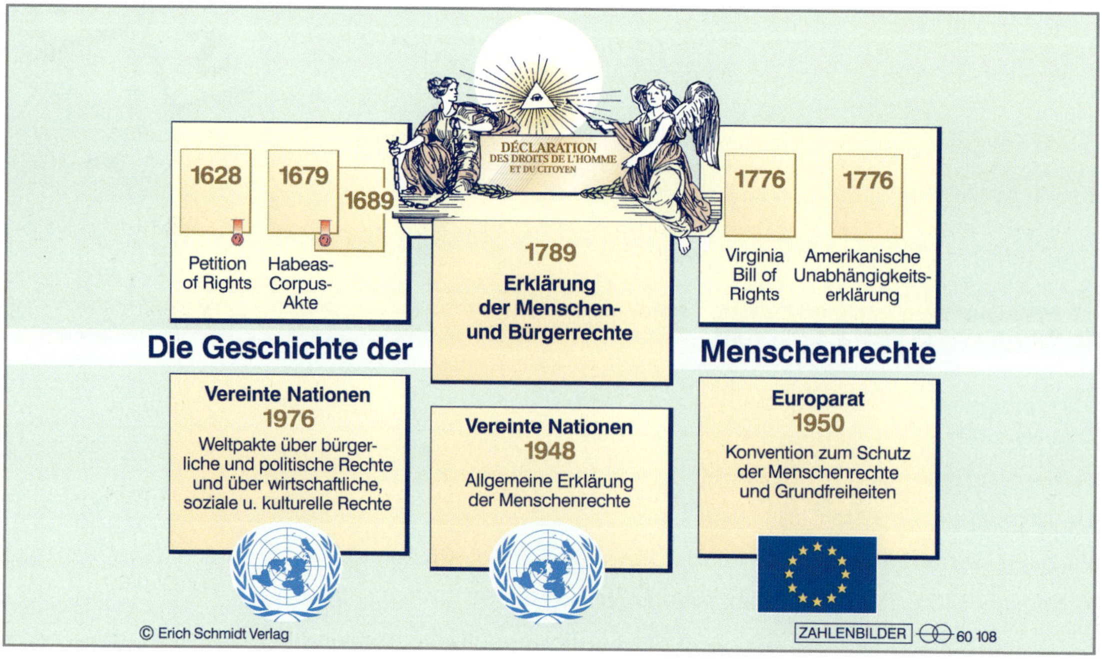

»Allgemeine Erklärung der Menschenrechte« vom 10. Dezember 1948 der Vereinten Nationen

Mit dieser Erklärung setzen die Vereinten Nationen einen Meilenstein in der Entwicklung der Menschenrechtsidee und ihrer Verwirklichung. Erstmals verschafft ein Weltforum den Menschenrechten universalen Geltungsanspruch. Obwohl die Erklärung zunächst nur den Charakter einer mehr oder weniger unverbindlichen Empfehlung besaß, gingen von ihr große Wirkungen aus: Zahlreiche Konventionen und Pakte regionaler und globaler Bedeutung sowie viele Verfassungen (so auch das Grundgesetz der Bundesrepublik Deutschland) entstanden unter dem Einfluss dieser Erklärung.

Die »Allgemeine Erklärung der Menschenrechte« enthält in ihren 30 Artikeln einige allgemeine Bestimmungen (Art. 1 und 2), sodann einen Katalog der Freiheitsrechte (Art. 3 – 20) und politischen Betätigungsrechte (Art. 21), gefolgt von Gleichheitsrechten in den Artikeln 22 – 28. Die Art. 29 und 30 enthalten Einschränkungsmöglichkeiten und entsprechende Erläuterungen.

Artikel 1
Alle Menschen sind frei und gleich an Würde und Rechten geboren. Sie sind mit Vernunft und Gewissen begabt und sollen einander im Geiste der Brüderlichkeit begegnen.

Artikel 2
Jedermann hat Anspruch auf die in dieser Erklärung proklamierten Rechte und Freiheiten ohne irgendeine Unterscheidung, wie etwa nach Rasse, Farbe, Geschlecht, Sprache, Religion, politischer oder sonstiger Überzeugung...

Artikel 3
Jedermann hat das Recht auf Leben, Freiheit und Sicherheit der Person.

Artikel 5
Niemand darf der Folter oder grausamer, unmenschlicher oder erniedrigender Behandlung oder Strafe unterworfen werden.

Artikel 7
Alle Menschen sind vor dem Gesetz gleich und haben ohne Diskriminierung Anspruch auf gleichen Schutz durch das Gesetz.

Artikel 9
Niemand darf willkürlich festgenommen, in Haft gehalten oder des Landes verwiesen werden.

Artikel 13
(1) Jedermann hat das Recht, sich innerhalb eines Staates frei zu bewegen und seinen Wohnsitz frei zu wählen...

Artikel 14
(1) Jedermann hat das Recht, in anderen Ländern vor Verfolgung Asyl zu suchen und zu genießen...

Artikel 18
Jedermann hat das Recht auf Gedanken-, Gewissens- und Religionsfreiheit...

Artikel 19
Jedermann hat das Recht auf Freiheit der Meinung und der Meinungsäußerung.

Artikel 20
(1) Jedermann hat das Recht auf Versammlungs- und Vereinigungsfreiheit...

Menschenrechte – Grundrechte – Bürgerrechte

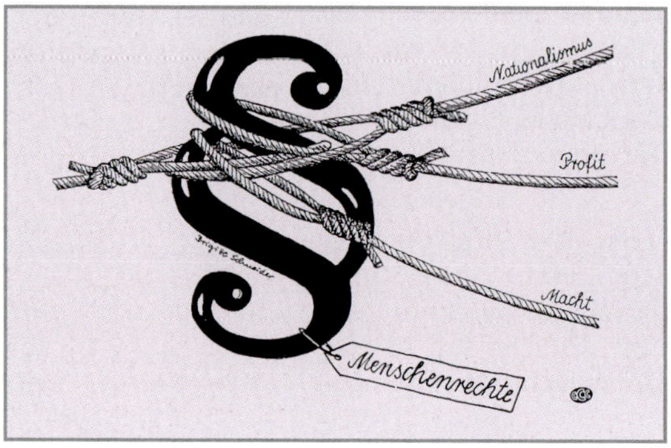

Karikatur: Brigitte Schneider

Ausgangspunkt für die Beschreibung der **Menschenrechte** ist die menschliche Würde, die unveräußerlich ist und auch in Bezug auf das eigene Leben nicht aufgegeben werden kann. Diese Rechte sind dem Menschen von Beginn seiner Existenz an mitgegeben. Verbunden damit ist, dass jeder die Würde der eigenen wie der anderen Personen zu achten hat.

Daraus ergibt sich, dass eine enge Beziehung zwischen dem eigenen Verhalten und dem anderer besteht.

Grundrechte sind die in eine Verfassung übersetzten, das heißt in einer Rechtsform (in Deutschland das Grundgesetz) verankerten und konkretisierten Menschenrechte. Mithin werden sie somit zum ethischen und rechtlichen Grund eines Staates, der die Rechte der Einzelnen, der Gruppen und ganzer Lebensbereiche zu gewähren hat.

Eine besondere Ausprägung der Grundrechte sind die **Bürgerrechte.**

Dies sind verfassungsmäßig garantierte individuelle Teilhaberrechte, welche die Bürger nicht nur vor staatlichem Eingriff in die persönliche Freiheit schützen, sondern auch zur aktiven Einwirkung auf den Staat berechtigen.

Wahlrecht
Versammlungsfreiheit
Vereinsfreiheit
Meinungs- und
Pressefreiheit

Bürgerrechte

Meinungsfreiheit
Bekenntnisfreiheit
Gewissensfreiheit
Glaubensfreiheit
Gleichheitsgesetz
Allg. Persönlichkeitsrechte

Menschenrechte

GRUNDRECHTE

Freiheitsrechte	**Gleichheitsrechte**	**Verfahrensrechte**	**Institutionelle Garantien**
Recht auf Leben und körperliche Unversehrtheit Glaubensfreiheit Bekenntnisfreiheit Gewissensfreiheit Meinungsfreiheit Wissenschaftsfreiheit Pressefreiheit Versammlungsfreiheit Vereinsfreiheit Berufsfreiheit Freizügigkeit Postgeheimnis Unverletzlichkeit der Wohnung	Willkürverbot Gleichberechtigungsgebot Diffamierungsverbot Staatsbürgerliche Gleichheit Wahlstimmengleichheit	Rechtsschutzgarantie Garantie des gesetzlichen Richters Garantie des gesetzlichen Gehörs Rechtsgarantie bei Freiheitsentziehung	Ehe und Familie Eigentum Erbrecht

Nationalsozialismus

Das Scheitern der ersten deutschen Demokratie von Weimar und die Errichtung der nationalsozialistischen Diktatur ist längst zum Musterfall für die Zerstörung einer Demokratie und der Verlockungen einer Diktatur geworden.

Viele Faktoren und Konstellationen wirkten bei der **Entstehung des nationalsozialistischen Staates** zusammen, wie innen- und außenpolitische Strukturen und Umstände, Personen und ihre Wahrnehmungen bzw. ihr Handeln sowie Fehleinschätzungen und Zufälle.

30. Januar 1933

Adolf Hitler (Führer der NSDAP) bekommt von Reichspräsident Hindenburg nach den Vorschriften der Verfassung die Reichskanzlerschaft und die Aufgabe der Regierungsbildung übertragen.

Die Nationalsozialisten hatten bereits vor der Vereidigung des neuen Kabinetts die Auflösung des Reichstages und Neuwahlen durchgesetzt.

1. Februar 1933 Die Verhandlungen zur Regierungsbildung mit der Zentrumspartei ließ Hitler absichtlich scheitern, um Hindenburg davon zu überzeugen, dass das Kabinett Hitler, hinter dem 41,9% der Reichstagsabgeordneten standen, nur auf dem Wege über Neuwahlen eine arbeitsfähige Mehrheit finden könne. Somit erfolgte die Auflösung des Reichstages durch Hindenburg; Neuwahlen wurden auf den 5. März festgesetzt.

4. Februar 1933 Der gleich nach der Machtübertragung an Hitler von den Kommunisten erfolgte Aufruf zu einem Generalstreik (der kaum befolgt wurde) bot den Vorwand für die Notverordnung des Reichspräsidenten »Zum Schutze des deutschen Volkes« vom 4. Februar.

Die Notverordnung sah massive Einschränkungen der Presse- und Versammlungsfreiheit für den Fall vor, dass eine »unmittelbare Gefahr für die öffentliche Sicherheit« drohe oder dass »Organe, Einrichtungen, Behörden oder leitende Beamte des Staates beschimpft oder lächerlich gemacht werden«.

Das war so dehnbar formuliert, dass man damit gegnerische Parteien nach Belieben mundtot machen konnte.

28. Februar 1933 In der Nacht vom 27. auf den 28. Februar wurde das Reichstagsgebäude in Brand gesteckt. Ob der später verurteilte Holländer van der Lubbe Einzeltäter war oder als Werkzeug der Kommunisten die Tat begangen oder ob ein nationalsozialistisches Geheimkommando auf Befehl Görings den Brand gelegt hat, ist bis heute nicht genau geklärt.

Das Reichstagsgebäude am Morgen des 28. Februar 1933. Bei dieser Aufnahme handelt es sich um eine Fälschung der Nationalsozialisten: Flammen und Rauchwolken wurden hineinretuschiert. Laut Polizeibericht war demgegenüber das Feuer bereits gegen 0:25 Uhr unter Kontrolle, am Morgen hingen nur noch leichte Rauchschwaden über dem Gebäude.

Missachtung von Grundrechten

Wer auch immer die Brandstiftung begangen hat, entscheidend war, dass die nationalsozialistische Führung den Reichstagsbrand als Rechtfertigung für die unmittelbar danach erlassene »Verordnung zum Schutz von Volk und Staat« benutzte. Die Formulierungen der »Reichstagsbrandverordnung« setzten praktisch alle verfassungsmäßigen Grundrechte wie die Freiheit der Person, die Meinungs-, Presse-, Vereins- und Versammlungsfreiheit, das Post-, Brief-, Telegraphen- und Fernsprechgeheimnis sowie die Unverletzlichkeit von Eigentum und Wohnungen bis auf Weiteres außer Kraft. Personen konnten jetzt ohne Anklage, ohne Beweise und Rechtsbeistand willkürlich verhaftet und festgehalten werden.

Darüber hinaus erhielt die Reichsregierung die Möglichkeit, in die Souveränität der Länder einzugreifen. Damit war der Gleichschaltung auch der Länder der Boden bereitet, die noch nicht unter nationalsozialistischer Kontrolle standen.

5. März 1933

Bei den Wahlen zum Reichstag errangen die Nationalsozialisten nicht den von ihnen erwarteten Sieg. Mit 43,9% der Stimmen verpasste die NSDAP die absolute Mehrheit eindeutig.

23. März 1933

An diesem Tag stand die Verabschiedung des »Gesetzes zur Behebung der Not von Volk und Reich« (Ermächtigungsgesetz) auf der Tagesordnung. Um die notwendige Zweidrittelmehrheit zu erhalten, wurden die 81 KPD-Abgeordneten rechtswidrig nicht eingeladen und 26 SPD-Abgeordnete waren bereits verhaftet oder geflohen. Die Zentrumsfraktion verließ sich auf Zusagen Hitlers, sodass mit der Verabschiedung weitreichende Vollmachten auf die Regierung übergingen. Die parlamentarische Demokratie war damit endgültig zu Ende.

Ermächtigungsgesetz

Der Reichstag hat das folgende Gesetz beschlossen, das mit Zustimmung des Reichsrates hiermit verkündet wird, nachdem festgestellt ist, dass die Erfordernisse verfassungsändernder Gesetzgebung erfüllt sind:

Artikel 1

Reichsgesetze können außer in dem in der Reichsverfassung vorgesehenen Verfahren auch durch die Reichsregierung beschlossen werden…

Artikel 2

Die von der Reichsregierung beschlossenen Reichsgesetze können von der Reichsverfassung abweichen, soweit sie nicht die Einrichtung des Reichstages und des Reichsrates als solche zum Gegenstand haben. Die Rechte des Reichspräsidenten bleiben unberührt.

Artikel 3

Die von der Reichsregierung beschlossenen Reichsgesetze werden vom Reichskanzler ausgefertigt und im Reichsgesetzblatt verkündet. Sie treten, soweit sie nichts anderes bestimmen, mit dem auf die Verkündigung folgenden Tage in Kraft…

Artikel 4

Verträge des Reichs mit fremden Staaten, die sich auf Gegenstände der Reichsgesetzgebung beziehen, bedürfen nicht der Zustimmung der an der Gesetzgebung beteiligten Körperschaften…

Artikel 5

Dieses Gesetz tritt mit dem Tage seiner Verkündung in Kraft. Es tritt mit dem 1. April 1937 außer Kraft; es tritt ferner außer Kraft, wenn die gegenwärtige Reichsregierung durch eine andere abgelöst wird.

14. Juli 1933: »Gesetz gegen die Neubildung von Parteien«

Nachdem bereits einige Parteien verboten wurden bzw. sich selbst auflösten, erhebt die NSDAP nach diesem Gesetz den alleinigen Führungsanspruch.

§ 1 In Deutschland besteht als einzige politische Partei die Nationalsozialistische Deutsche Arbeiterpartei.

§ 2 Wer es unternimmt, den organisatorischen Zusammenhalt einer anderen politischen Partei aufrechtzuerhalten oder eine neue politische Partei zu bilden, wird, sofern nicht die Tat nach anderen Vorschriften mit einer höheren Strafe bedroht ist, mit Zuchthaus bis zu drei Jahren oder mit Gefängnis von sechs Monaten bis zu drei Jahren bestraft.

Menschenrechtsverletzungen im NS-Staat

Die Rassenideologie des Nationalsozialismus bedeutete für die Menschen größte Gefährdung. Wie kaum eine andere Personengruppe wurde das jüdische Volk mit Hass und Brutalität sowie systematischer Planung unterdrückt, verfolgt, erniedrigt und schließlich ermordet.

Verfolgung und Vernichtung vollzogen sich in *vier* Phasen:

1. Phase: 1933

Boykott jüdischer Geschäfte, Berufsverbote und die Errichtung der ersten Konzentrationslager kennzeichnen den Beginn der Verfolgung.

2. Phase: 1935

Die Nürnberger Rassengesetze verankern ein Heiratsverbot zwischen Deutschen und Juden sowie den Entzug der deutschen Staatsbürgerschaft für Juden.

3. Phase: 1938

In der »Reichspogromnacht« zündet die SA Synagogen an, zerstört jüdische Geschäfte und misshandelt, verhaftet und sperrt 30 000 Juden in Konzentrationslagern ein.

4. Phase: 1942

Der Beschluss zur »Endlösung« will alle Juden beseitigen. Es erfolgt die Erfassung und der Abtransport aller Juden Europas in Konzentrationslager, wobei »Arbeitsfähige« Zwangsarbeit leisten müssen und die »nicht arbeitsfähigen« Juden vernichtet werden.

Den zweiten großen Rassenmord verübten die Nationalsozialisten an den europäischen Sinti und Roma. Seit 1933 wurden Zigeuner verfolgt, ausgewiesen und in Konzentrationslager gesperrt. Obwohl sie in den Nürnberger Rassengesetzen nicht ausdrücklich genannt wurden, galten sie als Menschen »artfremden« Blutes.

Bekämpfung von Menschenrechtsverletzungen

Widerstand gegen das NS-Regime

Die Motive der Deutschen, die sich zur Ablehnung des Nationalsozialismus und zur Auflehnung gegen Hitlers Herrschaft entschlossen, sind vielschichtig.

Die Befürwortung eines demokratischen Rechtsstaates spielte eine ebenso bedeutende Rolle wie die aus religiösen und ethischen Gründen herrührende Gegnerschaft.

Rote Kapelle

Ein namhafter Widerstandskreis war die »Rote Kapelle«, der aus Angehörigen der linksoppositionellen Gruppen bestand und insbesondere 1941/42 der Sowjetunion Nachrichten zukommen lassen konnte, bis er im August 1942 ausgehoben wurde.

Auch die Sozialdemokraten bekamen seit ihrer Ablehnung gegen das Ermächtigungsgesetz das Unrechtsbewusstsein Hitlers zu spüren.

Es bildete sich ein Verschwörerkreis aus Sozialdemokraten und Gewerkschaftlern, in dem vor allem **Julius Leber** eine führende Rolle übernahm.

Julius Leber vor dem Volksgerichtshof

Clemens August Graf von Galen (1878 – 1946), Bischof von Münster

Auch Priester und Gläubige beider christlichen Konfessionen gehörten zu denjenigen, die über Hitlers Terrorsystem empört waren und die nationalsozialistische Ideologie ablehnten.

Prominente Bischöfe, wie **Michael Faulhaber** und **Clemens August Graf von Galen,** wagten ebenso wie viele Priester und Laien, sich zu widersetzen und ihre Religion gegen die antichristliche Weltanschauung des Regimes zu verteidigen.

Der nationalsozialistische Kreis um den zum »Reichsbischof« ernannten Pfarrer Ludwig Müller diente Hitler als Werkzeug zur Schaffung einer evangelischen Nationalkirche.

Als sich aber zeigte, dass sich der Großteil der Gläubigen und die meisten Geistlichen der von Pastor **Niemöller** geleiteten »**Bekennenden Kirche**« anschlossen, ließ Hitler den isolierten Kreis um Müller fallen und begann die systematische Verfolgung.

Martin Niemöller (1892 – 1984), führendes Mitglied der Bekennenden Kirche

Obwohl Hitler die Kirchen als unversöhnliche Gegner bei seiner totalen Erfassung der Menschen ansah, schreckte er doch vor allzu rigorosen Maßnahmen zurück, um vor allem während der Kriegszeit die Gläubigen nicht in eine konsequente Opposition zu treiben.

Neben diesen kirchlich streng gebundenen Gruppen von Widerstandswilligen gab es zahlreiche Männer und Frauen, die das offensichtliche Unrechtssystem und seine zwangsläufig zum Untergang führende verantwortungslose Politik ablehnten.

Der »Kreisauer Kreis« bestand aus Männern, die aus ganz unterschiedlichen sozialen, ideologischen und politischen Bereichen kamen.

In Kreisau (Niederschlesien), auf dem Gut des **Grafen von Moltke** (23. Januar 1945 hingerichtet), trafen sich Pfingsten 1942 einige Männer und Frauen (u.a. **Alfred Delp, Eugen Gerstenmaier** und **Julius Leber)** und formulierten die »Grundsätzliche Erklärung«, einem Schlüsseldokument des Widerstandes gegen Hitler. Darin kommt die Absicht zum Ausdruck, eine Neuordnung und Neuorientierung von Staat und Gesellschaft nach der Überwindung des Nationalsozialismus zu gestalten. Schließlich wurde 1943 in den sieben »Grundsätzen für die Neuordnung« die Grundlage einer humanen und sozialen Ordnung des Zusammenlebens im nationalen und europäischen Rahmen formuliert.

Grundsätze für die Neuordnung (1943)

❶ Das zertretene Recht muss wieder aufgerichtet und zur Herrschaft über alle Ordnungen des menschlichen Lebens gebracht werden…

❷ Die Glaubens- und Gewissensfreiheit ist gewährleistet…

❸ Brechung des totalitären Gewissenszwang und Anerkennung der unverletzlichen Würde der menschlichen Person…

❹ Die Grundeinheit friedlichen Zusammenlebens ist die Familie…

Georg Elser (*1903, 9. April 1945 ermordet)

Es gibt auch Beispiele des Widerstands einzelner Personen, die ihrem Gewissen folgten und nicht bereit waren, alles hinzunehmen. Am 8. November 1939 brachte **Georg Elser** im Münchener Bürgerbräukeller eine Bombe zur Explosion. Gegolten hatte der Anschlag Adolf Hitler, der jedoch das Traditionstreffen der »alten Kämpfer« wegen des schlechten Wetters – weit früher als üblich – verlassen hatte.

Der militärische Widerstand

Auch im Militär regte sich eine Opposition um die Jahreswende 1937/38, als manche Offiziere die Gefahren der aggressiven Außenpolitik Hitlers zu erkennen begannen. Mancher Versuch, Hitler zu bremsen bzw. gegen ihn zu putschen, schlug fehl.

Der Schreiner Georg Elser verübte am 8. Nov. 1939 ein Bombenattentat auf Hitler

Darüber hinaus scheiterten auf geradezu groteske Weise alle Attentatsversuche gegen Hitler. So sollte Hitler im März 1943 bei einem Besuch in der sowjetischen Stadt Smolensk erschossen werden. Aus Rücksicht auf unbeteiligte Offiziere unterblieb der Anschlag; **Oberst Tresckow** ließ im Flugzeug Hitlers eine Bombe verstecken, die ihn auf dem Rückflug in die Luft sprengen sollte, aber der Zünder versagte.

Claus Graf Schenk von Stauffenberg, * 15.11.1907, am 20. Juli 1944 hingerichtet.

Im Sommer 1944 war die militärische Lage längst aussichtslos. **Oberst von Stauffenberg** war entschlossen, das Attentat auf Hitler unter allen Umständen zu begehen, um wenigstens ein moralisches Zeichen zu setzen. Im Juli 1944 wurde von Stauffenberg – nach einer schweren Verwundung in Nord-Afrika – zum Stabschef ernannt. Mit einer Gruppe von anderen Widerstandskämpfern bereitete er das Attentat vor mit dem Ziel, einen Staatsstreich zu leiten. Anlässlich einer militärischen Lagebesprechung brachte er am 20. Juli 1944 im Hauptquartier Hitlers (»Wolfsschanze«) bei Rastenburg eine Bombe in einer Aktentasche zur Explosion, bei der fünf Anwesende getötet wurden, Hitler wurde nur leicht verletzt. Nach dem Scheitern der Aktion wurden von Stauffenberg und drei Mitverschworene noch am selben Tag standrechtlich erschossen.

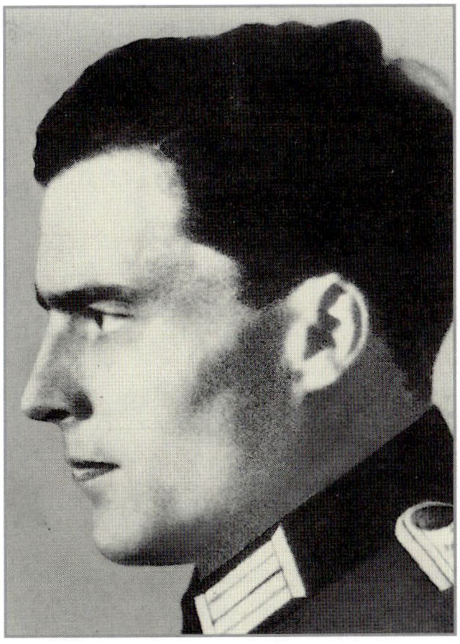

Claus Graf Schenk von Stauffenberg

Die genaue Zahl der Verurteilten ist nicht bekannt. Tausende wurden Opfer der Rache Hitlers, sie sind auf grausame Weise hingerichtet worden.

Menschenrechtsverletzungen weltweit und in der Bundesrepublik Deutschland

Es gibt nur wenige Staaten auf der Welt, in denen Menschenrechte nicht verletzt werden. Selbst ein demokratischer Rechtsstaat – wie die Bundesrepublik Deutschland – bietet keinen absoluten Schutz vor Menschenrechtsverletzungen. Doch die große Anzahl von Übergriffen auf die Persönlichkeit ereignen sich in Schwellen- und Entwicklungsländern.

Verfolgung Andersdenkender

Von der Mitbegründerin der KPD, **Rosa Luxemburg,** stammt der bekannte Satz: »Freiheit ist immer die Freiheit des Andersdenkenden.« Gerade dieses Zitat wird in den noch bestehenden kommunistischen Staaten wie China, Kuba und Nordkorea nicht beachtet. Zu den alltäglichen Repressionen gehören Telefonüberwachung, willkürliche Verhaftungen, Hausarrest, Demonstrationsverbot, keine Möglichkeit der freien Meinungsäußerung sowie die Durchführung von unfairen Prozessen.

Repressalien aus religiösen Gründen

Eng verbunden mit der Unterdrückung Andersdenkender ist die Verfolgung aus Glaubensgründen. Der **Fundamentalismus** ist in den verschiedenen Religionen verbreitet, findet seine militanteste Ausprägung jedoch zur Zeit in islamischen Staaten wie Iran. Auch Auseinandersetzungen zwischen Hindus und Moslems in Indien und Pakistan, zwischen islamischen Fundamentalisten und den Militärs in Algerien haben zur Folge, dass Tausende Opfer von menschenverachtenden Attentaten, Folterungen und Hinrichtungen werden.

Unterdrückung ethnischer Minderheiten

Beim Thema »Rassendiskriminierung« blickt man auch heute noch sofort nach Südafrika. Seit 1990 erlebt Südafrika einen schrittweisen Übergang zur Anerkennung der Gleichheit aller Menschen. Dabei wurde **Nelson Mandela** zur Symbolfigur des Widerstands. Schwerwiegende Probleme im Zusammenleben verschiedener Ethnien und Kulturen treten vor allem in Vielvölkerstaaten wie dem ehemaligen Jugoslawien oder Staaten der Dritten Welt statt. Auseinandersetzungen zwischen Hutu und Tutsi in Ruanda und Burundi, soziale Spannungen zwischen ca. 200 ethnischen Gruppen in Nigeria und die Konflikte in Somalia zeigen die Schwierigkeiten des friedlichen Zusammenlebens.

Kinderarbeit

Nach Angaben des Kinderhilfswerkes »Terre des hommes« werden weltweit ca. 300 Mio. Kinder gezwungen, einen Beitrag zum Einkommen der Familie zu leisten. Tägliche Arbeitszeiten von bis zu 16 Stunden in Fabriken, Teppichknüpfereien, Steinbrüchen, Bergwerken, Plantagen oder Bordellen erscheinen für uns unvorstellbar. Konsequenzen dieses unvorstellbaren Leids sind bleibende körperliche und psychische Schäden, sittliche Verrohung und geistige Defizite.

Einschränkung der Frauenrechte

In unserer Welt werden Politik, Wirtschaft und Gesellschaft weitgehend von Männern dominiert. Es wird häufig übersehen, dass Menschenrechte auch Frauenrechte sind. Die folgende Übersicht (Seite 19, oben) macht deutlich, in welchem Umfang heute noch Frauen von einer »Gleichberechtigung« entfernt sind.

Foltermethoden

In manchen Ländern der Erde sind Folterungen dazu da, um durch Isolation, Demütigung, psychischen Druck und körperlichen Schmerz den »Gefangenen« zu zerbrechen und ihm die gewünschten Informationen zu entlocken. Darüber hinaus werden in psychiatrischen Kliniken Menschen unter Einfluss von Drogen dazu gebracht, ihrer religiösen oder politischen Überzeugung abzuschwören. Schließlich ist die Bevölkerung dem staatlichen Terror in den Ländern ausgeliefert, in denen das »Verschwindenlassen« von Menschen oder das Wüten von »Todesschwadronen« an der Tagesordnung ist.

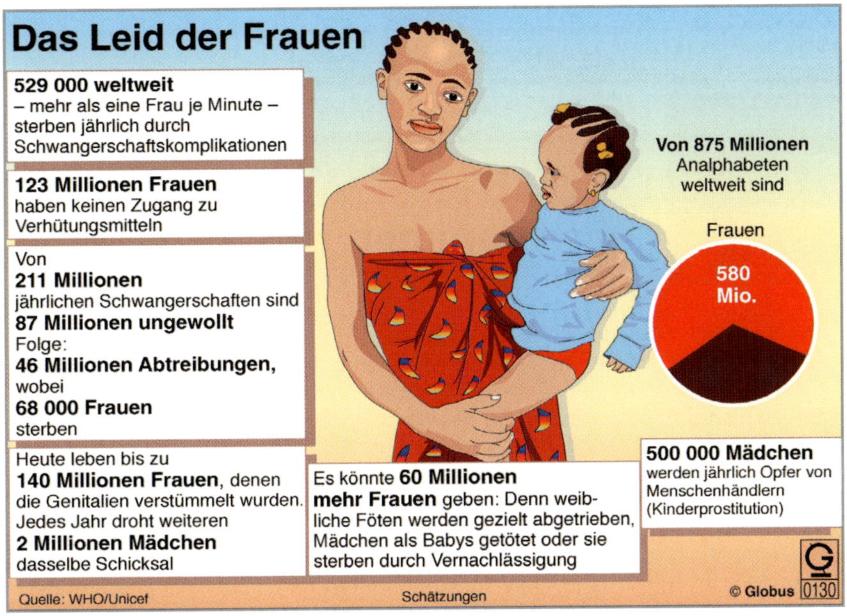

Vor dem Hintergrund des uneinschränkbaren Rechts auf Leben ist die »legale« Todesstrafe mehr als fragwürdig. Jede Hinrichtung bedeutet eine nicht wieder gutzumachende Verletzung der Menschenwürde.

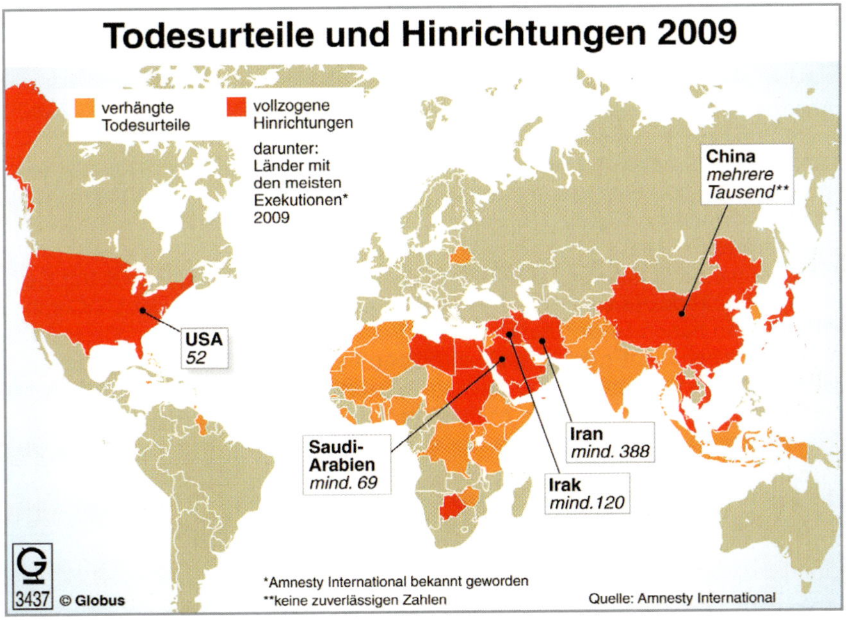

Auf einer anderen Ebene vollziehen sich Menschenrechtsverletzungen in der Bundesrepublik Deutschland. Auch eine Demokratie bietet keinen absoluten Schutz vor Übergriffen durch den Staat. Immer wieder muss das eigene Verhalten beim Umgang mit bestimmten Gruppen wie Behinderten, Drogenabhängigen, Nichtsesshaften überprüften werden. Ebenso ist eine latente Ausländerfeindlichkeit nicht zu bestreiten. Zeitungsberichte über Kindesmisshandlungen und der nachfolgend abgedruckte Bericht weisen darauf hin, dass Einzelne ihr Verhalten gegenüber ihren Mitmenschen überdenken müssen.

Ein Palästinenser in den Trümmern seines Hauses in Gaza, Januar 2009: © Amnesty International

Zur Lage der Menschenrechte: Amnesty International Jahresreport 2010

Noch kommen zu viele Täter ungestraft davon

27. Mai 2010 – Das Jahr 2009 war ein Meilenstein für die Menschenrechte. Gleichzeitig verhinderten oft machtpolitische Interessen, dass die Verantwortlichen für Unterdrückung und Gewalt zur Rechenschaft gezogen werden. „Niemand steht über dem Gesetz", sagte Monika Lüke, Generalsekretärin von Amnesty International in Deutschland, bei der Vorstellung des Amnesty-Jahresreports in Berlin. „Das ist die Botschaft vieler Gerichtsurteile und politischer Entscheidungen in 2009. Auch wenn Millionen Opfer immer noch nicht zu ihrem Recht kommen." Wegweisend sei der Haftbefehl des Internationalen Strafgerichtshofs gegen Sudans Präsidenten Omar al-Bashir gewesen. „Die Anklage gegen al-Bashir, einen amtierenden Präsidenten, war ein Paukenschlag – den viele Staaten Afrikas bewusst überhörten", sagte Lüke.

„Taub stellten sich auch die USA, China, Russland, Iran und Afghanistan gegenüber bei Forderungen nach Aufklärung und Verfolgung von Menschenrechtsverletzungen." Der Jahresreport 2010 dokumentiert für das vergangene Jahr Menschenrechtsverletzungen in 159 Länder – aber auch Erfolge für die Opfer. Hoffnung geben beispielsweise die Urteile wegen „Verschwindenlassen", Folter und Mord gegen Perus ehemaligen Präsidenten Alberto Fujimori und gegen etliche ehemalige Militärs in Argentinien.

Düster ist erneut das Kapitel des Amnesty-Jahresreports 2010 zu Afghanistan: Zivilisten werden Opfer der Taliban, anderer bewaffneter Gruppen sowie der internationalen Streitkräfte. Reformen bei Polizei und Justiz kommen schleppend voran. Frauen und Mädchen müssen um ihr Leben fürchten, wenn sie ihre Rechte einfordern. „Wenn Präsident Karsai bei den anstehenden Verhandlungen mit den Taliban die wenigen Fortschritte bei den Menschenrechten opfert, muss die internationale Gemeinschaft klar machen: Die Menschenrechte sind nicht verhandelbar!", sagte Lüke.

Deutlich verschlechtert hat sich die Situation im Iran: Seit den Präsidentenwahlen im Juni 2009 werden Oppositionelle und Menschenrechtsverteidiger verstärkt verfolgt. Zeitweise waren bis zu 5.000 Regimekritiker in Haft, immer in Gefahr gefoltert zu werden. In Schauprozessen wurden über 80 Personen verurteilt, mindestens 16 von ihnen zum Tode.

Das Fazit von Amnesty International zur Politik von US-Präsident Barack Obama ist ernüchternd. Vor Gerichten in den USA sollen Foltergeständnisse weiterhin zugelassen werden, die Insassen des US-Gefangenenlagers Bagram in Afghanistan haben keine Chance auf ein Verfahren in den USA. Vor allem aber hat Präsident Obama sein Versprechen nicht gehalten, Guantánamo binnen eines Jahres zu schließen. „Wenn einige Gefangene von Guantánamo nach Illinois verlegt werden, aber weiter ohne rechtsstaatliches Verfahren in Haft bleiben, ändert sich für diese Männer nichts – außer der Postleitzahl", sagte Lüke. „Aber immerhin: Die Menschenrechte gelten in der Innen- und Außenpolitik der USA wieder als Maßstab."

Ebenfalls gemischt fällt die Bilanz zu Deutschland aus. Kinder ohne Aufenthaltspapiere können endlich zur Schule gehen, ohne dass die Schulleiter die Ausländerbehörde informieren müssen und so das Risiko einer Abschiebung der Familie steigt. Enttäuschend ist, dass Politiker und Behörden das absolute Folterverbot nicht ausreichend ernst nehmen. „Deutschland darf niemanden in einen Folterstaat abschieben. So genannte diplomatische Zusicherungen von Tunesien oder Syrien sind nichts als leere Versprechungen", betonte Lüke. „Geständnisse, die unter Folter entstanden sind, müssen vor deutschen Gerichten tabu bleiben." Ausdrücklich begrüßte Lüke die Bereitschaft der Bundesregierung, unschuldige entlassene Gefangene aus Guantánamo in Deutschland aufzunehmen.

Der Jahresreport 2010 dokumentiert für den Berichtszeitraum 01.01.–31.12.2009 unter anderem: Folter und Misshandlung in mindestens 111 Ländern, unfaire Verfahren in mindestens 55 Ländern, Einschränkungen der Meinungsfreiheit in mindestens 96 Ländern und die Inhaftierung gewaltloser politischer Gefangener in mindestens 48 Ländern.

Menschenrechte und Gerichtsbarkeit

Den weitesten Fortschritt auf dem Gebiet des Menschenrechtsschutzes ist der **Internationale Pakt über bürgerliche und politische Rechte** der UN von 1996. Er sieht neben der Berichtspflicht aller Vertragsstaaten an den Ausschuss für Menschenrechte die sog. »Staatenbeschwerde« vor. Danach kann ein Mitgliedsstaat gegen einen anderen vor dem Ausschuss Beschwerde führen, wenn er glaubt, dieser käme seinen Verpflichtungen aus dem Pakt nicht nach.

Die **Europäische Konvention zum Schutze der Menschenrechte** von 1950 gibt den Mitgliedsstaaten des Europarates und ihren Mitbürgerinnen und Mitbürgern die Möglichkeit des Rechtswegs. Seit 1990 können sich sogar individuelle Beschwerdeführer direkt an den Europäischen Gerichtshof in Straßburg wenden.

Die Generalversammlung der Vereinten Nationen beschloss 1993 **einen Hochkommissar für Menschenrechte** (UNHCHR) einzusetzen. Seine Aufgabe besteht darin, die Aktivitäten aller mit Menschenrechtsfragen befassten UN-Gremien zu koordinieren und allgemein zur Verbesserung der internationalen Zusammenarbeit auf diesem Gebiet beizutragen.

Einen weiteren Schritt auf dem Weg zu einem besseren Schutz der Menschenrechte erfolgte im Juli 1998, als man sich in Rom auf einen Vertrag zur Schaffung eines **Weltstrafgerichtes** verständigte. Vorausgegangen waren Tribunale, die die Menschenrechtsverletzungen im ehemaligen Jugoslawien und den Völkermord in Ruanda untersuchten.

Die Missachtung von Menschenrechten kann nicht nur durch die Staatsgewalt erfolgen. Es gibt auch bestimmte Gruppen, die die Menschenrechte anderer Gruppen missachten. In diesem Zusammenhang fällt der Blick auf den Extremismus, der in seiner schärfsten Form auch Terror und Anschläge beinhaltet und damit das Recht auf Leben missachtet.

Der Rechtsextremismus erkennt darüber hinaus auch die fundamentale Gleichheit aller Menschen nicht an.

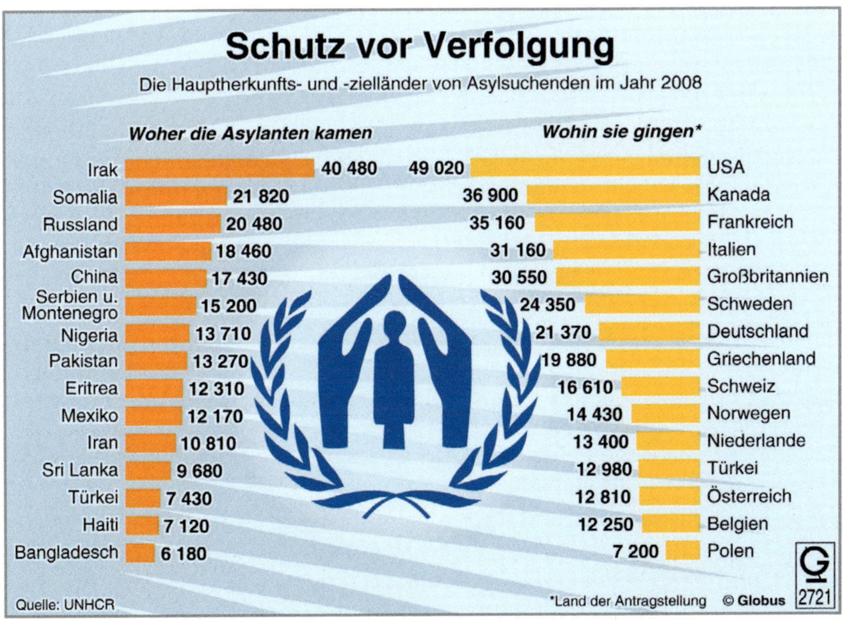

Extremismus

Unter dem Begriff Extremismus werden – in sehr unterschiedlichen Erscheinungsformen – Gesinnungen und Bestrebungen zusammengefasst, die sich in kämpferischer Form gegen grundlegende Werte (auch Menschenrechte), Spielregeln und Institutionen des demokratischen Verfassungsstaates richten.

Linksextremismus
(siehe Grafik auf Seite 23)

Linksextremisten wollen die freiheitliche Demokratie revolutionär beseitigen und an ihrer Stelle eine kommunistische Diktatur oder eine Anarchie errichten. Sie rechtfertigen ihre Gewalt zumeist als »Gegengewalt«, »zivilen Ungehorsam« oder als »gewaltfrei«, wenn es sich »nur« um Sachbeschädigungen in Millionenhöhe handelt. Linksextremistische Terroristen haben mit Attentaten in der Vergangenheit viele Menschen getötet, sogenannte Autonome propagieren Militanz und verüben Gewaltakte gegen Personen und Sachen. Höhepunkt des Linksterrorismus waren die Anschläge der Baader-Meinhof-Bande und der daraus hervorgegangen Rote-Armee-Fraktion in den 70er und 80er Jahren. Die im März 1998 veröffentliche Erklärung stellt die Auflösung der Terrororganisation dar.

Vom Jahr 2008 auf das Jahr 2009 sind die registrierten Gewalttaten, die einem linksextremistischen Hintergrund zugerecht werden von 701 Delikte auf 1.096 Fälle angestiegen. Außerdem ist im Sprachgebrauch der Linksextremisten eine deutliche Zunahme von Aggressivität in Richtung Militanz festzustellen.

Gewalt wird vor allem von der so genannten autonomen Szene als legitimes Mittel auch gegen Personen gerechtfertigt, wenn es um das Erreichen ihrer politischen Ziele geht. Dabei konzipieren Autonome bei öffentlichen Kundgebungen sehr oft einen „schwarzen Block", aus dem heraus sie Gewaltaktionen meistens gegen Polizeikräfte planen und durchführen.

Rechtsextremismus
(siehe Grafik auf Seite 24)

Das Lagebild der letzten Jahre im Bereich »Rechtsextremismus« ist durch eine deutliche Zunahme von Aktivitäten gekennzeichnet. Die Entwicklung wird im Wesentlichen durch eine zunehmende Vernetzung der einzelnen Organisationen und einem wachsenden Potential rechtsextremer Jugendlicher geprägt. Rechtsextremistische Bestrebungen waren nach intensiven staatlichen Maßnahmen, wie einer Vielzahl von Verboten rechtsextremistischer Vereinigungen, zunächst rückläufig.

Die Verbote wirkten sich anfänglich lähmend auf die Aktionsfähigkeit aus. Die vergangenen Jahre waren auf Bundesebene wesentlich geprägt durch Aktivitäten der »Nationaldemokratischen Partei Deutschlands (NPD)« und ihrer Jugendorganisation »Junge Nationaldemokraten (JN)«. Weiterhin waren Agitationsschwerpunkte wirtschafts- und sozialpolitische Fragen, beispielsweise im Zusammenhang mit der Europäischen Union, der Arbeitslosigkeit, der Wohnungsnot oder der Staatsverschuldung.

Rechtsextremisten verfolgen zumeist das Ziel eines totalitären oder autoritären Staates. Sie predigen einen Nationalismus und völkischen Kollektivismus, der sich gegen die Völkerverständigung richtet, ethnische Minderheiten ausgrenzt und rassistisch geprägt ist. Verbrechen der nationalsozialistischen Gewaltherrschaft werden von den meisten Rechtsextremisten heruntergespielt oder gar geleugnet.

Rechtsextremistische Parteien beabsichtigen einen autoritären Staat aufzubauen, der die freiheitlich-demokratische Grundordnung nicht beachtet bzw. außer Kraft setzen möchte. Die Nation gilt als oberstes Prinzip. Bürgerrechte und Menschenrechte werden abgewertet.

Gewalttaten mit extremistischem Hintergrund aus dem Bereich „Politisch motivierte Kriminalität – links“ *
in den Ländern

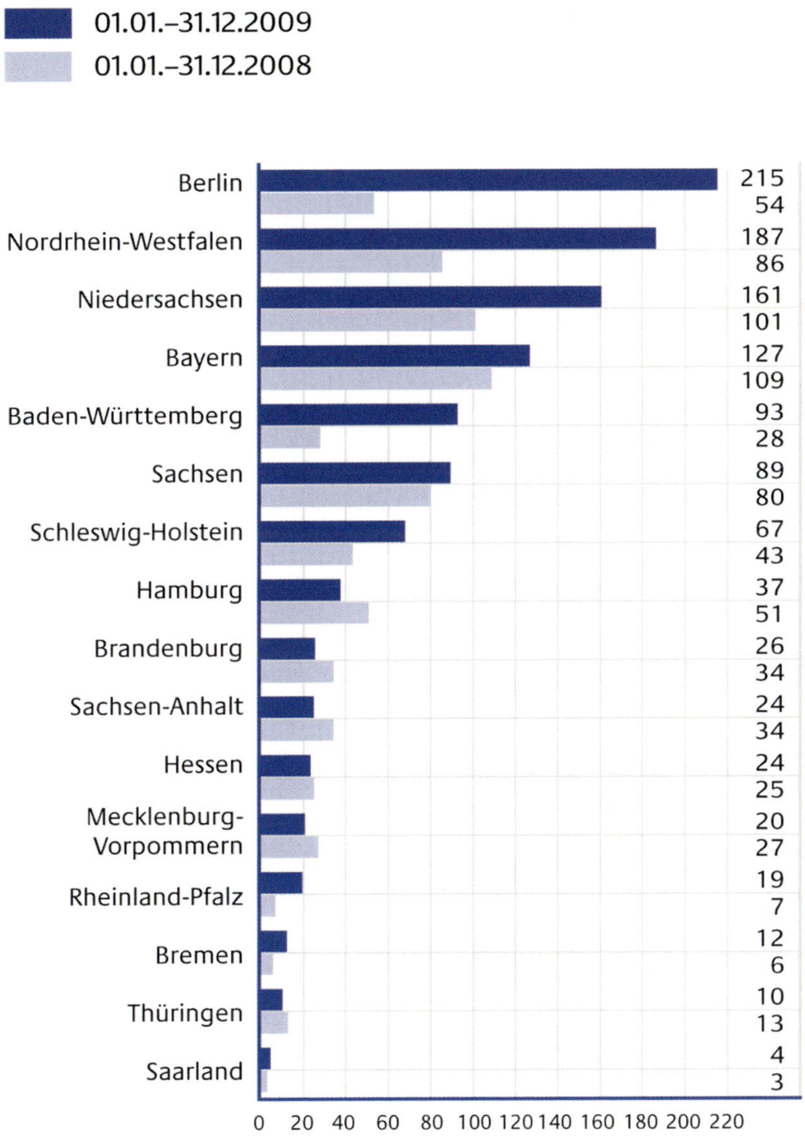

* Die Zahlen basieren auf Angaben des Bundeskriminalamtes (BKA).

Verfassungsschutzbericht 2009, S. 45, vorgestellt am 21.06.2010

Gewalttaten mit extremistischem Hintergrund aus dem Bereich „Politisch motivierte Kriminalität – rechts“ *
in den Ländern

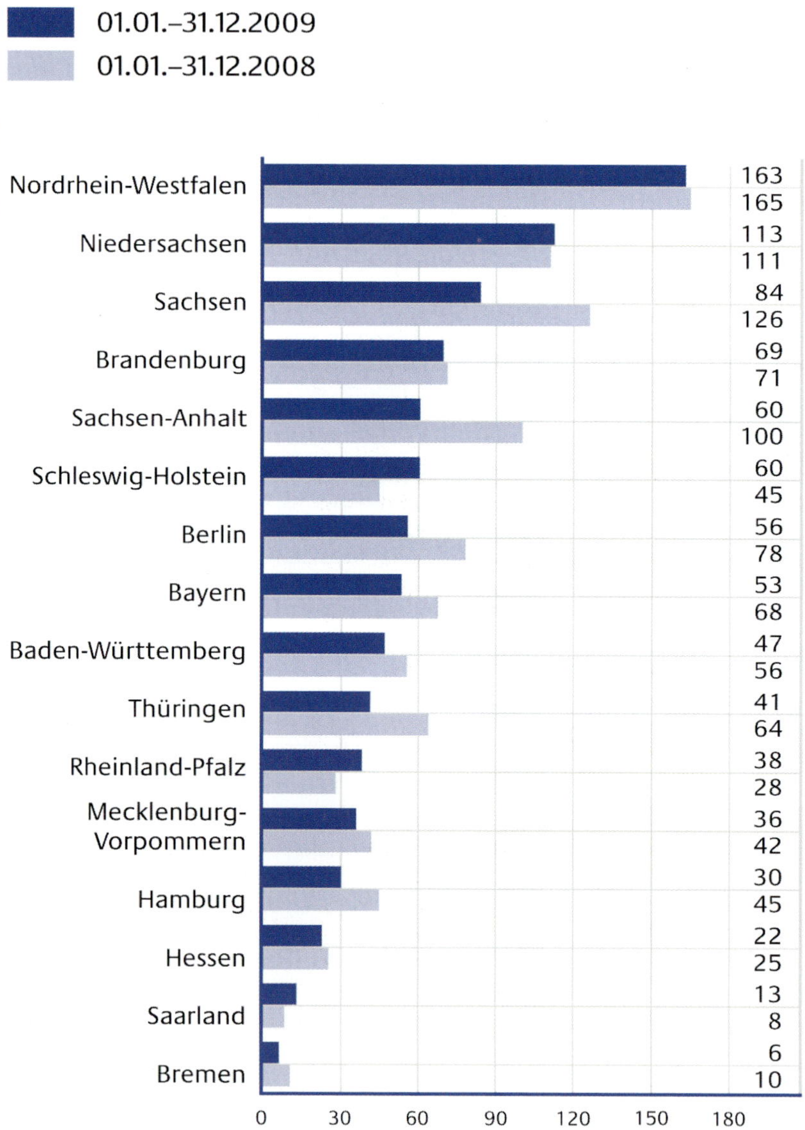

* Die Zahlen basieren auf Angaben des Bundeskriminalamtes (BKA).
Es sind nur die wichtigsten Zielrichtungen berücksichtigt.

Verfassungsschutzbericht 2009, S. 37, vorgestellt am 21.06.2010

Die bei Rechtsextremisten vorzufindende aggressive Juden- und Fremdenfeindlichkeit lässt immer wieder auch eine hohe Bereitschaft zur Gewalttätigkeit erkennen. Anschläge auf Wohnunterkünfte von Ausländern und jüdische Gedenkstätten, brutale Angriffe bis hin zur Ermordung deutscher und ausländischer Mitbürger beweisen die Gefährlichkeit dieser Extremisten.

Die inneren Strukturen rechtsextremistischer Organisationen sind vielfach von einer Überbetonung militärischer und soldatischer Ordnungsklischees (Führerprinzip) geprägt.

Nach außen wird eine übersteigerte, autoritärdiktatorische Staatsmacht propagiert, in der sich die Rechte des Individuums bedingungslos der »Volksgemeinschaft« unterzuordnen haben.

Regierung: Kampf gegen Rechtsextremismus wird nicht vernachlässigt

Berlin: (hib/CHE/STO) Die Bundesregierung weist den Vorwurf zurück, den Kampf gegen den Rechtsextremismus nicht ernst genug zu nehmen. In ihrer Antwort auf eine Kleine Anfrage der Fraktion Die Linke betont die Regierung, in ihren Anstrengungen diesbezüglich nicht nachzulassen. Neben dem Rechtsextremismus gebe es aber auch linksextremistische und islamistische Tendenzen, die undemokratisch seien und Menschenrechte verletzende Ziele verfolgten. „Der Staat darf und will auf solche Bestrebungen nicht nur mit Mitteln der Strafverfolgung reagieren, sondern er muss diese auch präventiv und nachhaltig bekämpfen", heißt es in der Antwort weiter.

Die Linke hatte in ihrer Anfrage kritisiert, die laut Koalitionsvertrag geplante Umwandlung der seit 2001 vom Bund geförderten Programme gegen Rechtsextremismus in „Extremismusprogramme", die sich gleichermaßen gegen rechten und linken Extremismus sowie gegen Islamismus richten sollen, würde den Kampf gegen Rechtsextremismus relativieren und die Mittel dafür halbieren.

Die Regierung verweist dagegen auf die Bundesprogramme „Vielfalt tut gut. Jugend für Vielfalt, Toleranz und Demokratie" und „Kompetent für Demokratie – Beratungsnetzwerke gegen Rechtsextremismus". Die bereits von der schwarz-roten Koalition beschlossenen Programme sähen ausdrücklich die Bekämpfung „jedweder Form von Extremismus" vor, betont die Regierung. Mit ihnen sei es gelungen, „alle gesellschaftlichen Kräfte und staatlichen Ebenen mit einzubeziehen, damit sie offen für Werte unserer Demokratie eintreten". Die bereits 2007 gestartete Programmphase dauert bis Ende 2010. In das weitere Verfahren werden die Ergebnisse der Evaluation der Bundesprogramme einfließen. Erst dann werde entschieden, welche Finanzmittel künftig für welche Programme und Initiativen veranschlagt werden müssen, heißt es in der Antwort.

Quelle: Deutscher Bundestag, PuK 2 – Parlamentskorrespondenz Familie/Antwort – 15.01.2010

Ausländer-extremismus

Politisch motivierte Ausländerkriminalität ist gekennzeichnet durch das Austragen politischer und religiöser Konfliktsituationen der Herkunftsländer in Deutschland, aber auch durch Straftaten zur Stärkung der jeweiligen Organisation. Sie richtet sich vorwiegend gegen Einrichtungen und Vertretungen der Herkunftsländer, gegen konkurrierende und andersdenkende Organisationen und Vereine, eigene Landsleute oder Volksgruppenzugehörige und Aussteiger. In den vergangenen Jahren standen Aktionen türkischer und kurdischer Extremisten im Vordergrund.

Der Verfassungsschutz sammelt nicht nur Informationen über Aktivitäten von Ausländern – z.B. in Bündnissen mit deutschen Extremisten – gegen die freiheitliche demokratische Grundordnung, sondern insbesondere auch über ausländische Gruppen, die ihre gegenseitigen oder gegen ihre Heimatländer gerichteten politischen Auseinandersetzungen mit Gewalt auf deutschem Boden austragen.

Hinzu kommen Ausländerorganisationen, die vom Bundesgebiet aus Gewaltaktionen in anderen Staaten vorbereiten oder durchführen und dadurch auswärtige Belange Deutschlands beeinträchtigen.

Wehrhafte Demokratie

Auf Grund der bitteren Erfahrungen, die Deutschland und seine Nachbarn nach dem Untergang der Demokratie in der abwehrschwachen Weimarer Republik unter den Folgen der Nazidiktatur sammeln mussten, hat sich die Bundesrepublik in ihrem Grundgesetz für eine wehrhafte Demokratie entschieden.

Sie ist ihren Feinden gegenüber entschlossen abwehrbereit. Der Freiheitsanspruch einzelner steht in einem Spannungsverhältnis zum Freiheitsanspruch anderer und zum Recht aller Bürger auf Freiheit und Sicherheit.

Beide Grundwerte müssen mit rechtsstaatlichen Mitteln gegeneinander ausbalanciert werden. Das Grundgesetz garantiert politisch Andersdenkenden bis hin zu radikalen Überzeugungen Freiheit.

Auch radikale politische Überzeugungen und Gesinnungen haben ihren Platz in unserer pluralistischen Gesellschaftsordnung. Die Grenzen der Freiheit werden jedoch überschritten, wenn Organisationen oder politische Parteien die Demokratie und den Rechtsstaat in Frage stellen oder sie gar beseitigen wollen.

Erst wenn Feinde der Freiheit sich als extremistische Bestrebungen bemerkbar machen, die Grundprinzipien und den Kernbestand unserer Verfassung antasten wollen, treten die Abwehrkräfte des demokratischen Rechtsstaates auf den Plan.

LERN-BOX

- **Menschenrechte** sind Rechte, die jedem Menschen unabhängig von seiner Stellung in Staat, Gesellschaft, Familie, Beruf, Religion und Kultur dadurch zustehen, dass er als Mensch geboren ist. Sie sind unveräußerbar.
- **Grundrechte** sind die in einer Verfassung in Regeln oder Gesetze verankerten und konkretisierten Menschen- und Bürgerrechte.
- Die älteste Menschenrechtserklärung ist die »**Virginia Bill of Rights**« von 1776.
- Die bedeutendste Konvention ist die »**Allgemeine Erklärung der Menschenrechte**« der Vereinten Nationen.
- Am **30. Jan. 1933** wird **Adolf Hitler** zum Reichskanzler ernannt. Bereits am **14. Juli 1933** gilt per Gesetz die NSDAP als einzige politische Partei.
- Menschenrechte werden im NS-Staat in vielerlei Hinsicht missachtet.
- Bedeutende Widerstandskämpfer gegen Adolf Hitler sind: Julius Leber, Bischof Graf von Galen, Martin Niemöller, Alfred Delp, Graf Schenk von Stauffenberg.
- Verfolgung Andersdenkender, Repressalien aus religiösen Gründen, Unterdrückung, Kinderarbeit, Folter und Todesstrafe sind gegenwärtige Verletzungen der Menschenrechte weltweit.
- Rechts- Links- und Ausländerextremismus sind heutige Erscheinungsformen, die die Spielregeln eines demokratischen Staates nicht beachten.

WISSENS-CHECK

❶ Lösen Sie mit Hilfe des Grundgesetzes dieses Begriffsrätsel. Die umrahmten Buchstaben ergeben von oben nach unten gelesen ein wichtiges Grundrecht.

(aus: Grundgesetz für Einsteiger, hrsg. von der Bundeszentrale für politische Bildung)

Ⓐ Männer und Frauen sind **?**.

Ⓑ Jeder hat das Recht auf Leben und körperliche **?**.

Ⓒ Niemand darf gegen sein **?** zum Kriegsdienst mit der Waffe gezwungen werden.

Ⓓ Die Wohnung ist **?**.

Ⓔ Eigentum **?**.

Ⓕ Alle Deutschen genießen **?** im ganzen Bundesgebiet.

Ⓖ Politisch Verfolgte genießen **?**.

Ⓗ Das gesamte **?** steht unter der Aufsicht des Staates.

Ⓘ Alle Deutschen haben das Recht, sich ohne Anmeldung oder Erlaubnis **?** und ohne Waffen zu versammeln.

Ⓙ Alle Deutschen haben das Recht, Beruf, Arbeitsplatz und **?** frei zu wählen.

Ⓚ Ehe und **?** stehen unter dem besonderen Schutze der staatlichen Ordnung.

Ⓛ Das Deutsche Volk bekennt sich darum zu unverletzlichen und unveräußerlichen **?** als Grundlage jeder menschlichen Gemeinschaft, des Friedens und der Gerechtigkeit in der Welt.

Ⓜ Alle Deutschen haben das Recht, **?** und Gesellschaften zu bilden.

Ⓝ Die **?** und die Freiheit der Berichterstattung durch Rundfunk und Film werden gewährleistet.

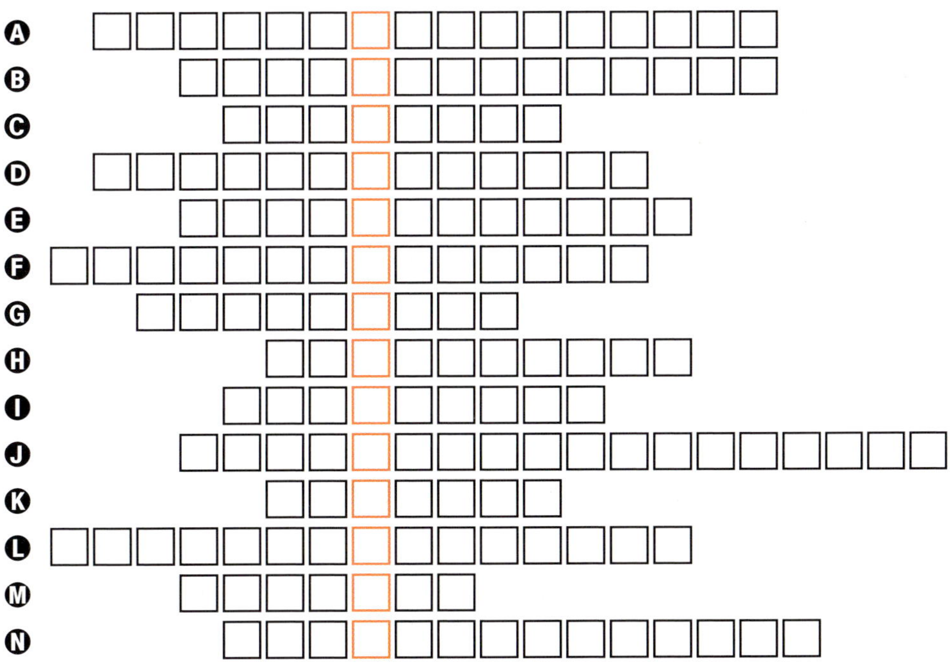

2. Informieren Sie sich im Internet über aktuelle Verstöße gegen die Menschenrechte.
3. Vergleichen Sie die Artikel des UN-Menschenrechts-Erklärung mit den Artikeln des Grundgesetzes und notieren Sie, wo **Übereinstimmungen** zu finden sind.
4. Nach dem **Naturrecht** müssen Menschenrechte nicht erst geschaffen werden, sondern sind von Anfang an und überzeitlich vorhanden. Erklären Sie, warum sie dennoch in Verfassungen verankert sind.
5. Gegen welche **Grundrechte** wurde in der Zeit des Nationalsozialismus im Deutschen Reich verstoßen?
6. Beschreiben Sie, mit welchen Mitteln sich Adolf Hitler innerhalb kurzer Zeit seine **Machtposition** sicherte.
7. Nennen Sie wichtige Persönlichkeiten des Widerstandes gegen Adolf Hitler.
8. Nennen Sie Organisationen, die sich um die Einhaltung der Menschenrechte kümmern.

Deutschland nach 1945

Churchill, Truman und Stalin während der Potsdamer Konferenz am 23. Juli 1945

Deutschland wurde nach 1945 von den Siegern in vier Besatzungszonen eingeteilt. Dies hatten Stalin, Churchill und Roosevelt schon vor Ende des Krieges vereinbart.

Die vier Militärbefehlshaber gründeten den »**Alliierten Kontrollrat**«, der für alle Fragen, die Deutschland betrafen, zuständig war.

Gleichzeitig hatte in jeder einzelnen Besatzungszone der jeweilige Oberbefehlshaber der Streitkräfte die oberste Regierungsgewalt inne.

Auf der **Potsdamer Konferenz** trafen sich vom 17. Juli – 02. August 1945 die »Großen Drei«, um über die künftige Behandlung Deutschlands zu beraten und beschlossen:

- Auflösung der Wehrmacht
- Demontage vieler Industrieanlagen als Reparationen (Wiedergutmachungsleistungen) an die Siegermächte
- Abgabe der Ostgebiete östlich von Oder und Neiße an Polen
- Vertreibung der Deutschen aus diesen Gebieten
- Verurteilung der Kriegsverbrecher

Politik der Siegermächte

Ziel des Potsdamer Abkommens war es, Deutschland neu zu ordnen. Es sollte nie wieder ein Krieg von Deutschland ausgehen.

Die Gebiete, die wir heute als Bundesrepublik verstehen, wurden wie folgt aufgeteilt:

- Mecklenburg-Vorpommern, Brandenburg, Sachsen-Anhalt, Sachsen und Thüringen wurden **sowjetische Zone**
- Schleswig-Holstein, Niedersachsen, und Nordrhein-Westfalen wurden **britische Zone**
- Rheinland-Pfalz, Württemberg-Hohenzollern und Baden wurden **französische Zone**
- Hessen, Nordwürttemberg, Bayern und die Städte Bremen, Bremerhaven und Hamburg wurden **amerikanische Zone**
- **Berlin** hatte hierbei eine **Sonderstellung** und wurde in **vier Sektoren,** je einer für jede Besatzungsmacht, aufgeteilt.

Die deutschen Grenzen zu Österreich, der Tschechoslowakei und Polen wurden wieder so hergestellt wie sie vor dem Krieg waren.

Die Gebiete östlich der Oder-Neiße-Linie wurden unter polnische Verwaltung gestellt. Dies war sozusagen die Entschädigung für Polen für die Gebietsverluste im Osten Polens, die die UdSSR nach dem Krieg behielt. Ostpreußen wurde zum Teil unter polnische und zum Teil unter sowjetische Verwaltung gestellt.

Die Zonengrenze, die das heutige Baden-Württemberg trennt, wurde nachträglich von Hand eingefügt, da entsprechendes Kartenmaterial nicht zur Verfügung stand.

Die Aufteilung Deutschlands in vier Sektoren

- **Norddeutschland:** **Englische Zone**

- **Ostdeutschland:** **Sowjetische Zone**

- **Süd-West-Deutschland:** **Französische Zone**

- **Süddeutschland Hamburg und Bremen:** **Amerikanische Zone**

- **Berlin:** **Aufgeteilt in 4 Sektoren, einen für jede Besatzungsmacht**

Die einzelnen Zonen wurden von den jeweiligen Militärgouverneuren völlig eigenständig verwaltet. Damit sich aber die einzelnen Zonen nicht auseinander entwickeln, wurde der **Alliierte Kontrollrat** in Berlin geschaffen. Er war die provisorische Regierung für Gesamtdeutschland.

Schon bald nach dem Potsdamer Abkommen hielten britische Politiker und hohe Beamte es für unrealistisch, an den Erhalt eines einheitlichen Deutschland zu glauben. Im britischen Unterhaus erklärte der damalige Oppositionsführer Churchill:

»Wir müssen der Tatsache ins Auge sehen, dass so, wie die Dinge gegenwärtig stehen, zwei Deutschlands im Entstehen sind: das eine mehr oder weniger organisiert nach dem russischen Modell bzw. im russischen Interesse, das andere nach dem der westlichen Demokratie.«

Die uneinheitliche Deutschlandpolitik der Sieger führte dazu, dass die politischen Spannungen zwischen den Westmächten und der Sowjetunion immer größer wurden. Stalin wollte in der sowjetischen Besatzungszone eine kommunistische Gesellschaftsform einführen. Daraufhin entschlossen sich die Westmächte, ihre Besatzungszone mehr an den Westen zu binden und berieten auf der »**Sechs-Mächte-Konferenz**« (USA, Großbritannien, Frankreich, Belgien, Niederlande, Luxemburg) **in London** über die weitere künftige Situation Deutschlands und Westeuropas.

Da die Sowjetunion nicht an dieser Konferenz teilgenommen hatte, schlug Stalin seine schon vorher dargelegte gesamtdeutsche Lösung erneut vor, um seinen Einfluss bis zum Rhein geltend zu machen und so den wichtigen Wirtschaftsstandort Ruhrgebiet zu übernehmen. Doch die Westmächte beschlossen die Bildung eines westdeutschen Staates. Als Antwort darauf verließen die Russen den Alliierten Kontrollrat.

Für den **Wiederaufbau (Marshall-Plan)** stellten die USA dem Westen Kredite über 5 Milliarden Dollar zur Verfügung.

Europa bekam Hilfe aus Übersee

Das Angebot der Wiederaufbauhilfe wurde auch den Osteuropäern offeriert – doch Stalin war gegen die westliche Hilfe, sodass die osteuropäischen Staaten gezwungen waren, diese Unterstützung auszuschlagen.

In Westdeutschland wurde eine **Währungsreform** durchgeführt, weil die alte Reichsmark keinen Gegenwert mehr darstellte. Gesetzliches Zahlungsmittel war somit ab dem 20. Juni 1948 in den Westzonen und in Westberlin die **D-Mark**.

Berlin-Blockade

Die Sowjetunion protestierte gegen die Währungsreform und führte ihrerseits eine neue Ostwährung ein, die aber in ganz Berlin Gültigkeit haben sollte. Dies lehnten die westlichen Stadtalliierten ab. Die Antwort der Sowjets ließ nicht lange auf sich warten. Schon ab dem **14. Juni 1948** wurden alle Verkehrswege, außer der Luftwege, die nach Berlin führten, blockiert. Die Elektrizitätsversorgung Westberlins wurde unterbrochen. Die Menschen der Stadt konnten nur noch über die **Luftbrücke** mit Waren versorgt werden. Die sogenannten »Rosinenbomber« der Alliierten flogen zum Ende der Blockade im Mai 1949 über **12000 Tonnen Lebensmittel täglich** nach Westberlin.

Rosinenbomber während der Berlin-Blockade

In Bonn wurde im selben Monat das **Grundgesetz** der Bundesrepublik Deutschland verkündet. In der sowjetisch besetzten Zone verabschiedete der 3. Volkskammerkongress die Verfassung der Deutschen Demokratischen Republik. Es waren zwei deutsche Staaten entstanden, die Spaltung Deutschlands war vollzogen.

Das ursprüngliche Ziel der Alliierten war es, Deutschland zu bewahren und demokratische Strukturen aufzubauen. Aus diesem Grunde wurde der Alliierte Kontrollrat in Berlin seinerzeit geschaffen.

Doch die »Anti-Hitler-Koalition« brach auseinander, weil die USA und die Sowjetunion zu **unterschiedliche und sich widersprechende Machtinteressen** hatten.

Da es zwischen beiden Großmächten nie zu einem bewaffneten Krieg kam, wurde der Konflikt zwischen der USA und der Sowjetunion auch »**Kalter Krieg**« bezeichnet.

Die alliierte Besatzungspolitik

Ziel beider Staaten war es, die Geländegewinne des 2. Weltkrieges zu halten und weltweit den eigenen Machtbereich auf Kosten des anderen auszubauen.

Dies führte zu einer weltweiten militärischen, politischen und ideologischen Konfrontation des Westblockes unter Führung der USA – und des Ostblockes unter Führung der UdSSR.

Der 19jährige Volkspolizist Conrad Schumann flüchtet am 15. August 1961 über eine Stacheldrahtabsperrung vom sowjetischen Sektor in den Westteil Berlins.

Deutschland wurde in den **Kalten Krieg** hineingezogen. Die Nahtstelle beider Blöcke ging mitten durch das Land.

- **Die Westzonen und die Ostzone (SBZ) entwickelten sich auseinander.**

Die Siegermächte verfolgten das Ziel, die jeweilige Besatzungszone politisch, wirtschaftlich und militärisch nach Vorbild des eigenen Landes anzupassen.

Für Ostdeutschland und Osteuropa bedeutete dies, dass stalintreue Politiker, notfalls mit Gewalt, an die Macht gebracht wurden.

Dank der amerikanischen Luftbrücke hatte Berlin seine bisher schwerste Belastungsprobe gut überstanden. Nach der Krise erlangte der Westteil der Stadt einen beachtlichen Aufschwung in Wirtschaft und Kultur.

Der Ostteil wurde immer stärker in die Deutsche Demokratische Republik einbezogen. Im Jahre 1954 scheiterte der Versuch einer

- **Vier-Mächte-Konferenz** (USA, UdSSR, Großbritannien, Frankreich),

über das

- **Schicksal der Stadt**

mitzuentscheiden und verlief ergebnislos.

Der Flüchlingsstrom aus der DDR nach West-Berlin und von dort in die Bundesrepublik wurde immer stärker.

Der damalige Staatsratsvorsitzende der DDR, Walter Ulbricht, ließ vom

- **13. bis 25. August 1961**

quer durch Berlin entlang den Westsektoren eine

- **Mauer**

von insgesamt 54 km Länge bauen, um den Flüchtlingsstrom zu stoppen.

Gleichzeitig wurde der Verkehr zwischen den Westsektoren und dem sowjetischen Sektor beinahe völlig eingestellt.

Der **Mauerbau**, die scharfe Überwachung und der Schießbefehl der Volkspolizei führten zur schwersten Belastung der Verhältnisse beider deutschen Staaten.

Erst ein Passierscheinabkommen (1963) gab den Westberlinern wieder die Möglichkeit, Tagesbesuche bei Verwandten in Ostberlin zu machen.

Durch die **Entspannungspolitik** Willy Brandts (Bundeskanzler von 1969 bis 1974) wurden zwischen beiden deutschen Staaten neue Wege beschritten.

Mit dem **Grundlagenvertrag** vom Dezember 1972 war keine völkerrechtliche Anerkennung der DDR zu Stande gekommen, doch er war einer Art Teilungsvertrag sehr nahe. Gegenseitig erkannte man sich als unabhängige Staaten an.

Ziel des Grundlagenvertrages waren die Annäherung und der Abbau von Spannungen zwischen den beiden deutschen Staaten. Die **Entspannungspolitik** war ein erster Schritt zur Einbindung der DDR in die internationale Völkergemeinschaft.

Noch im Dezember 1972 nahm die DDR zu 20 westlichen Staaten diplomatische Beziehungen auf, darunter Österreich, die Schweiz und Schweden. Zwischen den beiden deutschen Staaten wurden nicht Botschafter, sondern Ständige Vertreter ausgetauscht.

Das Foto zeigt Egon Bahr (rechts) und Michael Kohl (links) beim Austausch der Paraphierungsdokumente nach der Unterzeichnung.

Leben in unterschiedlichen Systemen

Die **ideologischen Grundlagen** bestimmten das Leben in den unterschiedlichen Systemen. Konrad Adenauer, der erste Kanzler der Bundesrepublik, setzte von Beginn an auf die feste Bindung an den Westen und besonders an die Vereinigten Staaten.

Der Beitritt zum Europarat (1951), zur Weltbank und zur NATO (1955) verstärkten diese Bindung.

Die DDR wurde dagegen fest in den sowjetischen Machtbereich integriert, trat dem Warschauer Pakt und dem Rat für gegenseitige Wirtschaftshilfe (COMECON) bei.

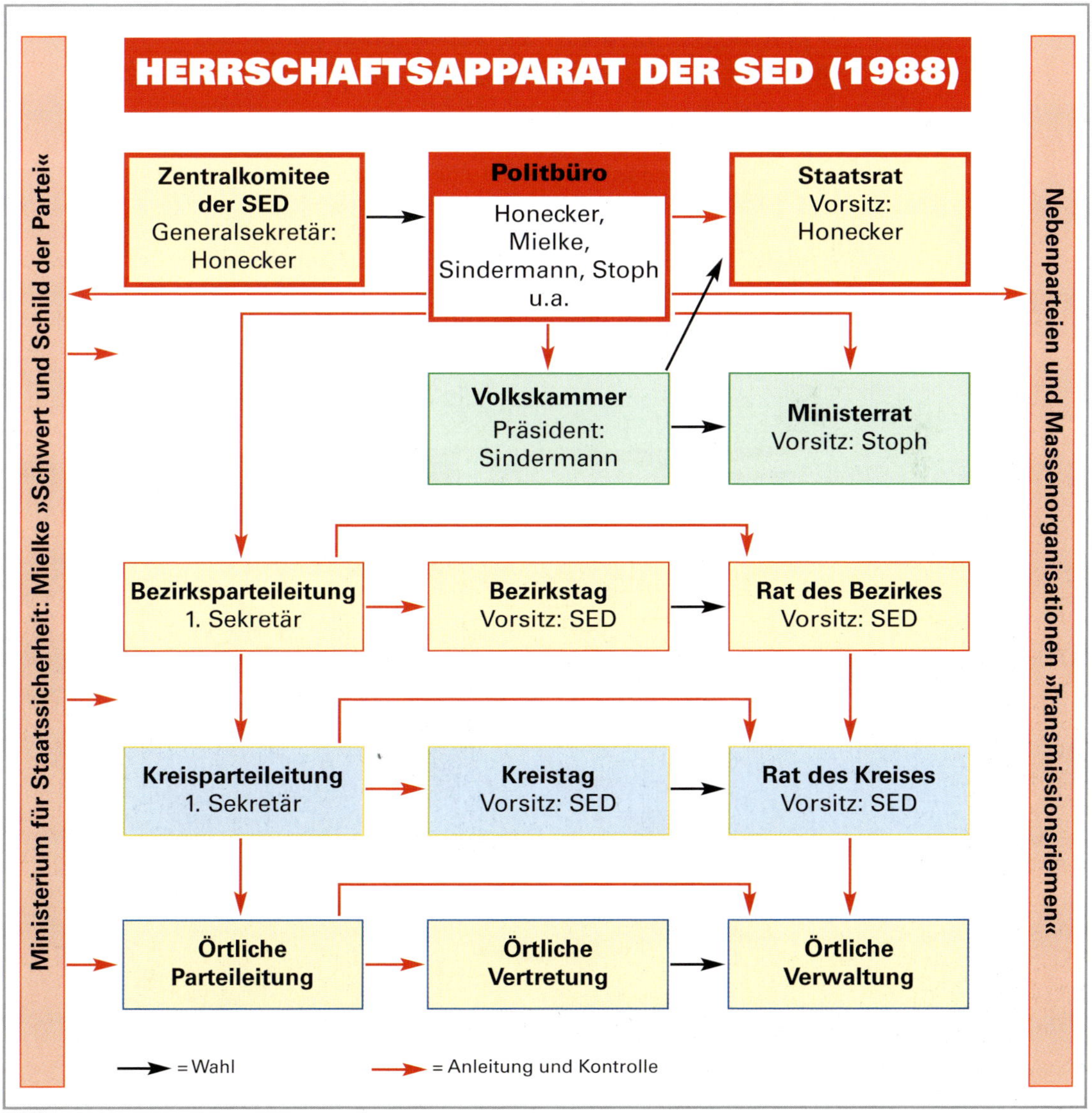

Das Leben in beiden deutschen Staaten konnte nicht unterschiedlicher sein. »**Zwei Staaten – zwei Nationen**« lautete die damalige Sprachregelung. Erich Honecker formulierte gar: »Die BRD ist Ausland, und noch mehr, sie ist imperialistisches Ausland«. Er verstärkte weiter die **Abgrenzungspolitik der DDR,** indem die Grenzanlagen zur Bundesrepublik »perfektioniert« wurden; den DDR-Grenzsoldaten wurde der Schießbefehl auf Flüchtende immer wieder aufs Neue aufoktroyiert. Kontakte zu Verwandten im Westen mussten von vielen DDR-Bürgern abgebrochen werden, weil sie oder Familienangehörige mit Repressalien (= Vergeltungsmaßnahmen) zu rechnen hatten.

Umgang des DDR-Regimes mit seinen Bürgern

Beispielsweise unternahm eine Rentnerin eine genehmigte Reise in den Westen. Ihr Schwiegersohn, ein DDR-Zöllner, und ihre Tochter wurden daraufhin von der zuständigen DDR-Behörde vor folgende Alternativen gestellt:

1. Abbruch des Kontaktes zur Schwiegermutter / Mutter
2. Scheidung, falls die Frau dem Kontaktabbruch nicht einwilligt
3. Kündigung des Arbeitsplatzes.

In den Westen konnten grundsätzlich nur Rentner reisen. Dafür durften sie nur 7,66 € (15,00 DM) **täglich** eintauschen. Wurde beispielsweise eine Westreise wegen dringender Familienangelegenheiten (Tod eines Verwandten) genehmigt, so erkundete die **Staatssicherheit (Stasi)** vorher, ob Fluchtgefahr bestand. Aus diesem Grunde durften Ehepaare nie zusammen in den Westen reisen; ein Partner musste grundsätzlich zu Hause zurückbleiben. Die Ablehnung eines Reiseantrages erfolgte stets ohne Begründung, was zur Konsequenz führte, dass die DDR-Bürger massiv eingeschüchtert wurden. Bei vielen lautete die Devise: »Nur nicht auffallen«.

„Hier Lagerleiter Honecker, ich brauch' wieder neue Ware!"

Westdeutsche Besucher: 12,78 €/Tag/Person

Im Jahre 1980 wurde der **Mindestumtausch** für Reisende aus der BRD auf **12,78 € (25,00 DM) pro Person und Tag** erhöht, um den westlichen Besucherstrom einzudämmen. Damit arbeitete die SED-Führung jedoch teilweise gegen die eigene Abgrenzungspolitik, indem die DDR-Bürger die Möglichkeit hatten, Westgeld von Verwandten und Bekannten annehmen zu können. So konnten einige DDR-Bürger, die Westgeld geschenkt bekamen, in staatlichen »**Intershops**« mit Westgeld Westwaren erwerben. **Es gab also neben der DDR-Währung eine zweite Währung, die DM.** Bald konnten auch Dienstleistungen schneller durchgeführt werden, wenn in DM bezahlt wurde. Unterschwellig verglichen die DDR-Bürger immer ihre Währung mit der westlichen DM, da sie schnell begriffen, dass die Westwährung besser als die Ostwährung war.

Wirtschaftlich näherte man sich in den deutsch-deutschen Beziehungen langsam an.

Der innerdeutsche Handel lief gut, da die DDR als stiller Teilhaber der EG immense wirtschaftliche Vorteile, die sonst kein anderes Ostblockland hatte, erlangte. Allein 1988 lieferte Westdeutschland Waren im Werte von über 7,2 Milliarden Verrechnungseinheiten; umgekehrt lieferten die DDR Waren im Werte von über 6,7 Milliarden **Verrechnungseinheiten.**

Geld gegen Reiseerleichterungen und Beseitigung der Minenfelder

Im Juni 1983 übernahm die Bundesregierung eine **Bürgschaft** für die DDR über einen **1-Milliarden-Kredit.** Daraufhin wurden an der innerdeutschen Grenze die Selbstschussanlagen abgebaut.

In den kommenden Jahren gab die Bundesregierung abermals einen **950-Millionen-Kredit,** der die Senkung des Zwangsumtausches für Rentner und Reiseerleichterungen zur Folge hatte. Ferner wurden alle Minenfelder an der innerdeutschen Grenze geräumt.

Die Möglichkeiten, in den Westen zu reisen, wurden ab 1988 gelockert und insgesamt großzügiger genehmigt. Gleichzeitig protestierten die DDR-Bürger immer und immer wieder massiv gegen den maroden Staat (Montagsdemonstrationen); außerdem zeigte der damalige sowjetische Präsident Gorbatschow eindeutig, dass er die Politik Erich Honeckers nicht weiter zu unterstützen gedenke.

Am **09. November 1989** fiel die Mauer. Die Grenzübergänge wurden geöffnet. Bis zu diesem Zeitpunkt verloren insgesamt 916 Menschen bei Fluchtversuchen aus der DDR in den Westen ihr Leben.

Wirtschaftsordnung der ehemaligen DDR

Die **Wirtschaftsordnung der ehemaligen DDR** entstand nach dem Vorbild der Wirtschaftsordnung der Sowjetunion. Nach dem 2. Weltkrieg wurden alle landwirtschaftlichen Betriebe über 100 ha entschädigungslos enteignet, Industrie und Handel verstaatlicht.

Damit wurden die Grundlagen für eine vom Staat kontrollierte **Zentralverwaltungswirtschaft** gelegt, wie sie in der früheren Sowjetunion typisch war.

Wichtigste Voraussetzung für die Realisierung der zentralen Wirtschaftsplanung war die Veränderung der Eigentumsverhältnisse. Sie wurde durch die Vergesellschaftung der Produktionsmittel rasch durchgesetzt.

Die **Eigentumsordnung** der ehemaligen DDR unterschied Eigentum an Produktionsmitteln und Eigentum an Konsumgütern.

Eigentumsverhältnisse der ehemaligen DDR-Volkswirtschaft

Da das Eigentum an Produktionsmitteln in verschiedene Eigentumsformen aufgespalten war, unterlagen die Betriebe unterschiedlichen rechtlichen Regelungen:

- **Volkseigene Betriebe:** staatliches Eigentum.
- Genossenschaftliche Betriebe: genossenschaftliches Eigentum erstreckte sich nur auf die von den Genossenschaftsmitgliedern eingebrachten Produktionsmittel, z.B. Maschinen, Bauten, Tiere; in der Praxis waren die Genossenschaften weitgehend staatlichem Einfluss unterworfen. Wichtige Typen waren die landwirtschaftlichen Produktionsgenossenschaften, die Genossenschaften des Handwerks und die Konsumgenossenschaften.
- **Halbstaatliche Betriebe:** private Betriebe, an denen sich der Staat finanziell beteiligte. Übergangsform auf dem Weg zu genossenschaftlichem Eigentum und Volkseigentum.
- **Private Betriebe:** Kleinbetriebe, vor allem Einzelhandelsgeschäfte, Gaststätten und Handwerksbetriebe.
- Die Industrie war voll verstaatlicht, das Verkehrswesen zu 97%.
- Das produzierende Handwerk war Schwerpunkt des privaten Eigentums: 1977 arbeiteten 73% der Berufstätigen in Privatbetrieben, der Rest in Genossenschaften.
- In der Landwirtschaft arbeiteten 80% der Berufstätigen in Genossenschaften, 2% in Privatbetrieben.
- Auch in der Bauwirtschaft war der Anteil der Genossenschaften hoch: 18%.
- Die halbstaatliche Eigentumsform kam mit 6% fast nur noch im Binnenhandel vor. 5% waren hier privat beschäftigt.
- Die Dienstleistungsbereiche hatten ebenfalls einen privaten Bereich von 5%.

Zentrale Planung des Wirtschaftsprozesses

Die Planung der ehemaligen DDR war allumfassend, d.h. es gab nicht nur einen Wirtschaftsplan, sondern einen alle gesellschaftlichen Bereiche umfassenden Plan. In diesen waren neben den wirtschaftlichen Kennziffern auch das Sozialwesen, die Volksbildung, die Kultur, die Wissenschaft, kurz alle Gebiete des öffentlichen Lebens einbezogen.

Diese Einheit der Planung besaß zwar einerseits innere Logik, machte aber auf der anderen Seite eine immer umfassendere Planungsapparatur in der ehemaligen DDR notwendig, die bis zur Wende nicht in der Lage war, alle Probleme in den Griff zu bekommen.

Kritiker der totalen Planwirtschaft behaupten, dies sei auch nicht möglich. Je umfassender eine solche Planung sei, desto mehr Fehlerquellen und »vergessene« Positionen gebe es, so dass ein solches System immer schwerfälliger sei.

Die Praxis der Planungssysteme der damaligen DDR hatte dieser Kritik den Boden nicht entziehen können, sondern schien sie zu bestätigen.

Immer gehörten Engpässe, also Mangel an diesem oder jenem Verbrauchsgut, an diesem oder jenem Rohstoff, an diesem oder jenem Investitionsgut, zum Ablauf des Wirtschaftslebens in der ehemaligen DDR.

Der Planungsvorgang

Die nationale Planung der ehemaligen DDR kannte zwei Grundtypen von Plänen:

- die mittelfristigen **Fünfjahrespläne,** die Ziele des entsprechenden Zeitraumes zusammenfassten;
- die kurzfristigen Volkswirtschaftspläne, die jeweils für **ein Jahr** die Umsetzung der Ziele der Fünfjahrespläne beinhalteten.

Der Planungsprozess

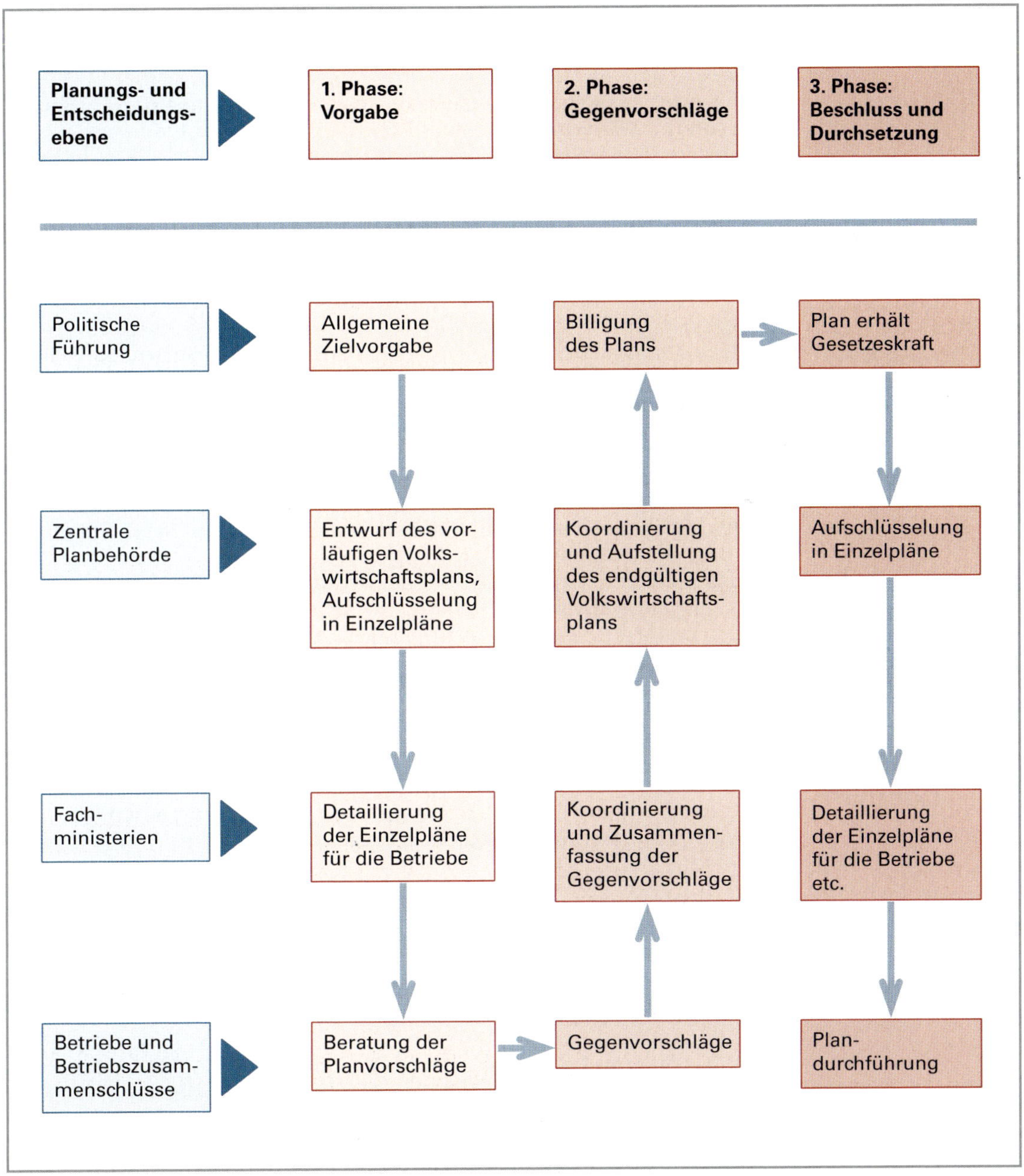

Geschichtliche Entwicklung der sozialen Marktwirtschaft

Am Ende des Zweiten Weltkrieges musste das **Wirtschafts- und Gesellschaftssystem der Bundesrepublik** neu aufgebaut werden. Aus den zahlreichen Meinungen und Vorschlägen, die allesamt darauf bedacht waren, die Fehler der Vergangenheit zu vermeiden und ein System mit größerer sozialer Gerechtigkeit und einem erheblich stärkeren Maß an Freiheiten des einzelnen Bürgers aufzubauen, kristallisierten sich zwei grobe Richtungen heraus, nämlich das Modell der freien Marktwirtschaft und der Zentralverwaltungswirtschaft.

Professor Müller-Armack (Wirtschaftswissenschaftler, von 1958 bis 1963 Staatssekretär im Bundeswirtschaftsministerium) verbesserte das System der freien Marktwirtschaft mit seinem theoretischen Konzept im Jahre 1947 und nannte dieses Konzept die soziale Marktwirtschaft.

Nach harten Auseinandersetzungen fiel durch den engagierten Einsatz des späteren **Wirtschaftsministers Prof. Ludwig Erhard** die Entscheidung zugunsten des Systems der sozialen Marktwirtschaft.

Das Konzept der sozialen Marktwirtschaft ist am System der freien Marktwirtschaft orientiert. Um den sozialen Ausgleich herbeizuführen, hat der Staat die Möglichkeit, helfend einzugreifen, wenn es für die wirtschaftlich Schwachen notwendig ist und wenn es im Interesse der Allgemeinheit liegt.

Die Idee der sozialen Marktwirtschaft entsprang dem Wunsch und Willen, eine Wirtschaftsordnung zu schaffen, die individuelle Freiheit und wirtschaftliche Leistungsfähigkeit mit einem Höchstmaß an sozialer Gerechtigkeit in Einklang bringen sollte.

Das Grundgesetz, das die Freiheit der privaten Initiative und das Privateigentum garantiert, unterwirft diese Grundrechte sozialen Bindungen. Unter dem Stichwort »**So wenig Staat wie möglich, so viel Staat wie nötig**« fällt dem Staat in der sozialen Marktwirtschaft in erster Linie eine Ordnungsaufgabe zu. Er setzt die Rahmenbedingungen, unter denen sich die Marktvorgänge abspielen. Die Frage, welche und wie viele Güter erzeugt werden und wer wie viel davon erhält, wird vor allem auf den Märkten entschieden.

Die Merkmale der sozialen Marktwirtschaft

Eigentumsordnung

Das Privateigentum wird garantiert. Das Eigentum ist grundsätzlich in der Hand der Bürger. Der Staat tritt zwar auch als Eigentümer auf; dies soll jedoch nur in beschränktem Umfange erfolgen.

So ist in Deutschland der Staat beispielsweise Eigentümer von Verkehrswegen, Bildungseinrichtungen (Schulen, Universitäten) und Krankenhäusern.

Wettbewerbsordnung

Ein funktionierender Wettbewerb stellt sicher, dass der Verbraucher die besten Qualitäten zu den günstigsten Preisen kaufen kann.

Damit der Wettbewerb aber auf Dauer fair bleibt, muss der Staat klare »Spielregeln« aufstellen und deren Einhaltung überwachen.

Sozialordnung

Am Markt lassen sich nur leistungsgerechte Einkommen erzielen. Damit aber diejenigen, die nur begrenzt am Leistungswettbewerb teilnehmen, nicht ins soziale Abseits geraten, muss die Marktwirtschaft durch eine Sozialordnung ergänzt werden.

Vertragsfreiheit

Die soziale Marktwirtschaft garantiert neben dem Privateigentum auch die Vertragsfreiheit, d.h. den Vertragspartnern ist die Möglichkeit gegeben, individuelle Vereinbarungen zu treffen.

Konsumfreiheit

Der Konsument kann über Art und Umfang seines Konsums frei entscheiden. Gewisse Einschränkungen gibt es nur bei gefährlichen Gütern (z.B. Rauschgift, Waffen).

Gewerbefreiheit

Der Unternehmer kann über Art und Umfang der Produktion bestimmen.

Arbeitsplatz- und Berufswahl

Der einzelne Arbeitnehmer kann selbstständig und frei über den Einsatz seiner Arbeitskraft entscheiden. Damit ist freie Arbeitsplatz- und Berufswahl gegeben.

Tarifautonomie

Die eigenverantwortliche Regelung der Arbeitsbedingungen durch die Tarifpartner hält den Staat aus Verteilungskonflikten zwischen Arbeit und Kapital heraus.

Außerdem sind Arbeitgeberverbände und Gewerkschaften aufgrund ihrer Sachnähe kompetenter als staatliche Institutionen, einen fairen Interessenausgleich auszuloten.

Geld- und Währungsordnung

Ebenso wie der menschliche Organismus für sein einwandfreies Funktionieren einen stabilen Blutkreislauf benötigt, erfordert das Funktionieren einer modernen Volkswirtschaft stabiles Geld.

Nur eine von der Regierung unabhängige Institution – nämlich eine autonome Zentralbank – kann auf Dauer die Geldwertstabilität garantieren.

Die **Möglichkeiten der persönlichen Lebensgestaltung** in beiden deutschen Staaten waren sehr unterschiedlich.

Für die Bürger der ehemaligen DDR war das Leben von der staatlichen Planung geprägt und bestimmt. Die Planwirtschaft bot den DDR-Bürgern weder die Freiheit in ein beliebiges, westliches Land zu reisen, noch die Möglichkeit Konsumgüter zu erschwinglichen Preisen zu erwerben, da der Staat vorgab ...

- ... welche Produkte in welchen Mengen für eine bestimmten Planungszeitraum zur Verfügung gestellt werden.
- ... welche Mittel (Produktionsfaktoren) die staatlichen Betriebe dazu verwenden.
- ... wie die Güter verteilt werden.
- ... wie teuer sie sein sollen.

Lebensgestaltung in beiden deutschen Staaten

Die gravierendsten Nachteile, die die Bürger der damaligen DDR hinnehmen mussten, waren somit die **Eigentumsbeschränkungen**, die **schlechte wirtschaftliche Versorgung** sowie die **staatliche Festsetzung der Preise** und **Löhne.** Güter wurden oft im Ausland zu Dumpingpreisen verkauft, während die Menschen diese Waren nicht oder nur zu sehr hohen Preisen in der DDR erwerben konnten. Häufig wurde durch staatliche Lenkung am Bedarf der Bürger »vorbeigeplant«, d.h., es fehlten Waren, die auf der einen Seite dringend erforderlich waren, während andererseits andere Artikel im Übermaß zur Verfügung standen.

In der Bundesrepublik waren und sind die **Möglichkeiten der persönlichen Lebensgestaltung** gekennzeichnet durch:

- Die persönliche Freiheit und freie Entfaltung der Persönlichkeit.
- Den für den Konsumenten vorteilhaften Wettbewerb bzw. Konkurrenzkampf.
- Privateigentum der Produktionsmittel.
- Die Entscheidungsfreiheit der Wirtschaftssubjekte.
- Die über Angebot und Nachfrage erfolgende Preisbildung.
- Die Festsetzung der Löhne durch die Tarifpartner.

Das Leben in der Bundesrepublik war und ist geprägt durch ein hohes Maß an Freiheit und Selbstverantwortung.

Vereinigungsprozess

Wegen der desolaten Lage der DDR verlassen schon seit August 1989 Zehntausende von DDR-Bürgern über die offene grüne Grenze in Ungarn sowie über die Botschaften der Bundesrepublik in Prag und in Warschau das Land.

Überall in der DDR organisierten sich Oppositionsgruppen wie Neues Forum, Demokratischer Aufbruch und Demokratie jetzt!. Montag für Montag gingen die Leipziger Bürger auf die Straße, um gegen das SED-Regime **gewaltlos** zu demonstrieren.

»Wir sind das Volk« *– 70000 Leipziger läuten am 9. Oktober 1989 die Wende ein.*

Doch Erich Honecker lehnte jeden Reformgedanken ab. Anlässlich der Feierlichkeiten zum 40. Jahrestag der DDR, die in diesen Tagen in Ostberlin stattfanden, antwortete der sowjetische Staats- und Parteichef Michail Gorbatschow Honecker: «**Wer zu spät kommt, den bestraft das Leben!**« Am 18. Oktober 1989 trat Erich Honecker zurück. Sein Nachfolger, Egon Krenz, versuchte die Lage zu beruhigen, doch es kam weiterhin zu großen, gewaltlosen Massendemonstrationen in verschiedenen Städten.

Am 09. November 1989 gab die SED dem Druck der demonstrierenden Menschen nach und öffnete die Grenzen zur Bundesrepublik und die Mauer in Berlin. Zehntausende Berliner besuchten zum ersten Mal in ihrem Leben nach 28 Jahren Eisernem Vorhang den Westteil der Stadt.

Überall spielten sich ergreifende Szenen ab. Fremde Menschen lagen sich in den Armen, verteilten Rosen, die Stadt feierte ein großes Freudenfest.

Die Nacht der Nächte:
Der eiserne Vorhang trennt Ost und West nicht länger. Freudetrunkene Berliner feiern in der Nacht vom 9. zum 10. November 1989 auf dem verhassten Symbol der deutschen Teilung – ein Bild, das um die Welt ging.

Die am 13. November 1989 neu gebildete DDR-Regierung unter Ministerpräsident Hans Modrow (SED) einigte sich mit der Opposition am Runden Tisch auf Neuwahlen.

Neben der SED-Nachfolgepartei PDS traten die demokratischen Parteien CDU/DSU (DDR-Schwester der CSU), SPD, Liberale, Grüne, Bündnis 90 und die DBD (Demokratische Bauernpartei) zur Wahl an. Es bildete sich eine Koalition aus CDU/DSU, Liberalen und SPD. Zum Ministerpräsident wurde Lothar de Maiziére gewählt.

Ziel der neuen Regierung:

Deutsche Einheit

Schaffung einer Wirtschafts- und Währungsunion als Vorstufe zur deutschen Einheit.

Auch außenpolitisch mussten die beiden deutschen Staaten den Weg zur Einheit ebnen, denn ohne die Zustimmung der Siegermächte und ohne die **Integration beider deutscher Staaten in die bestehende Ost- Westbeziehung**, war keine Einigung möglich.

Deshalb versuchten der damalige Bundeskanzler Helmut Kohl und der damalige Außenminister Hans Dietrich Genscher die sowjetische Seite zu überzeugen, dass Gesamtdeutschland der NATO angehören sollte. Mitte Juli 1990 stimmte dann die Sowjetunion der Zugehörigkeit des vereinten Deutschlands zur NATO zu.

Sommer 1990: Helmut Kohl und Bundesaußenminister Hans-Dietrich Genscher besprechen mit dem sowjetischen Staatspräsidenten Michail Gorbatschow die Modalitäten der deutschen Wiedervereinigung.

Friedensvertrag

Die sowjetischen Truppen wurden innerhalb von vier Jahren aus der DDR abgezogen, die gesamtdeutsche Bundeswehr von 500000 Soldaten auf 370000 Mann verkleinert. Am 12. September 1990 unterzeichneten in Moskau die Außenminister der zwei deutschen Staaten und der vier Siegermächte den »**Vertrag über die abschließende Regelung in Bezug auf Deutschland**« (Friedensvertrag).

Inzwischen hatte die Volkskammer die Anpassung der Verhältnisse an die Bundesrepublik vorbereitet; es wurden fünf neue Bundesländer gegründet: **Mecklenburg-Vorpommern, Sachsen-Anhalt, Sachsen, Thüringen sowie Brandenburg.** Am 23. August 1990 beschloss die Volkskammer der DDR den Beitritt zur Bundesrepublik, der am 03. Oktober 1990 wirksam wurde.

18. Mai 1990: Unterzeichnung des Vertrages über die Wirtschafts-, Währungs- und Sozialunion

Probleme und Chancen im vereinten Deutschland

In Ostdeutschland geht es aufwärts. Viele wirtschaftlich bedeutende Standorte haben in den neuen Ländern an Attraktivität gewonnen. Einige Städte und Kreise haben ihre Wettbewerbsfähigkeit deutlich verbessert. Die Anstrengungen zum »Aufbau Ost« tragen Früchte.

Wachstumszentren auf Erfolgskurs

Wachstumszentren

Schon im Jahre 2007 hatte das Schweizer Beratungsunternehmen Prognos die gesamte Bundesrepublik auf ihre Zukunftsfähigkeit hin untersucht.

Dabei ging es um die vier nachfolgenden Bereiche:

- Demographie,
- Arbeitsmarkt,
- Wettbewerb und Innovation,
- Wohlstand und soziale Lage.

Danach gab es die größte Bewegung im Ranking in Ostdeutschland:
Acht der zehn Städte und Kreise, die ihre Position im Ranking am stärksten verbessert hatten, lagen in den neuen Bundesländern (vgl. Tabelle: Die zehn Aufsteiger). Der größte Aufsteiger der Studie war Greifswald: Die Hansestadt stieg innerhalb von drei Jahren um 224 Plätze auf und lag auf Rang 101. Anfang der 90er Jahre rückte mehr und mehr die Universität Greifswald als Wirtschaftsfaktor und -motor in den Mittelpunkt. So entwickelte sich die Hansestadt Greifswald zu einem Technologiestandort, der von der Verbindung von Wirtschaft und Forschung profitierte.

Die zehn Aufsteiger

Größte Veränderung	Ranglistenplatz 2004	Ranglistenplatz 2007
1 Greifswald	224	101
2 Leipzig	177	157
3 Magdeburg	164	188
4 Eisenach	162	177
5 Cottbus	162	184
6 Flensburg	155	132
7 Hof	155	181
8 Potsdam	133	15
9 Brandenburg an der Havel	133	247
10 Halle (Saale)	130	259

Quelle: Manager Magazin, 21.04.2007

Positive Entwicklungen

Drei ostdeutsche Städte unter den besten 20

Ergebnis: Drei ostdeutsche Städte konnten sich in den letzten Jahren so entwickeln, dass sie sogar zu den Top 20 der Bundesrepublik gehören.

- Es sind **Dresden, Potsdam und Jena.**

DRESDEN

Dresden ist heute ein begehrter Industriestandort. Die Halbleiter-Industrie und die Mikroelektronik haben die Stadt auf Augenhöhe mit westdeutschen Topregionen gebracht.

Gegenüber den Vorjahren wuchs das Bruttoinlandsprodukt Dresdens um gut 23 Prozent. Zum Vergleich: Im gleichen Zeitraum stieg das Bruttoinlandsprodukt in Deutschland um knapp 5 Prozent. Die Arbeitsplatzdichte liegt über dem Bundesdurchschnitt. Die Arbeitslosenquote mit 11,6 Prozent im Jahre 2010 ist zwar höher als der Bundesdurchschnitt mit gut 8,1 Prozent. Sie ist aber deutlich niedriger als der Durchschnitt in den neuen Ländern mit knapp 13 Prozent.

Amerikanische Chipfabrik AMD in Dresden

Beeindruckende Zahlen nicht ohne Grund

Großraum Dresden: Mikroelektronik-Branche ist die Nr. 1 in Europa

Dresdens wirtschaftlicher Aufschwung zeigt: Die Konzentration der Fördermittel auf Wachstumskerne zahlt sich aus. Dresden ist mittlerweile der wichtigste Standort der europäischen Mikroelektronik (Silicon Saxony).

Wer seinen Spitzenplatz behaupten will, darf in seinen Anstrengungen nicht nachlassen. Daher will die Stadt beispielsweise bei internationalen Konferenzen der Mikroelektronik-Branche für den Standort Dresden werben und gemeinsam mit Partnern aus Wissenschaft und Wirtschaft Fachkräfte für Dresden begeistern.

Eine der besten technischen Universitäten, auch mit geisteswissenschaftlicher Tradition, ist in Dresden.

Zudem hat die Stadt kulturell viel zu bieten. Das durch den 2. Weltkrieg stark zerstörte Dresden hat viele geschichtsträchtige Bauten wieder aufbauen oder herrichten können: Der Zwinger, die Frauenkirche, die Hofkirche, das Grüne Gewölbe, die Semperoper – das sind Kulturgüter von internationalem Rang.

Der Zwinger in Dresden

POTSDAM

Hochburg der Service-Unternehmen

Auch Potsdam gehört zu den bundesdeutschen Top 20. Die Stärke Potsdams ist der Dienstleistungsbereich. Hier arbeiten gut 90 Prozent der Beschäftigten. Potsdam ist zur Hochburg der Service-Unternehmen geworden, insbesondere in den Bereichen Medienwirtschaft, Informations- und Kommunikationswirtschaft und Tourismus.

Immer mehr Unternehmen aus zukunftsträchtigen Hightech-Branchen wie Biotechnologie und Geoinformationswirtschaft siedeln sich in Potsdam an.

Misst man die Zahl der Unternehmensgründungen in diesem Bereich, belegt Potsdam einen Spitzenplatz.

Die Derdack GmbH in Potsdam

Erfolg in Zahlen

Die Stadt nutzt ihre Stärken und baut sie aus. Der Erfolg zeigt sich in Zahlen: Die Arbeitslosenquote liegt bei 8,6 Prozent. Das ist fast Westniveau und deutlich unter dem Durchschnitt in den neuen Ländern.

Die gute wirtschaftliche Entwicklung strahlt auch ins Umland aus: Täglich pendeln etwa 16.000 Berufstätige mehr in die Stadt hinein als aus ihr heraus.

Die Bevölkerung Potsdams wächst gegen den Trend, weil ständig neue Bürgerinnen und Bürger zuziehen.

Wissenschaftsstandort

Spitzenforschung

Potsdam verfügt über drei Hochschulen und über mehr als dreißig außeruniversitäre Wissenschaftseinrichtungen.

Die Fraunhofer-Gesellschaft und die Max-Planck-Gesellschaft sind gleich mit mehreren Instituten vertreten.

Beispiel für Potsdamer Spitzenforschung ist unter anderem das auch einer breiteren Öffentlichkeit bekannte Tsunami-Frühwarnsystem.

Mehr als 5.000 Menschen arbeiten in der Wissenschaft. Fast 23.000 Studierende zählen die Hochschulen der Stadt.

Stadt des Weltkulturerbes

Schloss Sanssouci mit seinen Gärten ist wohl die bekannteste Sehenswürdigkeit Potsdams und das Kernstück des Potsdamer UNESCO-Weltkulturerbes. Die einstige Sommerresidenz des Preußen Friedrich des Großen ist eine touristische Attraktion von Weltrang. Auch die historischen Viertel der Stadt sind sehenswert.

Für Potsdam gilt: Wirtschaft, Wissenschaft und Kultur, diese Stadt hat viel zu bieten.

Das Schloss Sanssouci in Potsdam

JENA

Hightech-Unternehmen

Jena schaffte es schon im »Zukunftsatlas 2007« erstmals in die Top 20. Anders als Dresden und Potsdam war Jena auch schon zuvor im Ranking weit oben:

Grund hierfür sind Unternehmen wie Zeiss, JenOptik, Schott Jenaer Glas und Jenapharm mit modernen und innovativen Technologien. Diese in der Region traditionell verwurzelten Firmen haben nach der Wende die Wirtschaftsregion auf- und ausgebaut. So wurde Jena attraktiv für weitere High-Tech-Unternehmen. Mit einer Arbeitslosenquote von 8 Prozent im Jahre 2010 liegt Jena deutlich unter dem Durchschnitt der neuen Länder.

Stärken nutzen und ausbauen

Auch die Entwicklung Jenas macht deutlich: Konzentration auf eigene Stärken zahlt sich aus. Effektive Kooperation von Wirtschaft und Wissenschaft fördert wirtschaftliches Wachstum. Heute verfügt Jena neben seinen »traditionellen« High-Tech Industrien über ein biotechnologisches Gründerzentrum.

In einem bundesweiten Wettbewerb wurde die Stadt von einer internationalen Jury für die Spezialisierung von Forschung und Wirtschaft auf dem Gebiet der Bioinstrumente ausgezeichnet. Bundes- und Landesmittel halfen, das biotechnologische Gründerzentrum aus- und aufzubauen.

Carl Zeiss in Jena

Ostdeutsche Wirtschaft hat aufgeholt

Betriebe erreichen aber erst gut 70 Prozent des Produktivitätsniveaus des Westens

Nürnberg (dpa/ND). 20 Jahre nach der Wiedervereinigung hat die ostdeutsche Wirtschaft zwar spürbar aufgeholt, doch noch immer gibt es einer Studie zufolge strukturelle Schwächen. Die Wirtschaft im Osten sei vielfach international konkurrenzfähig, teilte das Institut für Arbeitsmarkt- und Berufsforschung am Dienstag in Nürnberg mit. Allerdings gebe es nach wie vor einen deutlichen Rückstand in der Wirtschaftsleistung und Produktivität, und viele Regionen hätten eine höhere Arbeitslosigkeit als im Westen. Zudem seien die neuen Bundesländer noch immer von Transferzahlungen abhängig.

1990 erreichten die ostdeutschen Betriebe rund 30% des westdeutschen Produktivitätsniveaus. Inzwischen liege die Produktivität im Osten bei mehr als 70%. Viele Unternehmen hielten einem Vergleich bereits absolut stand, hieß es in der Studie, für die 16.000 Unternehmen befragt worden waren. Doch noch immer gebe es strukturelle Nachteile. So habe Ostdeutschland nur einen relativ kleinen Industriesektor und wenige wirtschaftlich erfolgreiche Großunternehmen. Auch mangele es an wissensintensiven Unternehmensdienstleistungen sowie an Forschungs- und Entwicklungstätigkeit der Wirtschaft. Positiv bewerteten die Arbeitsmarktforscher, dass während des Aufschwungs in den Jahren 2006 bis 2008 der kontinuierliche Rückgang der Erwerbstätigkeit erstmals gestoppt und in einen Zuwachs verwandelt werden konnte. Zudem sank die Beschäftigung selbst im Krisenjahr 2009 nicht, weil die ostdeutsche Wirtschaft wesentlich weniger auf den Export angewiesen sei.

Neues Deutschland, 14.07.2010

Ostdeutschland im Aufwind

Erfolgsfaktoren

Dabei sind hauptsächlich drei Faktoren für den Erfolg einer Region von zentraler Bedeutung.

1. Der Anteil der Hochqualifizierten und die Steigerung dieses Anteils
2. Die Hauptsitze internationaler Spitzenunternehmen
3. Die hohe technologische Leistungsfähigkeit

Die technologische Leistungsfähigkeit zeigt sich beispielsweise in der betrieblichen Forschung und betrieblichen Entwicklung sowie an der Zahl der angemeldeten Patente.

Auch andere Regionen und Städte profitieren vom Konjunkturaufschwung. Wie die Region Leipzig oder Halle.

Beispiel 1

Porsche-Panamera-Produktion in Leipzig

Beispiel 2

BMW in Leipzig

Im Mai 2005 eröffnete der damalige Bundeskanzler Gerhard Schröder in Leipzig die bis dahin modernste Autofabrik der BMW AG. Der bayerische Autobauer hatte für das Werk richtig tief in die Tasche gegriffen und für 1,2 Milliarden Euro eine riesige Fabrik errichtet.

Zuvor hatte ein erbitterter Konkurrenzkampf unter 250 Standorten die Wirtschaftsgazetten monatelang beschäftigt. BMW entschied sich auch deswegen für den Standort Leipzig, weil hier eine Subvention von rund 360 Millionen Euro floss.

Rund 5100 Mitarbeiter arbeiten bislang auf dem BMW-Gelände, ihre Zahl soll noch steigen. Für den Bau des BMW-Werks Leipzig erhielt die britische Stararchitektin Zaha Hadid im Dezember 2005 den mit 25.000 Euro dotierten Deutschen Architekturpreis.

Beispiel 3

DELL in Halle

Im Vertriebszentrum des US-PC-Herstellers Dell arbeiten etwa 760 Mitarbeiter in Halle. Innerhalb der nächsten Jahre soll der Standort weiter ausgebaut werden.

Förderpolitik wirkt

Wesentliche Bausteine der Förderpolitik des Bundes sind die Unterstützung der Wissenschaft und die Steigerung der Attraktivität der Wirtschaftsstandorte nicht nur für inländische Firmen sondern auch für internationale Unternehmen.

In den neuen Ländern finden sich heute auch große ausländische Investoren, die eine Vielzahl von Arbeitsplätzen geschaffen haben.

Zum Beispiel:

- **Advanced Micro Devices** mit seinem Unternehmen in Dresden;
- **Dow Chemical** mit seinen Werken in Böhlen, Schkopau, Leuna und Teutschenthal;
- **Aker Yards ASA** mit ihren Standorten Rostock-Warnemünde und Wismar.

Probleme

Wachstumszentren boomen – ländliche Regionen bleiben schwach

Neben den boomenden Regionen gibt es aber auch Regionen, die nach wie vor große Probleme haben.

Die ländlichen, strukturschwachen Gegenden in den neuen Bundesländern, wie beispielsweise große Teile Mecklenburg-Vorpommerns, haben nach wie vor Schwierigkeiten in ihrer wirtschaftlichen Entwicklung.

Trotz der Erfolge einiger Regionen sind die neuen Bundesländer wirtschaftlich gesehen noch nicht über dem Berg.

Die Angleichung der Wirtschaft an die Wirtschaftskraft im Westen ist noch nicht vollzogen.

Die Arbeitslosenquote im Osten ist insgesamt gesehen noch hoch, Produktivität und Löhne in den jungen Bundesländern liegen weiterhin unter dem westdeutschen Niveau, der Bevölkerungsschwund setzt sich dramatisch fort und die öffentlichen Finanzen laufen zum Teil aus dem Ruder.

Ein weiterer Wermutstropfen trübt ferner die sonst durchaus positive Entwicklung der ostdeutschen Wirtschaft.

Zu dem erwähnten Bevölkerungsschwund erreichen in den kommenden Jahren die geburtenschwachen Jahrgänge den Arbeitsmarkt.

Dies bedeutet, dass auch die ostdeutschen Bundesländer vor dem Problem des Fachkräftemangels stehen werden.

Fällt im Jahre 2019 auch noch der Solidarpakt weg, muss sich Deutschland wahrscheinlich auf die unterschiedliche Wirtschaftskraft einstellen.

Auch weiterhin gehört das Zusammenwachsen von Ost und West zu den wichtigsten Zielen der politisch Verantwortlichen.

Nach über 20 Jahren staatlicher Einheit gibt es noch Unterschiede zwischen west- und ostdeutschen Lebenswelten.

Akzeptanz und Miteinander lassen sich dabei nicht nur auf die Angleichung der materiellen Lebensverhältnisse reduzieren.

Unterschiedliche Erfahrungen und Prägungen gilt es anzuerkennen und die verschiedenen Stärken der Menschen wertzuschätzen.

LERN-BOX

- Deutschland wurde nach dem 2. Weltkrieg in **vier Besatzungszonen** aufgeteilt **(Potsdamer Konferenz).**
- Beim **Wiederaufbau (Marshallplan**) stellen die USA dem Westen Kredite über 5 Milliarden Dollar zur Verfügung.
- Gesetzliches Zahlungsmittel wird ab 1948 in den Westzonen und in Westberlin die **D-Mark (Währungsreform).**
- Die **Sowjetunion** protestierte gegen die Währungsreform und führte ihrerseits eine neue **Ostwährung** ein, die in ganz Berlin Gültigkeit haben sollte.
- Nach Ablehnung der Ostwährung durch die westlichen Stadtalliierten, **blockierte die Sowjetunion alle Zufahrtswege** zu Wasser wie zu Land **nach Berlin**. Die Elektrizitätsversorgung wurde unterbrochen. Die Stadt wurde zwischen Juni 1948 und Mai 1949 nur durch eine **Luftbrücke** (Rosinenbomber) versorgt.
- **Verkündung des Grundgesetzes** im Mai 1949 in Bonn.
- Verabschiedung der Verfassung der **Deutschen Demokratischen Republik** in der sowjetisch besetzten Zone durch den 3. Volkskammerkongress.
- Entstehung der **DDR-Zentralverwaltungswirtschaft** durch Eigentumsverlust, zentrale Planung des Wirtschaftsprozesses, Festsetzung der Preise und Außenhandelsmonopol.
- Entstehung der **sozialen Marktwirtschaft** im Westen durch Eigentums-. Wettbewerbs-, Sozial-, Geld- und Währungsordnung, Vertrags-, Konsum- und Gewerbefreiheit, Arbeitsplatz- und Berufswahl sowie Tarifautonomie.
- Es entstehen zwischen den Großmächten einerseits und Deutschland andererseits Konflikte **(Kalter Krieg).** Die Westzonen und die Ostzone entwickeln sich auseinander.
- Wegen des starken Flüchtlingsstromes von DDR-Bürgern in den Westen, lässt Walter Ulbricht im **August 1961** quer durch Berlin eine **Mauer** bauen. Der Verkehr zwischen den Westsektoren und dem Ostsektor wurde beinahe völlig eingestellt.
- **Ideologische Grundlagen** bestimmen das Leben in den unterschiedlichen Systemen.
- Durch die **Entspannungspolitik** Willy Brandts wurden neue Wege zwischen beiden deutschen Staaten beschritten (Grundlagenvertrag).
- **Annäherung** der deutsch-deutschen Beziehungen durch innerdeutschen Handel und durch mehrmalige Kreditvergaben der Bundesregierung an die DDR.
- Die desolate Lage der DDR und die große Unzufriedenheit der Bürger sind Ursache für die **gewaltlosen Demonstrationen** im Herbst 1989. Am 09. Nov. 1989 ist der Druck der demonstrierenden Menschen so stark, dass die Grenzen zur Bundesrepublik und die Mauer in Berlin geöffnet werden.
- Unterzeichnung des **Friedensvertrages** durch die Außenminister beider deutscher Staaten sowie der Außenminister der vier Siegermächte in Moskau im September 1990.
- **Beitritt** der DDR zur Bundesrepublik Deutschland am 03. Okt. 1990.
- **Lebensstandard** und **Lebensqualität** haben sich erhöht.

WISSENS-CHECK

1. Welche **Aufgaben** hat der »Alliierte Kontrollrat«?
2. Was wurde auf der **Potsdamer Konferenz** beschlossen?
3. Wie wurden die Gebiete, die wir heute als Bundesrepublik Deutschland verstehen, aufgeteilt?
4. Wieso wurden die Gebiete **östlich der Oder-Neiße-Linie** unter polnische Verwaltung gestellt?
5. Was wurde auf der so genannten »**Sechs-Mächte-Konferenz**« in London beschlossen?
6. Wie kam es zur **Berlin-Blockade?**
7. Zu welchem Zeitpunkt war die **Spaltung Deutschlands** vollzogen?
8. Erläutern Sie den Begriff »**Kalter Krieg**«.
9. Warum ließ **Walter Ulbricht** die Mauer bauen?
10. Welche Bedeutung hatte seinerzeit das »**Passierscheinabkommen**«?
11. Wie kam es zum **Grundlagenvertrag** und was regelt er?
12. »Die ideologischen Grundlagen bestimmten das Leben in den unterschiedlichen Systemen.« Erläutern Sie diese Aussage.
13. Erläutern Sie die **Abgrenzungspolitik** der DDR gegenüber der Bundesrepublik.
14. Wieso konnten DDR-Bürger Westwaren in sogenannten »**Intershops**« kaufen?
15. Erläutern Sie die **Merkmale** der DDR-Wirtschaft. Erklären Sie in Ihrer Beantwortung folgende Begriffe: Gegenvorschläge, Industriepreise, Außenhandelsmonopol, Eigentumsverlust.
16. Wie ist die **soziale Marktwirtschaft** entstanden?
17. Nennen Sie mindestens acht **Merkmale** der sozialen Marktwirtschaft.
18. »So wenig Staat wie möglich, so viel Staat wie nötig«. Erläutern Sie den Satz über die soziale Marktwirtschaft.
19. **»Wer zu spät kommt, den bestraft das Leben«:** In welchem Zusammenhang hat Michail Gorbatschow diesen Satz gesagt?
20. Wieso werden die **Montagsdemonstrationen** auch als gewaltlose Revolution bezeichnet?
21. Wieso mussten die beiden deutschen Staaten auch **außenpolitisch** den Weg zur Einheit ebnen?
22. Wo liegen 20 Jahre nach dem Fall der Mauer mögliche **Ursachen** für die teilweise geringere Wirtschaftsleistung zwischen Ost- und Westdeutschland?

Parteien, Bürgerinitiativen, Verbände und Gewerkschaften

Im folgenden Kapitel erhalten Sie einen Überblick über die Gruppen, Einrichtungen, und Akteure (Handelnde), die in der Politik mitwirken. Man spricht von ihnen auch als den Teilnehmern am politischen Prozess. Wie der Begriff „Prozess" schon sagt, ist Politik nichts Feststehendes, sondern vielmehr etwas Dynamisches, etwas, was in Bewegung ist. Scheint ein politisches Problem gelöst, folgen aus dieser scheinbaren Lösung oftmals neue Probleme und Konflikte, die es wiederum zu lösen gilt.

Wird etwa die Mehrwertsteuer erhöht, ein städtisches Freibad geschlossen oder ein sog. flächendeckender Mindestlohn eingeführt (siehe unten), so werden solche Entscheidungen und Maßnahmen nicht aus dem Bauch heraus oder zufällig getroffen, sondern sind Ergebnis eines in der Regel langwierigen Prozesses.

An dessen Ende fällen dann die verantwortlichen Politiker im Bundestag, Landtag oder Stadtrat eine entsprechende Entscheidung. Die betroffenen Bürgerinnen und Bürger wiederum können gegen diese Entscheidungen angehen und im Zweifelsfalle auch rechtliche Schritte gegen eine Entscheidung einlegen.

Die Politikwissenschaft bezeichnet einen solchen Prozess der politischen Meinungsbildung und Entscheidungsfindung als **politischen Willensbildungsprozess.**

Politische Willensbildung

Daran sind die unterschiedlichsten Gruppen mit ihren Ideen, Meinungen und Interessen beteiligt. Sie alle fordern, dass ihre Interessen von den verantwortlichen Politikern berücksichtigt werden.

Einführung eines flächendeckenden gesetzlichen Mindestlohns umstritten – DGB fordert Mindestlohn von 8,50 Euro – Arbeitgeber warnen vor Jobverlusten

Berlin (dpa) – Der Deutsche Gewerkschaftsbund (DGB) hat seine Forderung für einen gesetzlichen Mindestlohn von 7,50 auf 8,50 Euro hochgesetzt. Ein Antrag des Vorstandes erhielt beim Bundeskongress eine große Mehrheit. Die Forderung richtet sich an die Bundesregierung . „Mit der Anhebung berücksichtigen wir die europäischen Entwicklungen und treten für Entgelte ein, die die Existenz sichern", hieß es zur Begründung.

Der Vorsitzende der Dienstleistungsgewerkschaft „Ver.di", Frank Bsirske, warf der Regierung vor, sich dieses Themas nicht anzunehmen. „Damit geht Deutschland einen Sonderweg. Die Regierung ignoriert schlicht das Ausmaß des Armutslohnsektors", sagte er. Der DGB will vor allem Lohndumping verhindern, wenn von Mitte 2011 an Arbeitnehmer aus Ost- und Mitteleuropa freien Zugang zum deutschen Arbeitsmarkt erhalten.

Seit langem kritisieren die Gewerkschafter, dass mehr als eine Million Niedriglöhner auf ergänzende Hartz-IV-Leistungen angewiesen sind. In ihren Augen ist das eine milliardenschwere Subvention für Unternehmer aus Steuergeldern.

Die Gewerkschaften wollen verhindern, dass vor allem die Arbeitnehmer die Folgen der Finanzkrise tragen müssen. „Wir brauchen mehr denn je eine Politik der sozialen Balance", sagte die stellvertretende DGB-Vorsitzende Ingrid Sehrbrock der in Ulm erscheinenden „Südwest Presse". Sehrbrock, die der CDU angehört, verteidigte die DGB-Forderung nach einem generellen Mindestlohn von 8,50 Euro.

Unterstützung erhielten die Gewerkschaften vom CDU-Sozialflügel und den Kirchen. Die Notwendigkeit von Mindestlöhnen sehe man schon daran, dass es in Deutschland 1,4 Millionen so genannte Aufstocker gebe. „Warum müssen so viele Menschen Arbeitslosengeld II beziehen, obwohl sie arbeiten?", fragte der CDA-Vize Christian Bäumler in einem Gespräch mit der Deutschen Presse-Agentur. Laut aktueller Meinungsumfragen befürworten auch 2/3 der Bürger einen gesetzlich festgesetzten Mindestlohn.

(Fortsetzung auf der Folgeseite)

Bei der Wirtschaft stoßen derartige Forderungen – wie schon bisher – auf deutlichen Widerstand.
Strikt dagegen sprach sich etwa der Geschäftsführer des Industrie- und Handelskammertages (DIHK), Martin Wansleben, aus. „Die Einführung eines Mindestlohns würde weitere Jobs vernichten. Viele Firmen können das nicht leisten", sagte Wansleben der „Passauer Neuen Presse".

Auch Kanzlerin Angela Merkel hat sich auf dem DGB- Bundeskongress in Berlin gegen die Einführung eines gesetzlichen Mindestlohnes gewandt. Merkel befürwortete stattdessen weitere branchenspezifische Regelungen.

Der Präsident der Bundesvereinigung Deutscher Arbeitgeberverbände (BDA), Dieter Hundt, lehnt zwar die flächendeckende Einführung eines einheitlichen Mindestlohns ab, hat aber die Bundesregierung aufgefordert, für den Bereich der Leiharbeit einen Mindestlohn festzuschreiben. So könne Lohndumping durch Billigarbeitskräfte aus dem Ausland verhindert werden. „Der Gesetzgeber sollte in jedem Fall noch in diesem Jahr eine entsprechende Regelung schaffen", sagte Hundt mit Blick auf die Arbeitnehmerfreizügigkeit ab Mai 2011.

Generell gelte aber auch weiterhin: „Gesetzlich verordnete flächendeckende Mindestlöhne bedrohen bestehende Arbeitsplätze." In Branchen mit niedrigeren Löhnen würden Arbeitsplätze abgebaut oder in die Schwarzarbeit oder ins Ausland verdrängt. Davon wären nach Worten Hundts bei einem Mindestlohn von 7,50 Euro 1,7 Millionen Vollzeit-Arbeitnehmer bedroht, vor allem in Ostdeutschland. Der Deutsche Gewerkschaftsbund (DGB) wies derartige Befürchtungen der Wirtschaft dagegen als „absurd" zurück. *Collage aus verschiedenen Zeitungsartikeln, Text des Autors, Januar 2011*

Teilnehmer am politischen Willensbildungsprozess

Teilnehmer und Mitgestalter des politischen Willensbildungs- und Entscheidungsprozesses sind ...

- ... die **politischen Institutionen** (Parlamente und Regierungen) sowie die Personen, die in diesen Institutionen tätig sind, z.B. Abgeordnete oder Regierungsmitglieder.
- ... die **Parteien,** die sich zur Wahl stellen und – sofern sie gewählt werden – politische Verantwortung übernehmen.
- ... die **Bürger,** die vor allem bei Wahlen ihren politischen Willen zum Ausdruck bringen.
- ... die **Interessenverbände** (z.B. die Industriegewerkschaft Metall – IG Metall), in denen Millionen von Bürgern organisiert sind.
- ... die **Massenmedien** (Fernsehen, Rundfunk, Presse).
- ... die **Kirchen,** die als öffentlich-rechtliche Körperschaften Einfluss auf die politische Entscheidungsfindung haben, indem sie eine moralische »Wächterfunktion« ausüben, z.B. in Fragen der Friedenssicherung und der Menschenrechte.

Pluralismus

Allein dieser kurze Überblick macht schon deutlich, dass Politik unter Umständen sehr kompliziert sein kann. So viele Mitwirkende, die alle wollen, dass gerade ihre Meinungen gehört werden und ihre jeweiligen Interessen auch von den verantwortlichen Politikern berücksichtigt werden. Dass die Beteiligten dabei nicht alle einer Meinung sind, versteht sich eigentlich von selbst. Und dennoch sind gerade diese unterschiedlichen Interessen, die nebeneinander existieren und sich auch widersprechen, in einer Demokratie etwas ganz normales. Und die Konflikte, die dabei entstehen, ebenfalls. Die Fachleute bezeichnen dieses berechtigte Nebeneinander unterschiedlicher miteinander konkurrierender Interessen und Wertvorstellungen als **Pluralismus.**

Im folgenden Abschnitt geht es um Parteien, Interessenverbände und Bürgerinitiativen. Sie erfahren, worin sich diese unterschiedlichen Teilnehmer am politischen Prozess unterscheiden und welche Aufgaben ihnen in einem demokratischen System zukommen. Warum sie wichtig sind, aber man sie auch kritisieren kann und muss.

Quelle: Mester/CCC, ccc.c5.net

Das Grundgesetz legt die Spielregeln der deutschen Demokratie fest. Aber es ist Aufgabe der Bürger, diese Spielregeln mit Leben zu füllen und sich aktiv am politischen Prozess, an politischen Auseinandersetzungen zu beteiligen. Erst eine wie auch immer geartete politische Beteiligung (z.B. Demonstrationen für und gegen Stuttgart 21) zeigt, dass die Bürger bereit sind, sich in und für ihre Demokratie zu engagieren. Eine demokratische Gesellschaft lebt nämlich von der Zustimmung ihrer Bürger.

Das bedeutet nicht, dass jeder Einzelne direkt politisch aktiv sein muss, etwa indem er aktiv für den Bau eines neuen Jugendzentrums eintritt oder in eine politische Partei eintritt. (Weniger als drei Prozent der wahlberechtigten Bürger sind Mitglieder einer politischen Partei.)

Vielmehr kann politische Beteiligung in den unterschiedlichsten Formen erfolgen:

Am Prozess der politischen Meinungs- und Willensbildung nimmt schon teil, wer politische Nachrichten und Kommentare in Zeitungen liest, die Nachrichten in Rundfunk und Fernsehen verfolgt oder im Familien- oder Freundeskreis über Politik diskutiert.

Formen der aktiven Beteiligung reichen von der Mitwirkung bei Unterschriftenaktionen über die Teilnahme an Demonstrationen, das Schreiben von Leserbriefen, der Mitgliedschaft und Mitarbeit in Parteien, Verbänden und Bürgerinitiativen bis hin zur Teilnahme an Wahlen.

Parteien

Den Parteien kommt dabei im Rahmen des demokratischen politischen Prozesses eine besondere Bedeutung zu. Bei Parteien handelt es sich um freiwillige Zusammenschlüsse von Personen mit gleichen oder ähnlichen politischen Ideen und Zielen.

Indem sie sich an Wahlen beteiligen, also ihre Ideen und Kandidaten zur Wahl stellen, konkurrieren sie um die Macht im Staat.

Je mehr Stimmen sie bei Wahlen auf den unterschiedlichsten Ebenen (siehe das folgende Kapitel) gewinnen, desto größer ist die Wahrscheinlichkeit, dass sie ihre Ideen und Vorschläge auch politisch umsetzen können.

Aber nicht jede Gruppe von Leuten mit gleichen politischen Ansichten ist automatisch eine Partei. Damit eine politische Gruppierung als Partei anerkannt wird, muss sie vielmehr bestimmte, im Parteiengesetz festgelegte Voraussetzungen erfüllen:

- Sie muss über einen **längeren Zeitraum** Einfluss auf die politische Willensbildung nehmen und sich regelmäßig an Wahlen beteiligen.
- Wichtig ist eine **eigenständige Organisation,** sowohl dem Umfang als auch der Dauerhaftigkeit nach. Eine Organisation, die sich nur anlässlich einer Wahl bildet, ist keine Partei.
- Eine Partei muss eine **Mindestzahl an Mitgliedern** haben, damit die Ernsthaftigkeit ihrer Ziele gewährleistet bleibt.
- Sie muss **öffentlich** tätig sein.

Parteien: Zentrale Stellung bei der politischen Willensbildung

Doch warum muss es Parteien überhaupt geben? Schließlich genießen sie in der Bevölkerung oftmals keinen besonders guten Ruf, wie regelmäßige Meinungsumfragen belegen.

Um diese Frage zu beantworten, stelle man sich nur einmal kurz eine moderne Massendemokratie ganz ohne Parteien vor. Wie soll das funktionieren? Wer soll stattdessen dafür zuständig sein, die unterschiedlichen politischen Interessen zu vertreten, zum Ausdruck zu bringen und letztlich in eine politische Entscheidung zu überführen? Wie will man ohne Parteien die Kandidatenauswahl bei Wahlen überhaupt organisieren?

Ohne Parteien gäbe es in einer modernen Massengesellschaft mit Millionen von Staatsbürgern keine politische Willensbildung des Volkes, zumindest keine, die zu politischen Entscheidungen führen würde. In einem komplexen politischen System ist es für die Bürger nicht möglich, »mal eben« auf einem Marktplatz zusammenzukommen, um zu diskutieren und durch Zuruf direkt zu entscheiden.

Wenn die Staatsgewalt vom Volke ausgehen soll, lässt sich dies praktisch nur mit Hilfe von Parteien organisieren. Sie stehen zwischen dem Volk – von dem die Staatsgewalt in einer Demokratie ausgeht – und dem Staat bzw. der Regierungsmacht, welche die Staatsgewalt auf Zeit ausübt. Somit nehmen Parteien eine entscheidende Vermittlerrolle ein.

Ihre Zielsetzungen und politischen Programme sind dabei unterschiedlich wie die politischen Interessen und Wertvorstellungen der Bürger (Pluralismus). Arbeiter, Bauern, Angestellte, Selbstständige, Beamte, Männer und Frauen – sie alle haben unterschiedliche Interessen und Einstellungen zu bestimmten politischen Problemen, z.B. der Bekämpfung der Arbeitslosigkeit.

Im Idealfall betätigen sich Parteien als **Sprachrohre dieser unterschiedlichen Bürgerinteressen.**

Mitgliederentwicklung der Parteien

Mitgliedszahlen der Bundestagsparteien, in Tausend gerundet, 1946 bis 2008

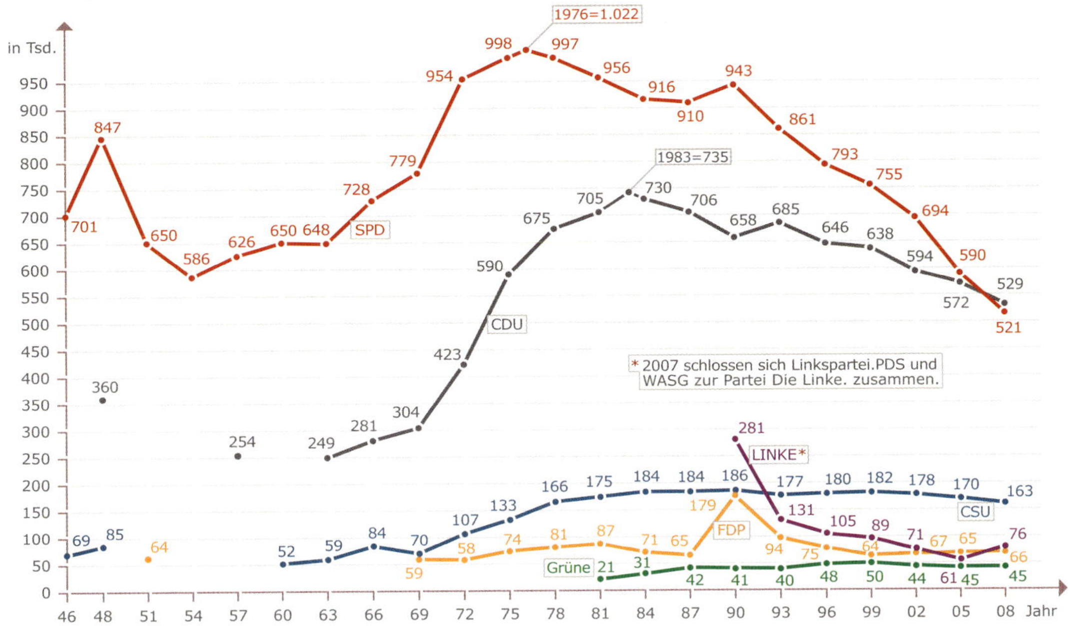

Das Grundgesetz bezeichnet in Artikel 21 die **Mitwirkung bei der politischen Willensbildung** als übergeordnete Hauptaufgabe.

Aufgaben der Parteien:

Das Parteiengesetz versteht darunter im Einzelnen die:

- Auswahl, Bündelung und Weitergabe der unterschiedlichen politischen Ideen und Interessen in der Gesellschaft; **Interessenbündelung**
- Erstellung von Programmen und Entwicklung von unterschiedlichen Lösungsvorschlägen für politische Probleme, z.B. die Bekämpfung der Massenarbeitslosigkeit; **Programmfunktion**
- Werbung für die eigenen politischen Ideen in der Öffentlichkeit und damit Einflussnahme auf die Bildung der öffentlichen Meinung, z.B. durch Reden von Abgeordneten einer Partei im Deutschen Bundestag oder die Teilnahme von Politikern an Talkshows; **Meinungsbildung**
- Förderung und Ausbildung von Bürgern, die politische Verantwortung übernehmen, z.B. als Ortsvorsitzender einer Partei, Bürgermeister oder Abgeordneter; **Personalrekrutierung**
- Aufstellung von Bewerbern (Kandidaten) zu Wahlen in Bund, Ländern und Gemeinden;
- Politische Bildung;
- Umsetzung der parteipolitischen Ziele in Parlamenten und Regierungen. **Umsetzung politischer Ziele**

Die Väter des Grundgesetzes haben aus der Unentbehrlichkeit von Parteien – erstmals in der deutschen Verfassungsgeschichte – die Konsequenz gezogen, Parteien ausdrücklich in der Verfassung, d.h. im Grundgesetz, zu verankern.

Artikel 21 des Grundgesetzes besagt:

(1) »Die Parteien wirken bei der politischen Willensbildung des Volkes mit. Ihre Gründung ist frei. Ihre innere Ordnung muss demokratischen Grundsätzen entsprechen. Sie müssen über die Herkunft und Verwendung ihrer Mittel sowie über ihr Vermögen öffentlich Rechenschaft geben.

(2) Parteien, die nach ihren Zielen oder nach dem Verhalten ihrer Anhänger darauf ausgehen, die freiheitliche demokratische Grundordnung zu beeinträchtigen oder zu beseitigen oder den Bestand der Bundesrepublik Deutschland zu gefährden, sind verfassungswidrig. Über die Frage der Verfassungswidrigkeit entscheidet das Bundesverfassungsgericht.«

Wie aber verhält man sich gegenüber Parteien, die den Staat zerstören wollen und die Grundsätze der Verfassung – also unsere Demokratie – ablehnen?

Das Grundgesetz gibt folgende Antwort:

Prinzip der wehrhaften Demokratie

Parteien, die nach ihren Zielen oder nach dem Verhalten ihrer Anhänger darauf abzielen, die freiheitliche demokratische Grundordnung zu beeinträchtigen oder zu beseitigen, sind **verfassungswidrig** und können verboten werden (GG Art. 21, Abs. 2).

Man spricht deshalb auch von einer sog. „wehrhaften Demokratie" – also einer Demokratie – die sich aktiv gegen ihre Feinde zur Wehr setzt.

Parteien für verfassungswidrig erklären und damit aus dem politischen Leben ausschalten kann allerdings allein das **Bundesverfassungsgericht.**

Es bedarf eines Antrages des Bundestages, des Bundesrates oder der Bundesregierung.

Diese müssen nachweisen, dass es das erklärte Ziel einer bestimmten Partei ist, das politische System der Bundesrepublik Deutschland zu zerstören.

Parteienprivileg des BVG

Aber die Entscheidung über die Verfassungswidrigkeit und damit über das Verbot einer Partei trifft ausschließlich das BVG.

Bisher wurden in der Geschichte der Bundesrepublik Deutschland erst zwei Parteien verboten:

- **1952** die rechtsextreme Sozialistische Reichspartei (SRP) und
- **1956** die Kommunistische Partei Deutschlands (KPD).

Die Frage, ob das Verbot einer Partei sinnvoll ist, ist allerdings nach wie vor umstritten, wie die Diskussion um das angestrebte Verbot der rechtsextremen NPD zeigte.

Dazu zwei Kommentare aus Tageszeitungen bzw. dem Internet:

Verbot vorantreiben

Ein Plädoyer von Helmut Lölhöffel

An der Verfassungsfeindlichkeit der rechtsextremen Nationaldemokratischen Partei Deutschlands (NPD) besteht überhaupt kein Zweifel. Die NPD gehört nicht in unser demokratisches Parteienspektrum, weil sie und die in ihr Parteiumfeld integrierten Schlägerhorden den aus einer parlamentarischen Demokratie bestehenden Staat bekämpfen und ihn abschaffen wollen. Also ist sie keine Konkurrenz im Parteiensystem, sondern dessen Gegner.

Und wir dürfen nicht länger zusehen, wie sie dieses gewachsene System lächerlich und verächtlich macht, wie sie es ausnutzt und unterläuft, wie sie es aushebeln und schließlich abschaffen will. Wenn das Verbot jetzt nicht ernsthaft betrieben wird, zeigt der Staat eine Schwachstelle. Eine Schwäche, die den rechtsextremen Nationalen Anlass für Hass und Gewalt bietet. Sie fühlen sich als nicht verbotene Partei immer sicherer, erzielen vereinzelte Wahlerfolge, machen mit staatlichen Zuwendungen aus Steuermitteln widerliche Propaganda und treten in verschiedenen Landesparlamenten … dreist auf. …

Offene Ausländerfeindlichkeit, fanatischer Rassismus, wüster Hass gegen Minderheiten und übelster Antisemitismus sind Merkmale der NPD-Ideologie, die schon längst nicht mehr verborgen wird. Das alles unter dem Schutz des Staates, den sie abschaffen wollen. Und mit dem Geld des Staates, den sie abschaffen wollen. Dem dürfen wir nicht länger zusehen.

Ein demokratischer Staat, der seine undemokratischen Feinde ungeniert auftreten lässt … ist nicht tolerant, sondern feige. Das fatale Signal der Untätigkeit wird von der NPD mit ihren Anhängern und Mitläufern als Einladung verstanden, sich zu etablieren. Und viele Wählerinnen und Wähler, die gar nicht alle unbedingt der NPD-Ideologie folgen, sondern aus Protest gegen subjektiv gefühlte Benachteiligungen rechtsextrem wählen, dürfen denken, das sei doch gar nicht so schlimm, denn die Partei ist ja nicht verboten.

Parteien, heißt es im Grundgesetz, sollen an der politischen Willensbildung mitwirken. Die NPD muss aber genau daran gehindert werden, diese öffentliche Aufgabe wahrzunehmen. Doch wenn Information, Aufklärung und Seminare, Auseinandersetzung und Protestkundgebungen, Lichterketten und »Gesicht zeigen« nicht ausreichen, muss eben das konsequente Mittel angewendet werden: Verbot. Damit würde der organisierte Rechtsextremismus illegal.

www.bpb.de, 20. November 2007

Ursula Samary zum geforderten Verbot rechtsextremer Parteien

Verbote lösen Gewalt-Problem nicht

Aber ein Verbot von extremistischen Parteien löst das gesellschaftliche Problem nicht und schafft auch nicht die Internet-Seiten aus der Welt, die Gewalt verherrlichen. In den Untergrund getriebene Extremisten lassen sich nur schwer vom Verfassungsschutz beobachten. Außerdem könnten die Akteure – vernetzt mit Skinheads und Neonazis – unter anderem Namen schnell eine andere Partei gründen. Das Fatalste aber wäre, wenn das Bundesverfassungsgericht zum Schluss käme, es könne eine solche Partei gar nicht verbieten. Man stelle sich das Signal vor, die NPD und der Mob könnten triumphieren – als Demokraten.

Kommentar aus der RZ vom 03.08.03, leicht abgeändert

Verbote sind kein Zeichen von Stärke

So lange eine Partei nicht verboten ist, ist es wesentlich einfacher ihre Aktivitäten zu überwachen, als wenn ihre Anhänger zu echten »Untergrundkämpfern« werden.

Oder glaubt jemand, das der harte Kern aus Neonazis seinen Überzeugungen abschwört, nur weil die Partei verboten ist?

Ein Verbotsantrag ... stellt eine Kapitulation der Demokratie vor weniger demokratischen Parteien dar.

Ich denke es ist eine Gradwanderung: Wenn die NPD verboten wird, kann es passieren, dass sie gerade für »rebellierende« Jugendliche attraktiver wird. Meines Erachtens muss ein demokratisch-pluralistischer Staat stark genug sein, auch ohne Parteiverbot die Bevölkerung von der Verfassungsfeindlichkeit einer solchen Partei zu überzeugen. Das Verbot einer Partei schwächt also eher die Demokratie als Ganzes als die Rechten.

Auszüge aus einem Diskussionsforum zum Thema unter www.zum.de, stark gekürzt

Je professioneller Parteien ihre Wahlkämpfe gestalten, desto mehr Geld benötigen sie. Auch für die Unterhaltung der Parteiapparate – Wahlkampfzentralen, Büros, wissenschaftliche Mitarbeiter, Sekretärinnen etc. – benötigen Parteien finanzielle Mittel, ebenso für hauptamtliche Mitarbeiter, Werbemaßnahmen und Aufgaben der politischen Bildung. Schließlich müssen Werbekampagnen erdacht, Wahlplakate gedruckt und Veranstaltungshallen gemietet werden.

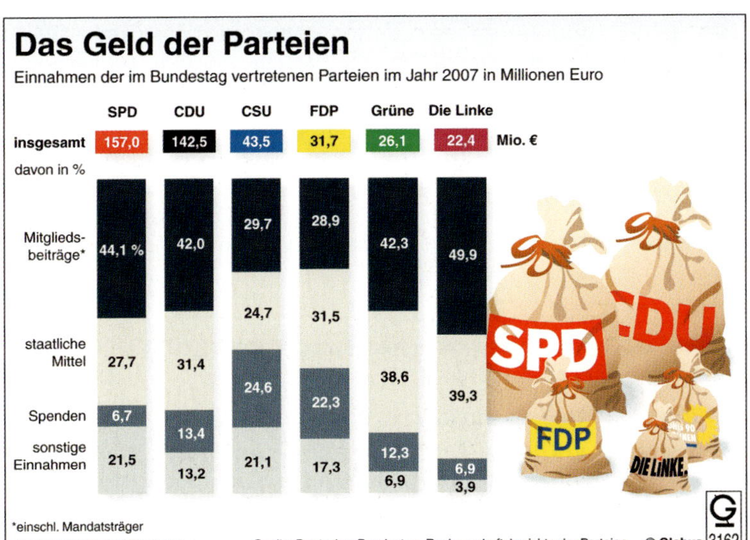

Selbstbedienung

Im Laufe der Jahrzehnte geriet die Praxis der Parteienfinanzierung immer wieder in die Kritik. Unter anderem wurden Parteipolitiker verdächtigt, Parteispenden als Gegenleistung für bestimmte politische Entscheidungen erhalten zu haben. Auch die Sparsamkeit von Parteien wurde angezweifelt. Vor allem aber wird eine Selbstbedienungsmentalität der Parteien beklagt. Das zentrale Problem liegt darin, so Kritiker, dass die begünstigten Parteien im Parlament selbst über die staatliche Parteienfinanzierung entscheiden.

Vor diesem Hintergrund hat das Bundesverfassungsgericht 1992 das zum damaligen Zeitpunkt bestehende Finanzierungssystem für verfassungswidrig erklärt, weshalb seit 1994 eine neue Regelung gilt. Diese soll einen Missbrauch der Macht verhindern helfen und die Parteien durch finanzielle Anreize dazu motivieren, verstärkt um neue Mitglieder und Spenden zu werben. Ferner wurde die Transparenz (Durchschaubarkeit) der Spendentätigkeit erhöht.

Wichtige inhaltliche Bestimmungen Vorschriften zur Parteienfinanzierung lauten nach § 18f. Parteiengesetz:

- Das jährliche Gesamtvolumen staatlicher Mittel, das allen Parteien höchstens ausgezahlt werden darf, beträgt **133 Millionen Euro (absolute Obergrenze).**
- Die Parteien müssen über die Verwendung ihrer staatlichen Zuwendungen jährlich **öffentliche Rechenschaft** geben.
- Parteien erhalten für **jede** bei Landtags-, Bundestags- und Europawahlen abgegebene **Wählerstimme 0,70 €.** Für die ersten 4 Millionen Stimmen **sogar 0,85 €.**
- Beiträge und Spenden sind in der Höhe von **1650,00 € für Ledige** und **3300,00 € für Verheiratete** steuerlich absetzbar.

Die »CDU-Spendenaffäre« aus dem Jahre 2000 und die »Kölner SPD-Spendenaffäre« zu Beginn des Jahres 2002 haben die ohnehin vorherrschende Meinung vieler Bürger bestätigt:

Politik ist ein schmutziges Geschäft, bei dem es den Politikern und Parteien mehr um eigene Vorteile, als um die Interessen der Bevölkerung, bzw. das Allgemeinwohl geht. Aus diesem Grunde hat die Sauersche Allgemeine Zeitung (SAZ) Wissenschaftler, Bürger und Politiker zu einer Podiumsdiskussion eingeladen, die wir im Folgenden in Auszügen wiedergeben.

Titel:

Der Parteienstaat in der Krise – Wie berechtigt ist die Kritik an unseren Parteien und Politikern?

Manuel Heibel, Politikwissenschaftler:

Wenn man sich das Verhalten von Politikern vor und nach Wahlen anschaut, beschleicht einen bisweilen schon das Gefühl, der Parteienstaat sei geprägt von Machtvergessenheit und Machtversessenheit. Politiker wirken machtversessen auf den Wahlsieg.

Sie tun alles um von der eigenen Partei bei Wahlen aufgestellt zu werden und schrecken auch vor Beleidigungen innerparteilicher Konkurrenten nicht zurück. Auch versprechen sie den Bürgern Vieles, um vom Volk gewählt zu werden. So werden vor fast jeder Wahl Steuersenkungen in Aussicht gestellt, die dann nach der Wahl – warum auch immer – für nicht mehr finanzierbar erklärt werden. Das meine ich mit Machtvergessenheit: Man vergisst seine Versprechungen. Es geht dann nur noch darum, die Macht um jeden Preis zu erhalten.

Klaus Hünerfeld, Journalist:

Das ist sicher nicht ganz falsch und doch greift Ihre Argumentation meiner Meinung nach zu kurz. Die Parteien und Politiker sind auch Gefangene der Erwartungen und Wünsche der Bürger. Die Menschen erwarten einfache Lösungen für komplizierte Probleme und sind nicht bereit auch unangenehme Wahrheiten zu akzeptieren, z.B., dass der Staat sparen muss oder die Reduzierung der Arbeitslosigkeit von heute auf morgen nicht machbar ist. Deshalb wählen nicht wenige Bürger sogenannte »Schaumschläger«, anstatt diejenigen, die die Probleme ernsthaft angehen wollen und den Bürgern die Wahrheit sagen. Auch überschätzen viele Menschen die Möglichkeiten der Politik.

Sie denken: »Die Politik wird es schon richten« und wollen Versicherungen, dass auch in der Zukunft alles so bleibt wie es immer schon war. Das aber kann Politik gar nicht leisten. Deshalb ist es wichtig die Möglichkeiten von Politikern realistisch einzuschätzen und sie nicht in Krisenzeiten zu alleinigen Sündenböcken zu machen. Schließlich können einzelne Politiker die wirtschaftliche Lage eines Landes und den Wohlstand der Menschen kaum beeinflussen.

Felix Beus, Bankauszubildender:

Aber da ist noch etwas anderes, was mich stört. Man gewinnt nicht zuletzt durch die Parteispendenaffären den Eindruck, Parteipolitiker betrachten den Staat als Selbstbedienungsladen und entscheiden im Zweifelsfalle zu ihrem eigenen Vorteil, z.B. bei den staatlichen Zuschüssen für Parteien oder bei der Festlegung der Höhe der »Abgeordnetengehälter« (Diäten), die von den Parteipolitikern in den Parlamenten ja selbst festgelegt werden. Ich kann die Höhe meiner Ausbildungsvergütung ja auch nicht selbst festlegen.

Jürgen Grün, Politiker:

Herr Beus, da müssen Sie schon genauer argumentieren. Zu den Diäten: Die Höhe der Abgeordnetenbezüge ist sicherlich angemessen, angesichts des Amtes, das etwa ein Bundestagsabgeordneter innehat. In der freien Wirtschaft liegen die Gehälter in entsprechenden Positionen sicherlich höher. Und zur Rolle von Parteien ganz allgemein: Ohne Parteien würde unsere Demokratie gar nicht funktionieren. Es käme weder zu vernünftigen Wahlen, noch zu politischen Entscheidungen. Man kann auch sagen: Parteien erfüllen öffentliche Aufgaben. Dazu benötigen sie Geld.

Manuel Heibel:

Die negative Einschätzung von Parteipolitikern hat aber noch eine weitere Ursache. Parteipolitiker leben und handeln oft selbst nicht nach den von ihnen geforderten Werten und Gesetzen wie Verfassungstreue, Fairness, Toleranz oder Glaubwürdigkeit.

So wird z.B. der politische Gegner im Wahlkampf oft regelrecht niedergemacht. Und wie viel und woher die Parteien ihr Geld haben, geben sie auch nicht immer korrekt an, wie die Spendenskandale gezeigt haben. Dabei wird genau dies im Grundgesetz, Artikel 21 gefordert. Es gibt da ein schönes Sprichwort: »Wasser predigen und Wein trinken«. Das passt zum Verhalten mancher Politiker.

Klaus Hünerfeld:

Herr Heibel, Sie haben am Schluss Ihrer Ausführungen ein gutes Stichwort gegeben: »Manche Politiker!« Schwarze Schafe gibt es in jeder Berufsgruppe, aber diese sind in der Minderheit. Wir sollten uns vor falschen Verallgemeinerungen hüten. Außerdem sind auch Politiker nur Menschen und keine moralisch höherwertigen Lebewesen. Sie machen natürlich auch Fehler, aber diese werden von den Medien oft dramatisiert und aufgebauscht.

Christiane Bösl, Juristin:

Wir wollen jetzt nicht die Medien für die Fehler von Politikern verantwortlich machen. Ohne kritische Medien wäre wohl kein politischer Skandal der Nachkriegszeit je aufgedeckt worden. Aber noch ein anderer Punkt bereitet mir Sorgen. Nur 3,3% der Wähler sind Mitglieder von Parteien und von diesen wiederum sind nur etwa 1/5 mehr oder weniger aktiv. Das heißt: Nur eine winzige Minderheit trifft Entscheidungen und besetzt Ämter. Die Mehrheit der Menschen hat keinen Einfluss.

Jürgen Grün:

Das sehe ich nicht so dramatisch. Schließlich stehen Parteien allen offen, aber: Viele Bürger sind einfach nicht zu persönlichem Engagement bereit. Auch die Mehrheit der Parteimitglieder hat kein Interesse an der Übernahme von Ämtern und Funktionen, z.B. als Ortsvorsitzender einer Partei. Ich kann deshalb nur sagen: Meckern und Mosern über die angeblichen Fehler anderer kann jeder.

„Der Bewerber hat glänzende Zeugnisse, Herr Rat; hier seine Personalakte."

Eine der Grundannahmen des im Grundgesetz vertretenen Menschenbildes geht davon aus, dass Menschen von Natur aus unterschiedlich sind. Das bedeutet immer auch: Sie haben unterschiedliche Auffassungen darüber, wie sie ihr Leben gestalten wollen, was gerecht oder ungerecht ist und welche Rolle etwa der Staat bei der Organisation des menschlichen Zusammenlebens spielen sollte.

Kurz und gut: Menschen haben unterschiedliche, z.T. gegensätzliche Interessen. Dies ist für eine demokratische Gesellschaft ein ganz normaler Zustand. Ja, es ist sogar legitim (rechtmäßig) und erwünscht, dass die unterschiedlichen Interessen offen geäußert und vertreten werden können. Da der Einzelne seine Interessen in der Regel aber auch durchsetzen möchte, kommt es zwangsläufig zu Konflikten. Um in diesen Konflikten bestehen zu können schließen sich Menschen mit gleichen oder ähnlichen Interessen zu Gruppen zusammen. Man bezeichnet diese Zusammenschlüsse dann als **Interessenverbände.**

Interessenverbände

Im Gegensatz zu Parteien vertreten Interessenverbände aber nur die Interessen einer ganz bestimmten Gruppe, z.B. der Arbeitnehmer, der Soldaten oder der Autofahrer. Auch nehmen sie nicht an Wahlen teil und streben folglich keine Verantwortung für die Gesellschaft als Ganzes an. Sie streben vielmehr danach, dass die Politik Entscheidungen in ihrem Sinne trifft.

Je mehr Menschen einem Interessenverband angehören, je besser er organisiert ist, je überzeugender er seine Forderungen vertreten kann und je mehr finanzielle Mittel ihm zur Verfügung stehen, desto größer sind seine Chancen, die eigenen Interessen durchzusetzen.

Interessenverbände sind feste Bestandteile einer demokratischen und damit pluralistischen Gesellschaft. Die Möglichkeit ihrer Gründung ist im Grundrecht der Vereinigungs- oder Koalitionsfreiheit (Art. 9 GG) grundgesetzlich verankert.

Artikel 9 des Grundgesetzes lautet:

(1) Alle Deutschen haben das Recht, Vereine und Gesellschaften zu bilden.

(3) Das Recht, zur Wahrung und Förderung der Arbeits- und Wirtschaftsbedingungen Vereinigungen zu bilden, ist für jedermann und für alle Berufe gewährleistet.

In diesem Zusammenhang ist auffällig: Während nur verhältnismäßig wenige Bürger einer Partei angehören, sind sehr viele Personen Mitglied eines Vereins oder eines Verbandes. Im Jahr 2008 gab es ca. 554.000 eingetragene Vereine in Deutschland. 58 Mio. der über vierzehnjährigen Deutschen gehören einem oder mehreren Vereinen an. Die Zahl der eigentlichen Interessenverbände – solche, die politische Interessen verfolgen – liegt bei etwa 5000. In der sogenannten Lobbyliste des Deutschen Bundestages waren im Jahre 2009 offiziell 2139 Interessenverbände registriert.

Man kann Vereinigungen bzw. Verbände nach ihren Tätigkeitsfeldern in verschiedene Gruppen einteilen:

- Vereinigungen im Wirtschaftsleben und in der Arbeitswelt (Unternehmer- und Selbstständigenverbände, z.B. der Bundesverband der Deutschen Industrie oder der Deutsche Industrie- und Handelskammertag auf der einen, die Gewerkschaften, z.B. die IG-Metall oder ver.di auf der anderen Seite)
- Vereinigungen mit sozialen Zielen (Caritas, Rotes Kreuz, Mieterbund)
- Vereinigungen im Bereich Freizeit und Erholung (Deutscher Sportbund, DFB)
- Vereinigungen in den Bereichen Kultur und Wissenschaft (Verband der Historiker Deutschlands)
- Vereinigungen mit ideellen und gesellschaftspolitischen Zielsetzungen (amnesty international, Kinderschutzbund).

Trotz dieser unterschiedlichen Tätigkeitsfelder verfügen Verbände jedoch über bestimmte, gemeinsame Merkmale. Sie fassen die ähnlichen Interessen ihrer Mitglieder zusammen, formulieren konkrete Forderungen gegenüber dem Staat und anderen Interessengruppen und versuchen, ihre Ziele mit möglichst wirkungsvollen Mitteln durchzusetzen.

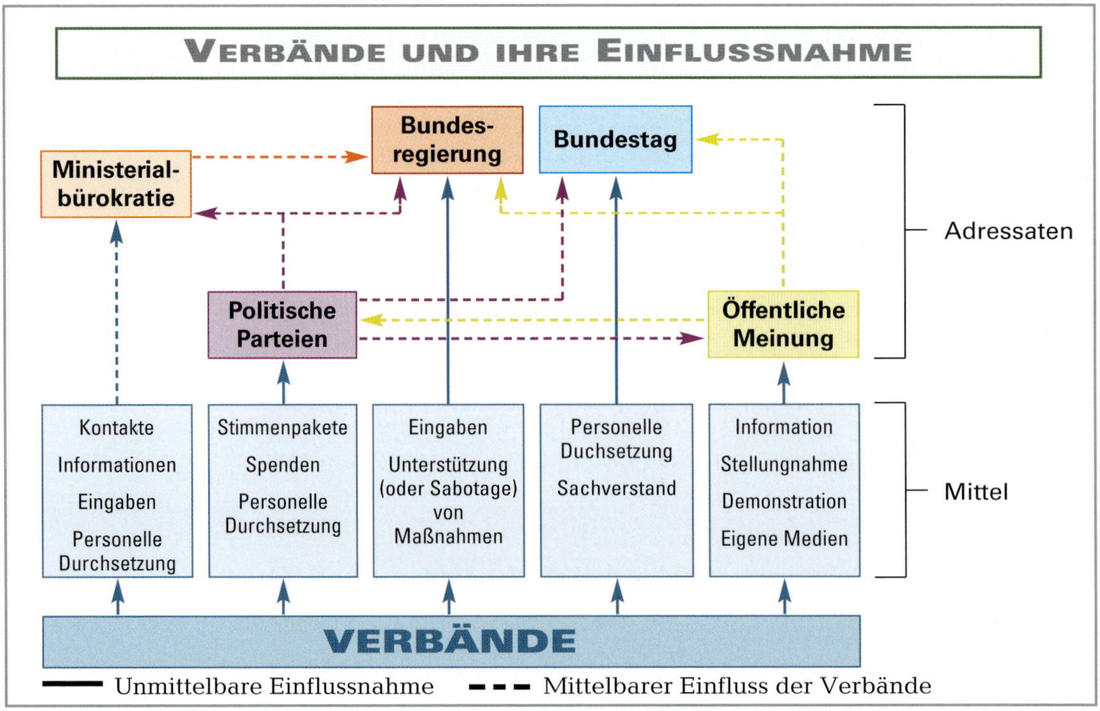

- Interessenverbände werben über die Massenmedien für ihre Ziele, oft auch durch eigene Presseorgane. Schärfere Mittel der Interessendurchsetzung sind Demonstrationen und Streiks.
- Interessenverbände stehen oft einer Partei nahe und unterstützen diese vor allem in Wahlkämpfen. Oft sind Mitglieder in Verbänden gleichzeitig auch Mitglieder einer Partei.
- Im Bundestag sitzen zahlreiche Interessenvertreter der Bauern, des Handwerks, der Industrie sowie der Gewerkschaften (personelle Durchsetzung).
- Interessenverbände verhandeln mit Regierungsmitgliedern und deren Mitarbeitern und zuständigen Beamten. Dabei bringen sie auch ihre besonderen Kenntnisse ein.

Beispiele

»Wenn Sie unsere Forderungen nicht erfüllen, werden unsere zwei Millionen Mitglieder eine andere Partei wählen!«

»... werden wir Ihrer Partei keine Wahlspenden mehr zukommen lassen!«

In einer pluralistischen Demokratie ist das Organisieren von Interessen notwendig und legitim. Dennoch wird der politische Druck mächtiger Interessenverbände – man bezeichnet diese auch als »Pressure Groups« – auf Regierung und Abgeordnete häufig beklagt.

Verbände = Pressure Groups

Ihre Vertreter, die so genannten Lobbyisten (engl.: Lobby = Vorhalle des Parlaments) scheuten weder Kosten noch Mühen auf Abgeordnete oder Regierungsmitglieder einzuwirken. In welchem Umfang in Berlin Lobbyisten am Werke sind, verdeutlicht die Zahl der beim deutschen Bundestag in einer Lobbyliste registrierten Verbände. Im Jahr 2009 waren es 2139.

Die Argumente der Kritiker des Verbandseinflusses lauten:

- Gesellschaftliche Interessen sind keineswegs gleichgewichtig vertreten. Gegenüber den gut organisierten und finanzstarken Verbänden sind jene Gruppen benachteiligt, die sich nicht oder nur schwer organisieren lassen, z.B. Kinder oder alte Menschen.

- Wichtige Reformen und Neuerungen können erschwert werden, weil der Widerstand der beteiligten Gruppen zu stark ist (Beispiel: Gesundheitsreform).
- Der Einfluss der Verbände entzieht sich der öffentlichen Kontrolle. Ihre Einflussnahme geschieht meist im Verborgenen. Je geheimer und undurchsichtiger die Kanäle von den Verbänden zur Regierung, zu den Abgeordneten und Parteien sind, desto größer ist die Gefahr, dass sie ihren Einfluss missbrauchen und in unzulässiger Weise ihre Macht ausüben.

Es wird deshalb immer wieder gefordert, die Einwirkung der Verbände auf Parteien, Abgeordnete und Regierung für die Öffentlichkeit sichtbar und damit kontrollierbar zu machen, denn: »Kontrollierte Macht ist nur noch halbe Macht!«

Ende der sechziger Jahre des vergangenen Jahrhunderts entwickelten sich neue Formen der politischen Mitwirkung, die so genannten Bürgerinitiativen.

In ihrer Entstehungsgeschichte spiegelt sich eine gewisse Enttäuschung einzelner Bevölkerungsschichten über die Arbeit der politischen Parteien und Verbände wider, von denen man sich nicht gut vertreten fühlte.

Die Enttäuschung bezog sich meist auf Probleme, von denen sich die Bürgerinnen und Bürger »vor Ort«, also auf der kommunalen Ebene, betroffen fühlten. Man wurde »initiativ«, d.h. man mischte sich als betroffener und engagierter Bürger zusammen mit anderen in die örtlichen Entscheidungsprozesse ein.

Bürgerinitiativen: Alternative Formen der politischen Mitwirkung

Zurzeit kann man in Deutschland vergleichbare Entwicklungen beobachten. Man kann sich des Eindrucks nicht erwehren, dass zahlreiche Bürger mit bestimmten politischen Entscheidungen in einem Maße unzufrieden sind, dass sie von ihrem Recht als Staatsbürger Gebrauch machen und sich aktiver denn je in den politischen Prozess einbringen.

Die durch den Bundestag beschlossene Verlängerung der Laufzeiten von Atomkraftwerken, der geplante und begonnene Neubau des Stuttgarter Hauptbahnhofs (Stuttgart 21) oder die Bewerbung Münchens als Austragungsort für die olympischen Winterspiele rufen den Widerstand vieler Bürgerinnen und Bürger hervor.

Auch in der ehemaligen DDR gab es Bürgerbewegungen. Sie hatten ungleich schlechtere Voraussetzungen und kümmerten sich weniger um die Lösung eines bestimmten Problems, sondern verstanden sich als Sammelbecken, in dem sich Oppositionelle, also Gegner des DDR-Systems, aus unterschiedlichen politischen Lagern zu kleinen Gruppen zusammenschlossen, um gegen die staatliche Unterdrückung die demokratischen Grundrechte durchzusetzen.

Ihre Mitglieder wurden verfolgt und als Kriminelle abgestempelt. Während der »Wende« waren sie eine wichtige Anlaufstelle für den Widerstand gegen das SED-Regime und maßgebliche Initiatoren der »friedlichen Revolution« in der ehemaligen DDR.

Aktuell wird die Zahl der Bürgerinitiativen in Deutschland auf ungefähr 4500 geschätzt, darunter z.B. die »Bürgerinitiative gegen ERAM« – sie wendet sich gegen die Castor-Transporte und gegen das Endlager für radioaktive Abfälle Morsleben – oder die »Aktion mündige Schule e.V.«, eine Bürgerinitiative von Eltern, Lehrern und Schülern, die sich für die pädagogische Freiheit im Schulwesen einsetzt.

Montagsdemonstration in der Leipziger Innenstadt: Forderung nach Inhaftierung von Erich Honecker – 11.12.1989 *Quelle: ullstein bild*

Bürgerinitiativen sind sehr unterschiedlich aktiv und organisiert, verfügen aber über einige wichtige Gemeinsamkeiten.

Es handelt sich meist um:

- parteiübergreifende
- zcitlich begrenzte Zusammenschlüsse von
- in der Regel persönlich betroffenen
- und deshalb in hohem Maße mobilisierbaren Bürgern,
- die sich mit konkreten Problemen auseinandersetzen,
- sich auf ein begrenztes gemeinsames Ziel konzentrieren
- und ihre damit zusammenhängenden gemeinsamen Interessen durch Eingaben an Behörden, Öffentlichkeitsarbeit oder Demonstrationen durchsetzen wollen.

Bürgerinitiativen kommt der Verdienst zu, **soziale oder politische Probleme ins politische Bewusstsein zu rücken,** die seitens der politischen Entscheidungsträger oder der Interessenverbände nicht wahrgenommen oder bewusst vernachlässigt werden.

Auf diese Weise werden **staatliche Stellen auf ihre Defizite aufmerksam gemacht** und indirekt kontrolliert. Durch die Bildung von Bürgerinitiativen nehmen Bürger massiv und deutlich auf den demokratischen Willensbildungs- und Entscheidungsprozess Einfluss, in der Hoffnung, dass Entscheidungen in ihrem Sinne getroffen oder bereits getroffene Entscheidungen rückgängig gemacht werden.

Allerdings ist festzustellen, dass sie sich ihr Recht auf Interessenvertretung im Grunde genommen eigenständig nehmen. Das heißt: Sie werden von niemandem etwa durch Wahlen dazu beauftragt oder ermächtigt. Der nachfolgende Text aus dem »Stern« macht ebenso wie die Karikatur Probleme von Bürgerinitiativen deutlich.

Bürgerinitiativen sind nicht immer das, was sie vorgeben, zumindest müssen sie nicht zwangsläufig für die Interessen aller tätig sein. Vielfach liegt der Kern der Initiative nicht unbedingt im gesamtpolitischen, sondern allein im persönlichen Interesse der sich »von politischen Entscheidungen betroffenen fühlenden Bürgerinnen und Bürger«.

Die dritte Kraft

Was aber heißt »betroffen«? Welche Ziele würden SIE verfolgen, wenn vor Ihrer Haustür eine Schnellbahntrasse geplant würde? Der Flughafen, die Müllverbrennungsanlage, das Kraftwerk, die Sondermülldeponie – diese Begleiterscheinungen technischer und gesellschaftlicher Entwicklungen können gar nicht grundsätzlich in Frage gestellt werden – oder? Ist das Interesse nicht eher oft daran ausgerichtet, dass sie bloß nicht im eigenen Umfeld, in der eigenen Gemeinde, im eigenen Bezirk, im eigenen Kreis gebaut werden? Der »Schwarze Peter« wird weitergereicht – HEILIGER SANKT FLORIAN – verschon mein Haus, zünd's andere an ...

Die Frage politischer Entscheidungen, politischer Rechtfertigungen, politischer Interessen ist nur dann interessant, wenn man selbst unmittelbar betroffen ist; sobald die Nachteile andere betreffen, ist man schnell wieder gleichgültig oder sogar froh, weil man dann nicht mehr selbst getroffen werden kann ... Damit stellt sich zwangsläufig auch die Frage nach der politischen Legitimation von Bürgerinitiativen!

EXKURS:

„Demokratie ist anstrengend!“: Bürgerproteste – Chance oder Risiko für die Demokratie?

Ausgehend von dem Eindruck, dass die Entscheidungen der Politik und die Interessen der Bürger oftmals nicht zusammenzupassen scheinen, finden Sie untenstehend zwei Artikel , einen Kommentar und ein Interview, zu ebendieser Problematik. Die Artikel sind sprachlich nicht ganz einfach. Scheuen Sie sich also nicht, Ihren Lehrer, die Mitschüler oder das Internet zu fragen, wenn Ihnen etwas unklar ist.

Bürger in Aufruhr

Von Kata Kottra

Anfang 2011 kürte die Gesellschaft für deutsche Sprache das Wort des Jahres 2010: Die Wahl fiel auf den „Wutbürger“. Spiegel-Journalist Dirk Kurbjuweit prägte den Begriff und bezeichnete mit ihm Bürger, die früher den Staat eher unterstützten, inzwischen aber lieber auf die Straße gingen, um gegen Stuttgart 21, Kraftwerke oder Stromtrassen zu protestieren. Ein Fernsehrückblick erklärte 2010 gar zum „Jahr der Nein-Sager“.

Bürgerproteste haben das Jahr 2010 geprägt: Die Stuttgarter Demonstrationen gegen den Bahnhofsumbau, das Hamburger Referendum gegen die sechsjährige Grundschule und der bayerische Volksentscheid gegen verrauchte Kneipen waren nur die prominentesten Beispiele. Besonders Infrastrukturprojekte (in der Regel Verkehrsprojekte wie: Neue Straßen oder der Ausbau von Bahnhöfen oder Flughäfen) und Bildungsthemen erregen in allen Bundesländern die Gemüter. ...

Ein Ergebnis von Befragungen des Berliner Protestforschers Dieter Rucht: Viele Demonstranten hätten das Gefühl, dass über ihre Köpfe hinweg regiert werde. Wie sollten Politiker in einer solchen Situation reagieren? Protestforscher Rucht plädiert für mehr Volksentscheide. Seine Meinung teilen bei Weitem nicht alle: Der Kommunikationswissenschaftler Ulrich Sarcinelli wirbt ... dafür, „Politik, Parlamente und Parteien“ zu öffnen und neue Möglichkeiten der Kommunikation einzuführen. Der Politikwissenschaftler Karl-Rudolf Korte will sogar Bürgerkammern einrichten, die die Parlamente unterstützen und ergänzen sollen.

Die Praktiker der Demokratie, Abgeordnete von Bundestag und Landtagen, müssen sich hingegen ganz konkret damit auseinandersetzen, wie sie protestierenden Bürgern begegnen. Wie erklären sie ihre Überzeugungen? Wie versuchen sie, widerstrebende Interessen unter einen Hut zu bringen?

Worüber sich alle politisch Engagierten einig sind: Dagegen zu sein alleine reicht nicht. Demokratie sei zwar anstrengend und erfordere Kompromisse, sagt die CSU-Abgeordnete Dorothee Bär im Streitgespräch mit Politikwissenschaftler Bernd Guggenberger in der Zeitung „Das Parlament“. „Aber wenn ich das nicht will, muss ich letztlich in einer Diktatur leben.“ Empörung könne zwar der Auslöser für Engagement sein, im zweiten Schritt erwarte er aber die Bereitschaft zur Mitgestaltung, findet auch Wolfgang Thierse, Bundestagsvizepräsident und SPD-Abgeordneter: „Von Demokraten ist immer zu verlangen, dass sie im Nein auch das Ja artikulieren.“ *Grundlage: Text von Kata Kottra aus „Das Parlament“, Ausgabe 1, 2011; vom Autor gekürzt und leicht verändert*

Fragen zum Text:

1) Warum wurde das Jahr 2010 zum „Jahr der Nein–Sager“ erklärt, warum „Wutbürger“ zum Wort des Jahres?
2) Wie lassen sich die zunehmenden Bürgerproteste erklären?
3) Wie muss man sie bewerten, welche Schlüsse gilt es daraus ziehen?
4) Erklären Sie den letzten Satz des obenstehenden Artikels, die Aussage Wolfgang Thierses.

**Streitgespräch mit Dorothee Bär (CSU)
und Bernd Guggenberger, Politikwissenschaftler**

»Demokratie ist anstrengend«

DOROTHEE BÄR UND BERND GUGGENBERGER

Die stellvertretende CSU-Generalsekretärin und der Berliner Politikwissenschaftler über die vermeintlich neue Protestkultur

Inwiefern sind Bürgerinitiativen Herausforderungen für die parlamentarische Demokratie?

Bär:
Bürgerinitiativen beschäftigen sich häufig nur mit einem Thema, während Volksparteien alle Themen abdecken müssen von der Entwicklungshilfepolitik über die innere Sicherheit bis hin zur Sozialpolitik. Initiativen lösen sich oft auf, sobald ihr Ziel erreicht ist, während das Engagement in einer Partei darauf angelegt ist, bis zum 50-jährigen Mitgliedsjubiläum dabeizubleiben. Solange das so ist, sehe ich Bürgerinitiativen nicht als wirkliche Konkurrenz zu den etablierten Parteien.

Herr Guggenberger, sind denn wirklich immer weniger Menschen bereit, sich in Strukturen einbinden zu lassen?

Guggenberger:
In der Politik war es schon immer so, dass sich einzelne Akteure über etwas empören und Initiativen starten. Parteien sind ursprünglich Empörungsgemeinschaften, auch wenn die CSU nicht mehr so zornig ist wie früher und die SPD nicht mehr die Vorkämpferin für die Arbeitnehmermassen. Ich verwahre mich gegen die Annahme, dass auf der einen Seite Parteien stehen, die das große Ganze im Blick haben, und auf der anderen Seite die regellosen Horden auf der Straße. Das sind zwei Seiten derselben Medaille. Der Bürgersouverän schläft nicht einfach für die nächsten vier Jahre ein, nachdem er artig seine Stimme abgegeben hat. Die Parteien müssten sich freuen über aktive Bürger. Bürgerlichen Ungehorsam üben, auch das ist Demokratie. Dass sie das aushält, macht sie der Diktatur so überlegen.

Bär:
Ich habe nichts gegen Demonstrationen. Im Gegenteil. Sie sind ein Grundrecht unserer Verfassung. Die Frage ist, ob ich Demos zu meiner Lebensaufgabe mache oder mich auch darüber hinaus engagiere, sei es in einer Partei oder auf kommunaler Ebene.

Guggenberger:
Man sollte Bewegungspolitik und Gestaltungspolitik nicht gegeneinander ausspielen. Beide ergänzen sich. Anstoß nehmen heißt in einer funktionierenden repräsentativen Demokratie immer auch Anstoß geben!

Viele Demonstranten beklagen sich über die Abgehobenheit der etablierten Parteien. Ist das berechtigt?

Bär:
Schon im alten Rom wurde Politikern Abgehobenheit vorgeworfen. Jeder Kollege hat im Wahlkreis die Erfahrung gemacht, dass Gemeinplätze über „die" Politiker verteilt wurden und dann gesagt wurde: Das geht nicht gegen Sie persönlich.

Was ich rund um Stuttgart 21 spannend fand, war, dass plötzlich auch die demonstrierende Masse gemerkt hat, wie schwierig es ist, sich untereinander zu einigen, als die Schlichtung anstand.

Erst wenn man sich an einen Tisch setzt und den anderen ausreden lässt, merkt man, was es bedeutet, sich mit anderen Argumenten auseinander setzen zu müssen. Zudem hat die Gegner zuerst ihr „Dagegen" geeint. Im Detail waren dann aber riesengroße Unterschiede spürbar.

Zeigt das den Sinn von Repräsentation und gewählten Vertretern?

Bär:
Es können nicht 80 Millionen über jedes Thema abstimmen, das ist nicht praxistauglich. Man muss aber prüfen, wie die repräsentative Demokratie ergänzt werden kann – etwa im Bereich E-Petitionen oder über das Internet. Denkbar ist, dass ab einer bestimmten Zahl von Unterstützern eine Ausschussberatung oder eine aktuelle Stunde im Bundestag erzwungen werden kann. Wenn jemand sich wirklich engagieren will, reicht es nicht, wenn er nur alle vier Jahre seine Meinung kundtun darf.

Guggenberger:
Mit Blick auf die Internet-Demokratie bin ich anderer Meinung. Anwesenheitsdemokratie ist nicht dadurch zu ersetzen, dass man sich bequem zwischen Teleshopping und der nächsten Family-Soap einklinkt. Wer nur einen Klick macht, bringt weniger Intensität und Engagement ein als der, der seinen Einsatz beglaubigt, indem er zu einer Parteiversammlung oder einer Demonstration geht.

Bär:
Viele können aber nicht hingehen, weil sie alt sind oder behindert oder Kinder haben. Diese Beteiligungsformen könnten ein zusätzliches Element sein.

Guggenberger:
Was mir bislang zu kurz kommt, sind die anderen, stilleren Formen der Bürgerinitiativen. Da leisten Zehntausende großartige Arbeit, die die Politik gar nicht bezahlen könnte: Lernhilfen für Ausländer oder Pflegedienste im Bereich des Ehrenamtes. Bürgerinitiativen sind vielfach „Inhalte ohne Form", Parteien dagegen oft erstarrte Formen, deren eigentliche Botschaft dunkel geworden ist. Aus beidem zusammen ergibt sich unterm Strich lebendige Demokratie. Es reicht nicht, über pflichtvergessene oder korrupte Politiker zu schimpfen. Die Wahrheit ist: Wir haben nicht nur mäßige Politiker, wir sind auch meist ein mäßiges Volk.

Bär:
Zu Ihrer Idealvorstellung des Parlaments gehört auch eine Idealvorstellung des Volkes - aber in der Praxis ist es doch so, dass Wähler an der Urne überlegen, was ihnen am meisten bringt. Es geht nicht darum, was gut für kommende Generationen wäre. Da bekomme ich zu hören: Wenn diese Umgehungsstraße nicht kommt, dann wähle ich Sie nicht mehr. Die Wahlentscheidung hat in der Regel wenig damit zu tun, wie unser Land gerade dasteht oder damit, dass wir seit über 60 Jahren Frieden im eigenen Land haben.

Die Bürger müssten also das große Ganze sehen und nicht nur die eigene Befindlichkeit?

Guggenberger:
Nur nach der Beurteilung der Frage, was mir am meisten bringt, ist auf Dauer kein demokratischer Staat zu machen. Meine Frau ist Abgeordnete in der Schweiz. Vor ein paar Jahren wurde dort über die Müllentsorgung abgestimmt und es gibt wohl nirgends auf der Welt eine so kompetente Wahl-Bevölkerung, was die Probleme der Müllentsorgung anbelangt wie in der Schweiz. Es gibt eben keinen besseren Lehrmeister als persönliche Betroffenheit und die Pflicht und den Zwang, sachpolitisch entscheiden zu müssen.

Bär:
Das merke ich gerade unter meinen Kolleginnen und Kollegen bei der Diskussion um die Präimplantationsdiagnostik. Wenn sich der einzelne Abgeordnete nicht hinter seiner Fraktion verstecken kann und sich zu dem Thema selbst eine Meinung bilden und abstimmen muss, kann man ungeheuer viel lernen. Das geht aber nicht täglich bei 100 verschiedenen Themen – leider Gottes.

Das Interview führten Susanne Kailitz und Kata Kottra in: Das Parlament, Ausgabe 1, 2011.

Fragen zum Interview:

1) Worin unterscheiden sich Bürgerinitiativen von Parteien?
2) Wie beurteilen die Diskussionsteilnehmer die zunehmenden Bürgerproteste?
3) Welche Folgen für die Politik leiten Sie daraus ab?

LERN-BOX

- Der **politische Willensbildungsprozess** ist der Prozess der politischen Meinungsbildung und Entscheidungsfindung. Teilnehmer dieses Prozesses sind:
  Bürger
  Massenmedien
  Parteien
  Interessenverbände
  Politische Institutionen.

- **Parteien** sind freiwillige Zusammenschlüsse von Personen mit gleichen oder ähnlichen politischen Zielvorstellungen, die über die Beteiligung von Wahlen um die Macht im Staat konkurrieren.

  Ihnen kommt eine **zentrale Stellung bei der politischen Willensbildung** zu (GG Art. 21). Die Erstellung von Programmen, die Aufstellung von Kandidaten bei Wahlen und die Umsetzung der parteipolitischen Ziele in Parlamenten und Regierungen stellen Hauptaufgaben der Parteien dar.

  Parteien, die verfassungsfeindliche Ziele verfolgen, können vom Bundesverfassungsgericht verboten werden (Parteienprivileg).

- Bei **Interessenverbänden** handelt es sich um Zusammenschlüsse von Menschen mit gleichen Interessen. Interessenverbände organisieren diese Interessen und versuchen ihre Ziele gegenüber dem Staat und anderen Interessengruppen mit wirkungsvollen Mitteln (Einsatz von Massenmedien, Fachwissen etc.) durchzusetzen. **Im Gegensatz zu Parteien streben sie keine politische Gesamtverantwortung an.**

- **Bürgerinitiativen** zeichnen sich durch folgende gemeinsame Merkmale aus:

  Sie sind parteiübergreifend, zeitlich begrenzt, bestehen aus persönlich betroffenen Bürgern und versuchen ein gemeinsames Ziel durch Eingaben an Behörden, Demonstrationen o.ä. zu erreichen. Sie machen auf Probleme aufmerksam, die von den politisch Verantwortlichen so nicht wahrgenommen werden.

WISSENS-CHECK

1. Benennen Sie die politischen Akteure im Zeitungsartikel auf Seite 55f.

   Welche Positionen vertreten sie jeweils?

   Wie begründen sie diese?

2. Welche Parteien bestimmen das **politische Leben** in Deutschland?

   Nennen Sie jeweils ihre wichtigsten Vertreter.

3. Informieren Sie sich in Tageszeitungen oder im Internet über die Positionen der Parteien zu unterschiedlichen Themenfeldern, z.B.:
   - Bildung
   - Familienpolitik
   - Schaffung neuer Arbeitsplätze
   - Reform des Gesundheitswesens

4. Welche Parteien stellen auf Bundesebene zurzeit die Regierung, welche bilden die Opposition?

5. Nennen und erläutern Sie die Aufgaben von Parteien.

6. Diskutieren Sie in Form einer **Pro- und Kontra-Debatte** Sinn oder Unsinn von Parteiverboten.

7. Welche **Einnahmequellen** stehen den Parteien zur Verfügung?

8. Welche Kritikpunkte werden in der Podiumsdiskussion auf Seite 64f gegenüber Parteien und Politikern geäußert?

   Welche Argumente werden diesen Kritikpunkten entgegengehalten?

   Listen Sie die entsprechenden Argumente und Gegenargumente in einer Tabelle auf.

9. Welcher Missstand unserer Parteiendemokratie soll durch die Karikatur auf Seite 66 kritisiert werden?

10. In welcher Weise versuchen Verbände auf die Politik Einfluss zu nehmen?

11. Worin sehen Sie Probleme des Verbandeinflusses?

12. Worin besteht Ihrer Meinung nach die Aufgabe der gewählten Politiker angesichts der in der Karikatur »Gesundheitsreform« auf Seite 69 angesprochenen Problematik?

13. Warum versuchen Verbände ihre Interessen als die Interessen der **Allgemeinheit** darzustellen?

14. Beurteilen Sie die Rolle von **Bürgerinitiativen** im politischen Willensbildungsprozess.

Wahlgrundsätze, Wahlverfahren, Wählerverhalten

In diesem Kapitel erfahren Sie Wissenswertes über das Thema »Wahlen und Wahlkampf«.

Sie lernen die Funktionen von Wahlen und die unterschiedlichen Wahlsysteme kennen.

Es gibt zahlreiche Informationen über den Ablauf von Bundestags-, Landtags- und Kommunalwahlen.

Wer in der Demokratie schläft, erwacht in der Diktatur. *(Hermann Glaser)*

Wahlen: Ausdruck der Volkssouveränität

Wahlen sind nicht nur die einfachste und wichtigste Form politischer Beteiligung in der Demokratie, sondern für die Mehrheit der Bürger auch die einzige Form, mittels derer sie sich aktiv und direkt am politischen Prozess beteiligen. Alle anderen Arten von Teilnahme (Partizipation) sind mit einem deutlich höheren Aufwand verbunden.

Ohne Wahlen ist Demokratie überhaupt nicht denkbar.

Durch Wahlen wird die politische Führung bestimmt und der politische Kurs für die nächsten Jahre festgelegt.

Das heißt:

Wahlen ermöglichen den wahlberechtigten Bürgern über politische Personen und Inhalte direkt mitzuentscheiden.

Auch das Grundgesetz trägt der überragenden Bedeutung von Wahlen in der parlamentarischen Demokratie Rechnung.

»Alle Staatsgewalt geht vom Volk aus, sie wird vom Volke in Wahlen und Abstimmungen und durch besondere Organe der Gesetzgebung, der vollziehenden Gewalt und der Rechtsprechung ausgeübt«.

(Artikel 20 GG)

Das bedeutet:

- Durch Wahlen ermitteln die Bürger ihre politischen Vertreter (Repräsentanten) in den Parlamenten. So werden die Gemeinde- oder Stadträte, die Landtage sowie der Deutsche Bundestag gewählt.

Repräsentationsfunktion

- Die Volksvertretungen werden mit Hilfe von Wahlen dazu berechtigt, für einen begrenzten Zeitraum anstelle der Bürger Entscheidungen zu treffen und Gesetze zu beschließen.

Legitimationsfunktion

- Indem der Wähler am Wahltag die Amts- und Mandatsträger abwählt oder bestätigt, ermöglichen Wahlen Machtkontrolle und -korrektur.

Kontrollfunktion

Damit Wahlen als »demokratisch« bezeichnet werden können, müssen sie verschiedene Kriterien erfüllen. Das wohl wichtigste Kriterium ist das der **Konkurrenz.**

Es müssen verschiedene, miteinander konkurrierende Personen oder Parteien mit unterschiedlichen Programmen zur Wahl stehen, damit eine echte Auswahl möglich ist.

Darüber hinaus schreibt das Grundgesetz in Artikel 38 (1) GG für Wahlen zu Volksvertretungen fünf wichtige Grundsätze fest.

»Na Opa, kann ich was helfen?«

Danach sind Wahlen:

Wahlrechtsgrundsätze

- **Allgemein**
  Alle Bürger ab dem vollendeten 18. Lebensjahr sind wahlberechtigt.
- **Unmittelbar**
  Die Wahl geschieht ohne Zwischenmänner.
- **Frei**
  Sie müssen ohne Zwang und Kontrolle durchgeführt werden können.
- **Gleich**
  Jede Stimme zählt gleich viel.
- **Geheim**
  Die Abgabe der Stimmen erfolgt verdeckt; niemand darf nachprüfen, wie einzelne Personen gewählt haben.

Es gibt verschiedene Wahlverfahren, nach denen gewählt werden kann: Das **Mehrheitswahlrecht** und das **Verhältniswahlrecht.**

Wahlverfahren

Nach dem **Mehrheitswahlverfahren** wird z.B. der Klassensprecher gewählt. In einer Klasse ist derjenige Kandidat gewählt, der die meisten Stimmen bekommt. Wählt man ein Parlament nach diesem System, so teilt man das Land in so viele Wahlkreise ein, wie Sitze zu vergeben sind.

Mehrheitswahl

Das AKTIVE Wahlrecht in Deutschland

Wahlberechtigt sind alle Deutschen im Sinne des Artikels 116 Abs. 1 des Grundgesetzes, die am Wahltag:

- das **18. Lebensjahr** vollendet haben und
- seit mindestens **3 Monaten** eine Wohnung oder ihren gewöhnlichen Aufenthalt im Wahlgebiet haben.

Auch Deutsche im Ausland sind unter bestimmten Voraussetzungen wahlberechtigt.

Das PASSIVE Wahlrecht in Deutschland

Wählbar ist jeder Wahlberechtigte, der am Wahltag:

- das **18. Lebensjahr** vollendet hat und
- seit mindestens **einem Jahr** Deutscher im Sinne des Artikels 116 Abs. 1 des Grundgesetzes ist.

Derjenige, der in einem Wahlkreis die meisten Stimmen auf sich vereinigt, gewinnt den Parlamentssitz.

Die Stimmen, die die Wähler für die anderen Kandidaten des Wahlkreises abgegeben haben, gehen verloren. Das ist z.B. in Großbritannien der Fall.

Man unterscheidet bei der Mehrheitswahl verschieden Arten:

- die **relative** Mehrheitswahl, bei der man eine einfache Mehrheit an Stimmen benötigt;
- die **absolute** Mehrheitswahl, bei der man mehr als 50% der Stimmen benötigt;
- die **qualifizierte** Mehrheitswahl, bei der mindestens eine ganz bestimmte Anzahl an Stimmen, z.B. 2/3, erreicht werden muss.

Verhältniswahl

Beim **Verhältniswahlrecht** geht man dagegen von dem Grundsatz aus, dass jede Partei entsprechend ihrem Anteil an Wählerstimmen Abgeordnete in ein Parlament entsenden kann.

Nach diesem Verfahren wurde z.B. in der Weimarer Republik gewählt. Für die entscheidende Auswertung wandern alle Stimmen in einen Topf. Hat dann z.B. die Partei A insgesamt 40 Prozent aller Stimmen erzielt, erhält sie auch 40 Prozent der Parlamentssitze. Bei diesem Verfahren werden keine Einzelpersonen, sondern Parteien bzw. Kandidatenlisten gewählt.

Personalisierte Verhältniswahl

Jedes dieser Wahlverfahren hat Vor- und Nachteile. Deshalb hat man sich bei den **Wahlen zum Deutschen Bundestag** für eine Kombination beider Wahlsysteme entschieden und die **Personalisierte Verhältniswahl** eingeführt. Sie ist der Grund, warum die Bürger bei der Bundestagswahl **zwei Stimmen** abgeben und die Bundesrepublik Deutschland in 299 Wahlkreise aufgeteilt ist.

Die Mehrheitswahl

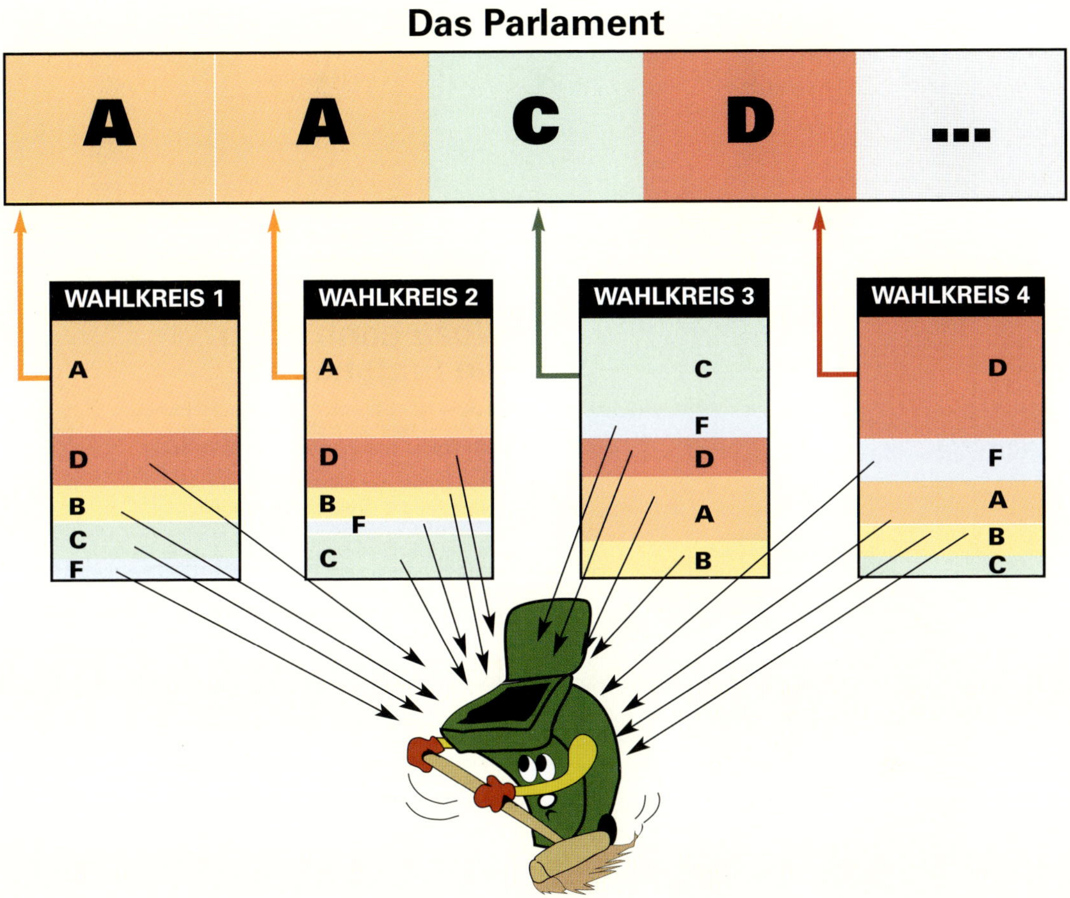

Die Verhältniswahl

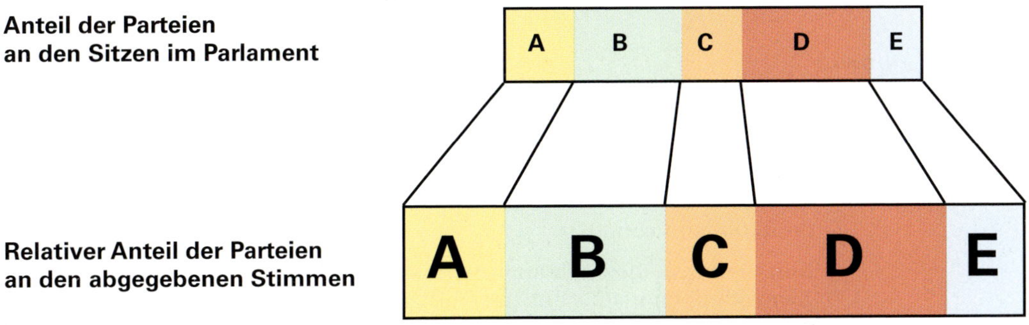

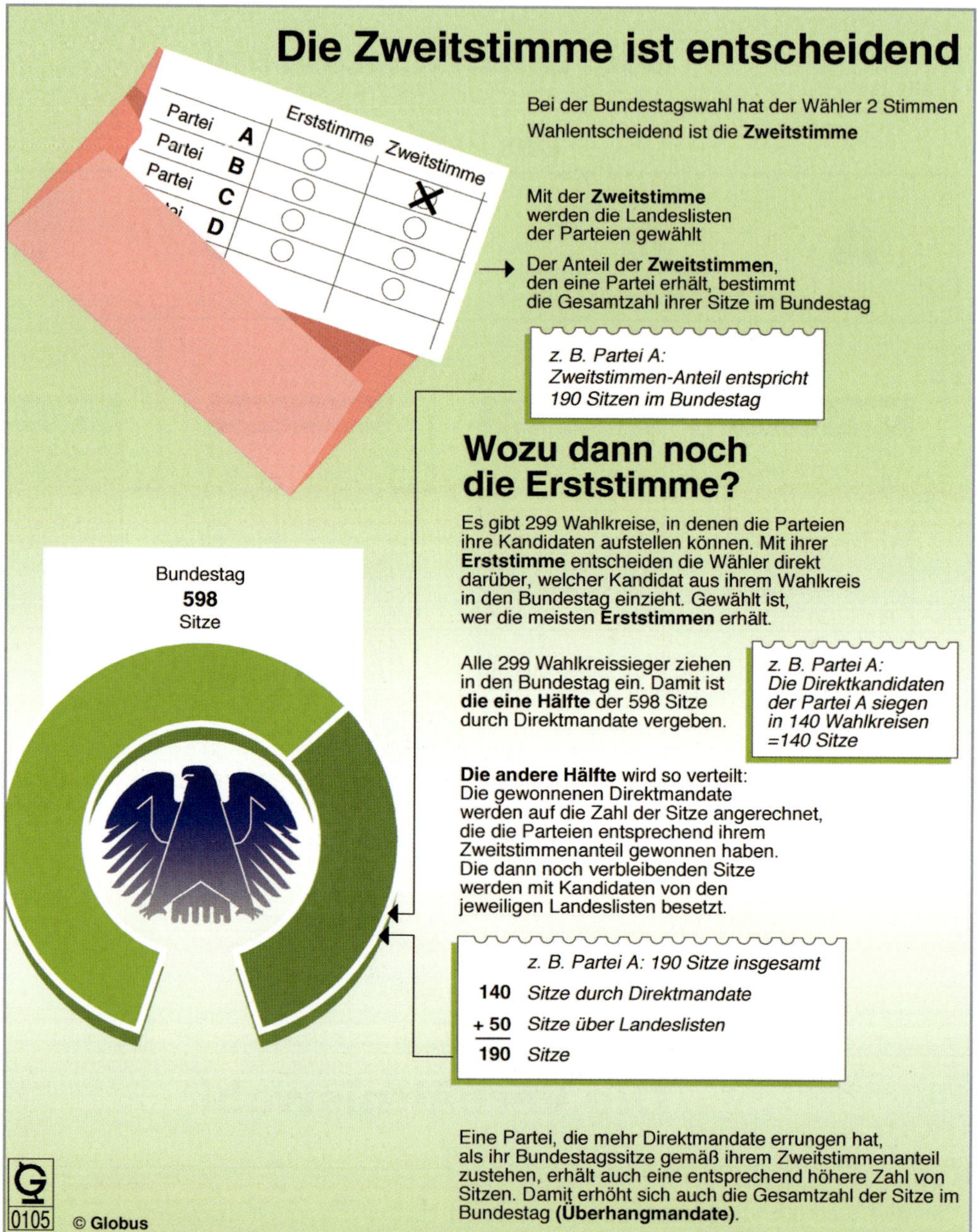

Zweitstimme: Verhältniswahlverfahren

Mit der **Zweitstimme** wählt man eine Partei bzw. eine Parteiliste nach dem Verhältniswahlrecht. **Sie ist die wichtigere der beiden Stimmen,** weil sie im Wesentlichen darüber entscheidet, wie viel Sitze (Mandate) eine Partei im Parlament erringt.

Man nennt sie deshalb auch Parteienstimme. (Beispiel: Partei A: 40% der Zweitstimmen = 40% der Sitze im Parlament). Die wichtigsten (prominentesten) Kandidaten einer Parteiliste findet man in der Spalte »Zweitstimme« unter dem Namen der jeweiligen Partei.

Erststimme: Mehrheitswahlverfahren

Mit der **Erststimme** wählt man dagegen den Wahlkreis- bzw. Direktkandidaten einer Partei, also die Person, die später im Bundestag die Interessen eines Wahlkreises vertritt. Der Kandidat, der die meisten Stimmen erhält, hat seinen Wahlkreis direkt gewonnen und zieht auf jeden Fall in den Bundestag ein. Auf diese Weise werden die Hälfte der 598 Bundestagssitze vergeben. Dies entspricht der Anzahl der Wahlkreise. Nach der Wahl werden die Sitze, die eine Partei über die Erststimme errungen hat, mit denen, die sie über die Zweitstimme gewonnen hat, verrechnet.

Beispiel

In Musterland gab es Parlamentswahlen.
20 Parlamentssitze waren zu vergeben. Musterland ist in 10 Wahlkreise eingeteilt. Partei X hat 50% der Zweitstimmen gewonnen.
Das bedeutet, ihr stehen 10 von 20 Sitzen im neuen Parlament zu.
Sie hat über die Erststimme 4 Wahlkreise gewonnen. Diese Wahlkreisgewinner ziehen auf jeden Fall ins Parlament ein.
Das bedeutet: Von den 10 Sitzen, die der Partei X über die Zweitstimme zustehen, sind automatisch 4 Sitze für die Wahlkreisgewinner reserviert. Die anderen 6 Sitze gehen an die Kandidaten der Parteilisten, die man automatisch mit der Zweitstimme gewählt hat.

Überhangmandat

Hat eine Partei mehr Direktmandate gewonnen als ihr nach dem Zweitstimmenanteil eigentlich an Sitzen zustünden, so spricht man von **Überhangmandaten.**

Mit Urteil vom 3. Juli 2008 hat das BVG allerdings festgestellt, dass das Berechnungsverfahren für die Sitzverteilung im Deutschen Bundestag (wie werden aus Stimmen Sitze?) bis zum 30. Juni 2011 geändert werden muss.

Zwar hat das bei der Bundestagswahl 2009 erstmals angewandte Verfahren nach der Methode »Sainte-Laguë/Schepers« bereits dazu geführt, dass kleinere Parteien nicht mehr über Gebühren benachteiligt werden. Den Vorgaben des Bundesverfassungsgerichts wurde dennoch nicht in ausreichendem Maße entsprochen. Im Extremfall hätte es nämlich auch bei den Bundestagswahlen 2009 dazu kommen können, dass ein Zuwachs an Zweitstimmen zu einem Verlust an Sitzen der Landeslisten oder ein Verlust an Zweitstimmen zu einem Zuwachs an Sitzen der Landeslisten geführt hätte. Dies muss für die Zukunft ausgeschlossen sein.

5-Prozent-Hürde oder drei Direktmandate

Damit eine Partei in den Deutschen Bundestag einziehen kann, muss sie entweder mindestens 5% aller abgegebenen Zweitstimmen erhalten (5%-Hürde) oder – wenn dies nicht der Fall ist – drei Wahlkreise gewinnen. Dies ist in der Geschichte der Bundesrepublik Deutschland bisher nur der PDS (heute: »Die Linke«) gelungen, die 1994 bei der Wahl zum 13. Deutschen Bundestag an der 5%-Hürde scheiterte, aber im Osten Deutschlands drei Direktmandate erringen konnte. Deshalb kam die 5%-Hürde nicht zur Anwendung und die PDS zog mit 30 Abgeordneten in den Bundestag ein.

Die 5-%-Klausel ist eingeführt worden, um stabile politische Verhältnisse zu schaffen und kleinen Splitterparteien nicht die Möglichkeit zu geben, eine regierungsfähige Mehrheit im Bundestag zu verhindern und die parlamentarische Arbeit zu erschweren.

Wahlen in Rheinland-Pfalz

Auch bei den **Wahlen zum rheinland-pfälzischen Landtag** findet das Personalisierte Verhältniswahlrecht Anwendung. Die Abgeordneten werden für die Dauer von fünf Jahren gewählt. Der Landtag besteht grundsätzlich aus 101 Abgeordneten. Abweichungen können sich durch Überhang- und Ausgleichsmandate ergeben. Von 101 Abgeordneten werden 51 Abgeordnete direkt in den Wahlkreisen gewählt, die übrigen nach Landes- und Bezirkslisten.

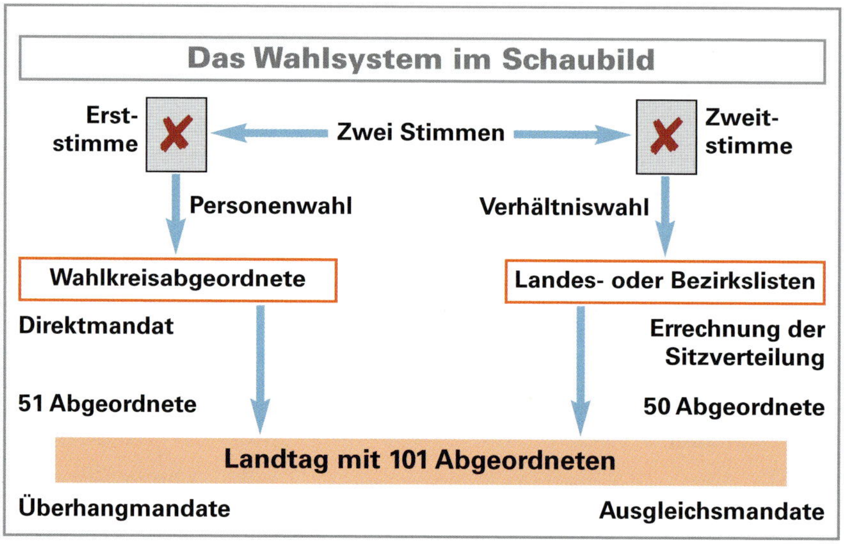

Ausgleichsmandate

Jeder Wahlberechtigte verfügt über zwei Stimmen, eine Stimme für die Wahl eines Wahlkreisabgeordneten und eine Stimme für die Wahl einer Landes- oder Bezirksliste. Über die Sitzverteilung im Landtag entscheidet ausschließlich die Anzahl der Zweitstimmen. Für mögliche Überhangmandate, die eine Partei erringt, erhalten die übrigen Parteien dann **sogenannte Ausgleichsmandate,** sodass die Sitzverteilung im Landtag auf jeden Fall dem Zweitstimmenergebnis entspricht. Bei der Verteilung der Sitze werden nur Parteien und Wählervereinigungen berücksichtigt, die mindestens 5 Prozent der abgegebenen Zweitstimmen erreicht haben.

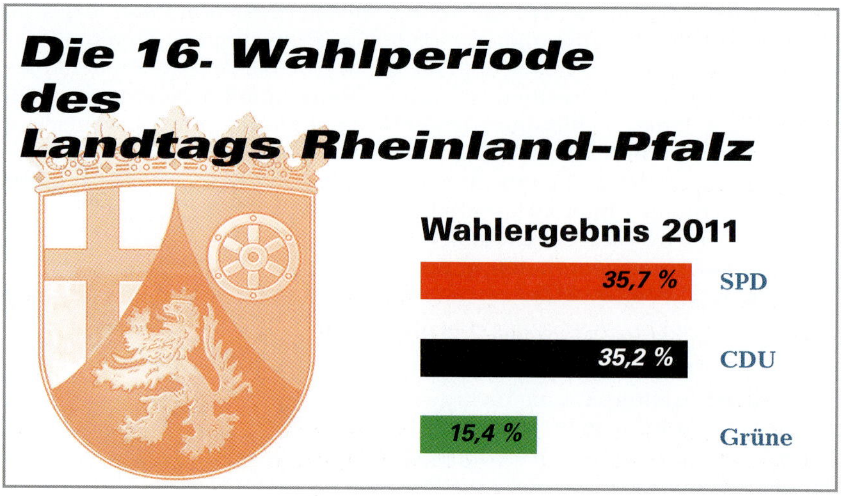

Kommunalwahlen: Wahl der Stadträte, Kreistage usw.

Bei den **Kommunalwahlen** wählen die Bürger in Rheinland-Pfalz 24 Kreistage, 163 Verbandsgemeinderäte, zwölf Stadträte in kreisfreien Städten, 2256 Ortsparlamente und 2256 ehrenamtliche Bürgermeister, 37 Räte der verbandsfreien Kommunen sowie in 114 Kommunen auch Ortsbeiräte.

Nirgendwo sind die Bürger direkter von den Auswirkungen politischer Entscheidungen betroffen als in ihren Heimatgemeinden.

Neues Industriegebiet in Bendorf geplant

Kreistag des Landkreises Ahrweiler beschließt millionenschwere Investitionen in kreiseigene Schulen

Neuwieder Stadtrat berät Klage gegen die Betreiber des AKW s Mülheim Kärlich

Neuwieder Stadtrat berät Neugestaltung der Innenstadt. Parken soll deutlich teurer werden.

Städtisches Freibad soll renoviert werden

Deshalb ist der Einfluss der Bürger auf die Zusammensetzung ihrer politischen Vertretungen auch nirgendwo so stark wie bei den Kommunalwahlen.

Die Sitzverteilung in den Gemeinderäten wird durch das Verhältniswahlrecht bestimmt. Dabei verfügt jeder wahlberechtigte Bürger über so viele Stimmen wie Sitze zu vergeben sind. Besteht der Stadtrat z.B. aus 40 Sitzen, hat der Bürger 40 Stimmen. Bei der Stimmenabgabe kann sich der Wähler gleichsam seine eigene Wunschliste zusammenstellen. Er kann seinen Favoriten – auch aus verschiedenen Parteien – mehr Stimmen als anderen geben. Er darf auch die Namen derer, denen er einen Denkzettel verpassen will, ganz von »seiner« Liste streichen.

Im Einzelnen hat er folgende Möglichkeiten:

Listenwahl

- **Listenwahl**
  Der Wähler kreuzt »nur« die Liste »seiner« Partei an.

Kumulieren

- **Kumulieren**
  Es ist möglich einem Kandidaten bis zu drei Stimmen zu geben.

Panaschieren

- **Panaschieren**
  Der Wähler muss sich bei seinem Votum nicht auf eine Liste festlegen. Er kann die Personenstimmen auch auf Kandidaten verschiedener Parteien verteilen.

Streichen

- **Streichen**
  Damit wird auf einer Liste signalisiert, dass bestimmte Personen keine Gnade finden. Allerdings ist es nicht möglich, Kandidaten unterschiedlicher Parteien zu streichen.

Auf die Frage, welche Wähler welche Partei wählen und warum sie sich so entscheiden, gibt es keine sicheren Antworten, denn meistens sind für eine Entscheidung mehrere Gesichtspunkte maßgebend.

Grob kann man jedoch drei Arten von Wählern unterscheiden:

- **Nichtwähler:**

  Sie bleiben der Wahl aus welchen Gründen auch immer fern und überlassen die Entscheidung anderen.

- **Stammwähler:**

  Bürger, die über mehrere Wahlen hinweg immer die gleiche Partei wählen.

- **Wechselwähler:**

  Sie entscheiden sich neu von Wahl zu Wahl und sind daher keiner Partei fest zuzuordnen.

Wissenschaftliche Untersuchungen belegen in diesem Zusammenhang, dass in den letzten Jahren die Zahl derjenigen Wähler, die sich schon längere Zeit vor einer Wahl für eine bestimmte Partei entschieden hat, abnimmt, während die Zahl der Wechselwähler und Nichtwähler steigt.

Für den Wahlkampf hat dies zur Folge:

Seine Bedeutung nimmt zu.

Diejenigen Parteien und Kandidaten, die sich zur Wahl stellen, wollen die Entscheidung der Wähler nicht dem Zufall überlassen, sondern setzen einiges daran, diese in ihrem Sinne zu beeinflussen.

> *»Wahlkampf ist vor allem die Zeit der Information der Bürger über die politischen Probleme ihres Landes und über deren Lösungsmöglickeit.«*
>
> (Politikwissenschaftler Werner Kaltefleiter)

Mit den Mitteln der politischen Werbung sollen die Stammwähler mobilisiert und die politisch Unentschlossenen gewonnen werden. Durch den Einsatz der Massenmedien – insbesondere Fernsehen und Internet – wird die Intensität des Wahlkampfs zusätzlich gesteigert.

Wahlkampf bringt nichts

Der ganze Wahlkampf ist eine riesige Verschleuderung von Steuergeldern.

Die Wahlkämpfe verschlingen Millionen von Euro. Dabei umgarnen die Parteien die Wähler mit nichtssagenden Parolen, die eher verdummen als informieren. Es ist deshalb nicht weiter verwunderlich, wenn sich die Bürger zunehmend von den Parteien abwenden. Ein derartiger Wahlkampf hat schädliche Auswirkungen auf die politische Kultur. Schon in den Jugendorganisationen der Parteien gilt Show und das Fertig- und Lächerlichmachen des Gegners mehr als politische Inhalte …

Auf unzähligen Plakaten, Anzeigen und in Broschüren lächeln uns die optimistisch blickenden Gesichter der Spitzenpolitiker/-innen entgegen, und nichts erfährt man über die wirklichen politischen Ziele. Man präsentiert ihnen vielmehr eine Scheinwelt schöner Versprechungen, die später niemals eingehalten werden können.

Von sachlich vorgetragenen Argumenten und Diskussionen, bei denen die politischen Gegner einander zuhören, kann keine Rede sein. Im Gegenteil: Fast jede Politik-Talkshow zeigt: Die Politiker beschränken sich auf wenige inhaltsleere Schlagworte, ohne differenziert auf ein Problem, wie zum Beispiel die Bekämpfung der Arbeitslosigkeit einzugehen. Sie pöbeln sich an und buhlen mit billiger Polemik um die Gunst des Publikums.

Ein großes Manko des Wahlkampfes ist seine zunehmende Personalisierung. Man fixiert sich zunehmend auf Personen statt auf politische Inhalte. Es geht nur noch darum: Wer wird Kanzler? Weshalb das ganze Szenario eher einem Wild-West-Duell als einer inhaltlichen mit Argumenten geführten Auseinandersetzung gleicht. Dabei wählen wir doch in erster Linie Parteien und ihre Programme.

Oftmals geht es auch nur darum, den politischen Gegner lächerlich zu machen und persönlich zu diffamieren.

Quelle: Collage aus verschiedenen Zeitungskommentaren, eigener Text

Wahlkampf ist sinnvoll und notwendig

Zur Demokratie gehört unverzichtbar der gewaltlose und fair ausgetragene Streit um die richtigen politischen Problemlösungen. In Wahlen entscheiden die Bürger über nichts anderes als ihre politische Zukunft. Daher muss vorher die kampfbetonte Auseinandersetzung um den richtigen politischen Weg stattgefunden haben. Es heißt ja nicht umsonst Wahlkampf. Fände der Wahlkampf nicht statt, so blieben viele Menschen noch gleichgültiger gegenüber der Politik, und viele würden den Wahltag einfach verschlafen.
Heute sind fast 40 % der Wähler vor einer Wahl unentschlossen oder wollen einfach nicht hingehen. Um sie müssen die Parteien kämpfen. Wahlkampfzeiten sind spannende Zeiten und ein Höhepunkt von Demokratie. Niemals sonst diskutieren die Menschen so heftig, kontrovers kritisch und leidenschaftlich. Wahlkampf muss sein, auch wenn einem manche Erscheinungen nicht passen.
Dabei kann auch auf das lautstarke Gegeneinander der Konkurrenten vor dem Gang zu den Stimmkabinen nicht verzichtet werden. Wahlkampf muss auch Kampf sein, weil Wahlen die Entscheidung über die Macht- und Herrschaftsverhältnisse bedeuten. Sie haben auch keineswegs nur den Zweck, den jeweiligen Stand der Stimmungen und Meinungen zu ermitteln, so wie der Gasmann den Zähler abliest. Sie sollen vielmehr klar sagen: Wer tritt an, wofür steht der Kandidat, welche konkreten Ziele sollen wie erreicht werden. Es gilt, auf diese Weise Zustimmung und Ablehnung zu mobilisieren und die Politik für die breite Masse verständlich zu machen.
Deshalb haben auch Zuspitzung und Verschärfung der Gegensätze und Konzentration auf bestimmte Führungspersönlichkeiten ihren Sinn, denn: Politische Inhalte lassen sich nur über Personen vermitteln. Man kann das durchaus mit der Schule vergleichen. Einem guten, engagierten und sympathischen Lehrer gelingt es oft die Schüler für die Inhalte seines Faches zu begeistern, während ein schlechter Lehrer auch dem Interessiertesten den Spaß an einem Fach nehmen kann.

Quelle: nach H. Rudolph, in: Süddeutsche Zeitung ,10.09.98

Plebiszitäre Elemente

In Zeiten sinkender Wahlbeteiligung und zunehmender Unzufriedenheit mit Politikern und ihren Entscheidungen wird immer wieder diskutiert, ob es nicht sinnvoll ist, die Bürger mehr als bisher direkt an politischen Entscheidungen zu beteiligen und die Landesverfassungen oder das Grundgesetz durch sog. **plebiszitäre Elemente (direkte Mitwirkungsmöglichkeiten der Bürger)** zu ergänzen. Folgende Instrumente direkter Demokratie lassen sich unterscheiden:

Volksbegehren

- **Volks-/Bürgerbegehren:** Abstimmung über die Durchführung eines Volks- oder Bürgerentscheides.

Volksentscheid

- **Volksentscheid (Plebiszit):** Abstimmung aller wahlberechtigten Bürger über einen Gesetzesentwurf oder eine politische Sachfrage.

Bürgerentscheid

- **Bürgerentscheid:** Entscheidung wichtiger Gemeindeangelegenheiten durch die Gemeindebürger.

In zahlreichen Gemeinden und Bundesländern besteht bereits die Möglichkeit von Bürgerbegehren und Bürgerentscheiden. So haben Bürger in Rheinland-Pfalz die Möglichkeit, in ihrer Gemeinde über wichtige Angelegenheiten von öffentlichem Interesse, z.B. die Schließung des städtischen Hallenbades, einen Bürgerentscheid zu beantragen. Dies ist aber nur möglich, wenn man im Vorfeld ein sog. Bürgerbegehren durchgeführt hat, das von mindestens 15% der wahlberechtigten Einwohner einer Gemeinde unterzeichnet werden muss.

Auf Bundesebene sind mit Ausnahme des Art. 29 GG Elemente direkter Demokratie nicht vorgesehen. Das bedeutet: Außerhalb von Wahlen hat der Bürger kaum Möglichkeiten, direkt auf politische Sachentscheidungen Einfluss zu nehmen.

Eine Ergänzung des Grundgesetzes durch die Aufnahme plebiszitärer Elemente ins Grundgesetz wird deshalb immer wieder gefordert und kontrovers diskutiert.

Auszüge aus einer Schülerdiskussion zum Thema:
Mehr Mitbestimmung für die Bürger?

C: Ich bin gegen Volksabstimmungen. Die meisten Bürger haben doch gar keine Ahnung von den komplizierten Problemen, z. B. der Atomkraft oder dem Euro. Die Leute entscheiden doch nur aus dem Bauch heraus, je nach Stimmungslage. Heute so, morgen so.

M: Wenn ich mitentscheiden könnte wäre mein Interesse viel größer. Ich würde mich auch ganz anders informieren. Schließlich sollten gerade die wichtigen Zukunftsfragen von uns Betroffenen selbst entschieden werden und nicht über unsere Köpfe hinweg.

C: Ich sehe das anders. Die Mehrheit der Menschen – das hat gerade auch in Deutschland die Vergangenheit gezeigt – ist viel zu leicht durch die Medien oder irgendwelche Volksverführer manipulierbar. Da kommt dann eine kleine organisierte Gruppe und schafft es ihre Interessen als die Interessen aller zu verkaufen. Und keiner kapiert das.

K: Du hast zu wenig Vertrauen in die Menschen. Die friedliche Revolution in der DDR und Volksentscheide auf kommunaler Ebene haben doch gezeigt, dass die Leute sehr wohl vernünftig entscheiden können.

A: Ich bin mir da nicht so sicher. Zumal so eine Abstimmung den komplizierten Problemen, um die es oft geht, gar nicht gerecht wird. Man kann immer nur entweder Ja oder Nein sagen. Obwohl es vielleicht auch Zwischenlösungen gäbe. Ich bin froh, dass wir Politiker haben, die für uns entscheiden. Und wenn die Mist bauen, wählen wir sie wieder ab. Außerdem gibt es ja genügend andere Alternativen sich zu engagieren. Diese Möglichkeiten stehen jedem, der will, offen.

LERN-BOX

- In einer demokratischen Gesellschaft sind **Wahlen Ausdruck der Volkssouveränität.** Wahlen erfüllen unterschiedliche Funktionen:
  Repräsentationsfunktion, Legitimationsfunktion, Kontrollfunktion
- Damit Wahlen als demokratisch bezeichnet werden können, müssen unterschiedliche Parteien oder Personen miteinander **konkurrieren.** Nach Artikel 38 GG gelten für Wahlen in der Bundesrepublik Deutschland 5 **Wahlrechtsgrundsätze.** Wahlen sind frei, unmittelbar, gleich, allgemein und geheim.
- Es gibt grundsätzlich zwei Verfahren, nach denen gewählt werden kann:
  Das **Mehrheitswahlrecht** und das **Verhältniswahlrecht.**
- Bei den Wahlen zum Deutschen Bundestag gilt das so genannte **Personalisierte Verhältniswahlrecht,** eine Kombination aus Mehrheits- und Verhältniswahl. Jeder Bürger verfügt über zwei Stimmen.
  Mit der Erststimme wählt man nach dem Mehrheitswahlverfahren den Wahlkreiskandidaten einer Partei. Auf diese Weise werden die Hälfte der 598 Bundestagssitze vergeben. Dies entspricht der Anzahl der Wahlkreise.
  Mit der Zweitstimme wählt man eine Partei bzw. eine Parteiliste nach dem Verhältniswahlrecht. **Die Zweitstimme ist die wichtigere der beiden Stimmen.** Sie entscheidet maßgeblich über die Zusammensetzung des Parlaments.
- Damit eine Partei in den Deutschen Bundestag einziehen kann, muss sie entweder mindestens 5% aller abgegebenen Zweitstimmen erhalten **(5%-Hürde)** oder drei Wahlkreise gewinnen.
- Bei **Kommunalwahlen** ist der Einfluss der Bürger auf die Zusammensetzung ihrer politischen Vertretungen besonders groß. Die Sitzverteilung in den Gemeinderäten wird durch das Verhältniswahlrecht bestimmt. Neben dem Ankreuzen einer Parteiliste kann der Bürger kumulieren, panaschieren oder einzelne Kandidaten streichen.
- Neben Wahlen gibt es noch andere Möglichkeiten Bürger direkt an politischen Entscheidungen zu beteiligen. Folgende **Instrumente der Direkten Demokratie** werden z.T. bereits praktiziert: Volks- bzw. Bürgerbegehren, Volksentscheide, Bürgerentscheide.

WISSENS-CHECK

❶ Was will der Karikaturist mir der folgenden Karikatur ausdrücken?

❷ Nennen und erklären Sie die **unterschiedlichen Wahlfunktionen.**

❸ Worin unterscheiden sich **Mehrheitswahl und Verhältniswahl?**

❹ Erklären Sie das **Wahlverfahren zum Deutschen Bundestag.** Erläutern Sie besonders den Begriff »Personalisiertes Verhältniswahlrecht« und begründen Sie, welche Stimme wichtiger ist.

❺ Formulieren Sie Argumente **für** und **gegen** die 5-Prozent-Klausel.

❻ Wie laufen die Wahlen zum **rheinland-pfälzischen Landtag** ab?

❼ Nennen Sie die Namen und Ämter **wichtiger Landespolitiker.**

❽ Welchen Parteien gehören sie jeweils an?

❾ Diskutieren Sie eine mögliche Absenkung des Wahlalters auf 16 Jahre.

❿ Welche Vorhaben werden in Ihren Gemeinden **kontrovers** diskutiert?

⓫ Wahlkampf- sinnvolle Information der Bürger oder sinnentleertes Ritual? Mit welchen Argumenten begründen die Autoren der Kommentare auf Seite 87 f ihre Meinung?

⓬ Welche **Instrumente direkter Demokratie** kennen Sie?

⓭ Diskutieren Sie am Beispiel aktueller politischer Auseinandersetzungen – etwa Stuttgart 21 oder Verlängerung der Laufzeiten für AKW – Chancen und Gefahren, die mit der Einführung von Elementen direkter Demokratie verbunden sind. Beziehen Sie dabei auch die Aussage der nebenstehenden Karikatur mit in Ihre Überlegungen ein.

⓮ Immer wieder werden Wahlen ab 16 als Mittel diskutiert, das Interesse Jugendlicher an der Politik zu fördern und umgekehrt. Wie stehen Sie dazu? Begründen Sie Ihre Meinung.

»Da sind wir uns ja einig, bin auch für den bundesweiten Volksentscheid!«

Parlamentarisches Regierungssystem der Bundesrepublik Deutschland

Das folgende Kapitel befasst sich mit dem Stellenwert des Grundgesetzes und behandelt in diesem Zusammenhang die Grundprinzipien des Staatsaufbaus.

Das Grundgesetz, die Verfassung der Bundesrepublik Deutschland.

Unter einer Verfassung versteht man ganz grundsätzlich die rechtliche Grundordnung eines Staates. Sie ist meistens in einer schriftlichen (Verfassungs-) Urkunde festgelegt.

In der Bundesrepublik trägt die Verfassung die Bezeichnung Grundgesetz. Das hat damit zu tun, dass das Grundgesetz 1949 als Übergangslösung bis zur endgültigen Wiedervereinigung zwischen West- und Ostdeutschland gedacht war und die verfassungsgebende Versammlung, der sogenannte »Parlamentarische Rat«, den Begriff »Verfassung« bewusst vermied.

Nach dem 2. Weltkrieg teilten die Siegermächte Deutschland in vier Besatzungszonen auf, von denen sich die drei westlichen zur Bundesrepublik Deutschland zusammenschlossen; aus der östlichen Besatzungszone wurde die DDR.

Nach der Wiedervereinigung der beiden deutschen Staaten 1990 wurde die Bezeichnung Grundgesetz beibehalten.

Der Parlamentarische Rat tritt zu seiner letzten Sitzung am 23. Mai 1949 in Bonn zusammen und setzt das Grundgesetz in Kraft.

Kern der Verfassung: Artikel 1 und 20 Grundgesetz

Das Grundgesetz ist das höchste und wichtigste Gesetz des Staates. Nach diesem Gesetz haben sich alle, also auch der Gesetzgeber, zu richten. Es enthält die wichtigsten und grundlegenden Bestimmungen für das Zusammenleben der Deutschen.

Diese sind vor allem in den Grundrechten enthalten (Artikel 1 – 19 GG). Zusammen mit Artikel 20 GG (Grundprinzipien des Staatsaufbaus) bilden diese den Kernbestand der Verfassung.

Eine Änderung von Artikel 1 GG – dem Bekenntnis zur Würde des Menschen und den unveräußerlichen Menschenrechten – sowie den in Artikel 20 GG festgelegten Grundsätzen ist deshalb nach Artikel 79 des Grundgesetzes unzulässig. Man spricht in diesem Zusammenhang von der so genannten »Ewigkeitsgarantie«.

Dabei ist das Grundgesetz kein lückenloses System von Gesetzen und Bestimmungen, sondern schafft vielmehr einen Rahmen, legt sozusagen die gemeinsamen Spielregeln fest, innerhalb derer die verantwortlichen Personen in Politik, Wirtschaft und Gesellschaft handeln und politische Entscheidungen treffen.

Artikel 20 Grundgesetz

(1) Die Bundesrepublik Deutschland ist ein demokratischer und sozialer Bundesstaat.

(2) Alle Staatsgewalt geht vom Volke aus. Sie wird vom Volke in Wahlen und Abstimmungen und durch besondere Organe der Gesetzgebung, der vollziehenden Gewalt und der Rechtsprechung ausgeübt.

(3) Die Gesetzgebung ist an die verfassungsmäßige Ordnung, die vollziehende Gewalt und die Rechtsprechung sind an Gesetz und Recht gebunden.

(4) Gegen jeden, der es unternimmt, diese Ordnung zu beseitigen, haben alle Deutschen das Recht zum Widerstand, wenn andere Abhilfe nicht möglich ist.

Verfassungsgrundsätze

Artikel 20 GG enthält im Einzelnen folgende Verfassungsgrundsätze:

Demokratie

➤ **Demokratie**

Wörtlich übersetzt bedeutet Demokratie »**Herrschaft des Volkes**«. Der Begriff stammt aus dem alten Griechenland, wo er vor etwa 2500 Jahren erfunden wurde.

Während aber die alten Griechen nur die freigeborenen Männer als »Volk« bezeichneten, gehört in der modernen Demokratie, wie wir sie kennen, die Gleichberechtigung zwischen Frauen und Männern unbedingt dazu.

Von einigen Ausnahmen abgesehen (Schweiz), herrscht das Volk heute aber nicht selbst (direkt). Es überträgt vielmehr die Herrschaft durch

Wahlen auf sogenannte Volksvertreter (Repräsentanten), die dann für eine begrenzte Zeit im Auftrag des Volkes politische Entscheidungen treffen. Die Tatsache, dass nur das Volk in der Demokratie das Recht hat zu bestimmen, wer die politische Macht ausüben darf, bezeichnet man auch als **Volkssouveränität.**

Für die Bundesrepublik Deutschland hat das höchste deutsche Gericht, das Bundesverfassungsgericht (BVG), in einem berühmten Urteil von 1952 die unverzichtbaren Merkmale der freiheitlich-demokratischen Grundordnung der Bundesrepublik festgelegt:

- Die Menschenrechte gelten für jedermann von Geburt an und sind vom Staat einzuhalten und zu schützen. Er darf nur in Ausnahmefällen in diese Rechte eingreifen. Die Menschen müssen in Freiheit leben können. Sie haben Rechte, die ihnen auch die Regierung nicht wegnehmen kann. Dazu gehört z.B., dass jeder seine Meinung frei äußern kann, dass es eine freie Presse gibt oder dass man den Glauben leben kann, den man für richtig hält.
- Jegliche Gewalt- und Willkürherrschaft muss für alle Zeiten ausgeschlossen sein.
- Es muss freie Wahlen geben, bei denen die Entscheidung der Mehrheit ausschlaggebend ist. Allerdings gilt es, Minderheiten in besonderer Weise zu schützen. Das heißt vor allem: Diejenigen Parteien und Personen, die bei den Wahlen nicht die Mehrheit erreicht haben, dürfen die Regierung kritisieren und im Parlament eine Opposition (= Gegenpartei) bilden.
- Die geltenden Gesetze müssen von der Regierung und den Verwaltungen eingehalten werden.
- Die Rechtsprechung im Land muss unabhängig sein. Beispielsweise ist es verboten, dass Politiker oder mächtige Personen aus der Wirtschaft versuchen, Richter in ihren Entscheidungen zu beeinflussen.
- Es muss mehrere Parteien geben, damit die Wählerinnen und Wähler bei politischen Wahlen eine Auswahl treffen können.

Zeichnung: Burkhard Mohr

Demokratie: Meinungen – Sprüche – Widersprüche

Zuschauerdemokratie

Parteiendemokratie

Demokratie ist nichts Fertiges

Die Demokratie schützt uns davor, vom Staat missbraucht, ausgenutzt, überwacht zu werden. Das ist Freiheit. *(Richard von Weizsäcker)*

Mehr Demokratie wagen!

... Unreformierbarkeit der Demokratie ...

Demokratie ist nicht unfehlbar

MACHT AUF ZEIT ...

»Demokratie ist Diskussion« ***(Thomáš Masaryk)***

»Demokratie heißt, dass sich die Leute in ihre eigenen Angelegenheiten einmischen.« (Max Frisch)

Deutsche Demokratische Republik

Die Demokratie: So unvollkommen wie der Mensch an sich

Republik

➤ **Republik** bedeutet wörtlich übersetzt: »Sache der Allgemeinheit« und meint eine Staatsform, in der das Staatsoberhaupt gewählt wird – im Gegensatz zu einer Monarchie, in der das Amt des Staatsoberhauptes in der Regel von einem König oder einer Königin auf die Erben übergeht, also vererbt wird.

Gewaltenteilung: Legislative Exekutive Judikative

➤ **Gewaltenteilung** bedeutet, dass die Gesetzgebung (Parlamente), die Ausführung der Gesetze (Regierung und Verwaltung) und Rechtsprechung (Gerichte) von verschiedenen, voneinander unabhängigen Personen und Personengruppen durchgeführt werden soll.

Die Trennung der Staatsgewalt nach Funktionen und Ebenen

Gesetzgebung (Legislative)	**Vollziehende Gewalt** (Exekutive)	**Rechtsprechung** (Judikative)
Bundestag Bundesrat	Bundesregierung Bundesverwaltung	Bundesverfassungsgericht Oberste Bundesgerichte
Parlamente der Länder	Landesregierungen, Landesverwaltungen	Gerichte der Länder (Oberlandes-, Land-, Amtsgerichte; Arbeits-, Sozial-, Verwaltungs- und Finanzgerichte)
Kreistage, Stadträte, Gemeinderäte	Kreisverwaltungen, Stadtverwaltungen, Gemeindeverwaltungen	
Die Gesetzgebung ist an die verfassungsmäßige Ordnung gebunden.	Vollziehende Gewalt ist an Gesetz und Recht gebunden.	Die Rechtsprechung ist an Gesetz und Recht gebunden.

Entnommen: Buchners Kolleg Politik. Unterrichtswerk für die Oberstufe. Das politische System der Bundesrepublik Deutschland. 3. Auflage, Bamberg 2002, Seite 49

Bundesstaat

➤ **Bundesstaat** bezeichnet allgemein die Vereinigung souveräner (selbstständiger) Staaten zu einem Bund, auf den bestimmte Rechte und Aufgaben übertragen werden. Die staatlichen Machtbefugnisse sind aufgeteilt zwischen dem Zentralstaat (Bund/Berlin) und den Gliedstaaten (Bundesländer). In der Bundesrepublik Deutschland haben deshalb die 16 Bundesländer einerseits eigene Länderparlamente, -regierungen und -gerichte, andererseits wirken sie über den Bundesrat an der Bundespolitik mit. Man nennt dieses staatliche Organisationsprinzip auch **Föderalismus.**

① **Schleswig-Holstein**
② **Mecklenburg-Vorpommern**
③ **Hamburg**
④ **Bremen**
⑤ **Berlin**
⑥ **Niedersachsen**
⑦ **Sachsen-Anhalt**
⑧ **Brandenburg**
⑨ **Nordrhein-Westfalen**
⑩ **Sachsen**
⑪ **Thüringen**
⑫ **Hessen**
⑬ **Rheinland-Pfalz**
⑭ **Saarland**
⑮ **Baden-Württemberg**
⑯ **Bayern**

Sozialstaat

➤ Der **Sozialstaat** verpflichtet den Staat, die sozialen (gesellschaftlichen) Verhältnisse zu gestalten. Dazu gehören wirtschaftspolitische Aktivitäten, um z.B. die Entwicklung der Wirtschaft zu ermöglichen oder Arbeitslosigkeit abzubauen. Ebenso müssen soziale Maßnahmen ergriffen werden, um in Not geratenen Bürgerinnen und Bürgern das Existenzminimum zu sichern. Mit Vorsorge-Einrichtungen sollen die Menschen im Alter, bei Krankheit oder Unfällen geschützt werden (Sozialversicherung, Renten).

Nicht immer ist die Armut so offensichtlich wie bei diesem Obdachlosen in Berlin: Nach dem Armuts-Indikator der Bertelsmann-Studie lebt jedes neunte Kind in Deutschland unterhalb der Armutsgrenze, in Dänemark nur eines von 37. (© dapd)

Schlechte Noten für den Sozialstaat

Eine großangelegte Studie zeigt: Bei der Gerechtigkeit ist der deutsche Sozialstaat nur Mittelmaß. Besonders ungerecht sind die Bildungschancen verteilt.

Deutschland ist eine vergleichsweise ungerechte Gesellschaft. Zu diesem Ergebnis kommt eine Studie der Bertelsmann-Stiftung, die 31 Industriestaaten untersucht hat. Deutschland habe bei der sozialen Gerechtigkeit „einigen Nachholbedarf", schreiben die Autoren.

Mit Rang 15 landet Deutschland in der Gesamtwertung nur im Mittelfeld. Besorgniserregend sei die hohe Kinderarmut. Außerdem hänge der Schulerfolg von Jugendlichen zu stark von der sozialen Herkunft ab. Und trotz Verbesserungen auf dem Arbeitsmarkt hätten es Geringqualifizierte schwer, einen Job zu finden. Der DGB sprach von einem „Armutszeugnis" für Deutschland.

... In die Analyse sind mehr als 20 Indikatoren aus fünf Bereichen eingeflossen: Armut, Bildung, Arbeitsmarkt, sozialer Zusammenhalt und Generationengerechtigkeit. Außer statistischen Daten hat die Stiftung Expertenurteile herangezogen.

Vergleichsweise gute Noten bekommt Deutschland für die Umweltpolitik und die Schuldenbremse, die dazu beitrage, dass nachfolgende Generationen nicht übermäßig belastet würden. Immer mehr Deutsche seien jedoch von Armut betroffen ... . Die Wissenschaftler stützen sich auf einen Armutsbegriff, der den Wohlstand eines Landes zugrunde legt: Als arm gelten Haushalte, die mit weniger als der Hälfte des mittleren Einkommens auskommen müssen (jenem Wert, bei dem 50% aller Haushalte darüber und 50% darunter liegen).

Fortsetzung auf Folgeseite

Hypothek für den Sozialstaat

... Trotz verbesserter Pisa-Werte schafft Deutschland auch beim Bildungssystem nur einen Platz im unteren Mittelfeld. Die Investitionen in die vorschulische Förderung seien „stark ausbaufähig". Gemessen an der Wirtschaftskraft, geben Länder wie Island, Dänemark und Frankreich mehr Geld für frühkindliche Bildung aus als die Bundesrepublik.

Positiv wertet die Studie, dass Deutschland gut durch die Wirtschaftskrise gekommen sei. Dennoch erreicht die Bundesrepublik bei der Vermeidung von Langzeitarbeitslosigkeit nur den vorletzten Platz. Vorbildlich seien die Schweiz und Kanada ...

Kluft zwischen Arm und Reich wird breiter

In Deutschland öffnet sich dagegen die Schere zwischen Arm und Reich. Die Ungleichverteilung habe innerhalb von zwei Jahrzehnten so stark zugenommen wie in kaum einem anderen Industriestaat. ...

Tanjev Schultz, Süddeutsche Zeitung, 04.01.2011, vom Autor gekürzt

Frage zum Text:
Welche Probleme des Sozialstaats werden im Text von Tanjev Schultz thematisiert?

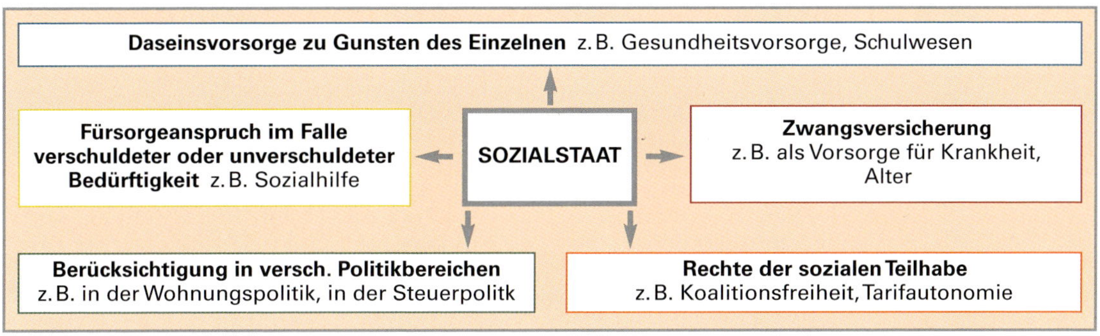

➤ **Rechtsstaat** besagt, dass die staatliche Gewalt an die Verfassung und die Rechtsprechung gebunden ist. Alle Maßnahmen der Staatsorgane können von unabhängigen Richtern überprüft werden. Voraussetzungen für dieses Prinzip sind die in der Verfassung zugesicherten Grundrechte (Freiheitsrechte), die Gewaltenteilung und die Gesetzmäßigkeit der Verwaltung.

Rechtsstaat

Wie schützt die Verfassung vor staatlichem Machtmissbrauch?

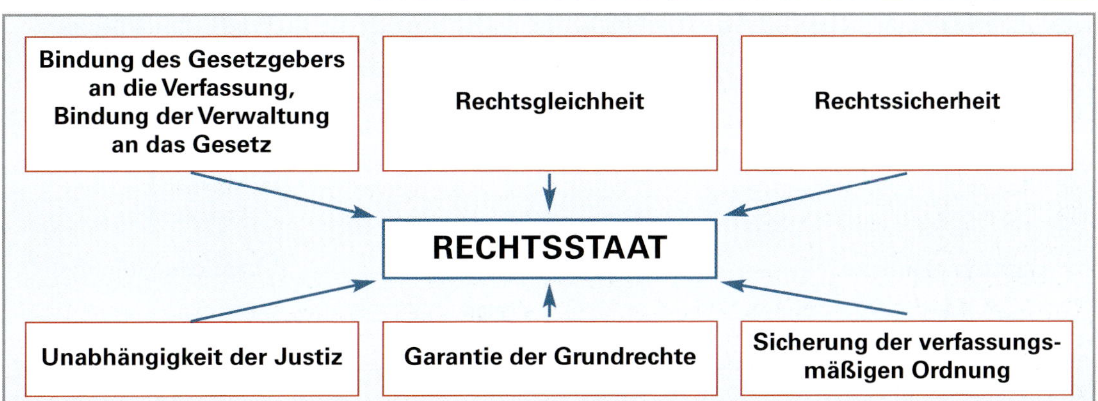

Widerstandsrecht

➤ **Widerstandsrecht** bedeutet, dass die Merkmale und Grundsätze der freiheitlichen-demokratischen Grundordnung verteidigungswürdig sind. Erst wenn die rechtsstaatlich garantierten Verteidigungsmittel – etwa die Einschaltung des Parlaments, die Anrufung der Gerichte oder eine Verfassungsbeschwerde – nicht verhindern können, dass die Grundsätze der Demokratie zerstört werden, dürfen jedoch die letzten Mittel des Widerstandes eingesetzt werden, z.B. politischer Streik, offener Ungehorsam, oder unter Umständen auch Gewalt. Dies gilt jedoch nie für den privaten Bereich, sondern nur zur Verteidigung der Grundsätze unserer Demokratie.

Verfassungsorgane

Im Anschluss stehen die unterschiedlichen Verfassungsorgane (Bundestag, Bundesrat, Bundesregierung, Bundespräsident, Bundesverfassungsgericht) im Mittelpunkt. Welche Rolle spielen sie im politischen Prozess, welche unterschiedlichen Aufgaben kommen ihnen zu und wie sind sie miteinander verbunden?

Alle Teilnehmer am politischen Prozess arbeiten ja nicht im luftleeren Raum. Sie benötigen dazu vielmehr einen so genannten institutionellen Rahmen, also staatliche Einrichtungen (Organe, Institutionen), die nach ganz bestimmten Regeln zusammenarbeiten müssen, damit das, was entschieden wird, auch wirklich für alle Bürger gilt und rechtlich verbindlich ist.

Auch dieser Rahmen ist vom Grundgesetz vorgegeben. Es enthält wichtige Bestimmungen über die Zusammensetzung und Aufgaben der Bundesorgane, also der wichtigsten Entscheidungsträger des Staates (Bundestag, Bundesrat, Bundesregierung, Bundespräsident, Bundesgerichte).

Staatsorgane der Bundesrepublik Deutschland

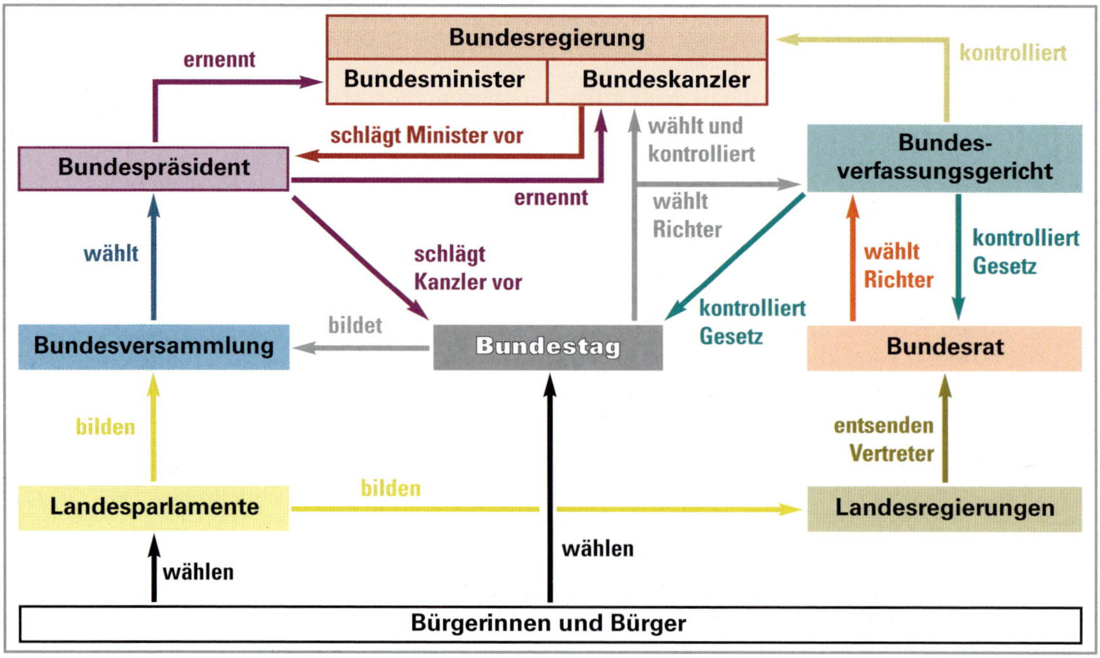

Der Deutsche Bundestag

Der Deutsche Bundestag ist das Parlament d.h. die Volksvertretung der Bundesrepublik Deutschland.

In der 17. Wahlperiode (2009 – 2013) hat der Deutsche Bundestag 622 Mitglieder. Davon wurden 299 in den Wahlkreisen direkt gewählt, die gleiche Anzahl zog über die Landeslisten in das Parlament ein. Die übrigen 24 Abgeordneten erhielten ihren Sitz als Überhangmandat. Da die Bundestagsabgeordneten (MdB) das Volk vertreten, nennt man sie auch Repräsentanten. Mit ihrer Wahl erhalten sie von den Wählerinnen und Wählern für vier Jahre den Auftrag (das Mandat) an Stelle des Volkes zu handeln und politische Entscheidungen zu treffen. Da der Bundestag als einziges Verfassungsorgan des Bundes direkt gewählt wird, ist er sozusagen das Zentrum des politischen Systems und verfügt er über eine besondere Legitimation.

Aufgaben des Bundestages

Er ist der **zentrale Ort politischer Diskussionen und Entscheidungen** für alle Bürger. Zu seinen wesentlichen Aufgaben und Funktionen gehören

- die politische Willensbildung
- die Gesetzgebung
- die Wahl des Bundeskanzlers
- die Kontrolle der Bundesregierung
- die Bewilligung des Staatshaushalts (Budgetrecht)
- die Zustimmung zu internationalen Verträgen (z.B. EU-Vertrag)
- die Repräsentation der Bürger

Für das Verständnis der Funktion und Arbeitsweise des Bundestages ist die Kenntnis einiger poltikwissenschaftlicher Vokabeln unumgänglich:

Mandat

- **Mandat:** Befugnis, einen anderen zu vertreten. Bundestagsabgeordnete verfügen über ein »freies« Mandat. Sie sind an Aufträge und Weisungen nicht gebunden und nur ihren Gewissen verantwortlich. (Art. 38 GG)

Fraktion

- **Fraktion:** Zusammenschluss von Abgeordneten einer Partei im Parlament. Eine Fraktion muss mindestens 5 Prozent der Mitglieder des Parlaments umfassen.

„Ich möchte die Bundeskanzlerin aller Deutschen werden"

Bundeskanzlerin Angela Merkel trat am Wahlabend vor Hunderte jubelnder Anhänger. „Ich bin heute glücklich, wir haben etwas Tolles geschafft, wir haben es geschafft, unser Wahlziel zu erreichen", sagte die CDU-Chefin. Man könne nun mit der FDP eine bürgerliche Regierung bilden. „Ich möchte die Bundeskanzlerin aller Deutschen werden, damit es uns allen besser geht ...", sagte sie. ... „Unser Anspruch heißt: Wir wollen Volkspartei bleiben, auch im 21. Jahrhundert. Daran wollen wir weiter arbeiten."

Quelle: http://www.spiegel.de/politik/deutschland

Wahlergebnis und Sitzverteilung 2009

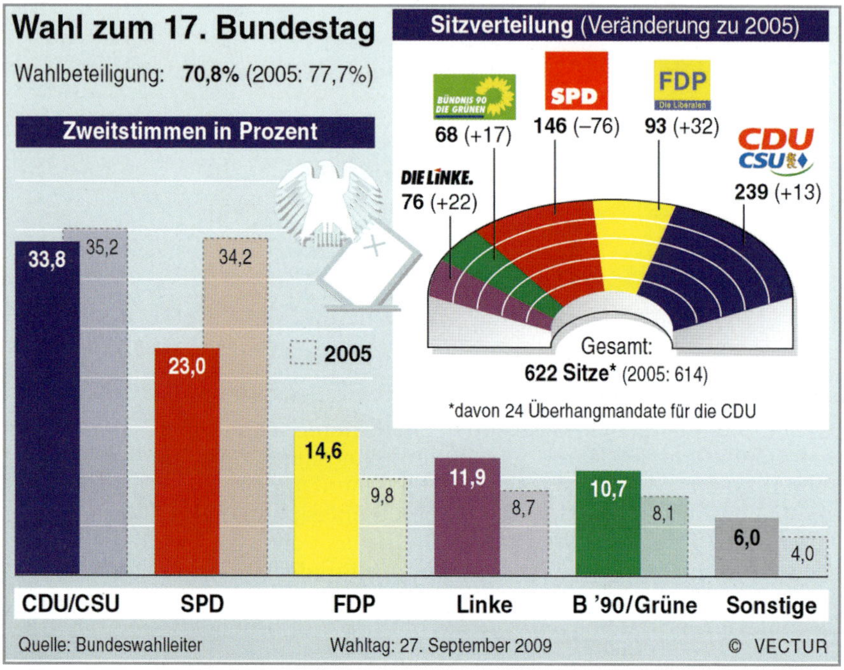

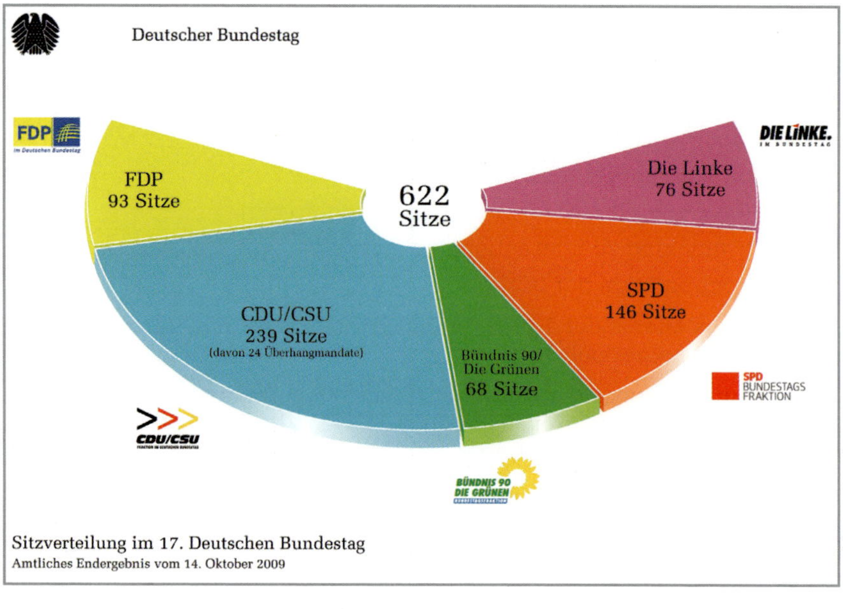

Sitzverteilung im 17. Deutschen Bundestag
Amtliches Endergebnis vom 14. Oktober 2009

- **Plenum:** Als Plenum wird die Vollversammlung der Abgeordneten bezeichnet. Das Plenum versammelt sich im Plenarsaal.

  Er ist der zentrale Ort, in dem die wesentlichen politischen Entscheidungen fallen.

Plenum

- **Debatte:** Rede und Gegenrede im Parlament. Debatten dienen der Information und damit der Urteils- und Willensbildung der Bürger und finden deshalb grundsätzlich öffentlich statt.

Debatte

- **Fachausschüsse:** In jeder Wahlperiode werden verschiedene Ausschüsse (z.B. Verteidigungsausschuss, Finanzausschuss usw.) eingesetzt. Dies ist notwendig, da sich kein Abgeordneter in allen politischen Themengebieten detailliert auskennt. Um verantwortlich entscheiden zu können, ist das Plenum deshalb auf die Vorarbeit besonders spezialisierter Abgeordneter angewiesen. Diese Vorarbeit geschieht in den Ausschüssen.

Fachausschuss

- **Koalition:** Zusammenschluss zweier oder mehrerer Parteien bzw. Parteifraktionen zum Zwecke der Regierungsbildung und zur Durchsetzung gemeinsamer politischer Ziele.

Koalition

- **Opposition:** Gegenstück zur Koalition. Als Opposition bezeichnet man die Parteien, die nicht an der Regierungsbildung beteiligt sind und die in der Regel andere Vorstellungen von der Lösung politischer Probleme haben als die Regierung und die sie unterstützenden Parteien.

Opposition

- **Beschlüsse des Bundestages:** Der Bundestag ist nur beschlussfähig, wenn mehr als die Hälfte seiner Mitglieder anwesend sind. In der Regel werden Beschlüsse, z.B. die Abstimmung über ein Gesetz, mit der Mehrheit der anwesenden Mitglieder gefasst (einfache Mehrheit). Für bestimmte Beschlüsse ist eine sog. qualifizierte Mehrheit notwendig.

Die Wahl des Bundeskanzlers ist eine der wichtigsten Aufgaben des Bundestages. Der Bundeskanzler ist das einzige Regierungsmitglied, welches von den Parlamentariern gewählt wird.

Wahl des Bundeskanzlers

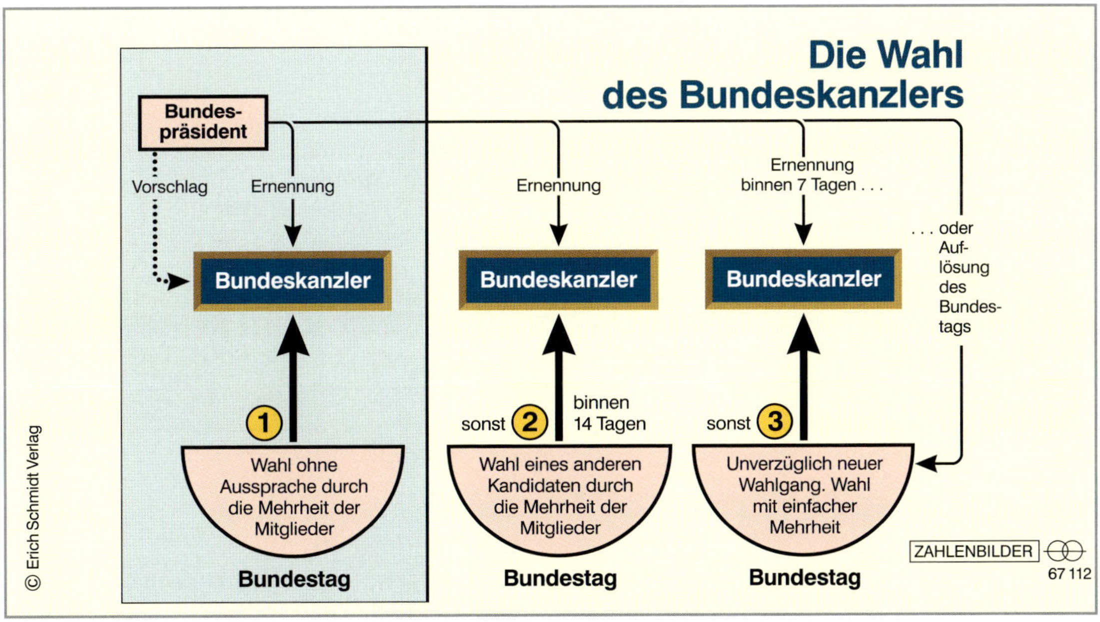

Art. 63 des Grundgesetzes lautet:

Der Bundeskanzler wird auf Vorschlag des Bundespräsidenten vom Bundestag ohne Aussprache gewählt. Gewählt ist, wer die Stimmen der Mehrheit der Mitglieder des Bundestages auf sich vereinigt. Der Gewählte ist vom Bundespräsidenten zu ernennen.

Bisher sind alle Bundeskanzler im ersten Wahlgang gewählt worden. Dies liegt daran, dass sich die Parteien im Vorfeld der Kanzlerwahl vergewissern, welcher Bewerber auf Grund der vorausgegangenen **Koalitionsverhandlungen** überhaupt Aussicht hat, die notwendige Mehrheit im Bundestag zu erreichen. Sollte jedoch ein vorgeschlagener Kandidat keine Mehrheit findet, hält das Grundgesetz feste Verfahrensregeln bereit (siehe Schaubild S. 101).

»Was heißt hier Kontrolle der Regierung durch das Parlament? Die da in Mainz oder Berlin stecken doch eh alle unter einer Decke und mauscheln sich was zusammen. Ansonsten gäbe es ja auch diese nervige Ökosteuer nicht.«
Felix (17), Tischlerauszubildender

Gewaltenverschränkung

Nach dem klassischen Verständnis von Gewaltenteilung wurde das Parlament ursprünglich als eine Art Gegenstück zur Regierung betrachtet und galt deshalb in seiner Gesamtheit als ihr Kontrollorgan. In modernen parlamentarischen Demokratien wurde die strikte Trennung der Gewalten durch eine sogenannte **Gewaltenverschränkung** ersetzt. Dabei sind die gesetzgebende Gewalt (Legislative) und die ausführende Gewalt (Exekutive) auf vielfältige Weise miteinander verbunden.

Gewaltenverschränkung im parlamentarischen System der Bundesrepublik

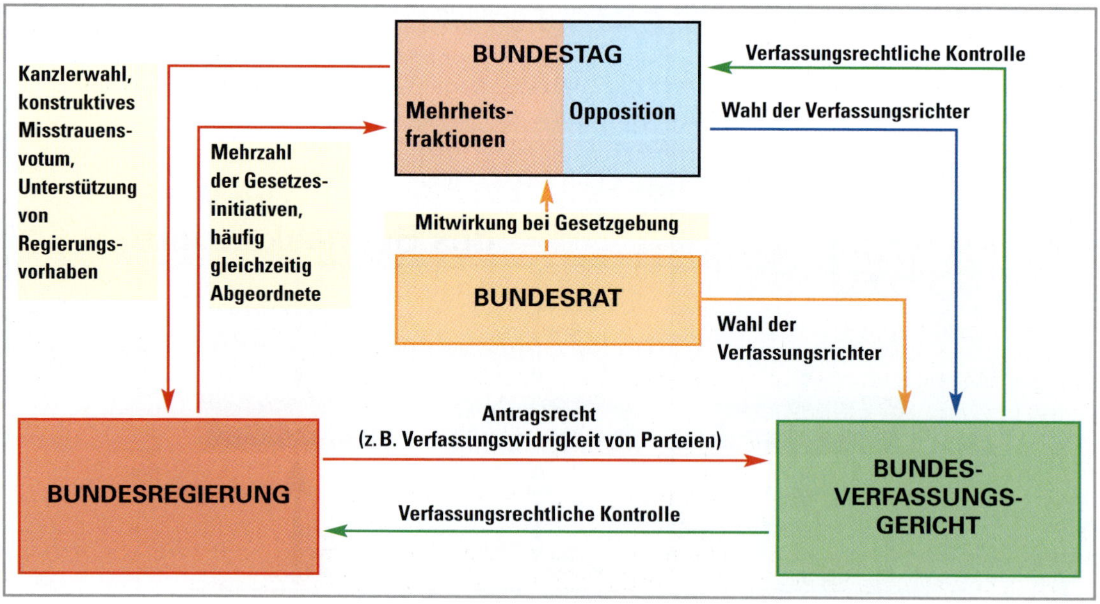

- Der Bundestag wählt den Kanzler;
- Regierungsmitglieder können zugleich Abgeordnete sein;
- die Regierung wird von der sie tragenden parlamentarischen Mehrheit unterstützt (z.Zt. Koalition aus CDU/CSU und FDP).

Daraus folgt:

Kontrolle von Regierung und Verwaltung

Die Kontrolle von Regierung und Verwaltung (die sogenannte Kontrollfunktion) wird in erster Linie durch die Opposition (zurzeit SPD, Bündnis 90/Grüne und Linkspartei) wahrgenommen.

Die Opposition nutzt verschiedene Instrumente, um die Regierung öffentlich zu kritisieren und alternative politische Programme und Personen vorzustellen.

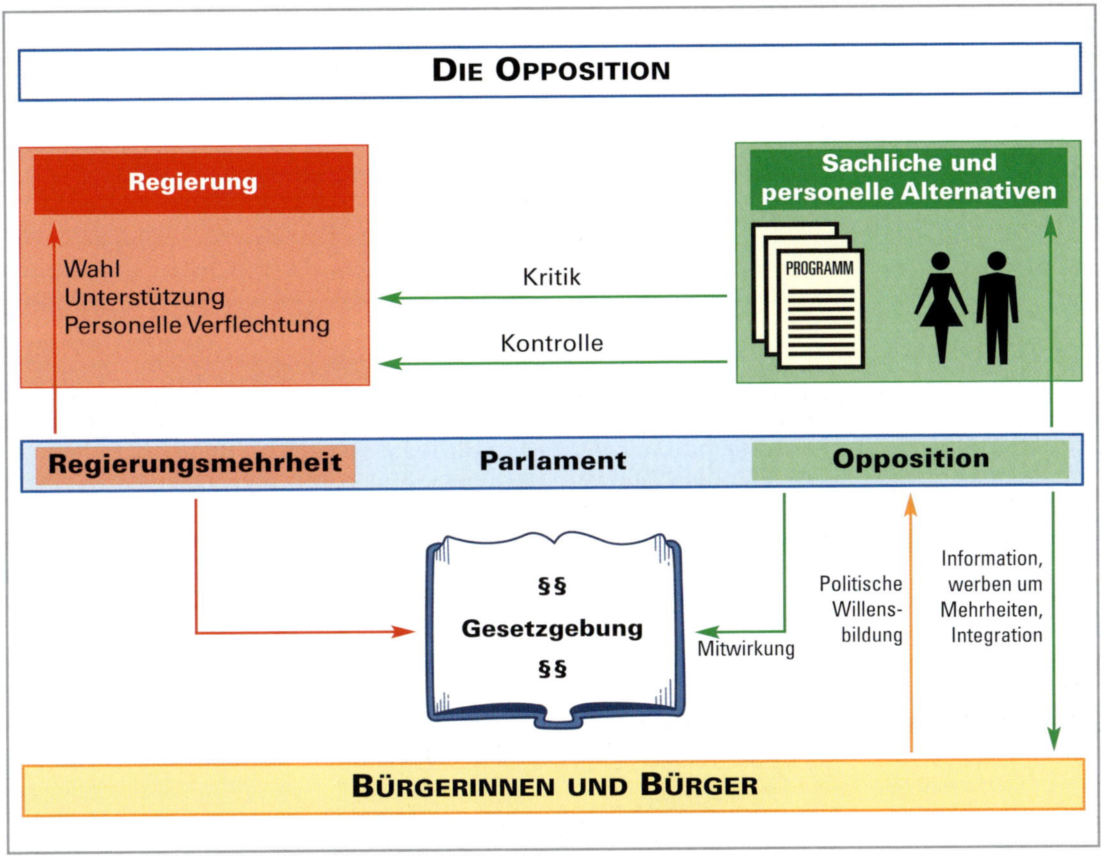

Als wichtige Kontrollinstrumente stehen der Opposition u.a. zur Verfügung:

- **Aktuelle Stunde, Kleine und Große Anfrage**

  Eine Fraktion oder eine Parlamentsgruppe kann eine Aktuelle Stunde über ein aktuelles Thema beantragen oder Kleine und Große Anfragen an die Bundesregierung richten, um Auskünfte über bestimmte Themenkomplexe zu erhalten und Aufklärung über wichtige politische Fragen zu leisten.

  Über das Thema einer Großen Anfrage findet eine Aussprache im Plenum statt.

  Die uns aus den Medien bekannten öffentlichen Plenardebatten sind oftmals das Ergebnis einer Großen Anfrage seitens der Opposition.

17. Wahlperiode

Lfd. Nr.	Thema der Großen Anfrage	Fragesteller: Fraktion
1	Beschäftigungssituation Älterer, ihre wirtschaftliche und soziale Lage und die Rente ab 67	DIE LINKE.
2	Zu den theoretischen und empirischen Grundlagen des Wachstumsbeschleunigungsgesetzes und der gemäß Koalitionsvertrag beabsichtigten Steuerreform	SPD
3	Verlängerung von Restlaufzeiten von Atomkraftwerken – Auswirkungen auf die Entwicklung des Wettbewerbs auf dem Strommarkt und auf den Ausbau der erneuerbaren Energien	SPD
4	Einführung einer Kopfprämie in der gesetzlichen Krankenversicherung	SPD
5	Sicherung der Technologieführerschaft Deutschlands im Verkehrs- und Baubereich	SPD
6	Deutsche Polizeiarbeit in Afghanistan	DIE LINKE.

Quelle: www.bundestag.de

Konstruktives Misstrauensvotum

Das zumindest theoretisch stärkste Instrument zur Regierungskontrolle ist das konstruktive Misstrauensvotum. Der Bundestag kann einem Bundeskanzler das Misstrauen dadurch aussprechen, dass er mit der Mehrheit seiner Mitglieder (zurzeit 312 Abgeordnete) einen Nachfolger wählt und den Bundespräsidenten ersucht, den Bundeskanzler zu entlassen. Der Bundespräsident muss diesem Ersuchen entsprechen. Zwischen dem Antrag und der Wahl müssen 48 Stunden liegen (Artikel 67 Grundgesetz).

Kontrollinstrumente: Anfragen, konstruktives Misstrauensvotum, Untersuchungsausschuss

Konstruktiver Misstrauensantrag von CDU/CSU und FDP gegen Bundeskanzler Helmut Schmidt: Dieser gratuliert als erster seinem mit 256 gegen 235 Stimmen am 1. Oktober 1982 gewählten Nachfolger Helmut Kohl

- **Untersuchungsausschüsse**

  Mindestens 25% der Abgeordneten sind notwendig, um die Einberufung eines Untersuchungsausschusses zu erreichen. (Vgl. Art. 44 GG) Ziel eines solchen Untersuchungsausschusses ist es, wirkliche oder vermeintliche Missstände, Skandale oder Affären aufzuklären. So hat sich z. B. in den Jahren 2000 – 2002 ein Untersuchungsausschuss mit der sogenannten »CDU-Spendenaffäre« befasst.

  In der Regel fordert die Opposition solche Untersuchungen, wenn Mitglieder der Regierung oder der Regierungsparteien belastet oder für einen Missstand verantwortlich scheinen.

Politische Willensbildung

Eine weitere wichtige Aufgabe des Parlaments besteht in der **politischen Willensbildung.** Der Bundestag soll die Bürger (= Öffentlichkeit) über politische Probleme, wie z.B. eine Reform des Rentensystems oder einen möglichen Ausstieg aus der Atomenergie sowie über mögliche, unter Umständen unterschiedliche Wege der Problemlösung informieren.

Aus diesem Grunde können interessierte Bürger Debatten des Bundestages beiwohnen, werden Bundestagssitzungen in Fernsehen und Hörfunk übertragen oder in Zeitungen wiedergegeben und kommentiert.

Durch ihren in der Regel sehr kontroversen Charakter können Parlamentsdebatten den Bürgern die unterschiedlichen Argumente näherbringen und ihnen so ein eigenes Urteil ermöglichen.

„Hohes Haus, meine sehr geehrten Damen und Herren, es wird Sie brennend interessieren . . .“

Gesetzgebungsfunktion

Am Ende eines solchen öffentlichen Diskussionsprozesses steht schließlich der **Beschluss eines Gesetzes,** also die Entscheidung des Bundestages darüber, was für die Bevölkerung rechtlich verbindlich sein soll **(Gesetzgebungsfunktion).**

Gerade weil es bei Gesetzen um für das ganze Volk gültige Regeln geht, müssen diese von der Volksvertretung behandelt und beschlossen werden. Deshalb bestimmt Artikel 77 Abs. 1 des Grundgesetzes:

»Die Bundesgesetze werden vom Bundestage beschlossen.«

Zwar dürfen und sollen an der Erarbeitung des Inhaltes der Gesetze Experten aus Verbänden und Wissenschaft mitwirken, aber verantwortet werden müssen die Gesetze von denjenigen, die dafür auf Zeit gewählt wurden. Den Zeitraum zwischen zwei Bundestagswahlen bezeichnet man aus diesem Grund auch als **Legislaturperiode** (Gesetzgebungszeitraum).

Aufgaben des Bundesrates

Damit aber die Interessen und Wünsche der 16 Bundesländer bei Gesetzen, Rechtsverordnungen und Verwaltungsvorschriften, die für ganz Deutschland gelten, berücksichtigt werden, gibt es den **Bundesrat.** Er ist ein selbstständiges Verfassungsorgan und das **gemeinsame Organ der Länder auf Bundesebene.** Er bringt die Interessen der Länder im Bund, d.h. gegenüber Bundestag und Bundesregierung zur Geltung. Als zweites Organ der Gesetzgebung bildet er einen gewissen Gegenpol zum Bundestag.

Auch wählt der Bundesrat die Hälfte der Richter des Bundesverfassungsgerichts.

Beispiel

Wenn eine vom Bundestag beschlossene Steuerreform dazu führen sollte, dass die Steuereinnahmen der einzelnen Bundesländer zurück gingen, könnte es sein, dass die Mehrheit der Bundesländer im Bundesrat diese Steuerreform ablehnen und dem im Bundestag beschlossenen Gesetz nicht zustimmen würde.

Gesetzgebung ist also nicht nur Aufgabe des Bundestages, sondern:

Gesetze, Rechtsverordnungen und Verwaltungsvorschriften, die auch die Bundesländer betreffen, können nur verabschiedet werden, wenn sowohl der **Bundesrat, als auch Bundestag** jeweils mehrheitlich zustimmen.

Zusammensetzung des Bundesrates

Die 16 Bundesländer entsenden zusammen 69 Mitglieder in den Bundesrat. Das Stimmengewicht der Länder orientiert sich an der Einwohnerzahl (Art. 51 Abs. 2 Grundgesetz). Jedes Land hat mindestens drei Stimmen, Länder mit mehr als zwei Millionen Einwohnern haben vier, Länder mit mehr als sechs Millionen Einwohnern fünf, Länder mit mehr als sieben Millionen Einwohnern sechs Stimmen.

Bundesratsmitglieder sind in der Regel die Regierungschefs der Länder und betroffene Fachminister bzw. von den Landesregierungen bestellte Vertreter, die an Weisungen der Landesregierungen gebunden sind.

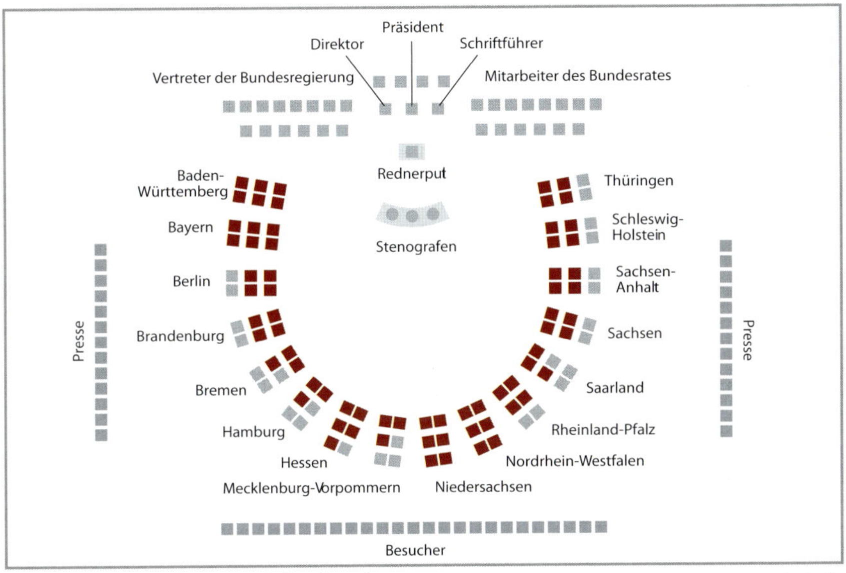

Sitzordnung im Plenarsaal des Bundesrates www.bpb.de

Bei Abstimmungen müssen die Stimmen eines Bundeslandes geschlossen, d.h. einheitlich abgegeben werden. Jede Landesregierung legt ihr Stimmverhalten vor einer Abstimmung fest. Der Bundesrat fasst seine Beschlüsse mit Stimmenmehrheit (35 Stimmen). Ein »neutrales Verhalten« durch Stimmenthaltung ist im Bundesrat nicht möglich.

Die alte Unübersichtlichkeit

Die Landtagswahlen des Jahres 2011 könnten im Bundesrat zu Verschiebungen der Mehrheitsverhältnisse führen – zugunsten des einen oder des anderen Lagers. Es kann allerdings auch alles so unklar bleiben wie bisher.

Bei den voraussichtlich sieben Landtagswahlen in diesem Jahr werden 27 der 69 Stimmen im Deutschen Bundesrat vergeben. Bisher hat dort keines der politischen Lager – Union und FDP einerseits, SPD, Grüne und Linkspartei andererseits – eine eigene Mehrheit. Die Aussichten der derzeitigen Oppositionsparteien, ihre 1999 verlorene Mehrheit im Bundesrat zurück zu gewinnen, erfordern eine Fülle von Wahlsiegen und Regierungsumbildungen.

Ein solcher Fall ist nach derzeitigen Umfragen nicht völlig unwahrscheinlich, hat aber womöglich zur Voraussetzung, dass die SPD bereit ist, eine Koalition unter einem Ministerpräsidenten der Grünen oder der Linkspartei zu akzeptieren. Dass Union und FDP ihre mit der Landtagswahl im vergangenen Mai verlorene Mehrheit zurückerobern, ist hingegen nicht zu erwarten.

Quelle: Günter Bannas, www.faznet.de, 04.01.2011

Nach dem GG kann ein Gesetzentwurf durch die Bundesregierung (die Mehrheit der Entwürfe), aus der Mitte des Bundestages (mindestens 5% der Abgeordneten) oder durch den Bundesrat eingebracht werden. Man nennt dies dann **Gesetzesinitiative.**

Dabei unterscheidet man zwei Arten von Gesetzen:

Zustimmungsgesetze

- **Zustimmungsgesetze,** die neben der selbstverständlichen Zustimmung durch den Bundestag der unbedingten Zustimmung des Bundesrates bedürfen. Stimmt der Bundesrat nicht zu, ist das Gesetz gescheitert. Zustimmungsgesetze sind:
  - Gesetze, die die Verfassung ändern (2/3-Mehrheit),
  - Gesetze, die Auswirkungen auf die Finanzen der Länder haben,
  - Gesetze, die von den Länderverwaltungen auszuführen sind.

Einspruchsgesetze

- **Einfache bzw. Einspruchsgesetze,** gegen die der Bundesrat zwar Einspruch einlegen kann. Der Bundestag kann diesen aber in einer erneuten Abstimmung mit der Mehrheit seiner Mitglieder zurückweisen, um das Gesetz dann trotzdem zu verabschieden.

Vermittlungsausschuss: (von 1949 – 2008: Anrufung bei 836 Gesetzesvorlagen → nur ca. 11% scheiterten.)

Kommt es wegen eines Gesetzes zu Meinungsverschiedenheiten zwischen Bundestag, Bundesregierung und Bundesrat, kann der **Vermittlungsausschuss** angerufen werden. Er besteht aus je 16 Mitgliedern des Bundesrates und des Bundestages und versucht in streng vertraulichen Verhandlungen einen Kompromissvorschlag auszuarbeiten, an den sich Bundestag und Bundesrat aber nicht halten müssen. Der Vermittlungsausschuss kann vorschlagen, den umstrittenen Gesetzesvorschlag unverändert zu verabschieden, ihn zu ändern oder ganz aufzuheben.

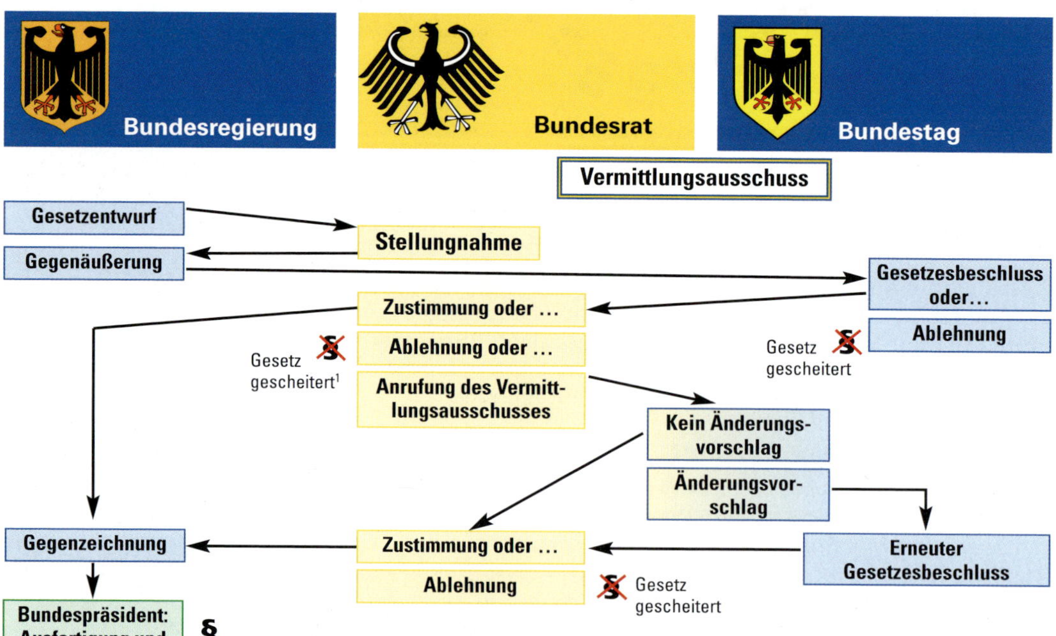

Dargestellt ist der Weg eines Gesetzentwurfs der Bundesregierung (Hauptfall der Gesetzgebung). Entwürfe des Bundesrates werden über die Bundesregierung, Entwürfe aus der Mitte des Bundestages unmittelbar beim Bundestag eingebracht. Von da ab gilt das gleiche Verfahren.

1 Falls nicht Bundesregierung oder Bundestag den Vermittlungsausschuss anrufen.

Bundesregierung: Bundeskanzler und seine Minister

Die **Bundesregierung** besteht aus dem Bundeskanzler und aus den Bundesministern (Art. 62 GG). Sie erledigt oder lenkt die staatlichen und politischen Geschäfte, d.h.: Sie berät und entscheidet darüber, was im eigenen Land geschehen soll und regelt die Beziehungen zu anderen Staaten.

Man bezeichnet den Bundeskanzler und seine Minister auch als **Kabinett** oder Regierungsmannschaft.

Die Zahl der Minister ist in der Verfassung nicht festgelegt. Sie kann von jeder Bundesregierung neu bestimmt werden.

Innen-, Außen-, Finanz-, Wirtschafts-, Verteidigungs- und Justizministerium werden in diesem Zusammenhang als die »klassischen Ministerien« bezeichnet.

Zusammen mit dem Bundespräsidenten gehört die Bundesregierung zur Exekutive.

Die Bundeskanzler der Bundesrepublik Deutschland seit 1949

Konrad Adenauer
CDU
* 15. 1. 1876
† 19. 4. 1967
Kanzlerschaft
15. 9. 1949
bis 15. 10. 1963

Ludwig Erhard
CDU
* 14. 2. 1897
† 5. 5. 1977
Kanzlerschaft
16. 10. 1963
bis 1. 12. 1966

Kurt Georg Kiesinger
CDU
* 6. 4. 1904
† 9. 3. 1988
Kanzlerschaft
1. 12. 1966
bis 20. 10. 1969

Willy Brandt
SPD
* 18. 12. 1913
† 8. 10. 1992
Kanzlerschaft
21. 10. 1969
bis 6. 5. 1974

Helmut Schmidt
SPD
* 23. 12. 1918
Kanzlerschaft
16. 5. 1974
bis 1. 10. 1982

Helmut Kohl
CDU
* 3. 4. 1930
Kanzlerschaft
1. 10. 1982
bis 27. 10. 1998

Gerhard Schröder
SPD
* 7. 4. 1944
Kanzlerschaft
27. 10. 1998
bis 22. 11. 2005

Angela Merkel
CDU
* 17. 7. 1954
Kanzlerschaft
seit 22. 11. 2005

Artikel 62: [Zusammensetzung]

Die Bundesregierung besteht aus dem Bundeskanzler und aus den Bundesministern.

Artikel 63: [Wahl und Ernennung des Bundeskanzlers]

(1) Der Bundeskanzler wird auf Vorschlag des Bundespräsidenten vom Bundestag ohne Aussprache gewählt.

(2) Gewählt ist, wer die Stimmen der Mehrheit der Mitglieder des Bundestages auf sich vereinigt. Der Gewählte ist vom Bundespräsidenten zu ernennen.

Innerhalb der Bundesregierung ist das Amt des Bundeskanzlers mit der größten Machtfülle ausgestattet, sodass Experten auch von einer »Kanzlerdemokratie« sprechen.

Bundeskanzler(in): Chef(in) der Regierung

Der **Bundeskanzler** ist der Chef der Regierung.

- Er verfügt über das Recht und die Macht, seine Regierungsmannschaft selbst zusammenzustellen bzw. einen oder mehrere Minister zu entlassen.

Richtlinienkompetenz

- Er bestimmt die Richtlinien der Politik – **Richtlinienkompetenz** – und trägt dafür die Verantwortung.
- Insbesondere umreißt er die allgemeinen Ziele für die Innen- und Außenpolitik, legt ein Regierungsprogramm vor und sorgt für dessen Verwirklichung.

Kanzlerprinzip

Man bezeichnet dieses Regierungsprinzip als so genanntes **Kanzlerprinzip.**

EXKURS: Vertrauensfrage

Die Vertrauensfrage ist ein politisches Instrument, dass es in vielen Demokratien gibt. Der Regierungschef stellt im Parlament den Antrag, ihm das Vertrauen auszusprechen. Damit will er feststellen, ob er und damit seine Regierung noch die Unterstützung der Mehrheit des Parlaments hat. Spricht das Parlament dem Regierungschef nicht das Vertrauen aus, so hat dies meist den Rücktritt der Regierung und Neuwahlen zur Folge.

In Deutschland ist die Vertrauensfrage in Art. 68 GG verankert. Der Bundeskanzler kann im Bundestag den Antrag stellen, ihm das Vertrauen auszusprechen. Kommt die Mehrheit des Bundestages diesem Antrag nicht nach, kann der Kanzler dem Bundespräsidenten vorschlagen, den Bundestag aufzulösen und Neuwahlen anzusetzen. Schon durch die Androhung, die Vertrauensfrage zu stellen, kann der Bundeskanzler die ihn stützende Parlamentsmehrheit disziplinieren.

Der Unterschied zum Misstrauensvotum besteht darin, dass der Bundeskanzler selbst die Initiative ergreift. Außerdem kann das Misstrauensvotum nicht dazu führen, dass der Bundestag aufgelöst wird; dies ist nur nach einer gescheiterten Vertrauensfrage möglich.

Art. 68 GG kann allerdings nicht dazu genutzt werden, Neuwahlen zu einem für die Regierung geeigneten Zeitpunkt herbeizuführen. Es muss eine echte Regierungskrise vorliegen. Bei der Beurteilung, ob eine solche Krise vorliegt, hat der Bundespräsident nach einem Urteil des Bundesverfassungsgerichts einen großen Spielraum.

Ex-Kanzler Schröder während seiner Bundestagsrede, in der er die Vertrauensfrage stellte.

Bundestag entzieht Schröder das Vertrauen

Bundeskanzler Gerhard Schröder hat sein Ziel erreicht: Die Vertrauensfrage ist verloren, Bundespräsident Köhler kann den Bundestag nun auflösen. Knapp 150 Koalitions-Abgeordnete enthielten sich und bereiteten Schröder so die gewünschte Niederlage.

595 der 601 Abgeordneten stimmten ab: 151 mit Ja, 296 mit Nein, 148 enthielten sich, darunter der Kanzler selbst, SPD-Fraktionschef Müntefering sowie die grünen Minister Fischer, Trittin und Künast. Union und FDP stimmten geschlossen gegen den Kanzler.

Schröder verfehlte somit deutlich die notwendige Kanzler-Mehrheit von 301 Stimmen. Thierse teilte mit, das Ergebnis werde direkt Bundespräsident Horst Köhler übermittelt. Der Kanzler hatte die Abstimmungsniederlage bewusst herbeigeführt, um eine Neuwahl des Bundestags zu ermöglichen.

Bundespräsident Horst Köhler kann – und soll nach dem Wunsch Schröders und der Opposition – den Bundestag gemäß Artikel 68 des Grundgesetzes innerhalb von 21 Tagen auflösen.

Quelle: www.sueddeutsche.de

Als einziges Regierungsmitglied wird der Bundeskanzler auf Vorschlag des Bundespräsidenten direkt vom Bundestag gewählt.

Konstruktives Misstrauensvotum

Er kann nur gestürzt werden, indem das Parlament durch ein »Konstruktives Misstrauensvotum« mit Mehrheit einen neuen Bundeskanzler wählt. Auf diese Weise soll verhindert werden, dass eine beliebige Mehrheit einen Kanzler abwählt, ohne sich dann auf einen neuen Kanzler zu einigen. So verlor 1982 Bundeskanzler Helmut Schmidt (SPD) durch ein »Konstruktives Misstrauensvotum« sein Amt, weil das Parlament mit Mehrheit Dr. Helmut Kohl (CDU) zum Bundeskanzler wählte.

Das Grundgesetz verbindet in Artikel 65 das Kanzlerprinzip mit dem Kollegial- und dem Ressortprinzip.

Kollegialprinzip

- Nach dem **Kollegialprinzip** entscheidet das Kabinett als Ganzes nach dem Mehrheitsprinzip über Angelegenheiten von allgemeiner politischer Bedeutung und Meinungsverschiedenheiten zwischen Bundesministern. Der Kanzler ist dabei Erster unter Gleichen.

Ressortprinzip

- Nach dem **Ressortprinzip** leitet jeder Ressortminister seinen Geschäftsbereich selbstständig und unter eigener Verantwortung innerhalb der vom Bundeskanzler vorgegebenen Richtlinien.

Bundespräsident: Deutschlands Staatsoberhaupt

Der **Bundespräsident** ist das Staatsoberhaupt der Bundesrepublik Deutschland und hat als solches entsprechende Aufgaben.

Dazu gehören vor allem:

Bundespräsident

- Völkerrechtliche Vertretung des Bundes
- Repräsentation nach innen und außen
- Prüfung, Unterzeichnung und Verkündung der Bundesgesetze
- Erklärung des Gesetzgebungsnotstandes
- Vorschlag, Ernennung und Entlassung des Bundeskanzlers
- Ernennung und Entlassung der Bundesminister
- Ernennung und Entlassung der Bundesrichter, Beamten, Offiziere und Unteroffiziere
- Begnadigungsrecht

Quelle: www.bund.de

Repräsentation

Völkerrechtliche Vertretung

Integration

Die Bedeutung des Präsidentenamtes reicht jedoch weit über seine formalen Zuständigkeiten hinaus. Als eine unabhängige, »über den Parteien« stehende Persönlichkeit steht er für das Gemeinsame. Er soll moralische Maßstäbe setzen, Vertrauen vermitteln, in politischen Auseinandersetzungen ausgleichend wirken und Würde ausstrahlen. Die bisherigen Amtsinhaber haben versucht diese **Integrationsfunktion** in jeweils eigenständiger Weise auszufüllen. In der Regel war ihr Beliebtheitsgrad höher als derjenige der meisten anderen Politiker, und das Amt des Bundespräsidenten wurde von mehr Bürgern positiv bewertet als jedes andere politische Amt.

Eine besondere, politisch eigenständige Rolle kommt dem Bundespräsidenten in bestimmten parlamentarischen Krisensituationen zu, etwa bei einer missglückten Kanzlerwahl (vgl. Wahl des Bundeskanzlers) oder im Falle einer verlorenen Vertrauensfrage (s.S. 111: Schröders Vertrauensfrage).

Wahl durch die Bundesversammlung

Wahlvorschläge
Jedes Mitglied der Bundesversammlung kann Kandidaten vorschlagen

Geheime Wahl
Ohne vorherige Absprache

Christian Wulff
wurde am 30. Juni 2010 zum 10. Bundespräsidenten Deutschlands gewählt.

Erforderliche Mehrheit
Im 1. und 2. Wahlgang: Mehr als die Hälfte der Stimmen aller Mitglieder der Bundesversammlung

Im 3. Wahlgang: Relative Stimmenmehrheit

Bundestag
Alle Bundestagsabgeordneten

Wahl auf 5 Jahre (Wiederwahl möglich)

Landesparlamente
Gleiche Anzahl von gewählten Vertretern

Bundesversammlung
Tritt alle 5 Jahre zusammen (spätestens 30 Tage vor Ende der Amtszeit des Bundespräsidenten).

Die Präsidenten unserer Republik seit 1949

Prof. Dr.
Theodor Heuss † (FDP)

Amtszeiten
1949 – 1954 und 1954 – 1959

Heinrich Lübke † (CDU)

Amtszeiten
1959 – 1964 und 1964 – 1969

Dr. Dr.
Gustav W. Heinemann †
(SPD)

Amtszeit 1969 – 1974

Walter Scheel (FDP)

Amtszeit 1974 – 1979

Prof. Dr.
Karl Carstens † (CDU)

Amtszeit 1979 – 1984

Dr.
Richard von Weizsäcker
(CDU)

Amtszeiten
1984 – 1989 und 1989 – 1994

Prof. Dr.
Roman Herzog (CDU)

Amtszeit 1994 – 1999

Johannes Rau † (SPD)

Amtszeit 1999 – 2004

Dr. rer. pol.
Horst Köhler (CDU)

Amtszeit 2004 – 2010

Christian Wulff (CDU)

Amtszeit seit 2010

Gewählt wird der Bundespräsident von der **Bundesversammlung** für die Dauer von fünf Jahren. Eine einmalige Wiederwahl ist zulässig. Die Wahl des Bundespräsidenten ist die einzige Aufgabe der Bundesversammlung.

Zum Bundespräsident ist derjenige Kandidat gewählt, der die Mehrheit der Stimmen der Bundesversammlung auf sich vereinigt. Wählbar ist jeder Deutsche der das 40. Lebensjahr vollendet hat.

Bundesverfassungsgericht

Das Grundgesetz ist die oberste Richtschnur allen staatlichen Handelns. Das **Bundesverfassungsgericht** (BVG) in Karlsruhe – höchstes Organ der Judikative – wacht darüber, dass Regierung, Parlament und Rechtsprechung das Grundgesetz einhalten.

Man bezeichnet es deshalb auch als die **Hüterin der Verfassung.**

Zuständigkeit des BVG

Zur Beachtung des Grundgesetzes sind alle staatlichen Stellen verpflichtet. Kommt es dabei zum Streit, kann das Bundesverfassungsgericht angerufen werden. Seine Entscheidung ist unanfechtbar. An seine Rechtsprechung sind alle übrigen Staatsorgane gebunden.

Die Arbeit des Bundesverfassungsgerichts hat auch politische Wirkung. Das wird besonders deutlich, wenn das Gericht z.B. ein vom Bundestag beschlossenes Gesetz für verfassungswidrig erklärt. Allerdings wird das BVG nicht von sich aus tätig, sondern nur auf Antrag einer Person oder Institution. Seine Zuständigkeit ist im Grundgesetz, vor allem in den Artikeln 93 und 100, geregelt.

- Jeder, der sich durch die öffentliche Gewalt in seinen Grundrechten verletzt fühlt, kann eine **Verfassungsbeschwerde** erheben. Sie kann sich z. B. gegen das Urteil eines Gerichts oder gegen ein Gesetz richten. Die Verfassungsbeschwerde ist in der Regel erst zulässig, nachdem der Beschwerdeführer die sonst zuständigen Gerichte erfolglos angerufen hat.
- Nur das Bundesverfassungsgericht darf feststellen, dass ein Gesetz mit dem Grundgesetz nicht vereinbar ist. Wenn die Bundesregierung, eine Landesregierung oder ein Drittel der Mitglieder des Bundestages ein Gesetz für verfassungswidrig hält, können sie seine Verfassungsmäßigkeit durch das Bundesverfassungsgericht überprüfen lassen **(Normenkontrollklage).**
- Das Gericht kann auch dann angerufen werden, wenn zwischen Verfassungsorganen oder zwischen Bund und Ländern Meinungsverschiedenheiten über die gegenseitigen verfassungsmäßigen Rechte und Pflichten bestehen **(Organstreit, Bund-Länder-Streit).**

Urteil des Bundesverfassungsgericht zum sogenannten »Luftsicherungsgesetz«

Abschuss entführter Flugzeuge ist verfassungswidrig

Das Verfassungsgericht hat das Luftsicherungsgesetz gekippt und dabei unmissverständlich klargestellt: Die Bundeswehr darf im Inland nicht militärisch eingesetzt werden. (...)

Die im Luftsicherheitsgesetz enthaltene Erlaubnis für die Bundeswehr, von Terroristen entführte Passagiermaschinen in Notfällen abzuschießen, ist verfassungswidrig und nichtig. Das noch unter Rot-Grün vom damaligen Innenminister Otto Schily eingebrachte Gesetz sah als letzte Möglichkeit vor, zur Abwehr eines Terroranschlags im Extremfall auch ein voll besetztes Passagierflugzeug abzuschießen, wenn nur so das Leben anderer Menschen gerettet werden kann. Die Kläger hielten eine derartige Abwägung Leben gegen Leben für einen Verstoß gegen die Grundrechte auf Leben und auf Menschenwürde.

Die Karlsruher Richter gaben den Verfassungsbeschwerden der früheren FDP-Spitzenpolitiker Burkhard Hirsch und Gerhart Baum sowie weiterer vier Kläger statt. Sie hatten das Anfang 2005 in Kraft getretene Luftsicherheitsgesetz als Preisgabe fundmentaler Rechtssätze kritisiert. (...)

Den Verfassungshütern zufolge verstößt der Abschuss eines von Terroristen als Waffe missbrauchten Passagierflugzeugs gegen die Menschenwürdegarantie und das Recht auf Leben der Geiseln. Die unschuldigen Opfer würden dadurch, dass ihre Tötung zur Rettung anderer benutzt wird »verdinglicht und unrechtlicht«, heißt es im Urteil.

Auch die Einschätzung, dass die Geiseln ohnehin dem Tod geweiht seien, ändere nichts daran. Überdies bringe die Auffassung, die Geiseln seien zum Teil einer Waffe geworden und müssten sich als solche behandeln lassen, »geradezu unverholen zum Ausdruck, dass die Opfer nicht mehr als Menschen wahrgenommen werden«.

Süddeutsche Zeitung online, 16.02.06

Auszug aus einem Kommentar zum Urteil des BVG, von Heribert Prantl, Süddeutsche Zeitung

Das Luftsicherheitsgesetz sollte die Rechtsgrundlage dafür sein, dass entführte Flugzeuge samt Besatzung und Passagieren von der Bundeswehr abgeschossen werden dürfen. Diese Rechtsgrundlage ist nun vom höchsten deutschen Gericht abgeschossen worden. (...)

Eine Anmaßung war die gesetzliche Ermächtigung, die Opfer einer Entführung durch den Abschuss des entführten Flugzeugs gezielt zu töten. Eine solche Ermächtigung, so Karlsruhe, widerspreche der im Grundgesetz garantierten Menschenwürde, also dem Verbot, Menschen nur als Sache, nämlich als Teil des entführten Flugzeugs zu sehen. Damit war das Gesetz inhaltlich verfassungswidrig. Und damit wurde auch noch ein politischer Irrglaube zurückgewiesen: Der Glaube daran nämlich, dass der Terror seit dem 11.09.2001 zu außergewöhnlichen, zu extralegalen Maßnahmen berechtigen könne. Bei der Verteidigung des Rechts gegen den Terror darf das Recht dem Terror nicht geopfert werden – das ist das große Fazit dieses Urteils. Das Luftsicherheitsgesetz war der objektiv untaugliche Versuch, das Unregelbare zu regeln: Wann darf der Staat hundert Menschen töten, um so, vielleicht, tausend Menschen zu retten? Die einzige Antwort, die es darauf geben kann, ist die: Er darf es nie. Ein Minister ist nicht der liebe Gott. Kein Gesetz darf ihm eine Ermächtigung geben, die einen Menschen zu opfern, um andere vielleicht zu retten. Menschenleben sind nicht quantifizierbar oder qualifizierbar. Das für verfassungswidrig erklärte Gesetz hat die Grenzen des Rechts verkannt: Nichts und niemand kann die Tötung unschuldiger Menschen durch staatliches Handeln rechtfertigen. (SZ, 16.02.06)

Das Bundesverfassungsgericht – Hüterin unserer Verfassung

Der Erste Senat stellt augenblicklich den Präsidenten des Gerichtes

Pro Senat 8 Richter = insgesamt 16 Richter

Der Zweite Senat stellt augenblicklich den Vize-Präsidenten des BVG

Der Bundesrat wählt in direkter Wahl je die Hälfte der Richter.

Der Bundestag wählt in indirekter Wahl (durch 12 Wahlmänner/-frauen = Wahlausschuss) je die Hälfte der Richter.

Es ist jeweils eine **2/3-Mehrheit** erforderlich.

Die Amtszeit der Richter beträgt 12 Jahre, eine Wiederwahl ist nicht möglich.
Die Richter sind wählbar vom 40. bis zum 68. Lebensjahr.
Mindestens 6 Richter müssen anwesend sein, damit das Gericht beschlussfähig ist.

Befugnisse des Bundesverfassungsgerichtes

- Aufhebung behördlicher und gerichtlicher Entscheidungen
- Nichtigerklärung verfassungswidriger Gesetze
- Entscheidung bei Streitigkeiten zwischen Staatsorganen sowie Bund und Ländern

Zuständigkeiten des Bundesverfassungsgerichtes

- Verfassungsbeschwerde
- Normenkontrolle
- Verfassungsstreitigkeiten zwischen staatlichen Organen
- Demokratie- und Rechtsstaatsicherung

Quelle: www.politik-international.de

Zusammensetzung des BVG und Wahl der Verfassungsrichter

Das Bundesverfassungsgericht besteht aus sechzehn Richterinnen und Richtern. Die eine Hälfte wählt der Bundestag, die andere der Bundesrat, jeweils mit Zweidrittelmehrheit.

Die Amtszeit beträgt zwölf Jahre. Eine Wiederwahl ist ausgeschlossen.

Das Gericht setzt sich aus zwei Senaten mit jeweils acht Mitgliedern zusammen.

Die Zuständigkeit für Verfassungsbeschwerden und Normenkontrollen ist auf beide Senate verteilt.

In allen übrigen Verfahren entscheidet ausschließlich der Zweite Senat. Da die Entscheidungen des BVG unanfechtbar und oft von großer Tragweite sind, wird seine Arbeit auch kritisch kommentiert.

Einerseits

Der Stuttgarter Rechtsanwalt und Verfassungsexperte Rüdiger Zuck bezeichnete die Gerichtsentscheidung zur Familienförderung als »Entmündigung des Parlaments«.

... Zuck kritisierte: »Karlsruhe hat sich weitgehend an die Stelle des Gesetzgebers gestellt.« Die Entscheidung liege auf einer Linie mit dem ebenfalls vom Zweiten Senat stammenden Abtreibungsurteil von 1993. Damals sei auch ein gesetzgeberisches Programm bis ins kleinste Detail aufgestellt worden. Auch diesmal habe der Senat Regelungen bis hin zu Mark-Beträgen erlassen. Damit sei die Balance zwischen dem Verfassungsgericht und dem demokratisch stärker legitimierten Parlament nicht mehr gewährleistet. »Die Kompetenz sich an die Stelle des Gesetzgebers zu setzen, hat das Gericht nun einmal nicht.« sagte Zuck.

Nach RZ-online

Andererseits

Die richterliche Vorgabe an den Gesetzgeber belegt aber nicht die Ansicht, das Bundesverfassungsgericht mische sich in die Politik ein. Es liegt vielmehr im Wesen der Verfassungsgerichtsbarkeit, dass sie sich auf Antrag mit politischen Rechtsstreitigkeiten befasst. Da sich die Entscheidung darüber zwangsläufig politisch auswirkt ... muss das Bundesverfassungsgericht Politik machen, weil es von Politikern immer häufiger wegen politischer Streitigkeiten angerufen wird.

Nach Kürschner, J.: o.A.

Exkurs: Der politische Prozess – ein Strukturmodell

Sie verfügen nun über wichtige Kenntnisse über den Ablauf politischer Prozesse und die möglichen Teilnehmer an einem solchen.

Das folgende Modell und die sich anschließenden Schlüsselfragen zur Analyse eines politischen Prozesses versetzen Sie in die Lage, den Weg eines politischen Problems von dessen Auftauchen im öffentlichen Bewusstsein bis zu einer möglichen Entscheidung durch politische Institutionen an einem aktuellen Beispiel zu beschreiben.

Der politische Prozess – ein Strukturmodell

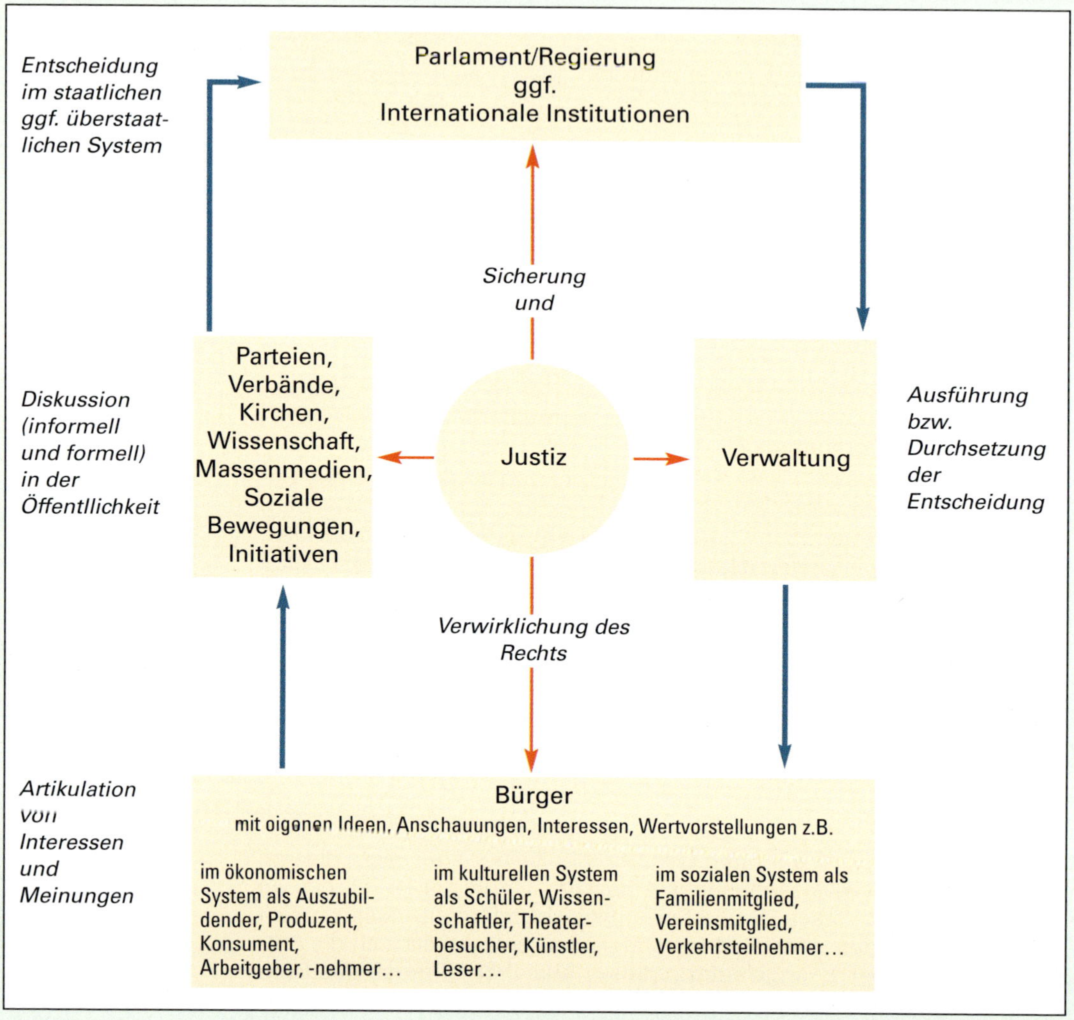

Schlüsselfragen zur Analyse eines politischen Prozesses

Akteure
Wer ist beteiligt? Welche Interessen vertreten die verschiedenen Akteure?

Thema
Welches Thema steht im Mittelpunkt? Welche Argumente werden jeweils vorgebracht?

Mittel
Welche Mittel setzen die Akteure ein? Wie werden Medien bzw. Öffentllichkeit genutzt?

Macht
Wer setzt sich durch? Wie verändern sich durch die Entscheidung die Machtverhältnisse? Welche Auswirkungen hat sie auf die Bürger?

Konsens
Worin stimmen die Akteure zu Beginn des Prozesses überein? Welche Gemeinsamkeiten lässt ggf. der Kompromiss erkennen?

Vgl. Gotthard Breit, Kurzvorbereitung im Schulalltag. Didaktisch-methodische Hinweise zur Unterrichtsplanung. In: Wochenschau – Methodik. Beilage zur Zeitschrift »Wochenschau«, H. 6/1992, S. 3, und Werner J. Patzelt, Einführung in die Politikwissenschaft, Passau 1992, S. 32 – 40

LERN-BOX

- Artikel 1 (Bekenntnis zur Menschenwürde) und Artikel 20 des Grundgesetzes bilden den Kern der Verfassung der Bundesrepublik Deutschland.

  Artikel 20 GG enthält die so genannten **Verfassungsgrundsätze:**

  Demokratie,

  Republik,

  Gewaltenteilung,

  Bundesstaat (Föderalismus),

  Sozialstaat,

  Rechtsstaat,

  Widerstandsrecht

- Die Verfassungsorgane können den verschiedenen Gewalten zugeordnet werden:

  Legislative: Bundestag, Bundesrat, Bundesversammlung

  Exekutive: Bundesregierung, Bundespräsident

  Judikative: Bundesverfassungsgericht

- **Der Deutsche Bundestag** ist das Parlament d.h. die Volksvertretung der Bundesrepublik Deutschland. Als einziges Verfassungsorgan wird er direkt vom Volk gewählt.

  Er ist **der zentrale Ort politischer Diskussionen und Entscheidungen.**

  Zu seinen wesentlichen Aufgaben und Funktionen gehören:

  Die politische Willensbildung

  Die Wahl des Bundeskanzlers

  Die Kontrolle der Bundesregierung

  Die Gesetzgebung

  Die Repräsentation der Bürger

- Der **Bundesrat** bringt die Interessen der 16 Bundesländer im Bund, d.h. gegenüber Bundestag und Bundesregierung zur Geltung. Er ist ein zweites Organ der Gesetzgebung.

  Gesetze, die auch die Bundesländer betreffen, sog. Zustimmungsgesetze, können nur verabschiedet werden, **wenn sowohl der Bundesrat, als auch Bundestag** jeweils mehrheitlich zustimmen. Man unterscheidet Einspruchsgesetze und Zustimmungsgesetze.

  Die Bundesländer entsenden zusammen 69 Mitglieder in den Bundesrat. Das Stimmengewicht der Länder orientiert sich an deren Einwohnerzahl.

➲ Die **Bundesregierung** besteht aus dem Bundeskanzler und seinen Ministern.

Der **Bundeskanzler** ist der Chef der Bundesregierung und bestimmt die Richtlinien der Politik (Richtlinienkompetenz).

Die Arbeitsweise der Bundesregierung ist durch drei Prinzipien gekennzeichnet:

Kanzlerprinzip, Ressortprinzip, Kollegialprinzip

➲ Der **Bundespräsident** ist das Staatsoberhaupt der Bundesrepublik Deutschland.

Er wird von der Bundesversammlung gewählt.

Seine wichtigsten Aufgaben sind:

Repräsentation

Völkerrechtliche Vertretung

Integration

➲ Das **Bundesverfassungsgericht** (BVG) in Karlsruhe – höchstes Organ der Judikative – wacht darüber, dass Regierung, Parlament und Rechtsprechung das Grundgesetz einhalten. Man bezeichnet es deshalb auch als die Hüterin der Verfassung.

WISSENS-CHECK

❶ Wie beurteilen Sie die Äußerung Angela Merkels am Wahlabend der Bundestagswahl 2009? Hat die Partei Merkels, die CDU, die Wahlen gewonnen oder verloren?

❷ Erklären Sie einem Ihrer Mitschüler **drei** der folgenden Begriffe.

Parlament; Mandat; Fraktion; Plenum; Debatte; Fachausschuss; Koalition; Opposition

❸ Warum verfügt der Bundestag über eine **besondere Legitimation?**

❹ Nach Artikel 38 Abs. 2 des GG sind Abgeordnete »Vertreter des ganzen Volkes, an Aufträge und Weisungen nicht gebunden und nur ihrem Gewissen unterworfen.« (Freies Mandat).

In welchem Verhältnis steht **Artikel 38 GG** zur Aussage der nebenstehenden Karikatur?

5 Nennen und erläutern Sie die **Aufgaben des Deutschen Bundestages.**

6 Der **Petitionsausschuss des Deutschen Bundestages** ermöglicht es den Bürgern, sich direkt an ihr Parlament zu wenden. In den letzten Jahren ist die Zahl der Bürgereingaben stetig angestiegen. Versuchen Sie, dies zu begründen.

Bürgerpetitionen
Jeder Bürger hat das Recht, einzeln oder in Gemeinschaft mit anderen eine Petition beim Petitionsausschuss des Deutschen Bundestag einzureichen. In einer Petition kann beispielsweise eine Gesetzesänderung angeregt oder eine Beschwerde geäußert werden.

Die Befugnisse des Petitionsausschusses zur Überprüfung von Beschwerden sind weitreichend. So kann er beispielsweise von der Bundesregierung und Bundesbehörden Akteneinsicht verlangen, Informationen erbitten und er hat Zutritt zu ihren Einrichtungen. Der Petitionsausschuss darf auch Zeugen und Sachverständige vernehmen. Damit verfügt der Petitionsausschuss über wirksame Mittel, Bürgerpetitionen zu überprüfen.

7 Warum kommt es im politischen System Deutschlands meistens zu **Koalitionen?**

8 »Koalitionen sind **Zweckbündnisse auf Zeit,** in denen es durchaus zu Spannungen kommen kann.« Erklären Sie diese Aussage.

9 Wie erklären Sie sich, dass bisher alle Bundeskanzler im **ersten Wahlgang** gewählt wurden?

10 Wie beurteilen Sie die Position eines Kanzlers, der nach einem **erfolglosen** ersten Wahlgang mit der relativen Stimmenmehrheit zum Kanzler gewählt würde?

11 Zählen Sie die **Kontrollinstrumente** des Bundestages auf.

12 In welcher Weise hat sich die klassische Lehre von der Gewaltenteilung in **modernen parlamentarischen Demokratien** verändert?

13 Erklären Sie, in wie weit die nachfolgend angesprochenen Punkte **Kontrolle** und **Beschränkung der Macht** der Regierenden ermöglichen.

Gewaltenverschränkung
Statt durch eine strikte Trennung der Gewalten ist die parlamentarische Demokratie gekennzeichnet durch eine Gewaltenverschränkung. Legislative und Exekutive sind miteinander verknüpft, getrennt von ihnen ist dagegen die Rechtsprechung. In der Bundesrepublik Deutschland ist die Beschränkung und Kontrolle der Macht der Regierenden gewährleistet durch

- die Opposition im Bundestag,
- das föderalistische System mit der Aufteilung der staatlichen Gewalt und der staatlichen Aufgaben auf Bund, Länder und Gemeinden,
- die unabhängige Justiz,
- die öffentliche Meinung.

14 Welche Rolle spielt der **Bundesrat** im Gesetzgebungsprozess?

15 Worin liegt die Schwierigkeit, wenn im Bundesrat **andere Mehrheitsverhältnisse** herrschen als im Bundestag?

16 Das Jahr 2011 gilt als Superwahljahr, da in mehreren Bundesländern Landtagswahlen stattfinden/stattgefunden haben. Recherchieren Sie die jeweiligen Wahlergebnisse im Internet. Welche Auswirkungen haben die Ergebnisse auf die Zusammensetzung des Bundesrates und die dortigen Mehrheitsverhältnisse? Lesen Sie dazu den Kommentar aus »Faznet« auf S. 107.

⑰ Recherchieren Sie im Internet die Hintergründe dieses für die Bundesrepublik Deutschland nahezu einmaligen Vorgangs.

Machtprobe führte zum Tumult
Stolpe löst mit seiner Ja-Stimme den größten Eklat in der Bundesrats-Geschichte aus – Stoiber: Verfassungskrise

Wutausbrüche und Auszug der Union: Der Bundesrat erlebte nach der Abstimmung über das Zuwanderungsgesetz die größten Tumulte in seiner Geschichte. Wann und ob die Reform aber je in Kraft tritt, ist völlig unklar.

RZ, 23. März 2002

⑱ Warum kann es im Verhältnis der **drei Regierungsprinzipien** untereinander zu Spannungen kommen?

⑲ Welche Aufgabe hat die **Bundesversammlung** und wie setzt sie sich zusammen?

⑳ Warum wird das Bundesverfassungsgericht als »**Hüterin der Verfassung**« bezeichnet?

㉑ Aus welchen Gründen kann das **Bundesverfassungsgericht** angerufen werden?

㉒ Welche Meinung vertritt der Autor zu einer möglichen Direktwahl des Bundespräsidenden?
Wie begründet er seine Position?

Mit den Stimmen des Volkes

Eben weil der Präsident gleichsam über den Parteien steht und das gesamte Volk vertreten soll, wäre es fatal, würde er direkt vom Volk gewählt. Denn das hieße: Wahlkampf, Polarisierung, Festlegung. (...) Dies würde die Überparteilichkeit des Amtes nicht stärken, sondern sie beeinträchtigen. Auch wäre es naiv zu glauben, die Parteien könnten herausgehalten werden. Wer, wenn nicht sie, könnte für die Organisation und die Kosten des Wahlfeldzuges des jeweiligen Kandidaten aufkommen. Die Parteien selbst wären gezwungen, Bewerber ins Rennen zu schicken, die ... einen zweifellos harten Wahlkampf durchstehen müssten. Es wären in jedem Fall Politiker von anderem Schlage als jene, die bisher in das Amt des Bundespräsidenten gelangt sind. Dass diese Vollblutpolitiker dann noch in der Lage wären, nach errungenem Wahlsieg politische Zurückhaltung zu üben und sozusagen über die Parteien hinweg Integrationskraft zu entfalten, ist mehr als fraglich. Um die Mehrheit zu gewinnen müssten sich die Bewerber auf politische Aussagen festlegen, mit denen sie dann für den Rest ihrer Amtszeit identifiziert würden. Die Wähler des jeweiligen Kandidaten würden von diesem Entscheidungen einfordern, die er wegen des Zuschnitts des Amtes nicht erbringen könnte. Enttäuschung wäre die Folge. (...).

Stuttgarter Zeitung vom 25. Mai 1994

㉓ Mit Horst Köhler ist 2010 erstmals in der Geschichte der Bundesrepublik Deutschland ein Bundespräsident zurückgetreten. Recherchieren Sie im Internet die Hintergründe dieses Rücktritts.

Lernbaustein 2

Europäische Union – Entwicklung, Organe, Verfassung

Gestern noch hieß es:	**»Wir sind ein Volk!«**
und heute schon:	**»Wir sind Europäer?«**

Der Umbruch in Europa findet in verschiedenen Geschwindigkeiten auf dem politischen Parkett einerseits und in den Köpfen der Bürger andererseits statt. Die Entwicklung scheint den einen rasant, den anderen geht der Prozess der Integration und der Erweiterung zu langsam. Die einen rücken die wirtschaftlichen Vorteile einer starken Europäischen Union in den Vordergrund; die anderen erheben massive Vorwürfe:

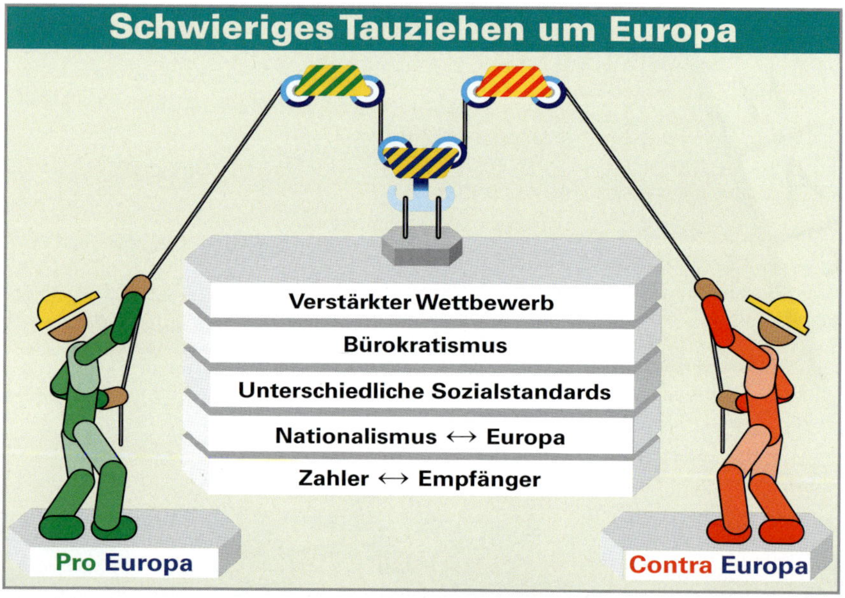

EU: Einstellungen, Ängste, Erwartungen

Europa erstrecke sich aufgrund der Ost-Erweiterung schließlich von Gibraltar bis zur russischen Grenze. Die Mehrzahl der Bundesbürger sieht der EU-Erweiterung allerdings optimistisch entgegen.

Je näher jedoch die Menschen zu den Ostgrenzen leben, um so pessimistischer werden die wirtschaftlichen und politischen Veränderungen gesehen.

Sorgen bereiten den Deutschen bei der Ost-Erweiterung die eventuelle Zunahme der Kriminalität durch die offenen Grenzen und eine Verstärkung der europäischen Bürokratie.

Die EU-Neulinge haben erhebliche Bedenken hinsichtlich steigender Preise und einer weiteren Verschärfung der Konflikte zwischen den armen und reichen Bevölkerungsgruppen.

Winston Churchills in Zürich vorgetragene Vision von den »Vereinigten Staaten von Europa« entsprang der bitteren Erfahrung des Zweiten Weltkrieges und führte zur Gründung des Europarates.

Die damals genannten Motive für die europäische Integration sind bis heute aktuell:

- die Sicherung von Frieden und Sicherheit,
- der Abbau der Grenzen,
- die wirtschaftliche Gesundung,
- die Überwindung des Nationalismus.

Entwicklung der EU und ihre Zukunftsperspektiven

Im Jahre 1929 erlebte der europäische Gedanke seinen ersten großen Auftritt. Der als Pionier der europäischen Entwicklung zu beschreibende französische Außenminister Aristide Briand (1862 – 1932) forderte in einer Rede vor dem Völkerbund eine föderative Union für Europa.

Obwohl der deutsche Außenminister Gustav Stresemann dem Plan auf wirtschaftlichem Gebiet zustimmte, fanden die Gedanken Briands für die Organisation einer europäischen Bundesordnung in den übrigen Staaten Europas wenig Sympathie.

Zu berücksichtigen ist, dass um diese Zeit der Boden für Briands Bestrebungen der Vernunft immer rascher durch die Weltwirtschaftskrise sowie das Anschwellen radikaler und nationalistischer Kräfte in Europa unterspült wurde.

Die europäische Union: Zeittafel der europäischen Einigung

09. Mai 1950: Erklärung von Robert Schumann

»Europa lässt sich nicht mit einem Schlage herstellen und auch nicht durch eine einfache Zusammenfassung: es wird durch konkrete Tatsachen entstehen, die zunächst eine Solidarität der Tat schaffen. Die Vereinigung der europäischen Nationen erfordert, dass der Jahrhunderte alte Gegensatz zwischen Frankreich und Deutschland ausgelöscht wird. Das begonnene Werk muss in erster Linie Deutschland und Frankreich erfassen.

Zu diesem Zweck schlägt die französische Regierung vor, in einem begrenzten, doch entscheidenden Punkt sofort zur Tat zu schreiten. Die französische Regierung schlägt vor, die Gesamtheit der französisch-deutschen Kohlen- und Stahlproduktion unter eine gemeinsame Oberste Aufsichtsbehörde zu stellen, in einer Organisation, die den anderen europäischen Ländern zum Beitritt offensteht.«

1951: Gründung der EGKS (Montanunion)

Sechs Staaten (Belgien, die Bundesrepublik Deutschland, Frankreich, Italien, Luxemburg und die Niederlande) gründeten in Paris die Europäische Gemeinschaft für Kohle und Stahl. Dadurch wurde der Grundstein für eine weitere und vertiefte Gemeinschaft der europäischen Staaten gelegt. Der Vertrag trat am 23. Juli 1952 in Kraft.

1957: Gründung der EWG

Die sechs EGKS-Staaten gründeten in Rom die Europäische Wirtschaftsgemeinschaft (EWG) und die Europäische Atomgemeinschaft (EURATOM). In der EWG wird die gemeinsame Politik vom Bereich Kohle und Stahl auf weitere Bereiche der Wirtschaft (z.B. Landwirtschaft, Fischerei, Verkehrswesen, Wettbewerbsrecht und Außenhandel) ausgedehnt. Der Vertrag trat am 01.01.1958 in Kraft.

In der Präambel des EWG-Vertrages heißt es, dass die Staats- und Regierungschefs der sechs Länder beschlossen haben, eine Europäische Wirtschaftsgemeinschaft zu gründen:

- in dem festen Willen, die Grundlagen für einen immer engeren Zusammenschluss der europäischen Völker zu schaffen,
- in dem Entschluss, durch gemeinsames Handeln den wirtschaftlichen und sozialen Fortschritt ihrer Länder zu sichern, indem sie die Europa trennenden Schranken beseitigen,
- in dem Bestreben, ihre Volkswirtschaften zu einigen und deren harmonische Entwicklung zu fördern, indem sie den Abstand zwischen den einzelnen Gebieten und den Rückstand weniger begünstigter Gebiete verringern,
- in dem Wunsch, durch eine gemeinsame Handelspolitik zur fortschreitenden Beseitigung der Beschränkungen im zwischenstaatlichen Wirtschaftsverkehr beizutragen,
- mit dem Ziel, durch diesen Zusammenschluss ihrer Wirtschaftskräfte Frieden und Freiheit zu wahren und zu festigen, und mit der Aufforderung an die anderen Völker Europas, die sich zu dem gleichen hohen Ziel bekennen, sich diesen Bestrebungen anzuschließen.

1968: Vollendung der Zollunion

Die EWG hat die Zollunion vollendet. Von nun an sind Import und Export zwischen den EWG-Staaten zollfrei.

1973: Erster Beitritt

Dänemark, Irland, Großbritannien treten der Europäische Wirtschaftsgemeinschaft bei.

1979: Erste Direktwahl des Europäischen Parlaments

Zum ersten Mal werden die Abgeordneten des Europäischen Parlaments direkt gewählt.

1981: Zehn Mitgliedsstaaten

Griechenland tritt als 10. Staat der EWG bei.

1986: 12 Staaten

Die Anzahl der Mitgliedsstaaten erhöht sich durch den Beitritt von Spanien und Portugal auf zwölf.

1992: Maastrichter Vertrag

Die Regierungen unterzeichnen in Maastricht den »Vertrag über die Europäische Union«. Sie erweitern damit die Bereiche der Politik, in denen sie zusammenarbeiten, z.B. Bildung, Kultur, Außen- und Sicherheitspolitik, Justiz.

1993: EU-Binnenmarkt

Am 1. November 1993 tritt der Vertrag über die Europäische Union in Kraft, damit ist die EU gegründet.

1995: 15 Mitgliedsstaaten

Drei weitere Staaten treten der EU bei: Finnland, Österreich und Schweden.

1999: Europäische Währungsunion

Die Europäische Währungsunion tritt in Kraft.

2002: Euro

Alle Euro-Staaten führen das neue Bargeld ein.

2004: EU-Erweiterung

Seit 1. Mai 2004 gehören Estland, Lettland, Litauen, Malta, Polen, Slowakei, Tschechien, Slowenien, Ungarn und Zypern (griech. Teil) zur EU. Der Beitritt des türkischen Teils Zyperns zur EU scheiterte auf Grund einer Volksabstimmung an der Zustimmung durch den griechischen Teil. Die EU umfasst nun 25 Mitgliedsstaaten mit rund 452 Mio. Mitbürgern.

2005: Ablehnung der EU-Verfassung, Beitrittsverhandlungen

Mit einem Nein zur EU-Verfassung haben bei Volksabstimmungen die Wähler in Frankreich und den Niederlande der Einigung Europas einen schweren Rückschlag versetzt.

Am 3. Oktober 2005 beginnen die Beitrittsverhandlungen mit der Türkei und Kroatien.

2007: Slowenien bekommt den Euro, EU-Erweiterung

Am 1. Januar 2007 wird in Slowenien der Euro eingeführt. Damit löst die europäische Währung den Tolar als Währung Sloweniens ab.

Seit dem 1. Januar 2007 sind Rumänien und Bulgarien Mitglieder der Europäischen Union.

2008: Malta und Zypern bekommen den Euro

2009: Die Slowakei erhält den Euro

Inkrafttreten des Vertrages von Lissabon (01.12.2009)

2011: Einführung des Euro in Estland

Europäische Union: Gemeinsame Ziele der Mitglieder

In den vergangenen Jahren und Jahrzehnten war die EU darauf ausgerichtet, hauptsächlich mit dem Wegfall der Zölle die Erweiterung des europäischen Marktes voranzutreiben. Inzwischen gehören neben der Stärkung der Mitgliedsstaaten gegenüber der restlichen Welt die Außen- und Sicherheitspolitik, die Währungspolitik, die Umwelt- und Bildungspolitik zu den gemeinsamen Aufgaben der Europäischen Union. Mit allen Mitgliedsstaaten bei wichtigen Entscheidungen einen Konsens zu erzielen, ist naturgemäß nicht einfach, wie das Beispiel der Euro-Einführung im Jahre 2002 zeigte. Schweden und Großbritannien führten damals den Euro nicht ein, sondern behielten ihre alten Währungen.

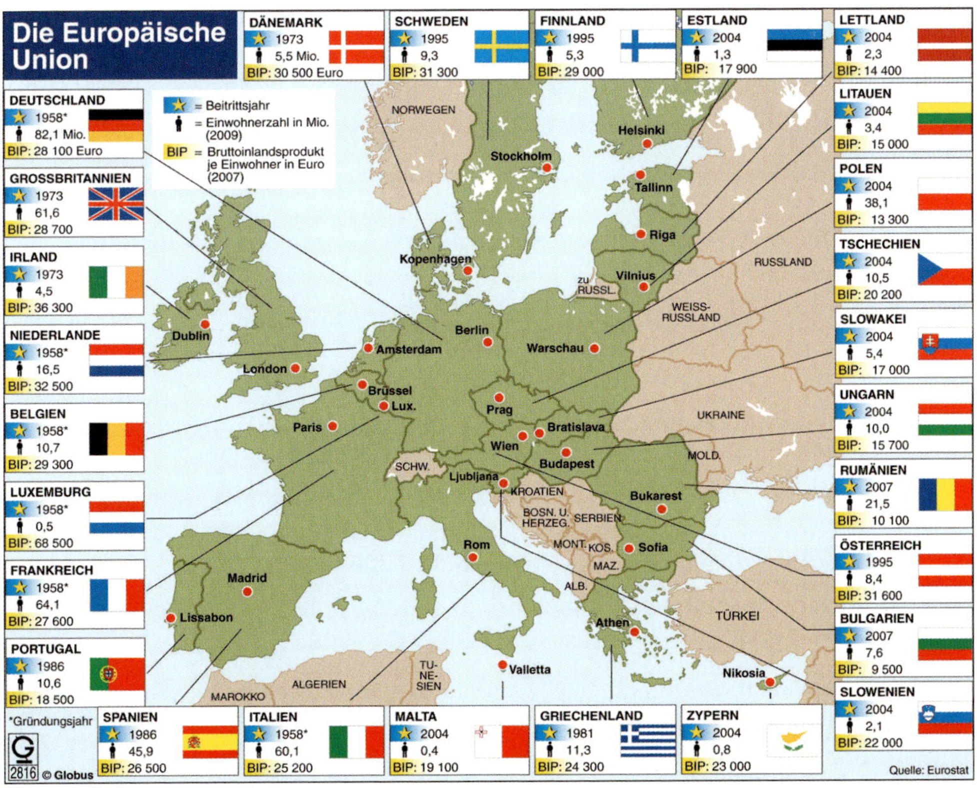

Erste Säule: Europäische Gemeinschaft

Die erste Säule umfasst den alten EWG-Vertrag. Zu den alten Bereichen Zollunion, Binnenmarkt, Agrarmarkt und Handelspolitik treten neue Felder der Integration: eine Währungsunion, Verbraucher- und Umweltschutz, Gesundheitswesen, Bildung und Sozialpolitik, wobei die Zuständigkeiten der EU in den einzelnen Politikbereichen sehr unterschiedlich sind. Dazu wird eine »Unionsbürgerschaft« eingeführt.

Neu aufgenommen wurden die Verpflichtungen zu größerer Bürgernähe und die Stärkung der Rechte des Europäischen Parlaments.

Zweite Säule: Gemeinsame Außen- und Sicherheitspolitik

Die zweite Säule bezieht sich auf die Außen- und Sicherheitspolitik. Der Vertragstext spricht zurückhaltend davon, eine gemeinsame Außen- und Sicherheitspolitik zu erarbeiten und zu entwickeln.

Nach bestimmten Verhaltensregeln können die Mitgliedstaaten zu gemeinsamen Positionen und Aktionen gelangen.

Dritte Säule: Zusammenarbeit bei Innen- und Justizpolitik

Die dritte Säule sieht eine Zusammenarbeit in der Innen- und Justizpolitik vor, nennt Stichworte wie Asyl- und Einwanderungsfragen, Kampf gegen Drogen und Kriminalität und empfiehlt eine engere polizeiliche Zusammenarbeit.

Organe der EU

Die Europäische Union ist kein souveräner Staat, aber sie nimmt Funktionen wahr, die sonst nur Staaten zustehen. Ihre auf einzelnen Gebieten weitreichenden Entscheidungsbefugnisse sind unmittelbar geltendes Recht in allen Mitgliedstaaten und für alle Bürger. Damit die EU nun ihre Aufgaben wahrnehmen kann, bedarf es einiger Organe, die die verschiedenen Aufgaben erledigen.

Europäische Kommission

Sitz der Europäischen Kommission in Brüssel

Die Europäische Kommission (»Regierung«) mit Sitz in **Brüssel** besteht aus **27 Mitgliedern**.

Ihre durch die Mitgliedsregierungen für jeweils fünf Jahre ernannten Mitglieder bilden ein von den Einzelstaaten unabhängiges Gremium, das vom Europäischen Parlament bestätigt wird, sein Amt jedoch unabhängig ausübt. Die Kommission ist einerseits ein »**Kontrollorgan**«, indem es die Einhaltung der Verträge überwacht, andererseits ein ausführendes Organ **(»Exekutivorgan«)**, da es die Beschlüsse des Ministerrates durchführt. Darüber hinaus kann die Kommission Vorschläge erarbeiten und dem Ministerrat unterbreiten **(«Initiativorgan«)**.

Europäischer Rat

Der Europäische Rat als höchste Instanz besteht aus den **27 Staats- und Regierungschefs** sowie dem **Kommissionspräsidenten** und trifft **Grundsatzentscheidungen** von weitreichender Bedeutung. Darüber hinaus befasst sich der Europäische Rat mit den Integrationsvorgängen außerhalb der EU-Verträge und erlässt Leitlinien einer gemeinsamen Außen- und Sicherheitspolitik. Der Europäische Rat tagt mindestens zweimal jährlich.

Ministerrat

Die Zuständigkeit für alle wichtigen Entscheidungen liegt beim Ministerrat; er **erlässt die Gesetze** der Gemeinschaft. Zu den Sitzungen entsenden die nationalen Regierungen ihren für die anstehenden Fragen jeweils zuständigen **Fachminister.** Der Vorsitz im Ministerrat wechselt zweieinhalbjährlich (momentan: Herman Van Rampuy).

Europäisches Parlament

Sitz des Europäischen Parlamentes in Straßburg

Das Europäische Parlament mit Sitz in **Straßburg** wird seit 1979 direkt alle **fünf Jahre** von den Bürgern der EU gewählt. Es ist das Parlament der annähernd 500 Mio. Gemeinschaftsbürger.

Die nächste Wahl findet im Jahre 2014 statt.

Wie alle Parlamente hat das Europäische Parlament **drei** grundlegende Befugnisse:

- **Gesetzgebungsbefugnis**
  Das Europäische Parlament wirkt aktiv an der Ausarbeitung und Annahme der gemeinschaftlichen Rechtsvorschriften mit und kann die Kommission auffordern, ihm den einen oder anderen Initiativvorschlag zu unterbreiten, den es für wichtig erachtet. Durch die Prüfung des jährlichen Tätigkeitsprogramms der Kommission kann das Parlament seine Schwerpunkte hervorheben.
- **Haushaltsbefugnis**
  Das Europäische Parlament stellt den Haushaltsplan fest. Erst wenn der Präsident des Europäischen Parlaments den Haushaltsplan der Union unterzeichnet hat, verfügt die Union über die finanziellen Mittel für das darauf folgende Jahr. Die Union finanziert u.a. die Agrarpolitik, die Strukturfonds für die Regionen, Maßnahmen im Rahmen der Sozial- und Beschäftigungspolitik sowie bestimmte Bereiche der Innenpolitik.
- **Kontrolle der Exekutive**
  Das Parlament übt eine demokratische Kontrolle über sämtliche Gemeinschaftstätigkeiten aus. Diese Kontrolle, die ursprünglich lediglich die Arbeit der Kommission betraf, wurde später auch auf den Ministerrat und den Europäischen Rat ausgedehnt.

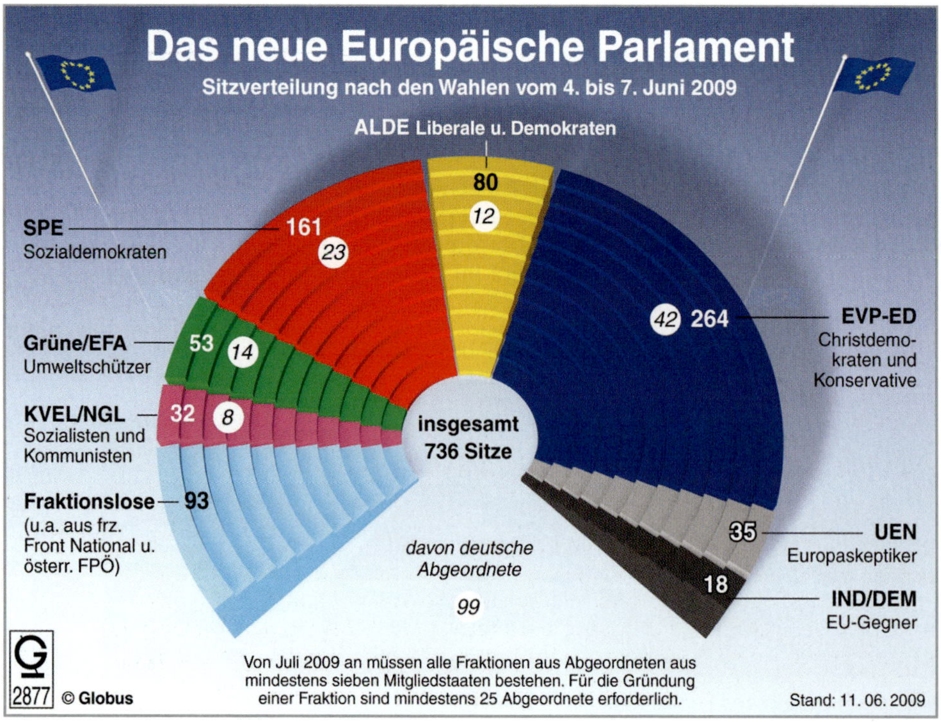

Legt ein Abgeordneter sein Mandat nieder, so muss der entsprechende Mitgliedstaat dem Europäischen Parlament dessen Nachfolger mitteilen.

Dennoch kann die offizielle Anzahl der Sitze von der tatsächlichen Anzahl der Abgeordneten kurzfristig abweichen.

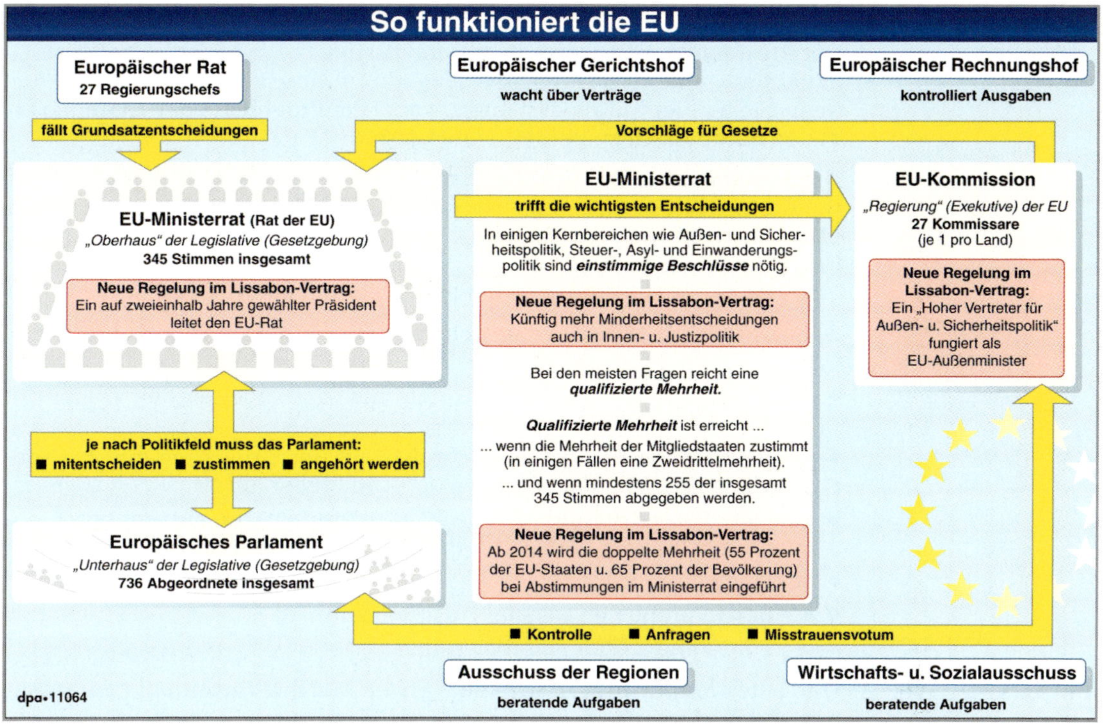

Die Europäische Union steht heute trotz Erweiterung vor tiefgreifenden Veränderungen:

Die Mitgliedsstaaten waren sich einig, dass die Europäische Union mit den bestehenden Verträgen nicht für die Herausforderungen des 21. Jahrhundert (Wirtschaftskrise, Klimawandel, Sicherung der Energieversorgung, Bekämpfung der grenzüberschreitenden Kriminalität usw.) gerüstet ist.

Vertrag von Lissabon

Die 27 EU-Mitgliedsstaaten hatten sich schließlich am 18.10.2007 beim Gipfeltreffen in der Hauptstadt Portugals auf die Modernisierung der EU geeinigt. Obwohl der Vertrag bereits am 13.12.2007 von den Mitgliedsstaaten unterzeichnet wurde, trat er erst zum 1.12.2009 in Kraft, da der Vertrag von allen EU-Staaten angenommen werden musste.

Der folgende Abschnitt gibt einen Überblick über die wichtigsten Neuerungen in der Europäischen Union.

EU wird demokratischer

Die Union erhält durch die **EU-Charta der Grundrechte** einen der modernsten Grundrechtskataloge der Welt. Dadurch können die Bürger beim Europäischen Gerichtshof klagen, wenn sie sich durch einen europäischen Rechtsakt in ihren Grundrechten verletzt fühlen. Diese Grundrechte sind z.B. das Verbot der Todesstrafe, der Folter, der Sklaverei, die Gewissens- und Religionsfreiheit, das Streikrecht und das Recht auf unparteiische Gerichte.

Eine Millionen EU-Bürger können mit dem **europäischen Volksbegehren** durch ihre Unterschrift die Europäische Kommission auffordern, einen Gesetzesvorschlag vorzulegen.

Das Europäische Parlament erhält praktisch die volle **Mitwirkung in der europäischen Gesetzgebung** neben dem Rat. Nahezu alle EU-Gesetze werden im Zusammenwirken zwischen dem Ministerrat und dem direkt gewählten EU-Parlament beschlossen.

Der **Präsident der Europäischen Kommission,** der politische Chef der EU-Exekutive, wird vom Parlament gewählt. Vorgeschlagen wird er von den Regierungen der Mitgliedsstaaten, wobei die Ergebnisse der vorangegangenen Europawahl zu berücksichtigen sind.

Die **Parlamente der Mitgliedstaaten,** also beispielsweise der Deutsche Bundestag, haben mit dem Vertrag von Lissabon die Möglichkeit, alle **Gesetzesvorschläge** der Europäischen Kommission direkt zu überprüfen. Der Bundestag kann Einspruch gegen die Vorschläge der Kommission erheben, wenn ein Vorhaben in nationale Kompetenzen eingreift.

EU wird verständlicher

Der Reformvertrag nennt die **gemeinsamen Ziele,** die die Europäische Union verfolgt. Dazu zählen u.a.:

- die Förderung von Frieden, Werten und Wohlergehen der Völker der Union,
- die nachhaltige Entwicklung Europas auf der Grundlage eines ausgewogenen Wirtschaftswachstums und von Preisstabilität,
- eine wettbewerbsfähige soziale Marktwirtschaft, die auf Vollbeschäftigung und sozialem Fortschritt abzielt,
- der Umweltschutz,
- die Bekämpfung von sozialer Ausgrenzung,
- die Förderung sozialer Gerechtigkeit.

Durch den Reformvertrag wird zum ersten Mal die **Verteilung von Aufgaben und Zuständigkeiten** zwischen der EU und ihren Mitgliedsstaaten klar geregelt. Zu den Zuständigkeiten der Europäischen Union zählen die Wettbewerbsregeln für das Funktionieren des Binnenmarktes, die Zollunion, die Handelspolitik und die Währungspolitik für die EU-Staaten. Zu den zwischen der Union und den Mitgliedsstaaten geteilten Zuständigkeiten zählen Landwirtschaft, Umwelt und Energie.

Die Europäische Union erhält durch den Reformvertrag erstmalig eine **eigene Rechtspersönlichkeit.** Das heißt, dass die EU künftig selbstständig völkerrechtlich bindende Verträge schließen kann.

Der Vertrag von Lissabon regelt erstmal auch das Recht der Mitgliedsstaaten zum **freiwilligen Austritt** aus der EU und klärt das dafür anzuwendende Verfahren.

EU wird handlungsfähiger

Der Ministerrat entscheidet ab 1.11.2014 mit der sogenannten »**Doppelten Mehrheit**«. Ein Mehrheitsbeschluss muss von mind. 55% der Staaten getragen werden, die mindestens 65% der EU-Bevölkerung repräsentieren.

Die Verteilung der Abgeordneten im Europäischen Parlament auf die Mitgliedsstaaten wurde neu berechnet und die **Zahl der Abgeordneten** erhöht sich leicht – von 736 Abgeordneten seit Juli 2009 (zuvor 785) auf vorübergehend 754. Die Zahl der deutschen Abgeordneten wird – allerdings erst mit der nächsten Europawahl im Jahr 2014 – von 99 auf 96 verringert.

Ab 2014 wir die **Europäische Kommission** um ein Drittel verkleinert.

Was ändert sich durch den EU-Reformvertrag?

Durch den Vertrag von Lissabon ändert sich u.a. der Abstimmungsmodus im EU-Ministerrat (Europäischer Rat)

Bisher (Vertrag von Nizza)	**Neu** (Vertrag von Lissabon)
Wichtige Entscheidungen in der Außen- und Sicherheitspolitik, Steuer-, Asyl- und Einwanderungspolitik müssen ***einstimmig*** getroffen werden.	Nur noch in besonderen Fällen ist Einstimmigkeit erforderlich, generell fallen die Entscheidungen jetzt mit einer qualifizierten Mehrheit (neu z.B. in der Einwanderungspolitik).
Bei den meisten Entscheidungen ist nur eine ***qualifizierte Mehrheit*** nötig:	
■ Mehrheit (selten: Zweidrittelmehrheit) der Mitgliedstaaten	■ Ab 2014 ist die ***doppelte Mehrheit*** nötig:
■ muss mit mindestens 255 von 345 Stimmen zustimmen.	■ 55 Prozent der Mitgliedstaaten müssen zustimmen und
■ Ein Mitgliedstaat kann außerdem prüfen lassen, ob mindestens 62 Prozent der EU-Bevölkerung durch diese Stimmen repräsentiert werden.	■ 65 Prozent der EU-Bevölkerung müssen dabei repräsentiert sein.

Stimmenverteilung (bis 2014 relevant)

je **29**	Deutschland, Frankreich, Großbritannien, Italien
je **27**	Polen, Spanien
14	Rumänien
13	Niederlande
je **12**	Belgien, Griechenland, Portugal, Tschechien, Ungarn
je **10**	Bulgarien, Österreich, Schweden
je **7**	Dänemark, Finnland, Irland, Litauen, Slowakei
je **4**	Estland, Lettland, Luxemburg, Slowenien, Zypern
3	Malta

3118 © Globus

Probleme ausgewählter EU-Politikfelder

Verkehrspolitik

»Die Erdbeeren stammen aus Polen, die Joghurtkulturen aus Schleswig-Holstein, die Aluminiumdeckel werden aus dem Rheinland nach Stuttgart gekarrt:

Bis ein simpler Fruchtjoghurt im Supermarkt-Regal landet, fahren LKW durch halb Europa, mehr als 9000 km.«

Stefanie Böge vom Institut für Klima, Umwelt und Energie in Wuppertal hat am Beispiel der Joghurtherstellung die Transportintensität von Alltagswaren unter die Lupe genommen.

Bis zum Jahr 2050 wird ein Anstieg des Verkehrsaufkommens um 50% erwartet.

Das Güterverkehrsaufkommen steigt stetig an. Experten gehen von einem Anstieg des Güterverkehrs um 50 Prozent bis zur Mitte dieses Jahrhunderts aus.

Es wird nicht nur mehr transportiert als je zuvor, auch die Distanzen werden immer größer. Ökonomen sprechen, um diese Entwicklung zu beschreiben, von einer immer geringeren Fertigungstiefe – was meint, dass die Unternehmen immer weniger Teile selbst herstellen und immer mehr von Fremdunternehmen beziehen, wodurch wiederum mehr Lastwagen fahren.

Hinzu kommt die Tendenz zur so genannten »Just-in-time-Produktion«, bei der der Gütertransport möglichst synchron zur Herstellung läuft, was den Unternehmen erlaubt, ihre Lager abzubauen, indem sie sie auf die Straße verlagern.

Die Auswirkungen sind verheerend: Immer mehr Regionen in Europa leiden unter immer mehr Transitverkehr in Form von Lärm, Luftverschmutzung und zerstörter Landschaft.

Finanzpolitik

Seit dem 1. Januar 1999 gilt der **Euro als Währung** der Europäischen Währungsunion. Der amtliche Umrechnungskurs Euro/DM stand ein für allemal fest. Die endgültige Fixierung galt nicht nur für die DM, sondern für alle Währungen der 12 Euro-Teilnehmerstaaten.

Damit begann die Währungsumstellung im Finanz- und Bankensektor. Die Europäische Zentralbank mit Sitz in Frankfurt am Main übernahm von der Deutschen Bundesbank mit diesem Datum die Zuständigkeit für die Geldpolitik.

Die Prognosen hinsichtlich des starken Anstiegs des Defizits und des Schuldenstands der öffentlichen Haushalte in den Euro-Ländern geben gerade nach der Finanzkrise Anlass und Grund zur ernsthaften Sorge.

Der Europäischen Kommission zufolge stieg die Defizitquote im Eurogebiet, von 2% in 2008 auf rund 7 % des Bruttoinlandsproduktes (BIP) im Jahre 2010.

Die Defizitquote ist ein Kriterium zur Einhaltung der Haushaltsdisziplin eines Landes und gilt als Konvergenzkriterium für die Aufnahme in die europäische Währungsunion. Demnach bezeichnet die Defizitquote das Verhältnis des geplanten oder tatsächlichen öffentlichen Schuldenstandes zum Bruttoinlandsprodukt.

Die staatliche Schuldenquote wuchs im Jahr 2010 auf 84% an. Im Jahre 2008 lag sie noch um 13% niedriger, nämlich bei 69%. Dreizehn der sechzehn Mitgliedstaaten des Euroraums befinden sich mittlerweile in einem übermäßigen Defizit, da sie den im Maastrichter Vertrag festgelegten Referenzwert von 3% des BIP überschritten haben.

Damit die Schulden nicht weiter zunehmen, müssen solide Konsolidierungsstrategien für die Finanzpolitik erarbeitet und umgesetzt werden. Ansonsten könnte der öffentliche Schuldenstand im Euroraum schnell über einen Wert von 100% und mehr des BIP schnellen. Die Folge wäre ein massiver Vertrauensschwund in die öffentlichen Finanzen.

„... und Sie wollen noch nicht einmal die Zeche bezahlen."

Berlin will nicht wieder Retter des Euro sein

Gäbe es einen weiteren Fall wie die Griechenland-Pleite, würde Deutschland Bedingungen stellen – Merkel legt Vereinbarung mit Sarkozy plötzlich neu aus

Was will Angela Merkel wirklich? Ihre Vereinbarung mit Frankreichs Präsident Sarkozy zur Euro-Stabilität legt die Kanzlerin nun plötzlich umgekehrt aus. Was am Ende herauskommt, darum wird ab heute in Brüssel gerungen.

Berlin. Noch so ein Pleitefall wie Griechenland und Deutschland macht bei einer weiteren Rettungsaktion nicht mehr bedingungslos mit. Diese markige Drohung steht in einem Beschluss, den der Bundestag auf Antrag von Union und FDP fasste. Er soll laut FDP-Fraktionschefin Birgit Homburger der Kanzlerin „Rückenstärkung" für die Verhandlungen sein, die sie heute in Brüssel mit den Spitzen der anderen 26 EU-Staaten über die Stabilität des Euro zu führen hat.

Auch Angela Merkel (CDU) selbst gab sich in ihrer Regierungserklärung kämpferisch. Wendungen wie „wird es mit mir nicht geben" oder „ich stehe dafür" häuften sich. Vizekanzler Guido Westerwelle (FDP), der Merkel zuletzt wegen europapolitischer Wankelmütigkeit kritisiert hatte, nickte zufrieden.

Die Kanzlerin will in Brüssel erreichen, dass das Schuldenmachen von Staaten früher bemerkt und schärfer sanktioniert wird. Sie fordert von ihren europäischen Kollegen, EU-Ratspräsident Herman van Rompuy den Auftrag zu erteilen, auf dieser Linie weiterzumachen. Inklusive eines Automatismus, der vorsieht, die Strafmaßnahmen gegen Schuldensünder nicht per Mehrheitsbeschluss der Regierungschefs, sondern durch die EU-Kommission auf Basis der Daten einzuleiten. Die Regierungschefs könnten sie dann allenfalls noch mit 2/3-Mehrheit stoppen. Dass es in ihrer Vereinbarung mit Frankreichs Präsident Nicolas Sarkozy vom Montag vergangener Woche überraschenderweise genau andersherum formuliert war – Zweidrittelmehrheit schon für die Einleitung von Sanktionen –, erwähnte Merkel überhaupt nicht. Gerade das hatte Westerwelle erbost. Grünen-Fraktionschefin Renate Künast zeigte sich gespannt, wie nun wiederum Paris auf die neue Wendung reagiert.

Zweitens will Merkel beim Gipfel erreichen, dass eine Ergänzung der gerade verabschiedeten neuen EU-Verfassung eingeleitet wird. Das gilt als außerordentlich schwierig, ja, fast aussichtslos, weil in einigen Ländern dazu womöglich Volksabstimmungen nötig sind. Berlin will zwei Zeilen in den Vertrag einfügen, nämlich dass es ein Insolvenzrecht für Staaten geben und dass die Übernahme von Schulden durch andere Staaten verboten sein soll. An dieser Stelle wollten die Regierungsfraktionen mit ihrem Entschließungsantrag der Kanzlerin helfen. Falls es nicht zur Verankerung eines solchen europaweiten Insolvenzrechtes für Staaten komme, heißt es im Text, solle die Zustimmung Deutschlands zur Unterstützung zahlungsunfähiger Staaten davon abhängig sein, dass zuvor eine Umschuldung stattfindet, bei der die Gläubiger auf einen Teil der Forderungen verzichten. Das soll allen Beteiligten mitgeteilt werden.

SPD-Fraktionschef Frank-Walter Steinmeier kaufte Merkel die Wende nicht ab. Gegenüber Sarkozy sei ihre Stabilitätsforderung „wie ein Souffle" in sich zusammengefallen. „Sie haben Maximalforderungen gegen leere Versprechungen eingetauscht." Merkel schüttelte den Kopf. Was stimmt, wird sich heute und morgen in Brüssel zeigen, wahrscheinlich nach einer weiteren europäischen Nacht der langen Messer.

Rheinzeitung vom 28.10.2010, Werner Kolhoff

Die Europäische Zentralbank

Die Europäische Zentralbank wurde nach dem Vorbild der Bundesbank aufgebaut und ist mit einem klaren Stabilitätsauftrag ausgestattet. Das entscheidende Qualitätsmerkmal ist die Unabhängigkeit der Zentralbank von politischen Weisungen jeder Art.

Der Maastrichter Vertrag ist in diesem Punkt kompromisslos und stattet die Europäische Zentralbank mit einer dreifach gesicherten Unabhängigkeit aus: Sie ist institutionell, operativ und personell unabhängig.

Ihr erster Präsident war der Niederländer Wim Duisenberg, seit November 2003 ist es der Franzose Jean-Claude Trichet.

Die grundlegenden Aufgaben des Europäischen Systems der Zentralbanken bestehen darin,

- die Geldpolitik der Gemeinschaft festzulegen und auszuführen
- Devisengeschäfte durchzuführen
- die offiziellen Währungsreserven der teilnehmenden Mitgliedsstaaten zu halten und zu verwalten
- das reibungslose Funktionieren der Zahlungssysteme zu fördern.

2. EZB-Präsident: Jean-Claude Trichet

Der neue Teuro

Die Deutschen und der Euro – keine Liebesgeschichte

von Rüdiger Jungbluth, 12. Mai 2010

Vor acht Jahren wurden die Bundesbürger erstmals von der Furcht befallen, dass der Euro für sie zu einer teuren Angelegenheit werden könnte. Als 2002 die neuen Scheine und Münzen eingeführt wurden, hatten viele das Gefühl, dass die Preise sprunghaft stiegen.

Sie ließen sich nicht von den Statistikern beruhigen, die ihnen vorrechneten, dass die Inflationsrate gerade ein Prozent betrug. »Teuro« wurde zum Wort des Jahres. Später stellte sich heraus, dass es eine »gefühlte Inflation« gibt, die nicht auf Einbildung beruht. Tatsächlich waren rund um die Euro-Einführung etliche jener Waren überdurchschnittlich teurer geworden, die die Leute besonders häufig kauften. Der Euro fühlte sich teurer an, als er objektiv war.

Im Zuge der Griechenlandkrise hat sich eine ähnliche Stimmung breitgemacht. Viele Deutsche glauben, sie alimentierten das Land. Tatsächlich handelt es sich bislang eher um eine »gefühlte Hilfe«, die Steuerzahler wurden gar nicht zur Kasse gebeten. Vielmehr leiht die KfW Griechenland Geld, das sie sich selbst am Kapitalmarkt borgt. Der Bund bürgt für die Kredite, er muss aber nur zahlen, wenn Griechenland sich drückt.

Der Unmut ist trotzdem groß. Waren die Griechen-Notkredite schon unpopulär, dürfte das in noch größerem Maße auf den Rettungsschirm zutreffen, den die europäischen Politiker nun aufspannten, um die Südländer vor den gestiegenen Zinsforderungen zu schützen, die ihnen nervöse Großanleger stellen.

Die Stabilitätsgemeinschaft, als die die Währungsunion konzipiert worden war, mutiert zur Transferunion, die einen Teil des deutschen Wohlstands umverteilt.

»Wir schützen das Geld der Menschen in Deutschland«, hat die Kanzlerin gesagt. Tatsächlich hat sie Garantien von bis zu 123 Milliarden Euro zugesagt, mit denen schwächeren Euro-Ländern geholfen werden soll. Es ist nicht abzusehen, in welchem Maße diese auf das Geld zugreifen werden, aber die Summe, für die Deutschland maximal bürgt, entspricht dem, was die deutschen Arbeitnehmer 2010 an Lohnsteuer abführen werden.

Es handelt sich um ein Versprechen, das Deutschland nur halten kann, wenn es sich selbst noch stärker von jenen Finanzmärkten unabhängig macht, denen Europas Politiker die Schuld an der aktuellen Misere zuschieben. Die Bundesregierung nahm einen Verstoß gegen Artikel 125 des EU-Vertrages in Kauf, der es verbietet, dass die Union oder Mitgliedsländer für die Schulden eines anderen Mitgliedslandes einstehen (»no bailout«).

Dabei waren es die Deutschen, die mit dieser und einigen anderen Regeln hatten sicherstellen wollen, dass die europäische Währung ebenso stabil werden würde wie die D-Mark. Deutschland habe bei einer Währungsunion »viel zu verlieren«, sagte 1990 der damalige Bundesbank-Vize und spätere Präsident Hans Tietmeyer, »nämlich eine der erfolgreichsten und besten Geldverfassungen der Welt«.

Zwei große Inflationen mit schrecklichen Folgen und Verwerfungen haben die Deutschen empfindlich gegenüber den Gefahren einer Geldentwertung gemacht. Die D-Mark wurde zu einem psychologischen Anker der Nation.

In Maastricht drückten die Deutschen 1992 dann immerhin ihre stabilitätspolitischen Vorstellungen durch. Die Europäische Zentralbank würde ebenso unabhängig sein, wie die Bundesbank es war, und verpflichtet, »die Preisstabilität zu gewährleisten«. Die EZB darf die Wirtschaftspolitik der Gemeinschaft nur unterstützen, »soweit dies ohne Beeinträchtigung des Ziels der Preisstabilität möglich ist«.

In einem Zusatzprotokoll wurden strenge Kriterien dafür festgelegt, welche Länder an der Währungsunion teilnehmen durften. Das Bundesverfassungsgericht gab dem Vertrag 1993 seinen Segen und ging dabei auf die Nichtbeistandsklausel ein, mit der unsolide wirtschaftende Staaten abgeschreckt werden sollten. »Diese Konzeption der Währungsunion als Stabilitätsgemeinschaft ist Grundlage und Gegenstand des deutschen Zustimmungsgesetzes«, schrieben die Richter.

»Sollte die Währungsunion die bei Eintritt in die dritte Stufe vorhandene Stabilität nicht kontinuierlich im Sinne des vereinbarten Stabilisierungsauftrages fortentwickeln können, so würde sie die vertragliche Konzeption verlassen.« Das Gericht kündigte damals an, in einem solchen Fall einzuschreiten. Darauf setzen jene Euro-Gegner um den Ökonomen Joachim Starbatty , die 1998 vergeblich nach Karlsruhe zogen und jetzt wieder klagten. Ihren Eilantrag haben die Richter abgelehnt. Von der 123-Milliarden-Zusage wussten sie da noch nichts.

Quelle: DIE ZEIT, 12.05.2010, Nr. 20

Agrarpolitik

Der Anteil der Agrarausgaben am EU-Gesamtbudget war in den vergangenen 20 Jahren stark rückläufig.

Er ging von rund 75 % auf 44% Prozent zurück und wird wahrscheinlich 2013 bei weniger als 40 Prozent liegen.

Die traditionellen Ziele der Agrarpolitik sind:

- Versorgungssicherheit für die Bevölkerung zu angemessenen Preisen,
- Erhöhung der Produktivität in der Landwirtschaft,
- Gewährung eines angemessenen landwirtschaftlichen Einkommens,
- Sicherung von Entwicklung und Beschäftigung in ländlichen Gebieten.

Preisgarantien mit zu hohen Überschüssen, der Konflikt zwischen der traditionellen Landwirtschaft und den umweltpolitischen Bemühungen der EU sowie die Abschottung der Landwirtschaft nach außen führten zu immer neuen Reformen in der Agrarpolitik.

Inzwischen erfolgte eine deutliche Absenkung der Garantiepreise.

Zum Ausgleich erhalten die bäuerlichen Betriebe seitdem direkte Einkommensbeihilfen.

Doch in der Kritik der Öffentlichkeit und der EU-Kommission stehen gerade die Agrarsubventionen. Sie sollen künftig so umgestaltet werden, dass Direktzahlungen nicht mehr bedingungslos ausgezahlt, sondern an konkrete Umweltmaßnahmen gekoppelt werden.

Nicht zuletzt sind Direktzahlungen für den Steuerzahler nicht nachvollziehbar.

Zunehmende Industrialisierung der Agrarwirtschaft mindern Chancen der kleinen Bauern, sodass diese um ihre Existenz bangen, weil sie dem Wettbewerb der Agrarkonzerne nicht mehr standhalten können.

Ein wachsender Stellenwert kommt inzwischen dem Ziel einer umweltgerechten und nachhaltig wirtschaftenden Landwirtschaft zu.

Die neuen Mitgliedsstaaten werden zwar von Beginn an vollen Zugang zu den Stützungsmaßnahmen haben, die direkten Einkommensbeihilfen werden für die Landwirte Osteuropas aber erst schrittweise in einem Übergangsprozess eingeführt.

Langfristig stellt sich aber die Frage, ob nicht noch viel grundlegendere Reformen oder der gänzliche Ausstieg aus den Agrarsubventionen angebracht sind.

Wirtschaftsleistungen in der EU

Die Leistungskraft der EU wird auch künftig durch ein großes Gefälle innerhalb der 27 Mitgliedsländer geprägt sein.

Die nachfolgende Grafik zeigt die Wirtschaftskraft gemessen am Bruttoinlandsprodukt (BIP) je Einwohner im Jahre 2009.

Im Jahre 2010 gewann der Wirtschaftsaufschwung in der EU an Fahrt, obwohl die Fortschritte unausgewogen waren.

Für 2011 rechnen Experten mit einem Beschäftigungswachstum von 0,5 % und für 2012 von rund 0,75 %.

Die Aussichten des EU-Wachstums sind jedoch nach wie vor mit Unsicherheiten verbunden.

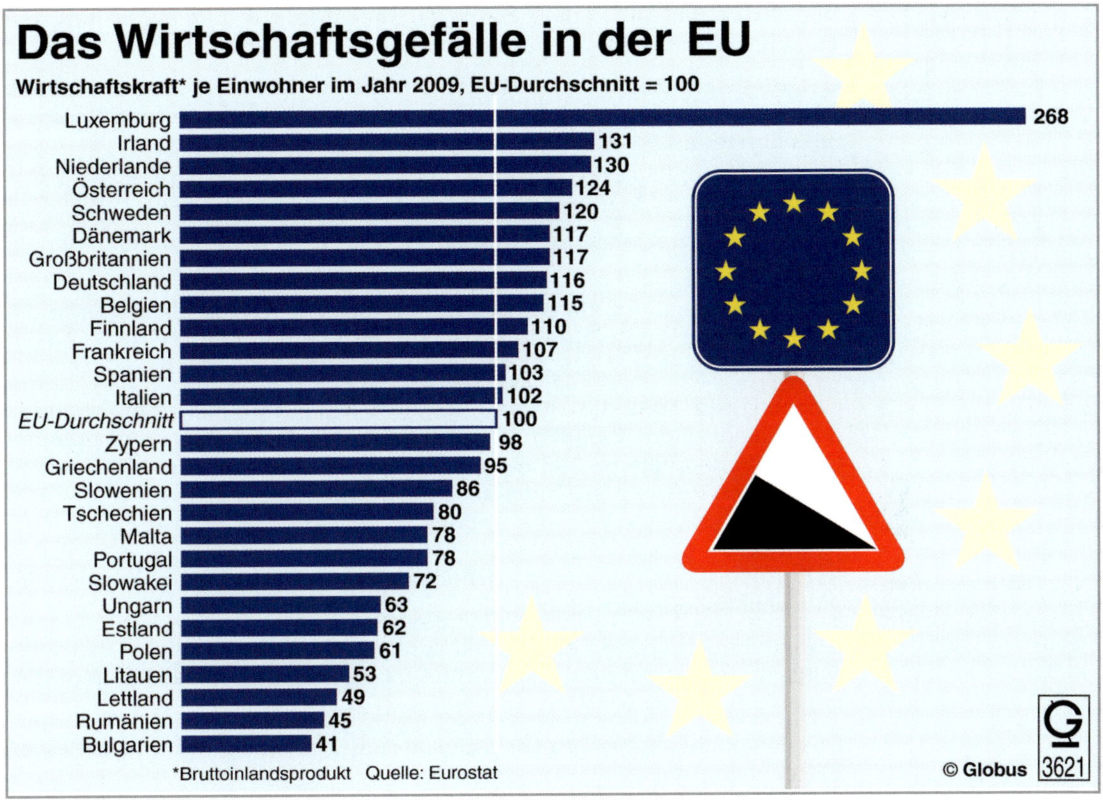

Umweltpolitik

Die Umwelt des Menschen wird durch viele Faktoren belastet: Industrie und Landwirtschaft, Verkehr und Haushalte verursachen Abgase, Abwässer und Abfälle, die für Luft, Wasser und Boden schädlich sind. Immer deutlicher wird die internationale Dimension dieser Gefährdungen: 50 Prozent der Luftverschmutzung überschreiten die Grenzen eines Landes, 80 Prozent der Gewässer der Gemeinschaft haben zwei oder mehr Anliegerstaaten. Zwei weitere Gründe haben dazu geführt, dass die EU eine gemeinsame Umweltpolitik begonnen hat. Einmal fordert der EWG-Vertrag die stetige Besserung der Lebens- und Beschäftigungsbedingungen, zum anderen verursachen die unterschiedlichen Gesetzgebungen in den Mitgliedstaaten Verzerrungen im Wettbewerb und Handelshemmnisse.

Inzwischen wurden mehrere langjährige Aktionsprogramme gestartet, zahlreiche Verträge geschlossen und Richtlinien verabschiedet. Sie betreffen die Reinhaltung des Wassers und der Luft, Schutz vor Lärm und der Zerstörung der Ressourcen.

Bei der Abfassung von Richtlinien treten nicht nur die **Interessengegensätze zwischen Industrie und Ökologie** auf, sondern auch weit auseinanderklaffende nationale Prioritäten. Die deutsche Klage über das Waldsterben wird in anderen Ländern nicht immer verstanden, Intensiv-Landwirtschaft und Industrialisierung stehen noch häufig im Vordergrund. Außerdem sind Umweltschutz-Auflagen sehr kostenträchtig und belasten die Haushalte der Staaten und die Investitionen der Industrie. Die Europäische Kommission muss bei der Vorlage ihrer Vorschläge viele Interessen berücksichtigen:

Die der nationalen Regierungen, der Industrie, der Landwirtschaft, des Tourismus, der Gewerkschaften und der Verbraucher.

Daher entsprechen die vom Ministerrat verabschiedeten **Richtlinien und Verordnungen häufig nicht den Erwartungen, da sie nur einen Kompromiss darstellen.**

Trotzdem muss man anerkennen, dass dadurch ein einheitlicher Rechtsraum entsteht, in dem die Bemühungen um Umweltschutz harmonisiert, Wettbewerbsverzerrungen verhindert und Kosten gleichmäßig verteilt werden.

Inzwischen gehören die Umweltnormen der EU zu den schärfsten in der Welt, die über Jahrzehnte überarbeitet wurden und heute viele Themenbereiche abdecken.

Gegenwärtig sind die Bekämpfung des Klimawandels, die Erhaltung der biologischen Vielfalt, die Verringerung verschmutzungsbedingter Gesundheitsprobleme und eine noch verantwortungsvollere Nutzung der natürlichen Ressourcen Themen, die Vorrang haben.

Arbeitsmarktpolitik

In Europa ist das Phänomen »**Arbeitslosigkeit**« nach wie vor ein zentrales wirtschaftspolitisches Problem.

Durch Rationalisierungen, Produktionsverlagerungen oder Betriebsschließungen ist sie auf derzeit rund 23 Millionen in der EU27 angestiegen.

Das entspricht einem Durchschnitt von rund 10 Prozent der arbeitsfähigen EU-Bevölkerung.

Der Mangel an qualifizierten Fachkräften in Europa vergrößert die Kluft an unbesetzten Stellen. Laut einer Expertengruppe der Europäischen Kommission aus dem Jahre 2009 verfügt nur jeder dritte Europäer im erwerbsfähigen Alter über einen niedrigen oder sogar über gar keinen Abschluss.

Damit ist die Wahrscheinlichkeit arbeitslos zu sein oder zu werden 40% höher, als diejenigen mit mittleren Qualifikationen. Fast ein Drittel der europäischen Bevölkerung zwischen 25 und 64 Jahren hat einen niedrigen oder keinen Abschluss und nur ein Viertel verfügt über einen hochwertigen Abschluss.

Bemerkenswert ist auch, dass die Wahrscheinlichkeit, dass Unternehmen pleite gehen, die in die Aus- und Weiterbildung ihrer Mitarbeiter investieren, 2,5-mal kleiner ist als die Wahrscheinlichkeit für Firmen, die dies nicht tun.

Der Aus- und Weiterbildung kommt daher künftig eine noch größere Bedeutung zu.

IT Kenntnisse und Fremdsprachen sind ein absolutes Muss. Die Autoren der Studie forderten ferner eine verbesserte Zusammenarbeit zwischen dem Bildungssektor und der Industrie, um die auf dem Arbeitsmarkt nachgefragten Qualifikationen besser vorhersagen zu können.

Prognosen des Europäischen Zentrums für die Förderung der Berufsbildung gehen innerhalb des nächsten Jahrzehnts von 80 Millionen neuer Arbeitsplätze aus.

Allein sieben Millionen Arbeitsplätze würden für höher qualifizierte Arbeitskräfte benötigt.

EUROPA 2010*

Arbeitslosenquote und Wirtschaftswachstum in Prozent innerhalb der EU

Quellen: Eurostat/OECD

Arbeitslose		Wirtschaftswachstum
8,8	Belgien	1,3
7,9	Bulgarien	0,0
6,9	Dänemark	1,6
7,8	Deutschland	3,5
15,8	Estland	0,9
9,5	Finnland	1,4
10,2	Frankreich	1,3
11,8	Griechenland	– 3,0
7,8	Großbritannien	1,2
13,8	Irland	– 0,9
8,8	Italien	0,8
20,6	Lettland	– 3,5
16,7	Litauen	– 0,6
6,1	Luxemburg	2,0
7,3	Malta	1,1
4,9	Niederlande	1,3
5,1	Österreich	1,3
9,2	Polen	2,7
9,9	Portugal	1,3
8,5	Rumänien	0,8
9,2	Schweden	1,8
14,1	Slowakei	2,7
7,0	Slowenien	1,1
19,7	Spanien	– 0,4
8,3	Tschechien	1,6
10,8	Ungarn	0,0
6,7	Zypern	– 0,4

* Prognose und vorläufige Werte

Der europäische Einigungsprozess

Auswirkungen des europäischen Einigungsprozesses

Der mit der EU eingeschlagene Weg, vor der politischen zunächst die wirtschaftliche Einigung in Angriff zu nehmen, warf mit Fortschreiten der Wirtschaftsintegration immer dringlicher die Frage nach einer **gemeinschaftlichen Außenpolitik** auf.

Eine Koordinierung der Außenpolitik der Mitgliedstaaten war in den EG-Verträgen zunächst nicht vorgesehen.

Mit der 1987 in Kraft getretenen »Einheitlichen Europäischen Akte« steht die außenpolitische Zusammenarbeit erstmals auf einer verbindlichen vertraglichen Grundlage.

Ansätze einer gemeinsamen Außen- und Sicherheitspolitik

Der Golfkrieg und der Krieg im ehemaligen Jugoslawien waren mithin Anstoß für einen erneuten Anlauf auf diesem Gebiet.

Die Auflösung des Warschauer Paktes (1991) sowie die Beitrittsanträge von traditionell neutralen Staaten und solchen des früheren Ostblocks verlangten auf Grund der neuen Gegebenheiten nach einer Veränderung der Sicherheits-, Verteidigungs- und Außenpolitik.

Auf der Grundlage des Maastrichter Vertrages wurde eine »**Gemeinsame Außen- und Sicherheitspolitik**« **(GASP)** entwickelt und als zweite Säule – neben der wirtschaftlichen Integration – in die Architektur der Europäischen Union eingeführt.

Sie soll stärker darauf gerichtet sein, auf krisenhafte Entwicklungen vorbeugend einzuwirken und nicht erst auf bereits entstandene Konflikte und kriegerische Auseinandersetzungen zu reagieren. Die GASP ist aber nur eine freiwillig vereinbarte Form der Zusammenarbeit ohne rechtliche Verbindlichkeit. Vor allem für die komplizierten Abstimmungs- und Entscheidungsverfahren bedarf es noch grundsätzlicher Kompromissbereitschaft von seiten aller EU-Regierungen.

Will Europa künftig gegenüber der restlichen Welt an Bedeutung gewinnen, ist die Übertragung nationaler Souveränitätsrechte auf die Europäische Union zwingend.

Übertragung nationaler Souveränitätsrechte

Um eine volle Freizügigkeit herzustellen, muss man unter anderem

- die unterschiedlichen Steuern angleichen,
- die technischen Normen vereinheitlichen (es gibt allein 20 000 deutsche Industrienormen),
- berufliche Qualifikationen anerkennen,
- grenzüberschreitende Dienstleistungen ermöglichen (z.B. Versicherungen)
- öffentliche Ausschreibungen auch in den Nachbarländern zugänglich machen,
- nationale Preissysteme korrigieren (Arzneimittel sind in Deutschland im Durchschnitt ca. 50 Prozent teuerer als bei den europäischen Nachbarn),
- die Angleichung in den Bereichen Energieversorgung, Luftfahrt, Umweltschutz und Lebensmittelkontrolle anstreben.

Diese Forderungen sind nur zu erreichen, wenn nationale Souveränitätsrechte zu Gunsten europäischer Gesetze und Vorschriften aufgegeben werden.

Die Erweiterung hat die geopolitische Lage der EU verändert und tiefgreifende Auswirkungen auf die Entscheidungsfähigkeit und den Zusammenhalt in der Union. Der Sprung von 15 auf 27 Mitgliedsstaaten hat zahlreiche Einbeziehungen, die in ihrer Tragweite nicht oder nur schwer abzuschätzen sind.

Die Erweiterung führt zunächst zu einem größeren außenpolitischen Gewicht der EU.

Die Staaten Europas werden mehrheitlich Mitglieder der Union sein, zusammen verfügen sie über ein großes politisches sowie wirtschaftliches Gewicht in der internationalen Politik.

Zugleich hat die EU neue direkte Nachbarn (Weißrussland, Ukraine) an der östlichen Außengrenze.

Quelle: Haus der Geschichte, Bonn

In zahlreichen Politikfeldern kann die EU ihre Problemlösungsfähigkeit im Zuge der Erweiterung optimieren. Die Einbeziehung der neuen Mitglieder in die polizeiliche Zusammenarbeit versetzt die EU in die Lage, grenzüberschreitende Probleme – wie die organisierte Kriminalität – besser lösen zu können.

Auch die Aussichten für gemeinsame Regelungen zur Einwanderungs- und Asylpolitik in Europa werden durch die Erweiterung verbessert.

Die Ausdehnung der hohen EU-Umweltstandards und strengen Normen, zum Beispiel für Kernkraftwerke, erhöhen die Sicherheit für Europa insgesamt und stärken sein Gewicht bei internationalen Verhandlungen über Umweltstandards.

Debatte um EU-Beitritt der Türkei

Zwischen Fortschritt und Verärgerung

Seit Jahren verhandelt die Türkei mit der EU über eine Mitgliedschaft in der Staatengemeinschaft.

Mit der Verfassungsreform hat das Land nun einen weiteren Schritt Richtung Brüssel getan.

Doch mit den Chancen auf einen EU-Beitritt wächst der Ärger über den langsamen Verlauf der Verhandlungen.

Von Ulrich Pick, ARD-Hörfunkstudio Istanbul

Auch wenn es für mitteleuropäische Ohren widersprüchlich klingt: Unter dem bekennenden Muslim Recep Tayyip Erdogan, der seit Herbst 2002 türkischer Ministerpräsident ist, hat man am Bosporus mehr Schritte in Richtung Brüssel getan als unter jeder säkularen Regierung zuvor.

So ließ die islamisch-konservative AKP die berüchtigten Staatssicherheitsgefängnisse schließen und beschnitt die Kompetenzen des Militärs – vor allem im Nationalen Sicherheitsrat. Denn dieses Gremium, in dem die Armee bis vor wenigen Jahren noch die Majorität besaß, galt lange als die geheime Machtzentrale des Landes.

Obgleich es nämlich nicht öffentlich tagte, hatten seine Entscheidungen über Jahrzehnte hin quasi Gesetzesmacht.

Fortschritte auch bei Meinungs- und Pressefreiheit

Heute hat der Nationale Sicherheitsrat seinen Einfluss verloren. Denn die Türkei scheint gelernt zu haben, was auch für andere westliche Länder gilt: Nämlich dass der oberste Militär der Verteidigungsminister ist und im Parlament sitzt.

Fortschritte kann die Türkei auch bei der Meinungs- und Pressefreiheit verzeichnen. So gibt es mittlerweile offiziell Fernsehsender und Radiostationen, die in den Sprachen der Minderheiten senden, vor allem in Kurdisch, das noch vor einigen Jahren als »Bergtürkisch« verunglimpft wurde. Zudem ist die Meinungsvielfalt erheblich gewachsen und das Diskussionsklima offener geworden.

Blickt fest in Richtung Brüssel: Recep Tayyip Erdogan ist fortschrittlicher als jede säkulare Regierung zuvor.

Entsprechend wird inzwischen das machtverwöhnte und rigide Militär von liberalen Blättern offen attackiert – ein Vorgang, der vor zehn Jahren noch unvorstellbar war.

Tagesschau, 06.11.2010

LERN-BOX

- Im Jahre 1951 erfolgt durch die Gründung der **Montanunion** die Grundsteinlegung für eine Gemeinschaft europäischer Staaten.
- Durch die Gründung der **Europäischen Wirtschaftsgemeinschaft** im Jahre 1957 wird durch eine gemeinsame Politik auf weiten Teilen der Wirtschaft ein wichtiger Schritt in Richtung europäische Einigung gemacht.
- Erste Direktwahl zum **Europäischen Parlament** findet 1979 statt.
- 1992 Unterzeichnung des **Masstrichter Vertrages.**
- 1999 tritt die **Europäische Währungsunion** in Kraft.
- Die wichtigsten **Organe** der Europäischen Union sind:
  - Europäische Kommission
  - Europäischer Rat
  - Ministerrat
  - Europäisches Parlament.
- Seit 1. Januar 2002 hat Europa ein einheitliches Bargeld: Euro und Cent.
- Der Vertrag von Lissabon bringt entscheidende Veränderungen in der EU.

WISSENS-CHECK

❶ Nennen Sie die **wichtigsten Motive** für die Gründung der Europäischen Union.

❷ Welche Staaten gründeten 1951 die **EGKS?**

❸ An welchem Tag erfolgte die **erste Direktwahl** zum Europäischen Parlament?

❹ Nennen Sie die **Staaten,** die zur Zeit der Europäischen Union angehören.

❺ Beschreiben Sie die **drei Säulen,** auf denen die Europäische Union aufbaut.

❻ Welche **Aufgabe** hat die Europäische Kommission?

❼ Welches Gremium trifft **Grundsatzentscheidungen** und woraus setzt sich dieses Gremium zusammen?

❽ Beschreiben Sie die drei **grundlegenden Befugnisse** des Europäischen Parlaments.

❾ Beschreiben Sie die **prognostizierte Entwicklung** des Verkehrsaufkommens in Europa.

❿ Welche Länder sind am so genannten »**Euroland**« beteiligt?

⓫ Begründen Sie, wieso am 01. Januar 2002 **keine Währungsreform** in Kraft trat sondern vielmehr eine Währungsumstellung.

⓬ Welche Ziele verfolgt die »**Gemeinsame Außen- und Sicherheitspolitik?**

⓭ Nennen Sie Bereiche, bei denen nationales Recht auf europäischer Ebene angesiedelt worden sind bzw. werden müssen.

⓮ Erklären Sie die nachfolgende Grafik.

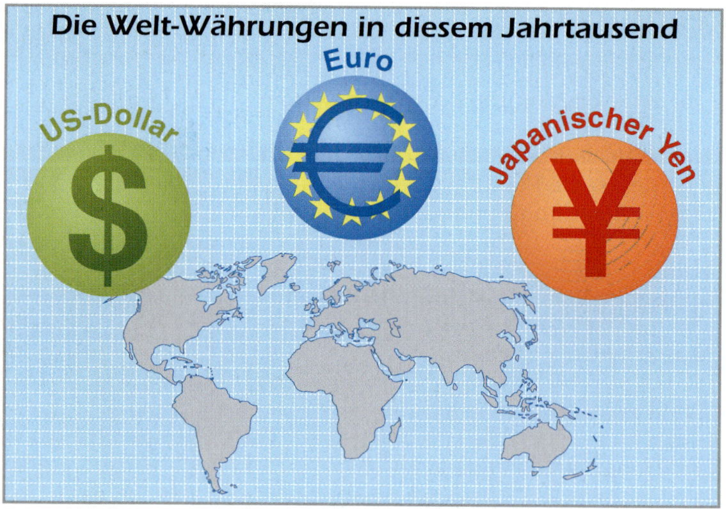

⓯ Welche Aufgaben bezüglich der gemeinsamen Außen- und Sicherheitspolitik hat der Europäische Rat?

⓰ Erläutern Sie den Unterschied zwischen »Europäischer Rat« und »Rat der Europäischen Union«?

⓱ Was verbirgt sich hinter der Abkürzung »GASP«?

⓲ Welche politischen und wirtschaftlichen Gründe werden für eine erneute Erweiterung der EU angeführt?

Globalisierung

Wenn Politiker und Ökonomen die moderne Weltwirtschaft beschreiben, dann verweisen sie regelmäßig auf ein Phänomen besonderer Art: die Globalisierung.

Für die einen bedeutet sie einen Rückfall in den Frühkapitalismus, der eine ruinöse Konkurrenz der Staaten mit sich bringt und der somit den Sozialstaat auf der Strecke lässt.

Für die anderen ist mit der fortschreitenden Internationalisierung und Vernetzung der Märkte die einzigartige Chance verbunden, Wirtschaft und Gesellschaft in neue, moderne Bahnen zu lenken.

Nur in einer Hinsicht herrscht offenbar Einigkeit:
Globalisierung ist nicht etwas, das wieder aufgehalten oder sogar nach Belieben zurückgedreht werden kann. Ihre Begleiterscheinungen können allenfalls eine Zeit lang ignoriert werden, entziehen kann sich ihnen auf die Dauer keiner.

»Die Welt zeigt sich zusammengeschrumpft unter Aufhebung bisher gültiger Grenzen von Raum und Zeit.«
(G. Schweigler)

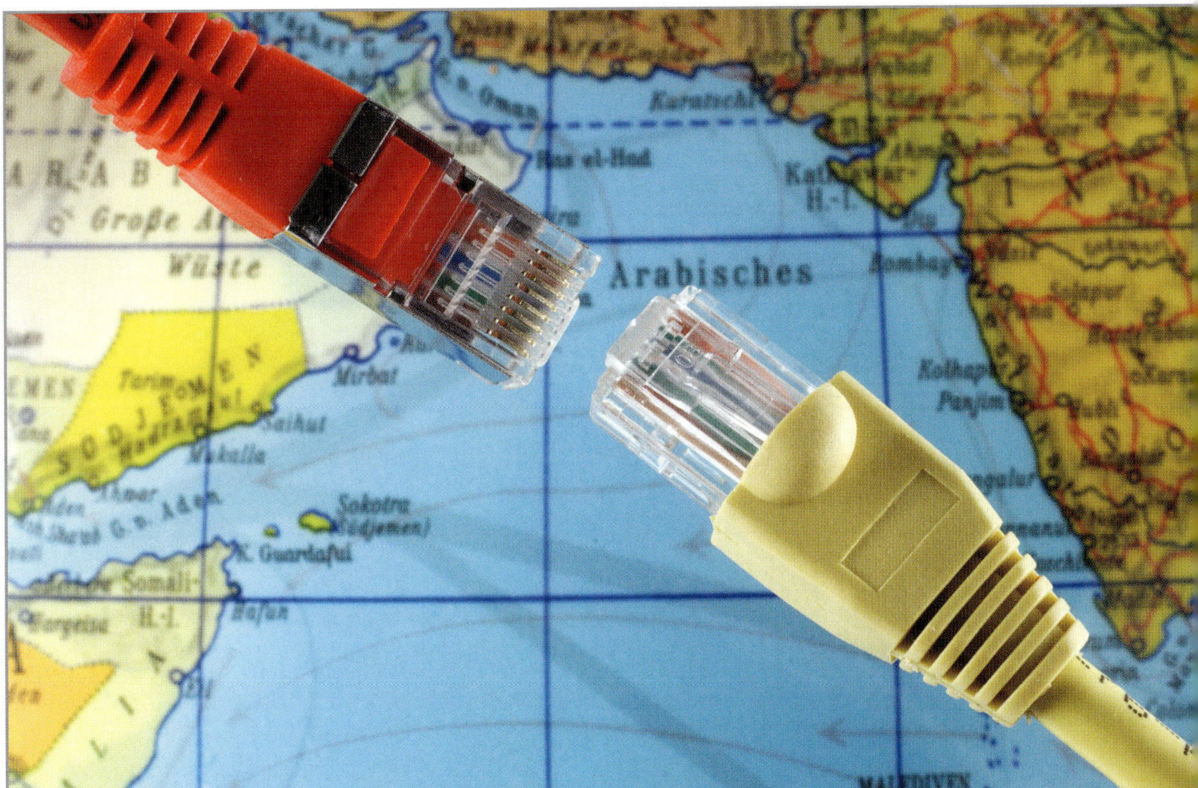

Die OECD bezeichnet Globalisierung als einen »Prozess, durch den Märkte und Produktion in verschiedenen Ländern immer mehr von einander abhängig werden – dank der Dynamik des Handels mit Gütern und Dienstleistungen und durch die Bewegung von Kapital und Technologie.«

Wirtschaftsstandort Deutschland

Die Attraktivität des Produktionsfaktors Boden ist in den letzten Jahren in Deutschland vor allem als Standort für Industrie- und Dienstleistungsunternehmen in die Diskussion gekommen. Dabei weist der Standort Deutschland erhebliche Nachteile auf:

1. Arbeitskosten

Im internationalen Vergleich kostete 2008 in Deutschland eine Arbeitsstunde im Durchschnitt 33,58 Euro. Damit liegt Deutschland im Vergleich auf Platz sechs. In Norwegen kostet die Arbeitsstunde mit 40,30 Euro am meisten, gefolgt von Belgien mit 36,60 Euro. Am wenigsten kostet die Arbeitsstunde in Bulgarien mit 2,18 Euro, gefolgt von Rumänien mit 3,52 Euro.

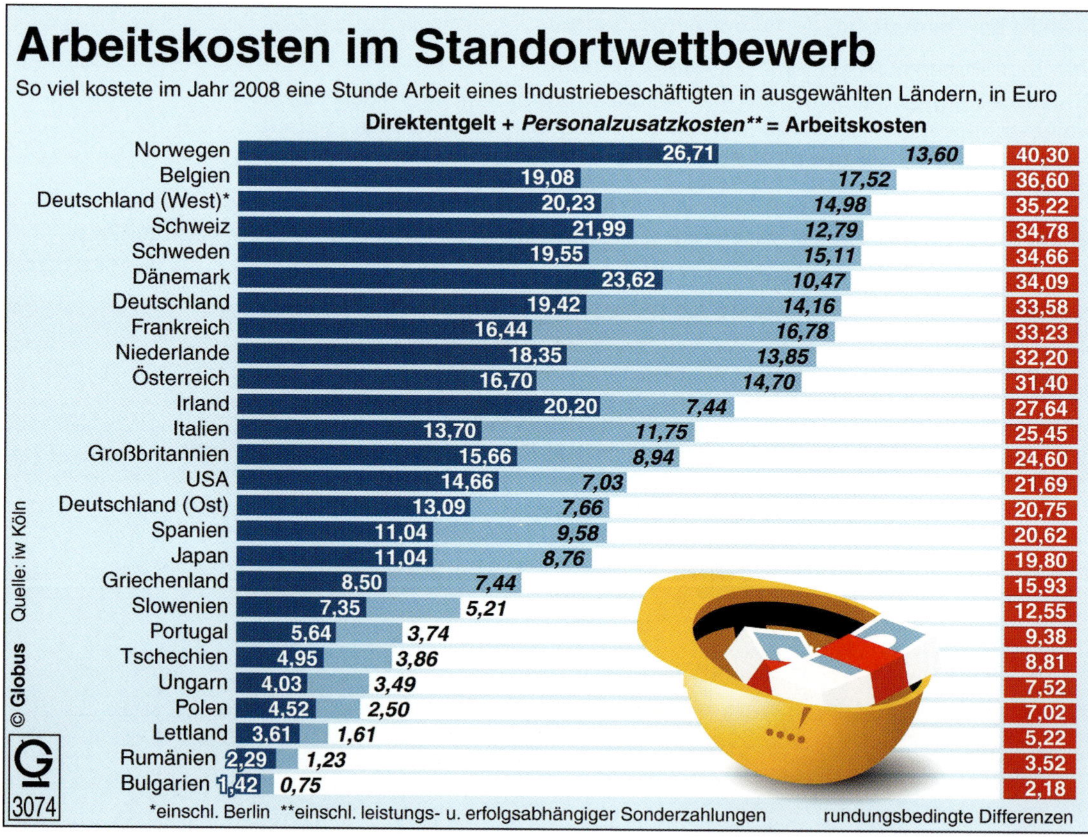

2. Unternehmensteuern

Im Vergleich der Belastung des Gewinns von Kapitalgesellschaften liegt Deutschland mit 29,8% auf Platz acht und damit nach wie vor im oberen Drittel, obwohl 2008 eine Senkung des Körperschaftsteuersatzes im Rahmen der Unternehmensteuerreform von 25 auf 15 Prozent vorgenommen wurde *(siehe hierzu die Grafik auf S 149, oben)*.

Zum Vergleich:

Japan weist den höchsten Steuersatz (40,9%) auf, gefolgt von den USA (39,5%).

Irland (12,5%) und Zypern (10,0%) weisen die niedrigsten Steuersätze für Kapitalgesellschaften auf.

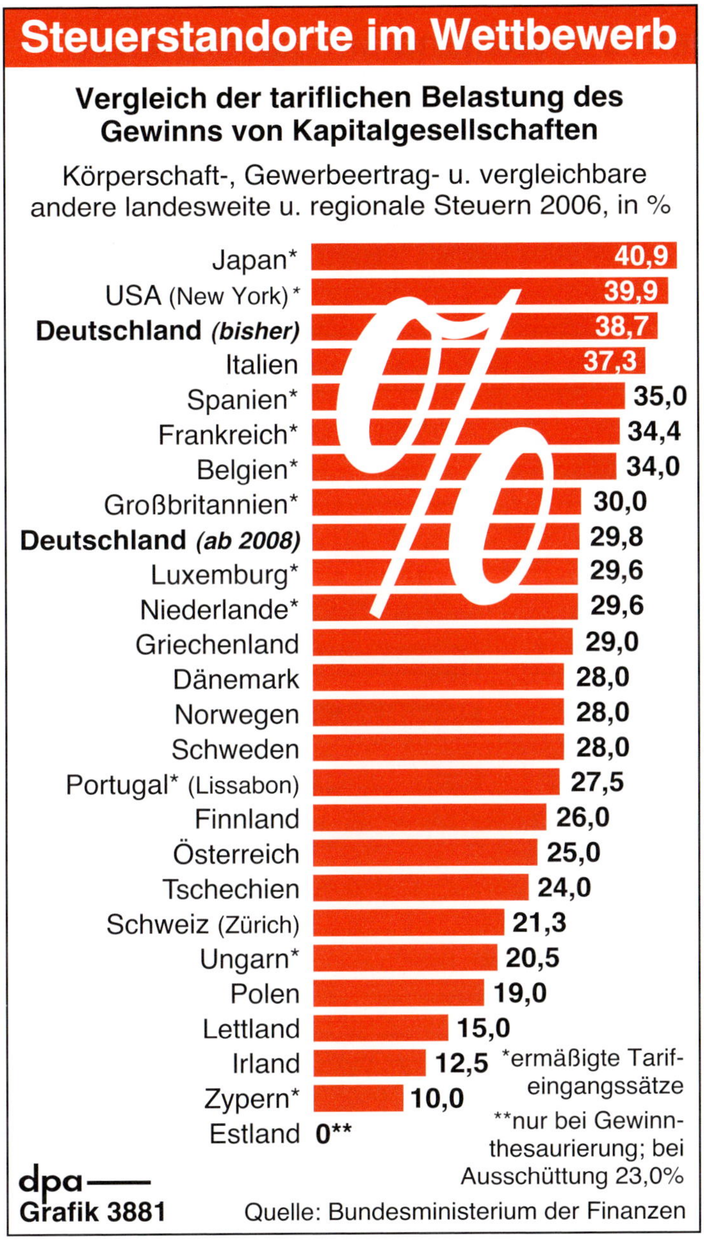

3. Tarifliche Arbeitszeit

Mit 1856 Stunden Jahresarbeitszeit eines Arbeitnehmers arbeitet man in Rumänien laut einer Untersuchung des Instituts der deutschen Wirtschaft in Köln im Jahre 2008 über 200 Stunden mehr als in Deutschland mit 1651.

In Slowenien und Bulgarien werden jährlich 1832, in den Niederlanden 1713 und in Frankreich lediglich 1568 Stunden gearbeitet.

Damit liegt die tarifliche Arbeitszeit in Deutschland durchschnittlich bei 38,5 Stunden pro Woche.

Zu beachten ist, dass in der tariflichen Arbeitszeit die Überstunden, die in vielen Betrieben gemacht werden, nicht mit eingerechnet sind.

Zum Inbegriff der Globalisierung ist das Internet geworden, das als übergreifendes Netzwerk keine geografischen Grenzen kennt.

Problemlos und kostengünstig können Nachrichten und Informationen in sekundenschnelle ausgetauscht werden.

Damit ist durch Globalisierung eine weltweite wirtschaftliche Vernetzung entstanden, die einen globalen Austausch von Gütern, Technologien und Kapital in den Mittelpunkt gestellt hat.

Heute kann kein Unternehmen, kein Betrieb mehr ohne den Zugriff auf das Internet existieren.

Noch vor wenigen Jahren – etwa in den 1980ern – war es undenkbar, dass man beispielsweise von einem privaten Anbieter in den USA eine Jeanshose, einen Computer oder eine seltene CD hätte kaufen können.

Alles das ist Globalisierung.

Dies geschieht im kleinen Rahmen, aber auch, wie das folgende Beispiel der Weltreise einer Jeans zeigt, im großen Stil.

Weltreise einer Jeans

Kasachstan	Die Baumwolle wird in Kasachstan oder Indien von Hand oder mit der Maschine geerntet und anschließend in die Türkei versandt.
4.800 km	
Türkei	In der Türkei wird die Baumwolle zu Garn gesponnen.
15.000 km	
Taiwan	In Taiwan wird die Baumwolle mit chemischer Indigofarbe aus Deutschland gefärbt.
27.000 km	
Polen	Aus dem gewebten Garn werden in Polen die Stoffe gewebt.
28.600 km	
Frankreich	Innenfutter und die kleinen Schildchen mit dem Wasch- und Bügelhinweisen kommen aus Frankreich, Knöpfe und Nieten aus Italien.
42.300 km	
Philippinen	Alle Zutaten werden auf die Philippinen geflogen und dort zusammengenäht.
54.000 km	
Griechenland	In Griechenland erfolgt die Endverarbeitung mit Bimsstein.
56.300 km	
Deutschland	Die Jeans werden in Deutschland verkauft, getragen und schließlich in die Altkleidersammlung einer karitativen Organisation gegeben.
57.100 km	
Holland	In einem holländischen Betrieb wird die Kleidung sortiert und dann ...
64.000 km	
Afrika	... mit Schiffen und LKW auf den afrikanischen Kontinent gebracht.

Der folgende Text ist ein Auszug einer Rede, die Bundeskanzlerin Angela Merkel im Jahre 2008 hielt.

Diese Rede beleuchtet viele Aspekte, die mit der Globalisierung (globe = Erdkugel) zusammenhängen.

Sie beginnt damit, dass die Medien, insbesondere das Internet, die Globalisierung erst ermöglicht.

Es bedeutet nur einen einzigen Mausklick und wir können uns Güter aus allen Ländern bestellen.

Das wäre ohne diese Technologie, die für uns mittlerweile selbstverständlich geworden ist, überhaupt nicht möglich.

Es ist daher nur logisch, dass auch Sie mit Hilfe einer Internet-Recherche die Bearbeitung der abgedruckten Rede vornehmen und die sich anschließenden Fragen beantworten.

Rede von Bundeskanzlerin Angela Merkel „Das Gemeinwohl in einer globalisierten Welt“

vom 15. Februar 2008

Wir leben am Anfang des 21. Jahrhunderts, wir sprechen viel von Globalisierung. Der eigentliche qualitative Durchbruch für eine globale Welt war aus meiner Sicht die Datenverarbeitung.

Vernetzung, Austausch – das sind riesige Chancen, von denen Generationen vor uns geträumt haben.

Wir können, glaube ich, unter dem Strich sagen: Deutschland gehört ganz eindeutig zu den Globalisierungsgewinnern. Aber es wäre auch töricht, bei all dem, was wir an Gewinn haben, die Risiken, die Verwerfungen, die Herausforderungen zu verschweigen.

Wir haben es mit vielen Staaten zu tun, in denen Menschenrechte mit Füßen getreten werden, in denen das, was wir als die demokratischen Grundwerte bezeichnen, überhaupt gar nicht gelebt werden kann, in denen Gewalt statt Recht herrscht, Totalitarismus, Extremismus, Korruption.

Dennoch müssen Demokratie und Menschenrechte zentrale Elemente einer globalen Ordnungspolitik im Interesse der Menschen weltweit sein. Unsere Wertevorstellungen können nicht an unseren eigenen Grenzen enden.

Welche Komponenten müssen nun aus unserer Sicht in einem künftigen globalen Ordnungsrahmen eine Rolle spielen?

Wir brauchen zum Beispiel eine internationale Übereinkunft darüber, dass das geistige Eigentum geschützt werden muss. Wenn unser eigentlicher Rohstoff in Deutschland die Fähigkeit zur Kreativität und zur Innovation ist, dann ist der Schutz von geistigen Produkten eine Voraussetzung dafür, dass wir aus diesem Reichtum etwas machen können.

Zweitens brauchen wir für die Art des Produzierens natürlich bestimmte Standards.

Dazu gehören soziale Standards ebenso wie Umweltstandards. Wenn wir mit Ländern konkurrieren, in denen Kinderarbeit normal ist, in denen bestimmte soziale Mindeststandards überhaupt nicht gelten, dann können wir nicht wettbewerbsfähig sein unter den Bedingungen, die wir für die Soziale Marktwirtschaft für notwendig halten.

Deshalb muss es hier wenigstens soziale Mindeststandards wie auch Umweltstandards geben. Freier Handel ohne jegliche Minimalstandards im Bereich des Umweltschutzes ist Wettbewerb verzerrend. So ist zum Beispiel die Belastung des Bodens durch intensiven monokulturellen Anbau keine besonders vernünftige Art, sich am Wettbewerb zu beteiligen.

Drittens: Soziale Marktwirtschaft bedeutet immer, dass den Unternehmen und den Tarifpartnern Verantwortung zukommt.

Unser Land ist bewusst nicht so aufgebaut, dass es eine zentrale Macht gibt, die alles regelt und steuert.

Vielmehr sind die Verantwortlichkeiten aufgeteilt. Wenn sie aber aufgeteilt sind, dann muss diese auch jeder wahrnehmen, der Verantwortung hat.

Das heißt: Verantwortliches Handeln von Unternehmen ist eine elementare Voraussetzung dafür, dass Soziale Marktwirtschaft funktionieren kann.

Viertens: Wir müssen in einen Dialog mit den Schwellenländern eintreten. Es ist nicht mehr so, dass die so genannten G8 allein diejenigen sein können, die einen Beschluss fassen und damit vorgeben, was auf der Welt zu passieren hat.

Deshalb haben wir zwischen der Gruppe der G8 und der so genannten O5-Gruppe, also Brasilien, Mexiko, Südafrika, Indien und China, einen strukturierten Dialog entwickelt, den so genannten Heiligendamm-Prozess. Dort wird permanent über die wesentlichen Fragen unserer Welt miteinander gesprochen mit dem Ziel, darüber Übereinstimmung zu erzielen.

Mein fünfter Punkt ist der Klimaschutz, denn diese Herausforderung kann kein einziges Land, kein Kontinent alleine bewältigen. Fachleute machen deutlich, dass wir die Erderwärmung auf etwa 2 Grad Celsius begrenzen müssen, um eine Chance zu haben, den Klimawandel mit erträglichen Anpassungskosten in den Griff zu bekommen. Auch dann sind schon Anpassungskosten fällig, aber die wären einigermaßen zu verkraften.

Mein letzter Punkt ist die sicherheitspolitische Herausforderung. Der internationale Terrorismus ist eine völlig neue Herausforderung, weil diejenigen, die unsere Art zu leben zerstören wollen, bereit sind, ihr eigenes Leben aufs Spiel zu setzen.

Dieser Bedrohung zu begegnen, das bedeutet auch, sich für die Sicherheit Deutschlands oder Europas weit außerhalb unseres eigenen Kontinents einzusetzen. Das bedeutet auch, dass innere und äußere Sicherheit nicht mehr so wie früher zu trennen sind.

Deshalb lohnt sich an dieser Stelle der Gedanke, dass es kein wahres Gemeinwohl auf dieser Welt geben wird, wenn wir nicht gemeinsam für unsere Sicherheit eintreten.

Quelle: Konrad Adenauer Stiftung e.V.

Bilden Sie in Ihrer Klasse Gruppen und bearbeiten Sie die einzelnen Themen, die Frau Merkel in ihrer Rede anspricht:

Gruppe 1: Diskutieren Sie, warum die Bundeskanzlerin behauptet, dass Deutschland „...eindeutig zu den Globalisierungsgewinnern...." zählt und welche Risiken sie wohl meint.

Gruppe 2: Diskutieren und recherchieren Sie: Ist die Welt demokratischer geworden seit dem wir global handeln?

Gruppe 3: Recherchieren Sie, wie durch Produktpiraterie und Produktnachahmungen der deutschen Industrie Schäden zugefügt werden.

Gruppe 4: Finden Sie in Ihrem eigenen Lebensbereich internationale Standards, die für Produkte hinsichtlich ihrer Sicherheit, ihrer Produktion und ihrer Umweltverträglichkeit geschaffen wurden.

Gruppe 5: Ergründen Sie, ob – und wenn ja wie – die Soziale Marktwirtschaft durch Globalisierung erhalten bleibt oder vielleicht ja doch verändert wird.

Gruppe 6: Finden Sie heraus was die „G8" sind und welche Rolle diese in der Weltwirtschaft spielen.

Gruppe 7: Ergründen Sie, wie sich die Globalisierung auf unsere Sicherheit auswirken kann.

Stellen Sie Ihre Ergebnisse der Klasse vor. Erlaubt sind Power Point Präsentationen und Plakate.

global player

Der Begriff »global player« steht als Formel für die Zusammenführung aller ökonomischen Aussagen in Gestalt des internationalen Unternehmens. Immer mehr Unternehmen entdecken mehr und mehr Vorteile eines gezielten unternehmerischen Engagements in anderen Ländern:

1. Ein Unternehmen kann die absatzstrategisch besten Standorte auswählen, um Märkte und Kunden beliefern zu können.
2. Ein Unternehmen kann am kostengünstigsten Standort produzieren.
3. Ein Unternehmen kann einen Standort-Mix in verschiedenen Ländern anstreben, um Kosten, Know-how, Qualität und Produktivitätsniveau der unterschiedlichen Standorte auszugleichen (z.B. Airbus).
4. Ein Unternehmen kann durch Auslands-Engagements Wechselkurs-Risiken und Handelshemmnisse gezielt umgehen.

Ursachen der Globalisierung

Mit der Idee der **Liberalisierung der Märkte** begann das Zeitalter der wirtschaftlichen Globalisierung. Sie war zunächst jedoch vor allem auf die Erscheinungsform »Handel« beschränkt. Noch zu Beginn der dreißiger Jahre tobte ein Handelskrieg, in dem viele Länder ihre Märkte abschotteten.

GATT = General Agreement on Tariffs und Trade = Allgemeines Zoll- und Handelsabkommen

Erst mit der Gründung des GATT nach dem Zweiten Weltkrieg begann der Siegeszug des freien Welthandels.

Das GATT hat in mehreren Zollsenkungsrunden die mengenmäßigen Handelsbeschränkungen weitgehend beseitigt.

WTO = World Trade Organization = Welthandelsorganisation

Im Jahr 1995 wurde das GATT durch die WTO abgelöst. Mittlerweile exportiert die internationale Staatengemeinschaft jährlich Waren für knapp 7000 Milliarden US-Dollar.

Rechnet man den rasant wachsenden Handel mit Dienstleistungen, Informationen und Kapital hinzu, so summieren sich die grenzüberschreitenden Umsätze sogar auf fast 10000 Milliarden Dollar pro Jahr.

Welthandel: China ist neuer Exportweltmeister

Deutschland hat den Titel des Exportweltmeisters an China verloren. 2009 hatte der asiatische Konkurrent einen Vorsprung von umgerechnet 60 Milliarden Euro.

Berlin – Deutschland ist nicht mehr Exportweltmeister. Trotz des Aufwärtstrends am Jahresende hat das Land 2009 den Titel an China verloren. Die Unternehmen der Bundesrepublik verkauften Waren im Wert von 803,2 Milliarden Euro ins Ausland – 18,4 Prozent weniger als 2008. Das war der stärkste Rückgang seit Beginn der Erhebung 1950, wie das Statistische Bundesamt am Dienstag mitteilte.

„In der Rangliste der weltweit größten Exportnationen wurde Deutschland damit von China an der Spitze abgelöst", hieß es. Chinas Vorsprung betrug umgerechnet rund 60 Milliarden Euro. Deutschland hatte sich seit 2003 mit diesem inoffiziellen Titel schmücken können.

Die Exporteure fassten am Jahresende aber wieder Tritt. Die Ausfuhren stiegen im Dezember um 3,0% im Vergleich zum Vormonat. Das war bereits der vierte Anstieg in Folge. Analysten hatten lediglich ein Plus von 0,7% vorausgesagt.

Erstmals seit Oktober 2008 lag der Absatz wieder über dem Niveau des Vorjahresmonats. Hier gab es ein Plus von 3,4 Prozent im Vergleich zu Dezember 2008.

Allerdings stürzten auch die Einfuhren ab und zwar so stark wie seit fast 60 Jahren nicht mehr. Der Rückgang war mit 17,2 Prozent aber etwas geringer als auf der Exportseite. 2009 wurden nach den vorläufigen Ergebnissen des Bundesamtes aus Deutschland Waren im Wert von 667,1 Milliarden Euro eingeführt.

In diesem Jahr erwartet der Branchenverband BGA ein Wachstum von bis zu zehn Prozent, weil sich der Welthandel wegen niedriger Zinsen und riesiger Konjunkturprogramme wieder gefangen hat. „Mit einer raschen Rückkehr auf das Niveau vor der Krise ist aber nicht zu rechnen", sagte Verbandspräsident Anton Börner. Es werde mindestens bis 2012 dauern, bis die schweren Einbrüche wieder aufgeholt seien. Spiegel-Online, 09.02.2010

Technologische Fortschritte

Sprunghaft beschleunigt wurde diese weltweite Öffnung der Märkte sowohl für Waren wie für Geld durch eine ganze Reihe sehr unterschiedlicher Faktoren. An erster Stelle zu nennen sind die Innovationen im Bereich der Mikroelektronik, der Telekommunikation sowie Methoden zur Gewinnung, Übertragung und Speicherung von Informationen. Sie haben es möglich gemacht, die Welt mit einem dichten Kommunikationsnetz zu überspannen, das nahezu jeden Punkt dieser Erde in oft nur Bruchteilen von Sekunden erreichbar werden lässt.

Mobilität des Kapitals

Nirgendwo hat sich die Globalisierung so deutlich beschleunigt wie auf den Finanzmärkten. Seit weltweit nicht mehr oder kaum noch Kapitalverkehrsbeschränkungen existieren, können Anleger minutenschnell ihr Geld in den verschiedensten Währungen anlegen. Vor allem Banken und andere große institutionelle Anleger wie Lebensversicherungen, Investment- und Pensionsfonds »fahnden« für das ihnen anvertraute Kapital rund um den Globus nach den günstigsten Anlagemöglichkeiten – das heißt nach den Anlagen, die unter Berücksichtigung der Risiken die höchste Rendite abwerfen.

Dabei lassen sich die Investoren in erster Linie von den so genannten Fundamentaldaten einer Volkswirtschaft leiten, also dem Wirtschaftswachstum, der Leistungs- und Handelsbilanz, der Inflationsrate und dem staatlichen Finanzen. Auch die politische Stabilität eines Landes spielt eine wichtige Rolle. In Deutschland erreichen die grenzüberschreitenden Finanzströme im Handel von Aktien und Anleihen inzwischen das Dreieinhalbfache der jährlichen Wirtschaftsleistung.

Die globalen Handelsbeziehungen lassen sich in Handelströme zwischen Regionen (interregional) und innerhalb von Regionen (intraregional) unterscheiden. Die äußeren Kreise stellen das gesamte Warenhandelsvolumen der jeweiligen Region dar, die inneren Kreise stehen für den intraregionalen Handel, die Verbindungsbalken repräsentieren den interregionalen Handel. Die genaue mengenmäßige Größe der Handelstsröme ist der dazugehörenden Aufstellung zu entnehmen.

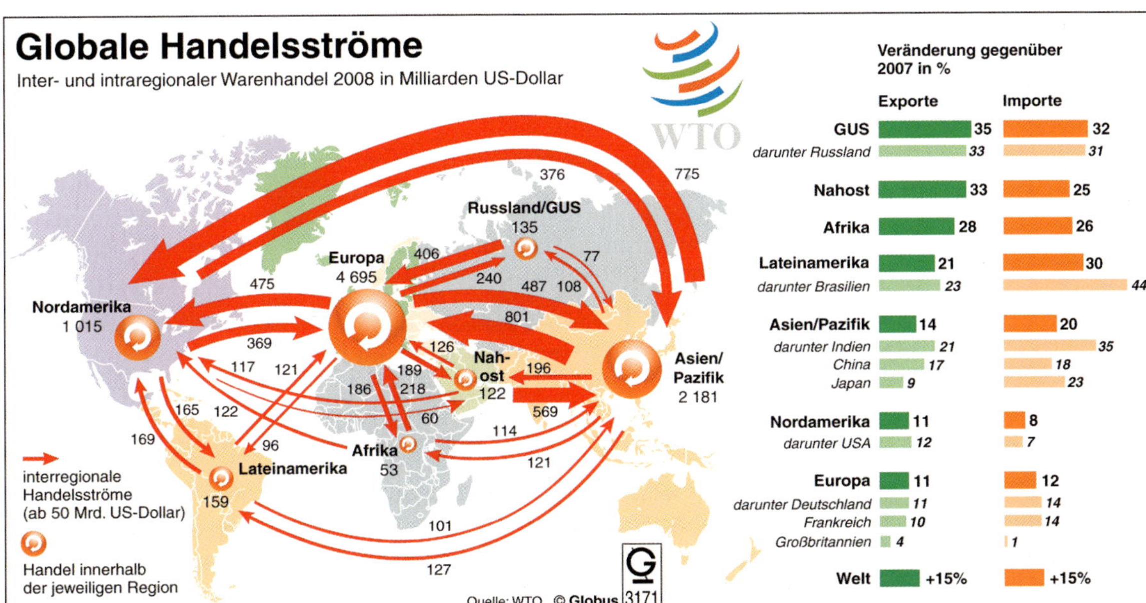

Immer wieder ist durch Fernsehreportagen und Zeitungsartikel von der zunehmenden Ungleichverteilung der Einkommen zu erfahren. Die Tendenz ist immer die gleiche: Die Reichen werden immer reicher, die Armen dagegen immer ärmer. Und wiederum steht die Globalisierung am Pranger, die für die zunehmende Ungerechtigkeit verantwortlich zeichne. Allerdings scheint dieses Horrorgemälde übertrieben.

Gewinnorientierung und/oder soziale Verantwortung

Der Vergleich der wirtschaftlichen Entwicklung zwischen den so genannten Industrieländern und den Entwicklungsländern zeigt, dass die Globalisier unter den Entwicklungsländern stetig gewachsen sind. So ist das reale Bruttoinlandsprodukt pro Kopf in den Ländern, die sich für den Weltmarkt geöffnet haben, zwischen 1990 und 2006 um fast 50 Prozent, bei den Nicht-Globalisierern dagegen nur um rund 20 Prozent gewachsen.

Die Globalisierung birgt für die Erwerbstätigkeit Chancen und Gefahren. In den Staaten Ostasiens, die dem Außenhandel besonders aufgeschlossen gegenüber stehen, sank zum Beispiel die Zahl der Armen zwischen 1980 und dem Ende der neunziger Jahre von rd. 360 Millionen auf etwas über 50 Millionen Menschen. Zählten noch 16 Prozent der Bevölkerung im gleichen Zeitraum zu den Mittellosen, so schrumpfte diese Zahl auf nur zwei Prozent zusammen.

Anders verhält es sich in Afrika. Hier schotten sich weiterhin viele Staaten vom Welthandel ab. Fazit: Der Anteil der Bevölkerung unter der Armutsgrenze ist kaum rückläufig.

Globalisierung und Entwicklungsländer

Auf den ersten Blick scheint die Globalisierung an den Entwicklungsproblemen der sog. »Dritten Welt« vorbeizugehen: Armut und Unterentwicklung haben ihren Schrecken nicht verloren. Vor allem weite Teile Afrikas und Südasiens sind nach wie vor von Unterernährung, Analphabetismus und mangelnder Gesundheitsversorgung geprägt.

Die Grafik auf Seite 157 (oben) zeigt anschaulich, wie sich die Lebensdingungen in Afrika und anderen Ländern mit niedrigem und mittlerem Einkommen darstellen.

Ein zweiter Blick scheint angebracht, der differenzierter auf die Entwicklungsländer schaut. Ähnlich den Industrieländern gehören einige Entwicklungsländer zu den **Globalisierungsgewinnern,** andere zu den **Globalisierungsverlierern.**

Zu den langfristigen Gewinnern gehören vor allem die »Tiger-Staaten« Ostasiens (u.a. Malaysia, Südkorea, Taiwan, Thailand) und einige Staaten Lateinamerikas (u. a. Chile, Mexiko, Argentinien, Brasilien). Gerade diejenigen Staaten konnten die größten Entwicklungserfolge verbuchen, die sich am stärksten in die Weltwirtschaft integriert haben.

Am Beispiel China werden jedoch auch die Schattenseiten eines durch Wirtschaftsaufschwung gekennzeichneten Landes deutlich: Seitdem sich China in den 1980er Jahren für ausländische Investoren geöffnet hat, schaut die ökonomische Welt gebannt dorthin. Rund 1,3 Milliarden potentielle Kunden, das hohe Wirtschaftswachstum (10% pro Jahr) und geringe Lohnkosten haben unzählige europäische, amerikanische und japanische Unternehmen nach China gelockt. Am stärksten zieht es Unternehmen mit arbeitsintensiven Produktionsprozessen nach China, wie Hersteller von Bekleidung, Schuhen und Unterhaltungselektronik. Den rosigen Wirtschaftsaussichten stehen negative soziale und ökologische Auswirkungen gegenüber:

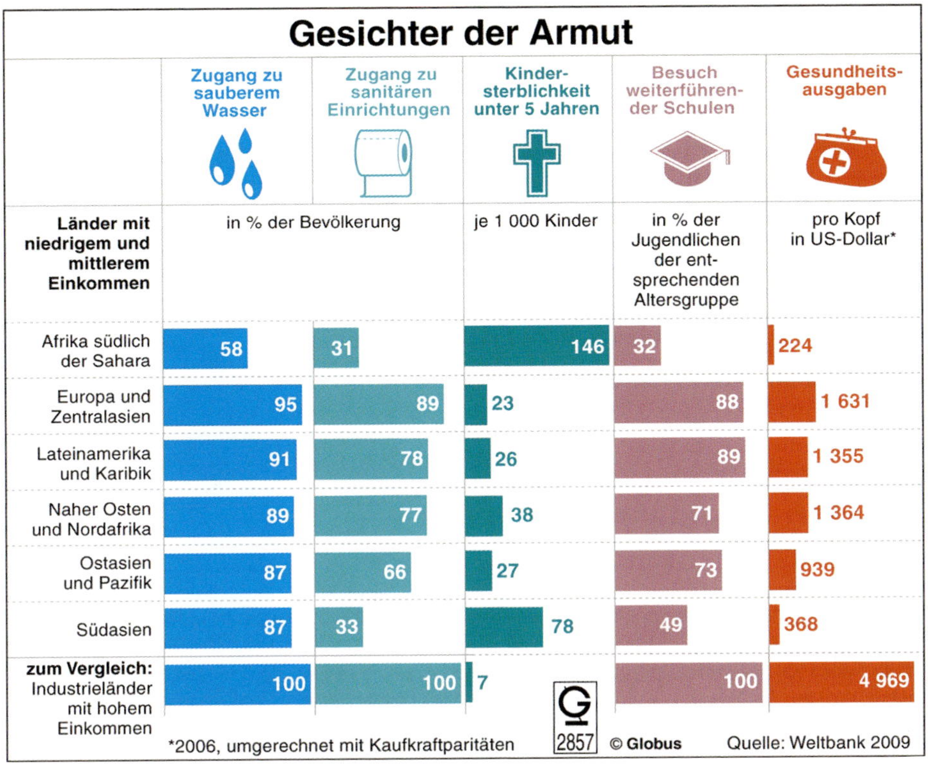
Gesichter der Armut
Zugang zu sauberem Wasser
Zugang zu sanitären Einrichtungen
Kinder-sterblichkeit unter 5 Jahren
Besuch weiterführen-der Schulen
Gesundheits-ausgaben
Länder mit niedrigem und mittlerem Einkommen
in % der Bevölkerung
je 1 000 Kinder
in % der Jugendlichen der ent-sprechenden Altersgruppe
pro Kopf in US-Dollar*
Afrika südlich der Sahara
58
31
146
32
224
Europa und Zentralasien
95
89
23
88
1 631
Lateinamerika und Karibik
91
78
26
89
1 355
Naher Osten und Nordafrika
89
77
38
71
1 364
Ostasien und Pazifik
87
66
27
73
939
Südasien
87
33
78
49
368
zum Vergleich: Industrieländer mit hohem Einkommen
100
100
7
100
4 969
*2006, umgerechnet mit Kaufkraftparitäten
2857
© Globus
Quelle: Weltbank 2009

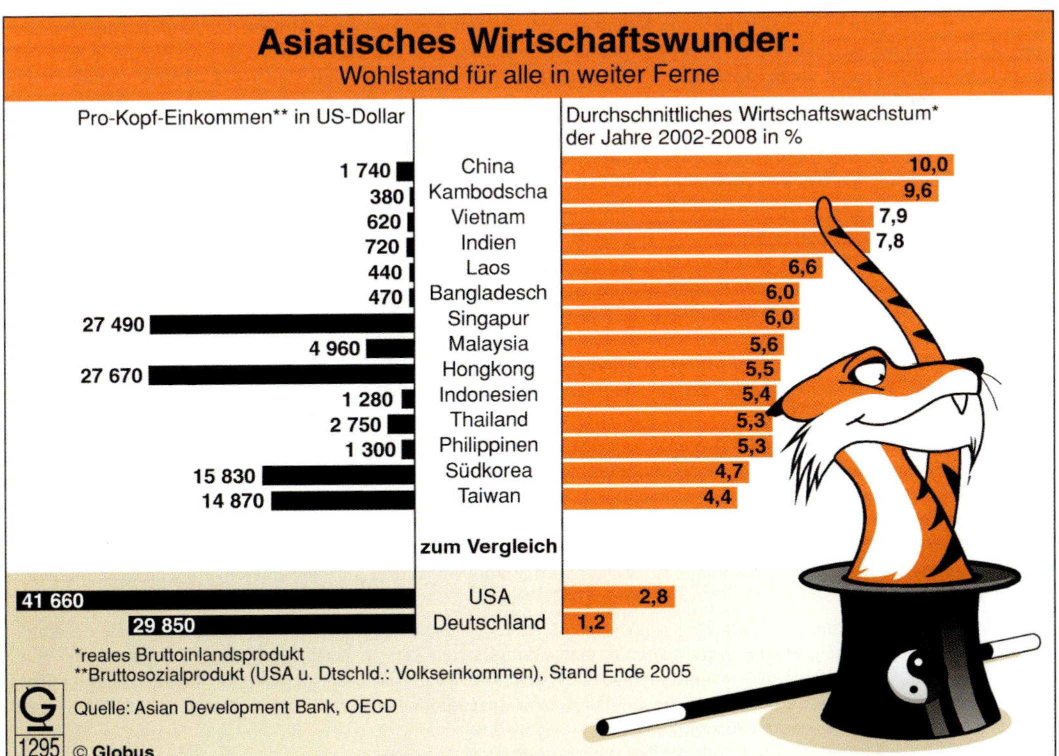
Asiatisches Wirtschaftswunder:
Wohlstand für alle in weiter Ferne
Pro-Kopf-Einkommen** in US-Dollar
Durchschnittliches Wirtschaftswachstum* der Jahre 2002-2008 in %
China 1 740 10,0
Kambodscha 380 9,6
Vietnam 620 7,9
Indien 720 7,8
Laos 440 6,6
Bangladesch 470 6,0
Singapur 27 490 6,0
Malaysia 4 960 5,6
Hongkong 27 670 5,5
Indonesien 1 280 5,4
Thailand 2 750 5,3
Philippinen 1 300 5,3
Südkorea 15 830 4,7
Taiwan 14 870 4,4
zum Vergleich
USA 41 660 2,8
Deutschland 29 850 1,2
*reales Bruttoinlandsprodukt
**Bruttosozialprodukt (USA u. Dtschld.: Volkseinkommen), Stand Ende 2005
Quelle: Asian Development Bank, OECD
1295
© Globus

- Niedrige Löhne und schlechte Arbeitsbedingungen sind Kehrseite der attraktiven Lohnkosten.
- Unabhängige Gewerkschaften und betriebliche Mitarbeitervertretungen sind in China nicht willkommen.
- China hat zwar in den letzten Jahren eine relativ umfassende Umweltgesetzgebung geschaffen, deren ungenügende Umsetzung ist jedoch ein Problem. Nach offiziellen Angaben sind 70 % aller chinesischen Flüsse und Seen sowie 90 % des Grundwassers in Städten durch giftige Industrieabfälle stark belastet.
- Chinesische Unternehmen verbrauchen bei der Warenproduktion zehnmal so viel Wasser wie deutsche Unternehmen.
- Eine ordnungsgemäße Müllentsorgung ist nur in seltenen Fällen gegeben.

Wanderarbeiter in China

Schuften für den Boom der anderen

Von Anne Seith, Shenzhen

Sie bauen glitzernde Wolkenkratzer, setzen PCs und Spielzeug für die ganze Welt zusammen – und schuften oft wie Sklaven: In China wird ein Heer von 200 Millionen Wanderarbeitern für den Boom verheizt. Doch die verarmten Massen drohen zur ernsthaften Gefahr zu werden.

Shu Ye hat Glück gehabt, findet sie. Mit schüchternem Lächeln zeigt sie das kleine Zimmer, das sie sich mit zehn anderen Arbeiterinnen teilt: Stählerne Doppelbetten, statt Matratzen gibt es nur dünne Bastmatten, die Kleidung hängt aus Platzmangel an Wäscheleinen auf dem Balkon. Dort ist auch das steinerne Waschbecken, an dem sich ein paar andere Mädchen jetzt nach der Arbeit kurz mit Wasser die Haare kämmen.

Für die nördlich von Hongkong gelegene Industriestadt Shenzhen sind die Verhältnisse traumhaft. Das zeigt schon ein kurzer Blick auf die schäbigen Baracken in nächster Nachbarschaft des Fabrikgeländes von Airmate. Im Vergleich dazu ist das Wohnheim, in denen der taiwanische Ventilatoren-Hersteller seine über 7000 Arbeiter unterbringt, auffällig gut in Schuss. In Shu Yes Raum gibt es sogar einen Fernseher auf dem gerade eine Hochglanzsoap läuft. Und die 20-Jährige verdient 1000 Yuan im Monat, rund 100 Euro. Das sind 200 Yuan mehr als es das Gesetz vorschreibt. „Drei Jahre will ich mindestens noch hier bleiben", sagt Shu Ye deshalb. Wie fast alle Arbeiter bei Airmate schickt sie fast ihren ganzen Lohn an ihre Familie.

Shu Ye hat einen Arbeitsvertrag und der Geschäftsführung zufolge auch eine Krankenversicherung – und damit mehr als die meisten Wanderarbeiter, die aus den verarmten ländlichen Regionen im Inland in die neuen Boomstädte strömen, wo sie sich als Bauarbeiter oder Fabrikarbeiter verdingen. Dabei sind sie diejenigen, die die Wolkenkratzer in Glitzer-Metropolen wie Shanghai hochziehen, die im so genannten Perlflussdelta um Shenzhen herum Computer, Spielzeuge oder auch Feuerzeuge für die ganze Welt zusammenbauen.

Allein in Shenzhen arbeiten 10 Millionen Wanderarbeiter, schätzt Liu Kaiming vom Shenzhen Contemporary China Research Centre. In ganz China sind es Amnesty International zufolge rund 200 Millionen. Ein solch gigantisches Heer an Billigarbeitskräften hat kein anderes Land zu bieten, wie etwa der Chef des taiwanischen PC-Herstellers Acer, J. T. Wang, unverblümt zugibt. Man könne „in China sehr schnell Tausende Arbeiter in einer Woche anheuern – oder sie auch ohne jegliche Probleme wieder entlassen. Arme junge Männer warten immer vor der Tür, um in den Industriezentren um Shenzhen und Shanghai zu arbeiten", sagt er.

Die Arbeitsbedingungen, unter denen die Wanderarbeiter schuften, erinnerten oft an „modernen Formen der Sklaverei", sagt Amnesty-China-Experte Dirk Pleiter. Horror-Nachrichten, wie die, die gerade aus der nördlichen Provinz Shanxi kamen, überraschen ihn nicht: Dort wurden 31 Arbeiter über ein Jahr lang in einer Ziegelei gefangen gehalten, wo sie bis zum Umfallen ackern mussten – ohne Lohn, nur für Wasser und Brot. Die Polizei stürmte das Gelände erst, nachdem ein Mann von den Wächtern der Fabrik zu Tode geprügelt worden war. Berichten chinesischer Zeitungen zufolge hatten viele Arbeiter schwere Verbrennungen am ganzen Körper – sie mussten die Ziegel ungekühlt auf dem Rücken transportieren. Einige waren so verwirrt, dass sie ihren eigenen Namen vergessen hatten.

Ein Extremfall? „Es ist zu befürchten, dass so etwas durchaus öfter vorkommt", sagt Pleiter. Die Schikanen, die viele Wanderarbeiter Tag für Tag erleben, hat die Organisation in einem detaillierten Bericht zusammengetragen. Der liest sich wie die dunkelsten Kapitel der Geschichte der industriellen Revolution. Da ist von Fabrikleitern die Rede, die die Arbeiter misshandeln und systematisch Lohn zurückhalten, die Geldstrafen für Zuspätkommen oder Widerworte verlangen, die Sicherheitsvorschriften nicht einmal ansatzweise einhalten.

Quelle: SpiegelOnline, 13.06.2007

Dies macht deutlich, dass die oftmals von Inkompetenz, Korruption, staatlichen Interventionismus und autoritären Regimen geprägte Wirtschaftspolitik entwicklungspolitisch manchmal katastrophale Folgen hatte.

Insgesamt betrachtet ergeben sich Chancen als auch Risiken der Globalisierung:

Chancen der Globalisierung	Risiken der Globalisierung
• Weltweit vernetzte Systeme und Abhängigkeiten verringern die Gefahr militärischer Auseinandersetzungen.	• Wirtschaftliche Macht großer Konzerne führt zu Einfluss auf politische Systeme.
• Eine dynamische industrielle Entwicklung führt zu einer Erhöhung des Lebensstandards weltweit.	• Einflussnahme durch verschiedene Varianten von Korruption.
• Weltweit zusammenwirkende Forschung und Entwicklung führen zu großen Entwicklungssprüngen, z.B. medizinische Forschung, Gentechnologie, Kommunikationstechnologie, Energiegewinnung und -einsatz, Erhöhung des Bildungsniveaus weltweit.	• Manipulation der Bevölkerung durch Kommunikationsmonopole.
	• Weltweites Wachstum und höherer Wohlstand führen zu starker Umweltbelastung und einem hohen Verbrauch an Rohstoffen.

Die Globalisierung nimmt weltweit gesehen zu wenig Rücksicht auf den Umweltschutz und die Menschenrechte. Demokratiebestrebungen von Entwicklungsländern werden oft im Keime erstickt.

Die Länder der **G-8-Staaten** (Deutschland, Frankreich, Großbritannien, Italien, Japan, Kanada, die USA und Russland) trafen in der Vergangenheit mehrmals wichtige Entscheidungen für die gesamte Welt, ohne die restlichen Staaten in diese Entscheidungsprozesse mit einzubeziehen.

So haben viele Menschen in den Entwicklungsländern das Gefühl, bewusst am Wohlstand „vorbei zu leben".

Die Globalisierung hat hier vieles verändert, doch die Ungleichheit der einzelnen Lebenssituationen muss in diesem Zusammenhang angeprangert werden, da es einerseits extrem wohlhabende Menschen gibt, anderseits der größte Anteil der Bevölkerung in Slums ähnlichen Verhältnissen leben muss.

In den westlichen Industrieländern lässt die rasante Geschwindigkeit der Globalisierung hauptsächlich den älteren (50- bis 60-jährigen) Menschen, die gerne arbeiten, kaum Zeit, sich auf neue Situationen anzupassen:

Arbeitslosigkeit ist oft die Folge.

Gerade die Arbeitnehmer dieser Altersgruppe sehen in der Schnelllebigkeit der Wirtschaft ein Problem.

Ihre Erfahrungen werden einerseits gebraucht und sollen an jüngere Mitarbeiter weitergegeben werden, anderseits können Sie sich nicht mehr in kürzester Zeit umstellen und sich auf neueste Situationen schnellstens anpassen, indem sie umschulen oder umlernen.

Ein vernünftiges Miteinander ist hier das Gebot der Stunde.

Entwicklungsländer – Entwicklungspolitik, Handel, Tourismus

Als Entwicklungsländer werden Länder bezeichnet, deren Entwicklungsstand und Lebensstandard sehr niedrig sind. Kennzeichen sind u.a. eine hohe Analphabeten- und Arbeitslosenquote, mangelhafte Infrastruktur, Monokultur, mangelhafte Kapitalausstattung, Massenarmut und Unterernährung.

Oft herrschen in Entwicklungsländern Militärdiktaturen, bürgerkriegsähnliche Zustände oder Krieg. Demokratische Strukturen aufzubauen ist äußerst schwierig.

Die wirtschaftlichen Abhängigkeiten der Entwicklungsländer sind i.d.R. sehr groß.

Hohe Schulden, wenig Industrie, unproduktive Arbeitsweisen und hohe Arbeitslosigkeit sind weitere Merkmale der Entwicklungsländer.

Die Menschen leiden unter diesen Verhältnissen sehr. Ihre medizinische Versorgung ist schlecht, Unterernährung oder Mangelernährung sind die Regel, die Lebenserwartung ist gering.

Entwicklungspolitik

Unter Entwicklungspolitik versteht man ein zielgerichtetes Konzept westlicher Staaten oder Staatengemeinschaften um die wirtschaftlichen, sozialen und politischen Defizite in Entwicklungsländern zu überwinden und so erträgliche Lebensverhältnisse nach westlichem Vorbild zu schaffen. Die Entwicklungspolitik schließt alle Mittel und Maßnahmen, die dieses Ziel verfolgen, mit ein.

Millenniumskonferenz

Im September 2000 kamen die Staats- und Regierungschefs von 150 Ländern zu einem Gipfeltreffen in New York zusammen. Als Ergebnis des Treffens verabschiedeten sie die sogenannte Millenniumserklärung. Sie ist der Beginn einer neuen globalen Partnerschaft für Entwicklung.

In der Erklärung setzten sie sich acht internationale Entwicklungsziele, die »Millenium Development Goals«:

1. Den Anteil der Weltbevölkerung, der unter extremer Armut und Hunger leidet, halbieren
2. Allen Kindern eine Grundschulausbildung ermöglichen
3. Die Gleichstellung der Geschlechter und die politische, wirtschaftliche und soziale Beteiligung von Frauen fördern, besonders im Bereich der Ausbildung
4. Die Kindersterblichkeit verringern
5. Die Gesundheit der Mütter verbessern
6. HIV/AIDS, Malaria und andere übertragbare Krankheiten bekämpfen
7. Den Schutz der Umwelt verbessern
8. Eine weltweite Entwicklungspartnerschaft aufbauen

Mit vereinten Kräften will die internationale Gemeinschaft diese Ziele bis zum Jahr 2015 erreichen.

Grundlage für Art und Umfang der Zusammenarbeit sind fünf Kriterien – die so genannten Bestimmungsfaktoren der Entwicklungszusammenarbeit:

- Achtung der Menschenrechte
- Rechtsstaatlichkeit und Rechtssicherheit
- Beteiligung der Bevölkerung am politischen Prozess
- Schaffung einer marktfreundlichen und sozial orientierten Wirtschaftsordnung
- Entwicklungsorientierung des staatlichen Handelns

Die genannten Kriterien sind nicht das »Maß aller Dinge«, sie dienen aber der Orientierung darüber, ob ein Engagement sinnvoll ist. Die Entscheidung über eine Zusammenarbeit wird von Fall zu Fall getroffen. Wichtig für eine solche Entscheidung können auch globale Interessen sein. Um zum Beispiel den Frieden zu sichern oder um Seuchen auszurotten, kann auch ein Engagement in einem Land wichtig sein, das die fünf Kriterien nicht erfüllt.

Länder mit schwierigen politischen Rahmenbedingungen sollen nicht isoliert werden. Auch mit ihnen soll ein Dialog aufrechterhalten werden. Dadurch können unter Umständen drohende Konflikte, ökologische Katastrophen oder Hungersnöte vermieden werden.

WASSERQUALITÄT HAT IHREN PREIS

Die Bewohner der Städte Mbeya, Iringa und Mwanza haben nicht genug Wasser. Gründe dafür sind die fehlenden Kapazitäten der Wasserwerke, Wasserverschwendung und die zahlreichen Lecks in den Wasserrohren, die zu hohen Verlusten führen und auch die Qualität des Wassers vermindern.

Im Rahmen der finanziellen Zusammenarbeit fördert Deutschland gemeinsam mit der Europäischen Union (EU) die Verbesserung der Trinkwasserversorgung in Mbeya, Iringa und Mwanza. Gleichzeitig wird die Regierung dabei unterstützt, öffentliche Dienstleistungen wie das Wassermanagement zu dezentralisieren und kostendeckend zu betreiben.

Dazu werden vorhandene Leitungssysteme in Stand gesetzt und ausgebaut und die Speicherkapazitäten werden erhöht. Eingebaute Wasserzähler sollen sichere Daten über den Verbrauch liefern und sind Teil der Maßnahmen zur Einführung von Wassergebühren, die sich nach dem Verbrauch richten. So soll die Verschwendung reduziert werden. Betriebsmodelle, an deren Ausarbeitung die Bevölkerung beteiligt ist, stellen sicher, dass die Leistungen erschwinglich bleiben. Die Regierung wird bei der Ausarbeitung klarer Regeln beraten, um die Zahlungsmoral öffentlicher Einrichtungen zu verbessern.

Die tansanisch-deutsche Zusammenarbeit kann bei diesem Vorhaben auf eine langjährige Erfahrung im Wassermanagement zurückgreifen. Erfolgreiche Ansätze sollen auf möglichst viele Regionalstädte in Tansania übertragen werden. (Text gekürzt)

Text: Bundesministerium für wirtschaftliche Zusammenarbeit und Entwicklung

Handel

Die Entwicklungspolitik setzt sich für die faire und gleichberechtigte Teilnahme der Entwicklungsländer am Welthandel ein. Hierzu müssen wettbewerbsverzerrende Maßnahmen abgebaut und der Marktzugang der Entwicklungsländer verbessert werden. Die Institution, in der internationale Handelsfragen behandelt werden, ist die Welthandelsorganisation (World Trade Organization – WTO). Durch bestimmte Maßnahmen sollen den Entwicklungsländern verbesserte Chancen im Welthandel eingeräumt werden. Auch die EU räumt den Entwicklungsländern einseitig besondere Handelsbedingungen ein. Beispiele für die Sonderbehandlung sind das Allgemeine Präferenzsystem (APS), die Everything-But-Arms-Initiative (EBA) und das AKP-Abkommen (Afrika-, Karibik-, Pazifik-Staaten). Unter dem APS versteht man eine einseitige Gewährung von Zollvergünstigungen bei Importen aus Entwicklungsländern in das Wirtschaftsgebiet der EU. Die Everything-But-Arms-Initiative (EBA) ist eine Sonderregelung zum Allgemeinen Präferenzsystem und ermöglicht den ärmsten Ländern zollfreien Handel mit der EU für alle Produkte außer Waffen. Das AKP-Abkommen besteht zwischen der EU auf der einen und Staaten Afrikas, der Karibik und des pazifischen Raums auf der anderen Seite. Diese Staaten wurden hauptsächlich deshalb ausgewählt, weil die europäischen Staaten dort früher als Kolonialmacht aufgetreten sind. Im AKP-Abkommen werden die Bereiche Politik, Handelspolitik und Entwicklungspolitik kombiniert, um den Bedürfnissen dieser Staaten näher gerecht zu werden.

KLEINEN UNTERNEHMEN EINE STIMME GEBEN

Eine Vielzahl von multilateralen, regionalen und bilateralen Handelsabkommen stellt die kleinen zentralamerikanischen Länder vor besondere Herausforderungen. Eine solche Herausforderung ist die Umsetzung des Freihandelsabkommen CAFTA (Central America Free Trade Agreement), das sechs zentralamerikanische Länder gemeinsam mit den USA vereinbart haben. Neben dem Aufbau einer Zollunion stehen die zentralamerikanischen Länder in Vertragsverhandlungen mit der Europäischen Union und arbeiten im Rahmen des regionalen Integrationsbündnisses (SICA) an einer verstärkten Harmonisierung untereinander.

Die Verhandlung und Verwaltung der geschlossenen Handelsabkommen stellt die zentralamerikanischen Wirtschaftsministerien sowie die dortigen Unternehmerinnen und Unternehmer unter erheblichen Handlungsdruck. Gerade Klein- und Mittelunternehmerinnen und -unternehmer haben große Schwierigkeiten, die Vertragsfolgen abzuschätzen, Chancen und Risiken zu erkennen und ihre Interessen verständlich zu artikulieren. Hier setzt die deutsche Entwicklungszusammenarbeit an. Im Rahmen eines GTZ-Vorhabens werden in Honduras, Guatemala und El Salvador Unternehmerinnen und Unternehmer gezielt durch Beratung unterstützt.

Das Projekt wird sich mit folgenden Fragestellungen befassen:

- Was sind Ursprungsregeln, welche Bestimmungen gelten dabei für US- und EU- Märkte?
- Welche Einfuhrbarrieren müssen überwunden, welche Qualitätsstandards eingehalten werden, um Agrarprodukte zu exportieren?
- Wie können Kleinunternehmer befähigt werden, die sie betreffenden Informationssysteme wirkungsvoller einzusetzen – zum Beispiel zur Marktanalysen oder zur Klärung von Zollbestimmungen?
- Wie wirken sich Umwelt- und Sozialstandards, Bestimmungen zum Schutz von Investitionen oder geistigem Eigentum, sowie die Öffnung von Dienstleistungsbereichen auf die Wettbewerbsfähigkeit betroffener Wirtschaftssektoren aus?
- Neben der Vermittlung von Kenntnissen sollen wichtige Dialogprozesse zwischen Staat und Privatwirtschaft angestoßen werden.(Text gekürzt)

Text: Bundesministerium für wirtschaftliche Zusammenarbeit und Entwicklung

Tourismus

Eine Chance für Entwicklungsländer besteht heute mehr im Bereich Tourismus als im produzierenden Bereich:

Hier liegt eine Möglichkeit für Länder, deren Industrialisierung wohl noch lange hinter konkurrierenden Ländern auf dem Weltmarkt bleiben wird.

Die Tendenz ist eindeutig, dass seit den neunziger Jahren der Tourismus in den Entwicklungsländern zugenommen hat und die landschaftliche wie menschliche Einzigartigkeit dieser Länder das Potential sind, aus dem sie Kapital schöpfen können.

Die Welttourismusorganisation (WTO) hat festgestellt, dass zwischen 1990 und 1998 die Zahl der Touristen, die Entwicklungsländer bereisten um 46% gestiegen ist.

Um es zu belegen:

Die Zahl wuchs in diesen Jahren von 130 Millionen auf 190 Millionen Touristen. Auch Menschen aus der Bundesrepublik Deutschland haben die Entwicklungsländer als Urlaubs- und auch Geschäftsreiseziel erkannt. 6,3 Millionen Deutsche bereisten nach dem Jahr 2000 Entwicklungsländer als Urlauber oder Geschäftsleute, mit steigender Tendenz.

Diese Menschen sorgen dafür, dass in den Ländern Hotels gebaut, Straßen errichtet werden, Flughäfen ausgebaut oder neu geplant und baulich umgesetzt werden.

Einheimische finden Arbeit als Maurer, Straßenbauer, es werden Arbeitsplätze in Hotels und im Dienstleistungsbereich geschaffen, was die wirtschaftliche Situation eines jeden einzelnen, der in diesen Prozess eingebunden ist, verbessert und auch die wirtschaftliche Lage des gesamten Landes nachhaltig wachsen lässt.

Doch es liegen auch Risiken im Tourismus, wie sich in den letzten Jahren deutlich gezeigt hat:

Sextourismus, Kinderprostitution, Umweltschädigungen nehmen ebenso zu wie die Zahl der Reisenden. Parteien, Parlamente sowie Regierungen haben sich in Deutschland und anderen Ländern intensiv mit dieser Fehlentwicklung beschäftigt, bis zur internationalen Ebene auf Weltkonferenzen, in Welttourismusorganisationen und innerhalb der Vereinten Nationen.

Die Tourismusindustrie gab eine Reihe von Selbstverpflichtungen ab, an der konkreten Umsetzung hapert es meistens noch. Es wird in Zukunft vermehrt darum gehen, darauf zu achten, ob bei den touristischen Anbietern der überzeugende Wille besteht, die gemachten Aussagen und Versprechen nachhaltig umzusetzen.

Wenn man sich mit der Frage beschäftigt, warum es zu diesen Fehlentwicklungen kommen kann, so zeigt sich, dass es einerseits an der mangelhaften Information der Urlauber liegt, die zu geringe Kenntnisse über das Land, in das sie reisen, haben. Die Länder selbst reduzieren ihre Angebote häufig auf die Aspekte, die sich als Fehlentwicklung herausstellen und vernachlässigen soziale, kulturelle und ökologische Werte.

Und auch Reiseveranstalter bieten zum Teil fragwürdige Offerten an, die man als Tourist sehr kritisch beobachten sollte, wenn man eine Reise in ein Entwicklungsland plant.

LERN-BOX

- Unter **Globalisierung** versteht man das durch den technischen Fortschritt beschleunigte **Zusammenwachsen der Weltwirtschaft,** verbunden mit verschärften Konkurrenzdruck.

- Durch die Globalisierung wurden und werden Arbeitsplätze verlagert.

- Im Zuge der Verzahnung der technologischen Entwicklungen, wirtschaftlichen Interessen und politischen Zielsetzungen kam es zur sogenannten »**Informationsrevolution**«, die durch drei Entwicklungen gekennzeichnet ist:

  1. Leistungsfähige Rechner ermöglichen die Verarbeitung immer größerer Datenmengen.
  2. Sehr schneller Ausbau von internationalen Kommunikationsnetzen, z.B. Telefon, Fax.
  3. Bereitstellung von Breitbandkanälen ermöglichen die direkte Übermittlung von Bild/Ton.

- Das **Internet** ist zum Inbegriff des Globalisierungseffektes geworden.

- Der Begriff »**global player**« steht für große Unternehmen, die **weltweit geschäftlich tätig** sind und Niederlassungen bzw. Fertigungsstätten in vielen Ländern besitzen.

- Ziel des GATT ist der Abbau der Hemmnisse im internationalen Handelsverkehr (Zölle, Kontingente, willkürliche Preisunterbietungen). Anfang 1995 wurde das GATT aufgelöst und eine neue **Welthandelsorganisation (WTO)** errichtet.

- Auf den Finanzmärkten hat sich die Globalisierung rasant beschleunigt, da weltweit kaum noch Kapitalverkehrsbeschränkungen existieren.

- Grundmodell für die internationale Arbeitsteilung ist das **Prinzip der komparativen Kostenvorteile,** d. h., jedes Land hat auf Grund unterschiedlicher Traditionen, Ressourcen und Technologien unterschiedliche Kosten für die Erzeugung gleicher Produkte.

- Die Globalisierung ist nicht der Grund, dass die Reichen immer reicher, die Armen immer ärmer werden. Denn die deutschen Haushalte hatten 1996 im Durchschnitt preisbereinigt beinahe 20% mehr in der Tasche als zwölf Jahre zuvor.

- Die Entwicklungsländer gehören sowohl zu den **Globalisierungsgewinnern** (Tigerstaaten, Mexiko, Brasilien, Argentinien), als auch zu den **Globalisierungsverlierern** (Länder Afrikas, Südasiens, Mittlerer Osten).

- Unter Entwicklungspolitik versteht man ein zielgerichtetes Konzept westlicher Staaten oder Staatengemeinschaften um die wirtschaftlichen, sozialen und politischen Defizite in Entwicklungsländern, zu überwinden und so erträgliche Lebensverhältnisse nach westlichem Vorbild zu schaffen.

- Die Entwicklungspolitik setzt sich für die faire und gleichberechtigte Teilnahme der Entwicklungsländer am Welthandel ein. Um diese zu ermöglichen, müssen wettbewerbsverzerrende Maßnahmen abgebaut und ein verbesserter Marktzugang gewährleistet werden.

- Seit den neunziger Jahren hat der Tourismus in den Entwicklungsländern zugenommen; die landschaftliche wie menschliche Einzigartigkeit dieser Länder sind das Potential, aus dem sie Kapital schöpfen können.

WISSENS-CHECK

1. Erläutern Sie den Begriff **Globalisierung.**
2. Erläutern Sie die Grafik »**Arbeitskosten im Standortwettbewerb**« auf Seite 148.
3. Erklären Sie den Begriff »**Informationsrevolution**«.
4. Wie ist das **Internet** entstanden?
5. Was versteht man unter dem Begriff »**global player**«?
6. Was hat das **GATT** mit der Globalisierung zu tun?
7. Erklären Sie den Unterschied zwischen dem **GATT** und der **WTO.**
8. Wieso haben sich die **Kapitalströme** von den **Warenströmen** abgekoppelt?
9. Erläutern Sie die Grafik »„Gesichter der Armut« auf Seite 157.
10. Nehmen Sie kritisch zu dem Zeitungsartikel »Schuften für den Boom der anderen« (Seite 158) Stellung.
11. Wieso haben **alle** Bevölkerungsschichten am wachsenden Wohlstand teil?
12. Begründen Sie ausführlich, warum es bei der Globalisierung sowohl **Gewinner-** als auch **Verliererstaaten** gibt.
13. Welche **Gründe** werden in dem Zeitungsartikel für die Fusionswelle genannt?

Globalisierung treibt die Fusionswelle an

Düsseldorf. Sie schmieden Allianzen und Fusionen, schließen sich zu Branchenriesen zusammen und drücken auf die Kostentube. Kein Tag vergeht, an dem nicht irgendwo in der Welt ein Zusammenschluss von Unternehmen Schlagzeilen macht. Von Telecom Italia/Olivetti, über MCI Worldcom/Sprint, Viacom/CBC bis zu Veba/Viag, Deutsche Bank/Bankers Trust und Hoechst/Rhone Poulenc – die Liste der spektakulären Firmenhochzeiten ist lang. Die »Fusionitis« hat praktisch alle Branchen erfasst und macht auch vor Deutschland nicht mehr halt.

Als Hauptmotiv der Konzentrationswelle wird immer wieder ein Argument genannt: »Fusionen sind angetrieben durch die Globalisierung der Märkte«, sagt Christian von Weizsäcker, Ökonomieprofessor an der Universität Köln.

Bei den Zusammenschlüssen ginge es den Unternehmen um eine Vergrößerung ihrer Absatzmärkte und günstigere Kosten. Die Freiheit des Kapitalverkehrs, der Binnenmarkt in Europa und das Fallen der nationalen Barrieren machen es möglich.

In die vergrößerten Märkte wollten die Unternehmen hineinwachsen, begründet Ulrich Hombrecher, Leiter der volkswirtschaftlichen Abteilung der WestLB, den Fusionstrend. In Europa hat nach seiner Meinung vor allem die Währungsunion diesen Prozess beschleunigt. Die Globalisierung, meint auch Unternehmensberater Roland Berger, zwinge die Unternehmen, sich Größenvorteile zu sichern und im Verbund neue Regionen zu erschließen.

Ein wesentlicher Antrieb der Fusionswelle in Deutschland sieht IMA-Gründer Stephan Jansen vor allem in der Deregulierung vieler Märkte wie die Energiewirtschaft und die Telekommunikation *(Bonner General-Anzeiger, gekürzt)*

14. Recherchieren Sie im Internet, welche Projekte momentan von der Bundesrepublik Deutschland in welchen Ländern unterstützt werden und wie erfolgreich diese Projekte bisher sind.
15. Welche Kriterien sind unverzichtbar, um eine faire und gleichberechtigte Teilnahme der Entwicklungsländer am Welthandel zu ermöglichen?
16. Bilden Sie in Ihrer Klasse jeweils Dreier- oder Vierergruppen und suchen Sie sich ein Entwicklungsland aus, für das Sie in den nächsten 6 bis 8 Unterrichtsstunden ein Reiseangebot verfassen. Machen Sie in einer interessanten Werbung für dieses Land Geschmack auf Urlaub, indem Sie geographische, kulturelle, soziale und ökologische Aspekte in Ihre Werbung einbeziehen. Stellen Sie Ihr Angebot dann in einer Präsentation in der Klasse vor.
17. Je nach Klassenstärke haben Sie unterschiedlich viele Gruppen mit Reiseangeboten. Machen Sie daraus einen Wettbewerb zwischen Reiseveranstaltern, die auf dem Markt konkurrieren und bieten Sie Ihre Reise in der Klasse an, denn alle Schüler sind ja auch Nachfrager.

    Es gewinnt diejenige Gruppe, deren Reise die meisten Mitschüler buchen.

Friedensbedrohung – Nationalismus, Kampf um Naturressourcen, Ethnische Konflikte, Religion

IMAGINE*

Imagine there's no heaven It's easy if you try No hell below us Above us only sky Imagine all the people Living life in peace.	Stell dir vor, es gibt keinen Himmel Es ist leicht, wenn du es versuchst Keine Hölle ist unter uns Über uns ist allein Himmel Stell dir vor alle Menschen Leben ein Leben in Frieden.
Imagine there's no country It isn't hard to do Nothing to kill or die for And no religion, too Imagine all the people Sharing all the world	Stell Dir vor, es gibt keinen Staat Es ist gar nicht so schwer Nichts wofür man töten oder sterben muss Und auch keine Religion Stell dir vor alle Menschen Teilen sich die Welt
You may say I'm a dreamer But I'm not the only one I hope some day you'll join us And the world can live as one	Du könntest sagen ich sei ein Träumer Aber ich bin nicht der einzige Ich hoffe, eines Tages wirst du zu uns kommen Und die Welt kann einig leben

John Lennon

* *Auszug*

Nationalismus

»Imagine there's no country«

Stell dir vor, es gibt keinen Staat

Der Begriff **Nation** kommt ursprünglich aus dem Lateinischen. Dort hieß »nasci« geboren werden, und von diesem Begriff wurde »Nation« abgeleitet. Man könnte daraus schließen, dass Nation eine Art Herkunftsbezeichnung ist: dort wo man geboren wird, spricht man eine gemeinsame Sprache, lebt in einem bestimmten Gebiet, hat gemeinsame Regeln und Gesetze – dort ist man eine Nation.

Nation

Doch leider können wir es uns mit dem Begriff Nation so einfach nicht machen. Seltsamer Weise hat fast jede politische Führung und jede Gesellschaft versucht, eigene Definitionen für den Begriff Nation zu finden. Und so ist es nicht verwunderlich, dass das Verständnis dafür sehr unterschiedliche Ausformungen annimmt.

Beispiel

Klaus aus München hat seinen französischen Austauschschulfreund Pierre aus Marseille zu Besuch. Die beiden nehmen sich für heute Abend vor, ins Fußballstadion zu gehen, denn dort spielt Bayern München gegen Olympique Lyon. Dazu zieht Klaus sein Trikot der Münchener Mannschaft an, das er von seinem Vater geschenkt bekommen hat, Pierre zieht das Trikot der französischen Mannschaft an.

Beide wünschen sich, dass sie heute ein schönes Fußballspiel sehen, und dass beide Teams fair spielen. Doch in dem Punkt wer gewinnen soll, sind beide völlig verschieden: Klaus hält zu der deutschen Mannschaft, Pierre zu der französischen. Und als das Spiel beginnt, fiebern beide für »ihre Teams«, feuern sie lautstark an und ihre Gefühle erleben Höhen und Tiefen, je nach dem, wer Chancen hat, sie nutzt oder vergibt.

Nach dem Spiel gehen sie gemeinsam nach Hause, unterhalten sich noch über Tore, den Schiedsrichter und den Spielverlauf und freuen sich schon auf das nächste Spiel, das sie dann, wieder gemeinsam, vielleicht in Frankreich sehen werden.

Sicher kennen Sie dieses Gefühl, wenn man sich mit einem Team freut oder mit ihm leidet. Dass Klaus, der Deutsche, zur deutschen Mannschaft hält, und Pierre, der Franzose, zur französischen, ist selbstverständlich. Sogar wenn die Mannschaft schlecht spielt oder man einige Spieler nicht leiden kann, hält man zu dem Team des Landes aus dem man kommt.

In diesem Fall spricht man davon, dass Klaus und Pierre jeweils für ihr Land ein »Nationalgefühl« besitzen. Nationalgefühl ist eine eher schwache und positive emotionale Bindung an die Nation aus der man kommt. Und so besteht auch eine emotionale Bindung an vieles, das diese Nation ausmacht oder hervorbringt, wie zum Beispiel eine Nationalmannschaft.

Der Begriff **Nationalismus** unterscheidet sich hiervon deutlich. Als nationalistisch wird bezeichnet, wenn jemand so handelt oder argumentiert, dass er die Interessen der Nation seinen eigenen Interessen oder denen anderer Nationen rücksichtslos überordnet[1].

1 Peter Alter: Nationalismus, in: Kontrovers, Bundeszentrale für politische Bildung

In einem solchen Fall kann man nicht mehr von einer schwachen, positiven Bindung einer Person zu seiner Nation sprechen. Wenn jemand tatsächlich die nationalen Interessen seinen eigenen und denen anderer Nationen rücksichtslos voranstellt, dann wird diese Gesinnung **gefährlich für das friedliche Zusammenleben** der Nationen und somit zu einem friedensbedrohenden Phänomen. Nationalismus wird zu einer Ideologie, die den Gedanken der Nation militant nach innen und außen vertritt. Dies geschieht durch überzogene nationale Identifikation. Oft vereint sich in Nationalismus die Überzeugung, anders und besonders zu sein und führt zwangsläufig zur Abwertung oder Geringschätzung anderer Völker.

Angeklagter schweigt

Neonazi verweigert Aussage vor Gericht

16. August 2010

Ein 19-jähriger Neonazi soll einem Polizisten mit dem Stiel einer Stange ins Gesicht geschlagen haben.

Der Polizist soll den Angeklagten auf den Bildern wieder erkannt haben. Der mutmaßliche Täter schweigt aber.

Ein Brandenburger Neonazi, der am 1. Mai bei einer nicht angemeldeten Demonstration von Rechten einen Polizisten mit einer Fahnenstange verletzt haben soll, hat im Prozess vor dem Amtsgericht Berlin-Tiergarten die Aussage verweigert. Der 19-jährige und mehr als 300 Personen der rechten Szene wurden von Polizisten gestoppt, als sie über den Berliner Kurfürstendamm marschieren wollten. Um die Polizeikette zu brechen, soll der Angeklagte dem Beamten den hölzernen Stiel einer Fahnenstange wuchtig ins Gesicht gestoßen haben. Der Polizist erlitt eine blutende Verletzung unter der Lippe. Der Beamte sagte vor Gericht, er habe den Angeklagten auf Bildern erkannt, die vor Ort aufgenommen wurden. *Quelle: www.bz-berlin.de*

Kampf um Naturressourcen

»Imagine all the people sharing all the world«

Stell dir vor, alle Menschen teilen sich die ganze Erde

Naturressourcen sind nicht überall und unbegrenzt vorhanden. Sie werden aber überall und immer gebraucht.

Der Mensch benötigt zum Anbau von Getreide gute Böden, er benötigt Wasser zum Trinken, er nutzt zum Leben **Naturressourcen** wie Rohöl und Gas. Alle Güter, die der Mensch sich aus der Natur entnimmt sind knapp, das heißt, ihr Vorrat geht irgendwann zu Ende. Der Mensch braucht aber die Ressourcen zum Überleben.

Somit wird das Konfliktpotential offensichtlich: Findet er diese Mittel nicht in seinem Land, so muss er sich in andere Regionen orientieren. Dies wird in den meisten Fällen sehr friedlich ablaufen, indem man Handel treibt mit anderen Staaten und für die Güter bezahlt.

Stellt man sich aber nun einmal die Situation vor, dass die ganze Welt eine Ressource, z.B. Erdöl benötigt (um Wohnungen zu beheizen, um Autos zu bewegen), der Vorrat an Erdöl jedoch zu Ende geht, so ist die Gefahr sehr groß, dass der Kampf um die letzten Erdölreserven zum Gegenstand kriegerischer Auseinandersetzungen wird. Und gerade das Beispiel Erdöl ist realistisch.

Systematische Vernichtung unserer Wälder

Immer stärker werden auch gesunder Boden, gesundes Wasser und gesunde Luft zu knappen Naturressourcen. **Schon heute gibt es Flächen auf dem Globus, in denen die dort lebenden Menschen nur noch mit teilweise großen Einschränkungen leben können.** In Australien ist, verursacht durch das Ozonloch, ein Sommer nur mit Hautschutzcremes Faktor 30 bis 40 erträglich. Schützt man sich nicht ausreichend vor den gefährlichen Sonnenstrahlen, so droht tödlicher Hautkrebs.

Der globale Klimawandel, der nach Expertenmeinung hauptsächlich durch die massive Rodung des tropischen Regenwaldes und den Verbrauch fossiler Energien verursacht wird, bei deren Verbrennung CO_2 in die Luft abgegeben (emittiert) wird, führt seit Jahren schon zu verheerenden Naturkatastrophen, die man früher in Anzahl und Ausmaß so nicht kannte.

Abschmelzen der Polkappen

Wirbelstürme in den USA, Überflutungen weltweit, jährliche, nie vorher gemessene Hitzerekorde, ebenso wie Kälterekorde, Schmelzen der Pole – kurzum, das Wetter wird immer extremer. Und das weltweit. Experten befürchten, dass die Durchschnittstemperatur der Erde um mehr als 2 °C ansteigen könnte.

Das hört sich undramatisch an, hat jedoch katastrophale Folgen. Denn der Wasserspiegel der Weltmeere würde ansteigen und erst Küsten und dann die dahinter liegenden Regionen überfluten und sie somit unbewohnbar machen.

Auch Deutschland wäre davon massiv betroffen, da Berechnungen davon ausgehen, dass eines Tages der Kölner Dom meterhoch unter Wasser stehen könnte. Die Menschen, die dort jetzt leben, müssten auf die Gebiete ausweichen, die von einer Überflutung nicht betroffen wären und es würde eng auf der Erde. Man mag sich gar nicht das Szenario ausmalen wollen, bei dem in letzter Konsequenz ein Kampf um den bewohnbaren Boden auf der Erde entfacht würde.

Deshalb versucht man heute schon weltweit, den CO_2-Ausstoß zu verringern. Doch Weltklimakonferenzen endeten bisher enttäuschend. Die letzte, im Dezember 2009 in Kopenhagen, stand kurz vor dem Scheitern, weil Länder wie China, Indien und selbst die USA, die am meisten Treibhausgas produzieren und in Zukunft auch produzieren werden, nicht bereit waren, sich auf ausreichend hohe und verbindliche Ziele der CO_2-Reduzierung festzulegen. Dies liegt nicht etwa daran, dass es keine technischen Möglichkeiten gäbe, das Treibhausgas zu reduzieren, sondern daran, dass es mit hohen Kosten verbunden ist, klimafreundlich zu produzieren. Die Staaten befürchten durch die Kostensteigerung, dass Arbeitsplätze verloren gehen und die Produkte im globalen Wettbewerb nicht mehr konkurrenzfähig sein könnten, weil sie teurer würden. Und so enden solche Klimakonferenzen, in denen Länder der ganzen Welt vertreten sind, meist nur mit Absichtserklärungen, die keine Verbindlichkeit haben.

Europa und mit an erster Stelle Deutschland, können Modell-Länder für aktiven Umweltschutz sein. Denn schaut man sich den Ehrgeiz an, mit dem die Auflagen beim Bau von Häusern dazu führen, dass private Einfamili-

Quelle: Klaus Wendler Haustechnik GmbH

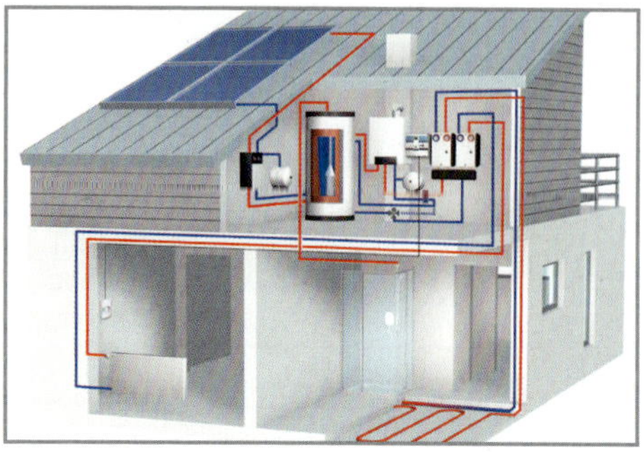

enhäuser zu kleinen Kraftwerken werden, die Energie produzieren, dann reduziert sich der Verbrauch von Öl oder Gas zum Aufheizen der Heizung oder des Wassers um 70% und mehr im Vergleich zu Häusern, die noch vor zwei Jahrzehnten hier gebaut wurden. Intelligente Konzepte, die Solartechnik (Photovoltaik) und ausgereifte Dämmung des Hauses verbinden, sind hoch effiziente CO_2-Senker.

Auch in der Kraftfahrzeugtechnik wird mit Hochdruck an Alternativen zum Öl gearbeitet. Autos, deren Verbrauch durch neu entwickelte Motoren drastisch reduziert wurde, Elektroautos, Hybridautos – alles das sind aktive Maßnahmen zur Senkung von CO_2.

Auch jeder einzelne von uns ist aufgefordert, bedacht mit Energie und dem CO_2-Ausstoß umzugehen. Es lohnt sich, immer die Frage zu stellen, ob es sinnvoll ist, jeden Weg mit dem Auto zu erledigen oder ob öffentliche Verkehrsmittel eine Alternative sind. Wir sollten aufmerksam beim Kauf von neuen Produkten darauf achten, ob sie umweltfreundlich bei der Herstellung, im Gebrauch und in der späteren Entsorgung sind. Natürlich müssen wir dafür manchmal einen etwas höheren Preis in Kauf nehmen oder manchmal auch auf Bequemlichkeit verzichten. Aber der Nutzen für die Umwelt sollte es uns Wert sein, solche Verhaltensweisen in unserem Leben zu verändern.

Ethnische Konflikte

Ethnie

»Nothing to kill or die for ...«

Nichts, wofür man töten oder sterben muss

Der Begriff »ethnisch« bzw. »Ethnie« hat seinen Stamm im Griechischen und bedeutet Volk. Damit jedoch keine Missverständnisse aufkommen: Es kommt häufig vor, dass in einem Land eine Reihe von ethnischen Gruppen leben. Im ehemaligen Jugoslawien lebten z.B. 4 Ethnien (Slawen, Serben, Bosnier und Albaner). Eine genaue Beschreibung bzw. Definition für das Wort »Ethnie« ist sehr schwierig. Im Lexikon werden dazu meist Bezüge von Menschen zu einer bestimmten Kultur angeführt. Schwierig ist eine Definition deshalb, weil die Menschen, die sich einer bestimmten Ethnie zurechnen, der Kultur häufig andere Kriterien zurechnen als andere Ethnien.

Bundeswehr in Bosnien:
Gepanzerter Einsatzverband der SForce

Zur Kultur gehören z.B. eine gemeinsame Sprache. Nur derjenige, der diese Sprache spricht, kann zu dieser Ethnie gehören. Andere Kriterien könnten Abstammung, Riten, Sitten, Bräuche, Traditionen sein. Die Kriterien äußern sich dann im Sprechen der Sprache oder im Ausleben z.B. dieser Bräuche. Die gegenseitige Akzeptanz für die jeweils andere Sprache oder die jeweils anderen Bräuche ist oft nicht sehr groß und so kommt es zu **Konflikten zwischen den ethnischen Gruppen.** Eskalieren diese Konflikte, wird der Frieden zwischen den Gruppen bedroht.

Beispielhaft für einen Konflikt, der in Europa durch Ethnien hervorgerufen wurde und in einem Krieg eskalierte, war Mitte bis Ende der 90er Jahre das ehemalige Jugoslawien. Hier gab es vier ethnische Gruppen – Slawen, Serben, Bosnier und Albaner. Diese waren untereinander so verfeindet, dass es zum Bürgerkrieg kam und das Land Jugoslawien zerfiel. Erst durch Luftangriffe der NATO im Jahre 1999 konnten die Gräuel beendet werden.

Religion

»… and no religion, too«

und auch keine Religion

Fundamentalismus[1]

Der Begriff »Fundamentalismus« geht auf eine 1910 bis 1915 in den Vereinigten Staaten von Amerika erschienene Schriftenreihe mit dem Titel »The Fundamentals – A Testimony to the Truth« (Die Grundlagen – Ein Bekenntnis zur Wahrheit) zurück.

In ihr versuchten Theologen verschiedener protestantischer Bekenntnisse in einer gesellschaftlichen Umbruchsituation, die sie als kulturelle Krise bewerteten, den wesentlichen Kern ihres Wertesystems zu erhalten. Dabei ging es ihnen insbesondere um das Festhalten an jenen Grundlagen (fundamentals) ihres Glaubens, die für sie unaufgebbar waren. Diese Bewegung trug Fundamentalisten ganz allgemein den Ruf ein, einen zutiefst irrationalen Kampf gegen die Moderne zu führen. Beide Aspekte diese Urteils über Fundamentalismus – irrational zu sein und einen Kampf gegen die Moderne zu führen – wurden in der Vergangenheit ohne weitere Prüfung auf andere Formen des Fundamentalismus übertragen.

Seit dem Anschlag auf das New Yorker World Trade Center im September 2001 trägt die weltliche Welt einen bewaffneten Konflikt mit Afghanistan aus, weil hier eine Ursache für den Angriff auf die USA gesehen wird. Als Motiv des Kampfes für die stark fundamentalistischen Islamisten (Taliban) wird stets die Religion herangezogen. Die Taliban sind jedoch mehr als nur eine religiöse Gruppe. Sie möchten einen Gottesstaat errichten, mit einem religiös begründeten Fatalismus (der Ergebenheit in das Schicksal).

Dazu werden Menschenrechte nicht beachtet, Jugendliche einem strengen islamischen Drill unterzogen, Mädchen dürfen keine Schulen besuchen, Schulen werden geschlossen und Strömungen, die modernere Lebensformen führen wollen, ins Exil getrieben oder ermordet.
(Vgl. www.whywar.at)

So gehört auch die Form, in der wir in den Industriestaaten, unser Leben gestalten, nicht in das Bild dieser radikalen Islamisten. Deshalb bekämpfen sie es mit Terrorismus.

Afghanistan *Quelle: Reuters*

1 Prof. Dr. Friedemann Büttner: »Der fundamentalistische Impuls und die Herausforderung der Moderne«, in Leviathan, Zeitschrift für Sozialwissenschaft, 24 (1996), Heft 4, S. 469 – 492.

Internationaler Terrorismus

Am 11. September 2001, wurde durch einen terroristischen Akt, bei dem zwei entführte Passagierflugzeuge in die beiden Türme des New Yorker World Trade Centers flogen und eine weitere entführte Maschine in das Verteidigungsministerium der USA, dem Pentagon, stürzte, eine neue Dimension der Friedens bedrohenden Maßnahmen offenbar: Terror.

Man kannte bisher Terrorismus national. Auch Deutschland blieb in den 70er Jahren nicht davon verschont, als nationale linksradikale Gruppierungen, die die Gesellschaft verändern wollten, hochrangige Politiker und Wirtschaftsbosse entführten und töteten. Doch am 11. September 2001 wurde dieser Terrorismus international.

Das Ausmaß des Terrors und seine Kaltblütigkeit ließen die ganze Welt innehalten. Der mächtigsten Nation der Welt, den Vereinigten Staaten von Amerika, wurde innerhalb weniger Sekunden vor Augen gehalten, wie leicht sie in ihrem Herzen verwundbar ist.

1100 Menschen starben bei den Anschlägen des 11. September. Dieser Tag wird in die Geschichtsbücher eingehen als der Tag, der die Welt verändern sollte. Denn wenige Wochen nach den Anschlägen fand man den Drahtzieher. Es war die Terrorgruppe al Kaida um ihren Führer Osama bin Laden, der von Afghanistan aus den 11. September geplant hatte, in dem er auf ein weltweites Terrornetzwerk zurückgreifen konnten.

Die USA wollten nun alles daran setzen, diesen Mann, der als gefährlichster Terrorist der Welt gilt und dem man die Bezeichnung »Top-Terrorist« gab, fangen.

Der damalige Präsident der USA, George W. Bush jun., kündigte der Welt an, dass er Truppen nach Afghanistan schicken werde, um Osama bin Laden und sein Terrornetzwerk zu zerstören – dies bedeutete Krieg mit Afghanistan.

Obwohl die Welt am 11. Sept. mit den USA fühlte und der Schmerz und die Trauer über die Opfer weltweit ungetrübt waren, sprachen sich viele Länder gegen einen Krieg mit Afghanistan aus.

Auch die Weltgemeinschaft UNO wollte die USA davon abhalten, gegen dieses Land, das zu den ärmsten Ländern der Welt zählt, Krieg zu führen. Doch der Wille von George W. Bush war ungebrochen.

Er ließ sich auch nicht durch die UNO davon abbringen, in Afghanistan einzumarschieren und begann gegen den Willen der Vereinten Nationen einen Kampf gegen Afghanistan.

Osama bin Laden konnte während dieses Krieges nicht gefunden werden und auch der Erfolg, den die Amerikaner und ihre Verbündeten mit ihrer Mission hatten, ist heute noch fraglich. Al Kaida hingegen macht immer wieder mit Terroranschlägen auf sich aufmerksam, in denen Selbstmörder meistens Fahrzeuge mit Sprengstoff vor Gebäuden und Einrichtungen sprengen und Menschen töten.

Europa wurde am Morgen des 11.03.2004 vom Terror der al Kaida heimgesucht, als in Madrid ein Zug zur Explosion gebracht wurde, voll besetzt mit Menschen, die zur Arbeit bzw. Schule fuhren.

NATO und Vereinte Nationen (UNO)

Der Begriff NATO steht für die Bezeichnung *North Atlantic Treaty Organization.* Ihre Entstehung ist zurückzuführen auf die Auswirkungen des Zweiten Weltkrieges und die Bedrohung, die von den unterschiedlichen Weltanschauungen im Osten und Westen der Welt ausging.

Die Bundeswehr im Kosovo-Einsatz

Am 4. April 1949 unterzeichneten zwölf Staaten (Belgien, Dänemark, Frankreich, Großbritannien, Island, Italien, Kanada, Luxemburg, Niederlande, Norwegen, Portugal und die USA) den Nordatlantikvertrag (engl.: *North Atlantic Treaty),* dessen Ziel die Gewährleistung von Sicherheit und Freiheit ihrer Mitglieder mit politischen und militärischen Mitteln ist. Dabei wird innerhalb des Bündnisses ein bewaffneter Angriff auf ein Mitgliedsland als Angriff gegen alle angesehen. Es wird vereinbart, dem angegriffenen Partner mit den als erforderlich betrachteten Maßnahmen, einschließlich Waffengewalt, Beistand zu leisten. (Artikel 5 des Nordatlantikvertrages).

Sicherheitssysteme

Deutschland gehörte 1949 noch nicht zur NATO. In diesen Tagen besaß die Bundesrepublik noch nicht einmal eigene Streitkräfte. Der Grund dafür war, dass die Staaten Europas sowie die USA die Sorge hatten, dass Deutschland, sobald es »bewaffnet« war, wieder ein Aggressionsfaktor in Europa werden könnte. Andererseits beobachteten die westlichen Staaten, dass der Osten Europas »sowjetisiert« wurde. Sie sahen eine Lösung, sich gegen diese Macht zu verteidigen darin, Deutschland in das Verteidigungsbündnis Westeuropas einzubeziehen.

Nach komplizierten Verhandlungen der Westmächte untereinander einschließlich der Bundesrepublik, nahm man Westdeutschland schließlich am 6. Mai 1955 ins Nordatlantische Bündnis auf. Als Reaktion darauf, verbündeten sich schon acht Tage später, am 14. Mai 1955 die UdSSR mit Albanien, Bulgarien, der DDR, Polen, Rumänien, der Tschechoslowakei und Ungarn zum Warschauer Pakt. Diese beiden Militärblöcke lieferten sich über Jahrzehnte einen »Kalten Krieg«[1] und standen sich bis Mitte der 1980er Jahre in Europa gegenüber.

In dieser Zeit näherten sich die USA und die Sowjetunion an. Das Wettrüsten wurde beendet, ein Demokratisierungsprozess im Osten setzte ein, Grenzen öffneten sich und die Berliner Mauer fiel am 9. November 1989. Mit dem Zusammenbruch des Kommunismus, der über 4 Jahrzehnte Feindbild Nummer eins der NATO war, brach auch der Warschauer Pakt zusammen und löste sich 1991 auf.

---

1 Der Begriff »Kalter Krieg« steht für die gegenseitige militärische Bedrohung, die zwischen dem Osten und Westen, bzw. zwischen den beiden Militärblöcken Warschauer Pakt und NATO bestand. Eng damit verbunden ist auch der Begriff »gegenseitiges Wettrüsten«, in dem eine Partei versucht, stets mehr und qualitativ bessere Waffen aufzubieten als die Gegenseite. Bezwecken wollte man damit eine Abschreckungsstrategie. Mit der Reformpolitik Michail Gorbatschows und der Öffnung des Ostens für westliche Werte, wurde diese Bedrohung beendet.

Der Zusammenschluss von einzelnen Staaten zu einem Bündnis hat bewirkt, dass Europa nach dem Zweiten Weltkrieg fünf Jahrzehnte lang frei von Kriegen war. Erst mit dem Einsatz im ehemaligen Jugoslawien fand im Jahre 1999 wieder ein bewaffneter Einsatz statt. Somit hat sich die NATO als wirksames und sicheres System erwiesen, Frieden zu bewahren. Es zeigt sich jedoch auch, dass ein Bündnis keine Garantie für Frieden ist. So sucht die NATO heute, nach dem Zusammenbruch des Kommunismus, nach neuen Aufgaben.

Seit 1991 ist die NATO das einzige Militärbündnis. Es wird seit dieser Zeit darüber nachgedacht, ob sie auch bereit stehen solle, wenn jenseits ihrer Grenzen Kriege wüten. Dass diese Frage mittlerweile positiv beantwortet werden kann, zeigt eine Betrachtung der Politik. So zeichnete sich im ehemaligen Jugoslawien, das ja kein Mitgliedsstaat im Bündnis war, mit dem dortigen Einsatz in der Tat eine neue Aufgabe des Bündnisses ab. Die NATO sieht heute ihren Aufgabenbereich darin, Hand in Hand mit der UNO zu einem Garanten für Frieden, Demokratie und Freiheit weltweit zu sein.

UNO

Die UNO steht als Abkürzung für »*United Nations Organization*« (deutsch: Organisation der Vereinten Nationen«) und wurde am 26. Juni 1945 in San Francisco (USA) gegründet. Damals unterschrieben die Vertreter von 50 Staaten eine Charta (= schriftliche Vereinbarung) zur neuen Organisation der Welt gleich nach dem Zweiten Weltkrieg. Motiv für die Gründung der UNO war der feste Wille der Unterzeichner, dass sich die Katastrophe, die der Zweite Weltkrieg mit sich führte, nie mehr wiederholen dürfe.

Dies gelang der UNO auch. Durch die Zusammenarbeit der Mitgliedstaaten, die sich mittlerweile mit 185 im Vergleich zur Gründung mehr als verdreifacht hat, konnte ein weiterer Weltkrieg verhindert werden. Doch auch wenn die Gefährdung des internationalen Friedens stetig abgenommen hat, gibt es wenig Grund zur Euphorie. Denn die UN befinden sich, wenn es um die Sicherung des Friedens geht, in großen Schwierigkeiten. Immer wieder treten Konfliktherde auf, in denen Staaten, ethnische oder religiöse Gruppen gewaltsam gegen andere auftreten.

Die UNO hatte sich vorgenommen, bei Verletzungen des Friedens schnell zu handeln. Dies wäre bei 185 Mitgliedern wahrscheinlich nicht möglich. Deshalb übergab man die Sicherung des Friedens dem UNO Sicherheitsrat (SR).

Friedensmahnmal vor dem UNO-Hauptquatier

Der SR ist eine Unterorganisation der UNO, dessen Aufgabe die Wahrung des Friedens auf der Welt ist. Ihm gehören nur fünf Ständige Mitglieder an:

China, Frankreich, Großbritannien, Russland und die USA sowie 10 weitere Staaten (Nichtselbstständige Mitglieder).

Welche Möglichkeiten hat die UNO gegen Aggressoren vorzugehen?

In den Zeiten des Kalten Krieges überwog der Interessenkonflikt zwischen den USA und der UdSSR so stark, dass keine militärischen Einsätze beschlossen werden konnten, die Zustimmung beider Supermächte erhielten. Denn die Legitimation zu militärischen Einsätzen ist nur dann gegeben, wenn alle Mitglieder des Sicherheitsrates zustimmten.

Doch seit der Beendigung des Kalten Krieges hatte sich der Handlungsspielraum der Vereinten Nationen stark verändert. Nun war es möglich, dass die UNO Frieden schaffende Maßnahmen in der Welt durchführen konnte. Die erste fand 1991 statt, als die UNO unter Führung der USA Truppen nach Kuwait entsandte, und dort die Aggression Iraks gegen seinen benachbarten Staat erfolgreich zu beenden.

Der zweite Einsatz folgte ein Jahr später, als die UNO, wieder unter Führung der USA, in Somalia für die Beendigung des Massensterbens aufgrund von Bürgerkrieg und Hunger sorgte und bemüht war, ein sicheres Umfeld herzustellen.

Instrument der Friedenssicherung: Blauhelme

Große Erfolge erzielte die UNO zu Beginn der neunziger Jahre auch mit einem anderen Instrument der Friedenssicherung, den Blauhelmen. Als Blauhelme werden UNO Soldaten beschrieben, die allein durch ihre Präsenz in Gebieten, in denen ein Krieg droht, den Frieden sichern. Sie tragen blaue Helme mit dem Abzeichen der UNO. Sie waren so erfolgreich (z.B. in Namibia und Nicaragua), dass ihnen im Jahre 1988 der Friedensnobelpreis verliehen wurde. Die Euphorie über die Blauhelme wurde jedoch Mitte der neunziger Jahre durch Rückschläge, die sie erlitten, wieder gedämpft. Auch im Krieg des ehemaligen Jugoslawien, der als interne Auseinandersetzung zwischen verschiedenen Bevölkerungsgruppen begann und sich später zu einer internationalen Bedrohung des Friedens entwickelte, scheiterte die Mission der Blauhelme.

Zu Beginn des 21. Jahrhunderts definierte sich die UNO als die Institution, die weltweit entscheidet, ob und wann es zu militärischen Einsätzen kommen soll. So entschied die UNO, wann in Jugoslawien ein Militäreinsatz begonnen wurde. Die Mitglieder der UNO stimmten mehrheitlich, häufig sogar einstimmig, diesen Kampfeinsätzen zu. Die Krisen, die der 11. September hervorrief, veränderten das Bild der UNO erheblich. War es zu Beginn noch die UNO, die mehrheitlich dafür stimmte, einen Einsatz in Afghanistan zu führen, so war es in der Irak-Frage George Bush, der ohne Erlaubnis der UNO seinen und den alliierten Truppen befahl, in den Irak einzumarschieren. Er unterlief die Politik der UNO und setzte sie außer Kraft. Weil das Mandat der UNO fehlte, entschied der Bundeskanzler der Bundesrepublik Deutschland, sich an dem Irak-Krieg nicht zu beteiligen. Auch Frankreich und Russland hielten sich aus diesem Krieg aufgrund der fehlenden Legitimation durch die UNO heraus. Es wurde durch Präsident Bushs Engagement sehr deutlich, wie schwierig es ist, der UNO die Macht zu geben, die beabsichtigt ist. Der UNO-Generalsekretär Ban Ki-Moon ist seitdem in öffentlichen Reden immer wieder kritisch auf das Verhalten der USA eingegangen, möchte jedoch weiterhin auf Kooperation mit dem mächtigsten Land der Erde setzen. Ban Ki-Moons Ziel ist es immer gewesen, die UNO zu stärken und sie zu der einzigen Institution zu machen, die über militärische Einsätze entscheidet. Es wurde jedoch deutlich, dass dies nur dann realisierbar ist, wenn sich alle Regierungschefs an diese Abmachung halten.

Ursachen für kriegerische Konflikte

Betrachtet man sich die Vergangenheit mit ihren Kriegen, so stellen Wissenschaftler fest, dass es hauptsächlich drei Gründe gibt (soziale, wirtschaftliche, religiös/ideologische), die zu Konflikten bis hin zu bewaffneten Auseinandersetzungen führen. Sie treten meist nicht allein sondern gemeinsam auf, man spricht hier von Mischformen.

http://rhein-zeitung.de/tick/

Rhein-Zeitung online
Ticker *rund um die Uhr aktuell!*

- Verfassungsschutzbericht 2010: Keine Entwarnung bei Terror und Extremismus
- Nordkorea im Besitz von Atombomben?
- Spannungen zwischen USA und Iran
- Obama will Folter für alle Zeit stoppen
- Israels Friedensbewegung lebt auf
- Ölpreis auf Rekordhoch
- Grauenhafte Anschläge im Nahen Osten
- Polizei verstärkt den Schutz staatlicher Einrichtungen wegen Drohung radikaler Gruppen
- Ägypten: Hundertausende demonstrieren Mubarak aus dem Land
- Afrika: Kontinent der Krisen und Kriege
- Indien: Anschläge in Kaschmir
- Kongo: Kämpfe zwischen Milizen
- Baskische Nationalisten fordern autonome Region Baskenland
- Extremistische Ausländerorganisationen auf dem Vormarsch
- Neue Androhungen von Terroranschlägen verunsichern Politiker weltweit
- Gefechte zwischen Israelis und Hisbollah
- Irak: US-Truppen wollen das Land verlassen
- Deutsche Schutztruppe in Afghanistan
- Deutsche Soldaten in Afghanistan getötet
- Deutsche Politiker sprechen offiziell von einem Krieg in Afghanistan
- Somalia im Fadenkreuz
- Sudan nach freien Wahlen bald zweigeteilt
- Libyen: Armee schlägt Demonstration für Demokratie nieder
- Gaspreis erhöht sich in 4 Jahren um 60%
- Baut der Iran heimlich die Atombombe?
- Grenzen der Toleranz wurden maßlos überschritten
- Neuer Gewaltaufruf von al Kaida
- Politische Entwicklungen im Nahen Osten besorgniserregend
- EU für friedliche Veränderungen im Nahen Osten
- In Asien drohen enorme Flüchtlingswellen wegen des Klimawandels
- Meilenstein auf dem Weg zur Abrüstung
- Boat-People aus Nordafrika überschwemmen EU-Mittelmeeranrainer
- Muammar al-Gaddafi bekämpft sein eigenes Volk
- Ägypten: Tödliche Konflikte zwischen Kopten und Islamisten
- EU sieht den Freiheitsbewegungen in Nordafrika tatenlos zu
- EU: Öl wichtiger als Demokratie in Nordafrika?
- Weitet sich der demokratische Flächenbrand in Nordafrika aus?
- Wahl in Nigeria von Gewalt überschattet

dpa-kurz | Wirtschaft

LERN-BOX

- Man unterscheidet vier Arten von **Phänomenen, die den Frieden bedrohen:**

  Nationalismus

  Religiöse/Ethnische Konflikte

  Terrorismus

  Kämpfe um Naturressourcen.

- Als Resultat, vor allem aus dem Zweiten Weltkrieg, haben Staaten **Sicherheitssysteme** installiert, **die dazu dienen, den Frieden zu bewahren.**

  Bemerkenswert ist hier vor allem die Allianz nationaler Sicherheitssysteme (BRD – Bundeswehr) mit anderen Staaten zur NATO.

  Der Staatenverbund schließt nun in der UNO West- und Oststaaten ein.

- Aus Beobachtungen über Ursachen von Kriegen stellen sich drei Schwerpunkte dar, die meist nicht allein sondern in Mischform zu einem Krieg führen:

  Soziale Ursachen

  Wirtschaftliche Ursachen

  Religiös/Ideologische Ursachen.

- Nicht nur Politiker, auch wir selbst können zum Frieden beitragen, in dem wir uns zum Beispiel Gruppen anschließen, die sich für den Frieden einsetzen, in dem wir im alltäglichen Leben unsere Umwelt mit ihren Menschen respektieren und achten, in dem wir versuchen anders denkende Menschen zu verstehen oder in dem wir uns sensibel machen für Sprache und Handeln, das sich gegen die Rechte anderer richtet.

WISSENS-CHECK

Auf der Welt scheint es nie überall friedlich zu sein.

Bilden Sie in Ihrer Klasse Gruppen und finden Sie aus der Tagespresse Konflikte, die den Frieden bedrohen.

Recherchieren Sie Hintergründe, Ursachen, Fakten Dimensionen und erstellen Sie eine Präsentation für die Klasse, die die Aspekte, die im Buch dargestellt sind, berücksichtigt.

Dazu sind auch Statements von Politikern, Journalisten, Befürwortern und Gegnern des Krieges wichtig.

Stellen Sie diese gegenüber und bilden Sie sich eine eigene Meinung zu diesem Konflikt.

Multikulturelle Gesellschaft, Integration und Zuwanderung

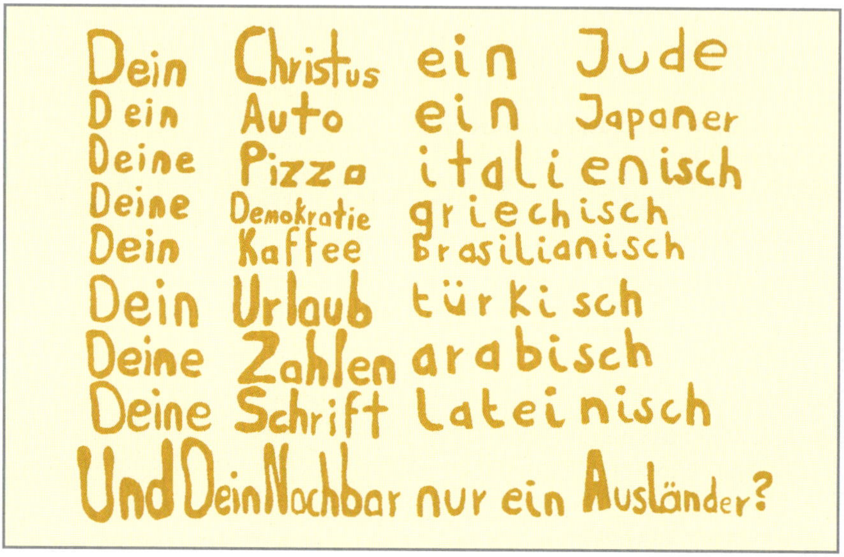

Quelle: Stöer, Out-of-Home Media AG, Haus der Geschichte, Bonn

Die Zuwanderung in Deutschland begann in den 50er Jahren, als die Regierung Adenauer zum Beginn des wirtschaftlichen Aufschwungs, der zum so genannten Wirtschaftswunder führte, versuchen musste, Arbeitskräfte für die boomende Wirtschaft zu finden. Es herrschte Vollbeschäftigung in Deutschland, das heißt, die Arbeitslosigkeit war faktisch gleich null. Im Gegenteil – es gab mehr Arbeit als Menschen, die diese Arbeit verrichten konnten.

In den ersten Jahren gelang es noch, Menschen aus der ehemaligen DDR und Ost-Berlin zu gewinnen, doch der Mauerbau im Jahre 1961 unterbrach diese Strategie jäh.

Und so entschloss man sich in Deutschland, vermehrt Gastarbeiter aus dem Ausland zu gewinnen. Es war geplant, sie vorübergehend nach Deutschland kommen zu lassen, so lange dieser Aufschwung anhielt. Deren Zahl stieg dann auch von 0,7 Millionen im Jahre 1961 auf 2,5 Millionen in 1970.

War es der wirtschaftliche Aufschwung, der zur Anwerbung der Gastarbeiter führte, so beendete der erste Wirtschaftsabschwung in Deutschland, der mit der Ölkrise zu Beginn der 70er Jahre einsetzte, das Anwerben der Gastarbeiter. Denn in Nachkriegs-Deutschland machte zum ersten Mal ein »Gespenst« von sich reden: die Arbeitslosigkeit.

1973 beschloss die damalige Bundesregierung einen »Anwerbestopp«, jedoch durften nun die Familienmitglieder der Gastarbeiter nach Deutschland kommen. Somit ging die Zahl der Menschen mit ausländischer Herkunft nicht zurück sondern stieg konstant, denn natürlich wurden in diesen Jahren auch Kinder in den ausländischen Familien geboren. 1982 lebten 4,7 Millionen Ausländer in Deutschland.

Als dann 1989 der Sozialismus und die DDR zusammenbrachen, die Mauer fiel und Gesamt-Deutschland neue Grenzen bekam, suchten viele Asylsuchende und Bürgerkriegsflüchtlinge in Deutschland Schutz.

Heute leben und arbeiten mehr als 7 Millionen Ausländer und Ausländerinnen in Deutschland, das sind etwa neun Prozent der Gesamtbevölkerung. Ein Drittel von ihnen ist schon länger als 30 Jahre hier, die Hälfte mindestens 10 Jahre, 22 % sind bereits in Deutschland geboren.

Somit hat sich, wenn man die Geschichte betrachtet, Deutschland aus einer Situation des vorübergehenden Aufenthalts zu einem Einwanderungsland entwickelt. Es ist heute selbstverständlich, dass Menschen ausländischer Herkunft nach Deutschland kommen und hier leben. Diese Menschen haben Deutschland zu ihrer Heimat gemacht, ihren Lebensmittelpunkt hier gefunden und sich darauf eingestellt, hier längere Zeit oder auch für immer zu bleiben.

EXKURS

Über die Frage der Zuwanderung wird in unserer Gesellschaft immer wieder diskutiert. Es kristallisieren sich zwei Meinungen heraus, die in den beiden folgenden Texten von Heiner Geißler und Manfred Ritter widergespiegelt werden.

Schreiben Sie die Hauptargumente in Stichworten heraus, diskutieren Sie diese und argumentieren Sie, welchen Standpunkt Sie zur Zuwanderung einnehmen.

Text 1[1]: Heiner Geißler (CDU) – **Multikulturelle Gesellschaft: Ja!**

»Die Frage ist nicht mehr, ob wir mit Ausländern zusammenleben wollen, sondern nur noch, wie wir mit ihnen zusammenleben werden. Wir müssen uns darauf einstellen, in der Zukunft mit Millionen von Menschen zusammenzuleben, die eine andere Muttersprache, eine andere Herkunft, ein anderes Lebensgefühl, andere Sitten und Gebräuche haben. Deswegen werden wir unsere nationale Identität nicht verlieren [...].

Natürlich ist jeder Mensch, ob Deutscher oder Türke, in seiner Heimat verwurzelt. Nicht nur die Sprache, auch Erfahrungen der Eltern und Großeltern werden vererbt und weitergegeben. Jeder ist in der Geschichte seines Volkes verhaftet. Dies wird sich auch nicht ändern, wenn er Bürger eines anderen Landes geworden ist. Aber das kann doch gerade den Reichtum des Zusammenlebens von Menschen ausmachen, die aus verschiedenen Ländern kommen und zusammenleben wollen [...].

Multikulturelle Gesellschaft bedeutet die Bereitschaft, mit Menschen aus anderen Ländern und Kulturen zusammenzuleben, ihre Eigenart zu respektieren, ohne sie germanisieren und assimilieren zu wollen. Das heißt auf der anderen Seite, ihnen, wenn sie es wollen, ihre kulturelle Identität zu lassen, aber gleichzeitig von ihnen zu verlangen, dass sie die universellen Menschenrechte und die Grundwerte der Republik achten und zweitens die deutsche Sprache beherrschen. Unter diesen Prämissen ist Zusammenarbeit und gegenseitige Akzeptanz möglich. [...]«

1 Heiner Geißler, Multikulturelle Gesellschaft: Ja!, in: Michael Klöcker u. Udo Tworuschka (Hrsg.), Miteinander was sonst? Die multikulturelle Gesellschaft im Brennpunkt, Köln/Wien 1990, S. 57f. (Böhlau-Verlag)

Text 2 [1]: Manfred Ritter – **Die multikulturelle Gesellschaft – der sichere Weg in den Abgrund?**

»Es ist eine Illusion, durch Vermischung der Völker einen begabteren und an seine Umwelt besser angepassten Einheitsmenschen schaffen zu können.

Das Gegenteil, nämlich eine wesentlich verminderte Anpassungsfähigkeit wäre die Folge – und dies kann für die Nachkommen tödliche Folgen haben...

Auch der kulturelle Aspekt ist noch zu beachten. Die verschiedenen Völker haben unterschiedliche Kulturen mit einmaligen, unverwechselbaren Qualitäten entwickelt...

Wir sollten daher alles tun, die Kulturen und die Völker möglichst so zu erhalten, wie sie sind.

[Denn] eine Völkervermischung ist zugleich eine Völkervernichtung [...].

Tatsache ist, dass eine multikulturelle Gesellschaft mit erheblichen biologischen oder kulturellen Unterschieden ihrer Mitglieder auf Dauer nicht in einem Staat existieren kann.

Dies zeigt sich weltweit an einer Fülle von Beispielen. [...]

Die Gefahr des Zerfalls solcher Staaten ließe sich dauerhaft nur durch eine Völkervermischung vermeiden, die jedoch – wie bereits ausgeführt – die besonderen menschlichen und kulturellen Qualitäten der beteiligten Völker weitgehend zerstört. Auf diese Weise sind bereits viele Kulturen untergegangen. [...]

Wer daher unseren Staat und unsere Demokratie vernichten will, „verordnet" uns am besten eine multikulturelle Gesellschaft.«

**»I hope some day you'll join us
and the world can live as one«**

***Ich hoffe, eines Tages wirst Du bei uns sein
und die Welt kann einig leben.***

Beitrag der multikulturellen Gesellschaft zur Fiedenssicherung

Vielleicht erinnern Sie sich noch an Klaus aus München und seinen französischen Freund Pierre aus dem Abschnitt Nationalismus. Pierre, Klaus und sein Großvater (Herr Buchner) sitzen gerade im Wohnzimmer und unterhalten sich. Herr Buchner sagt den beiden, wie sehr er sich über ihre Freundschaft freut.

1 Manfred Ritter, Sturm auf Europa. Asylanten und Armutsflüchtlinge, München 1990, S. 60 – 75 (v. Hase und Koehler-Verlag)

Herr Buchner: Ihr beiden versteht Euch ja richtig gut.

Pierre: Oui Monsieur, wir sind dicke Freunde.

Klaus: Schade Pierre, dass Du morgen schon wieder nach Hause fahren musst. Opa, hast Du eigentlich auch einen französischen Bekannten?

Herr Buchner: Nein, leider nicht. Als ich so alt war wie ihr, hätte ich niemals einen Freund aus Frankreich haben dürfen.

Klaus: Und warum?

Herr Buchner: Frankreich und Deutschland waren Kriegsgegner. Es ist durchaus möglich, dass sich Pierres' Großvater und ich irgendwo schon einmal mit Waffen gegenüberstanden, um uns gegenseitig umzubringen.

Das können Klaus und Pierre nun überhaupt nicht verstehen, dass sich ihre Großväter gegenseitig umbringen sollten. Sie sind aber auch froh, dass sie es nicht verstehen, denn für die beiden Freunde ist es absolut **undenkbar, gegeneinander Krieg zu führen.** Statt dessen besuchen sie sich und helfen sich bei ihren Problemen gegenseitig.

Kennen gelernt hatten sie sich vor vier Jahren als sie mit ihren Fußballclubs einen Austausch vorgenommen haben. Klaus fuhr damals zehn Tage nach Marseille, lebte dort mit Pierre und seinen Eltern. Er lernte das Land, die Menschen, die Sprache, die Kultur kennen. Ein halbes Jahr später erfolgte der Gegenbesuch von Pierre in München. Seit dem sehen sie sich regelmäßig.

Viele andere in Klaus' Fußballclub übrigens auch. Bernd hat sogar eine französische Freundin. Dass man gegen diese Menschen Krieg führt, ist undenkbar.

Pierre: Ob man wohl sagen kann, dass der Sportaustausch Frieden sichert? Dass das Kennenlernen der Menschen, des Landes, der Kultur dazu beiträgt Frieden zu bewahren?

Klaus: Wenn das wirklich so ist, dann beginnt ja Friedensengagement nicht bei der UNO, oder bei den Politikern oder bei Armeen, sondern es beginnt bei mir und zu Hause. Ich selbst trage zur Friedenssicherung bei, indem ich offen bin für fremde Länder und Kulturen und mich darauf einlasse, sie kennen zu lernen.

Pierre: Ich glaube das stimmt. Jeder einzelne kann in seinem Umfeld dazu beitragen, dass Frieden entsteht und erhalten bleibt. Dass wir zum Beispiel, wenn wir verschiedener Meinung sind, Kompromisse finden, dass wir im Fußball zwar Gegner aber keine Feinde sind und wir gegenseitig akzeptieren, für andere Teams im Fußball zu halten...

Klaus: Ja genau, all das trägt dazu bei, dass wir friedlich miteinander leben.

Jetzt, da sie so engagiert über dieses Thema diskutieren fallen ihnen noch viel mehr Dinge ein, die zum Frieden beitragen: Sie denken an Simone, die vor zwei Wochen an der Demonstration gegen Ausländerfeindlichkeit und Rassismus demonstriert hat.

Ihnen fällt Thomas ein, der seit zwei Jahren in einer karitativen Gruppe arbeitet, die die Dritte Welt unterstützt.

Und ihnen fällt auch Claudia ein, die sich beim letzten Grillabend des Vereins als einzige getraut hat zu Herrn Busch zu sagen, dass sie es nicht gut findet, dass er Türkenwitze erzählt.

Zuerst hatten sie ihren Einwand gar nicht verstanden. Jetzt wird ihnen aber deutlich warum und bewundern Claudia für ihren Mut.

Integration

Schon immer hat Deutschland Zuwanderer angezogen. Dabei war es stets das Ziel, nicht das Zusammenleben von Menschen unterschiedlicher Nationalitäten und Kulturen zu organisieren, sondern Zuwanderer in das gesellschaftliche, wirtschaftliche und politische Leben in Deutschland zu integrieren. Eine elementare Voraussetzung für eine erfolgreiche Integration ist eine gute Kenntnis der deutschen Sprache.

Alle Zuwanderer mit dauerhaftem Aufenthalt in Deutschland, Spätaussiedler und EU-Bürger erhalten ein staatliches Grundangebot zur Integration, dass ihre eigene Eingliederungsbemühungen in unsere Gesellschaft unterstützt.

In so genannten Integrationskursen werden Sprachkenntnisse, Grundwissen zur Rechtsordnung sowie die Geschichte und die Kultur Deutschlands vermittelt. Insbesondere Orientierungskurse, die die Bedeutung der freiheitlich-demokratischen Grundordnung, des Parteiensystems, des föderalen Aufbaus Deutschlands, der Sozialstaatlichkeit, der Gleichberechtigung, der Toleranz und Religionsfreiheit vermitteln, sollen Verständnis für das deutsche Staatswesen wecken. Ziel ist es, den Zuwanderern das Zurechtfinden in der neuen Gesellschaft zu erleichtern und Identifikationsmöglichkeiten zu schaffen.

Staatsministerin Böhmer verleiht erstmals Integrationsmedaillen – „Bürgerschaftliches Engagement ist für das Gelingen von Integration unverzichtbar"

Mi, 01.12.2010

Staatsministerin Maria Böhmer hat heute Bürgerinnen und Bürger ausgezeichnet, die sich durch herausragendes persönliches Engagement in besonderer Weise um die Integration verdient gemacht haben.

Bei einer Feierstunde im Bundeskanzleramt verlieh Böhmer erstmals acht Integrationsmedaillen. Die Staatsministerin hatte die Idee für die neue Auszeichnung. „Mit der Integrationsmedaille will ich zeigen, wie wichtig bürgerschaftliches Engagement für das Gelingen der Integration ist. Die Politik und der Staat können beispielsweise mit dem Nationalen Aktionsplan den Rahmen für Integration setzen. Dieser Rahmen muss jedoch mit Leben erfüllt werden. Dafür steht das großartige Engagement der Preisträger aus der Mitte der Gesellschaft. Mit ihrem Wirken stärken sie das Vertrauen zwischen Migranten und Einheimischen. Gegenseitiges Vertrauen ist die Basis für ein gutes Miteinander und für den Zusammenhalt unserer Gesellschaft", betonte Böhmer.

„Die heute ausgezeichneten Beispiele zeigen: Bürgerschaftliches Engagement ist so vielfältig wie die Menschen in unserem Land. Mit der Integrationsmedaille will ich den vorbildlichen individuellen Einsatz würdigen und zugleich andere Bürgerinnen und Bürger ermutigen, auch die Initiative zu ergreifen. Jeder Einzelne kann einen Beitrag für ein gutes Miteinander leisten. Gerade auf Integration vor Ort kommt es an. Deshalb möchte ich alle dazu auffordern, sich zu Hause in der Nachbarschaft, in der Schule, am Arbeitsplatz oder im Verein für ein gutes Zusammenleben zu engagieren. Integration lebt vom Mitmachen!", betonte Staatsministerin Böhmer.

Die Staatsministerin hatte die Fraktionen des Deutschen Bundestags um Vorschläge zu Personen gebeten, die sich in besonderer Weise für ein gutes Miteinander einsetzen. Aus diesen Vorschlägen wurden acht Preisträger ausgewählt. Kriterium für die Vergabe der Medaille ist, dass das Engagement für Integration modellhaft und nachhaltig ist.

Quelle: Presse und Informationsblatt der Bundesregierung, Pressemitteilung Nr. 458, gekürzt

Integrationsbeauftragte

Warnung vor Deutschfeindlichkeit

Freitag, 08.10.2010

Integration mal andersrum: Die Integrationsbeauftragte der Bundesregierung ist besorgt über Berichte von Deutschenfeindlichkeit an Berliner Schulen. Sie mahnt Maßnahmen dagegen an.

Die Integrationsbeauftragte der Bundesregierung, Maria Böhmer (CDU) dpa

„Wir müssen die Berichte von Berliner Schulen ernst nehmen: Es sind offensichtlich keine Einzelfälle mehr, dass sich Schüler und Lehrer deutschfeindliche Äußerungen anhören müssen", sagte Maria Böhmer (CDU) der „Passauer Neuen Presse" vom Freitag. „Wenn sich Schüler nicht mehr auf den Pausenhof trauen oder wenn Lehrer eingeschüchtert werden", könne man das nicht hinnehmen.

Deutsch sei Schulsprache – „das muss eine Selbstverständlichkeit sein". Wenn eine Sprache gesprochen werde, verhindere dies Konflikte, die durch Ausgrenzung oder Missverständnisse entstünden, so Böhmer. Schulen mit einem hohen Migrantenanteil müssten intensiver unterstützt werden. „Sie brauchen mehr Geld, mehr Lehrer und Schulsozialarbeiter sowie mehr Zeit, damit sie Ganztagsunterricht anbieten können." Hilfreich seien auch Initiativen vor Ort wie Integrationslotsen oder die Berliner Stadtteilmütter, die Migranten aus der Isolation herausholen und ihnen das deutsche Bildungssystem näher bringen sollen, sagte die CDU-Politikerin.

Quelle: www.focus.de

Zuwanderung

Die Zuwanderung hat in Deutschland eine lange Tradition. Schon vor dem ersten Weltkrieg arbeiteten im Ruhrgebiet über 200.000 Polen.

Nach dem zweiten Weltkrieg kamen überwiegend Zuwanderer aus osteuropäischen Ländern, die so genannten Vertriebenen, nach Deutschland.

In den 50er und 60er Jahren des letzten Jahrhunderts warb die Bundesrepublik Deutschland viele Gastarbeiter aus Italien, Spanien, Griechenland, Jugoslawien und aus der Türkei an.

Nach dem Fall der Mauer nahm Deutschland in den 90er Jahren des vorigen Jahrhunderts vermehrt Zuwanderer aus dem Ostblock auf.

Durch die so genannte »Greencard« versuchte die Bundesrepublik ab dem Jahre 2000 eine begrenzte Zuwanderung von Spezialisten zu ermöglichen.

Am 10. September 1964 traf in Deutschland der einmillionste Gastarbeiter ein (siehe unten stehendes Bild):

Der Portugiese Armando Rodrigues war durch Los ermittelt. Der 38-jährige Zimmermann bekam bei seiner Ankunft in Köln-Deutz ein Moped geschenkt – als Willkommensgruß.

Deutschland lebt vom internationalen Austausch von Waren, Dienstleistungen und von der Mobilität der Menschen.

Deshalb muss sich Deutschland bereits heute und in den kommenden Jahren verstärkt dem internationalen Wettbewerb um die besten Köpfe stellen.

Mit dem seit 01.01.2005 in Kraft getretene Zuwanderungsgesetz wird ein Rechtsrahmen vorgegeben, durch den die Zuwanderung im Ganzen gesteuert und wirksam begrenzt werden kann.

Gleichzeitig werden erstmals Maßnahmen zur Integration der auf Dauer rechtmäßig in Deutschland lebenden Zuwanderer gesetzlich verankert.

EXKURS:
Zuwanderung hat viele Gesichter

Viele verschiedene Menschen wandern jedes Jahr nach Deutschland ein.

Die Motive, warum sie ihre Heimat verlassen, sind dabei ebenso vielfältig, wie ihre biografischen Hintergründe.

Geduld im Verstehen

Als Agu Agustian vor sieben Jahren ein Angebot eines führenden deutschen Unternehmens erhielt, fiel die Entscheidung, seine Doktorarbeit in Deutschland zu schreiben, schnell. Nach seinem Studium in Indonesien hatte er sich auf Produktionsmanagement spezialisiert und in verschiedenen Projekten als Manager in der Industrie gearbeitet.

Agu Agustian: Doktorand beim Fraunhofer Institut

Jetzt entwickelt Agustian am Fraunhofer Institut in Berlin als Forschungsingenieur Softwarelösungen für große und kleinere Unternehmen, die unter anderem regionale Kooperationen zwischen den Firmen unterstützten.

»Man muss Geduld im Verstehen haben«, empfiehlt Agu Agustian allen, die sich mit einer fremden Kultur vertraut machen. Durch seine Lust am Zuhören hat er so viel über die deutsche Mentalität erfahren. Deutschland ist für ihn zu einem wirklichen Zuhause geworden. Neben beruflichen Herausforderungen in der Forschung binden ihn heute auch familiäre Gründe an Deutschland. Zuhören ist ebenso im Kreis seiner Kollegen wie auch für das Zurechtfinden im Alltag wichtig. Von der Forschungsarbeit erholt sich Agustian, wenn er abends einen Blues auf seiner Gitarre zupft.

Konsequenz einer Begegnung

Deutsche Sprache und Kultur waren für Sandra Carreras durch ihr wissenschaftliches Interesse an deutscher Geschichtsphilosophie nicht völlig neu. Dennoch dachte die Argentinierin nie daran, einmal in Deutschland zu leben – bis sie ihren Mann kennen lernte, der damals als Gastdozent in Buenos Aires lehrte. Seit ihrer Ankunft 1987 in Deutschland arbeitet Sandra Carreras an verschiedenen Universitäten. Momentan organisiert sie im Ibero-Amerikanischen Institut in Berlin wissenschaftliche Tagungen und betreut als Redakteurin eine internationale Fachzeitschrift.

Sandra Carreras: Interkulturell belesen

Ihre Bindung zu Deutschland ist mit den Jahren intensiver geworden: »Es gab einzelne Aha-Erlebnisse, wie zum Beispiel der Moment, in dem ich anfing, mich mit deutschen Problemen zu beschäftigen«. Inzwischen hat Sandra Carreras die deutsche Staatsbürgerschaft angenommen und kann sich kaum vorstellen, in ihre Heimat zurückzukehren. Einmal im Jahr jedoch ruft Südamerika: Dann zieht sie die Nostalgie für ein paar Wochen nach Argentinien.

Von der Wolga nach Marzahn

Eine richtige Heimat haben die Wolgadeutschen in Russland seit ihrer Verfolgung im Zweiten Weltkrieg nicht gefunden.

Als auch nach dem Fall des Eisernen Vorhangs eine sichere Zukunft für die Minderheit nicht abzusehen war, empfand es Alexander Reiser als »das Vernünftigste, einen anderen Platz zu finden.«

Alexander Reiser: Macht sein Quartier für Migranten zur Heimat

1996 verließ der gelernte Journalist Wladiwostok und lebt seitdem zusammen mit seiner Familie in Deutschland.

In Berlin arbeitet er als Quartiersmanager in Marzahn, einem Stadtteil, in dem viele Spätaussiedler und Migranten leben.

Mit seiner Hilfe entstehen hier kulturelle Angebote und soziale Treffpunkte. Damit erleichtert Alexander Reiser anderen Zuwanderern die Integration, die ihm schon gelungen ist.

Die Brücken zwischen seiner Vergangenheit in Russland und seinem Leben in Deutschland sind aber nicht völlig abgebrochen:

Demnächst will er seiner Tochter, die «wunderbar berlinert«, Russisch beibringen und plant eine Reise nach Wladiwostok.

Neue politische und persönliche Basis Berlin

Arfasse Gamada floh 1979 aus politischen Gründen mit ihrer Familie aus Oromia/Äthiopien nach Deutschland.

Hier hatte sie zuvor schon durch verschiedene Stipendien sechs Jahre gelebt.

Heute arbeitet die Diplom-Psychologin als Referentin der Heinrich-Böll-Stiftung in Berlin.

Arfasse Gamada: Politisch engagiert

»Für mich ist Deutschland wie ein Haus mit unterschiedlichen Räumen«, erklärt Arfasse Gamada.

»In einigen Räumen fühle ich mich respektiert und herausgefordert. Dort ist interkulturelles Zusammenleben selbstverständlich und keine Ausnahme.«

In anderen Räumen hingegen fühlen sich Menschen auf Grund ihrer Herkunft und Hautfarbe verunsichert.

Diese annehmbarer und sicherer zu gestalten, hat sich Arfasse Gamada zur politischen Aufgabe gemacht. Ihr Engagement gehört der Unterstützung von Selbstorganisationen und der Förderung von Empowerment und Partizipation von Migrantinnen und People of Colour.

Dabei hat Arfasse Gamada einen besonderen Wunsch: »Ich hoffe auf ein wirkungsvolles Antidiskriminierungsgesetz.«

Quelle: http://www.zuwanderung.de
Text und Fotos: Stefanie Klein ([]init]AG), im Auftrag des Bundesministeriums des Innern

Arbeitsagentur: Wir brauchen Zuwanderer

Fachkräftemangel
BA-Vorstand sieht jährlichen Bedarf von 200000 ausländischen Beschäftigten

Von Ursula Samary und Christian Kunst

Berlin/Rheinland-Pfalz – Deutschland braucht künftig jährlich etwa 200000 Arbeitskräfte aus dem Ausland, um den drohenden Fachkräftemangel auszugleichen. Das sagte Raimund Becker, Vorstandsmitglied der Bundesagentur für Arbeit (BA), im Gespräch mit unserer Zeitung. Angesichts der schrumpfenden und alternden Gesellschaft ist dies aus seiner Sicht eine „Zwangsläufigkeit".

Becker plädiert für einen Doppelstrategie: Einerseits müsse es darum gehen, das Potenzial an qualifizierten Fachkräften im Inland zu nutzen. Doch das allein werde nicht reichen: „Wir müssen zu einer Ökonomisierung der Zuwanderung kommen, ob mit einem Punktesystem oder einer Positivliste. Dafür brauchen wir die politische Bereitschaft, Zuwanderung zu steuern."

Der BA-Vorstand hält es für ausgeschlossen, dass mit einem klugen Zuwanderungssystem ausländische Fachkräfte die deutschen verdrängen:

„Wenn wir Zuwanderung über eine Positivliste steuern, sind keine Verdrängungsmechanismen zu erwarten. Schließlich würden dann gezielt die Menschen zu uns kommen, die wir brauchen."

Stattdessen erwartet Becker eher, dass zugewanderte Fachkräfte „unseren technologischen Fortschritt befördern, unsere sozialen Sicherungssysteme sichern und mit Qualifikation zusätzliche Beschäftigung schaffen".

Auf dem Weg dahin gibt es jedoch noch viele Hürden zu überwinden: Zum einen streitet die Koalition seit Wochen darüber, ob eine Zuwanderung überhaupt nötig ist. Die CSU und ihr Generalsekretär Alexander Dobrindt halten es für „verantwortungslos, jetzt die Schleusentore hochzuziehen und eine neue Zuwanderungswelle loszutreten".

Die FDP und CDU-Arbeitsministerin Ursula von der Leyen wollen die Einwanderungsregeln indes deutlich lockern.

Trotz aller Differenzen mit dem Koalitionspartner handelt von der Leyen bereits: Zusammen mit der BA baut sie einen Jobmonitor auf. Konkret heißt dies, dass das Institut für Arbeitsmarkt- und Berufsforschung im Frühjahr 2011 deutsche Betriebe intensiv danach befragt, welche Fachkräfte ihnen fehlen und welche Qualifikationen genau gesucht werden. In einem Jahr sollen erste Ergebnisse vorliegen.

Doch selbst wenn sich die Koalition auf eine gezielte Zuwanderung einigen sollte, bleiben erhebliche Hindernisse. Laut Becker wird es schon schwierig sein, eine Netto-Zuwanderung von 200 000 qualifizierten Kräften jährlich zu erreichen.

„Denn das demografische Problem haben auch andere Länder. Außerdem hat Deutschland strategische Nachteile: Das Willkommen war in der Vergangenheit nicht stark ausgeprägt."

Und wo sollen die Fachkräfte herkommen?
Becker setzt vor allem auf aufstrebende Länder in Südostasien wie etwa Indonesien. Für solche Bewerber könnte Deutschland durchaus noch attraktiv sein.

Quelle: Rhein-Zeitung Koblenz und Region, 2. Dezember 2010

LERN-BOX

- Als **multikulturelle Gesellschaft** bezeichnet man eine Gesellschaft, in der Menschen unterschiedlicher Herkunft, Nationalitäten, Sprachen, Religionen und Ethnien zusammenleben. Durch die kulturellen Unterschiede ergeben sich verschiedene Traditionen, Lebensstile und Vorstellungen von Werten und Ethik.

- **Integration** ist ein langfristiger Prozess, der zum Ziel hat, alle Menschen, die dauerhaft und rechtmäßig in Deutschland leben, in die Gesellschaft einzubeziehen. Zuwanderern soll eine umfassende, möglichst gleichberechtigte Teilhabe an allen gesellschaftlichen Bereichen ermöglicht werden. Zuwanderer haben die Pflicht, die deutsche Sprache zu erlernen sowie die Verfassung und die Gesetze zu kennen, zu respektieren und zu befolgen.

- Für **Zuwanderer** und bereits in Deutschland lebende Ausländerinnen und Ausländer wurde mit dem Zuwanderungsgesetz, das zum 1. Januar 2005 in Kraft trat, erstmals ein Grundangebot an Integrationsleistungen für alle Zuwanderer gesetzlich geregelt und zugleich ein Mindestrahmen staatlicher Integrationsangebote geschaffen.

WISSENS-CHECK

1. Schauen Sie sich das Plakat zu Beginn des Kapitels (Seite 178) an. Was, glauben Sie, ist die Aussage, die hinter diesen Sätzen steht?

2. Warum ist es notwendig, dass man mit diesem Aufkleber oder Plakat, Menschen in Deutschland darauf aufmerksam macht, wie multikulturell unser Leben hier geworden ist?

3. Prüfen Sie, in wieweit Ihr eigenes Leben von ausländischen Menschen, Lebensweisen, Produkten oder kulturellen Aspekten geprägt wird. Schließen Sie dabei Bereiche wie beispielsweise Mitschülerinnen und Mitschüler, Ihren Wohnort, Musik oder auch Ernährung mit ein.

4. Finden Sie, dass wir es in Deutschland unseren ausländischen Mitbürgerinnen und Mitbürgern leicht machen, sich zu integrieren?

   Nennen Sie Beispiele, wo Sie die Integration gelungen finden und wo Sie Nachholbedarf in unserer Gesellschaft sehen, damit sich multikulturelle Dynamik in Deutschland entfalten kann.

5. Die Integrationspolitik der Bundesregierung folgt dem Grundsatz des »Förderns« und »Forderns«.

   Erläutern Sie diese Aussage.

Lernbaustein 3

Technischer Fortschritt und Sozialer Wandel

Ohne den technischen Fortschritt gäbe es in einer modernen Gesellschaft weder Wirtschaftswachstum noch Wohlstand. Technischer Fortschritt setzt jedoch Wissen voraus, das im Produktionsprozess, z.B. bei neuen Gütern oder bei Qualitätssteigerung, angewandt und für die Produktion nutzbar gemacht werden muss. Moderne Informations- und Kommunikationstechniken haben den Produktionsprozess stark verändert.

In diesem Zusammenhang befürchten viele Menschen, dass der technische Fortschritt mehr Arbeitsplätze wegrationalisieren könnte, als dass er neue Arbeitsplätze schaffen würde.

Tatsache ist, dass durch den technischen Fortschritt neue Qualifikationsanforderungen an Arbeitnehmerinnen und Arbeitnehmer gestellt werden und damit auch andere, qualifizierte und neue Arbeitsplätze in Zukunft entstehen werden, um neue Produkte herstellen zu können. Oft werden diese neuen Produkte mit neu konstruierten Maschinen hergestellt.

Durch den technischen Fortschritt vollzieht sich auch ein Wandel in der Arbeitswelt. Arbeitsformen werden flexibilisiert. Faktoren wie Kommunikation, Vertrauen und Netzwerkkompetenzen werden immer wichtiger.

Veränderungen des sozialen Gefüges

Vor diesem Hintergrund prophezeien Experten eine immense Knappheit an Fachkräften schon ab dem Jahre 2011.

Mitarbeiterbindung wird somit ein wichtiges Thema für Unternehmen. Unternehmensethik und Verantwortung für die Mitarbeiter gewinnen dabei immer mehr an Bedeutung.

Gleichzeitig vollzieht sich ein starker gesellschaftlicher, sozialer Wandel; wir erleben eine zunehmende Spaltung der Gesellschaft; die Gesellschaft überaltert.

Der Zusammenhang zwischen sozialer Herkunft und Bildungserfolg ist höher als in jedem anderen vergleichbaren Land. Vielfältige Lebensformen sind entstanden. Neben der Zwei-Eltern-Familie findet man heute die Ein-Eltern-Familie, das kinderlose Paar mit oder ohne Trauschein sowie Singles.

Ungleicher Wohlstand, Wandel der Werte und Änderungen politischer Einstellungen, z.B. das Abnehmen fester Bindungen an bestimmte Parteien, verdeutlichen den sozialen Wandel.

Die Veränderungen des sozialen Gefüges und der Wertvorstellungen bedingen einen Umbau des Sozialstaates und werfen die Frage nach Gerechtigkeit und Umverteilung neu auf.

Zunehmende Migration, mehr Eigenverantwortung für die eigene Alterssicherung, steigende Gesundheitskosten bei der Kranken- und Pflegeversicherung, aber auch »schrumpfende« Regionen, entleerte Stadtviertel und zunehmende Segregation, d.h. Trennung bestimmter gesellschaftlicher Gruppen (nach Rasse, Sprache, Religion) erschüttern den gesellschaftlichen Zusammenhalt und erschweren die soziale Sicherung.

Prinzipien des Sozialstaates

Unter Sozialstaat versteht man alle staatlichen Einrichtungen, Steuerungsmaßnahmen und Normen, durch die die Lebensrisiken und deren soziale Folgen in der Marktwirtschaft aufgefangen werden. Neben den Sozialversicherungen gehören dazu auch das Arbeitsrecht, das Arbeitnehmer vor ungerechtfertigter Entlassung schützt, sowie staatliche Fürsorge und Jugendhilfe.

Das Sozialstaatsprinzip bedeutet, dass der Staat die Pflicht hat, seinen Bürgern soziale Sicherheit, Chancengleichheit und erträgliche Lebensbedingungen zu ermöglichen. Dies wird jedoch vor dem Hintergrund sozialer Gegensätze und auch sozialer Notlagen zunehmend schwieriger.

Der Generationenvertrag ist allein aufgrund der demographischen Veränderungen nicht mehr zu finanzieren. Jeder Bürger muss daher zu Leistungseinschränkungen bereit sein und für sein Auskommen im Alter vorsorgen.

Die Prinzipien des Sozialstaates sind unveränderlich und zeitlos gültig. Soziale Gerechtigkeit, die zentrale Zielsetzung des Sozialstaates, lässt sich nicht ein für allemal verbindlich definieren.

Ihre Ausgestaltung hängt von der wirtschaftlichen und sozialen Entwicklung und dem gesellschaftlichen Bewusstsein ab. Das Sozialstaatsprinzip ist also ein dynamisches Prinzip.

Sozialversicherungen

Entstehung der Sozialversicherung

Schon im 19. Jahrhundert gab es mit dem Beginn der Großindustrie auch Arbeitslosigkeit. Die Notlage der arbeitenden Bevölkerung wurde immer größer, die allgemeinen sozialen Verhältnisse immer schlimmer. Lange Arbeitszeiten, hohe Unfallraten, niedrige Löhne und schlechte Wohnverhältnisse mussten die Arbeiter in Kauf nehmen.

Die Folge waren neben Arbeitslosigkeit auch Hunger, Krankheit und frühe Sterblichkeit. Die Selbsthilfeeinrichtungen, z.B. die Bruderschaft der Bergleute oder die Knappschaft, die kranken und verunglückten Arbeitskameraden sowie deren Familien Krankheitskosten, Arzneien oder gar Sterbegeld gewährten, reichten nicht mehr aus. Zudem wehrten sich die Betroffenen in verstärkten Maße gegen Elend und Not durch Streiks (Weberaufstand), Auswanderung und Unterstützungskassen.

Im Jahre 1881 führte dann Reichskanzler Bismarck das große Sozialgesetzgebungswerk ein.

In der Folgezeit entstanden:

- 1883 die Krankenversicherung
- 1884 die Unfallversicherung
- 1889 die Invaliditäts- und Rentenversicherung

Die Arbeitslosenversicherung wurde 1927 eingeführt. Durch diese Sozialgesetze waren die Arbeiter jetzt durch den Staat gegen die Risiken von Krankheit, Unfall, Alter und Arbeitslosigkeit abgesichert.

Erstmals sorgte der Staat für die breite Schicht der Industriearbeiterschaft und schaffte mit diesen bedeutenden Sozialgesetzen ein Musterbeispiel für die damalige Zeit, das Jahrzehnte später von anderen Industrieländern übernommen wurde.

Die Sozialversicherung ist auch heute noch eine Pflichtversicherung, da bei Erfüllung gesetzlich festgelegter Voraussetzungen (z.B. Einkommensgrenzen) der Zwang zur Mitgliedschaft besteht.

Daher ergibt sich für das einzelne Mitglied die Pflicht, mit seinen Beiträgen die gemeinschaftliche Vorsorge mitzufinanzieren, jedoch auch das Recht, die Leistungen der Gemeinschaftsvorsorge in Anspruch zu nehmen.

Krankenversicherung

Die **Krankenversicherung** hat die Aufgabe, dem Arbeitnehmer und seinen Angehörigen im Krankheitsfalle zu helfen, um die Gesundheit wieder herzustellen und um Not abzuwenden.

Träger, Personenkreis, Leistungen

Träger der Krankenversicherungen sind:

die Ortskrankenkassen, Betriebskrankenkassen, Innungskrankenkassen, Landwirtschaftliche Krankenkassen, Ersatzkassen, Seekrankenkasse und Bundesknappschaft.

Die mitgliederstärksten Krankenversicherungsträger sind die Allgemeinen Ortskrankenkassen (AOK) und die zugelassenen Ersatzkassen (z.B. DAK, BEK).

Gesetzlich versicherte Personengruppen sind alle Auszubildenden, Anlernlinge, Arbeiter, Angestellte und Rentner und deren unterhaltsberechtigte Angehörige.

Alle Arbeitnehmer müssen sich pflichtversichern, wenn ihr Monatsgehalt unter 4125,00 € (2011) liegt. Ab 4125,00 € Monatsgehalt ist ein Wechsel in eine private Krankenversicherung möglich.

Die Beitragsbemessungsgrenze, also der Höchstbetrag zur Berechnung des Beitrages zur Krankenversicherung, beträgt im Jahre 2011 3712,00 €.

Arbeitslose, die Arbeitslosengeld oder Arbeitslosenhilfe beziehen, Wehrpflichtige, die zum Eintritt der Einberufung versicherungspflichtig waren, sind ebenfalls versicherungspflichtig.

Gesundheitsreform

Die Veränderungen im Bevölkerungsaufbau und der medizinisch-technische Fortschritt haben Folgen für das Gesundheitssystem, sodass seit Jahren die Ausgaben der gesetzlichen Krankenversicherung schneller wachsen als die beitragspflichtigen Einnahmen.

Zur Lösung des Finanzierungsproblems müssen daher alle Beteiligten die Aufgabe gemeinschaftlich angehen:

Arzneimittelhersteller, Ärzte und Krankenhäuser sowie die Versicherten der gesetzlichen Krankenversicherung. Die Versicherten sollen aber auch den Anspruch auf eine optimale Versorgung haben und von den Fortschritten der Medizin profitieren. Da dies Geld kostet, müssen sich die Versicherten langfristig auf einen Anstieg der Gesundheitsausgaben einstellen.

Leistungen der Krankenversicherung:

- **Arztbesuch** (Arzt, Zahnarzt, Psychotherapeut), Praxisgebühr 10 Euro pro Quartal. *Ausnahme:* Überweisung im selben Quartal, Kontrollbesuche beim Zahnarzt, Schutzimpfungen.

- **Arznei- und Verbandmittel** Zuzahlung von 10 % des Preises, mindestens 5 Euro, höchstens 10 Euro je Mittel.

- **Gesundheitsförderung und Krankheitsverhütung** durch Aufklärung/ Beratung und Vorsorgebehandlung (Regeluntersuchungen).

- **Regelmäßige Gesundheitsuntersuchungen zur Früherkennung von Krankheiten,** ab dem 35. Lebensjahr kostenfrei.

- **Krankenbehandlungskosten,** d.h. ärztliche und zahnärztliche Behandlung sowie Versorgung mit verschreibungspflichtigen Arznei- und Verbandmitteln.

- **Zahlung von Krankengeld,** 70% des zuletzt regelmäßig erzielten Bruttolohnes. Hat ein Arzt festgestellt, dass man arbeitsunfähig ist, hat man Anspruch auf Krankengeld. Krankengeld wird wegen derselben Krankheit bis zu 78 Wochen innerhalb von drei Jahren gezahlt.

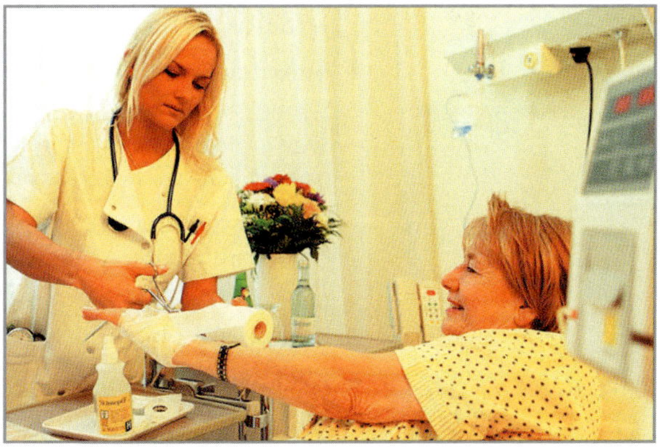

- **Zahnersatz,** an die Stelle des früheren prozentualen Anteils der gesetzlichen Krankenkassen an den Kosten für Zahnersatz sind nach den Regelungen des GKV-Modernisierungsgesetzes befundbezogene Festzuschüsse zur im Einzelfall notwendigen Versorgung getreten.
  Die Höhe der befundbezogenen Festzuschüsse ist für die Versicherten aller Krankenkassen bundesweit gleich hoch. Sie umfassen 50% für die zahnärztliche Behandlung. Patienten, die regelmäßig Vorsorgeuntersuchungen beim Zahnarzt wahrnehmen, erhalten einen höheren Zuschuss zum Zahnersatz.

- **Krankenhausbehandlung,** Zuzahlung 10 Euro pro Tag, maximal 28 Tage pro Jahr.

- **Ambulante Versorgung in Krankenhäusern**
  Schwere oder seltene Krankheiten können in geeigneten Krankenhäusern ambulant behandelt werden. Welche Klinik dafür zugelassen wird, entscheidet das jeweilige Bundesland.

- **Fahrtkosten** in bestimmten Fällen, z.B. Fahrten zur Dialyse, Strahlenbehandlung, Chemotherapie sowie Fahrten für Patienten, die körper-, geh- und sehbehindert sind.

- **Häusliche Krankenpflege,** wenn Krankenhauspflege geboten, jedoch nicht ausführbar.
  Sie wird auch in Wohngemeinschaften, anderen neuen Wohnformen (z.B. Einrichtungen der Lebenshilfe) und in besonderen Ausnahmen auch in Heimen erbracht. Darauf besteht ein Rechtsanspruch.

- **Rehabilitationsmaßnahmen,** z.B. Rehabilitationskur, Zuzahlung 10 Euro/Tag.
- **Ambulante und stationäre Rehamaßnahmen** werden Pflichtleistungen der Kassen.
- **Geriatrische Rehabilitation**

  Die Reha-Versorgung älterer Menschen kann wohnortnah oder durch mobile Reha-Teams durchgeführt werden, was die Unterbringung in einem Pflegeheim vermeiden kann.
- **Vorsorge- und Rehabilitationseinrichtungen**

  Kassenpatienten können zugelassene und zertifizierte Vorsorge- und Rehabilitationseinrichtungen selbst auswählen und müssen sich nicht mehr nach den Vorgaben ihrer Kasse richten. Sind die Kosten höher als bei den Vertragseinrichtungen der Kassen, zahlt der Patient die Mehrkosten.
- **Hilfsmittel**

  Die Versorgung mit Hilfsmitteln (z.B. Hörhilfen, Gehhilfen, Rollstühle) erfolgt künftig durch Vertragspartner der Kassen.
- **Selbstverschuldete Behandlungsbedürftigkeit**

  Die Kassen können Patienten im Regressweg an den Kosten beteiligen, wenn eine Erkrankung als Folge von Komplikationen nach Schönheitsoperationen, Piercings, Tätowierungen etc. entstanden ist.

Leistungen

- **Mutterschaftsleistungen,** z.B. ärztliche Betreuung, Hebammenhilfe, Versorgung mit Arznei-, Verband- und Heilmittel, Mutterschaftsgeld.
- **Mutter/Vater-Kind-Kuren** sind Pflichtleistungen der Krankenkassen und müssen bezahlt werden.
- **Nicht verschreibungspflichtige Medikamente** werden nicht erstattet. Brillen (Kinder, Jugendliche und Sehbehinderte ausgenommen) müssen selbst bezahlt werden.
- **Impfungen**

  Von der Ständigen Impfkommission des Robert-Koch-Instituts empfohlene Impfungen sind Pflichtleistungen der Kassen.
- **Palliativversorgung**

  Gesetzlich Versicherte haben Anspruch auf eine spezialisierte ambulante Palliativversorgung. Dafür werden »Palliative Care Teams« aus ärztlichem und pflegerischem Personal zugelassen.
- **Kinderhospize**

  Die Rahmenbedingungen für stationäre Kinderhospize wurden verbessert. Sie müssen nur noch 5 % (bisher 10 %) ihrer Kosten selbst tragen – insbesondere durch Spenden werden die Kinderhospize finanziert.
- **Neue Arzneimittel**

  Vor der Verordnung spezieller **neuer oder kostenintensiver Arzneimittel,** z.B. sehr stark wirksamer Krebsmedikamente oder biotechnologisch hergestellter Medikamente, muss künftig vom behandelnden Arzt eine Zweitmeinung eines fachlich besonders ausgewiesenen Arztes eingeholt werden.

  Welche Mittel unter diese Regelung fallen werden, bestimmt der Gemeinsame Bundesausschuss.

Neue Arzneimittel können in Zukunft daraufhin untersucht werden, wie sehr sie den Patienten nutzen und welche Kosten dabei entstehen.

Dazu werden die neuen Arzneimittel im Rahmen einer Kosten-Nutzen-Bewertung vorhandenen Arzneimitteln gegenübergestellt. Die Kosten-Nutzen-Bewertung nimmt das Institut für Qualität und Wirtschaftlichkeit im Gesundheitswesen vor.

Gemeinschaftseinrichtungen, z.B. Hospize und Pflegeheime, die Arzneimittel vorrätig haben können, dürfen bestimmte nicht genutzte Betäubungsmittel an andere Patienten abgeben.

➤ Wahltarife in der Krankenkasse

Die Krankenkassen können ihren Versicherten verschiedene Wahltarife anbieten:

Hausarzttarif

Krankenkassen müssen ihren Versicherten seit 2007 einen Wahltarif »Hausarztmodell« anbieten. Das bedeutet: Patienten können sich künftig für einen Hausarzt als ständigen Partner entscheiden und gehen im Krankheitsfall immer zunächst zu ihm, damit er stets den Überblick über die gesamte Behandlung behält.

Für Patienten, die im Krankheitsfall zuerst den Hausarzt aufsuchen, sind auch finanzielle Vorteile möglich, denn die Krankenkasse kann die Teilnahme am Hausarztmodell mit einem Bonus belohnen. Die Teilnahme an Hausarztmodellen ist für Ärzte und Versicherte freiwillig.

Tarife für spezielle Versorgungsformen

Für chronisch kranke Menschen (z.B. bei Diabetes mellitus Typ 1/2, Asthma bronchiale, chronische Lungenerkrankung, Brustkrebs) soll die medizinische Versorgung durch sogenannte strukturierte Behandlungsprogramme (Disease Management Programme) verbessert werden.

Im Rahmen der Programme werden Behandlungsmethoden eingesetzt, die in wissenschaftlichen Studien auf Wirksamkeit, Sicherheit und Nutzen überprüft worden sind.

Die Patienten erhalten damit eine Versorgung, die das Risiko von Folgeschäden und akuten Verschlechterungen der Krankheit soweit wie möglich verhindert und die Lebensqualität der Patienten verbessert.

Kostenerstattungstarife

Wahltarife

Der Kassenpatient und die Familienversicherten zahlen ihre Behandlung selbst und reichen die Rechnung danach bei der Krankenkasse ein. Die Krankenkasse erhebt für die Bearbeitung der Rechnung eine Gebühr.
Werden Leistungen, welche die Krankenkassen nicht übernehmen, in Rechnung gestellt, muss der Patient diese selbst bezahlen. Auch den Honoraraufschlag für die privatärztliche Leistung übernimmt die Kasse nicht.

Selbstbehalttarife

Der Kassenpatient zahlt bis zu einer bestimmten Höhe seine Behandlungskosten selbst. Dafür bekommt er von der Kasse z.B. eine Prämie.

An den Tarif ist der Versicherte drei Jahre lang gebunden. Dies ist nicht möglich für Mitglieder, die ihre Beiträge nicht selbst zahlen, z.B. Empfänger von Arbeitslosengeld.

Beitragsrückerstattung

Wenn das Krankenkassenmitglied und die Familienversicherten ein Jahr lang keine Leistungen in Anspruch genommen haben (außer Vorsorge und Früherkennung), belohnt das die Kasse mit einer Prämie oder Zuzahlungsermäßigung. An den Tarif ist der Versicherte 3 Jahre gebunden.

- **Änderungen für Apotheken**

Medikamente eines Arzneimittelherstellers, mit dem die Krankenkasse einen Rabattvertrag geschlossen hat, können ganz oder zur Hälfte zuzahlungsbefreit an den Versicherten abgegeben werden.

Die Abgabe von einzelnen Tabletten (»Auseinzelung«) wird erleichtert.

Der Apothekenrabatt zugunsten der Krankenkasse wird auf 2,30 Euro pro Packung erhöht.

- **Krankenversicherungskarte**

Die Krankenkassen müssen geeignete Maßnahmen gegen den Missbrauch von Krankenversicherungskarten ergreifen, zum Beispiel tagesaktuell den Verlust von Karten, Änderungen beim Zuzahlungsstatus oder die Beendigung des Versicherungsschutzes an einen Versichertenstammdatendienst übermitteln, zu dem die Ärzte über ihre Praxissoftware Zugang bekommen.

- **Private Krankenversicherung**

Freiwillig Versicherte dürfen aus der gesetzlichen Krankenversicherung in die private Krankenversicherung wechseln, wenn das Jahresarbeitsentgelt die aktuelle Versicherungsgrenze (2011: 49500,00 €) überschreitet.

Private Krankenversicherungen sind seit **01.01.2009** verpflichtet, einen »Basistarif« anzubieten, der den jetzigen »Standardtarif« ersetzt. Leistungsbedingungen und -umfang des Basistarifs sind vergleichbar der gesetzlichen Krankenversicherung. Der Basistarif muss allen offen stehen, bereits Versicherten ebenso wie Neukunden. Die privaten Versicherer dürfen die Aufnahme in den Basistarif nicht ablehnen (Kontrahierungszwang); die Prämien dürfen sich nur aufgrund von Alter und Geschlecht unterscheiden.

- **Gesundheitsfonds und einheitlicher Beitragssatz**

Seit 1. Januar 2009 gilt für Versicherte der gesetzlichen Krankenversicherung (GKV) der Gesundheitsfonds. Jede Kasse verlangt seitdem einen einheitlichen Beitragssatz. In den Gesundheitsfonds fließen die Gelder der Versicherten, der Arbeitgeber und Steuermittel. Der Gesundheitsfonds hat seit Juli 2009 einen Einheitssatz von 15,5 Prozent. Durch den Gesundheitsfonds soll das Geld der Beitragszahler an die gesetzlichen Krankenkassen neu verteilt werden. Die Verwaltung des Gesundheitsfonds ist beim Bundesversicherungsamt (BVA) in Bonn angesiedelt. Mit Einführung des Gesundheitsfonds gilt in der gesetzlichen Krankenversicherung ein einheitlicher Beitragssatz für alle Kassen.

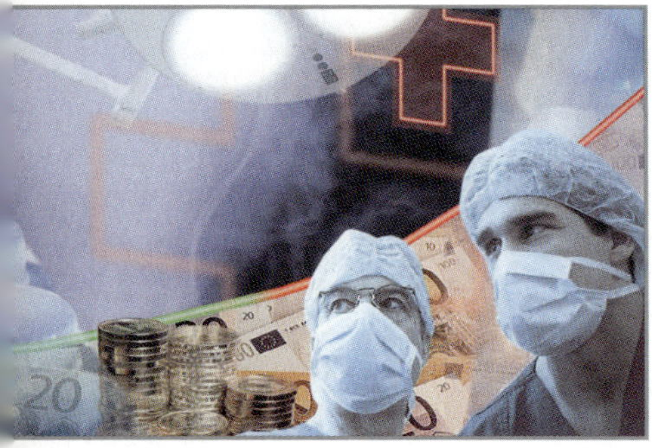

Damit wird die Höhe nicht mehr von den Kassen selbst, sondern vom Gesetzgeber, dem Bundesgesundheitsministerium, festgelegt. Zum Start des Gesundheitsfonds am 1. Januar 2009 betrug der einheitliche Beitragssatz 15,5 Prozent für alle gesetzlichen Kassen.

Gesundheitsreform

Ärzte für Vorkasse der Kassenpatienten

Der Vorschlag von Gesundheitsminister Rösler, dass gesetzlich Versicherte die Arztrechnung zunächst selbst bezahlen sollen, gefällt den Ärzten. Die Krankenkassen halten nichts von der Idee.

Kassenpatienten sollen laut Rösler den Arzt zunächst selbst bezahlen dpa

Deutschlands Kassenärzte haben sich hinter den umstrittenen Vorstoß von Gesundheitsminister Philipp Rösler (FDP) gestellt, das Prinzip der Kostenerstattung verstärkt auch für gesetzlich Versicherte durchzusetzen. Der Chef der Kassenärztlichen Bundesvereinigung, Andreas Köhler, nannte dies am Freitag in Berlin einen tiefgreifenden, aber unerlässlichen Schritt zur besseren Kontrolle der Ausgaben.
Rösler kündigte an, er wolle im kommenden Jahr zunächst eine Großreform der Ärztehonorare in Angriff nehmen. Erst dann könne seriös ein Rechnungssystem zur Abrechnung mit den Patienten eingeführt werden, sagte er in Hamburg.
Mit Gesetzesänderungen will der Minister gesetzlich Versicherte motivieren, ihren Arzt öfter gegen Rechnung zu bezahlen und sich das Geld von ihrer Krankenkasse erstatten zu lassen. „Es ist und bleibt freiwillig, es wird niemand dazu gezwungen", sagte ein Rösler-Sprecher.
Ärztefunktionär Köhler sprach sich für mehr Selbstverantwortung der Versicherten aus. Durch Kostenerstattung oder eine prozentuale Eigenbeteiligung der Patienten könne das Problem der unbegrenzten Nachfrage nach ambulanten Leistungen angegangen werden. „Nur dann wird es gelingen, von der hohen Zahl an Arztbesuchen im Jahr herunterzukommen", betonte Köhler. Kostenerstattung müsse aber sozial abgefedert werden.

Kassen reagieren alarmiert

„Wenn man jetzt hört, wie laut jetzt die Ärztevertreter nach der Kostenerstattung rufen, dann müssen alle Alarmglocken läuten", sagte ein Sprecher des Spitzenverbands der Gesetzlichen Krankenversicherung (GKV). „Wir lehnen Vorkasse und Kostenerstattung ab." Der Vizechef des AOK-Verbands, Jürgen Graalmann, sagte der „Bild"-Zeitung, Vorkasse beim Arzt löse keine Probleme. „Sie verunsichert die Patienten und bringt mehr Verwaltungsaufwand bei allen."

Quelle: Focus money online, 01.10.2010

Belastungsgrenzen

Die jährliche Eigenbeteiligung (Zuzahlungsobergrenze) darf zwei Prozent (bei chronisch Kranken ein Prozent) der Bruttoeinnahmen nicht überschreiten. Deshalb sollten Zuzahlungsquittungen aufbewahrt werden.

Kinder und Jugendliche sind bis zum 18. Lebensjahr von Zuzahlungen befreit.

Um sich in ärztliche Behandlung begeben zu können, erhält der Versicherte einen Krankenversicherungsausweis. Über diesen Ausweis rechnet der behandelnde Arzt mit der zuständigen Krankenkasse seine Leistungen ab.

Im Krankheitsfalle haben je nach Tarifvertrag die Arbeitnehmer Anspruch auf Lohn- oder Gehaltsfortzahlung für sechs Wochen.

Lohnfortzahlung

Erst ab der siebten Woche zahlt die Krankenkasse ein Krankengeld in Höhe von 70% des beitragspflichtigen üblichen Arbeitsentgeltes.

Beiträge

Seit 1. Januar 2011 wurde der allgemeine Beitragssatz von 14,9 auf 15,5 Prozent des Bruttoeinkommens erhöht.

Er wird auf Arbeitgeber und Arbeitnehmer wie folgt aufgeteilt:

- 8,2 Prozent trägt der Arbeitnehmer,
- 7,3 Prozent zahlt der Arbeitgeber.

Kernstück der Gesundheitsreform 2010 ist der Zusatzbeitrag, der zusätzlich zum allgemeinen Beitragssatz erhoben wird. Während der Arbeitgeberanteil bei 7,3 Prozent „eingefroren" wird, müssen die Arbeitnehmer diesen Zusatzbeitrag alleine bezahlen. Seit 2011 dürfen die Kassen Zusatzbeiträge unabhängig vom Einkommen des Versicherten erheben (bisher maximal ein Prozent des Bruttoeinkommens). Übersteigt der Betrag zwei Prozent des Bruttoeinkommens, gibt es einen Sozialausgleich.

Der Zusatzbeitrag und seine Folgen

Bei einem Bruttogehalt von 3.000 Euro im Monat sind 60 Euro im Monat an Zusatzbeitrag zu leisten, ohne dass der Versicherte in den Genuss des Sozialausgleichs kommt. Das sind 720 Euro jährlich. Erst was darüber hinaus geht, soll über den Sozialausgleich aufgefangen werden – und das auch nur teilweise.

Seit 2011 gibt es einen so genannten „durchschnittlichen Zusatzbeitrag", der Jahr für Jahr neu festgelegt wird. Ausgeglichen wird nur die Differenz zwischen den zwei Prozent des Bruttos und dem durchschnittlichen Zusatzbeitrag.

Beispiel: Bei einem Einkommen von 2.000 € brutto sind maximal 40 € Zusatzbeitrag im Monat zu leisten (2%). Liegt der durchschnittliche Zusatzbeitrag bei 45 €, werden 5 € ausgeglichen. Verlangt die Kasse aber 50 € Zusatzbeitrag, werden trotzdem nur 5 € entlastet.

Fazit: Die Zusatzbeiträge können unbegrenzt nach oben steigen. Der Versicherte erhält nur einen Teil davon als Sozialausgleich wieder zurück.

„Zurück, sage ich!"

Pflichten

Der erkrankte Arbeitnehmer muss im Zeitraum von drei Kalendertagen dem Arbeitgeber eine ärztliche Bescheinigung vorlegen, aus der auch die vermutliche Dauer der Arbeitsunfähigkeit hervorgeht.

Weshalb Medikamente bei uns so teuer sind

Bundestag verabschiedet Pharma-Sparpaket

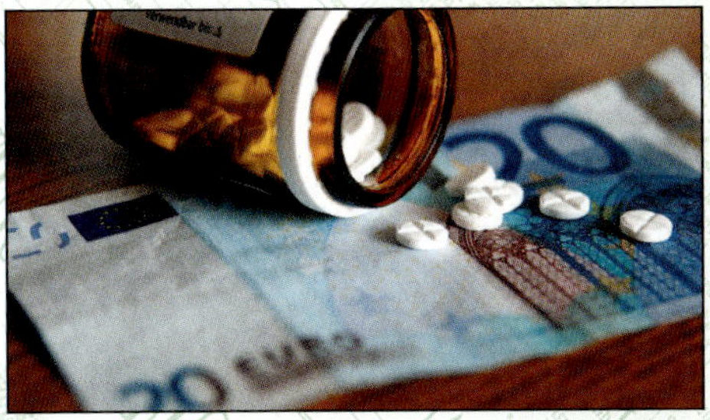

Pharma-Paradies Deutschland: Weil die Pharmaindustrie die Preise für neue Medikamente selbst festlegen kann, kostet Arznei hierzulande teils deutlich mehr als im Ausland - ein Monopol, das die Koalition mit einem neuen Gesetz aufbrechen will.

Rheumamittel um 70 Prozent teurer

Würden sich die Preise zum Beispiel auf dem Niveau von Schweden bewegen, hätte alleine die Gesetzliche Krankenversicherung (GKV) im vergangenen Jahr 9,4 Milliarden Euro sparen können – ein Drittel aller Arzneimittelkosten in Deutschland. Ganz abgesehen von den Privatversicherten, die teure Medikamente zum Teil deutlich einfacher verordnet bekommen – weil die Medikation den Etat der niedergelassenen Ärzte, anders als bei GKV-Versicherten, nicht tangiert.

Der Preisvergleich mit Schweden, der im Juni 2010 durchgeführt wurde, führt eindrucksvoll vor Augen, wie die Pharmaunternehmen zuschlagen: Das Rheumamedikament Humira zum Beispiel war in Schweden für 1.149 Euro, in Deutschland hingegen für 1.919 Euro zu haben – ein Aufschlag von beinahe 70%. Das Asthmamedikament Symbicort ist in Deutschland 59% teurer. Beim Neuroleptikum Seroquel sind es 56%.

Generika besonders teuer

Bei Generika, also Medikamenten deren Patentschutz abgelaufen ist, sind noch deutlichere Unterschiede zu erkennen. Die Hunderter-Packung des Magenmittels Omeprazol kostete in Schweden gerade mal 9,36 Euro, in Deutschland 60,46 Euro – ein Aufschlag von knapp 550 Prozent. Das Diabetiker-Insulin Actrapid human war im Juni in Schweden für 28,95 Euro zu haben. Der Preis in Deutschland lag um 81% darüber – bei 52,51 Euro. Nicht berücksichtigt wurden bei dem Preisvergleich die Rabatte, welche die Generika-Firmen den Krankenkassen einräumen. Allerdings gehen Branchenbeobachter davon aus, dass die Preisunterschiede auch durch üppige Rabatte nicht auszugleichen sind.

Was Arzneien in Nachbarstaaten kosten

Der Grund für die vergleichsweise hohen Preise liegt in Deutschland, dem größten Arzneimittelmarkt Europas: In fast allen anderen EU-Staaten werden die Preise staatlich reguliert. In einigen Ländern werden die Kosten durch einen internationalen Vergleich festgelegt. Die hohen Preise in Deutschland heben den Durchschnitt – weshalb die Pharmaindustrie in mehrfacher Hinsicht von dem ungezügelten Preiswettbewerb hierzulande profitiert.

Arzneimittelsparpaket beschlossen

Der Bundestag hat am Donnerstag (11.11.2010) das Arzneimittelsparpaket beschlossen. Damit will Gesundheitsminister Philipp Rösler (FDP) die seit Jahren stark steigenden Arzneimittelausgaben unter Kontrolle bekommen und dauerhaft rund zwei Milliarden Euro pro Jahr sparen. Unter anderem ist vorgesehen, neue Medikamente systematisch daraufhin zu prüfen, ob sie wirklich einen Zusatznutzen bringen und einen höheren Preis rechtfertigen. Ist dies nicht der Fall, soll ein Preisdeckel gelten. Selbst wenn neue Medikamente tatsächlich besonders nützlich sind, sollen Krankenkassen den Preis mit dem Hersteller aushandeln dürfen.

Rösler hatte vor der Abstimmung das Maßnahmenbündel noch einmal verteidigt. Es zeige die Entschlossenheit der schwarz-gelben Koalition. Der SPD-Gesundheitsexperte Karl Lauterbach sprach hingegen von einer Mogelpackung. Auch die Linke beklagte, das Sparpaket lasse der Pharmaindustrie viele Schlupflöcher zur Gewinnmaximierung.

Quelle gekürzt: www.heute.de, 11.11.2010 – von Ulrich Reitz

Unfallversicherung

Versicherungsträger der **Unfallversicherung** sind die nach Gewerbezweigen gegliederten Berufsgenossenschaften oder die Gemeindeunfallversicherungsverbände.

Die gesetzliche Unfallversicherung erfasst alle Arbeitnehmer, die in einem Arbeits-, Dienst- oder Ausbildungsverhältnis stehen.

Aufgaben: Unfälle verhüten, Rehabilitation gewährleisten, finanziell sichern

Weiterhin sind auch Kinder während des Kindergartenbesuches, Schüler während des Schulbesuches, gleichgültig ob allgemein- oder berufsbildende Schule, Studenten an Hochschulen sowie Personen, die bei Unfällen Hilfe leisten und selbst verunglücken, unfallversichert.

Der Versicherungsschutz bezieht sich auf alle Betriebsunfälle und Berufskrankheiten. Dazu gehören auch Unfälle, die auf **direktem Wege** zu und von der Arbeitsstelle bzw. Berufsschule geschehen.

Leistungen, Beiträge

Im Einzelnen gewährt die Unfallversicherung folgende Leistungen:

- Unfallverhütung
- Heilbehandlung
- Verletztengeld
- Berufshilfe (Arbeitsvermittlung, Umschulung)
- Pflege oder Pflegegeld
- Verletztenrente
- Rente an Hinterbliebene
- Sterbegeld

Unfälle in Zahlen

Risiko am Arbeitsplatz

Arbeits- und Wegeunfälle in Deutschland

	2008	2009	Veränderung von 2008 auf 2009 in Prozent
Meldepflichtige			
Arbeitsunfälle	971.620	886.122	– 8,80
Wegeunfälle	176.608	178.590	– 9,31
zusammen:	1.448.228	1.064.712	– 7,27
Neue Unfallrenten			
Arbeitsunfälle	16.823	16.590	– 1,39
Wegeunfälle	5.629	5.944	+ 5,60
zusammen:	22.452	22.534	+ 0,37
Tödliche			
Arbeitsunfälle	572	456	–20,28
Wegeunfälle	458	362	–20,96
zusammen:	1.030	818	–20,58

Quelle: www.dgnr.de

Im Gegensatz zu den anderen Sozialversicherungszweigen trägt die Beiträge zur Unfallversicherung **allein der Arbeitgeber.**

Sie richten sich nach der Jahreslohnsumme der Betriebsangehörigen, nach dem Grade der Unfallgefahr (Gefahrenklasse) des betreffenden Berufszweiges und der Inanspruchnahme der Leistungen im vergangenen Jahre.

Die Höhe der Beiträge wird jährlich festgesetzt.

Bei Betrieben mit nicht mehr als 5 Beschäftigten können Pauschalbeträge erhoben werden.

Pflichten der Unfallversicherten

- Unfallverhütungsvorschriften beachten
- Arbeitsunfälle unverzüglich melden
- Unfallzeugen müssen gegenüber zuständigen Behörden wahrheitsgetreu über Ursache und Hergang des Unfalles aussagen
- Ärztlich angeordneten Maßnahmen ist Folge zu leisten

Rentenversicherung

Aufgabe der gesetzlichen **Rentenversicherung** ist die **Versorgung der Versicherten im Alter,** bei Berufs- und Erwerbsunfähigkeit sowie die Versorgung der Hinterbliebenen.

Durch die Dynamisierung der Renten, d.h. durch die regelmäßige Anpassung der Renten an die Lohnentwicklung, soll das Rentenniveau der Lohn- und Preisentwicklung angepasst werden, um ein starkes Nachhinken der Rentenkaufkraft zu verhindern.

Mit der im Jahr 2005 in Kraft getretenen Organisationsreform wurde die Unterscheidung zwischen Arbeitern und Angestellten zugunsten eines einheitlichen Versichertenbegriffs aufgegeben.

Die **Träger** der **gesetzlichen Rentenversicherung** treten nun einheitlich als

- »**Deutsche Rentenversicherung**« auf.

Die **BfA** firmiert künftig zusammen mit dem **Verband Deutscher Rentenversicherungsträger** als

- **»Deutsche Rentenversicherung Bund«.**

Bundesknappschaft, Seekasse und **Bundesbahnversicherungsanstalt** wurden zur

- **»Deutsche Rentenversicherung Knappschaft-Bahn-See«.**

Neben diesen beiden Bundesträgern gibt es noch die Regionalträger, die bisherigen Landesversicherungsanstalten. Bei ihnen wird »Deutsche Rentenversicherung« um die regionale Bezeichnung ergänzt. Die bisherigen Bezeichnungen sind 2005 weggefallen.

Wie bei der Krankenversicherung, setzt sich der versicherte Personenkreis der Rentenversicherung aus gesetzlich Versicherungspflichtigen und freiwillig Versicherten zusammen.

Versicherungspflichtig sind alle Arbeiter, Angestellte und Auszubildende (ohne Rücksicht auf Verdiensthöhe), die aufgrund eines Arbeits-, Dienst- oder Berufsausbildungsverhältnisses beschäftigt werden. Hinzu kommen Personen, die Wehr- oder Zivildienst bzw. ein freiwilliges soziales Jahr ableisten, sowie Entwicklungshelfer. Ferner sind Personen mit arbeitnehmerähnlichem Status pflichtversichert, z.B. Seelotsen, Hausgewerbetreibende, Artisten. Selbstständige Handwerker sind dann versicherungspflichtig, wenn sie in die Handwerksrolle eingetragen sind. Sie können jedoch nach 216 Beitragsmonaten (= 18 Jahre) entscheiden, ob sie sich freiwillig weiterversichern wollen.

Träger, Personenkreis, Leistungen

Freiwillig versichern können sich Selbstständige. Freiwillig weiterversichern können sich aus dem Berufsleben ausgeschiedene Personen, z.B. Hausfrauen, um ihre Rentenansprüche zu erhalten. Ferner ist eine freiwillige Höherversicherung möglich. Der Nachteil der freiwilligen Versicherung liegt darin, dass der volle Versicherungsbeitrag vom Versicherten allein getragen werden muss.

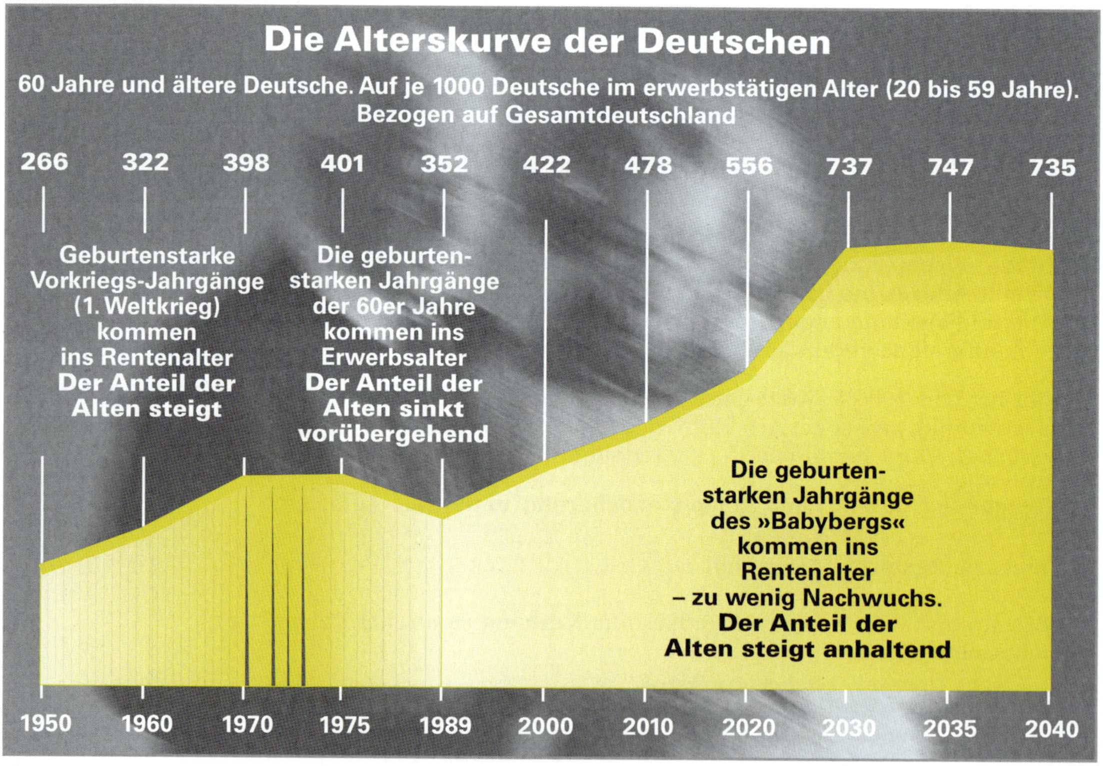

Die Rentenversicherung gewährt folgende **Leistungen:**

- **Gesundheitsmaßnahmen** zur Erhaltung, Besserung und Wiederherstellung der Erwerbsfähigkeit, Berufsförderung und soziale Betreuung.
- **Altersruhegeld**

  Arbeitnehmer müssen ab 2012 länger arbeiten, bis sie in Rente gehen können. Vor dem Hintergrund der weiter steigenden Lebenserwartung und sinkender Geburtenzahlen wurde eine stufenweise Anhebung der Regelaltersgrenze von 65 Jahren auf 67 Jahre beschlossen.

➤ Erwerbsminderungsrente

Erwerbsminderungsrente (früher Erwerbsunfähigkeitsrente) ist dann gegeben, wenn der Versicherte eine Erwerbstätigkeit nicht mehr regelmäßig ausüben kann.

Auch bei der Erwerbsminderungsrente sieht der Gesetzentwurf parallel zu der Anhebung der Regelaltersgrenze Rechtsänderungen vor. Bei der Erwerbsminderungsrente soll die Altersgrenze für den abschlagsfreien Rentenbeginn, die heute beim vollendeten 63. Lebensjahr liegt, grundsätzlich ebenfalls um 2 Jahre auf das vollendete 65. Lebensjahr angehoben werden.

Wer die Erwerbsminderungsrente dann mit 64 Jahren in Anspruch nimmt, hat einen Rentenabschlag von 3,6 Prozent, mit 63 Jahren von 7,2 Prozent und ab dem 62. Lebensjahr und jünger den Höchstabschlag von 10,8 Prozent.

➤ Witwen- und Waisenrente

Verwitwete Ehegatten und Waisen erhalten Hinterbliebenenrente, wenn der verstorbene Versicherte mindestens 5 Jahre Versicherungszeit hat. Die Witwenrente beträgt 55% der Versicherungsrente; vor dem 45. Lebensjahr 2/3 der vollen Witwenrente. Ferner werden Waisenrente (Vollwaisen- und Halbwaisenrente) sowie Kinderzuschuss bis zum 18. Lebensjahr (bei Berufsausbildung und Gebrechlichkeit bis zum 25. Lebensjahr) gewährt.

Die Anhebung der Regelaltersgrenze wirkt sich auch auf die Witwen- bzw. Witwerrente aus.

Analog zur Regelaltersrente erhöht sich auch das Alter für den Bezug der Witwen- beziehungsweise Witwerrente. Die Altersgrenze wird abhängig vom Todesjahr des Versicherten, ab dem Jahr 2012 beginnend stufenweise vom 45. auf das 47. Lebensjahr angehoben. Die Stufen der Anhebung sollen zunächst einen Monat pro Jahr (45 bis 46) und dann 2 Monate pro Jahr (46 bis 47) betragen. Für Todesfälle ab dem Jahr 2029 gilt die Altersgrenze 47 Jahre für die große Witwen- beziehungsweise Witwerrente.

Die **Pflichtbeiträge** werden je zur Hälfte von Arbeitgeber und Arbeitnehmer aufgebracht. Der Beitragssatz beträgt zur Zeit (2011) 19,9% des Bruttoarbeitsverdienstes der jährlich neu festzulegenden Beitragsbemessungsgrenze. Die Beitragsbemessungsgrenze beträgt 2011 in den neuen Bundesländern 4800,00 € (alte Bundesländer 5550,00 €). Monatliche Einkommen, die über der Beitragsbemessungsgrenze liegen, sind nicht versicherungspflichtig.

Umstellung startet mit Jahrgang '47

Das Rentenalter wird schrittweise auf 67 Jahre erhöht

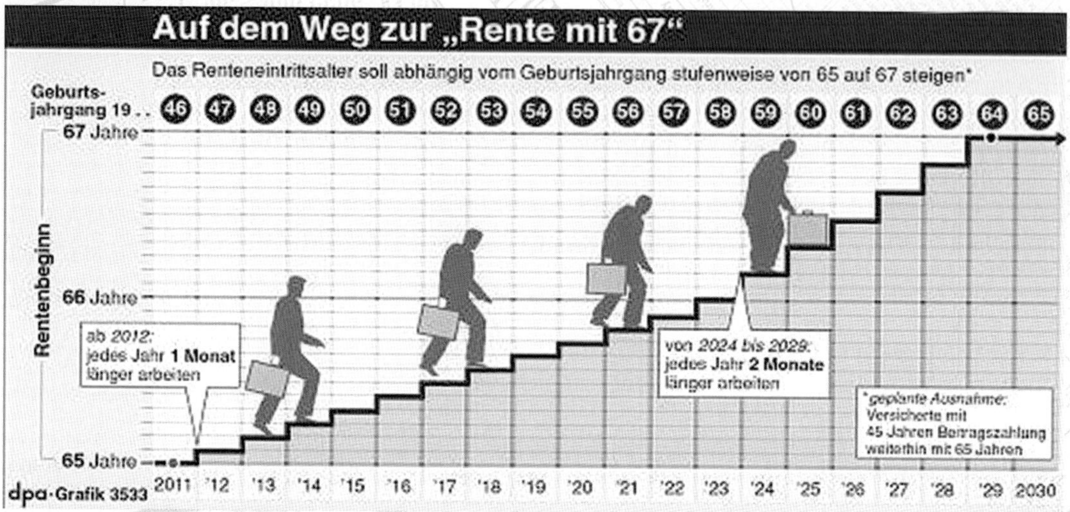

dpa Berlin. Nun hat auch der Bundesrat der Rente mit 67 und der Beschäftigungsinitiative 50 plus zugestimmt. Nachfolgend ein Überblick über das Gesamtkonzept:

■ **Regelaltersgrenze:** Von 2012 an steigt das gesetzliche Renteneintrittsalter für die abschlagfreie Rente schrittweise auf 67 Jahre. Die Umstellung beginnt mit dem Geburtsjahrgang 1947, der bis zur vollen Rente einen Monat länger arbeiten soll. Der Geburtsjahrgang 1964 ist dann der erste Jahrgang, für den das neue Rentenalter 67 gilt. Die 2012 beginnende Anhebung vollzieht sich bis 2023 (Geburtsjahrgang 1958) in Monatsschritten, danach bis 2029 in Zwei-Monatsschritten.

■ **Ausnahmen:** Wer 45 Jahre Beiträge bezahlt hat, soll mit 65 Jahren ohne Abschläge in Rente gehen können. Bei den Beitragszeiten zählt Kindererziehung bis zum 10. Lebensjahr des Kindes mit. Allerdings kommt derzeit nur der kleinere Teil der Beschäftigten auf 45 Beitragsjahre: Bei den Männern waren es zuletzt 28 Prozent, bei den Frauen knapp 4 Prozent.

■ **Abschläge:** Wer 35 Versicherungsjahre vorweisen kann, soll ab 63 in Rente gehen können – muss dafür aber Abschläge in Kauf nehmen: 0,3 Prozent für jeden Monat, den man vor der gesetzlichen Regelaltersgrenze aufhört.

■ **Erwerbsminderungsrenten:** Wer aus gesundheitlichen Gründen nur eingeschränkt arbeiten kann, erhält maximal 10,8 Prozent Abschlag. Er kann als Erwerbsgeminderter weiter mit 63 Jahren abschlagfrei in Rente gehen, aber erst nach 35 Beitragsjahren. Nach 2023 sind 40 Beitragsjahre erforderlich.

■ **Altersrente für Schwerbehinderte mit 35 Versicherungsjahren:** Auch hier wird das Eintrittsalter stufenweise angehoben von 63 auf 65 Jahre. Wer Abschläge in Kauf nimmt, kann als Schwerbehinderter mit 62 in Ruhestand gehen.

■ **Witwenrente:** Die Altersgrenze für Witwenrenten wird von 45 auf 47 Jahre angehoben.

■ **Beitragsatz:** Ziel der Reform ist es, den Beitragssatz zur Rentenversicherung – seit Jahresbeginn 19,9 Prozent – trotz zunehmender Alterung der Gesellschaft bis 2020 nicht über 20 Prozent und bis 2030 nicht über 22 Prozent steigen zu lassen.

■ **Initiative 50 Plus:** Sie soll die Rente mit 67 flankieren und Älteren bessere Beschäftigungschancen geben. Vorgesehen ist ein Kombilohn, der älteren Arbeitslosen die Lohn-Differenz bei Annahme einer schlechter bezahlten Stelle im ersten Jahr zur Hälfte, im zweiten zu 30 Prozent ausgleicht. Rentenbeiträge werden auf 90 Prozent des früheren Wertes aufgestockt. Hinzu kommen Eingliederungszuschüsse von 30 bis 50 Prozent für Arbeitgeber, wenn sie Arbeitslose einstellen und mindestens ein Jahr beschäftigen.

Böhme-Zeitung, Soltau, 31.03.2007

Rentensysteme im Vergleich

Wer muss am längsten arbeiten?

- In Frankreich protestierten viele Menschen dagegen, dass sie zwei Jahre länger arbeiten sollen und erst mit 62 Jahren in Rente gehen können.
- In Deutschland regt sich neuer Widerstand gegen die bereits beschlossene Anhebung des Renteneintrittsalters von 65 auf 67 Jahre.
- Andere Länder planen ähnliche Schritte oder setzten sie bereits um.

Hintergrund der Änderungen ist der demografische Wandel:
Die Menschen werden immer älter.
Gleichzeitig werden aber immer weniger Kinder geboren.
Dadurch müssen junge Arbeitskräfte mit ihren Beiträgen immer mehr Menschen im Ruhestand mitfinanzieren.
Trotz des vergleichbaren Grundproblems unterscheiden sich die Rentensysteme international teilweise erheblich.

Einen Überblick erhalten Sie auf der folgenden Seite:

Renteneintrittsalter und Rentensystem

	gesetzliches Eintrittsalter tatsächliches Eintrittsalter	Beitragsjahre für vollen Rentensatz	Rentensystem
Deutschland	• 65, ab 2012 schrittweise Anhebung auf 67 • Männer: 62,1/Frauen: 61,0	Nach Anhebung auf 67 gilt: Wer 45 Jahre Beiträge gezahlt hat, kann weiter ohne Abzug mit 65 in Rente gehen	verdienstabhängige Rente
USA	• 66, Anhebung auf 67 geplant • Männer: 64,6/Frauen: 63,9	kein Konzept einer „vollen" Rente	verdienstabhängige Rente
Japan	• 65 • Männer: 69,5/Frauen: 66,5	40	Grundrente + verdienstabhängige Zusatzrente
Groß-britannien	• Männer: 65/Frauen: 60 bis 2020 für alle 65 • Männer: 63,2/Frauen: 61,9	kein Konzept einer „vollen" Rente	Grundrente + verdienstabhängige Zusatzrente
Kanada	• 65 • Männer: 63,3/Frauen: 61,9	40	Grundrente + verdienstabhängige Zusatzrente
Frankreich	• 60, Anhebung auf 62 geplant • Männer: 58,7/Frauen: 59,5	40,5, bis 2012 Anhebung auf 41 alternativ: bei Erreichen des 65. Lebensjahres	verdienstabhängige Rente + obligatorische betriebliche Altersvorsorge + soziale Grundrente
Italien	• Männer: 65/Frauen: 60 • Männer: 60,8/Frauen: 60,8	40	verdienstabhängige Rente
Spanien	• 65 • Männer: 61,4/Frauen: 63,1	35	verdienstabhängige Rente
Polen	• Männer: 65/Frauen: 60 • Männer: 61,4/Frauen: 57,7	kein Konzept einer „vollen" Rente	verdienstabhängige Rente
Schweden	• 61 • Männer: 65,7/Frauen: 62,9	kein Konzept einer „vollen" Rente	verdienstabhängige Rente + obligatorische betriebliche Altersvorsorge
Niederlande	• 65 • Männer: 61,6/Frauen: 61,3	volle Rente bei ununterbrochener Versicherung zwischen der Vollendung des 15. u. 65. Lebensjahres	Grundrente + verdienstabhängige betriebliche Altersvorsorge

Quelle: OECD

Sozialverband kritisiert niedrige Rentenerhöhung

Die Präsidentin des Sozialverbandes VdK, Ulrike Mascher, fordert, dass Renten im gleichen Maße wie Löhne steigen sollten. „Löhne und Renten müssen sich wieder im Gleichschritt bewegen. Es ist falsch, Rentenpolitik allein unter dem Gesichtspunkt der Beitragssatzstabilität zu betreiben“, sagte Mascher den Dortmunder „Ruhr Nachrichten“. Die für 2011 angekündigte Rentenerhöhung um ein Prozent sei im Vergleich zur Lohnentwicklung zu niedrig: „Wenn die Gehälter um drei Prozent steigen, kommt bei den Rentnern gerade mal ein Prozent an“, sagte die Vdk-Präsidentin dem Blatt. Den Grund für den niedrigen Rentenanstieg erwähnte sie allerdings nicht.

Rentengarantie greift bei rückläufigen Löhnen

Die noch von der großen Koalition beschlossene Rentengarantie verhindert, dass die Altersbezüge wegen rückläufiger Löhne sinken. Auch in diesem Jahr gab es eine Nullrunde bei der Rente, obwohl die Löhne im Jahr 2009 gesunken waren. Zum Ausgleich für diese Rentengarantie werden aber Rentenerhöhungen ab dem kommenden Jahr nur teilweise ausbezahlt.

Rente mit 67 ist Kürzungsprogramm

Mascher wandte sich außerdem gegen die Rente mit 67: „Bei den 63-jährigen haben nur wenig mehr als neun Prozent eine Beschäftigung. Die schrittweise Einführung der Rente mit 67 ab dem Jahr 2012 wäre ein Kürzungsprogramm“, erklärte Mascher.

Quelle:http://altersvorsorge-rente.t-online.de

»Riester«-Rente

Das Fundament der staatlichen Rentenversicherung ist stark ins Wanken geraten. Zu wenige Erwerbstätige müssen für zu viele Rentner arbeiten. Geburtenrückgang, steigende Lebenserwartung und vorzeitiger Ruhestand haben die Finanzgrundlage der gesetzlichen Rentenversicherung erschüttert. Ausweg aus diesem Dilemma kann die sogenannte **»Riester«-Rente** bieten.

Eine zusätzliche private Altersversorgung wird vom Staat gefördert. So erhält jeder seit 2002 finanzielle Unterstützung, der mindestens 1 % seines rentenversicherungspflichtigen Einkommens für das Rentenalter anspart. Alle zwei Jahre erhöht sich die Sparleistung um einen Prozentpunkt, bis sie bei dauerhaften 4 % liegt. In der Endstufe wird der Staat den Aufbau der privaten zusätzlichen Altersvorsorge mit rund 10 Mrd. € jährlich fördern.

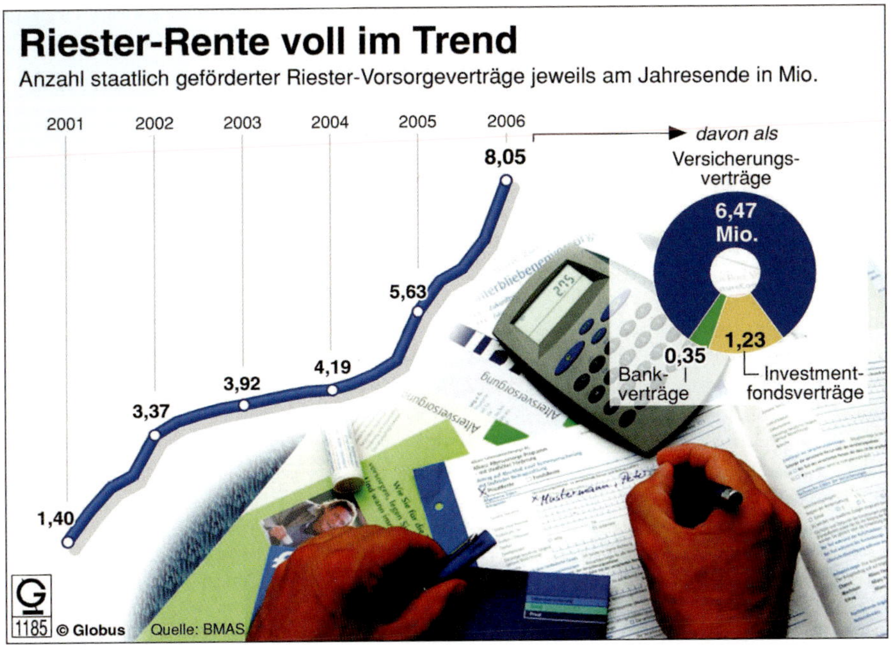

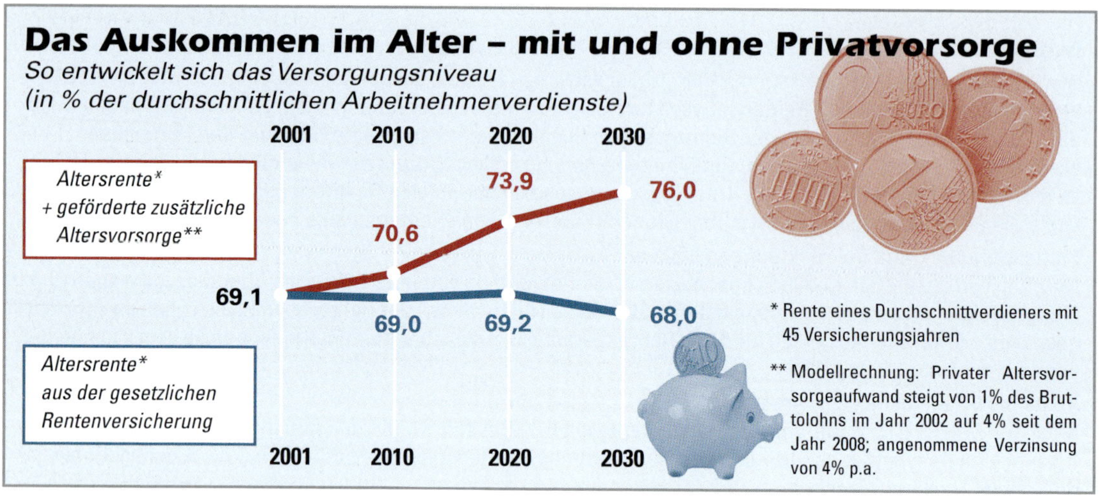

Die richtige Altersvorsorge finden

Lebensversicherungen bringen wenig Rendite – Vertragsauflösungen sind schwierig – Riester- und Rürup-Rente als Alternative

Die staatliche Rente ist nicht mehr sicher. Wer im Ruhestand nicht von Geldsorgen geplagt werden will, muss zusätzlich sparen. Welches der zahlreichen Anlageangebote für Sie richtig ist, sollten Sie vorher genau überlegen.

Wichtigstes Kriterium bei der Entscheidung für eine Absicherung im Alter ist die eigene Lebensvorstellung. Die Grundfrage lautet: Wofür lege ich das Geld an? Wer zum Beispiel den Kauf einer Immobilie plant, sollte keine Versicherung abschließen, raten Verbraucherschützer. Eine vielleicht erforderliche Vertragsauflösung könnte problematisch werden. Das trifft auch bei Arbeitslosigkeit zu.

Wenn ich garantiert nicht auf das Geld zugreifen muss und lange Zeit zum Ansparen habe, dann ist eine Lebensversicherung eventuell die richtige Vorsorge. Im Gespräch mit Versicherungsvertretern sollte man deshalb die eigenen Bedürfnisse klarmachen und das Produkt darauf abstimmen.

Zu den Vorsorge-Alternativen zählen Riester- und Rürup-Rente, Fondsanlagen oder Betriebsrenten. Sie sind zwar häufig erst ab dem 60. Lebensjahr verfügbar. Dafür winken staatliche Zuschüsse und Steuervorteile. Sinnvoll kann allerdings eine Risikolebensversicherung sein, die den Hinterbliebenen zugute kommt.

Eine Kapitallebensversicherung bezieht den Todesfall zulasten der Vorsorge mit ein. Ein Teil der Beiträge wird für das Todesfallrisiko gezahlt, ein anderer für die Verwaltungskosten des Versicherers. Für den Versicherten wird nur der Rest angespart. Das Ergebnis ist eine schlechte Rendite, weil diese lediglich auf das tatsächlich angesparte Kapital geleistet wird. Generell gilt: Die Kosten für Verwaltung und Vertreterprovision variieren mit der Beitragshöhe. Günstige und renditestarke Versicherungen sind nach den Erfahrungen der Experten nicht unbedingt unter den Großen der Branche zu finden. Diese sind aber kapitalstark; die Bonität eines Unternehmens sollte in die Überlegungen einfließen. Wegen bescheidener Renditen bescheinigt auch Stefan Albers, Vorstandsmitglied des Bundesverbandes der Versicherungsberater, der Lebensversicherung als Kapitalanlage einen begrenzten Nutzen. Erwischt ein Kunde eine mit lediglich ein bis zwei Prozent verzinste Versicherung, besteht sogar die Gefahr, dass das Kapital von der Inflation aufgefressen wird. Albers bevorzugt eine Rentenversicherung ohne Todesfallschutz. Im Unterschied zu dem auf einen Schlag ausbezahlten Kapital wird »die Rentenversicherung als monatliche Leibrente gezahlt«. Die Leibrente muss allerdings versteuert werden; derzeit sind es 18% auf 100 Euro. Auch bei Auszahlung des Kapitals kassiert der Fiskus mit.

Stellen Sie im Beratungsgespräch mit einem Versicherungsvertreter eigene Bedürfnisse in den Mittelpunkt. *Foto: Ullstein*

Möchte jemand seine eingezahlten Beiträge wieder herausbekommen, muss er Berechnungen des Koblenzer Finanzwissenschaftlers Heinrich Bockholt zufolge ein Alter von mindestens 90 Jahren erreichen. Ansonsten geht die Versicherungsgesellschaft aus dieser »Wette mit dem Tod« als Gewinner hervor. Wer eine solche Wette nicht eingehen mag, sollte sich ein Produkt mit Kapitalwahlrecht aussuchen. "Bei Fälligkeit entscheide ich, wie das Geld ausbezahlt wird", sagt Stefan Albers.

Grundsätzlich sieht er Lebensversicherungen kritisch. Im Vergleich zu Aktien und anderen Anlageformen sind sie zwar bequem, weil man sich nicht kümmern muss. Die Trägheit zahlt man später aber mit abgespeckter Rendite.

Monika Hillemacher, Rhein-Zeitung vom 10.04.2007

Vorsorge lohnt

Dass die gesetzliche Rentenversicherung nur eine minimale Grundversorgung bietet, hat sich mittlerweile herumgesprochen. Daher fördert der Staat auch die private Vorsorge. Denn schon im Jahre 2020 entwickelt sich die Versorgungsschere eines durchschnittlichen Arbeitnehmerverdienstes mit und ohne Privatvorsorge immens auseinander. Nur zehn Jahre später im Jahre 2030 muss ein gleich gestellter Arbeitnehmer mit 68% Altersrente auskommen, während sein Kollege mit der zusätzlichen privaten Altersvorsorge 76% zur Verfügung hat.

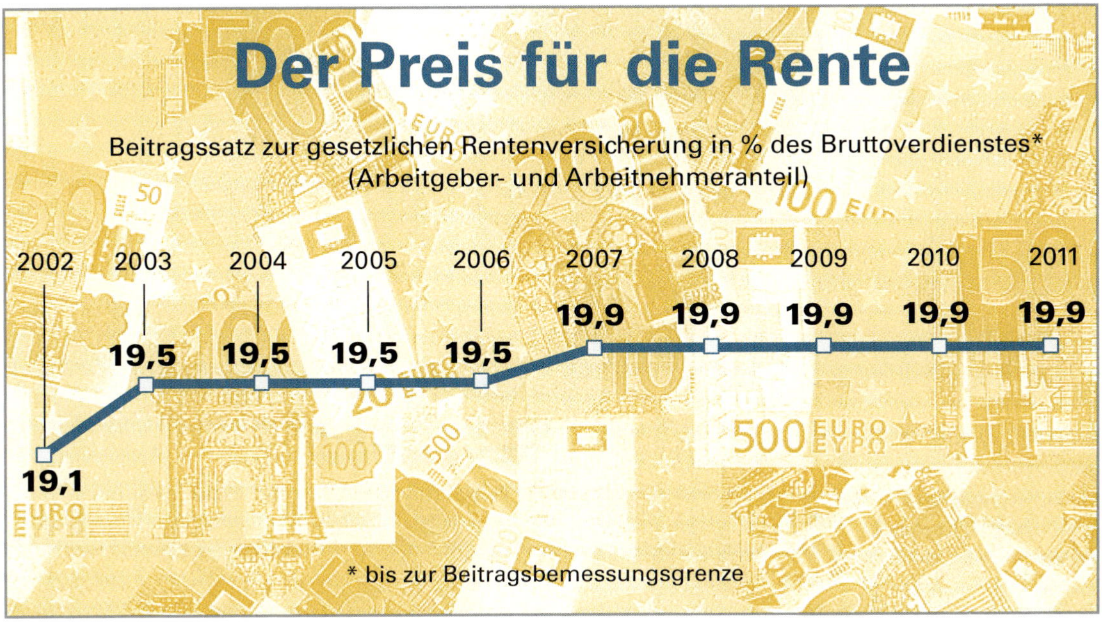

Mit der neuen Rente haben die Arbeitnehmer erstmals beim Aufbau einer zusätzlichen **Eigenvorsorge** Anspruch auf staatliche Unterstützung. Wer selber etwas tut, wird später eine höhere Rente bekommen als die heutigen Ruheständler.

Förderung: Pflichtmitglieder der gesetzlichen Rentenversicherung

Gefördert werden Verträge, an die der Staat zum Schutz der Verbraucher bestimmte Anforderungen stellt. Solche zertifizierten Verträge liegen seit 2002 vor. Wer einen zertifizierten Vertrag abgeschlossen und ausreichend eigene Beiträge geleistet hat, erhält von der Zulagenstelle die volle Förderung für seine Altersvorsorge. Die Zulagen sind unabhängig vom jeweiligen Einkommen.

Die Altersvorsorgezulage wird in Abhängigkeit zu den geleisteten Zahlungen in Form einer Grundzulage und gegebenenfalls zuzüglich einer Kinderzulage gewährt.

Ab	Alleinstehende	Ehepaare	je Kind
2002	38,00 €	76,00 €	46,00 €
2004	76,00 €	152,00 €	92,00 €
2006	114,00 €	228,00 €	138,00 €
2008	154,00 €	308,00 €	185,00 €

Die Kindergeldzulage wird ab dem Kalenderjahr nicht mehr gewährt, in dem der Anspruchsberechtigte in keinem Monat mehr Kindergeld für das jeweilige Kind bekommt.

Die oben genannten Zulagen werden jedoch gekürzt, wenn der Anleger nicht den so genannten Mindesteigenbeitrag leistet. Der Mindestbeitrag, den ein Anleger aufwenden sollte, richtet sich nach einem Prozentsatz vom Bruttoarbeitslohn des Vorjahres.

Die Prozentsätze betragen:

in den Jahren 2002 und 2003	1%
in den Jahren 2004 und 2005	2%
in den Jahren 2006 und 2007	3%
ab dem Jahr 2008 jährlich	4%

Der notwendige Mindestbetrag ist aber auch nach oben begrenzt, und zwar:

in den Jahren 2002 und 2003	525,00 €
in den Jahren 2004 und 2005	1050,00 €
in den Jahren 2006 und 2007	1575,00 €
ab dem Jahr 2008 jährlich	2100,00 €

Beispiel

Der ledige Tischlergeselle hat im Jahr 2003 einen Bruttolohn von 35000,00 €. Der Mindestbetrag ist 1% von 35000,00 € = 350,00 €. Abzüglich der Grundzulage von 38,00 € ergibt sich eine Mindesteigenleistung in Höhe von 312,00 €.

Arbeitslosenversicherung

Durch den Wandel einzelner Wirtschaftszweige oder eines gesamten Wirtschaftsgefüges (Strukturwandel) und auf Grund veränderter wirtschaftlicher Rahmenbedingungen entsteht die so genannte **strukturell bedingte Arbeitslosigkeit.**

Dies kann beispielsweise durch ausländische Konkurrenten geschehen, die wettbewerbsfähiger geworden sind oder durch Verhaltens- und Geschmacksänderungen der Verbraucher ursächlich sein.

Unter **konjunkturell bedingter Arbeitslosigkeit** versteht man ein zu langsames Wachsen der Wirtschaft, das allen Arbeitssuchenden in dieser Situation keine Beschäftigungsmöglichkeiten bietet. Tarifvertragsparteien und Regierungen müssen daher verantwortungsbewusst reagieren.

Aufgabe der **Arbeitslosenversicherung** ist es, den Versicherten vor Arbeitslosigkeit durch Arbeitsvermittlung zu schützen sowie bei unfreiwilliger Arbeitslosigkeit zu unterstützen und in besonderen Fällen Berufsumschulung zu gewähren.

Träger, Personenkreis

Versicherungsträger der Arbeitslosenversicherung ist die Bundesagentur für Arbeit in Nürnberg. Versicherungspflicht besteht grundsätzlich für alle Arbeiter, Angestellten und Auszubildenden ohne Rücksicht auf Verdiensthöhe.

Die Bundesagentur für Arbeit ist vor Jahren durch Arbeitsmarktreformen zu einem modernen Dienstleister am Arbeitsmarkt umgebaut worden. Dies wurde durch neue Strukturen und Vereinfachungen im Leistungsrecht sowie in einer effizienteren Vermittlung umgesetzt. Dabei regeln die Gesetze Hartz III und IV den Umbau der Bundesagentur für Arbeit und die Zusammenlegung von Arbeitslosen- und Sozialhilfe zum Arbeitslosengeld II.

Damit wurden das Nebeneinander von zwei unterschiedlichen Systemen abgeschafft und erwerbsfähige Sozialhilfeempfänger in die aktive Arbeitsvermittlung eingebunden.

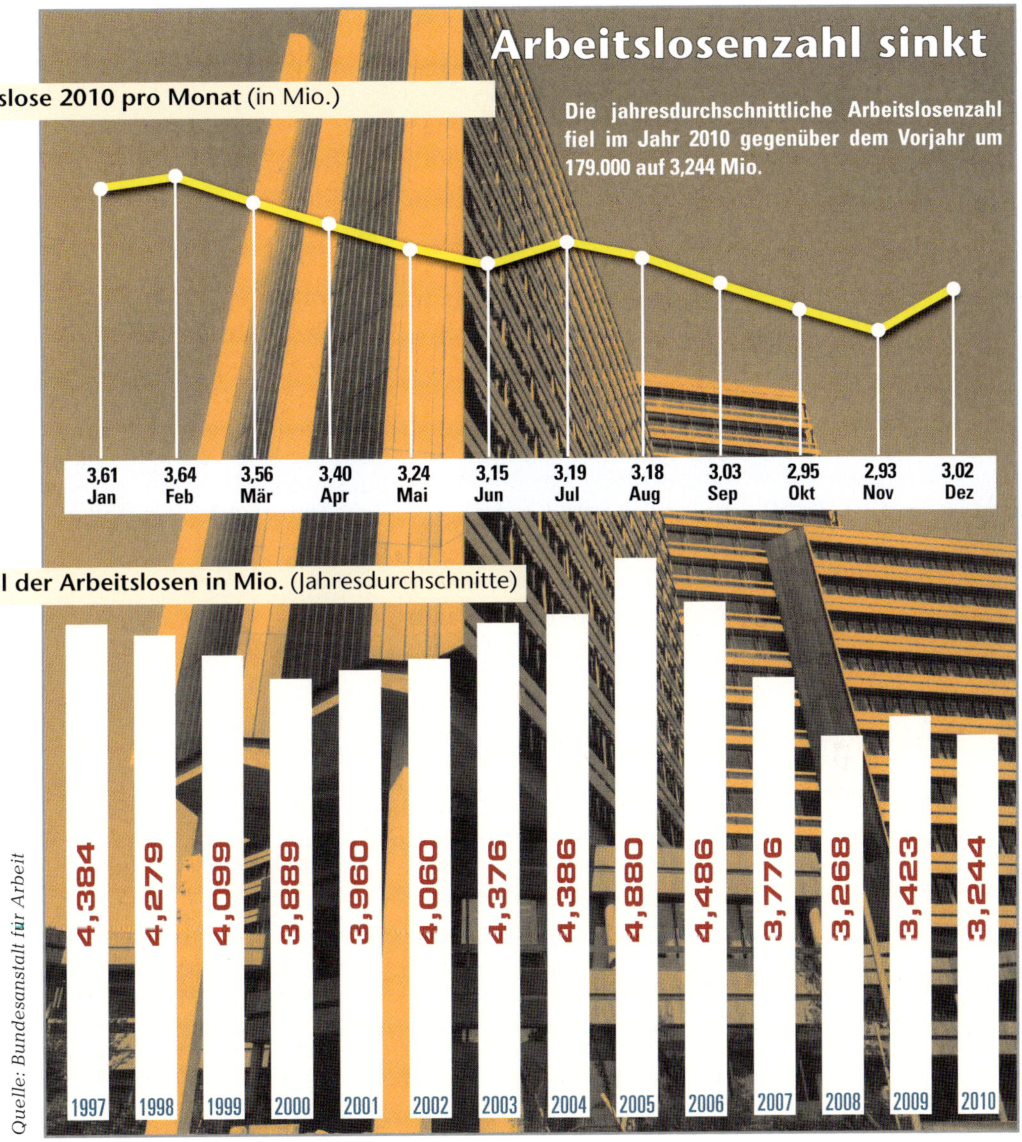

Die Arbeitslosenversicherung gewährt folgende **Leistungen:**

Leistungen

- **Arbeitslosengeld I** (ALG I) ist eine Lohnersatzleistung. Sie erhält jeder, der unfreiwillig arbeitslos, jedoch arbeitsfähig ist. Die Dauer beträgt maximal 1 Jahr, bei über 55-Jährigen höchstens 18 Monate. Die Höhe des ALG I richtet sich nach dem »Bemessungsentgelt«.

  Seit dem 1. Januar 2005 ist das Bemessungsentgelt im Regelfall das im letzten Jahr vor Beginn der Arbeitslosigkeit im Durchschnitt auf einen Tag entfallende, versicherungspflichtige Entgelt. Die Höhe des Arbeitslosengeldes I pro Tag ergibt sich aus der Multiplikation des Leistungsentgeltes mit dem so genannten Leistungssatz (60 – 67%).

Das monatlich auszuzahlende ALG I beträgt das 30-fache des täglichen ALG I.

Beispiel

Familienvater, verheiratet, 1 Kind, Lohnsteuerklasse 3, bisheriges, monatliches,		
beitragspflichtiges Arbeitsentgelt	2000,00 Euro	
wöchentliches Bemessungsentgelt	460,00 Euro	
wöchentliches Leistungsentgelt (Leistungsgruppe C		
Leistungssatz 67%	348,98 Euro	233,73 Euro
Arbeitslosengeld wöchentlich		233,73 Euro
Arbeitslosengeld pro Tag		33,39 Euro
Arbeitslosengeld monatlich		1.001,70 Euro

➤ **Arbeitslosengeld II** (ALG II) ist eine steuerfinanzierte Grundsicherung. ALG II bekommen Langzeitarbeitslose, die in der Regel länger als 1 Jahr arbeitslos, aber erwerbsfähig sind. Das ALG II liegt in aller Regel deutlich unter dem ALG I.

Arbeitslosengeld II erhält, wer bisher Arbeitslosen- oder Sozialhilfe bekommen hat, dessen Arbeitslosengeld I ausläuft und wer seinen Lebensunterhalt oder den des gesamten Haushalts nicht aus eigenen Kräften sichern kann. Das gilt auch für Erwerbstätige mit geringen Einkommen.

Leistungen

Empfänger von Arbeitslosengeld II müssen:

- zwischen 16 und 65 Jahre alt sein,
- täglich mindestens drei Stunden arbeiten können,
- in Deutschland leben.

Sanktionen bei Pflichtverletzungen

Wer Arbeitslosengeld II bezieht und seine Pflichten verletzt, also zum Beispiel eine zumutbare Beschäftigung ablehnt, muss in Zukunft schneller als bisher mit Kürzung des Arbeitslosengeldes rechnen. Das ALG II wird bei der ersten Pflichtverletzung um 30 Prozent gekürzt, bei der zweiten Pflichtverletzung innerhalb eines Jahres um 60 Prozent. Lehnt der Arbeitslose erneut ein Job-Angebot ab, wird das Arbeitslosengeld komplett gestrichen.

Seit 2011 wurde der Regelsatz des Arbeitslosengeldes II um 5 Euro auf nunmehr 364 Euro erhöht, weil zuvor das Bundesverfassungsgericht in Karlsruhe festgestellt hatte, dass der Gesetzgeber die Gesetze zu Hartz IV (Arbeitslosengeld II) bis zum 31.12.2010 nachzubessern hatte. Grund: Die Berechnung der Hartz IV-Regelsätze wurden als verfassungswidrig angesehen, als nicht ausreichend transparent und für den Einzelfall als zu pauschaliert dargestellt.

Die Sozialreform Hartz IV ist die Grundsicherung für Arbeitssuchende (bisherigen Arbeitslosenhilfe- und Sozialhilfeempfänger). Bei der letzten Rentenerhöhung im Juli 2009 stiegen die Hartz-IV-Leistungen von 351 Euro auf 359 Euro monatlich. Schulanfänger aus Hartz-IV-Familien erhielten ab Januar 2009 100 Euro "Schulantrittsgeld" für das 1. Schuljahr.

Seit 2011 stehen insbesondere mehr Mittel für die bessere Bildung der Kinder, zum Beispiel durch Sachleistungen, zu Verfügung. Von dieser Änderung profitieren auch schulpflichtige Kinder. Das so genannte Bildungspaket sieht vor, dass für Kinder besondere Sach- und Dienstleistungen bereitgestellt werden.

Sachleistungen für Hartz-IV-Familien:

Kinder bekommen Bildung statt Geld

Bund und Länder einigen sich: Arme Kinder sollen Schulmittagessen und Nachhilfe finanziert bekommen statt höherer Geldzahlungen. Die Bildungs-„Chipkarte" bleibt aber umstritten.

VON BARBARA DRIBBUSCH

BERLIN Kinder aus Familien im Hartz-IV-Bezug sollen künftig für ihren Bildungsbedarf Sachleistungen bekommen und keine höheren Geldzahlungen. Darauf verständigten sich am Freitag nach Angaben von Bundesarbeitsministerin Ursula von der Leyen (CDU) mehrheitlich die Vertreter von Bund, Ländern und Gemeinden bei einem Gespräch in Berlin.

Zur „Bildungs-Chipkarte" gehen die Meinungen aber auseinander. Von der Leyen möchte im Laufe des kommenden Jahres in Modellregionen eine „Bildungs-Chipkarte" für Kinder aus Hartz-IV-Familien einführen. Darüber sollen dann etwa Ausgaben für Nachhilfeunterricht, Schulmittagessen und Sportförderung abgerechnet werden.

Die SPD-Sozialminister der Länder unterstützen zwar auch Sachleistungen, fordern aber mehr Hilfe für die bereits vorhandenen Angebote. Statt einer „Chipkarte" wäre es besser, wenn der Bund beispielsweise Geld für die Kinder aus Hartz-IV-Familien an die Länder weiterreiche, damit diese vor Ort ein kostenloses Mittagessen für diese Schüler anbieten können, sagte Malu Dreyer, SPD-Sozialministerin in Rheinland-Pfalz. Auf dieser Linie liegt auch Bayerns Sozialministerin Christine Haderthauer (CSU).

Hintergrund der Debatte ist ein Urteil des Bundesverfassungsgerichtes vom Februar. Danach sollen die Regelsätze für Kinder aus Familien, die Arbeitslosengeld II beziehen, neu errechnet und insbesondere der Bildungsbedarf und die soziale Teilhabe berücksichtigt werden. Die Berechnungen auf Grund der Einkommens- und Verbrauchsstichprobe liegen im September vor, im Oktober soll ein Gesetzentwurf kommen, der den Bedarf berücksichtigt. Auf jeden Fall ergebe sich aus dem Urteil ab 1. Januar ein Rechtsanspruch dieser Kinder auf mehr Bildungsförderung, bestätigte von der Leyen.

Im Bundeshaushalt sind für die neuen Leistungen 480 Millionen Euro im Jahr eingestellt. Bezogen auf die 1,8 Millionen Kinder im Hartz-IV-Bezug wären das nur 22 Euro pro Kind im Monat.

Welche Kinder dann Förderung bekommen und wer darüber befindet, ist noch nicht geklärt. Nach dem Konzept von der Leyens sollen die Schulen in Zusammenarbeit mit den Jobcentern darüber entscheiden, ob ein Kind im Hartz-IV-Bezug Nachhilfeunterricht erhält oder nicht.

www.taz.de, 30.08.2010

- **Sozialgeld** (Sozialhilfe) bekommt, wer nicht erwerbsfähig ist und in einer Bedarfsgemeinschaft mit Empfängern von Arbeitslosengeld II lebt. Das sind vor allem minderjährige Kinder. Das Sozialgeld ist ebenso hoch wie das des Arbeitslosengeld II. Alle anderen erhalten weiter Sozialhilfe. Deren Regelsätze und weitere Leistungen sind an die von ALG II/Sozialgeld angeglichen.
- **Kurzarbeitergeld,** wenn der Betrieb zur Kurzarbeit gezwungen ist. Dauer: längstens 6 Monate. Höhe: Für Arbeitnehmer mit mindestens einem Kind 67%, für die übrigen Arbeitnehmer 60% der Nettoentgelts.
- **Arbeitsvermittlung** mit Zuschüssen zur Fortbildung oder Umschulung.
- **Berufsberatung für Schulabgänger aller Schularten.**
- **Erhaltung und Schaffung von Arbeitsplätzen.**
- **Arbeitsmarkt- und Berufsforschung,** um dem Arbeitnehmer Möglichkeiten und Grenzen des Arbeitsmarktes speziell in seiner Berufssparte transparent zu machen.

Beiträge

Die Pflichtbeiträge der Arbeitslosenversicherung leistenArbeitgeber und Arbeitnehmer je zur Hälfte. Der Gesamtbeitrag liegt z.Z. bei 2,8% des versicherungspflichtigen Bruttoentgelts (bis Beitragsbemessungsgrenze).

Pflegeversicherung

Die soziale Absicherung der Pflegebedürftigen war in der Vergangenheit unbefriedigend. Der Gesetzgeber hat seit April 1995 die **Pflegeversicherung** eingeführt. Die sogenannte 1. Stufe der Pflegeversicherung übernahm zunächst nur die Kosten der häuslichen Pflege und der ambulanten Pflegedienste. Seit Juli 1996 erhalten auch Menschen, die stationärer Pflege bedürfen, Leistungen aus der Pflegeversicherung (2. Stufe).

Der Anteil der Pflegebedürftigen ist in den letzten Jahren zunehmend größer geworden. Pflegebedürftige Menschen gibt es in allen Altersstufen. Schon zwei von je 1000 Jugendlichen sind entweder von Geburt an behindert oder nach einem schweren Unfall bzw. einer Erkrankung regelmäßig auf Hilfe angewiesen.

Die Pflegeversicherung ist ein eigenständiger Zweig der Sozialversicherung.

Sie hat die Aufgabe, Pflegebedürftigen Hilfe zu leisten.

Foto: dpa

Alle Mitglieder der gesetzlichen Krankenversicherung sind auch gegen Pflegebedürftigkeit pflichtversichert. Die in einer privaten Krankenversicherung versicherten Personen (Beamte, Freiberufler, Selbstständige) müssen eine private Pflegeversicherung abschließen.

Personenkreis, Leistungen

Ehegatten und Kinder (innerhalb bestimmter Altersgrenzen) sind grundsätzlich beitragsfrei mitversichert, wenn ihr Gesamteinkommen monatlich 325,00 € nicht übersteigt.

Pflegestufen der Pflegeversicherung

Entsprechend dem Grad der Pflegebedürftigkeit unterscheidet die Pflegeversicherung zwischen drei verschiedenen Stufen.

Pflegestufe I:

Erheblich Pflegebedürftige mit einem Hilfebedarf (Körperpflege, Ernährung, Mobilität) von mindestens **einmal** täglich für wenigstens zwei Verrichtungen.

Pflegestufe II:

Schwerpflegebedürftige mit einem Hilfebedarf (Körperpflege, Ernährung, Mobilität) von mindestens **dreimal** täglich zu verschiedenen Tageszeiten.

Pflegestufe III:

Schwerstpflegebedürftige mit einem Hilfebedarf (Körperpflege, Ernährung, Mobilität) täglich **rund um die Uhr** (auch nachts).

Allen drei Pflegestufen gemeinsam ist die Voraussetzung, dass zusätzlich mehrfach in der Woche Hilfe bei der hauswirtschaftlichen Versorgung erforderlich ist.

Welche Kategorie auf einen Hilfsbedürftigen zutrifft, entscheidet der Medizinische Dienst der Krankenkasse.

Er besucht und untersucht den Pflegebedürftigen in seinem Wohnbereich.

Vor diesem Hintergrund sieht die Pflegeversicherung abgestufte Leistungen vor:

- Leistungen bei häuslicher Pflege
- Leistungen bei teilstationärer Pflege und Kurzzeitpflege
- Leistungen bei vollstationärer Pflege

Pflegesachleistung.
Sie ist die Bereitstellung der Mittel für geeignete hauptamtliche Pflegekräfte, die den Pflegebedürftigen in seinem Haushalt pflegen.

Die Pflege umfasst eine so genannte Grundpflege (Körperpflege, Ernährung, Mobilität) und hauswirtschaftliche Versorgung bis zu einem Gesamtwert von monatlich

Leistungen bei häuslicher Pflege

- 440,00 € bei Pflegestufe I
- 1040,00 € bei Pflegestufe II
- 1510,00 € bei Pflegestufe III

Bei außergewöhnlich hohem Pflegeaufwand kann in besonderen Einzelfällen die Pflegekasse für Hilfsbedürftige der Pflegestufe III einen Pflegesatz bis zu einem Gesamtwert von 1918,00 € monatlich finanzieren.

Pflegegeld.

Anstelle der Pflegesachleistung kann der Pflegebedürftige auch Pflegegeld in Anspruch nehmen, wenn der Pflegebedürftige seine Pflege selbst durch eine Person seiner Wahl (Verwandte) sicherstellt. Die Höhe des Pflegegeldes richtet sich nach der Stufe der Pflegebedürftigkeit. Es beträgt monatlich

- 225,00 € bei Pflegestufe I
- 430,00 € bei Pflegestufe II
- 685,00 € bei Pflegestufe III

Der Pflegebedürftige kann die Pflegesachleistung und das Pflegegeld miteinander kombinieren.

Pflegevertretung.

Bei Verhinderung der Pflegeperson wegen Urlaubs oder Krankheit oder aus anderen Gründen, besteht bis zu vier Wochen je Kalenderjahr die Möglichkeit einer Pflegevertretung.

Die Aufwendungen dürfen 1510,00 € nicht überschreiten.

Pflegehilfsmittel.

Pflegehilfsmittel (Pflegebetten, Rollstühle u.ä.) werden von den Pflegekassen nur finanziert, wenn sie zur Erleichterung der Pflege oder zur Linderung der Beschwerden beitragen bzw. eine selbstständigere Lebensführung ermöglichen.

Leistungen bei teilstationärer Tages- und Nachtpflege sowie bei Kurzzeitpflege

Tages- oder Nachtpflege.

Kann häusliche Pflege nicht in ausreichendem Umfang sichergestellt werden, haben Pflegebedürftige Anspruch auf teilstationäre Pflege (Tages- oder Nachtpflege) in hierfür vorgesehenen Einrichtungen.

Hierzu zählt auch die notwendige Beförderung des Pflegebedürftigen von seiner Wohnung zur Einrichtung und zurück.

Die Pflegekasse übernimmt die Aufwendungen der teilstationären Pflege bis zu einem Gesamtwert je Monat von

- 440,00 € (Stufe I),
- 1040,00 € (Stufe II),
- 1510,00 € (Stufe III).

Kurzzeitpflege.

Dies ist die Pflege in einer vollstationären Einrichtung in besonderen Lebenssituationen. Der Anspruch der Kurzzeitpflege ist auf vier Wochen pro Kalenderjahr beschränkt. Die Aufwendungen dürfen 1510,00 € im Kalenderjahr nicht übersteigen.

Leistungen bei vollstationärer Pflege

Ist häusliche oder teilstationäre Pflege nicht möglich, hat der Pflegebedürftige einen Anspruch auf Pflege in einer vollstationären Einrichtung.

Die Übernahme der Kosten durch die Pflegeversicherung bei stationärer Pflege in Heimen sind ebenfalls je nach Pflegebedürftigkeit gestaffelt:

- Pflegestufe I 1023,00 €
- Pflegestufe II 1279,00 €
- Pflegestufe III 1510,00 €

Beiträge

Die Ausgaben für die Pflegeversicherung werden durch die Beiträge der Mitglieder und der Arbeitgeber finanziert. Die Höhe der Beiträge richtet sich nach dem Beitragssatz und den beitragspflichtigen Einnahmen der Mitglieder. Familienversicherte zahlen keinen Beitrag. Der Beitragssatz beträgt 1,95%.

Arbeitnehmer, die in der Krankenversicherung versicherungspflichtig sind sowie ihre Arbeitgeber, tragen die Beiträge jeweils zur Hälfte selbst.

Kinderlose zahlen einen Beitragszuschlag von 0,25 %. Dieser Betrag trägt der Arbeitnehmer allein, sodass der Arbeitnehmerbeitrag für Kinderlose 1,1% beträgt.

Von diesem Zuschlag ausgenommen sind Rentner, die vor dem 01.01.1940 geboren sind, Jugendliche bis 23 Jahre, Wehr- bzw. Zivildienstleistende sowie Empfänger von Arbeitslosengeld II.

Vergleich Pflegeausgaben und Bevölkerungsanteil der über 80-Jährigen

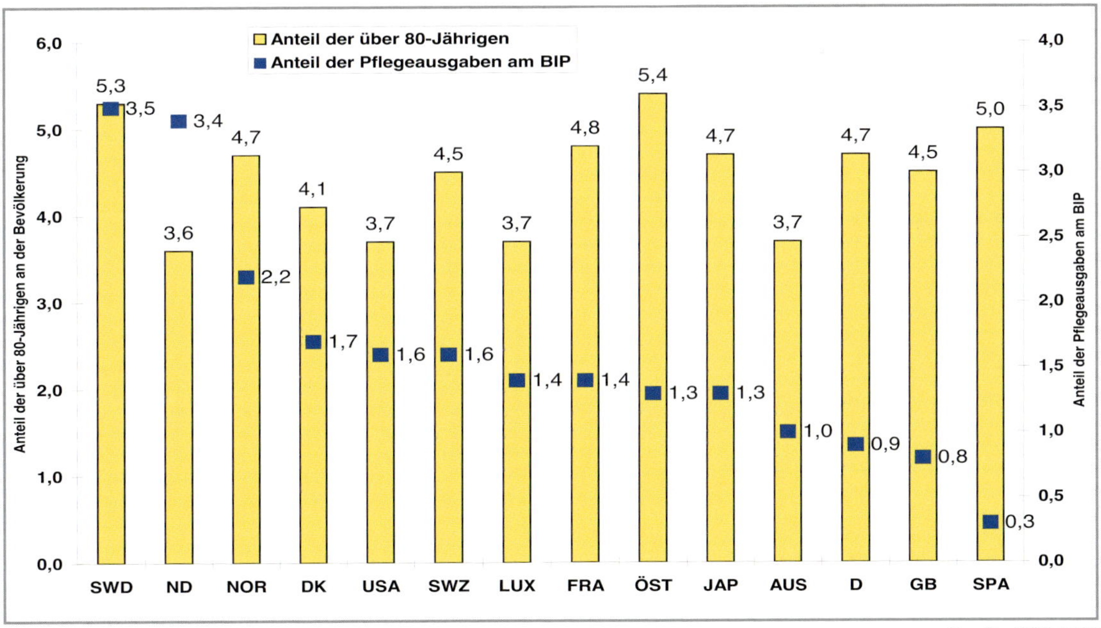

Quelle: WIP 2010

Im internationalen Vergleich gibt Deutschland für die Pflege wenig aus. Dies wird sich in Anbetracht einer immer älter werdenden Gesellschaft ändern und die Beiträge zur Pflegeversicherung werden bald kräftig ansteigen. Nur Großbritannien und Spanien haben noch weniger Pflegeausgaben. Spitzenreiter in Sachen Pflegeausgaben ist die Niederlande.

Gesamtübersicht

Sozialversicherungen

Versicherung	Krankenversicherung	Unfallversicherung	Rentenversicherung	Arbeitslosenversicherung	Pflegeversicherung
Versicherungsträger	Allg. Ortskrankenkasse (AOK) Ersatzkassen DAK, BEK	Berufsgenossenschaften	Landesversicherungsanstalten Bundesversicherungsanstalt	Bundesagentur für Arbeit, vertreten durch die Arbeitsämter	Pflegekasse jeder Krankenkasse
Versicherungspflichtiger Personenkreis	Arbeiter, Angestellte, Azubis, Rentner	Arbeiter, Angestellte, Azubis	Arbeiter, Angestellte, Azubis	Arbeiter, Angestellte, Azubis	Alle, die in der gesetzlichen KV sind
Leistungen	Krankenhilfe, wie Krankenpflege Krankenhauspflege Krankengeld Mutterschaftshilfe Kurbehandlung Gesundheitsvorsorge	Unfallverhütung Krankenhilfe Unfallrente Hinterbliebenenrente Sterbegeld Berufshilfe (Umschulung)	Altersruhegeld Erwerbsminderungsrente Witwen- und Waisenrente Maßnahmen zur Erhaltung und Wiederherstellung der Erwerbsfähigkeit	Arbeitslosengeld I Arbeitslosengeld II Kurzarbeitergeld Arbeitsvermittlung Berufsberatung Arbeitsmarkt- und Berufsforschung Erhaltung und Schaffung von Arbeitsplätzen	Pflegesachleistung Pflegegeld Pflegevertretung Pflegehilfsmittel Tagespflege oder Nachtpflege Kurzzeitpflege Vollstationäre Pflege
Beiträge	Arbeitgeber und Arbeitnehmer je zur Hälfte. AN-Anteil um 0,9% höher als AG-Anteil.	Arbeitgeber zahlt Beiträge allein	Arbeitgeber und Arbeitnehmer je zur Hälfte	Arbeitgeber und Arbeitnehmer je zur Hälfte	Arbeitgeber und Arbeitnehmer je zur Hälfte. Arbeitnehmer-Kinderlosenbeitrag 0,25%
Beitragshöhe	z.Zt. 15,5% vom Bruttoeinkommen	Beitragshöhe wird jährlich festgelegt	z.Zt. 19,9% vom Bruttoeinkommen	z.Zt. 2,8% vom Bruttoeinkommen	z.Zt. 1,95% vom Bruttoeinkommen
Zuständiges Gericht	**Sozialgerichte**				
Sozialversicherungen in Schwierigkeiten					
Reformbedarf	Steigende Ausgaben durch Bevölkerungsentwicklung und med.-techn. Fortschritt	–	Weniger Beitragszahler, mehr Rentner. Finanzierung nicht gewährleistet.	Steigende Ausgaben durch Bevölkerungsentwicklung und med.-techn. Fortschritt.	Steigende Ausgaben durch Bevölkerungsentwicklung und med.-techn. Fortschritt.
Reformansätze	Gesundheits-Reform. Patienten müssen mehr selbst zahlen.	–	Rentenalter wird angehoben, Renten steigen langsamer, mehr Eigenvorsorge.	Leistungskürzungen	Rentner müssen gesamten Beitrag selbst zahlen.

Sozialleistungen aus Steuergeldern

Die Sozialleistungen umfassen alle Geld- und Sachleistungen, die privaten Haushalten oder Einzelpersonen vom Staat bzw. von öffentlich-rechtlichen Körperschaften oder von Unternehmen zur Deckung bestimmter sozialer Risiken und Bedürfnisse gewährt werden.

Sie dienen der sozialen Absicherung gegenüber Risiken, dem Familienleistungsausgleich sowie anderen sozialpolitischen Aufgaben wie der Jugendhilfe oder der Unterstützung Behinderter. Finanziert werden sie im Wesentlichen durch Beiträge der Versicherten und der Arbeitgeber sowie durch Zuweisungen des Staates.

Die Strukturen und Zusammenhänge des Systems der sozialen Sicherung werden im Sozialbudget der Bundesregierung sehr deutlich. Diese jährliche Zusammenstellung bietet in einer Gliederung nach Institutionen einen Überblick über die sozialen Leistungen der staatlichen Einrichtungen, der öffentlichen Körperschaften und der Arbeitgeber. Außerdem gruppiert sie nach Funktionen, d.h. nach Zweckbestimmung der Leistungen (z.B. Alter und Hinterbliebene, Gesundheit, Familie und Ehe). Zu den Sozialleistungen gehören beispielsweise Kinder- und Jugendhilfe, Sozialhilfe, Kindergeld, Wohngeld, Arbeitslosengeld, Asylbewerberleistungen.

Probleme der sozialen Sicherung und Zukunftstendenzen

Die Sozialversicherung ist eine wichtige Grundlage im sozialen Netz unseres Sozialstaates. Allerdings ist die Finanzierung der Leistungen unserer sozialen Sicherungssysteme in Deutschland in Schieflage geraten.

Einerseits stiegen die Ausgaben durch immer höhere Lebenserwartungen und zunehmende Kosten im Gesundheitsbereich. Andererseits sinken die Einnahmen durch längere Ausbildungszeiten und hohe Arbeitslosigkeit.

Um diese Defizite auszugleichen werden Beiträge erhöht, Zuzahlungen gefordert und Leistungen gekürzt.

Problemfaktoren

In den vergangenen Jahren haben mehrere Entwicklungen die Sozialversicherungen in Schwierigkeiten gebracht:

1. **Demografie:** Der Anteil älterer Menschen steigt, und es stehen immer mehr Rentnern immer weniger Beitragszahler gegenüber. Eine Entwicklung, die sich in den kommenden Jahren zuspitzen wird. Setzt man die Altersgrenze bei 65 Jahren an, dann kamen 2001 auf 100 Menschen im Erwerbsalter 27,5 Rentner. Im Jahr 2050 werden es pro 100 Erwerbsfähige 54,5 Menschen im Rentenalter sein.

2. **Arbeitslosigkeit:** Durch die hohe Zahl der Arbeitslosen in den vergangenen Jahren flossen weniger Beiträge in die Kasse der Arbeitslosen-, Renten-, Kranken- und Pflegeversicherung.

   Folge: Für die verbliebenen Beschäftigten stiegen die Beiträge.

3. **Ausnahmen:** Beamte, Freiberufler und Unternehmer zahlen in der Regel keine Beiträge in die Sozialversicherung.

4. **Versicherungsfremde Leistungen:** Die Arbeitslosenversicherung finanziert beispielsweise die Arbeitsmarktpolitik und Arbeitsbeschaffungsmaßnahmen.

Um künftig die gesetzliche **Rentenversicherung** für die nachfolgenden Generationen attraktiv und finanzierbar zu gestalten, gibt es verschiedene Lösungsansätze wie Verlängerung der Lebensarbeitszeit, Kürzung der Renten, Erhöhung der Beiträge, Reduzierung der Frühverrentung und mehr bzw. höhere Eigenvorsorge für das Alter.

Bei den bisherigen Reformen der **Krankenversicherung** geht es vor allem um die Senkung der Kosten und um die Stabilität der Beiträge. Diese Ziele sind erreichbar, wenn die Versorgung billiger wird, die Nachfrage der Patienten weniger wird oder die Patienten bereit sind, mehr Leistungen der Krankenversicherung aus eigener Tasche zu zahlen.

Mit der Praxisgebühr hat die Regierung dies schon umgesetzt. Einerseits müssen die Patienten mehr selbst zahlen, andererseits werden Anreize gesetzt, auf unnötige Arztbesuche zu verzichten.

Zukunftstendenzen

In der Diskussion um die Reform des Solidarprinzips in der Krankenversicherung stehen zum einen die Bürgerversicherung und zum anderen die Kopfpauschale. Bei der Bürgerversicherung wird versucht, einen sozialen Ausgleich über einkommensabhängige Versicherungsbeiträge zu erzielen. Neben Arbeitseinkommen sollen auch andere Einkünfte für Beiträge herangezogen werden können. Bei der Kopfpauschale soll jeder Versicherte den gleichen Beitrag zahlen und der soziale Ausgleich über Steuern erfolgen.

Komplexe Probleme verursacht auch **die Arbeitslosenversicherung.** Sie steht in Wechselwirkung mit anderen Teilen der Sozialversicherung. So führt eine höhere Zahl an Arbeitslosen ebenfalls zu höheren Sozialabgaben. Denn wer arbeitslos ist, der zahlt nicht in die Sozialkassen. Folge: Für die verbliebenen Beschäftigten steigen die Beiträge weiter.

In den vergangenen Jahren schwankte zwar die Zahl der Arbeitslosen mit der wirtschaftlichen Konjunktur, doch nach jedem Abschwung blieben mehr Arbeitlose zurück, die dann in den Aufschwungphasen jedoch keine neue Beschäftigung finden konnten. Seit Herbst 2010 sind die Arbeitslosenzahlen nicht mehr angestiegen, sondern gefallen. Bis zum Jahre 2014 könnte Deutschland auf den niedrigsten Stand der Arbeitslosenzahlen seit der Wiedervereinigung kommen.

Das Polster der **Pflegeversicherung** schmilzt schneller dahin, als Experten dies noch im letzten Jahr erwartet hätten.

Seit Jahren steigen die Ausgaben für die vollstationäre Pflege stark an, obwohl der Großteil der Pflegebedürftigen wünscht, möglichst lange zuhause in den eigenen vier Wänden zu bleiben. Damit wird die demografische Entwicklung angezeigt, die in den nächsten Jahren gemeistert werden muss: Immer weniger Erwerbstätige müssen immer höhere Kosten tragen. Nirgendwo zeigen sich die dramatischen Auswirkungen der Vergreisung in Deutschland so deutlich wie im Pflegebereich.

Heute deckt der Höchstsatz der gesetzlichen Pflegekasse keineswegs die Kosten eines Heimaufenthaltes. Für die Differenz, die bis zu 100 Prozent betragen kann, muss der Pflegebedürftige selbst aufkommen. Reicht das eigene Einkommen nicht aus, springt das Sozialamt ein. Zuvor aber prüft es die finanzielle Situation der Verwandtschaft; Kinder stehen nämlich für ihre pflegebedürftigen Eltern in der Pflicht. Dabei werden ihr Einkommen und das gesamte Vermögen unter die Lupe genommen.

Künftige Finanzierung der Pflegeversicherung

Ein Trost: Die finanziellen Forderungen dürfen nicht so hoch sein, dass die Nachkommen eine dauerhafte Einschränkung ihres Lebensstandards in Kauf nehmen müssen.

Eine mögliche Lösung zur Finanzierung der Pflegeversicherung ist der Vorschlag, den Kapitalstock der Pflegeversicherung zu erhöhen.

Allerdings werde der Kapitalstock, so die Gegner dieses Lösungsansatzes, zu schnell aufgebraucht.

Sie bevorzugen den Aufbau einer kapitalgedeckten privaten Ergänzungsversicherung.

Nur so könne die dringend notwendige Dynamisierung der Leistungsbeträge finanziert werden; ferner sei so eventuell ein weiterer Anstieg des Beitragssatzes der Pflegeversicherung zu vermeiden.

Im Vordergrund der Diskussion um die Pflege steht somit das Geld. Auswirkungen personeller Art sind dabei noch zweitrangig.

Doch mit steigender Lebenserwartung nimmt folglich auch die Nachfrage nach ausgebildetem Pflegepersonal zu.

Schon heute lassen Familien pflegebedürftige Angehörige aus finanziellen Gründen von nicht in Deutschland ausgebildeten Pflegepersonal rund um die Uhr versorgen.

Zukünftig werden wahrscheinlich noch mehr alte Menschen gepflegt werden müssen als dies augenblicklich der Fall ist.

Gesellschaft und Politik muss diese Tatsachen erkennen und auch hier die Weichen für die Zukunft stellen.

Sozialgerichtsbarkeit

Rechtsstreitigkeiten aus der Sozialversicherung, dem Kindergeld und der Kriegsopferversorgung werden – nach erfolglos durchgeführten Widerspruchsverfahren beim jeweiligen Versicherungsträger (Vorverfahren) – von den Sozialgerichten entschieden.

Beispiele für solche Rechtsstreitigkeiten sind die Verweigerung von Versicherungsleistungen oder die Nichtanrechnung von Beitragszeiten. Berufungsinstanzen für die Urteile der Sozialgerichte sind die Landessozialgerichte. Revisionsinstanz ist das Bundessozialgericht in Kassel.

Das Verfahren vor den Gerichten der Sozialgerichtsbarkeit ist grundsätzlich kostenfrei.

Den Aufbau der Sozialgerichtsbarkeit zeigt die Übersicht auf der folgenden Seite:

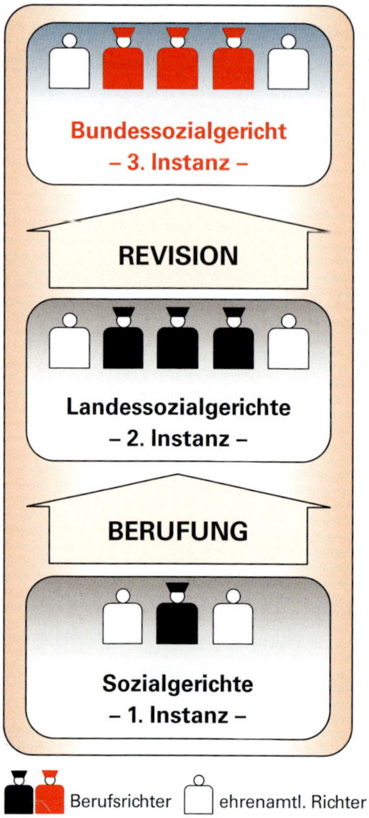

Bundessozialgericht (BSG)

Das BSG entscheidet als letzte Instanz über Revisionen gegen Urteile des LSG. Unter bestimmten Voraussetzungen kann ausnahmsweise auch gegen ein Urteil des SG Revision unmittelbar beim BSG eingelegt werden **(sog. „Sprungrevision“).** Das BSG hat grundsätzlich nur über Rechtsfragen zu entscheiden.

Landessozialgerichte (LSG)

Über die Berufung gegen ein Urteil des SG entscheidet das LSG. Das Berufungsgericht ist ebenso wie das erstinstanzliche Gericht Tatsachengericht.

Sozialgerichte (SG)

In erster Instanz entscheiden grundsätzlich die Sozialgerichte. Lediglich in eng begrenzten Ausnahmen (z.B. bei bestimmten Streitigkeiten nichtverfassungsrechtlicher Art zwischen Bund und Ländern oder zwischen verschiedenen Ländern) entscheidet das Bundessozialgericht in erster und letzter Instanz. Das SG ist Tatsachengericht und hat damit den Streitstoff in rechtlicher wie auch in tatsächlicher Hinsicht zu überprüfen. Demgemäß betreibt es auch selbst Sachaufklärung, z.B. durch Vernehmung von Zeugen, Einholung von Gutachten usw. Diese Sachaufklärung hat von Amts wegen zu erfolgen und somit auch ohne entsprechende Anträge oder Anregungen der Prozessbeteiligten.

Die Gerichte sind unabhängig und insbesondere von den Verwaltungsbehörden organisatorisch getrennt. Die Sozialgerichtsbarkeit ist – wie in der Verwaltungsgerichtsbarkeit und anders als bei der Finanzgerichtsbarkeit – dreistufig gegliedert.

In allen drei Instanzen der Sozialgerichtsbarkeit und somit auch beim BSG wirken an den Urteilen ehrenamtliche Richter mit. Die Urteile der Sozialgerichte werden von einer Kammer unter Mitwirkung eines Berufsrichters und zweier ehrenamtlicher Richter, diejenigen des LSG und des BSG von einem Senat unter Mitwirkung dreier Berufsrichter und zweier ehrenamtlicher Richter erlassen.

Quelle: www. bundessozialgericht.de

LERN-BOX

- Durch den **technischen Fortschritt** werden neue Qualifikationsanforderungen an Arbeitnehmerinnen und Arbeitnehmer gestellt, es vollzieht sich ein Wandel in der Arbeitswelt.

  Vor diesem Hintergrund prophezeien Wissenschaftler eine immense Knappheit an Fachkräften schon ab dem Jahre 2010.

  Die **Veränderungen des sozialen Gefüges** und der Wertvorstellungen bedingen einen Umbau des Sozialstaates und werfen die Frage nach Gerechtigkeit und Umverteilung neu auf.

- Das Sozialstaatsprinzip bedeutet, dass der Staat die Pflicht hat, seinen Bürgern soziale Sicherheit, Chancengleichheit und erträgliche Lebensbedingungen zu ermöglichen. Dies wird jedoch vor dem Hintergrund sozialer Gegensätze und sozialer Notlagen zunehmend schwieriger.

- Die gesetzliche **Sozialversicherung** setzt sich aus Kranken-, Unfall-, Renten-, Arbeitslosen- und Pflegeversicherung zusammen.

- Die gesetzliche **Krankenversicherung** als Solidargemeinschaft hat die Aufgabe, die Gesundheit der Versicherten zu erhalten, wiederherzustellen oder zu verbessern.

- Die gesetzliche **Unfallversicherung** soll Unfälle verhüten, Rehabilitation gewährleisten, und Betroffene oder Angehörige finanziell sichern.

- Aufgabe der gesetzlichen **Rentenversicherung** ist die Versorgung der Versicherten im Alter, bei Berufs- und Erwerbsunfähigkeit sowie die Versorgung der Hinterbliebenen. Ohne private, ergänzende Altersvorsorge (z.B. Riesterrente) wird in Zukunft das heutige Versorgungsniveau der Renten nicht gehalten werden können.

- Die gesetzliche **Arbeitslosenversicherung** soll durch Leistungen der Arbeitsförderung dazu beitragen, dass ein hoher Beschäftigungsstand erreicht und die Beschäftigungsstruktur ständig verbessert wird.

  Da Vollbeschäftigung nicht erreicht werden kann, will die gesetzliche Arbeitslosenversicherung zumindest die finanziellen Folgen von Arbeitslosigkeit mindern und die Integration in den Arbeitsmarkt unterstützen.

- Die gesetzliche **Pflegeversicherung** hat die Aufgabe, Pflegebedürftigen Hilfe in Form von Geld- und Sachleistungen zu leisten, soweit diese wegen der Schwere der Pflegebedürftigkeit auf die Unterstützung der Solidargemeinschaft angewiesen sind.

  Die Leistungen richten sich nach der Pflegestufe und danach, ob eine ambulante oder stationäre Pflege erforderlich ist.

- Die **Sozialleistungen** umfassen alle Geld- und Sachleistungen, die privaten Haushalten oder Einzelpersonen vom Staat bzw. von öffentlich-rechtlichen Körperschaften oder von Unternehmen zur Deckung bestimmter sozialer Risiken und Bedürfnisse gewährt werden.

- Die Finanzierung der Leistungen unserer sozialen Sicherungssysteme in Deutschland steht auf wackligen Füßen. Die **Probleme der sozialen Sicherung** sind vielschichtig. Einerseits steigen die Ausgaben durch immer höhere Lebenserwartungen der Menschen und zunehmende Kosten im Gesundheitsbereich; andererseits fallen die Einnahmen durch längere Ausbildungszeiten und hohe Arbeitslosigkeit und weniger Beitragszahler.

  Um diese Defizite auszugleichen, werden Beiträge erhöht, Zuzahlungen gefordert und Leistungen gekürzt.

- Die **Sozialgerichtsbarkeit** wird im Rahmen eines dreistufigen Gerichtsaufbaus (SG, LSG, BSG) durch unabhängige Richter unter Einbeziehung der Betroffenen ausgeübt (ehrenamtliche Richter aus dem Kreis der Versicherten, der Arbeitgeber).

  Das Verfahren vor den Sozialgerichten richtet sich nach einer eigenständigen Verfahrensordnung – dem Sozialgerichtsgesetz. Verfahren, an denen Versicherte beteiligt sind, sind für die Versicherten grundsätzlich gerichtskostenfrei, trotz oft hoher Verfahrenskosten.

WISSENS-CHECK

❶ Wieso vollzieht sich durch den technischen Fortschritt auch ein Wandel in der Arbeitswelt?

❷ Welche Kriterien führen in unserer Gesellschaft zu Veränderungen im sozialen Gefüge?

❸ Erläutern Sie die Prinzipien des Sozialstaates.

❹ Wie und warum ist die gesetzliche Sozialversicherung entstanden?

❺ Wie finanziert sich die gesetzliche Sozialversicherung?

❻ Wer zahlt die Beiträge für die gesetzliche Sozialversicherung?

❼ Wie hoch sind die einzelnen **Beitragssätze** für den Arbeitnehmer?

❽ Listen Sie die Leistungen der einzelnen Versicherungen **tabellarisch** auf.

❾ Wegen der Kostensteigerung im Gesundheitswesen sind Beitragserhöhungen kaum vermeidbar.

Was könnte von Seiten der Versicherten, der Kassen, der Ärzte unternommen werden, um die **Kosten** im Gesundheitswesen zu **stabilisieren** bzw. zu senken?

❿ Die durch Beiträge erzielten Einnahmen zur Finanzierung der gesetzlichen Rentenversicherung decken nicht die Ausgaben.

Die »**Geschäftsgrundlage**« des Generationenvertrages stimmt nicht mehr.

Wie könnte die Rentenversicherung neu finanziert werden?

⓫ Warum ist die Notwendigkeit der gesetzlichen Pflegeversicherung unumstritten?

⓬ Die Sozialversicherung steckt in Schwierigkeiten.

Zeigen Sie (in Gruppenarbeit) für die einzelnen Versicherungszweige den Reformbedarf auf und erarbeiten Sie Reformansätze als Lösungen für die augenblickliche Misere.

Präsentieren Sie ihre Reformansätze.

⓭ Nennen Sie mindestens **zwei** Fallbeispiele, die von Sozialgerichten entschieden werden müssen.

⓮ Unterscheiden Sie die Begriffe: **Berufung, Revision**.

Duales System

Volker (15) hat vergangenes Schuljahr den Hauptschulabschluss erfolgreich abgelegt. Seit etwa einem Jahr überlegt er, welchen Beruf er erlernen soll.

So wie Volker geht es fast allen Jugendlichen, die nach der Hauptschule vor der Berufswahl stehen.

Viele Motive und Einflüsse wirken auf die Berufswahlentscheidung.

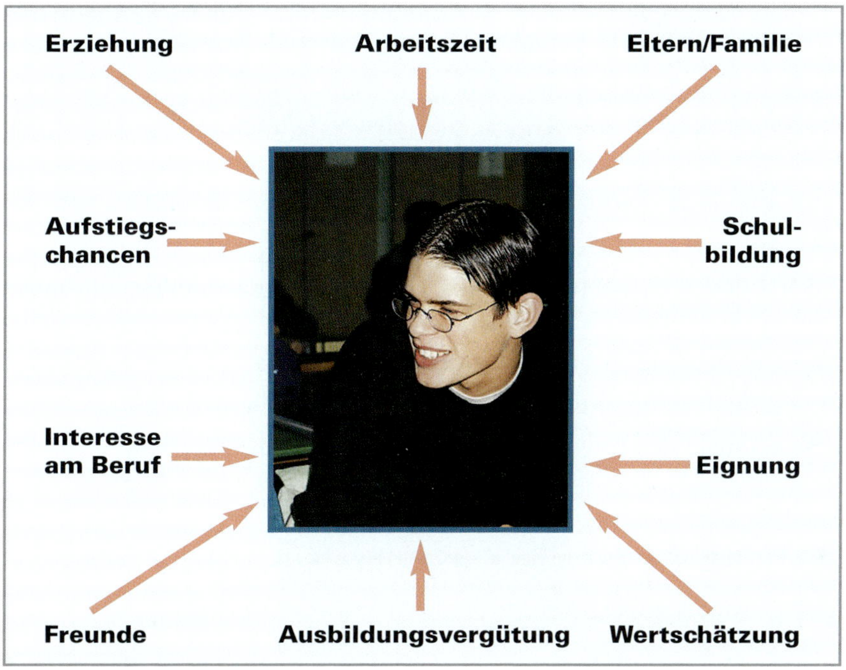

Voraussetzung für eine spätere Erwerbsarbeit ist eine qualifizierte Berufsausbildung.

Bevor die Entscheidung zur Berufswahl vorgenommen werden kann, sind sämtliche Einflussfaktoren zu berücksichtigen. Es findet ein vielfältiger und wechselhafter Abwägeprozess statt, an dessen Ende sich der gewünschte bzw. der am Ausbildungsmarkt mögliche Ausbildungsberuf herauskristallisiert.

Volker hat sich entschieden. Nach einem mehrwöchigen Praktikum in einer Tischlerei ist ihm die Entscheidung leicht gefallen. Er möchte den Beruf des Tischlers erlernen.

Da Ausbildungsstellen knapp sind, muss sich Volker bei mehreren Tischlereibetrieben in der Umgebung bewerben. Gemeinsam mit seinen Eltern beschließt er, nicht wie üblich mit einer schriftlichen Bewerbungsmappe auf sich aufmerksam zu machen, sondern die in Frage kommenden Betriebe persönlich zu besuchen und sich gleich vorzustellen.

Nach mehreren erfolglosen Vorstellungsgesprächen hat Volker doch noch Glück. Er kann in einer 20 Kilometer von seinem Heimatort entfernten Tischlerei die Ausbildung zum 1. August beginnen.

Die Berufsausbildung erfolgt für Volker in **Partnerschaft zwischen Betrieb und Berufsschule** (Duales System). Das heißt, die Berufsschule führt als gleichberechtigte Partnerin der betrieblichen Berufsausbildung zu berufsqualifizierenden Abschlüssen.

Die Berufsschule

- **vermittelt die für den Beruf erforderlichen Kenntnisse und Fertigkeiten**
- **fördert die Allgemeinbildung**
- **verleiht unter bestimmten Voraussetzungen im Zusammenhang mit der Ausbildungsabschlussprüfung und dem Hauptschulabschluss einen dem qualifizierten Sekundarabschluss I gleichwertigen Bildungsstand für die Aufnahme in weiterführende Schulen.**

Berufsschule
+ Betrieb
= Duales System

Sie wird von Jugendlichen besucht, die eine berufliche Erstausbildung durchlaufen, in einem Arbeits- oder Dienstverhältnis stehen sowie von Jugendlichen ohne Beschäftigung.

Für alle Jugendlichen besteht eine gesetzliche Schulpflicht von 12 Jahren.

Auch Volker wird während seiner Ausbildungszeit die Berufsschule an ein bis zwei Wochentagen besuchen.

Der Ausbildungsbetrieb

- **vermittelt fachpraktische Fertigkeiten und Kenntnisse**
- **ermöglicht den Erwerb der erforderlichen Berufserfahrung**

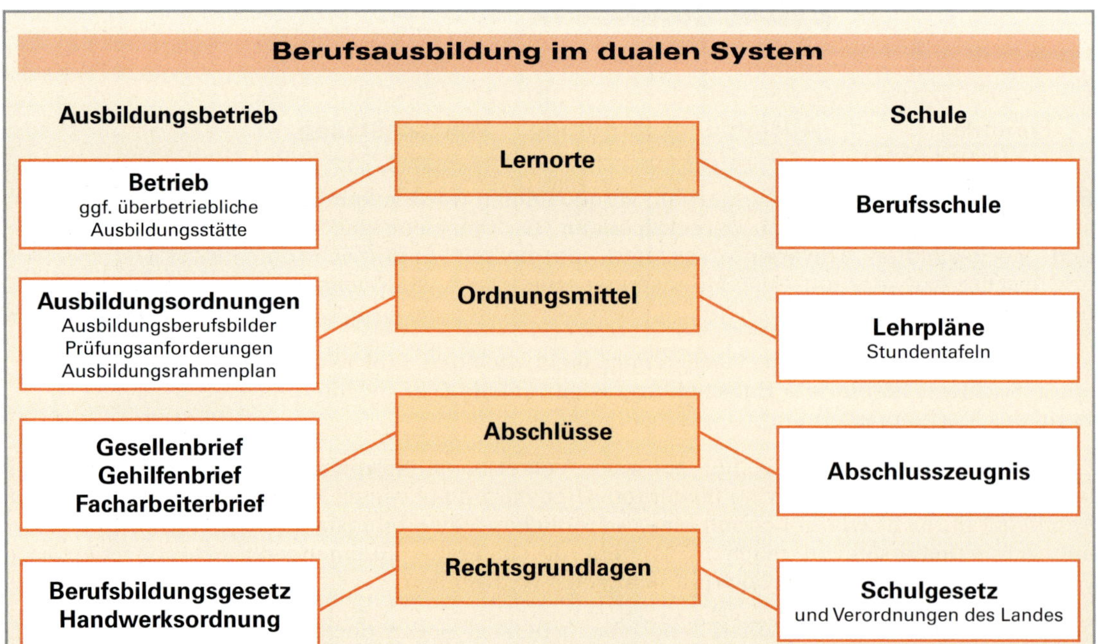

Quelle: Die Berufsbildende Schule in Rheinland-Pfalz

»Bei der Verwirklichung des Bildungs- und Erziehungsauftrages der Schule wirken die Schüler durch ihre Schülervertretungen eigenverantwortlich mit.«
Schulgesetz § 31 (1)

Das Schulgesetz schreibt eine umfassende Beteiligung der Schülerinnen und Schüler am Schulleben vor. Sie sollen an der Erziehungs- und Unterrichtsarbeit mitwirken. Um dabei Schule erfolgreich mitzugestalten, bündeln sie ihre Interessen in der Schülervertretung.

Verantwortung übernehmen, sich engagieren und mitgestalten macht Spaß.

Die Schülervertretung stellt sich somit als Sprachrohr für die gesamte Schülerschaft dar, ist aber auch unter Umständen Anwalt eines einzelnen Schülers. Sie wird aufgefordert, bei der Gestaltung des Unterrichtes mitzuwirken.

Gerade neuere, auf Selbsttätigkeit der Schüler zielende Unterrichtsformen räumen den Schülern viele Möglichkeiten ein, sich an der Vorbereitung, der Durchführung und der Nachbereitung des Unterrichtes zu beteiligen.

Tipps für den SV-Konferenzteilnehmer

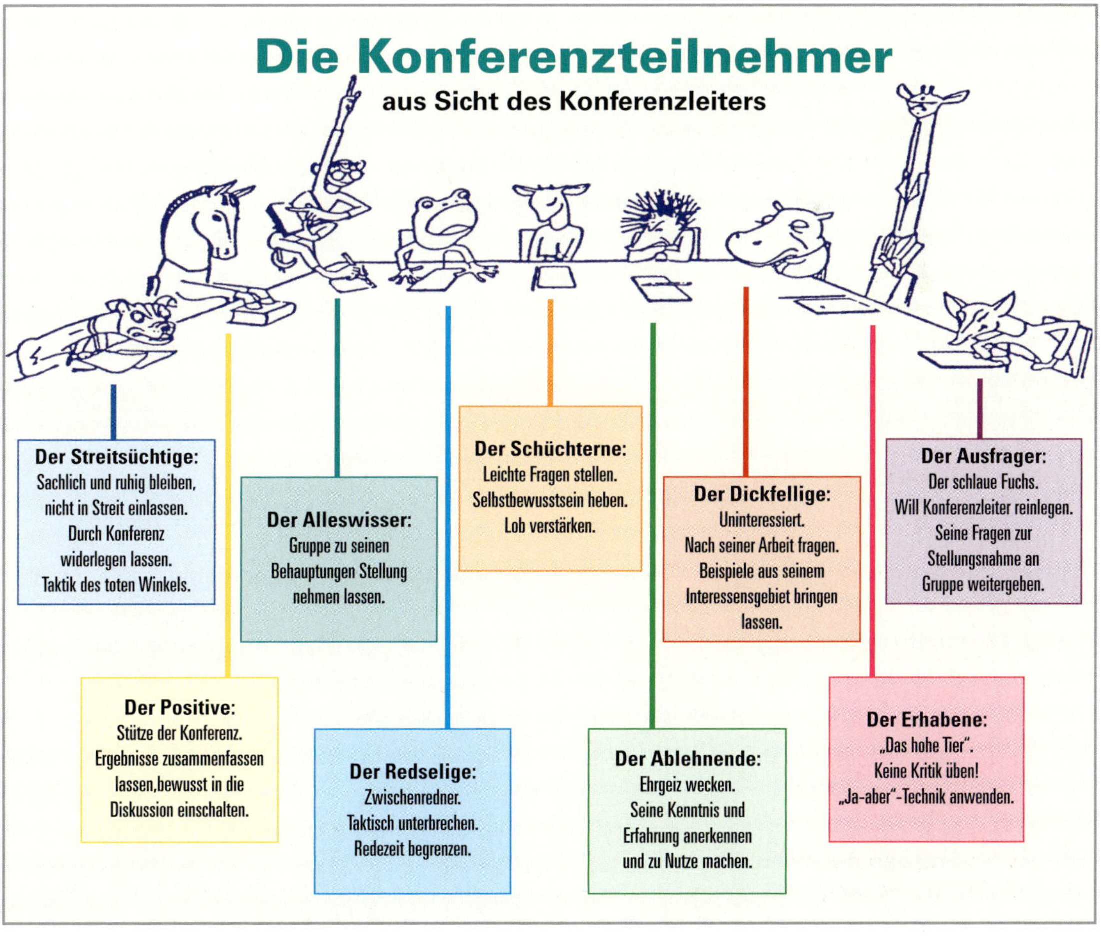

Kritisches Lesebuch; Merkur-Verlag, Rinteln

Für die Mitwirkung der Schülervertretungen gilt, was der deutsche Bildungsrat zu Schüler-Vollversammlungen feststellte:

»Schüler lernen, miteinander zu diskutieren, einer Minderheit oder Mehrheit anzugehören, Argumente und Gegenargumente oder auch Scheinargumente abzuwägen; selbst Versuche der Manipulation und Demagogie sind als Erfahrungen zu begreifen, die für den politischen Bildungsprozess von erheblicher Bedeutung sind.«

Das Leben und die Entwicklung einer Schule hängt entscheidend von dem Engagement und der Identifikation der Schülerinnen und Schüler mit »**ihrer**« Schule ab.

Eine solche aktive Identifikation kann sich entwickeln, wenn man andere und ihre Meinung respektiert und bereit ist, voneinander zu lernen.

Verhalten in Konfliktsituationen

Was erschwert ⊖, was erleichtert ⊕ die Lösung eines Konfliktes?

⊖ Die Schuld nur bei anderen suchen.	⊕ Fehler auch bei sich selbst suchen.
⊖ Negative Einstellungen der anderen Seite sammeln.	⊕ Positive Ansätze der anderen Seite nutzen.
⊖ Sich um nichts kümmern, aber stets mekkern.	⊕ Hilfe anbieten.
⊖ Bei Konflikten den Beleidigten spielen.	⊕ Konflikte nicht als Angriff auf die eigene Person sehen.
⊖ Drohungen aussprechen, den anderen einschüchtern.	⊕ Sachlich verhandeln und kompromissbereit sein.
⊖ Heimliches Agieren hinter den Kulissen.	⊕ Offen die Probleme diskutieren.
⊖ Sich nur auf eine Seite stellen.	⊕ Alle Seiten hören und objektiv bewerten.
⊖ Den Konflikt alleine lösen.	⊕ Hilfe von anderen annehmen, mit ihnen zusammenarbeiten.
⊖ Ausweitung des Konfliktes durch Einbeziehung neuer Gruppen.	⊕ Konflikte möglichst nicht in die Öffentlichkeit tragen.
⊖ Auf der eigenen Einstellung beharren.	⊕ Selbst Lösungsmöglichkeiten anbieten und bereit sein zur Änderung des eigenen Verhaltens.

Quelle: SV-Handbuch, MBWW Rheinland-Pfalz

Berufsbildungsgesetz

Das Berufsbildungsgesetz gilt für die Berufsbildung, soweit sie nicht in berufsbildenden Schulen durchgeführt wird, die den Schulgesetzen der Länder unterstehen. ***Berufsbildungsgesetz § 3 (1)***

Das BBiG regelt die Berufsausbildung.

Das Berufsbildungsgesetz regelt die Berufsausbildung, die berufliche Fortbildung und die berufliche Umschulung (§1 BBiG)[1].

Die Berufsausbildung hat die für die Ausübung einer qualifizierten beruflichen Tätigkeit in einer sich wandelnden Arbeitswelt notwendigen beruflichen Fertigkeiten, Kenntnisse und Fähigkeiten (berufliche Handlungsfähigkeiten) in einem geordneten Ausbildungsgang zu vermitteln. Sie hat ferner den Erwerb der erforderlichen Berufserfahrungen zu ermöglichen (BBiG § 1 (3)).

Berufliche Fortbildung soll es ermöglichen, die berufliche Handlungsfähigkeit zu erhalten und anzupassen oder zu erweitern und beruflich aufzusteigen (BBiG § 1 (4)).

Die berufliche Umschulung soll zu einer anderen beruflichen Tätigkeit befähigen (BBiG § 1 (5)).

Jugendarbeitsschutzgesetz

Das Jugendarbeitsschutzgesetz regelt den besonderen Arbeitsschutz für Jugendliche während eines Arbeits- beziehungsweise eines Ausbildungsverhältnisses.

Geltungsbereich des Jugendarbeitsschutzgesetzes

Nach den §§ 1 und 2 hat das Gesetz für alle Jugendlichen bis zum 18. Lebensjahr Gültigkeit, die als Auszubildende, Anlernlinge, Angestellte, Arbeiter, Praktikanten oder Volontäre beschäftigt werden.

Achtung: Auszubildende, die **über 18 Jahre** alt sind, müssen nach der Berufsschule nachmittags im Betrieb arbeiten.

Ausgewählte Paragrafen des Jugendarbeitsschutzgesetzes

§ 8 Dauer der Arbeitszeit

(1) **Jugendliche dürfen nicht mehr als acht Stunden täglich und nicht mehr als 40 Stunden wöchentlich beschäftigt werden.**

(2) Wenn in Verbindung mit Feiertagen an Werktagen nicht gearbeitet wird, damit die Beschäftigten eine längere, zusammenhängende Freizeit haben, so darf die ausfallende Arbeitszeit auf die Werktage von fünf zusammenhängenden, die Ausfalltage anschließenden Wochen nur dergestalt verteilt werden, dass die Wochenarbeitszeit im Durchschnitt dieser fünf Wochen 40 Stunden nicht überschreitet. Die tägliche Arbeitszeit darf hierbei achteinhalb Stunden nicht überschreiten.

(2a) Wenn an einzelnen Werktagen die Arbeitszeit auf weniger als acht Stunden verkürzt wird, können Jugendliche an den übrigen Werktagen der selben Woche achteinhalb Stunden beschäftigt werden.

1 BBiG = Berufsbildungsgesetz vom 23.03.2005

(3) In der Landwirtschaft dürfen Jugendliche über 16 Jahre während der Erntezeit nicht mehr als neun Stunden täglich und nicht mehr als 85 Stunden in der Doppelwoche beschäftigt werden.

§ 9 Berufsschule

(1) **Der Arbeitgeber hat den Jugendlichen für die Teilnahme am Berufsschulunterricht freizustellen.** Er darf den Jugendlichen nicht beschäftigen

1. vor einem vor 9 Uhr beginnenden Unterricht,
2. an einem Berufsschultag mit **mehr als fünf Unterrichtsstunden** von mindestens je 45 Minuten, einmal in der Woche,
3. in Berufsschulwochen mit einem planmäßigen **Blockunterricht von mindestens 25 Stunden an mindestens fünf Tagen;** zusätzliche betriebliche Ausbildungsveranstaltungen bis zu zwei Stunden wöchentlich sind zulässig.

(2) Auf die Arbeitszeit werden angerechnet

1. Berufsschultage nach Absatz 1 Nr. 2 mit acht Stunden,
2. Berufsschulwochen nach Absatz 1 Nr. 3 mit 40 Stunden,
3. im übrigen die Unterrichtszeit einschließlich der Pausen.

(3) **Ein Entgeltausfall darf durch den Besuch der Berufsschule nicht eintreten.**

§ 10 Prüfungen und Ausbildungsmaßnahmen

(1) **Der Arbeitgeber hat den Jugendlichen**

1. für die Teilnahme an Prüfungen und Ausbildungsmaßnahmen, die auf Grund öffentlich-rechtlicher oder vertraglicher Bestimmungen außerhalb der Ausbildungsstätte durchzuführen sind,
2. an dem Arbeitstag, der der **schriftlichen Abschlussprüfung** unmittelbar vorangeht, freizustellen.

(2) Auf die Arbeitszeit werden angerechnet

1. die Freistellung nach Absatz 1 Nr. 1 mit der Zeit der Teilnahme einschließlich der Pausen,
2. die Freistellung nach Absatz 1 Nr. 2 mit acht Stunden.

Ein Entgeltausfall darf nicht eintreten.

§ 13 Freizeit

Nach Beendigung der täglichen Arbeitszeit dürfen Jugendliche nicht vor Ablauf einer ununterbrochenen Freizeit von **mindestens 12 Stunden** beschäftigt werden.

§ 14 Nachtruhe

(1) Jugendliche dürfen nur in der Zeit von **6 bis 20 Uhr** beschäftigt werden.

(2) Jugendliche über 16 Jahre dürfen

1. im Gaststätten- und Schaustellergewerbe bis 22 Uhr,
2. in mehrschichtigen Betrieben bis 23 Uhr,
3. in der Landwirtschaft ab 5 Uhr oder bis 21 Uhr,
4. in Bäckereien und Konditoreien ab 5 Uhr beschäftigt werden.

(3) Jugendliche über 17 Jahre dürfen in Bäckereien ab 4 Uhr beschäftigt werden.

(4) An dem einem Berufsschultag unmittelbar vorangehenden Tag dürfen Jugendliche auch nach Absatz 2 Nr. 1 und Absatz 3 Nr. 1 und 2 nicht nach 20 Uhr beschäftigt werden, wenn der Berufsschul-Unterricht am Berufsschultag vor 9 Uhr beginnt.

(5) Nach vorheriger Anzeige an die Aufsichtsbehörde dürfen in Betrieben, in denen die übliche Arbeitszeit aus verkehrstechnischen Gründen nach 20 Uhr endet, Jugendliche bis 21 Uhr beschäftigt werden, soweit sie hierdurch unnötige Wartezeiten vermeiden können. Nach vorheriger Anzeige an die Aufsichtsbehörde dürfen ferner in mehrschichtigen Betrieben Jugendliche über 16 Jahre ab 5.30 Uhr oder bis 23.30 Uhr beschäftigt werden, soweit sie hierdurch unnötige Wartezeiten vermeiden können.

(6) Jugendliche dürfen in Betrieben, in denen die Beschäftigten in außergewöhnlichem Grade der Einwirkung von Hitze ausgesetzt sind, in der warmen Jahreszeit ab 5 Uhr beschäftigt werden. Die Jugendlichen sind berechtigt, sich vor Beginn der Beschäftigung und danach in regelmäßigen Zeitabständen arbeitsmedizinisch untersuchen zu lassen. Die Kosten der Untersuchungen hat der Arbeitgeber zu tragen, sofern er diese nicht kostenlos durch einen Betriebsarzt oder einen überbetrieblichen Dienst von Betriebsärzten anbietet.

(7) Jugendliche dürfen bei Musikaufführungen, Theatervorstellungen und anderen Aufführungen, bei Aufnahmen im Rundfunk (Hörfunk und Fernsehen), auf Ton und Bildträger sowie bei Film- und Fotoaufnahmen bis 23 Uhr gestaltend mitwirken. Eine Mitwirkung ist nicht zulässig bei Veranstaltungen, Schaustellungen oder Darbietungen, bei denen die Anwesenheit Jugendlicher nach den Vorschriften des Jugendschutzgesetzes verboten ist. Nach Beendigung der Tätigkeit dürfen Jugendliche nicht vor Ablauf einer ununterbrochenen Freizeit von mindestens 14 Stunden beschäftigt werden.

§ 15
Fünf-Tage-Woche

Jugendliche dürfen nur an fünf Tagen in der Woche beschäftigt werden. § 5 Abs. 3 gilt entsprechend.

§ 16
Samstagsruhe

(1) An Samstagen dürfen Jugendliche nicht beschäftigt werden.

(2) Zulässig ist die Beschäftigung Jugendlicher an Samstagen nur
1. in Krankenanstalten sowie in Alten-, Pflege- und Kinderheimen,
2. in offenen Verkaufsstellen, in Betrieben mit offenen Verkaufsstellen, in Bäckereien und Konditoreien, im Friseurhandwerk und im Marktverkehr,
3. im Verkehrswesen,
4. in der Landwirtschaft und Tierhaltung,
5. im Familienhaushalt,
6. im Gaststätten- und Schaustellergewerbe,
7. bei Musikaufführungen, Theatervorstellungen und anderen Aufführungen, bei Aufnahmen im Rundfunk (Hörfunk und Fernsehen), auf Ton und Bildträger sowie bei Film- und Fotoaufnahmen,
8. bei außerbetrieblichen Ausbildungsmaßnahmen,
9. beim Sport,
10. im ärztlichen Notdienst,
11. in Reparaturwerkstätten für Kraftfahrzeuge.

Mindestens zwei Samstage im Monat sollen beschäftigungsfrei bleiben.

(3) Werden Jugendliche am Samstag beschäftigt, ist ihnen die Fünf-Tage-Woche (§ 15) durch Freistellung an einem anderen berufsschulfreien Arbeitstag derselben Woche sicherzustellen. In Betrieben mit einem Betriebsruhetag in der Woche kann die Freistellung auch an diesem Tage erfolgen, wenn die Jugendlichen an diesem Tag keinen Berufsschulunterricht haben.

(4) Können Jugendliche in den Fällen des Absatzes 2 Nr. 2 am Samstag nicht acht Stunden beschäftigt werden, kann der Unterschied zwischen der tatsächlichen und der nach § 8 Abs. 1 höchstzulässigen Arbeitszeit an dem Tage bis 13 Uhr ausgeglichen werden, an dem die Jugendlichen nach Absatz 3 Satz 1 freizustellen sind.

§ 17 Sonntagsruhe

(1) An Sonntagen dürfen Jugendliche nicht beschäftigt werden.

(2) Zulässig ist die Beschäftigung Jugendlicher an Sonntagen nur

1. in Krankenanstalten sowie in Alten-, Pflege- und Kinderheimen,
2. in der Landwirtschaft und Tierhaltung mit Arbeiten, die auch an Sonn- und Feiertagen naturnotwendig vorgenommen werden müssen,
3. im Familienhaushalt, wenn der Jugendliche in die häusliche Gemeinschaft aufgenommen ist,
4. im Schaustellergewerbe,
5. bei Musikaufführungen, Theatervorstellungen und anderen Aufführungen sowie bei Direktsendungen im Rundfunk (Hörfunk und Fernsehen),
6. beim Sport,
7. im ärztlichen Notdienst,
8. im Gaststättengewerbe.

Jeder zweite Sonntag soll, mindestens zwei Sonntage im Monat müssen beschäftigungsfrei bleiben.

(3) Werden Jugendliche am Sonntag beschäftigt, ist ihnen die Fünf-Tage-Woche (§ 15) durch Freistellung an einem anderen **berufsschulfreien** Arbeitstag derselben Woche sicherzustellen. In Betrieben mit einem Betriebsruhetag in der Woche kann die Freistellung auch an diesem Tage erfolgen, wenn die Jugendlichen an diesem Tage **keinen** Berufsschulunterricht haben.

§ 18 Feiertagsruhe

(1) Am 24. und 31. Dezember **nach 14 Uhr** und an gesetzlichen Feiertagen dürfen Jugendliche nicht beschäftigt werden.

(2) Zulässig ist die Beschäftigung Jugendlicher an gesetzlichen Feiertagen in den Fällen des § 17 Abs. 2, **ausgenommen am 25. Dezember, am 1. Januar, am ersten Osterfeiertag und am 1. Mai.**

(3) Für die Beschäftigung an einem gesetzlichen Feiertag, der auf einen Werktag fällt, ist der Jugendliche an einem anderen berufsschulfreien Arbeitstag derselben oder der folgenden Woche freizustellen. In Betrieben mit einem Betriebsruhetag in der Woche kann die Freistellung auch an diesem Tage erfolgen, wenn die Jugendlichen an diesem Tage **keinen** Berufsschulunterricht haben.

§ 19
Urlaub

(1) Der Arbeitgeber hat Jugendlichen für jedes Kalenderjahr einen bezahlten Erholungsurlaub zu gewähren.

(2) Der Urlaub beträgt jährlich

1. **mindestens 30 Werktage,** wenn der Jugendliche zu Beginn des Kalenderjahres **noch nicht 16 Jahre** alt ist,
2. **mindestens 27 Werktage,** wenn der Jugendliche zu Beginn des Kalenderjahres **noch nicht 17 Jahre** alt ist,
3. **mindestens 25 Werktage,** wenn der Jugendliche zu Beginn des Kalenderjahres **noch nicht 18 Jahre** alt ist.

Jugendliche, die im Bergbau unter Tage beschäftigt werden, erhalten in jeder Altersgruppe einen zusätzlichen Urlaub von drei Werktagen.

(3) **Der Urlaub soll Berufsschülern in der Zeit der Berufsschulferien gegeben werden.** Soweit er nicht in den Berufsschulferien gegeben wird, ist für jeden Berufsschultag, an dem die Berufsschule während des Urlaubs besucht wird, ein weiterer Urlaubstag zu gewähren.

(4) Im übrigen gelten für den Urlaub der Jugendlichen § 3 Abs. 2, §§ 4 bis 12 und § 13 Abs.3 des Bundesurlaubsgesetzes. Der Auftraggeber oder Zwischenmeister hat jedoch abweichend von § 12 Nr. 1 des Bundesurlaubsgesetzes den jugendlichen Heimarbeitern für jedes Kalenderjahr einen bezahlten Erholungsurlaub entsprechend Absatz 2 zu gewähren. Das Urlaubsentgelt der jugendlichen Heimarbeiter beträgt bei einem Urlaub von 30 Werktagen 11,6 vom Hundert, bei einem Urlaub von 27 Werktagen 10,3 vom Hundert und bei einem Urlaub von 25 Werktagen 9,5 vom Hundert.

Ausbildungsvertrag

Grundlage für eine geordnete und einheitliche Berufsausbildung sind die **staatlich anerkannten Ausbildungsberufe** und die hierzu verbindlich erlassenen Ausbildungsordnungen.

Abstimmung von Ausbildungsordnungen und Rahmenlehrpläne bestimmen den Berufsschulunterricht.

Auf Grund von Vereinbarungen des Bundes und der Länder werden Ausbildungsordnungen und ländereinheitliche Rahmenlehrpläne für den Berufsschulunterricht inhaltlich und zeitlich aufeinander abgestimmt.

Das Bundesinstitut für Berufsbildung (BIBB) führt ein »Verzeichnis der anerkannten Ausbildungsberufe«. Dieses Verzeichnis macht die Entwicklung in den einzelnen Ausbildungsberufen überschaubar und kann bei der Argentur für Arbeit eingesehen werden.

Partner zur Begründung eines Berufsausbildungsverhältnisses sind der Auszubildende und der Ausbildende. Sie schließen einen **Berufsausbildungsvertrag** ab. Bei Vertragsabschluss mit einem Minderjährigen ist die Zustimmung des gesetzlichen Vertreters notwendig.

Hierbei ist zu beachten, dass der wesentliche Inhalt des Vertrages spätestens vor Beginn der Ausbildung schriftlich niedergelegt wird. Am Ende der Ausbildungszeit muss der Auszubildende eine Abschlussprüfung vor der Industrie- und Handelskammer (IHK) zum Facharbeiter oder vor der Handwerkskammer (HwK) zum Gesellen ablegen.

Beispiel

Facharbeiterprüfung als Zerspanungsmechaniker, Industriemechaniker, Kommunikationselektroniker. Gesellenprüfung als Zimmerer, Tischler, Kraftfahrzeugmechatroniker.

Nach § 4 des Berufsbildungsgesetzes muss die **Vertragsniederschrift** mindestens folgende Angaben beinhalten:

- Art, sachliche und zeitliche Gliederung sowie Ziel der Berufsausbildung
- Beginn und Dauer der Berufsausbildung
- Ausbildungsmaßnahmen außerhalb der Ausbildungsstätte
- Dauer der regelmäßigen täglichen Arbeitszeit
- Dauer der Probezeit (mind. 1 Monat, höchstens 4 Monate)
- Zahlung und Höhe der Vergütung
- Dauer des Urlaubs
- Kündigungsvoraussetzungen
- Hinweis auf die Tarifverträge, Betriebs- oder Dienstvereinbarungen, die auf das Berufsausbildungsverhältnis anzuwenden sind

Der Berufsausbildungsvertrag legt **Rechte und Pflichten beider Vertragspartner** fest. Dabei sind die Pflichten des einen Vertragspartners die Rechte des anderen Vertragspartners.

➤ Pflichten des Auszubildenden (§ 13 BBiG)
  - Berufliche Handlungsfähigkeit erwerben, die zum Erreichen des Ausbildungszieles erforderlich sind
  - Teilnahme an Ausbildungsmaßnahmen (Berufsschulpflicht)
  - Weisungen des Vorgesetzten befolgen
  - Betriebsordnung beachten
  - Betriebsvermögen (Werkzeuge, Maschinen) pfleglich behandeln
  - Betriebsgeheimnisse wahren (Schweigepflicht)

➤ Pflichten des Ausbildenden (§ 14 BBiG)
- Pflicht, die berufliche Handlungsfähigkeit zu vermitteln, die zum Erreichen des Ausbildungsziels erforderlich ist
- planmäßig, zeitgemäß und sachlich gegliedert ausbilden
- persönliche oder vertretungsweise Ausbildung
- Bereitstellung der Mittel für Ausbildung und Prüfung
- charakterliche Förderung (Erziehung zu gewissenhafter Arbeit, Fleiß, Pünktlichkeit, Ehrlichkeit u.a.) und Schutz vor sittlicher und körperlicher Gefährdung
- Angemessenheit der Arbeit (nur Arbeiten übertragen, die dem Ausbildungsziel dienen)
- Vergütungspflicht
- Auszubildende zum Besuch der Berufsschule sowie zum Führen von schriftlichen Ausbildungsnachweisen anhalten
- Zeugnis nach Abschluss der Berufsausbildung ausstellen

Der Ausbildende hat dem Auszubildenden eine **monatliche Vergütung** zu gewähren. Die Höhe der Vergütung wird meist in den Tarifverträgen vereinbart. Sollte kein Tarifvertrag vorliegen, wird die Vergütung unter Berücksichtigung von Ort- und Branchenüblichkeit frei bemessen. Dabei müssen die Vergütungssätze im Berufsausbildungsvertrag vermerkt und für die Dauer der gesamten Ausbildung im Voraus festgelegt werden. Unterliegt das Ausbildungsverhältnis einem Tarifvertrag, so vergrößern sich bei Tariferhöhungen während der laufenden Ausbildungszeit die Vergütungssätze automatisch. Die Vergütung ist für den laufenden Kalendermonat spätestens am letzten Arbeitstag des Monats zu zahlen (§§ 17 – 19 BBiG).

Das **Berufsausbildungsverhältnis endet** automatisch **mit dem Ablauf der Vertragsdauer** der Ausbildungszeit. Besteht der Auszubildende vor Ablauf der Ausbildungszeit die Abschlussprüfung, so endet das Berufsausbildungsverhältnis mit dem Tage des Bestehens der Prüfung. Eine Abschlussprüfung gilt dann als bestanden, wenn alle Prüfungsanforderungen erfüllt sind und der Prüfungsausschuss das erfolgreiche Ergebnis protokolliert und verkündet hat. Dies ist in der Regel der Tag, an dem die mündliche Prüfung stattfindet.

Sollte der Auszubildende die Abschlussprüfung nicht bestehen, endet das Ausbildungsverhältnis zum ursprünglich vereinbarten Zeitpunkt. Besteht der Auszubildende die am Ende der Ausbildungszeit vereinbarte Ausbildungsprüfung nicht, so verlängert sich das Berufsausbildungsverhältnis auf sein Verlangen bis zur nächst möglichen Wiederholungsprüfung, höchstens jedoch um 1 Jahr (§ 21 BBiG).

Arbeitszeugnis

Nach Beendigung eines Ausbildungs- oder Arbeitsverhältnisses besteht ein Anspruch auf ein schriftliches Zeugnis. Es wird dabei zwischen einem einfachen und einem qualifizierten Zeugnis unterschieden.

- **Einfaches Zeugnis**

Es enthält den Namen des Arbeitnehmers, Name und Anschrift des Arbeitgebers, Art und Dauer der Beschäftigung sowie Ort und Datum der Ausstellung. Führung und Leistung des Arbeitnehmers werden nicht beschrieben.

- **Qualifiziertes Zeugnis**

Wer ausdrücklich vom Arbeitgeber ein Zeugnis über die Leistung und Führung verlangt, dem wird ein sog. qualifiziertes Zeugnis ausgestellt. Es wird sich dabei eines Geheimcodes bei der Beurteilung des Arbeitnehmers bedient – Formulierungen, die eine bestimmte Bedeutung haben.

Beispiele

Er (sie) hat die ihm (ihr) übertragenen Arbeiten stets zu unserer vollsten Zufriedenheit erledigt. (sehr gute Leistungen)

Er (sie) hat die ihm (ihr) übertragenen Arbeiten stets zu unserer vollen Zufriedenheit erledigt. (gute Leistungen)

Er (sie) hat die ihm (ihr) übertragenen Arbeiten zu unserer vollen Zufriedenheit erledigt. (befriedigende Leistungen)

Er (sie) hat die ihm (ihr) übertragenen Arbeiten zu unserer Zufriedenheit erledigt. (ausreichende Leistungen)

Er (sie) hat die ihm (ihr) übertragenen Arbeiten im Großen und Ganzen zu unserer Zufriedenheit erledigt. (mangelhafte Leistungen)

Er (sie) hat sich bemüht, die ihm (ihr) übertragenen Arbeiten zu unserer Zufriedenheit zu erledigen. (unzureichende Leistungen)

Probezeit

Während der **Probezeit** kann das Berufsausbildungsverhältnis jederzeit ohne Einhaltung einer Kündigungsfrist von beiden Vertragspartnern unbegründet gekündigt werden.

Nach der Probezeit kann das Berufsausbildungsverhältnis von beiden Vertragspartnern nur aus wichtigem Grund ohne Einhaltung einer Kündigungsfrist (fristlose Kündigung) gekündigt werden. Die **Kündigung** muss innerhalb von zwei Wochen nach Kenntnis der zur Kündigung berechtigten Tatsachen erfolgen. Wichtige Gründe sind beispielsweise Betriebsstilllegungen, länger anhaltende Krankheiten des Auszubildenden, häufige Verspätungen des Auszubildenden und ausbleibender Berufsschulbesuch des Auszubildenden, wenn der Betrieb wiederholt abgemahnt hat. Das Berufsausbildungsverhältnis kann aber auch nach der Probezeit vom Auszubildenden aufgelöst werden, z.B. wegen wiederholt grober Beleidigungen, wegen Verstöße gegen das Jugendarbeitsschutzgesetz sowie gegen die Ausbildungspflicht und wegen Nichtbezahlung der Ausbildungsvergütung. Eine Kündigung muss immer schriftlich unter Angabe des Kündigungsgrundes erfolgen.

Bei eventuellen **Streitigkeiten,** die aus dem Ausbildungsverhältnis hervorgehen, vermitteln die Industrie- und Handelskammern, die Handwerkskammern, die Innungsausschüsse, der Ausbildungswart der Innungen, Gewerkschaften (nur für Mitglieder), Rechtsanwälte und Arbeitsgerichte.

Wandel der Arbeitswelt

Der Wandel der Arbeitswelt führt zu neuen Tätigkeitsfeldern. Notwendigerweise müssen dann auch neue Bildungsgänge bzw. Bildungsprofile entwickelt werden.

Seit August 2010 gibt es u.a. folgende neue Ausbildungsberufe; darüber hinaus wurden viele Ausbildungsordnungen grundlegend reformiert.

Neue Ausbildungsberufe

- Böttcher/Böttcherin
- Büchsenmacher/Büchsenmacherin
- Geomatiker/Geomatikerin
- Milchtechnologe/Milchtechnologin
- Papiertechnologe/Papiertechnologin
- Pferdewirt/Pferdewirtin
- Revierjäger/Revierjägerin
- Segelmacher/Segelmacherin
- Technischer Konfektionär/Technische Konfektionärin
- Vermessungstechniker/Vermessungstechnikerin

Die **Notwendigkeit lebenslangen Lernens** ist heute wichtiger als früher. Will der Einzelne den Anforderungen einer sich ständig wandelnden Arbeitswelt gerecht werden, darf es nicht bei einer »**abgeschlossenen**« **Berufsausbildung** bleiben.

Um diesen Anforderungen gerecht zu werden, sind folgende **Schlüsselqualifikationen** (überfachliche Fähigkeiten) immer wichtiger:

- **Lernbereitschaft** (z.B. Aufgaben selbstständig lösen)
- **Teamfähigkeit** (z.B. verantwortungsbewusstes Mitarbeiten)
- **Kreativität** (z.B. neue Problemlösungen finden)
- **Verantwortungs-/Pflichtbewusstsein** (z.B. Aufgaben übernehmen)
- **Kritikfähigkeit** (z.B. Verhaltensweisen, Entwicklungen überprüfen)
- **Flexibilität** (z.B. Bereitschaft in einer anderen Stadt zu arbeiten)

Geringqualifizierte: Oft im Job-Abseits

So viel Prozent der 25- bis 64-Jährigen mit Haupt- oder Realschulabschluss als höchstem Bildungsabschluss waren 2005 erwerbstätig

	Männer	Frauen	Insgesamt
Baden-Württemberg	71	52	59
Bayern	69	50	57
Hessen	66	46	54
Hamburg	62	43	52
Rheinland-Pfalz	65	43	51
Thüringen	56	46	51
Niedersachsen	61	43	50
Schleswig-Holstein	57	45	50
Nordrhein-Westfalen	61	41	49
Saarland	62	40	49
Bremen	54	40	46
Sachsen-Anhalt	52	39	45
Brandenburg	51	37	44
Berlin	44	36	40
Sachsen	43	36	39
Mecklenburg-Vorpommern	44	31	37

Quellen: Statistische Ämter des Bundes und der Länder

Institut der deutschen Wirtschaft Köln

Fachkräfte: Meist im Beruf aktiv

So viel Prozent der 25- bis 64-Jährigen mit Abitur oder Berufsausbildung als höchstem Bildungsabschluss waren 2005 erwerbstätig

	Männer	Frauen	Insgesamt
Baden-Württemberg	82	70	76
Bayern	82	69	75
Rheinland-Pfalz	80	68	73
Hamburg	77	67	72
Hessen	78	66	72
Schleswig-Holstein	78	66	72
Niedersachsen	77	65	71
Nordrhein-Westfalen	77	64	70
Saarland	76	63	69
Bremen	69	63	66
Brandenburg	69	61	65
Thüringen	68	61	65
Sachsen	66	61	64
Mecklenburg-Vorpommern	65	62	63
Sachsen-Anhalt	67	60	63
Berlin	63	60	61

Quellen: Statistische Ämter des Bundes und der Länder

Institut der deutschen Wirtschaft Köln

Je höher das Bildungsniveau, desto besser die Chancen am Arbeitsmarkt: Menschen mit Hochschulabschluss bzw. Meister- oder Technikerausbildung stehen meist fest im Berufsleben und sind gefragte Arbeitskräfte.

Mit einfachen Bildungsabschlüssen dagegen sind die Aussichten am Arbeitsmarkt schlecht.

Etwa jeder sechste Erwachsene im Alter von 25 bis 64 Jahren hatte im Jahr 2005 höchstens einen Haupt- oder Realschulabschluss.

Nicht einmal die Hälfte der Geringqualifizierten stand im Berufsleben.

Heute gibt es ein reichhaltiges Angebot an beruflichen **Weiterbildungsmöglichkeiten.** Neben der betrieblichen Weiterbildung bieten Handwerks-, Industrie- und Handelskammern, private Institute und Berufsbildende Schulen Fort- und Weiterbildungsmaßnahmen an. Gerade im berufbildenden Schulwesen tragen viele Schulformen und Bildungsgänge auch zur Vorbereitung weiterer schulischer Bildungswege bei. Die Mannigfaltigkeit der Lebens- und Berufsaufgaben spiegelt sich in der Vielfalt der beruflichen Bildungswege wider.

Möglichkeiten der Weiterbildungsangebote der BBS (Auswahl):

- **Fachhochschulreifeunterricht** Höherqualifizierung für Berufsschüler/-innen mit qualifiziertem Sekundarabschluss I
  Ziel: Fachhochschulreife
- **Berufsoberschule I** (Technik, Wirtschaft, Sozialwesen, Gestaltung)
  Ziel: Fachhochschulreife
- **Berufsoberschule II** (Technik, Wirtschaft, Sozialwesen)
  Ziel: Fachgebundene oder allgemeine Hochschulreife
- **Berufliches Gymnasium** (Wirtschaft, Technik)
  Ziel: Allgemeine Hochschulreife
- **Fachschule** (Gestaltung, Hauswirtschaft, Hotel-/Gaststättengewerbe, Landwirtschaft, Naturwissenschaften, Sozialwesen, Technik, Wirtschaft)
  Ziel: »Staatlich geprüfte(r) Techniker(in), Betriebswirt(in), Erzieher(in), Gestalter(in)« etc.

Berufliche Fortbildung

Berufliche Fortbildung

Die berufliche Fortbildung soll es ermöglichen, die berufliche Handlungsfähigkeit zu erhalten und anzupassen oder zu erweitern, um beruflich aufzusteigen.

Berufliche Umschulung

Berufliche Umschulung

Die berufliche Umschulung soll zu einer **anderen beruflichen Tätigkeit** befähigen. Sie kann notwendig werden, wenn der Arbeitnehmer aus gesundheitlichen Gründen seinen erlernten Beruf nicht mehr ausüben kann oder wenn er schon längere Zeit in dem erlernten Beruf arbeitslos ist.

Neue Arbeitsbeziehungen

Die Tarifautonomie bezeichnet die Freiheit der Sozialpartner, die Tarife für die Arbeitsleistungen durch vertragliche Verhandlung zu bestimmen. Um jedoch auch wettbewerbsfähig zu bleiben, sind Unternehmen gezwungen, die Fähigkeiten der Mitarbeiter optimal zu nutzen. Dies geschieht unter anderem durch die Einführung von **Gruppenarbeit** und anderer Elemente einer modernen Arbeitsorganisation wie die **Selbstorganisation**. Im Rahmen der vorgegebenen Ziele entscheiden die Gruppenmitglieder in weisungsbefugten und eigenverantwortlichen Teams über die erforderlichen Arbeitsmaßnahmen wie Arbeitstempo, Qualitätskontrollen oder Urlaubsregelungen.

Jeden Tag pendeln Millionen von Menschen zwischen Wohn- und Arbeitsort. Immense Energiekosten und große Umweltbelastungen wie Smog sind die Folge. Dies kann und könnte in vielen Fällen reduziert werden. Denn mit der Einführung neuer Technologien werden auch **neue** und vor allem auch **neuartige Arbeitsplätze** geschaffen. Die Kosten von Zeit, Raum, Material und Reisen lassen sich durch die Kommunikationstechnologien erheblich vermindern. Fax, Handy und Laptop sind heute für viele Geschäftsreisende mittlerweile schon unverzichtbar.

Dabei weist das Internet für die Ausbreitung der **Telearbeit** einen großen Anteil auf. Telefongespräche, Videokonferenzen und Datenübertragung sind zu wesentlich **geringeren Kosten als bisher möglich.**

Telearbeit: Die stille, elektronische Revolution

Schon heute verdienen viele Menschen ihren Lebensunterhalt mit der Telearbeit. Sie arbeiten **zu Hause zeitlich flexibel und individuell**, anstatt zu festen Arbeitszeiten im Büro zu sitzen.

Flexibler ohne starres Zeitkorsett

Mehr Service und eine bessere Auslastung durch die Einführung von flexiblen Arbeitszeitmodellen

Düsseldorf – Sie federn saisonale Schwankungen ab und ermöglichen kundenfreundliche Servicezeiten. Mitarbeiter können Beruf und Familie besser vereinbaren. Wer die Vorteile flexibler Arbeitszeiten nutzen möchte, muss allerdings rund ein Jahr Zeit investieren, bis es tatsächlich klappt.

Wochenendarbeit oder Schichtdienst? Nachtarbeit? Für jeden zweiten Erwerbstätigen sind Arbeitszeiten außerhalb der klassischen Zeitschiene – das berühmte „nine to five" – längst selbstverständlich. Weil teure Maschinen länger und besser laufen können, war es in den vergangenen 50 Jahren schon aus rein ökonomischen Gründen notwendig, die Arbeits- und Maschinenlaufzeiten zu entkoppeln. Rund 140000 Euro kostet einen Betriebsinhaber im Schnitt die maschinelle Ausstattung eines Arbeitsplatzes – und eine Jahresarbeitszeit von 1600 bis 1800 Stunden rechnet sich einfach nicht mehr. Die Folge: „Starre Arbeitszeitmodelle mit Arbeitszeiten zwischen acht und fünf Uhr an fünf Tagen in der Woche gehören mehr und mehr der Vergangenheit an", urteilt das Institut der deutschen Wirtschaft in Köln.

Doch nicht nur eine wirtschaftlich sinnvollere Ausnutzung der Maschinenkapazitäten – was ohnehin fast nur die Industrie betraf – hat für eine Aufweichung des starren Zeitkorsetts gesorgt. Das bessere Handling von auftragsstarken und -schwachen Zeiten, kundenorientiertere Servicezeiten, die eine Reparatur auch am Abend noch ermöglichen, die Vermeidung von zuschlagpflichtiger Mehrarbeit oder nur der Wunsch der Mitarbeiter nach mehr Zeitsouveränität haben für einen Boom von Arbeitszeitmodellen gesorgt. Die Vorteile machten flexible Arbeitszeiten auch im Handwerk populär.

Acht Grundtypen unterscheidet das Kölner Institut, die sogar miteinander kombinierbar sind: Arbeitszeitkonten, Teilzeit, Arbeitsplatzteilung, Abrufarbeit, Schichtarbeit, Vertrauensarbeitszeit, amorphe Arbeitszeit oder Telearbeit.

Arbeitszeitmodelle im Überblick

Abrufarbeit:
Per Einzelarbeitsverträgen erhält der Chef das Recht, die Arbeitsleistung des Arbeitnehmers abhängig von der Auftragslage festzusetzen. Das bedeutet, dass der Arbeitnehmer nur dann arbeitet, wenn im Betrieb für ihn Arbeit anfällt.

Amorphe Arbeitszeit:
Amorph heißt gestaltlos: Chef und Mitarbeiter vereinbaren das Volumen an Arbeitszeit, was er in einem bestimmten Zeitrahmen zu leisten hat. Die Verteilung der Arbeitszeit, das heißt die konkrete Lage und Dauer der Arbeitszeitphasen, wird bewusst offen gelassen.

Arbeitsplatzteilung:
Mehrere Arbeitnehmer teilen sich einen Arbeitsplatz. Im Regelfall teilt sich der Job in zwei Halbtagsarbeitsplätze auf.

Arbeitszeitkonten:
Auf Zeitkonten werden die Abweichungen von der tatsächlichen und vereinbarten Arbeitszeit festgehalten. Man unterscheidet Kurzzeit- und Langzeitkonten, entsprechend den Laufzeiten. Langzeitkonten ermöglichen einen früheren Ausstieg aus dem Berufsleben oder wahlweise ein Sabbatjahr.

Schichtarbeit:
Sie teilt die Arbeitszeit im Betrieb in mehrere Zeitabschnitte auf mit unterschiedlichem Arbeitsbeginn. Ein Team löst das andere auf dem Arbeitsplatz ab. Der 24-Stunden-Tag kann beispielsweise in drei Schichten aufgeteilt werden.

Teilzeitarbeit:
Klassische variante, wenn die Arbeitszeit (wesentlich) kürzer ist als die sonst übliche Wochenarbeitszeit, etwa der Halbtagsjob.

Telearbeit:
Der Mitarbeiter arbeitet nicht mehr im Betrieb, sondern zum Beispiel zu Hause oder in externen Büros mit entsprechender Ausstattung.

Vertrauensarbeitszeit:
Der Chef verzichtet auf eine Kontrolle, wie lang der Mitarbeiter tatsächlich arbeitet. Die Mitarbeiter entscheiden eigenverantwortlich, wann sie ihre Aufgaben erfüllen, und erhalten volle Zeitsouveränität – allerdings im Rahmen der arbeits- und tarifvertraglichen Vereinbarungen.

Quelle: Dt. Handwerksblatt

Selbstständigkeit

Ab den 90er Jahren wurde auch von einer anderen Art neuer Arbeitsbeziehung rege Gebrauch gemacht: **Der Selbstständigkeit.**

Viele Unternehmen reduzierten ihre Personaldecke und zwangen so den ein oder anderen Mitarbeiter in die scheinbare Selbstständigkeit, um die Sozialabgaben einzusparen.

Mit dem Gesetz zur Bekämpfung der **Scheinselbstständigkeit** will die Bundesregierung diesen Missbrauch verhindern und die Finanzlage der Sozialkassen stärken.

Scheinselbstständigkeit

Als Scheinselbstständig gilt ein Unternehmer, wenn **zwei** der folgenden vier Kriterien erfüllt sind:

- Außer Familienangehörigen beschäftigt der Betroffene keine versicherungspflichtigen Arbeitnehmer.
- Er ist regelmäßig und im wesentlichen nur für einen Auftraggeber tätig.
- Seine Tätigkeit ist für Beschäftigte typisch.
  Er arbeitet nach Weisungen des Auftraggebers und ist in dessen betriebliche Organisation integriert.
- Er tritt nicht wie ein Unternehmer am Markt auf.

Minijobs

Seit dem 1. April 2003 ist die Einkommensgrenze bei Minijobs auf 400,00 Euro festgesetzt.

In diesen Verdienstbereich fallen für Arbeitnehmer keine Steuern/Sozialabgaben an (Brutto für Netto).

Für Arbeitnehmer bleibt eine derartige Tätigkeit auch als Nebenbeschäftigung steuer-/sozialversicherungsfrei.

Arbeitgeber zahlen eine Pauschale von 30% mit folgender Aufteilung:

- 15% Rentenversicherung,
- 13% Krankenversicherung,
- 2% Steuern.

Arbeitnehmer haben die Möglichkeit, den Arbeitgeber-Pauschalbetrag von 15% aus eigenen Mitteln aufzustocken und so weitere Ansprüche aus der gesetzlichen Rentenversicherung zu erwerben.

Wird neben einem rentenversicherungspflichtigen Hauptberuf nur eine einzige derart geringfügige Beschäftigung ausgeübt, erfolgt keine Zusammenrechnung mit dem Hauptberuf.

Kündigungsschutzgesetz

Das Kündigungsschutzgesetz (KSchG) verhilft allen Arbeitnehmern unter bestimmten Voraussetzungen, d.h. bei einer Beschäftigungsdauer von mehr als sechs Monaten in einem Betrieb, der kein »Kleinbetrieb« ist, zu einem gesetzlich festgelegten Schutz vor arbeitgeberseitigen Kündigungen.

Des Weiteren ist eine Absicherung des Arbeitnehmers vor plötzlichem Arbeitsverlust durch die im BGB geregelten Kündigungsfristen gegeben.

Darüber hinaus sind im Kündigungsschutzgesetz Regelungen über die Zahlung von Abfindungen enthalten.

Das Kündigungsschutzgesetz gliedert sich in vier Abschnitte:

Abschnitt 1 – Allgemeiner Kündigungsschutz

- Sozial ungerechtfertigte Kündigung (§ 1)
- Abfindungsanspruch (§ 2)
- Änderungskündigung (§ 3)
- Kündigungseinspruch (§ 4)
- Anrufung des Arbeitsgerichtes (§ 5)

Abschnitt 2 – Kündigungsschutz im Rahmen der Betriebsverfassung und Personalvertretung

- Unzulässigkeit der Kündigung (§ 15)
- Neues Arbeitsverhältnis; Auflösung des alten Arbeitsverhältnis (§ 16)

Abschnitt 3 – Anzeigepflichtige Entlassungen

- Anzeigepflicht (§ 17)
- Entlassungssperre (§ 18)
- Zulässigkeit von Kurzarbeit (§ 19)

Abschnitt 4 – Schlussbestimmungen

- Geltungsbereich (§ 23)
- Kündigung in Arbeitskämpfen (§ 25)
- Inkrafttreten (§ 26)

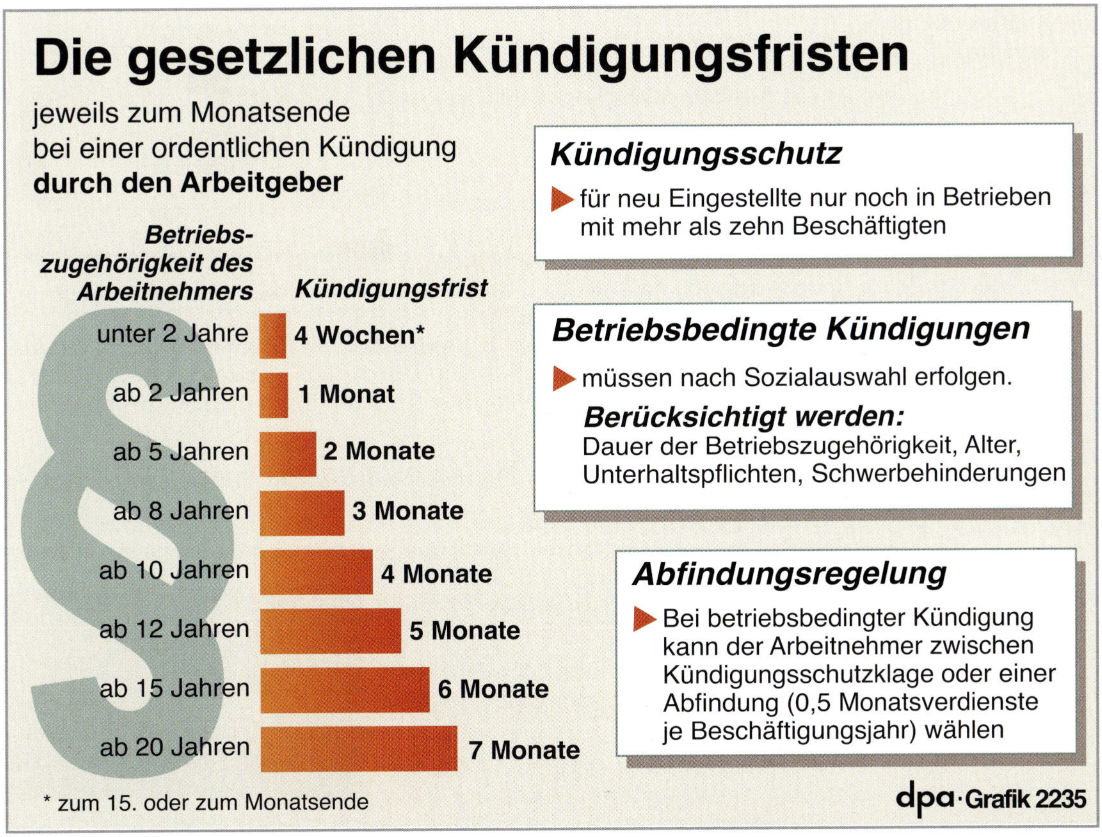

Arbeitsgerichtsbarkeit

Das Arbeitsleben verläuft nicht immer ohne Meinungsverschiedenheiten und ohne Rechtsverletzungen.

Bei Streitigkeiten zwischen Arbeitgeber und Arbeitnehmer ist die Arbeitsgerichtsbarkeit als eigenständiger Zweig der Rechtspflege zuständig.

Die Arbeitsgerichte gewährleisten eine sachgemäße Behandlung und eine einheitliche Rechtsprechung bei allen arbeitsrechtlichen Streitigkeiten.

Die Arbeitsgerichtsbarkeit ist dreistufig aufgebaut.

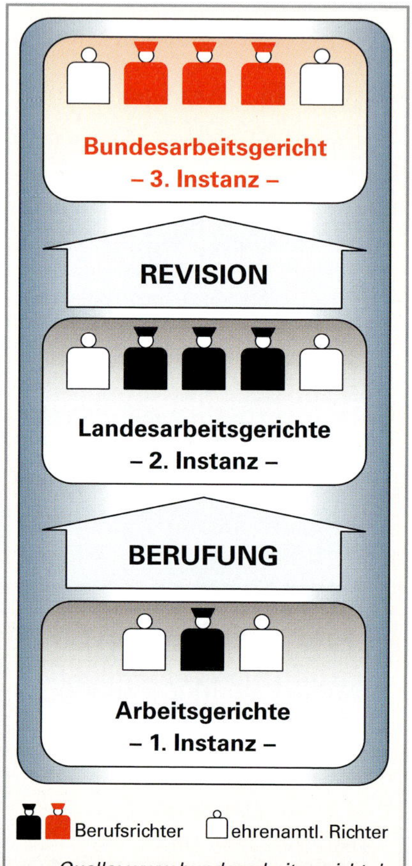

Quelle: www.bundesarbeitsgericht.de

Arbeitsgerichtsbarkeit verfügt über drei Instanzen:
- **Arbeitsgericht**
- **Landesarbeitsgericht**
- **Bundesarbeitsgericht**

In der ersten Instanz entscheiden die **Arbeitsgerichte** in der Besetzung mit einem Berufsrichter als Vorsitzenden und zwei ehrenamtlichen Richtern aus Kreisen der Arbeitnehmer und Arbeitgeber. Vor den Arbeitsgerichten kann sowohl im Urteils- als auch im Beschlussverfahren jeder selbst auftreten **(kein Anwaltszwang)** oder sich vertreten lassen.

In der zweiten Instanz sind die **Landesarbeitsgerichte (Berufungsinstanz)** zuständig. Die Kammern der Landesarbeitsgerichte entscheiden in der Besetzung mit drei Berufsrichtern und zwei ehrenamtlichen Richtern aus den Kreisen der Arbeitnehmer und Arbeitgeber. Im Urteilsverfahren müssen sich die Parteien durch den Vertreter einer Gewerkschaft oder eines Arbeitgeberverbandes oder durch Rechtsanwälte vertreten lassen.

Die dritte Instanz ist das **Bundesarbeitsgericht (Revisionsinstanz)** in Erfurt.

Die Senate des Bundesarbeitsgerichts bestehen ebenfalls aus drei Berufsrichtern und zwei ehrenamtlichen Richtern aus Kreisen der Arbeitnehmer und der Arbeitgeber.

Das Bundesarbeitsgericht in Erfurt

Im Urteilsverfahren muss der Einzelne sich durch einen Rechtsanwalt vertreten lassen.

Im **Urteilsverfahren** sind die Arbeitsgerichte insbesondere zuständig für Rechtsstreitigkeiten

- zwischen den Tarifvertragsparteien, z.B. Gültigkeit eines Tarifvertrages, unzulässiger Streik
- zwischen Arbeitnehmern und einzelnen Arbeitgebern, z.B. aus dem Arbeits- und Berufsausbildungsvertrag, aus unerlaubten Handlungen
- zwischen Arbeitnehmern aus gemeinsamer Arbeit untereinander, z.B. Gruppenakkord

Das Urteilsverfahren wird eingeleitet, wenn eine Partei Klage erhebt.

Im **Beschlussverfahren** sind die Arbeitsgerichte zuständig für Rechtsstreitigkeiten

- aus dem Betriebsverfassungsgesetz, z.B. Zusammensetzung, Geschäftsführung des Betriebsrates

Das Beschlussverfahren beginnt mit der Stellung eines Antrages.

Das Gericht hat den Auftrag, den vorliegenden Sachverhalt zu überprüfen.

LERN-BOX

- **Grundvoraussetzung** für eine spätere Erwerbsarbeit **ist eine qualifizierte Berufsausbildung.**
- **Berufsausbildung** erfolgt in Partnerschaft zwischen **Betrieb und Berufsschule (Duales System).**
- Instrumente zum **Interessensausgleich:** Schülervertretung, Berufsbildungsgesetz, Jugendarbeitsschutzgesetz, Arbeitsgerichtsbarkeit.
- Die berufliche Weiterbildung baut auf die Berufsausbildung auf. **Lebenslanges Lernen** wird zur Notwendigkeit. Berufsbildende Schulen, Betriebe und andere Bildungsträger bieten Weiterbildungsmöglichkeiten an.
- Die **Telearbeit** wird immer beliebter. Anstatt den Menschen zur Arbeit zu befördern, begibt sich die Arbeit zum Menschen.

  Zu Hause, zeitlich flexibel und **individuell** verdienen schon heute viele Menschen ohne feste Bürozeiten ihren Lebensunterhalt.
- **Ich-AGs** und **Minijobs** sollen helfen, mehr Menschen aus der Arbeitslosigkeit heraus zu holen und den Einstieg ins Arbeitsleben zu erleichtern.
- Das **Kündigungsschutzgesetz** (KSchG) verhilft allen Arbeitnehmern unter bestimmten Voraussetzungen, d.h. bei einer Beschäftigungsdauer von mehr als sechs Monaten in einem Betrieb, der kein »Kleinbetrieb« ist, zu einem gesetzlich festgelegten Schutz vor arbeitgeberseitigen Kündigungen.
- **Arbeitsgerichte** gewährleisten eine sachgemäße Behandlung und eine einheitliche Rechtsprechung bei allen arbeitsrechtlichen Streitigkeiten.

WISSENS-CHECK

1. Erarbeiten Sie auf Grund Ihrer Erfahrungen die verschiedenen **Einflussfaktoren Ihrer Berufswahlentscheidung** und vergleichen Sie diese mit den Einflussfaktoren Ihrer Mitschüler/-innen.

2. Beschreiben Sie die **Berufsausbildung in der Bundesrepublik Deutschland,** indem Sie die Aufgaben der dualen Partner in Gruppenarbeit vorstellen.

3. Bewerten Sie kritisch die **Arbeit der Schülervertretung** Ihrer berufsbildenden Schule. Entwerfen Sie dazu im Unterricht einen Fragebogen, den Sie nach Beantwortung gemeinsam auswerten und die Ergebnisse präsentieren (Gruppenarbeit).

4. Begründen Sie den **Sinn und Zweck des Jugendarbeitsschutzgesetzes**.

5. Die 17-jährige Friseurauszubildende Kerstin besucht die Berufsschule von 8:00 bis 12:15 Uhr. Muss sie **nachmittags** im Ausbildungsbetrieb arbeiten?

6. Siggi, 16-jähriger Maurerauszubildender, wird im **Blockunterricht** beschult. In der kommenden Woche werden täglich anstatt 6 Unterrichtsstunden nur 5 Stunden erteilt. Muss Siggi nachmittags arbeiten?

7. Wie viel bezahlte **Urlaubstage** hat der Arbeitgeber jedes Kalenderjahr Jugendlichen zu gewähren?

8. Die Arbeitsgerichtsbarkeit verfügt über drei Instanzen. Entwickeln Sie mit Ihren Mitschülern in einem Rollenspiel einen **Fall**, der vor der dreistufigen Arbeitsgerichtsbarkeit verhandelt wird.

9. Erarbeiten Sie anhand des Buches mindestens **acht Inhaltspunkte** eines Berufsausbildungsvertrages.

10. Wozu dient im Berufsausbildungsvertrag die **Probezeit** und wie lange dauert sie?

11. Erarbeiten und präsentieren Sie in Gruppenarbeit die **Pflichten** des **Ausbildenden** bzw. die **Pflichten** des **Auszubildenden**.

12. Erklären Sie den Begriff »**Schlüsselqualifikationen**« und begründen Sie die überaus hohe Wichtigkeit dieser Fähigkeiten.

13. Erkundigen Sie sich an »Ihrer« berufsbildenden Schule nach den **Weiterbildungsangeboten** und erarbeiten Sie die verschiedenen Möglichkeiten in der Gruppe. Präsentieren Sie die Ergebnisse Ihren Mitschülern.

14. Erarbeiten Sie schriftlich die Vorteile flexibler Arbeitszeitmodelle. Lesen Sie dazu aufmerksam den Zeitungsartikel auf der Seite 240f.

Tarifverträge

Schon im 19. Jahrhundert verschärften sich mit Beginn der Großindustrie die sozialen Verhältnisse. Die Notlage der arbeitenden Bevölkerung wurde größer, immer mehr Menschen verloren ihre selbstständige Existenz und wurden als Lohnarbeiter abhängig. Dabei waren die Löhne auf Grund des großen Angebotes an Arbeitskräften extrem niedrig. Viele Arbeiter lebten in bitterer Armut.

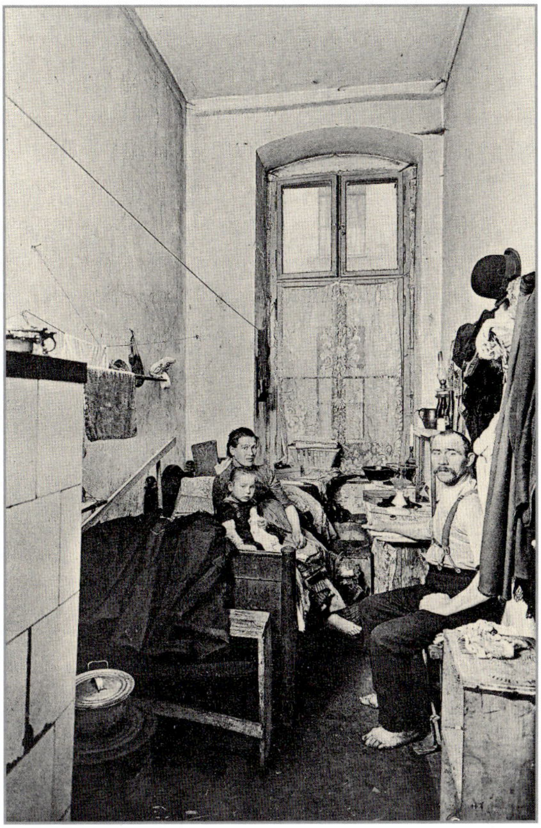

Arbeiterwohnung in Berlin. Es gab nur ein einziges Bett für alle Bewohner.

Arbeitsbedingungen im 19. Jahrhundert: 7-Tage-Woche, 16-Stunden-Tag

Deshalb waren meistens auch die Frauen und Kinder gezwungen, in den Fabriken zu arbeiten, um die Familien einigermaßen »über Wasser zu halten«. Dabei waren die Arbeitsbedingungen äußerst hart: Sieben Tage wöchentlich und bis zu 16 Stunden täglich musste gearbeitet werden. Wer dazu nicht bereit war, konnte sofort entlassen werden. Kündigungsschutz gab es nicht. Die Unternehmer waren wie Herrscher, was sie wollten war Gesetz.

Durch die Industrialisierung bildeten sich zwei neue Bevölkerungsgruppen: die **wohlhabenden Fabrikbesitzer** und die **lohnabhängige Arbeiterklasse.** So entstand die so genannte Klassengesellschaft.

Auf die industriellen Ballungszentren begann ein enormer Bevölkerungsansturm. Große Bevölkerungsverschiebungen vom Land in die Stadt (Landflucht) waren die Folge.

Die meisten Städte waren diesen immensen Menschenmassen nicht gewachsen. Es fehlte an Wohnraum. Die hygienischen Verhältnisse waren katastrophal.

Zwar wurden schnell Mietshäuser gebaut, doch die Arbeiter mussten oft in qualvoller Enge in einem Zimmer mit ihren Familien leben. In Folge langer Arbeitszeiten, hoher Unfallraten, niedriger Löhne und schlechter Wohnverhältnisse wurde von den Arbeitern und vom aufgeklärten Bürgertum immer öfter die »**soziale Frage**« gestellt.

Hierbei wurden in erster Linie die sozialen Bedingungen, wie **wirtschaftliche Unsicherheit, politische Machtlosigkeit, harte Arbeitsbedingungen und die Ungerechtigkeiten durch ungleiche Besitzverhältnisse,** unter denen die Arbeiterklasse litt, kritisiert.

In dieser Zeit machte sich vor allem der Gesellschaftstheoretiker **Karl Marx** einen Namen. Zusammen mit dem Fabrikbesitzer Friedrich Engels brachte er 1848 das »**Kommunistische Manifest**« heraus. 1867 veröffentlichte Karl Marx sein Hauptwerk »**Das Kapital**«, das die Grundlage des späteren Marxismus darstellte. Hierbei betrachtete Marx die Geschichte als Kampf der Kapitalisten (besitzenden Klasse) gegen die Proletarier (lohnabhängige Klasse). Nach Marx läuft der »**Klassenkampf**« stets nach bestimmten, wissenschaftlich nachweisbaren Gesetzmäßigkeiten ab, sodass man schon voraussagen könne, wie er sich in der Zukunft entwickeln müsse, damit soziale Gerechtigkeit erreicht werde. Er prophezeite eine Revolution der Arbeiterklasse und die »**Diktatur des Proletariats**«. Das Ende dieser Entwicklung sollte im Kommunismus (lateinisch: communis = gemeinsam) münden, einer Gesellschaftsform, in der es weder Kapitalisten noch Proletarier geben sollte, in der alle Menschen gleich sind und der Reichtum allen gehören solle.

Beflügelt von dieser Theorie schlossen sich die Arbeiter zu Arbeiterbewegungen zusammen. Sie erkannten schnell, dass sie die Arbeitgeber durch gezielte Arbeitsverweigerungen empfindlich treffen konnten. Dieses Kampfmittel wurde von den Unternehmern ernst genommen. Es entwickelten sich bald Gewerkschaften , die die Interessen der Arbeiterschaft gegenüber den Unternehmern vertraten bzw. Arbeiterparteien, die die Arbeiter politisch repräsentierten.

Soziale Frage: Arbeits- und Lebensbedingungen der Arbeiter

Auch Reichskanzler Bismarck erkannte den gesellschaftlichen Sprengstoff, den die **soziale Frage** in sich trug. Um auf gesetzlichem Wege die Arbeits- und Lebensbedingungen der Arbeiter zu verbessern, entstanden ab 1883 die gesetzlichen Kranken-, Unfall- und Rentenversicherungen. Dieses große Sozialgesetzgebungswerk bildet heute immer noch die Grundlage unseres Sozialversicherungssystems.

Zu jeder Zeit besteht die soziale Frage, da die Lösung sozialer Probleme in jeder Gesellschaft ständige Aufgabe von Sozialreform und Sozialpolitik bleibt.

Heute machen viele unterschiedliche Interessenverbände Vorschläge zur Humanisierung und zur Gestaltung der Arbeitswelt. Dabei spielen die so genannten **Sozialpartner (Gewerkschaften und Arbeitgeberverbände)** eine bedeutende Rolle.

Die Gewerkschaften bilden als Vereinigungen von Arbeitnehmern eine der wichtigsten Organisationen innerhalb der modernen Industriegesellschaft, mit dem Ziel, die wirtschaftliche und soziale Lage ihrer Mitglieder zu verbessern. Sie stehen als Sozialpartner den Arbeitgeberverbänden gegenüber.

Aufgaben der Gewerkschaften:

- Mitregelung der Löhne und Arbeitsbedingungen durch Tarifverträge
- Vertretung der Arbeitnehmerinteressen gegenüber Regierung und Parlament

- Unterstützung bei Arbeitsstreitigkeiten und bei Arbeitskampf (Arbeitsgericht, Streik)
- Finanzielle Unterstützung in Notfällen
- Förderung durch Bildungsmaßnahmen

Der Deutsche Gewerkschaftsbund (DGB) umfasst als größte Organisation der Arbeitnehmer 8 Einzelgewerkschaften mit über 6,1 Millionen Mitgliedern.

Weitere gewerkschaftliche Spitzenverbände sind der

- Deutsche Beamten-Bund (DBB)
- Christlicher Gewerkschaftsbund Deutschlands (CGB)
- Marburger Bund (mb)
- Deutscher Bundeswehr-Verband (DBwV)

In der Industrie, im Handel und in der übrigen Wirtschaft haben sich Unternehmer, Kaufleute und Gewerbetreibende aller Art in **Arbeitgeberverbänden** zusammengeschlossen.

Gewerkschaften und Arbeitgeberverbände = Sozialpartner

Arbeitgeberverbände sind Zweckverbände, die insbesondere die Interessen der Arbeitgeber gegenüber den Gewerkschaften vertreten.

Aufgaben der Arbeitgeberverbände:

- Wahrung der unternehmerischen Interessen gegenüber den Gewerkschaften durch Abschluss von Tarifverträgen.
- Wahrung der unternehmerischen Interessen gegenüber den staatlichen Stellen, indem man zur sozial- und wirtschaftspolitischen Gesetzgebung Stellung nimmt.

Die Arbeitgeberverbände verteidigen, ebenso wie die Gewerkschaften, die Soziale Marktwirtschaft. Sie betonen den Beitrag am wirtschaftlichen Wachstum und am sozialen Ausgleich. In der Bundesrepublik gibt es momentan über 20 Arbeitgeberfachverbände.

Dazu gehören:

- Bundesvereinigung der deutschen Arbeitgeberverbände (BDA)
- Bundesverband der deutschen Industrie (BDI)
- Deutscher Industrie- und Handelskammertag (DIHK)
- Zentralverband des Deutschen Handwerks
- Deutscher Bauernverband

Die Sozialpartner üben das Recht auf Förderung der Arbeits- und Wirtschaftsbedingungen für die Arbeitnehmer in den Unternehmen durch Abschluss von Tarifverträgen aus.

Der **Tarifvertrag** (arab.: Tarif = geregelter Preis für eine Leistung) regelt die Rechte und Pflichten der Tarifvertragsparteien (Gewerkschaften und Arbeitgeber) und enthält Rechtsnormen, die den Inhalt, den Abschluss und die Beendigung von Arbeitsverhältnissen sowie betriebliche und betriebsverfassungsrechtliche Fragen nach dem Tarifvertragsgesetz ordnen können. Der Tarifvertrag legt ferner die Höhe des Lohnes oder Gehaltes fest **(Lohn- und Gehaltstarifvertrag).**

Quelle: sueddeutsche.de, 29.01.2010

Wichtig ist, dass die Tarifvertragsparteien nach dem Grundsatz der **Tarifautonomie** Tarifverträge selbstständig und ohne Mitwirkung des Staates aushandeln können.

In der Öffentlichkeit sind Tarifverhandlungen vor allem wegen Lohn- und Gehaltserhöhungen im Bewusstsein.

Der **Manteltarifvertrag** gilt meistens für längere Zeit und regelt Arbeitszeit, Pausen, Urlaub, Kündigungsgründe, Kündigungstermine, Kündigungsfristen, Mehrarbeit, Sonn- und Feiertagsarbeit, zu zahlende Zuschläge, Akkord- und Prämienlohn u. ä.

Alle Arbeitnehmer, die der Vertrag schließenden Gewerkschaft angehören, sind an den Tarifvertrag gebunden.

Ebenfalls gilt er für alle Arbeitgeber, die für ihren Betrieb einen Tarifvertrag abgeschlossen haben oder Mitglied des vertragsschließenden Arbeitgeberverbandes sind.

Wird ein Tarifvertrag für **allgemein verbindlich** erklärt, gelten die Bedingungen für alle Arbeitnehmer und alle Arbeitgeber dieses Wirtschaftszweiges, d. h. auch alle Nichtorganisierten sind daran gebunden.

Vorteile der Tarifverträge

- einheitliche Verbesserung der Arbeitsbedingungen
- Schaffung klarer Rechtsverhältnisse
- Begrenzung der Macht des wirtschaftlich stärkeren Arbeitgebers gegenüber den wirtschaftlich schwächeren Arbeitnehmern
- Hilfe bei der Erhaltung des Arbeitsfriedens

PAPIERVERARBEITUNG

Tarifeinigung in der Papier und Kunststoffe verarbeitenden Industrie

Berlin. Die Tarifparteien der Papier, Pappe und Kunststoffe verarbeitenden Industrie haben sich in der Nacht zu Donnerstag in Berlin in der dritten Verhandlungsrunde auf einen neuen Tarifvertrag geeinigt.

Wie der Hauptverband Papier- und Kunststoffverarbeitung (HPV) mitteilte, sieht der Abschluss für die fast 100.000 Beschäftigten der Branche sechs Nullmonate ab 1. Mai 2010 vor sowie lineare Lohnsteigerungen bis Ende August 2012.

Danach steigen die Löhne
ab 1. November 2010 um 1,3 Prozent,
ab 1. Mai 2011 um 1,5 Prozent und
ab 1. März 2012 abermals um 1,3 Prozent.

Die Gewerkschaft „ver.di" hatte für 24 Monate insgesamt 4,5 Prozent mehr Lohn und Gehalt gefordert.

Die Arbeitgeber werteten die Einigung für die rund 600 Betriebe als gutes Ergebnis in einer schwierigen Übergangsphase zwischen Krise und möglichem Aufschwung. Es sei einer der ersten Tarifabschlüsse einer namhaften Industrie in Deutschland, der nicht mehr nur im Zeichen der Krisenbewältigung stand, sondern auch die sich stabilisierenden Aufwärtstendenzen abbilden musste.

(ddp-Korrespondent Ulrich Breitbach)

Die Sozialpartner

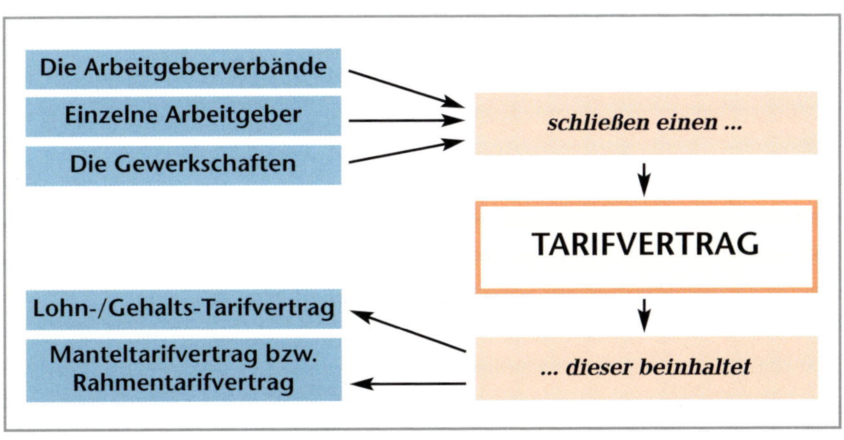

Industriegewerkschaft Metall Bezirk Baden-Württemberg

Ausbildungsvergütung für Beschäftigte des Schreinerhandwerks in Baden-Württemberg

Abschluss: 31.08.2010 · Gültig ab: 01.09.2010
Kündbar zum: 30.09.2012 · Frist: 3 Monate zum Monatsende

Rechtsanspruch auf diesen Tarifvertrag haben nur Mitglieder der IG Metall

Ausbildungstarifvertrag

Zwischen dem
Landesfachverband Schreinerhandwerk Baden-Württemberg
(Landesinnungsverband des Schreinerhandwerks Baden-Württemberg)
Danneckerstr. 35, 70182 Stuttgart

einerseits und der
IG Metall, Bezirk Baden-Württemberg, Bezirksleitung Baden-Württemberg,
Stuttgarter Str. 23, 70469 Stuttgart

andererseits wird folgender Ausbildungstarifvertrag abgeschlossen:

§ 1 Geltungsbereich

Diese Vereinbarung gilt:

räumlich: Für Baden-Württemberg;

fachlich: Es gilt der fachliche Geltungsbereich aus § 1 Manteltarifvertrag für das Schreinerhandwerk Baden-Württemberg in seiner jeweils gültigen Fassung.

persönlich: Für alle Auszubildenden.
Auszubildender ist, wer in einem anerkannten Ausbildungsberuf aufgrund eines Berufsausbildungsvertrages ausgebildet wird.

Tarifgebundenheit:
Tarifgebunden sind gemäß § 3 Tarifvertragsgesetz die Mitglieder der vertragsschließenden Gewerkschaft und die Mitglieder einer Mitgliedsinnung sowie Einzelmitglieder des Landesfachverbandes Schreinerhandwerk Baden-Württemberg, soweit diese im Schreinerhandwerk tätig sind.

§ 2 Ausbildungsvergütung

1. Auszubildende erhalten eine Ausbildungsvergütung. Die Ausbildungsvergütung für den laufenden Monat soll so bezahlt werden, dass diese spätestens am 10. des folgenden Monats dem Auszubildenden zur Verfügung steht.

2. Die Ausbildungsvergütung beträgt bis **30.09.2010** monatlich brutto:
   im 1. Ausbildungsjahr 489,00 €
   im 2. Ausbildungsjahr 546,00 €
   im 3. Ausbildungsjahr 630,00 €

   Die Ausbildungsvergütung beträgt ab **01.10.2010** monatlich brutto:
   im 1. Ausbildungsjahr 500,00 €
   im 2. Ausbildungsjahr 558,00 €
   im 3. Ausbildungsjahr 643,00 €

   Die Ausbildungsvergütung beträgt ab **01.10.2011** monatlich brutto:
   im 1. Ausbildungsjahr 511,00 €
   im 2. Ausbildungsjahr 570,00 €
   im 3. Ausbildungsjahr 656,00 €

3. Wird ein erfolgreicher Fachschulbesuch oder eine Vorbildung auf die Ausbildungszeit angerechnet, so gilt für die Höhe der Ausbildungsvergütung der Zeitraum, um den die Ausbildungszeit verkürzt wird, als geleistete Ausbildungszeit.
4. Wird die regelmäßige Ausbildungszeit aus Gründen, die in der Person des Auszubildenden liegen, verlängert, so ist während des Zeitraums der Verlängerung die Ausbildungsvergütung des letzten regelmäßigen Ausbildungsabschnittes zu bezahlen.
5. Nach Abschluss der Ausbildungszeit entsprechend dem Ausbildungsvertrag oder nach bestandener Abschlussprüfung ist dem Auszubildenden die seiner Tätigkeit entsprechende tarifliche Vergütung zu bezahlen. Dies gilt auch bei vorzeitiger Zulassung zur Abschlussprüfung nach § 45 Berufsbildungsgesetz.

§ 3 Mehrarbeit

Leistet ein Auszubildender Mehrarbeit, so ist jede über die in § 5 MTV festgelegte Arbeitszeit hinausgehende Arbeitsstunde zusätzlich zu vergüten. Die Mehrarbeitsvergütung beträgt je Mehrarbeitsstunde 1,25% der Ausbildungsvergütung.

§ 4 Ausfallzeiten

1. Für die infolge des Besuchs der Berufsschule ausfallende Arbeitszeit und bei einer unverschuldeten Arbeitsverhinderung im Sinne des § 9 MTV ist die Ausbildungsvergütung weiter zu bezahlen.
2. Auszubildenden ist bei einer durch Krankheit verursachten Arbeitsunfähigkeit die Ausbildungsvergütung bis zur Dauer von sechs Wochen, jedoch nicht über die Beendigung des Ausbildungsverhältnisses hinaus, weiter zu gewähren.

§ 5 Übergangsbestimmung

Bestehende günstigere betriebliche bzw. ausbildungsvertragliche Regelungen werden durch das Inkrafttreten dieses Ausbildungstarifvertrages nicht berührt.

§ 6 Betriebliche Sonderzahlungen (zusätzliches Urlaubsgeld, anteiliges 13. ME)

Auszubildende erhalten als betriebliche Sonderzahlung im

2. Ausbildungsjahr 130,00 €
3. Ausbildungsjahr 230,00 €

Die Auszahlung erfolgt mit der Ausbildungsvergütung für den Monat November.

§ 7 Vermögenswirksame Leistungen

Auszubildende erhalten nach 6 Monaten Betriebszugehörigkeit vermögenswirksame Leistungen in Höhe von 27,00 € monatlich.

§ 8 Inkrafttreten und Kündigung

Dieser Tarifvertrag tritt mit Wirkung vom 01.09.2010 in Kraft. Er kann mit einer Frist von drei Monaten zum Monatsende, erstmalig zum 30.09.2012 gekündigt werden. Bei einer Kündigung dieses Tarifvertrages vereinbaren die Tarifvertragsparteien, noch während der Kündigungsfrist in Verhandlungen zur Neuregelung einzutreten. Stuttgart, den 31. August 2010

Landesfachverband Schreinerhandwerk Industriegewerkschaft Metall
Baden-Württemberg Bezirk Baden-Württemberg
(Landesinnungsverband des Bezirksleitung Baden-Württemberg)
Schreinerhandwerks Baden-Württemberg)

Anton Gindele (Landesinnungsmeister)
Jörg Hofmann (Bezirksleiter)
Gerhard Fischer (Tarifausschuss-Vorsitzender)
Sabine Zach (Bezirkssekretärin)
Dr. Klaus Heß (Geschäftsführer)

Quelle: IG Metall

Streik und Aussperrung sind in keinem Gesetz ausdrücklich verankert, obwohl das Streikrecht der Arbeitnehmer unbestritten ist. Es darf aber kein Arbeitnehmer gezwungen werden, sich am Streik zu beteiligen. Das **Recht auf Aussperrung** ist umstritten. Während die Gewerkschaften der Meinung sind, dass die Aussperrung mit dem geltenden Recht nicht vereinbar ist, lässt das Bundesarbeitsgericht die Aussperrung nach dem Grundsatz der Waffengleichheit (Kampfparität) zu; allerdings nur als Abwehraussperrung.

Der **organisierte Streik** wird vom Hauptvorstand der zuständigen Gewerkschaft beschlossen, wobei mindestens 75% der organisierten Arbeitnehmer in einer geheimen Urabstimmung für den Streik stimmen müssen. Für die Dauer des Streiks erhalten die streikenden Gewerkschaftsmitglieder aus einem Fonds der Gewerkschaft finanzielle Unterstützung.

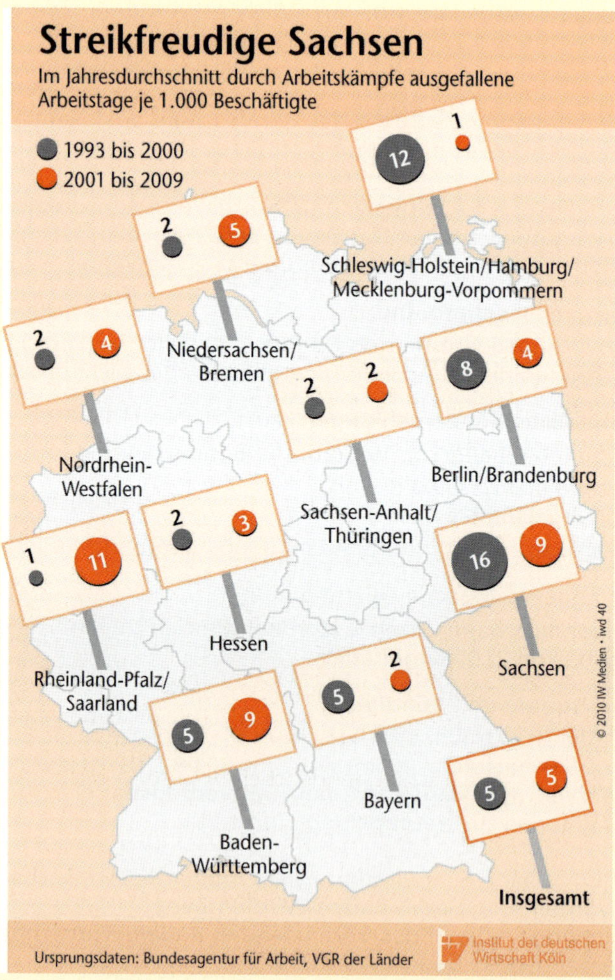

Ein Blick in die Statistik der Arbeitskämpfe in Deutschland zeigt deutlich regionale Unterschiede. Vor allem in Sachsen und im Südwesten Deutschlands wird häufiger gestreikt als anderswo. Beide Regionen sind wirtschaftlich so stark, dass Arbeitsniederlegungen dort eine besonders große Wirkung erzielen.

Quelle: IWD, 07.10.2010, Nr. 40

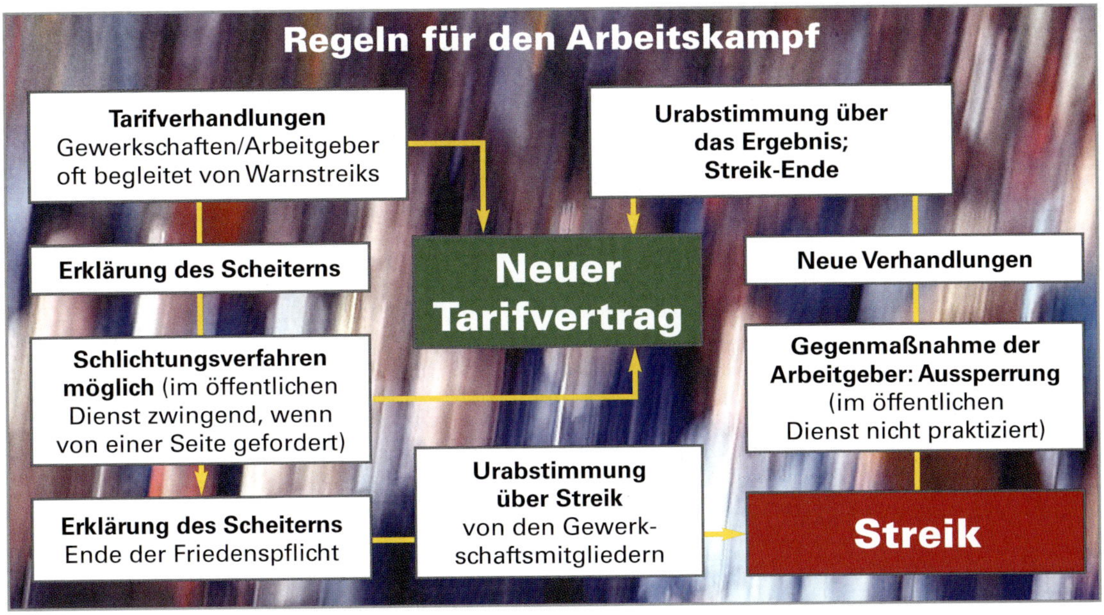

ver.di erzielt Tarifabschluss mit Schlecker

Nach vier Verhandlungsrunden hat die Vereinte Dienstleistungsgewerkschaft (ver.di) mit der Geschäftsleitung der Drogeriemarktkette Schlecker mehrere Tarifverträge für die 34.000 Beschäftigten der Schlecker AS und Schlecker XL GmbH abgeschlossen.

„Es ist der Hartnäckigkeit der Beschäftigten und ihren massiven Protesten und Demonstrationen zu verdanken, dass Schlecker jetzt bei den XL-Märkten zur tariflichen Normalität und Verantwortung gefunden hat", erklärte die stellvertretende ver.di-Vorsitzende Margret Mönig-Raane am Dienstag in Frankfurt am Main.

Der Durchbruch war erst in der Nacht zum Dienstag gelungen. Vereinbart wurde ein Tarifvertrag zur Beschäftigungssicherung bei AS, ein Vertrag zur Tarifbindung bei Schlecker XL und ein Sozialtarifvertrag für AS. Damit ist sichergestellt, dass alle Schlecker-Beschäftigten nach Einzelhandelstarifvertrag bezahlt werden.

Der Beschäftigungssicherungsvertrag sieht vor, dass freiwerdende Stellen in den XL-Märkten vorrangig mit Beschäftigten der AS-Märkte besetzt werden. Alternativ muss das Unternehmen den AS-Beschäftigten Ersatzarbeitsplätze anbieten.

Für den Fall, dass eine Beschäftigungssicherung nicht möglich ist, sichert der Sozialtarifvertrag angemessene Abfindungen. Die große Tarifkommission von ver.di hat am Dienstag die Verhandlungsergebnisse beraten und die Annahme der Tarifverträge beschlossen.

„Durch das selbstbewusste und entschiedene Eintreten der Beschäftigten und ihrer Betriebsräte ist es uns gemeinsam gelungen, eine kritische Öffentlichkeit aufzurütteln. Kundinnen und Kunden sind wie die Beschäftigten nach dem Skandal um die Zeitarbeitsfirma MENIAR nicht länger bereit, Lohndumping zu akzeptieren.

Wenn Schlecker jetzt einen tariflich abgesicherten Neuanfang wagen will, findet das Unternehmen dafür die Unterstützung der Beschäftigten und der Gewerkschaft.

Im Übrigen gibt es keinen Grund, warum andere Drogeriemärkte wie Rossmann diesem guten Beispiel nicht folgen sollten", betonte Mönig-Raane.

Quelle: ddp direct Pressemitteilung, 02.06.2010

Der **wilde Streik** wird ohne die Gewerkschaften alleine von den Arbeitnehmern eines oder mehrerer Betriebe geleitet. Er gilt arbeitsrechtlich als Arbeitsverweigerung. Der Arbeitgeber kann somit einen Streikenden fristlos entlassen.

Streiksonderformen sind: Warnstreik, Proteststreik, Sympathiestreik, politischer Streik, Generalstreik und »Dienst nach Vorschrift«.

Die **Aussperrung** ist die dem Streik entsprechende Kampfmaßnahme der Arbeitgeber, d.h. eine Anzahl von Arbeitnehmern wird ohne Kündigung vorübergehend entlassen.

Der **Individualarbeitsvertrag** bietet die Möglichkeit, den Vertragsinhalt zwischen den Vertragspartnern frei auszuhandeln und ist die Grundlage eines jeden Arbeitsverhältnisses. Zwar gibt es über den Vertragsabschluss keine Formvorschriften, doch sollte ein Arbeitsvertrag aus Beweisgründen immer schriftlich abgeschlossen werden. Sollte ein Arbeitsvertrag dennoch mündlich abgeschlossen werden, so ist der Arbeitgeber nach dem so genannten **Nachweisgesetz** verpflichtet, spätestens einen Monat nach Beginn des Arbeitsverhältnisses dem Beschäftigten eine Niederschrift über die wichtigsten Vertragsinhalte auszuhändigen.

Nachweisgesetz: Der Arbeitgeber ist verpflichtet, dem Arbeitnehmer eine Niederschrift der wichtigsten Vertragsinhalte auszuhändigen.

Folgende Inhalte sollten in der Niederschrift aufgeführt sein:

- Personalien der Vertragspartner
- Art der Tätigkeit (Stellenbeschreibung)
- Probezeit
- Beginn des Arbeitsverhältnisses
- Ende des Arbeitsverhältnisses bei Zeitverträgen
- Arbeitszeit
- Urlaubsdauer
- Verdiensthöhe
- Kündigungsfristen
- Sozialleistungen des Arbeitgebers

Abänderungen des Tarifvertrages nur zu Gunsten des Arbeitnehmers

Der Gesetzgeber hat beim Arbeitsvertrag die Vertragsfreiheit stark eingeschränkt, um den Arbeitnehmer vor Benachteiligungen zu schützen. So müssen Arbeitsverträge den gültigen Tarifverträgen, den Betriebsvereinbarungen und anderer gesetzlicher Regelungen (z.B. Kündigungsschutzgesetz, Bundesurlaubsgesetz, Mutterschutzgesetz, Betriebsverfassungsgesetz) entsprechen. Zu beachten ist, dass der Arbeitgeber die Bestimmungen der einzelnen Gesetze, die gültigen Tarifverträge und Betriebsvereinbarungen nur **zu Gunsten des Arbeitnehmers** abändern darf.

Auf Grund eines Arbeitsvertrages bestehen folgende Pflichten/Rechte:

Pflichten des Arbeitnehmers /Rechte des Arbeitgebers

- **Arbeitspflicht** (vereinbarte Arbeitsleistung erbringen),
- **Gehorsamspflicht** (Anweisungen befolgen),
- **Sorgfaltspflicht** (sorgfältig arbeiten),
- **Treuepflicht** (Betriebsgeheimnisse wahren, keine Arbeiten privat durchführen, die für den Arbeitgeber als Konkurrenz anzusehen ist).

Pflichten des Arbeitgebers/Rechte des Arbeitnehmers

- **Beschäftigungspflicht**
  (mit der vereinbarten Arbeit beschäftigt werden),
- **Vergütungspflicht**
  (für die geleistete Arbeit Lohn/Gehalt zahlen),
- **Fürsorgepflicht**
  (Gesundheit und Leben des Arbeitnehmers schützen, Sozialversicherungsbeiträge abführen),
- **Zeugnispflicht**
  (bei Beendigung des Arbeitsverhältnisses ein Zeugnis ausstellen).

Die Nichteinhaltung der Rechte/Pflichten berechtigt zur Kündigung bzw. zum Schadensersatz.

LERN-BOX

- Durch Industrialisierung entstehen im 19. Jahrhundert zwei neue Bevölkerungsgruppen: die **wohlhabenden Fabrikbesitzer** und die **lohnabhängigen Arbeiter**.
- Als »**soziale Frage**« bezeichnet man die Arbeits- und Lebensbedingungen der Arbeiter.
- Die **Sozialpartner** (Arbeitgeberverbände bzw. einzelne Arbeitgeber und Gewerkschaften) schließen Tarifverträge ab.
- Der **Individualarbeitsvertrag** unterliegt dem Nachweisgesetz, d.h., der Arbeitgeber ist verpflichtet dem Arbeitnehmer eine Niederschrift der wichtigsten Vertragsinhalte auszuhändigen. Der Arbeitgeber darf Bestimmungen einzelner Gesetze, gültiger Tarifverträge und Betriebsvereinbarungen nur **zu Gunsten** des Arbeitnehmers abändern.

WISSENS-CHECK

1. Erläutern Sie die Aussage: »**Zu jeder Zeit besteht die soziale Frage**«.
2. Welche Aufgaben haben die **Sozialpartner?**
3. Erklären Sie den Unterschied zwischen **Tarifvertrag** und **Manteltarifvertrag.**
4. Welche **Vorteile** bieten Tarifverträge?
5. Erläutern Sie die Aussage »Der Tarifvertrag wird für **allgemeinverbindlich** erklärt«.
6. Erläutern Sie folgende Begriffe:
   a) **Streik** b) **wilder Streik** c) **Aussperrung**
7. Erklären Sie beim Individualarbeitsvertrag anhand eines Beispiels die Bedeutung des so genannten **Nachweisgesetzes**.
8. Welche vier **Rechte** des Arbeitgebers / **Pflichten** des Arbeitnehmers bestehen auf Grund eines Arbeitsvertrages?

Betriebsrat

Der Betrieb ist heute nicht nur als organisatorische Einheit zu verstehen, mit der ein Unternehmen allein oder mit seinen Mitarbeitern bestimmte arbeitstechnische Ziele und Zwecke verfolgt, sondern er ist auch ein soziales System, in dem sich soziale Verhaltensweisen wie Hilfsbereitschaft und Engagement entwickeln, Freundschaften geschlossen und gepflegt werden oder betriebliche Konflikte, die sich oft aus subjektiven, sozialen oder organisatorischen Ansprüchen ableiten, bewältigt werden müssen.

Betriebliche Probleme werden im Team besprochen.

So zeichnet sich jeder Betrieb durch seine untereinander abhängigen Arbeitsbeziehungen, d. h., durch sein soziales System aus.

Der Betrieb ist auch Sozialisationsinstanz

Viele betriebliche Vorgänge zeigen, dass der Betrieb Sozialisationsinstanz ist. Unter **Sozialisation (= soziale Erziehung)** verstehen wir alle Umwelteinflüsse, die gesellschaftlich vermittelt werden und sich auf die Persönlichkeitsentwicklung auswirken.

Beispiel

Evelyne lernt Bauzeichnerin. Dabei vermittelt der Betrieb ihr in erster Linie berufliche Kenntnisse und Fertigkeiten. Evelyne lernt Beurteilen und Bewerten, Organisieren und Planen und sammelt im Arbeitsalltag Berufserfahrung. Die Ausbildungsinhalte sind sachbezogen.

Der Betrieb ist aber auch für Evelyne Sozialisationsinstanz mit Erziehungsauftrag. Sie erkennt schnell, dass Ordnungsprinzipien wie Pünktlichkeit, Sauberkeit oder andere »Spiel«-Regeln für das Zusammenarbeiten sehr wichtig sind. Verantwortliches Denken oder persönliche Grundhaltungen (Bereitschaft zur konstruktiven Kritik) sind weitere Beispiele, die Evelyne durch die Sozialisationsinstanz Betrieb für unverzichtbar hält.

Evelyne erkennt schnell, dass an die einzelnen Mitarbeiter im Betrieb unterschiedliche Verhaltenserwartungen gestellt werden. Die Summe der Verhaltensweisen, die von uns in einer bestimmten sozialen Lage erwartet oder erbracht werden, bezeichnet man als **soziale Rolle.** Welche Rolle der Einzelne in einer Gruppe einnimmt, richtet sich nach seiner speziellen Befähigung, und danach, was er zum Erreichen des Gruppenzieles beiträgt und wie er sich in die Gruppe integriert. Der **Status** der einzelnen Rolle ist an der Rangordnung der Gruppe erkennbar. Sie ist die Wertschätzung (Position) einer Rolle.

Normen sind Regeln, Absprachen und Vereinbarungen, die ein Zusammenleben bzw. Zusammenarbeiten der Menschen bzw. der Mitarbeiter ermöglichen sollen.

- **Wir-Gefühl**
- **Gleiche Ziele**
- **Normen**
- **Rollenverteilung**
- **Rangordnung(en)**

= Merkmale einer Gruppe

Auch Evelyne hat unterschiedliche Erwartungen zu erfüllen, z.B. gegenüber

Sie gehört als »Rolleninhaber« unterschiedlichen Gruppen an. Welche Rolle Evelyne in einer Gruppe spielt, welchen Status bzw. welche Position sie einnimmt, hängt hauptsächlich von der Art und Form der Gruppe ab.

Formelle Gruppen sind beispielsweise Betriebsgruppen oder Abteilungen. Sie haben eine festgelegte Betriebsorganisation. Die Aufgaben- und Rollenverteilung ist klar umrissen und überschaubar.

Im Betrieb bilden sich aber auch Gruppen, die spontan und gefühlsmäßig orientiert sind. Sie finden sich auf Grund der persönlichen Interessen zusammen. Diese Gruppen bezeichnet man als **informelle Gruppen.**

Sie sind Sympathiegruppen wie Freizeitgruppen oder Sportvereine, entstehen oft spontan und dienen der Befriedigung emotionaler und sozialer Bedürfnisse. Informelle Gruppen kommen meistens **außerhalb** des Betriebes zu Stande. Dies kann für den Betrieb und die Mitarbeiter Vor- und Nachteile haben.

Beispiel

Spielt Evelyne in der Betriebsfußballmannschaft, so trägt sie damit zu einem guten Betriebsklima bei. Trifft sie sich abends mit einigen Auszubildenden in einer Diskothek und äußert sich dabei negativ über andere Auszubildende, Mitarbeiter oder den Ausbilder, so belastet dies das Betriebsklima.

Mobbing = Psychoterror unter Arbeitskollegen

In den vergangenen Jahren haben Konflikte im Betrieb durch das so genannte **Mobbing** stark zugenommen. Darunter versteht man das systematische »fertig machen« eines Arbeitskollegen bzw. einer Arbeitskollegin.

Durch gezielte Schikanen und Pöbeleien (engl.: to mob = pöbeln), durch gemeine Gerüchte und Intrigen, durch Arbeitsaufgaben, die kränkenden Charakter haben, durch sexuelle Belästigungen am Arbeitsplatz soll die betreffende Person geschnitten, isoliert und damit ausgegrenzt werden.

Die Ursachen von Mobbing sind nicht eindeutig auszumachen und äußerst unterschiedlich. Neid, Missgunst und Karrierestreben von Kollegen, Angst um den Arbeitsplatz, fehlende Anerkennung durch den Chef oder Ausbilder und der Konkurrenzkampf untereinander sind die Hauptgründe für den Psychoterror unter Arbeitskollegen.

Leider gibt es im Arbeitsalltag immer wieder Konflikte, die nicht gütlich in beiderseitigem Einvernehmen gelöst werden können. Bei diesen Streitigkeiten ist die **Arbeitsgerichtsbarkeit** zuständig (siehe Seite 244).

Betriebsverfassungsgesetz: Geschichtlicher Überblick

Die Forderung der Arbeitnehmer, an wirtschaftlichen Entscheidungen beteiligt zu werden, wurde schon 1848 erhoben. In der verfassungsgebenden Nationalversammlung in Frankfurt/Main wurde in der Paulskirche über die Einführung einer Gewerbeordnung beraten, die die Gründung demokratischer Fabrikausschüsse für ganz Deutschland vorsah.

1916 mussten in Betrieben mit mehr als 50 Beschäftigten auf Grund des vaterländischen Hilfsdienstgesetzes Arbeiter- und Angestelltenausschüsse gebildet werden. Ihnen wurde ein Anhörungsrecht vorwiegend in sozialen Angelegenheiten zugebilligt.

Durch das Betriebsrätegesetz vom 04.02.1920 wurde in Betrieben mit 20 und mehr Beschäftigten die Bildung von Betriebsräten ermöglicht, die Mitwirkungs- und Mitbestimmungsrechte in bestimmten sozialen, personellen und wirtschaftlichen Angelegenheiten besaßen.

Das Betriebsrätegesetz wurde dann unter Hitler 1933 durch das »Gesetz zur Ordnung der nationalen Arbeit« außer Kraft gesetzt. Nach dem Zusammenbruch Deutschlands führten die alliierten Siegermächte (USA, UdSSR, Großbritannien, Frankreich) 1946 durch das Kontrollratsgesetz wieder Betriebsräte ein. Es folgten ebenso deutsche Ländergesetze.

Das »**Gesetz über die Mitbestimmung der Arbeitnehmer in den Aufsichtsräten und Vorständen der Unternehmen des Bergbaus und der Eisen und Stahl erzeugenden Industrie« (= Montanmitbestimmung) vom 21. Mai 1951** brachte in diesem Bereich die paritätische (= gleichberechtigte) Mitbestimmung. Arbeitnehmer und Anteilseigner haben Stimmengleichheit im Aufsichtsrat; ein neutraler »elfter« Mann verhindert das Patt.

Durch Inkrafttreten des **Betriebsverfassungsgesetzes (11. November 1952)** wurde bei Aktiengesellschaften den Arbeitnehmern ein Drittel der Aufsichtsratsmandate sowie Mitwirkungs- und Mitbestimmungsrechte in sozialen, personellen und wirtschaftlichen Angelegenheiten zugestanden.

1972 trat das **Betriebsverfassungsgesetz** in Kraft und verbesserte die innerbetriebliche Mitbestimmung beträchtlich.

Die entscheidende Phase in der mitbestimmungspolitischen Auseinandersetzung begann mit der Regierungserklärung des damaligen Bundeskanzlers Willy Brandt vom 18. Januar 1973.

In dieser Erklärung bekundete er den Willen der SPD/FDP-Regierung, die **paritätische Mitbestimmung** noch in dieser Legislaturperiode auf der Grundlage der Parität von Kapital und Arbeit zu verwirklichen.

Die Unternehmer lehnen heute noch die paritätische Mitbestimmung entschieden ab und wenden sich gegen jede Mitbestimmung durch betriebsfremde Gewerkschaftsvertreter.

Mitbestimmungsgesetz

So wurde dann nach langen Debatten das **Mitbestimmungsgesetz am 18. März 1976** vom Bundestag verabschiedet und trat am 1. Juli 1976 in Kraft. Es greift neben dem Betriebsverfassungsgesetz am weitesten in das Verhältnis zwischen Arbeitgeber und Arbeitnehmer ein.

Das Betriebsverfassungsgesetz von 1972 stellte das Mitwirkungs- und Mitbestimmungsrecht durch Betriebsrat, Betriebsausschuss und Wirtschaftsausschuss sicher.

Das Gesetz wurde 1989 nach gründlicher Novellierung – den Gewerkschaften wurden als Organisation mehr Rechte zugebilligt – erneut geändert. Der Begriff des leitenden Angestellten wurde genauer definiert und ein Minderheitenschutz für kleinere Gewerkschaften und Gruppierungen bei der Wahl und im Betriebsrat eingeführt.

BetrVG

Im Jahre 2001 wurde das Betriebsverfassungsgesetz reformiert. Wesentliche Elemente der Reform sind ein vereinfachtes Wahlverfahren der Betriebsräte in Betrieben bis zu 100 Arbeitnehmer, Vergrößerung der Betriebsräte und bessere Freistellungsbedingungen, Beachtung der Geschlechter-(Frauen)-Quote bei der Betriebsratswahl sowie Initiativrechte beim betrieblichen Umweltschutz und gegen Rassismus und Fremdenfeindlichkeit.

Der Betriebsrat ist die Interessenvertretung der Arbeitnehmer des Betriebes. Arbeitgeber und Betriebsrat haben die **Pflicht zur vertrauensvollen Zusammenarbeit.** »Arbeitgeber und Betriebsrat arbeiten unter Beachtung der geltenden Tarifverträge vertrauensvoll und im Zusammenwirken mit den im Betrieb vertretenen Gewerkschaften und Arbeitgebervereinigungen zum Wohl der Arbeitnehmer und des Betriebes zusammen« (§ 2 Abs. 1 BetrVG). Das Betriebsverfassungsgesetz eröffnet auch für Handwerksbetriebe die Möglichkeit, Mitbestimmung durch die Bildung des Betriebsrates zu praktizieren.

Die **Zahl der Betriebsratsmitglieder** hängt von der Anzahl der wahlberechtigten Arbeitnehmer ab (siehe nachfolgende Grafik):

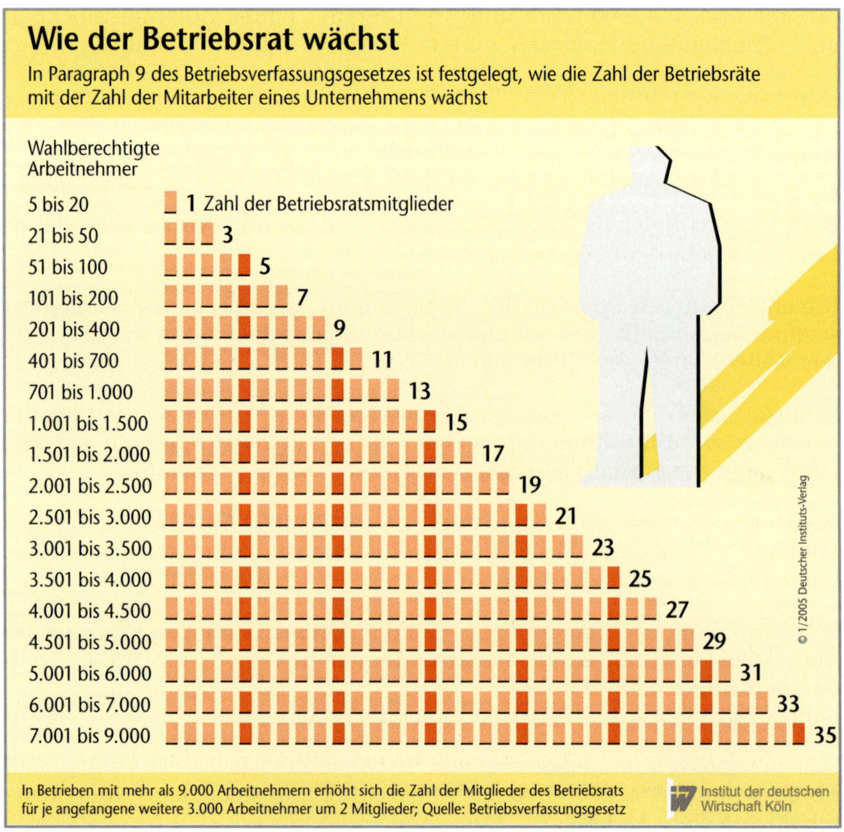

Wahlberechtigt sind alle Arbeitnehmer, die das 18. Lebensjahr vollendet haben (aktives Wahlrecht zum Betriebsrat). Der Betriebsrat wird in geheimer und unmittelbarer Wahl für 4 Jahre gewählt.

Wählbar sind alle Wahlberechtigten, die mindestens 6 Monate dem Betrieb angehören (passives Wahlrecht zum Betriebsrat). Dies gilt auch für ausländische Arbeitnehmer.

Betriebsrat und seine Aufgaben

Allgemeine Angelegenheiten

- Maßnahmen, die dem Betrieb und der Belegschaft dienen, beim Arbeitgeber zu beantragen.
- Darüber zu wachen, dass die zugunsten der Arbeitnehmer geltenden Gesetze, Verordnungen, Tarifverträge und Betriebsvereinbarungen eingehalten werden.
- Beschwerden und Anregungen von Arbeitnehmern entgegen zu nehmen und, falls sie berechtigt sind, darüber mit dem Arbeitgeber zu verhandeln. Der Betriebsrat hat die Arbeitnehmer über den Stand und das Ergebnis der Verhandlungen zu unterrichten.

Soziale Angelegenheiten

- Mitbestimmung bei Aufstellung von Entlohnungsgrundsätzen und Einführung neuer Entlohnungsmethoden,
- Mitbestimmung bei Arbeitszeit-, Pausen- und Urlaubsfestlegungen,
- Mitbestimmung bei der Verwaltung und Handhabung sozialer Einrichtungen des Unternehmens,
- Mitbestimmung bei Fragen der Ordnung des Betriebes sowie Mitbestimmung bei Fragen des Verhaltens der Arbeitnehmer im Betrieb,
- Mitbestimmung bei der Durchführung der Berufsausbildung.

Personelle Angelegenheiten

- Beschäftigung älterer Arbeitnehmer fördern,
- Eingliederung Schwerbeschädigter und sonstiger schutzbedürftiger Personen fördern,
- Widerspruchsrecht bei Einstellungen und Anhörungs- und Widerspruchsrecht bei Kündigungen, Umgruppierungen und Versetzungen ausüben.

Wirtschaftliche Angelegenheiten

- Informationspflicht des Unternehmers gegenüber dem Wirtschaftsausschuss oder dem Betriebsrat bei wichtigen wirtschaftlichen Angelegenheiten.
- In Betrieben mit mehr als 100 Arbeitnehmern tritt monatlich ein Wirtschaftsausschuss aus 3 – 7 Mitgliedern zusammen, die vom Betriebsrat für die Dauer seiner Amtszeit bestimmt wurden. Der Wirtschaftsausschuss dient der Unterrichtung über Fabrikations- und Arbeitsmethoden, über Produktionsprogramme, über die wirtschaftliche und finanzielle Lage des Unternehmens, die Produktions- und Absatzlage sowie über Rationalisierungsvorhaben und die Verlegung und den Zusammenschluss einzelner Betriebe.

Mitwirkung und Mitbestimmung des Betriebsrats

§ 90	Planung von Bauvorhaben, Investitionen
§§ 92 (1)	Planung betrieblicher Berufsbildung,
96 (1), 97	Einrichtung und Ausstattung, Fragen der Berufsbildung der Arbeitnehmer
§ 92 (1)	Personalmaßnahmen
§ 92 a	Beschäftigungssicherung
§ 106	Wirtschaftliche, finanzielle Absatzlage (Wirtschaftsausschuss)
§ 111	Planung von Einschränkung, Verlagerung, Stilllegung oder Zusammenschluss von Betrieben
§ 111	Planung von Änderungen der Betriebsorganisation, des Betriebszwecks, der Betriebsanlage
§ 111	Planung der Einführung neuer Arbeitsmethoden und Fertigungsverfahren

§ 102 Kündigung im Einzelfall

§ 87 (1), 2, 3	Kollektive Arbeitszeitregelungen
§ 87 (1), 8	Form, Ausgestaltung und Verwaltung von Sozialeinrichtungen
§ 87 (1), 9	Zuweisung und Kündigung von Werkswohnungen
§ 87 (1), 4	Zeit, Ort und Art der Auszahlung der Arbeitsentgelte
§ 87 (1), 10	Fragen der betrieblichen Lohngestaltung, Entlohnungsgrundsätze und -methoden
§ 87 (1), 11	Leistungsentgelt, Prämien, Akkord
§ 87 (1), 13	Grundsätze über die Durchführung von Gruppenarbeit
§ 87 (1), 6	Technische Kontrolleinrichtungen zur Leistungs- und Verhaltensüberwachung
§ 87 (1), 1	Ordnung des Betriebs und Verhalten der Arbeitnehmer
§ 87 (1), 7	Regelungen zu Unfallverhütung und Gesundheitsdienst
§ 98 (1), 4	Betriebliche Berufsbildung
§ 87 (1), 5	Urlaubsgrundsätze, Urlaubsplan, Urlaubstermin im Einzelfall bei Meinungsverschiedenheiten
§ 87 (1), 12	Grundsätze des betrieblichen Vorschlagswesens

§ 92 a (1)	Sicherung und Förderung der Beschäftigung
§ 92 (2)	Einführung einer Personalplanung
§ 80	Beschäftigung und Eingliederung älterer, ausländischer und schwerbeschädigter Arbeitnehmer

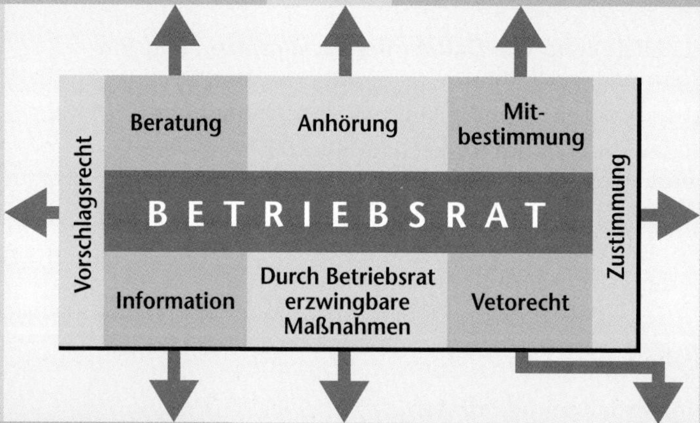

§ 95	Auswahlrichtlinien bei Einstellungen, Versetzungen oder Kündigungen in Betrieben unter 500 Mitarbeitern
§ 103	Außerordentliche Kündigung von Mitgliedern der Betriebsverfassungsorgane
§ 94 (2)	Festlegung von Beurteilungsgrundsätzen
§ 94 (1)	Gestaltung des Personalfragebogens

§ 83	Einsicht in Personalakte, Zustimmung des Arbeitnehmers
§ 80	Einsicht in Lohn- und Gehaltslisten
§ 82 (2) (2)	Berufliche Entwicklung des einzelnen Arbeitnehmers
§ 92	Personalplanung
§ 106 (1)	Wirtschaftliche Lage und Entwicklung der Unternehmen (Wirtschaftsausschuss)
§ 108	Jahresabschluss (Wirtschaftsausschuss)
§ 82 (5)	Leistungsbeurteilung im Einzelfall
§ 82 (2)	Berechnung des Entgelts im Einzelfall
§§ 84 (2)	Beschwerden im Einzelfall
§ 89, 85	Auflagen zur Unfallverhütung
§ 89 (2)	Unfallanzeigen
§ 105 (5)	Einstellung leitender Angestellter

§ 95	Auswahlrichtlinien bei Einstellungen, Versetzungen oder Kündigungen in Betrieben über 500 Mitarbeitern
§ 98 (2) (5)	Bestellung und Abberufung von Ausbildungspersonal
§ 104	Entlassung, Versetzung betriebsstörender Arbeitnehmer
§ 93	Interne Arbeitsplatzausschreibung
§ 102	Mitteilung der Gründe für Einzelkündigung
§ 99	Vorlage von Bewerbungsunterlagen bei Einstellung, Versetzung, Ein- und Umgruppierung
§ 91	Abwendung, Milderung von Belastungen am Arbeitsplatz
§ 92 (3)	Initiativrecht zur Aufstellung von Förderplänen für die Geschlechter

§ 99	Ein- und Umgruppierung. Einstellung und Versetzung im Einzelfall
§ 100	Vorläufige personelle Maßnahmen

Quelle: Horst-Udo Niedenhoff, Mitbestimmung in der Bundesrepublik Deutschland, Deutscher Instituts-Verlag, Köln

Institut der deutschen Wirtschaft Köln

Bei Unternehmen, die in Unternehmensformen wie Aktiengesellschaft (AG), Kommanditgesellschaft auf Aktien (KGaA) und Gesellschaft mit beschränkter Haftung (GmbH) – hier mit mehr als 500 bis 2000 Beschäftigte – geführt werden, haben die **Arbeitnehmer** nach dem Betriebsverfassungsgesetz **Mitbestimmungsrechte durch Beteiligung im Aufsichtsrat.** Dies bedeutet, dass der Aufsichtsrat der oben genannten Unternehmensformen zu einem Drittel aus Vertretern der Arbeitnehmer bestehen muss.

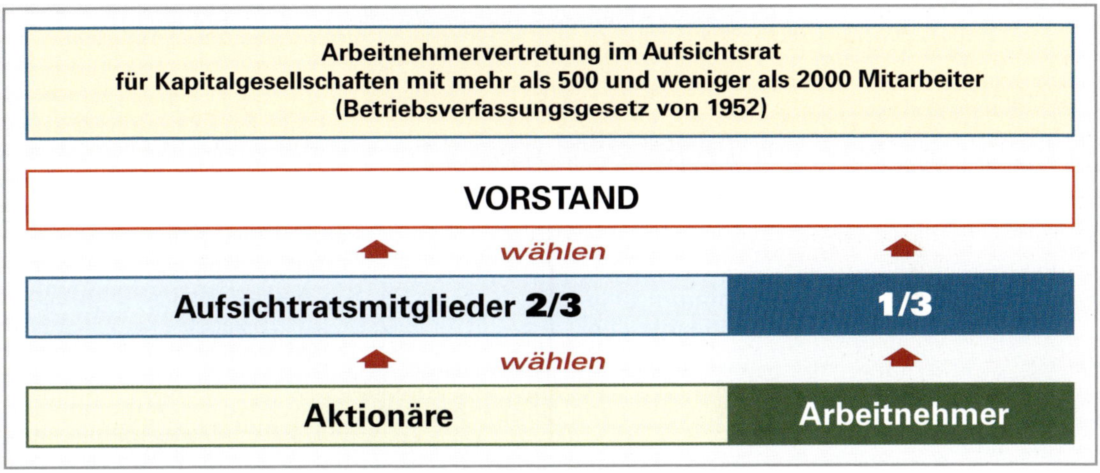

Jugend- und Auszubildendenvertretung

Betriebe mit mindestens fünf jugendlichen Arbeitnehmern (unter 18 Jahren) sowie Auszubildende unter 25 Jahren wählen eine **Jugend- und Auszubildendenvertretung.**

Wahlberechtigt sind jugendliche Arbeitnehmer und Auszubildende.

Wählbar sind Arbeitnehmer und Auszubildende, die das 25. Lebensjahr noch nicht vollendet haben.

Die Mitgliederzahl der Jugend- und Auszubildendenvertretung hängt von der Anzahl der jugendlichen Arbeitnehmer (AN) und der Auszubildenden (Azubis) ab:

5 – 20	jugendliche AN und Azubis	=	1 Vertreter
21 – 50	jugendliche AN und Azubis	=	3 Vertreter
51 – 150	jugendliche AN und Azubis	=	5 Vertreter
151 – 300	jugendliche AN und Azubis	=	7 Vertreter
301 – 500	jugendliche AN und Azubis	=	9 Vertreter
501 – 700	jugendliche AN und Azubis	=	11 Vertreter
701 – 1000	jugendliche AN und Azubis	=	13 Vertreter
über 1000	jugendliche AN und Azubis	=	15 Vertreter

Die Jugend- und Auszubildendenvertretung soll sich möglichst aus Vertretern der verschiedenen Beschäftigungsarten der im Betrieb arbeitenden Jugendlichen und Auszubildenden zusammensetzen, wobei die Geschlechter entsprechend ihrem zahlenmäßigen Verhältnis vertreten sein sollen.

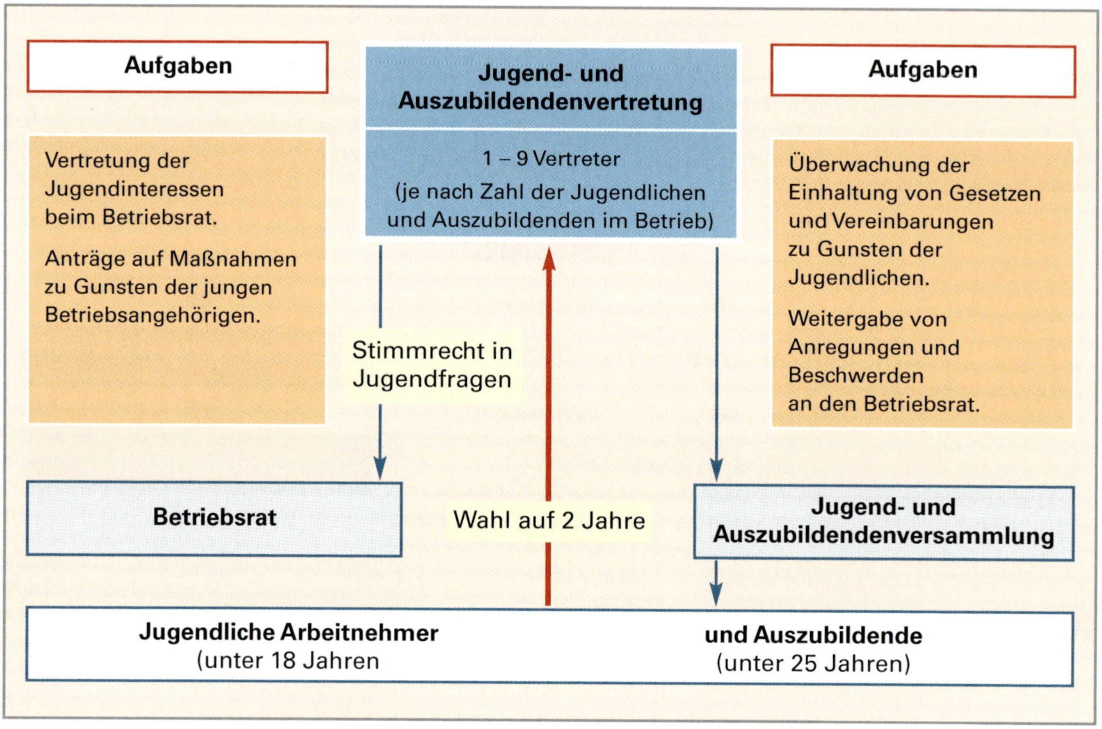

Allgemeine Aufgaben der Jugendvertretung (§ 70 BetrVG)

1. Die Jugendvertretung hat folgende allgemeine Aufgaben:

   a) Sie beantragt Maßnahmen beim Betriebsrat, die den Jugendlichen Arbeitnehmern dienen, insbesondere in Fragen der Berufsbildung.

   b) Sie wacht darüber, dass die zugunsten der jugendlichen Arbeitnehmer geltenden Gesetze, Verordnungen, Unfallverhütungsvorschriften, Tarifverträge und Betriebsvereinbarungen beachtet werden.

   c) Sie nimmt Anregungen von jugendlichen Arbeitnehmern entgegen, insbesondere in Fragen der Berufsausbildung, und wirkt, falls diese berechtigt erscheinen, beim Betriebsrat auf deren Erledigung hin. Die Jugendvertretung hat die betroffenen jugendlichen Arbeitnehmer über den Stand und das Ergebnis der Verhandlungen zu informieren.

2. Zur Durchführung ihrer Aufgaben ist die Jugendvertretung durch den Betriebsrat rechtzeitig und umfassend zu unterrichten. Die Jugendvertretung kann verlangen, dass ihr der Betriebsrat die zur Durchführung ihrer Aufgaben erforderlichen Unterlagen zur Verfügung gestellt werden.

LERN-BOX

- Jeder Betrieb zeichnet sich durch seine untereinander abhängigen Arbeitsbeziehungen, d.h. durch sein soziales System aus.

  Dabei werden an einzelne Mitarbeiter unterschiedliche Erwartungen gestellt.

  Viele betriebliche Vorgänge zeigen, dass der **Betrieb auch Sozialisationsinstanz ist.**

- Die Summe der Verhaltensweisen, die von uns in einer bestimmten sozialen Lage erwartet oder erbracht werden, bezeichnet man als **soziale Rolle.**

- **Status** ist die Wertschätzung (Position) einer Rolle.

- **Normen** sind Absprachen, Regeln und Vereinbarungen, die ein Zusammenleben bzw. Zusammenarbeiten ermöglichen sollen.

- **Informelle Gruppen** (Freizeitgruppen, Sportvereine) treffen sich meistens außerhalb des Betriebes und finden sich freiwillig auf Grund des persönlichen Interesses zusammen.

- **Formelle Gruppen** entstehen auf Grund der Betriebsstruktur, z.B. von Abteilungen. Aufgaben- und Rollenverteilung sind klar definiert.

- Das **Betriebsverfassungsgesetz (BetrVG)** stellt das Mitwirkungs- und Mitbestimmungsrecht durch die vertrauensvolle Zusammenarbeit zwischen Betriebsrat und Arbeitgeber sicher.

  Dabei unterteilen sich die **Aufgaben des Betriebsrates** in

  - **allgemeine** Angelegenheiten
    (z.B. Einhaltung der Tarifverträge)
  - **soziale** Angelegenheiten
    (z.B. Mitbestimmung bei Arbeitszeit-, Pausen- und Urlaubsfestlegungen)
  - **personelle** Angelegenheiten
    (z.B. Eingliederung Behinderter)
  - **wirtschaftliche** Angelegenheiten
    (z.B. Informationen über wichtige wirtschaftliche Betriebsangelegenheiten)

- Betriebe mit mindestens 5 jugendlichen Arbeitnehmern bzw. Auszubildenden wählen eine **Jugend- und Auszubildendenvertretung.**

WISSENS-CHECK

❶ Wieso ist heute jeder Betrieb nicht nur organisatorische Einheit, sondern auch ein **soziales** System?

❷ Erklären Sie anhand eines persönlichen Beispiels die **Merkmale** einer Gruppe sowie den Unterschied zwischen formeller und informeller Gruppe.

❸ Warum ist **Mobbing** kein Kavaliersdelikt?

❹ Wer ist nach dem Betriebsverfassungsgesetz für den **Betriebsrat** wahlberechtigt, wer ist wählbar?

❺ Erläutern Sie anhand von Beispielen **Mitwirkungs- und Mitbestimmungsrechte** des Betriebsrates in sozialen, personellen und wirtschaftlichen Angelegenheiten.

❻ Welche **Aufgaben** hat die Jugend- und Auszubildendenvertretung?

❼ Welche Betriebe können Jugend- und Auszubildendenvertretung wählen?

❽ Erläutern Sie die Gründe für eine vermehrte **eigenverantwortliche Teambildung** in Unternehmen.

Lernbaustein WL

Einkommen und persönliche Ansprüche

Unter Einkommen versteht man den Vermögenszugang (Einnahmen) einer natürlichen Person oder eines Haushaltes innerhalb eines bestimmten Zeitraums. Im Allgemeinen umfasst der Zeitraum, über den das Einkommen gemessen wird, ein Kalenderjahr.

Viele Menschen kommen heute mit ihrem laufenden Einkommen nicht mehr vollständig ihren Zahlungsverpflichtungen nach, weil oft die persönlichen Ansprüche höher als das zur Verfügung stehende Einkommen sind.

Jeder Mensch hat Wünsche bzw. **Bedürfnisse.** Bedürfnisse sind menschliche Empfindungen, einen Mangel aufheben zu müssen, also Bedürfnisse zu befriedigen. Heben wir den Mangel auf, decken wir unsere Bedürfnisse; wir wirtschaften. Die Bedürfnisse sind demnach die Ursachen unseres wirtschaftlichen Handelns; die Deckung der Bedürfnisse ist folglich das wirtschaftliche Handeln.

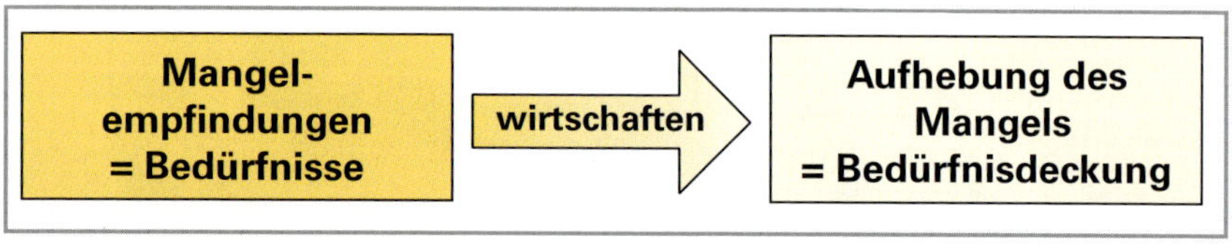

Da die Bedürfnisse des Menschen unbegrenzt sind, können sie auch nicht alle gleichzeitig befriedigt werden. Jeder Mensch stellt deshalb eine eigene Rangordnung über die Befriedigung seiner Bedürfnisse auf. Der eine hält seine Lebenshaltungskosten niedrig, um sich eine Urlaubsreise leisten zu können, ein anderer spart lieber für einen Sportwagen oder hält ein eigenes Haus mit Garten für erstrebenswert. **Wirtschaften heißt also, planvoll mit den vorhandenen Gütern** (Geld, Kleider, Lebensmittel) **umzugehen, damit der Nutzen möglichst groß ist.**

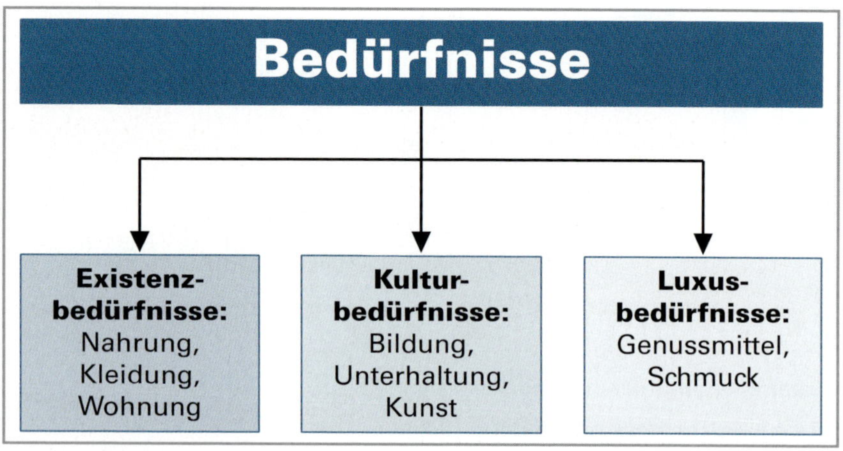

Als **Bedarf** bezeichnet man den Teil der Bedürfnisse, zu dessen Befriedigung die eigenen Geldmittel ausreichen würden, für die also Geld vorhanden ist. Wird doch nicht alles zur Verfügung stehende Geld ausgegeben, so tritt nur ein Teil des Bedarfs am Markt in Erscheinung. Diesen Teil des Bedarfs nennt man Nachfrage.

Bedürfnis des Menschen

↓

Bedarf =
mit finanziellen Mitteln versehene Bedürfnisse

↓

Nachfrage =
auf dem Markt erscheinender Bedarf

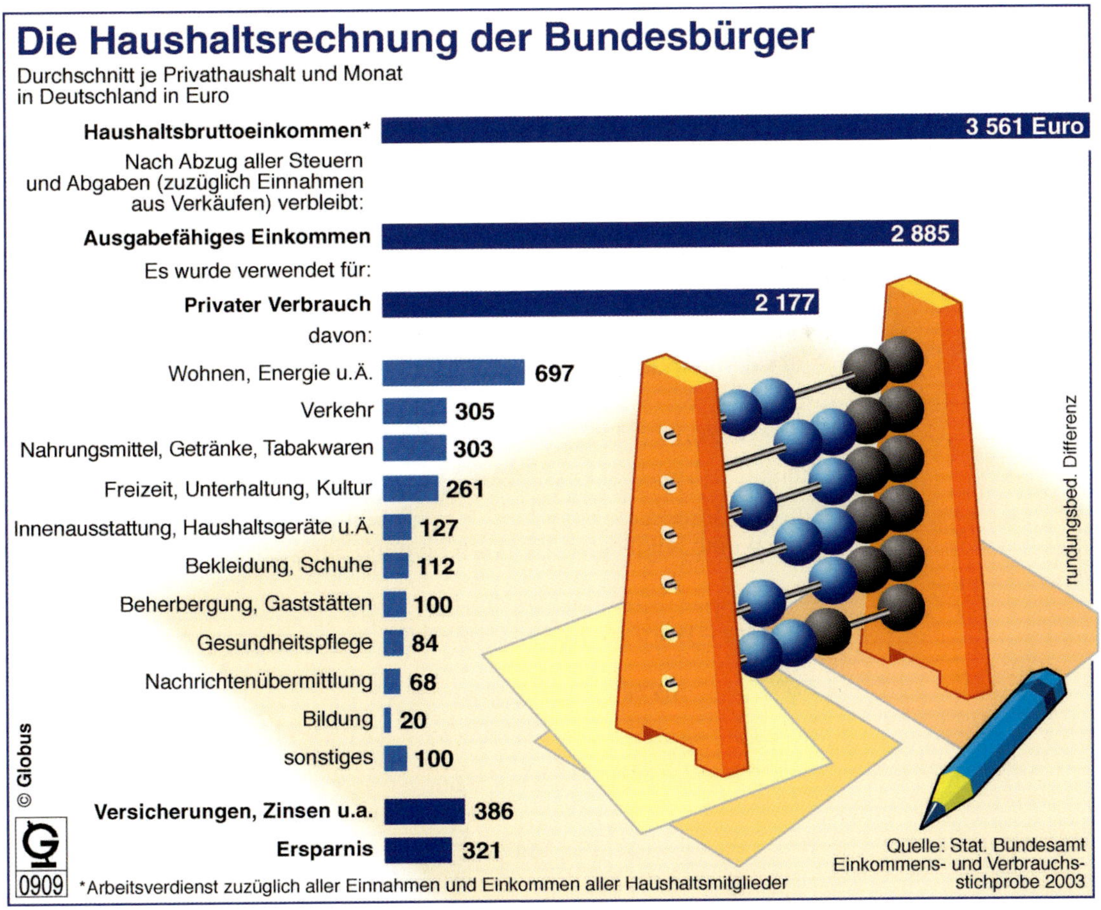

Zu den verfügbaren Einkommen gehören die Einkünfte aller zum Haushalt zählenden Personen aus allen Quellen; das monatliche Netto-Einkommen des Hauptverdieners fließt ebenso ein wie Kindergeld, Ausbildungsvergütungen, Zinseinkünfte, Wohngeld, Urlaubs- oder Weihnachtsgeld.

Die Realisierung von Konsumwünschen und die Finanzierung eingegangener Verpflichtungen (z.B. Handy, Auto) führen geradewegs in eine Schuldenfalle.

Der Unterschied zwischen dem marktwirtschaftlichen, vielfältigen Angebot und den persönlichen, oftmals eingeschränkten Realisierungsmöglichkeiten verlangt nach Lösungsvorschlägen. Eine Verbesserung dieser Situation könnte durch die Reduzierung des Lebensstandards vorgenommen werden.

Eine Überschuldung kann verhindert bzw. überwunden werden, wenn folgende Sachverhalte für die eigene Person kritisch analysiert, hinterfragt und entsprechend geändert werden:

Überschuldungsgründe

- Wer heute bucht, morgen in den Urlaub fliegt, übermorgen bezahlt, lebt über seine Verhältnisse.
- Im Internet surfen macht Spaß, man erhält viele Informationen, kann Musik und Spiele herunterladen – doch Vorsicht: Ohne eine Flatrate und ohne den richtigen Vertrag steigen die Gebühren unaufhaltsam.
- Mit Kreditkarte einkaufen erhöht die Bereitschaft, das eine oder andere Teil mehr zu kaufen und so sein Konto zu überziehen. Der Überblick über die Kontoführung geht schnell verloren.
- Finger weg von Eil- oder Sofortkrediten; sie sind immer teurer als Kredite bei Markenbanken.
- Ständig mit dem Handy telefonieren und dabei unwichtige Mitteilungen machen, geht ins Geld. Jedes Gespräch auf Wichtigkeit überprüfen.
- Auf Pump kaufen ist zu teuer – deshalb Ratenkäufe vermeiden, denn diese summieren sich zu einer Kette von Verbindlichkeiten, die oftmals Monate und Jahre später noch abzuzahlen sind.
- Spielhallen meiden, Gewinner sind immer die Automatenbetreiber.
- Zu oft zu viele Schnäppchen kaufen belastet das Konto zu sehr.
- Keine Bürgschaft eingehen. Für jemand anderen die Schulden tilgen kann eine langwierige und kostspielige Sache werden.

Insolvenz – Warum wird nicht bezahlt?

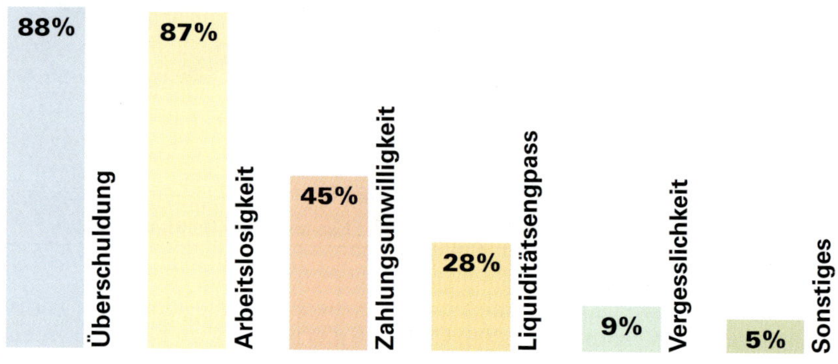

Quelle: dieinsovenzhilfe.de

Werbung

Unter **Werbung** versteht man die Maßnahmen eines Anbieters von Gütern und Dienstleistungen, die das Ziel haben, ihre Produkte bekannt zu machen und Kaufinteresse zu wecken.

Es muss schon irgend etwas dran sein, an der Jeans, dem Walkman oder der Cola, die täglich aufs Neue um die Gunst der jungen Verbraucher wetteifern. Wären die Verbraucher nicht so wählerisch, gäbe es nur eine Automarke, eine Sorte Schokoriegel und ein Waschmittel. **Da der Konsument auf Anhieb aber nicht weiß, was ihm am besten gefällt, braucht er die Werbung.** Werbemacher behaupten, dass »no name«-Artikel out sind.

Bestimmte Markenartikel stehen andererseits für eine bestimmte Qualität, der der Verbraucher treu bleibt, wenn er sich erst einmal an das Produkt gewöhnt hat. Daher fängt die Gewöhnung durch die Werbung immer früher an.

Hauptsache schöne Hülle

Die Inhalte und Werte eines Produktes spielen heute nur eine untergeordnete Rolle: je nachdem, ob man sich besonders jung, dynamisch oder frisch zu gebärden hat, steht neben der Marke »cool«, »light« oder »fresh«. Auf das äußere Erscheinungsbild, auf die Wirkung beim Hinschauen kommt es an.

Die Marke entscheidet

Gerade junge Verbraucher fangen erst an, sich auf bestimmte Marken festzulegen. Es ist also logisch, dass die Werbung gerade sie umwirbt, da sie einerseits schon heute immer mehr Geld in der Tasche haben, andererseits der Grundstock für die Markenbindung möglichst früh gelegt werden soll. **Es gilt frühzeitig die Vorliebe für eine bestimmte Marke im Bewusstsein zu verankern.** Daher werden jugendliche Verbraucher besonders massiv in den einschlägigen Jugendzeitschriften, auf Plakaten, per SMS, via Internet und Email und besonders im Fernsehen angesprochen.

Die wertvollsten Marken der Welt

Jedes Jahr ermittelt die Agentur Interbrand die wertvollsten Marken der Welt. US-Konzerne dominieren, aber auch deutsche sind gut vertreten.
(Angaben für 2010 in Mrd. US-$)

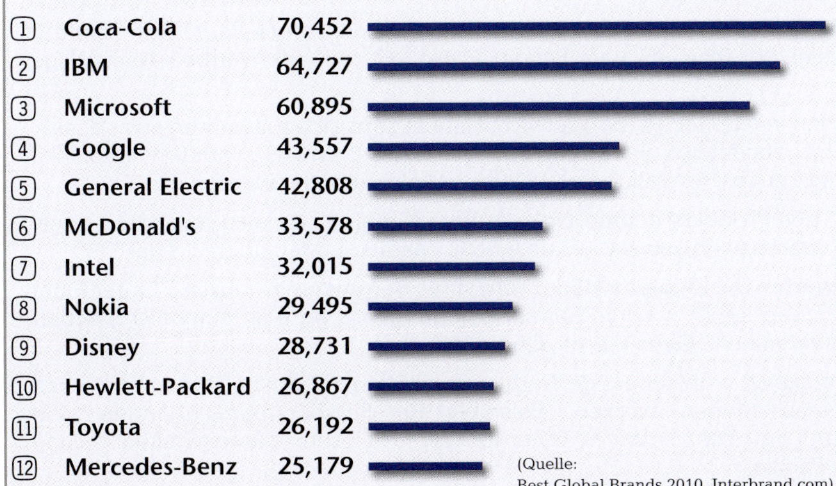

(Quelle: Best Global Brands 2010, Interbrand.com)

Die Werbung soll durch planmäßigen Einsatz von Werbemitteln die Waren und Leistungen eines Unternehmens bekanntmachen, den Verbraucher beeinflussen, ihn zum Kauf anregen und in ihm neue Bedürfnisse wecken. Die Werbung umfasst folgende Aufgaben:

Aufgaben der Werbung

- neue Kunden gewinnen,
- alte Kunden erhalten,
- neuen Waren und Dienstleistungen den Weg zum Verbraucher bahnen,
- den Verbraucher durch informative und sachbezogene Werbung unterrichten und aufklären,
- Waren und Dienstleistungen einen Vertrauensgewinn verschaffen, um darüber ein Markenimage aufzubauen, z.B. Coca-Cola, BOSS, Mercedes-Benz u.v.a.
- neue Bedürfnisse wecken,
- psychologische Anreize vermitteln, ein bestimmtes Produkt zu kaufen.

Produktnamen – sinnvoller Unsinn mit versteckter Bedeutung

Haribo, Persil, Sinalco, Golf, Adidas – so häufig uns solche Wörter in der Werbung und in Geschäften begegnen, so selten überlegen wir uns, welchen Sinn sie haben könnten. Die Welt der Produktnamen ist allerdings auch derart bizarr und wild wuchernd, dass es schwerfällt, bei den meist unverständlichen Wörtern ein System oder einen Sinn auszumachen. Doch hinter vielen verbirgt sich Erstaunliches.

Klangwirkung. Aufmerksamkeit kann man mit einprägsamen und auffallenden Klangbildern erwecken. Sanso lässt einen unmittelbar die Weichheit der Sanso-gespülten Wäsche spüren. Pritt demonstriert, wie schnell und hart der Klebstoff wirkt. Manche Namen prägen sich durch ihr besonderes Wortbild ein; Wörter wie Omo, Ata, Imi, Mum, Maoam, Sugus, Civic, Xerox lauten rückwärts gelesen gleich oder ähnlich wie von vorn gelesen.

Verschlüsselte Informationen. Nirosta ist das Material, das „nie rostet"; Vileda ist so gut „wie Leder", Wuxal gibt den Pflanzen guten „Wuchs", Darmol hilft im „Darm". Man kann das Gemeinte auch in eine fremde Sprache übersetzen: Milka (Milchschokolade) ist gebildet aus engl. milk „Milch", Moltex (Windeln) aus ital. mollo = „weich", Nutella aus engl. nut „Nuss", und Audi ist die wörtliche lateinische Übersetzung von „Horch!" – der Firmengründer hieß tatsächlich Horch.

Zusammengesetzte Bruchstücke. Hinter den Bruchstücken können Herstellernamen versteckt sein: Adidas = Adi Dassler, Eduscho = Eduard Schopf, Hakle = Hans Klenk, Haribo = Hans Riegel Bonn.

Auch **Grundstoffe** können im Namen verborgen sein: Hanuta setzt sich zusammen aus „Hasel-" und engl. „nut". Persil ist gebildet aus „Perborat" und „Silikat", Osram aus „Osmium" und „Wolfram" (zwei Metalle, die bei der Herstellung von Glühbirnen verwendet werden).

Andere Eigenschaften des Produkts deuten Onko („ohne Koffein"), Sinalco (lat. sine „ohne" „Alkohol"), Styropor („poröses Polystyrol" – Kunststoff), Metabo („Metallbohrdreher").

Initialen und Prestigewörter. Die Zigarette HB ist vom Haus Bergmann produziert, hinter Elbeo verbirgt sich die Abkürzung L.B.O. = Louis Bahner Oberlungwitz; Agfa ist eigentlich „Actien-Gesellschaft für Anilinfabrikation", Geha meint „Georg Hübner".

Prestigewörter sind attraktive, wohlklingende Wörter, die mit dem Produkt nichts zu tun haben, aber unbestimmte Assoziationen wecken. Beispiele für Personenbezeichnungen sind: Diplomat, Ambassador, Lord, Peer, Admiral, Commodore; für (Traum-) Landschaften Ascona, Capri, Granada, Tahiti, Pacific.

An alle Werbemaßnahmen sind im wesentlichen folgende Anforderungen zu stellen:

Grundsätze der Werbung

Wirksamkeit:
Werbung sollte z. B. zu messbaren Umsatzsteigerungen führen.

Wahrheit:
Der Werbeinhalt muss wahr sein. Unwahre Werbung stellt unlauteren Wettbewerb dar.

Wirtschaftlichkeit:
Das erstrebte Werbeziel ist mit geringstmöglichem Aufwand anzustreben (Beachtung des ökonomischen Prinzips).

Klarheit:
Werbeaussagen sollen verständlich formuliert sein.

Einheitlichkeit:
Abstimmung verschiedener Einzelmaßnahmen, z. B. Werbung in Zeitungen oder im Fernsehen.

Originalität:
Die eigene Werbung soll sich von der Konkurrenzwerbung abheben.

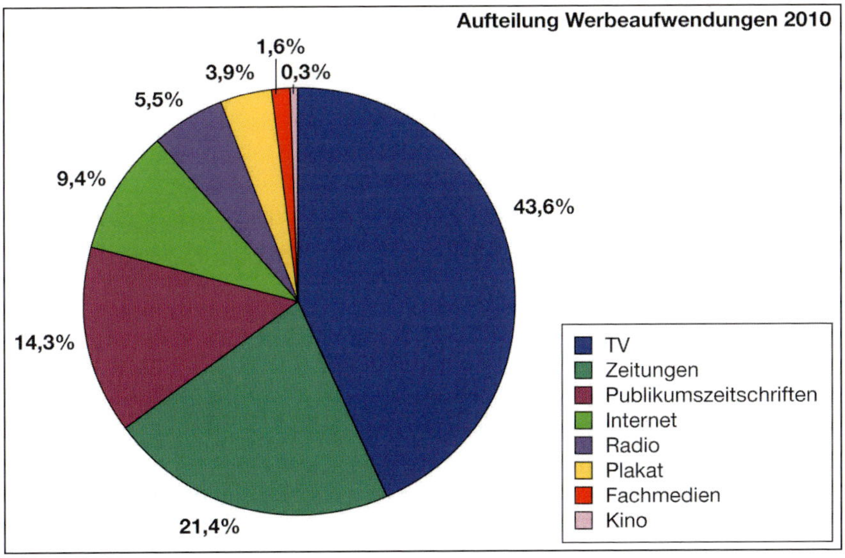

Werbearten

Nach der Zahl der umworbenen Kunden unterscheidet man zwischen direkter und indirekter Werbung.

Direkte (persönliche) Werbung
Diese Werbemaßnahme spricht den Kunden direkt an, z. B. durch Werbebrief, Werbegespräch, Besuch von Vertretern oder Reisenden.

Indirekte (unpersönliche) Werbung
Sie wendet sich über die verschiedenen Massenmedien wie Zeitung, Rundfunk und Fernsehen an die Allgemeinheit der Verbraucher. Diese Art der Werbung erzielt eine hohe Breitenwirkung.

Nach der Anzahl der Werbenden unterscheidet man zwischen

- Einzel- oder Alleinwerbung,
- Sammelwerbung,
- Gemeinschaftswerbung.

Sammelwerbung

Von Sammelwerbung spricht man, wenn mehrere Unternehmen eine gemeinsame Werbeaktion durchführen, wobei jeder unter seiner Firma wirbt, z.B. gemeinsame Anzeige aller am Bau eines Schwimmbades beteiligten Firmen oder Werbung der Einzelhändler einer Einkaufsstraße.

Gemeinschaftswerbung

Sie liegt vor, wenn allgemein für eine Branchengruppe geworben wird; der einzelne Unternehmer wird nicht erwähnt, z.B. landwirtschaftliche Produkte: »Aus deutschen Landen frisch auf den Tisch« oder für Wein: »Badischer Wein – von der Sonne verwöhnt«.

Werbemittel

Grafische Werbemittel

- Anzeigen in Zeitungen, Zeitschriften, Illustrierten, Internet usw.
- Werbebriefe als persönlicher Brief oder als Schemabrief
- Werbedrucke als Zeitungs- und Zeitschriftenbeilagen, Prospekte, Kataloge, Handzettel, Preislisten, Kundenzeitschriften
- Werbeplakate an Litfaßsäulen, Plakatwänden, Häusern, Fahrzeugen
- Lichtwerbung (Leucht- und Laufschriften) an Häusern, in Schaufenstern, auf Dächern
- Werbefotos in Prospekten

Akustische und optische Werbemittel

- Werbespots in Rundfunk und Fernsehen
- Werbefilme, Werbesendungen
- Werbevorführungen, z.B. Waschen, Probieren, Modeschauen
- Werbevorträge bei Betriebsbesichtigungen, Messen, Ausstellungen
- Werbeumzüge

Ausstattung als Werbemittel

- Ausstattung von Geschäfts-, Verkaufs- und Ausstellungsräumen
- Gestaltung von Schaufenstern und Vitrinen
- besonders sind gute Raumaufteilung, übersichtliche Anordnung, geschmackvolle Dekoration, wirkungsvolle Beleuchtung und Licht- und Farbabstimmungen zu beachten

Warenverpackung als Werbemittel

- Form, Farbe und grafische Gestaltung der Verkaufsverpackung
- bei Allsichtpackungen wirbt die Ware für sich selbst

Werbeverkaufshilfen

- Kundendienst, z.B. Wartungsverträge, eigene Reparaturwerkstatt
- Werbegeschenke, z.B. Zugaben, Warenproben
- Aktionen, z.B. Sonderpreise, Preisausschreiben, Autogrammstunden

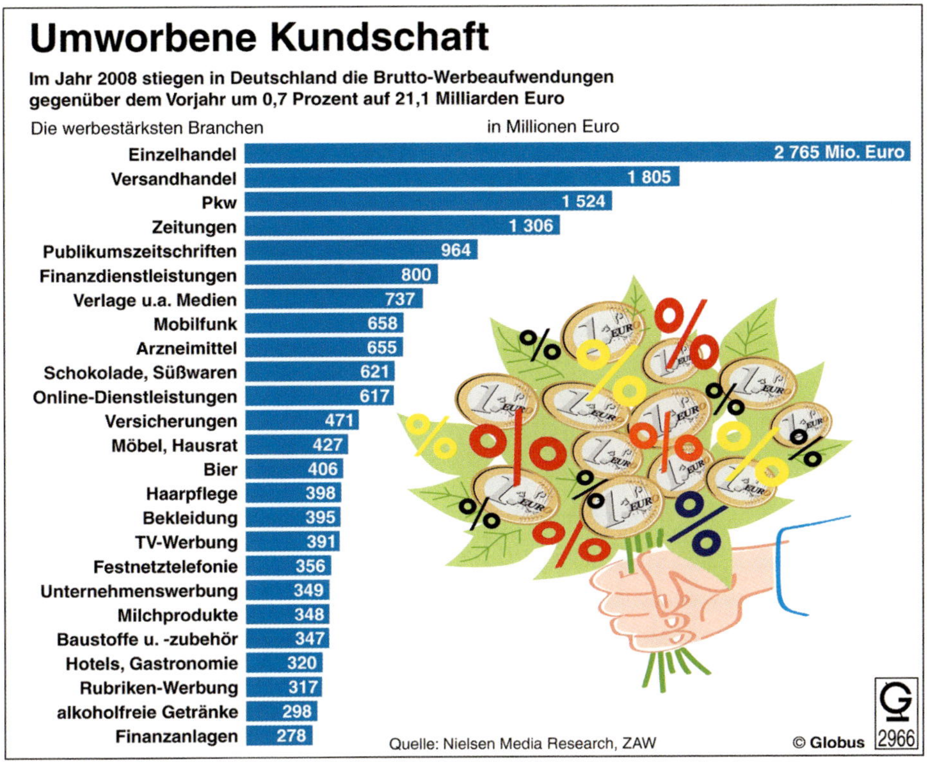

Wirtschaftliche Voraussetzungen

Zur Bedürfnisbefriedigung sind **Güter** notwendig. Jedoch hält die Natur nicht alle Güter konsumfertig zur Verfügung. Freie Güter wie Luft und Wasser stehen uns ohne großen Aufwand bereit. Alle anderen Güter sind begrenzt vorhanden. Man bezeichnet sie deshalb auch als knappe oder wirtschaftliche Güter. Die Knappheit der Güter (z.B. Erdöl) zwingt die Menschen zum Wirtschaften.

Freie Güter	**Knappe (Wirtschaftliche) Güter**
z.B. Luft, Tageslicht	z.B. Kleidung, Nahrung
– sind unbegrenzt vorhanden	– sind knapp
– verursachen keinen Aufwand	– Herstellung erfordert Aufwand
– haben keinen Preis	– haben einen Preis
– sind von Natur aus konsumreif	– häufig nicht direkt konsumreif
– sind nicht Gegenstand des Wirtschaftens	– sind Gegenstand des Wirtschaftens

Bedürfnisbefriedigung

Güter: Sammelbegriff für Waren und Dienstleistungen

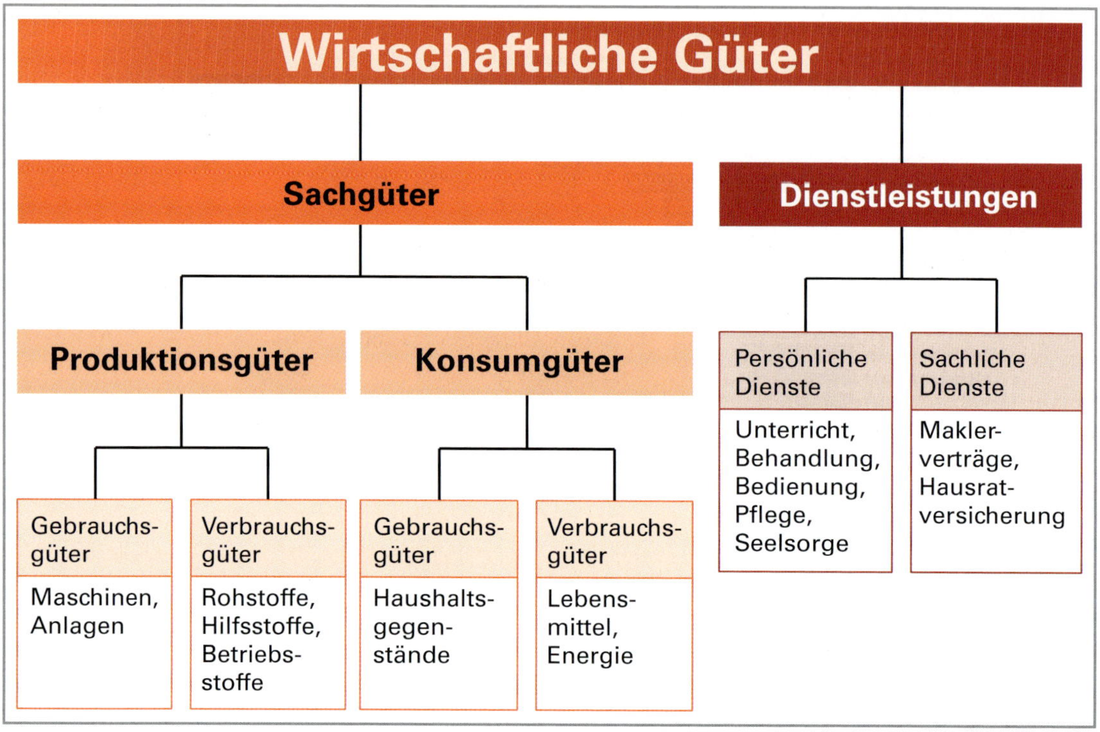

Unter Produzieren versteht man das Bereitstellen von Leistungen, also auch Sachleistungen und Dienstleistungen, für den Konsum. Hierzu gehören die Fertigung und Herstellung von Gütern im landwirtschaftlichen, handwerklichen sowie im industriellen Bereich. Dienstleistungen erbringen Handel, Verkehr, Versicherungen und Banken. Sie alle tragen dazu bei, die Sachleistungen und Dienstleistungen dem Verbraucher zuzuführen.

Produktionsfaktoren werden die Einsatzgrößen genannt, die für die Produktion von Waren und Dienstleistungern erforderlich sind.

Der vielfältige Bedarf eines Menschen an Nahrungsmitteln, Kleidung, Wohnung und anderen Gütern wird ihm nicht von der Natur konsumreif zur Verfügung gestellt. Die Güter müssen erst in Unternehmen produziert und dem Verbraucher konsumreif bereit gestellt werden.

Die besondere wirtschaftliche Bedeutung des Produktionsfaktors Boden zeigt sich in der Rohstoffversorgung.

Die Bundesrepublik Deutschland ist ein **rohstoffarmes** Land. Dies führt zu einer stärkeren Abhängigkeit gegenüber rohstoffreichen Ländern.

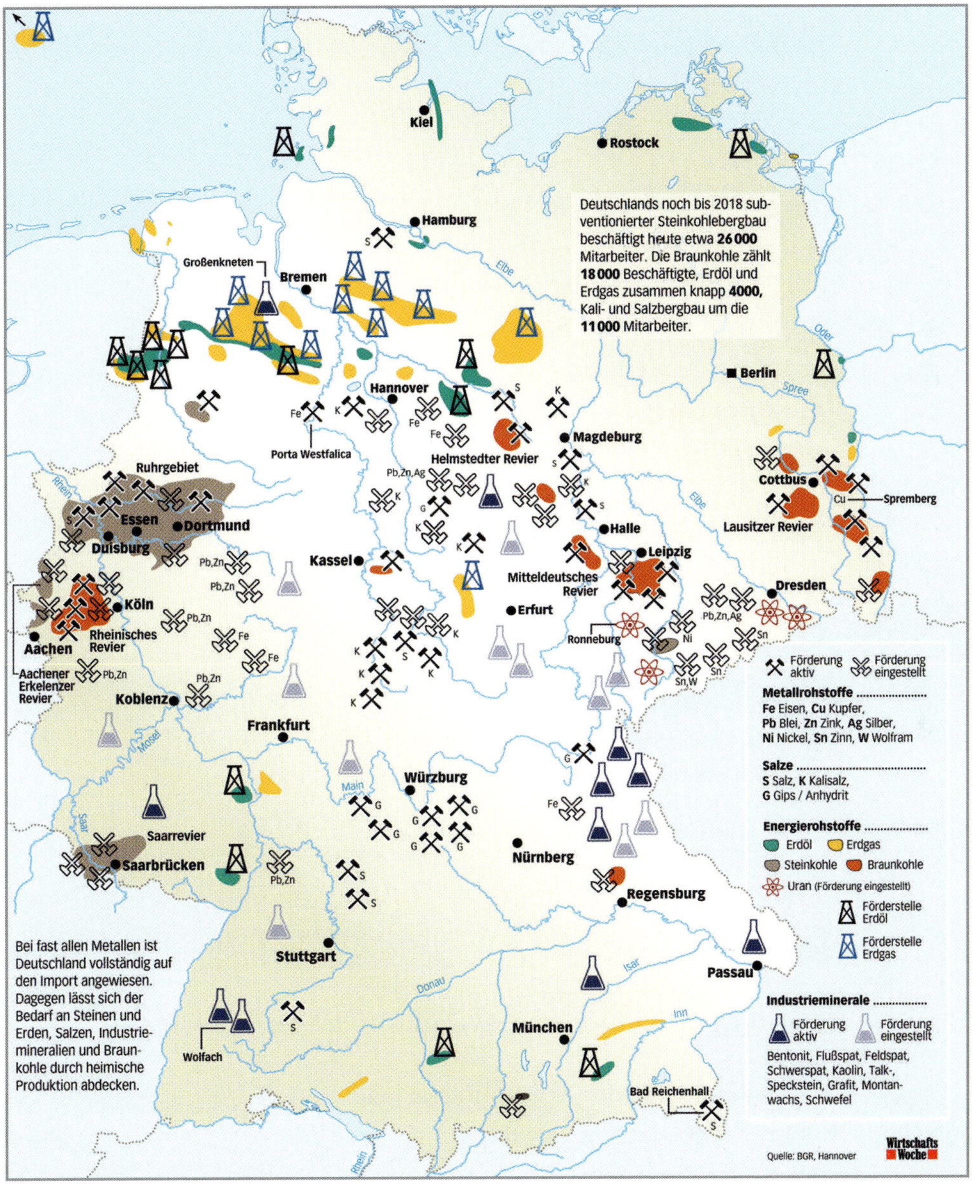

Der Boden dient als **Standort der Produktion:**

Standortboden

- in der Landwirtschaft
- in der Industrie
- im Dienstleistungsbereich

Die Wahl des Standortes kann nach verschiedenen Gesichtspunkten erfolgen:

Rohstofforientierte Standorte

Beispiele

Bergbau, Zuckerfabrik

Arbeitskraftorientierte Standorte

Beispiele

Feinmechanikindustrie, Textilindustrie

Energieorientierte Standorte

Beispiele

Aluminiumproduktion, Chemieindustrie

Verkehrsorientierte Standorte

Beispiele

Transportunternehmen von Massengütern, Raffinerien

Absatzorientierte Standorte

Beispiele

Handelsunternehmen, Dienstleistungsunternehmen

Politisch orientierte Standorte

Beispiele

Standortwahl nach:
- Steuervorteilen
- politischem Klima
- Subventionspolitik usw.

Sonstige Standorte

Beispiele

Historische Gründe, z.B.: Kölsch-Bier-Produktion nur in Köln

Der Produktionsfaktor Arbeit

Der **Produktionsfaktor Arbeit** umfasst jede
- körperliche und
- geistige

Tätigkeit, die darauf gerichtet ist, Güter zu produzieren, Dienstleistungen zu verrichten sowie Einkommen zu erwerben.

Dazu gehört die körperliche Tätigkeit auf der Baustelle und in der Landwirtschaft ebenso wie die Tätigkeit eines Arztes in der Praxis oder die Tätigkeit der Verkäuferin im Geschäft.

Die Arbeit lässt sich nach den verschiedensten Merkmalen einteilen:

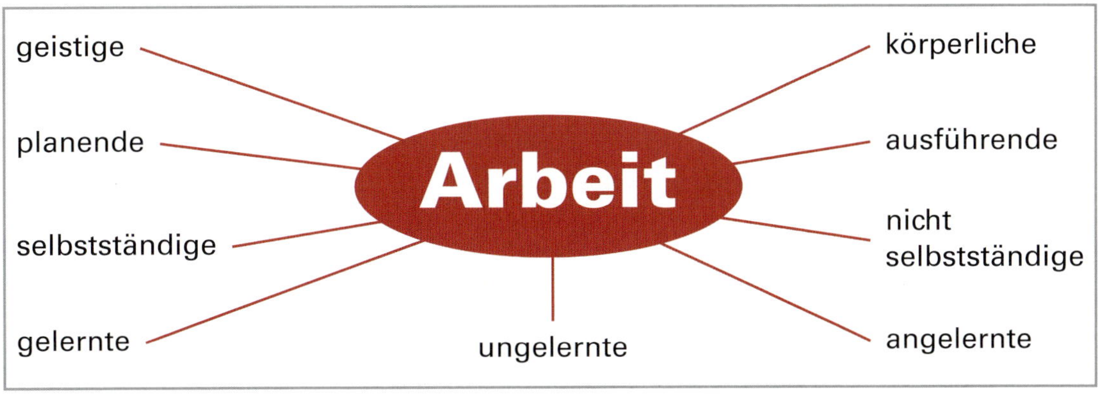

Schon früh hat sich eine **Arbeitsteilung** herausgebildet, weil man erkannt hatte, dass die Fertigkeiten zunehmen, wenn sich jeder auf die Herstellung ganz bestimmter Güter spezialisiert.

Der Grad der Arbeitsteilung nahm lange Zeit immer weiter zu.

Die Urform der Arbeitsteilung entwickelte sich in der Familie.

Arbeitsteilung

Auf Grund der unterschiedlichen Begabungen und Neigungen entwickelten sich die ersten Berufe (Bauern und Handwerker). Diese Arbeitsteilung bezeichnet man als **Berufsbildung.**

Berufsbildung, Berufsspaltung, Arbeitszerlegung

Mit fortschreitender Entwicklung der modernen Arbeitswelt nahm die Zahl der Berufe weiterhin zu, andererseits wuchsen die Aufgabengebiete der einzelnen Berufe so stark an, dass sich die meisten wiederum aufteilten. Dies bezeichnet man als **Berufsteilung.**

Aus dem Schlosserberuf spaltete sich beispielsweise der Bauschlosser und der Kunstschlosser ab.

Mit der beruflichen Arbeitsteilung entwickelte sich gleichzeitig auch innerbetrieblich eine weitere Sozialisierung, die **Arbeitszerlegung.**

Hierbei handelt es sich um eine Aufgliederung des betrieblichen Arbeitsablaufes in Einzeltätigkeiten. Während beispielsweise früher der Handwerker ein Werkstück selbst anfertigte, führt heute der einzelne Arbeiter oft nur kurze Teilverrichtungen aus. Perfektioniert ist diese Arbeitszerlegung im Fließbandverfahren.

Arbeitsteilung hat sowohl **positive** als auch **negative Auswirkungen.**

Vorteile

Positiv
⊕ vermehrtes Güter- und Dienstleistungsangebot
⊕ erhöhte Produktivität
⊕ technischer Fortschritt
⊕ steigendes Einkommen
⊕ angelernte und ungelernte Arbeitskräfte können eingesetzt werden
= steigender Lebensstandard

Nachteile

Negativ

⊖ Tendenz zur Konzentration

⊖ Einzelner bestimmt nicht mehr sein Arbeitstempo, sondern die Maschine

⊖ Zunahme der Bürokratie

⊖ Verlust der Perspektive für die Ganzheit

⊖ Entfremdung der Arbeitswelt, geringe Mobilität der Arbeiter

⊖ Abstumpfung der Arbeitskräfte

⊖ Monotonie (körperliche und geistige Schäden)

⊖ Spezialisten werden krisenempfindlicher (begrenzte Einsatzmöglichkeit)

= verminderte Arbeitsfreude

Der Produktionsfaktor Kapital

Das **Kapital einer Volkswirtschaft** setzt sich zusammen aus dem so genannten **Geldkapital** und dem **Sach- oder Realkapital.**

Zum **Sachkapital** gehören die Produktionsmittel, also Gebäude, Maschinen, Einrichtungen, Roh-, Hilfs- und Betriebsstoffe soweit sie der Produktion dienen.

Im Gegensatz dazu steht das **Geldkapital** in Form von Geld zur Verfügung. Dieses Geldkapital wird beispielsweise verwandt, um Löhne und Gehälter zu zahlen.

Beispiele

Beim Bau eines Sportplatzes setzt der Bauunternehmer Jürgen Schneider z.B. eine Raupe, einen Lkw, Schaufeln, Hacken und andere Werkzeuge ein. Diese Maschinen und Geräte gehören zum Sachkapital.

Zum Ausbau des Sportplatzes wird der Unternehmer auch Zement, Sand und Lava-Asche verwenden. Um dieses Material und die Löhne bezahlen zu können, benötigt der Unternehmer Geld bzw. Geldkapital.

Die Bildung von Sachkapital kann nur durch Bildung von Geldkapital erfolgen. Das Geldkapital dient zur Finanzierung des Sachkapitals. Dazu gibt es folgende Möglichkeiten:

Kapitalbildung durch private Haushalte

Die privaten Haushalte erhalten durch die Bereitstellung ihrer Arbeitskraft Löhne und Gehälter. Einen Teil dieses Einkommens benötigen sie zur Bedürfnisbefriedigung, einen Restbetrag dieses Einkommens können sie sparen.

Diese Sparaufkommen (Geldkapital) werden bei der Bank gesammelt und der Sparer erhält für seinen Konsumverzicht einen Zins. Die Banken verleihen diese Sparbeträge wieder an Unternehmen, die damit beispielsweise Maschinen kaufen.

Diesen Vorgang der Umwandlung des Geldes in Produktionsmittel nennt man auch »**investieren**«.

Diese Kapitalbildung geschieht also durch Sparen der privaten Haushalte und durch die Investition der Unternehmen.

Voraussetzung zur Bildung von Kapital

KONSUMVERZICHT + **PRODUKTIONSUMWEG**

= Sparen

= Investition in Produktivgüter (produzierte Produktionsmittel)

SPAREN IST VORAUSSETZUNG FÜR INVESTITION

Der Faktor Boden und der Faktor Arbeit stellen nicht direkt Konsumgüter her, sondern fertigen zunächst einen dritten Produktionsfaktor, das Kapital (z.B. Maschinen, Werkzeuge). Mit Hilfe des Kapitals kann die Konsumgüterproduktion dann schneller und besser ausgeführt werden. Diesen Vorgang nennt man Produktionsumweg.

Durch die Umwandlung von Geld in Kapitalgüter wird volkswirtschaftlich Kapital gebildet. Jede Kapitalbildung geht zu Lasten des Konsums, da anstelle von Konsumgütern Produktivgüter hergestellt werden.

Direkte Produktion

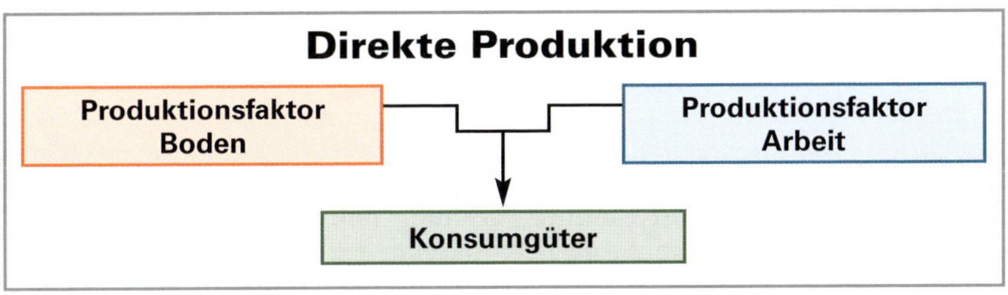

Indirekte Produktion

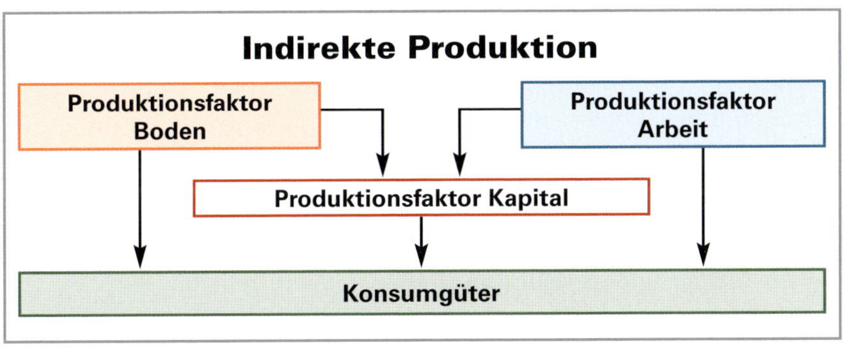

Kapitalbildung durch den Unternehmer

Intention jeder Unternehmung ist die Erzielung von Gewinnen.

Diese Gewinne können auf zweifache Weise verwandt werden:

- einmal können Teile oder der ganze Gewinn an den privaten Haushalt des Arbeitgebers (Unternehmen) ausgeschüttet werden, oder
- der Gewinn bleibt ganz oder teilweise in dem Unternehmen. Diese Gewinne können dann zur Investition von neuen Anlagen direkt eingesetzt werden.

Kapital kann auch durch Abschreibungen gebildet werden. In den Abschreibungen werden die jährlichen Abnutzungen der Anlagegüter erfasst. Die Abschreibungsbeträge fließen dem Unternehmen über die Verkaufserlöse wieder zu, so dass nach Ablauf der Nutzungsdauer, z.B. bei einem Pkw 4 Jahre, dem Unternehmen das notwendige Kapital für eine Neuanschaffung zur Verfügung steht.

Wandel der Wirtschaft

Die **Wirtschaftsstruktur** der Bundesrepublik hat sich in den vergangenen Jahren **stark verändert.** Ursachen hierfür sind einerseits die internationale Arbeitsteilung, denn viele Hersteller produzieren oft im billigeren Ausland. Andererseits hat sich der technische Fortschritt in der Vergangenheit besonders rasch entwickelt, da beispielsweise die Einführung moderner Informations- und Kommunikationstechniken nicht nur den Bürobereich, sondern auch die Produktion stark veränderten und noch verändern werden. Damit haben auch **tiefgreifende Veränderungen** bei den Qualifikationsanforderungen, den Arbeitsplätzen und in der gesamten Gesellschaft stattgefunden. Weiterhin tragen z.B. Rohstoff- und Energieknappheit und veränderte Verbrauchergewohnheiten zum Wandel der Wirtschaft bei.

Viele Menschen befürchten jedoch, dass nach der so genannten technischen Revolution eine soziale Revolution folgt, indem sie glauben, dass ihre bisherigen Qualifikationen durch die schnellen Veränderungen für die Berufs- und Arbeitswelt nicht mehr ausreichen könnten und sie eher arbeitslos würden.

Neue Technologien

Ein hoch entwickeltes Industrieland wie die Bundesrepublik kann seine Wettbewerbsfähigkeit nur halten oder ausbauen, wenn es gelingt, einen technischen und qualitativen Vorsprung bei möglichst vielen zukunftsträchtigen Produkten zu erzielen und im Vergleich mit anderen konkurrierenden Industrieländern überlegene Problemlösungen anzubieten. Dies verlangt **neue, wettbewerbsfähige Produkte und Verfahren** mit der entsprechenden Technologie. Neue Techniken in der Industrie fordern jedoch von den Beschäftigten veränderte Qualifikationen; um aber mit technisch hochwertigen Produkten längerfristig erfolgreich im Geschäft zu bleiben, ist ein hohes Qualifikationsniveau erforderlich. Nach Ansicht von Wirtschaftsexperten liegt außerdem der Schlüssel zur Lösung der wirtschaftlichen Probleme der Bundesrepublik (Arbeitslosigkeit, Umweltbelastungen, Erhalt des sozialen Sicherungssystems) in der Modernisierung der Wirtschaft und in der Erschließung chancenträchtiger Wachstumsfelder durch »Neue Technologien«. Der technische Fortschritt ist somit für die rohstoffarme Bundesrepublik von größter Bedeutung.

Zu diesen wichtigen chancenträchtigen Wachstumsfeldern, die durch die Neuen Technologien erschlossen werden können, gehören:

- **Mikroelektronik**
  Insbesondere bei der Steuerung von Fertigungsprozessen, z. B. computergesteuerte Werkzeugmaschinen (CNC), computergestütztes Konstruieren (CAD) und computergestützte Fertigung (CAM)
- **Energieeinsparungstechnologien** in Form von Wind- und Solarenergie
- **Recyclingverfahren**
- **Roboter-** und **Sensortechnik**
- **Informations-** und **Kommunikationstechniken**

Standorte von Innovations-, Technologie- und Gründerzentren in Deutschland

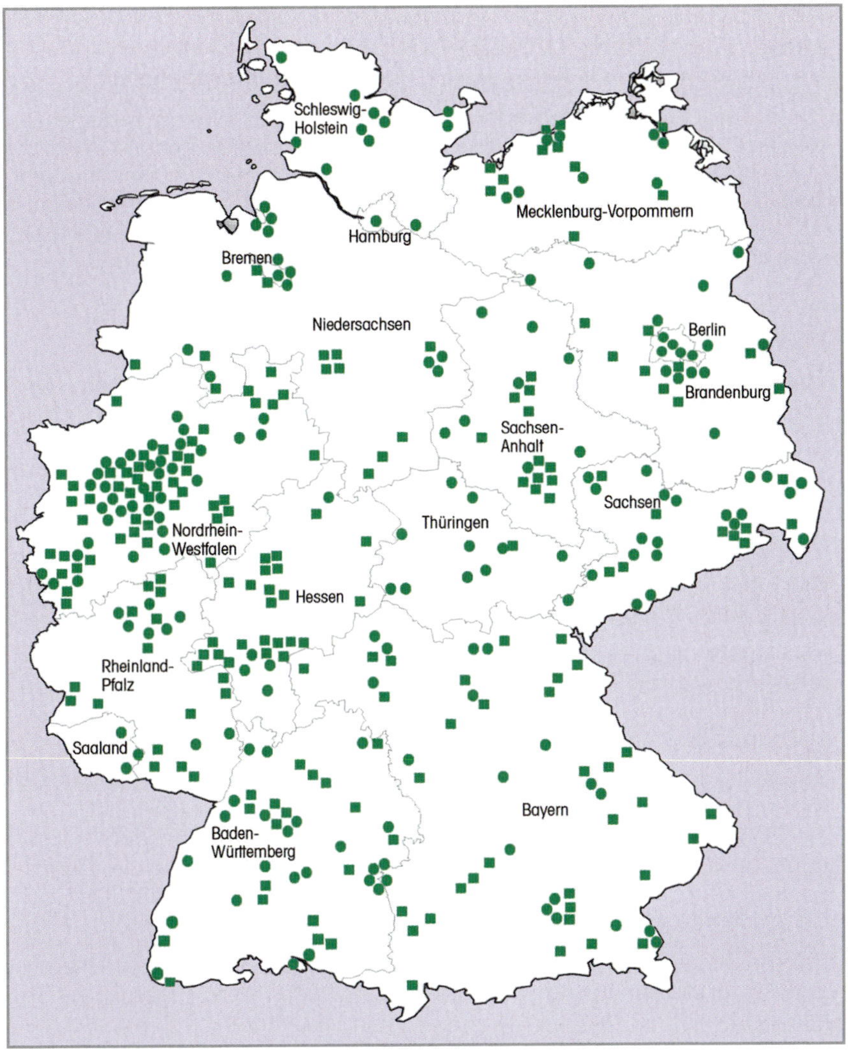

Quelle: ADT-Bundesverband e.V., Berlin

Die **Mikroelektronik** hat innerhalb dieser neuen Technologien eine Schlüsselfunktion, weil die anderen Technologien auf ihr aufbauen oder sie verwenden.

Damit steht die Menschheit heute am Beginn einer dritten industriellen Revolution, an der Schwelle des Zeitalters der Mikroelektronik. Mikroelektronik bedeutet künstliche Intelligenz als Massenware zu Billigstpreisen, z.B. Entwicklung und Preisgestaltung des Taschenrechners. Genauso wie seinerzeit z.B. die Dampfmaschine das Leben und Arbeiten veränderte, wird die Mikroelektronik gewaltige Umwälzungen in Wirtschaft und Gesellschaft in Gang bringen.

Der Trend zur so genannten »Informationsgesellschaft«, ausgelöst durch die Mikroelektronik, wird vor allem im medizinisch-technischen Bereich, bei Banken und Sparkassen, Versicherungen, Handel, Behörden, Schulen und Unternehmensverwaltungen deutlich.

EXKURS: Anwendungsmöglichkeiten der Mikroelektronik*

MP3 – ein Musikformat, dass die neuesten Hits aus dem Internet liefert

Ohne dieses Format, entwickelt im Fraunhofer-Institut für Integrierte Schaltungen IIS, wären die Audio-Daten zu umfangreich und die geringe Übertragungskapazität des World Wide Web würde nicht ausreichen: drei Minuten Ihres Lieblingssongs bräuchten Stunden für ihren Weg durch das Internet – zu hohe Kosten und zu viel Mühe für den Benutzer. MP3 ermöglicht Musik in einer akzeptablen Übertragungsgeschwindigkeit herunter zu laden.

Mikrosytemtechnik für den Airbag

Miniaturisierte Sensorik auf Siliziumbasis ermöglicht eine zuverlässige Airbagauslösung im richtigen Moment.

Folgenreiche Fehlauslösungen werden vermieden.

Der intelligente Drehmeißel

Die Mikrosystemtechnologie eröffnet neue Möglichkeiten für die Geräteüberwachung und die adaptive Anpassung von CNC-Maschinen.

Im Rahmen eines interdisziplinären Projektes haben verschiedene Fraunhofer-Institute, bayerische Universitäten und Partner aus der Werkzeugmaschinenindustrie in Gemeinschaftsarbeit ein komplettes Geräteüberwachungssystem entwickelt.

Das gerätespezifische Mikrosystem beinhaltet einen ASIC für die Signal-Vorverarbeitung, drei Kraftsensoren auf der Basis von Spannungsmessern, um die Schnittkräfte zu messen, einen Vibrationssensor zum Messen des Schwingungsspektrum des Werkzeugs, einen Temperaturmesser, um die thermischen Einflüsse auf Sensoren und ASIC zu korrigieren und einen EEPROM, um Geräteidentifikation und Kalibrationswerte zu speichern.

Das spezifische Vibrationsverhalten und die auftretenden Schnittkräfte liefern ein Maß für die Abnutzung des Werkzeugs und lassen Werkzeugbruch erkennen.

Ölwechsel zum richtigen Zeitpunkt – ein Problem wird gelöst

Wann muss das Motoröl gewechselt werden?

Konnten bislang nur Maßgaben wie Zeitdauer und Laufleistung beim Motorölwechsel berücksichtigt werden, blieben Faktoren wie Ölqualität und Fahrweise beziehungsweise Beanspruchung ohne Belang.

Der neue Ölsensor aus dem Fraunhofer-Institut für Mikroelektronische Schaltungen und Systeme IMS erkennt den genauen Zeitpunkt eines notwendigen Wechsels:

Er ermittelt Messwerte wie beispielsweise die elektrische Leitfähigkeit und die Viskosität des Öls.

Dadurch wird der Schmierzustand der Maschine einschätzbar.

** Quelle: www.izm.fraunhofer.de/ Hr. Lüdemann*

Unter dem Begriff »**Neue Medien**« verbirgt sich eine beinahe unüberschaubare Fülle von Techniken der Information und Kommunikation (= Mitteilung).

Dabei spannt sich der Bogen von der elektronischen Datenverarbeitung über viele neue Bürotechniken bis zu den Medien im Privatbereich.

Hinzu kommen noch die unterschiedlichen neuen Übertragungswege wie Glasfaserkabel oder Satelliten.

Neue Medien

Die Vielfalt der »Neuen Medien« soll im folgenden am Beispiel der elektronischen Datenverarbeitung aufgezeigt werden.

Hauptaufgaben der elektronischen Datenverarbeitung sind die Einspeicherung, die Verarbeitung und die Ausgabe von Informationen.

Hier bestehen auf den ersten Blick große Übereinstimmungen mit dem menschlichen Gehirn.

Denn auch unser Gehirn nimmt Wahrnehmungen auf, speichert sie, verbindet sie mit anderen vorhandenen Informationen und gibt sie als verbale oder körperliche Reaktion aus.

Jedoch wählen wir aus den angebotenen Informationen nur diejenigen aus, die für unsere augenblickliche Situation und für unser allgemeines Interesse wichtig sind.

Das bedeutet, dass der Mensch das Meiste wieder vergisst, während der Computer (lat.: computare = zusammenzählen) nie vergessen kann – es sei denn, er wäre darauf programmiert.

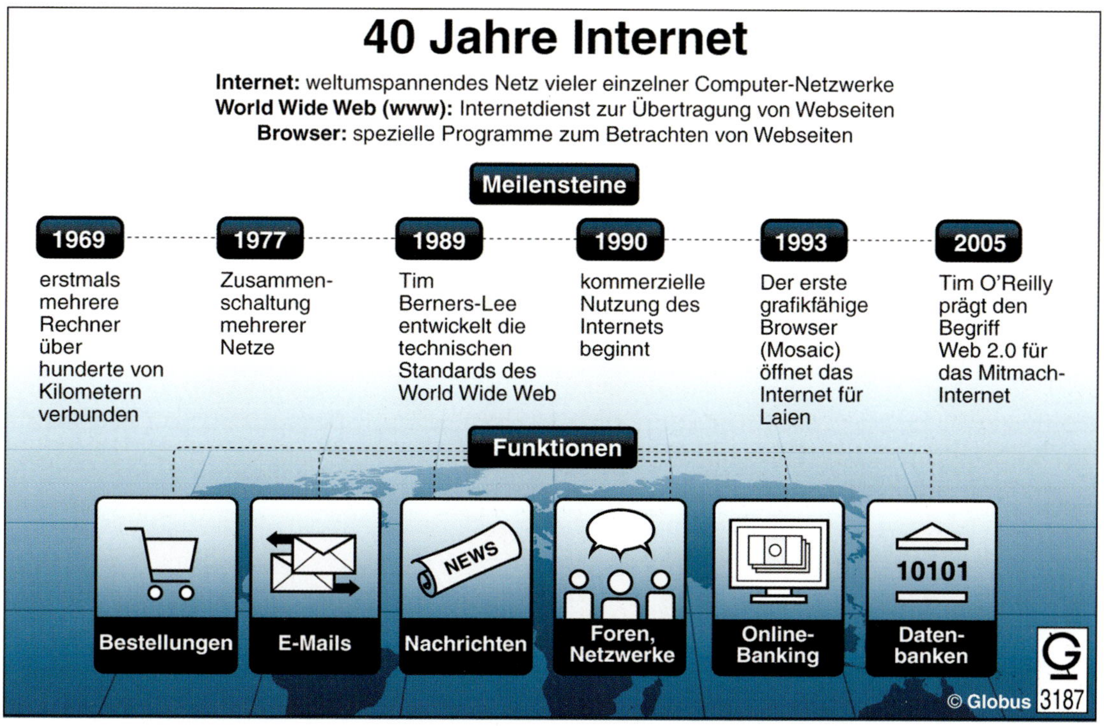

Neue Medien in die berufliche Bildung erfolgreich integriert

BMBF-Förderprogramm zum eLearning positiv evaluiert

Das Bundesministerium für Bildung und Forschung (BMBF) hat mit seinem vor fünf Jahren gestarteten Förderprogramm »Neue Medien in der Bildung« entscheidend zur Modernisierung der beruflichen Aus- und Weiterbildung beigetragen. Das geht aus einem am Montag veröffentlichten Evaluierungsbericht hervor. Die Ergebnisse von 18 in der beruflichen Bildung geförderten Projekten zeigen nach Auffassung der Experten, dass die technologisch angestoßenen, strukturellen Entwicklungen zu qualitativen Verbesserungen in der Ausbildung geführt haben. Das BMBF hat die Einführung Neuer Medien und eLearning-Konzepte in berufliche Bildung und Schule mit rund 70 Millionen Euro gefördert.

Erfolgreich bewertet haben die Experten beispielsweise die Entwicklung des so genannten IT-Weiterbildungssystems, das von den Sozialpartnern initiiert wurde und beim Fraunhofer-Institut für Software und Systemtechnik entwickelt wurde. Über 300 existierende Weiterbildungsgänge konnten in diesem Verbundprojekt unter systematischer Einbeziehung Neuer Medien auf 35 Weiterbildungsprofile fokussiert werden. Das IT-Weiterbildungssystem setzt auf arbeitsprozessorientierte Weiterbildung und macht die erworbenen IT-Qualifikationen für den Arbeitsmarkt erheblich transparenter.

Gleichzeitig sind durch die Integration von eLearning-Konzepten neue, berufsbezogene Projekte ins Leben gerufen worden, wie beispielsweise der Mediengestalter 2000plus oder das Virtuelle Autohaus. Auch im Baugewerbe und in der Berufsausbildung zur Arzthelferin wurden bereits eLearning-Projekte gestartet.

Quelle: Pressemitteilung Bundesministerium für Bildung und Forschung vom 21.02.2005 [Aktuell 042/2005]

Investieren in Deutschland

Deutschland gehört zu den wichtigsten Standorten für internationale Investoren. Ausländische Direktinvestitionen tragen zu Wachstum und Beschäftigung bei. Vor dem Hintergrund eines sich weiter verschärfenden weltweiten Wettbewerbs um Investoren wird daher das Marketing für den Wirtschafts- und Technologiestandort Deutschland verstärkt.

Germany Trade and Invest ist die neue Gesellschaft zur Außenwirtschaftsförderung und des Standortmarketings der Bundesrepublik Deutschland.

Aufgabe von Germany Trade and Invest ist das Marketing für den Wirtschafts-, Investitions- und Technologiestandort Deutschland einschließlich der Investorenanwerbung.

Die Gesellschaft berät und unterstützt ausländische Unternehmen bei der Ausdehnung ihrer Geschäftstätigkeit auf Deutschland sowie deutsche Unternehmen bei der Erschließung von Auslandsmärkten.

Einen Schwerpunkt der Tätigkeit der gesamten Gesellschaft bildet die besondere Förderung der wirtschaftlichen Entwicklung in den neuen Bundesländern einschließlich Berlin.

Die Gesellschaft ist für potenzielle Investoren erster Ansprechpartner. Unternehmen, die ein Ansiedlungsinteresse in Deutschland verfolgen, erhalten unentgeltlichen Informations- und Beratungsservice über unternehmensrelevante Rahmenbedingungen, rechtliche und steuerliche Regelungen sowie Förderungsmöglichkeiten.

Germany Trade and Invest bietet ein umfangreiches Projektmanagement im kompletten Ansiedlungsprozess einschließlich der Auswahl des künftigen Standortes.

Germany Trade and Invest verfügt über ein weltweites Auslandsnetz von Mitarbeitern, die vor Ort ausländische Unternehmen beim Ansiedlungsprozess in Deutschland unterstützen.

Sie arbeiten dabei eng mit den Deutschen Auslandshandelskammern (AHK) zusammen.

Quelle: http://www.bmwi.de

LERN-BOX

- Realisierung der Konsumwünsche und eingegangene Verpflichtungen können in eine **Schuldenfalle** führen.
- Persönliche Ansprüche **(Bedürfnisse, Bedarf)** und die Begrenztheit des verfügbaren Einkommens **bestimmen das wirtschaftliche Handeln.**
- **Werbung und Werbestrategien** machen Waren und Leistungen bekannt, **wecken beim Verbraucher Bedürfnisse** und regen zum Kauf an.
- Unter Produktion versteht man jede Tätigkeit zur Bereitstellung von Gütern. Die **Produktionfaktoren Boden, Arbeit und Kapital** sind Grundlagen aller Produktionsvorgänge. Das **Management** wird als vierter Produktionsfaktor angesehen.
- Die **Wirtschaft hat sich** durch die immer schnellere Entwicklung des technischen Fortschritts, durch internationale Arbeitsteilung und durch tiefgreifende Veränderungen von Qualifikationsanforderungen **stark gewandelt.**

WISSENS-CHECK

1. Welche Anschaffungen (Ausgaben) bringen gerade Jugendliche oft in eine Schuldenfalle? Listen Sie diese Ausgaben auf und versehen Sie diese mit den heute aktuellen Europreisen. Vergleichen Sie die Höhe der Ausgaben mit Ihrer momentanen Ausbildungsvergütung.
2. Welche **Aufgaben** hat die Werbung?
3. Überprüfen Sie anhand einer Zeitungswerbung **die Werbegrundsätze.** Präsentieren Sie die Ergebnisse der Gruppenarbeit anhand von Folien mit dem Overheadprojektor.
4. Übertragen Sie die **Produktionsfaktoren** auf ein Beispiel ihres Ausbildungsbetriebes.
5. Erklären Sie den **Unterschied** zwischen den ursprünglichen und den abgeleiteten Produktionsfaktoren.
6. Wie wird der Produktionsfaktor **Boden** im Produktionsprozess eingesetzt?
7. Wieso ist die **Attraktivität** des Produktionsfaktors Boden in den letzten Jahren in Deutschland in die Diskussion gekommen?
8. Warum **verringert** sich Jahr für Jahr der Produktionsfaktor Boden als Anbaufaktor?
9. Entscheiden Sie, ob in den folgenden Beispielen der volkswirtschaftliche **Begriff der Arbeit** vorliegt. Begründen Sie ihre Entscheidung.
   a) Herr Schulze baut nach Feierabend in seinem Garten für seine Familie Gemüse an.
   b) Gärtnermeister Grüne züchtet Gemüse und verkauft dieses auf dem Markt.
   c) Frau Schulze erledigt alle anfallenden Haushaltsaufgaben.
   d) Hausangestellte Martha Müller erledigt alle anfallenden Haushaltsaufgaben.
10. Diskutieren Sie die **Vor- und Nachteile** der Arbeitsteilung und veröffentlichen Sie das Ergebnis der Diskussion in einer Wandzeitung.
11. Erarbeiten Sie die **Möglichkeiten der Kapitalbildung** durch Unternehmen bzw. durch private Haushalte.
12. Erklären Sie an einem Beispiel, dass der Produktionfaktor Kapital auf die **Kombination** der Produktionsfaktoren Boden und Arbeit zurückgeht.
13. Nennen Sie die **fünf wichtigsten Wachstumsfelder,** die durch neue Technologien erschlossen werden und begründen Sie, warum die Mikroelektronik dabei eine Schlüsselfunktion einnimmt.

Ökonomisches Prinzip

Um die Bedürfnisbefriedigung zu sichern, müssen die Menschen bei wirtschaftlichen Überlegungen und Entscheidungen planvoll vorgehen. Da die Mittel, die den Menschen zur Produktion von Gütern zur Verfügung stehen, knapp sind, muss der Einsatz dieser knappen Mittel sorgfältig abgewogen werden. Dieses Vorgehen bezeichnet man auch als das Handeln nach dem »ökonomischen Prinzip«.

Das ökonomische Prinzip ist also nichts anderes als die Anwendung der Grundsätze für planvolles und sinnvolles Handeln.

Jeder Unternehmer, der Gewinne erzielen will, versucht daher, das mengenmäßige Ergebnis der Produktion im bestmöglichen Verhältnis seines Einsatzes an Kosten zu erreichen. Der Unternehmer handelt also bei der Verwirklichung seines Zieles »Gewinnmaximierung« nach dem ökonomischen Prinzip, das zwei Entscheidungsmöglichkeiten anbietet:

Maximalprinzip

Nach dem **Maximalprinzip** soll mit den **gegebenen Mitteln ein höchstmöglicher Erfolg** (Bedürfnisbefriedigung) erzielt werden.

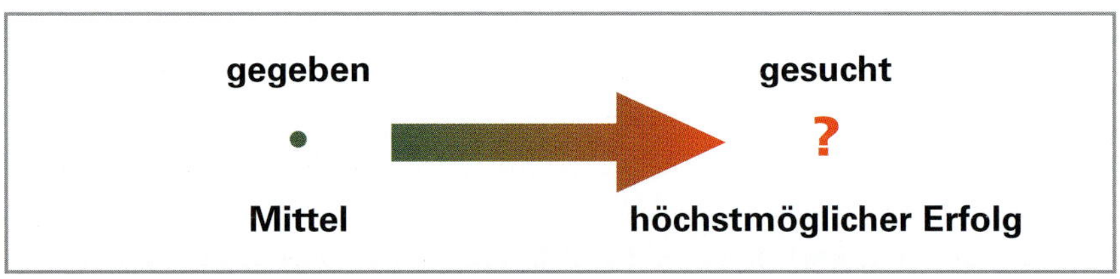

Beispiele

1. Der Bauunternehmer Franz Meyer setzt seine vorhandenen Arbeitskräfte und Maschinen so ein, dass er den größtmöglichen Nutzen erzielt.
2. Der Berufsschüler Jürgen Schmidt hat sich vorgenommen, seine dreijährige Ausbildungszeit mit einer möglichst guten Facharbeiterprüfung abzuschließen.

Minimalprinzip

Nach dem **Minimalprinzip** soll ein **gegebenes Ziel mit geringstmöglichem Mitteleinsatz** (z.B. niedrigsten Kosten) erreicht werden.

Beispiele

1. Der Bauunternehmer Franz Meyer versucht, den Bau eines Einfamilienhauses zum 01.05. mit wenig Arbeitskräften und geringem Einsatz von Baumaschinen fertigzustellen.
2. Der Berufsschüler Jürgen Schmidt handelt auch ökonomisch, wenn er sich vornimmt, die Facharbeiterprüfung mit der Note »gut« abzulegen, dafür aber nur einen möglichst geringen Zeit- und Arbeitsaufwand einzusetzen, weil er nach dem Tode seines Vaters zusätzliche Arbeiten ausführen muss.

Monetäre Voraussetzungen

Früher, in der geschlossenen Hauswirtschaft, erzeugten die Menschen die Güter, die sie zum Leben benötigten, selbst. Heute, in unserer arbeitsteiligen Wirtschaft, werden die Güter nicht von den Menschen erzeugt, die sie auch verbrauchen. Ein Produkt durchläuft somit von der Rohstoffgewinnung bis zur Fertigstellung viele Betriebe und Produktionsstufen. Das Geld übernimmt dabei die Aufgabe des Tauschmittels, d.h. Geld- und Güterströme bilden den Wirtschaftskreislauf.

Einfacher Wirtschaftskreislauf

Die vier Stufen des einfachen Wirtschaftskreislaufes

❶ Private Haushalte stellen ihre Arbeitskraft, ihren Boden und das angesparte Geld zur Verfügung.

❷ Für ihre Arbeitskraft erhalten die privaten Haushalte Lohn und Gehalt, für ihren Boden Pacht und für ihr Geld Zinsen. Sie beziehen also Einkommen. Es fließt daher ein Geldstrom von den Unternehmen zu den privaten Haushaltungen.

❸ Die Unternehmen produzieren Güter und Leistungen, die von den Haushalten aufgrund ihrer Einkommen gekauft werden können (Güterstrom).

❹ Als Gegenleistung bezahlen die Haushalte die erworbenen Güter.

Der einfache Wirtschaftskreislauf besteht aus zwei in entgegengesetzter Richtung verlaufenden Kreisläufen, **dem Geld- und Güterkreislauf.**

Erweiteter Wirtschaftskreislauf

Selbstverständlich besteht eine moderne Volkswirtschaft nicht nur aus privaten Haushalten und Unternehmen. Kreditinstitute, der Staat und auch die wirtschaftlichen Beziehungen zum Ausland üben auf den Wirtschaftskreislauf einen erheblichen Einfluss aus, so dass das zuvor stark vereinfachte Modell des einfachen Wirtschaftskreislaufes nun schrittweise näher an die wirtschaftliche Realität herangeführt wird (■ = Geldsstrom; ■ = Güterstrom).

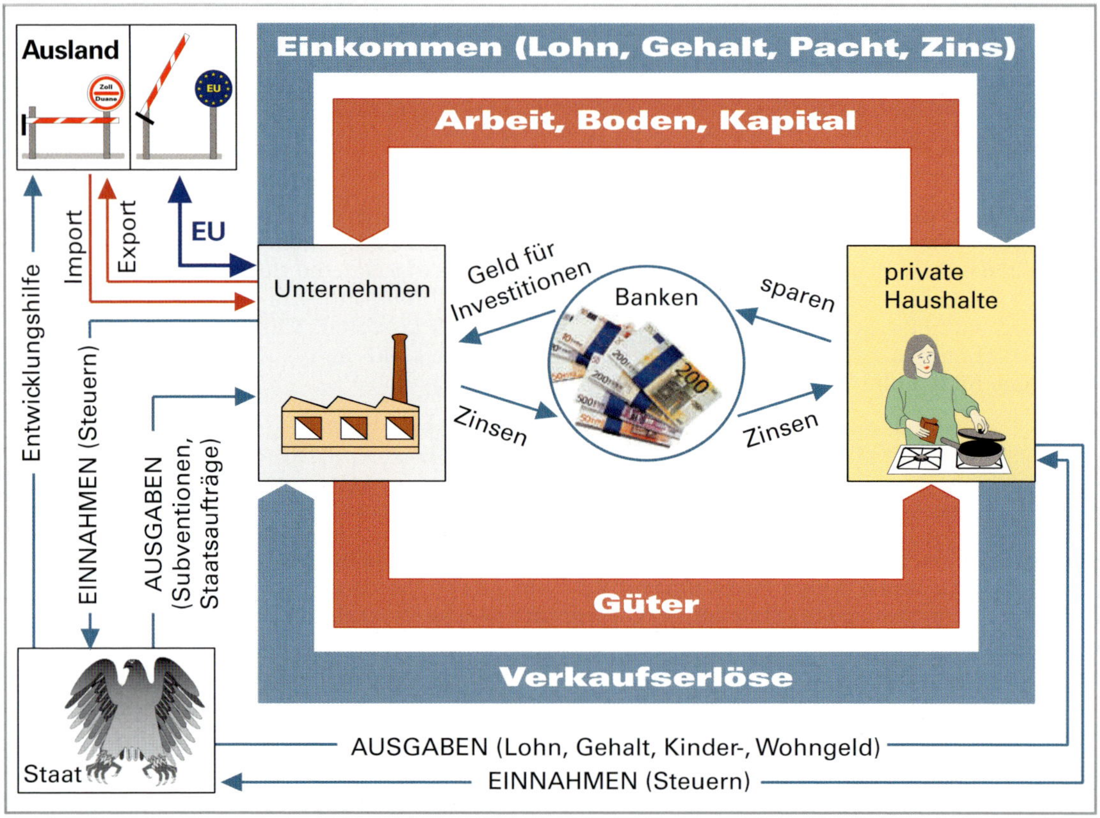

Bisher wurde unterstellt, dass die privaten Haushalte ihr Einkommen (Lohn, Gehalt, Pacht, Zins) in voller Höhe zum Kauf von Konsumgütern ausgeben würden. Der Normalfall ist anders.

Die privaten Haushalte geben nur einen Teil für Güter aus. Der verbleibende Einkommensbetrag wird gespart, d.h. man gibt ihn der Bank zur Aufbewahrung.

Natürlich sind die Banken und Kreditinstitute bemüht, die zahlreichen Sparverträge der privaten Haushalte zu sammeln und wiederum nutz- und gewinnbringend zu verwenden.

Damit geben die Banken einen großen Teil der Spargelder als Kredite an Unternehmungen weiter, die mit dem geliehenen Geld neue Fabrikhallen und Verwaltungsgebäude errichten sowie Maschinen, Werkzeuge und Rohstoffe einkaufen können.

Die Unternehmungen können also durch die erhaltenen Kredite investieren.

Auch der Staat ist am Wirtschaftsgeschehen beteiligt. Er begnügt sich nicht damit, Gesetze zu überwachen, sondern beeinflusst den wirtschaftlichen Ablauf. Der Staat steht einerseits in Beziehung zu den privaten Haushaltungen, andererseits pflegt er aber auch wirtschaftliche Kontakte zu den Unternehmen und zum Ausland.

Unter **Zahlungsverkehr** versteht man die Gesamtheit aller Zahlungsvorgänge. Beim Zahlungsverkehr werden Zahlungsmittel zwischen privaten Haushalten, Unternehmen, Staat, Ausland und Kreditgewerbe übertragen.

Die Möglichkeiten des Zahlungsverkehrs werden in

- Barzahlung
- Halbbare Zahlung
- Bargeldlose Zahlung

eingeteilt.

Der reine **Barzahlungsverkehr** ist im Einzelhandel, im Verkehrsgewerbe (z.B. Bahn) und im Leistungsgewerbe (z.B. Gastronomie) nach wie vor üblich. Der Käufer zahlt mit Bargeld (Banknoten oder Münzen) und erhält im Regelfall vom Verkäufer einen Kassenbon oder Kassenzettel als Quittung.

Der Western Union Geldtransfer Service ermöglicht es, Geldbeträge mit der VISA- oder MasterCard-Kreditkarte weltweit oder über ein Bankkonto per Giropay zu versenden.

Der Empfänger kann Beträge bis maximal 999,99 Euro an irgendeinem Vertriebsstandort innerhalb von Minuten in über 200 Ländern abholen.

Bei der **halbbaren Zahlung** ist entweder der Zahler oder der Empfänger mit Bargeld am Zahlungsverkehr beteiligt. Bei dem Geschäftspartner erscheint auf dem Konto eine Lastschrift oder eine Gutschrift.

Sowohl bei der Post, als auch bei Banken, kann man Zahlungen mit Hilfe eines **Zahlscheins** begleichen.

Hier zahlt der Auftraggeber den Betrag bar ein, während der Empfänger eine Gutschrift auf seinem Konto erfährt.

Voraussetzung ist, dass der Zahlungsempfänger ein Konto besitzt.

Unterhält der Empfänger sein Konto bei der Bank des Einzahlers, werden die Einzahlungen mittels Zahlschein gebührenfrei vorgenommen.

Zahlscheine sind zweiteilige Durchschreibevordrucke, bei denen die Kassenquittung der Einzahler erhält und das Original mit Unterschrift des Einzahlers beim Kreditinstitut oder bei der Post verbleibt.

Zahlschein: Bareinzahlung, Konto-Gutschrift bzw. -Lastschrift

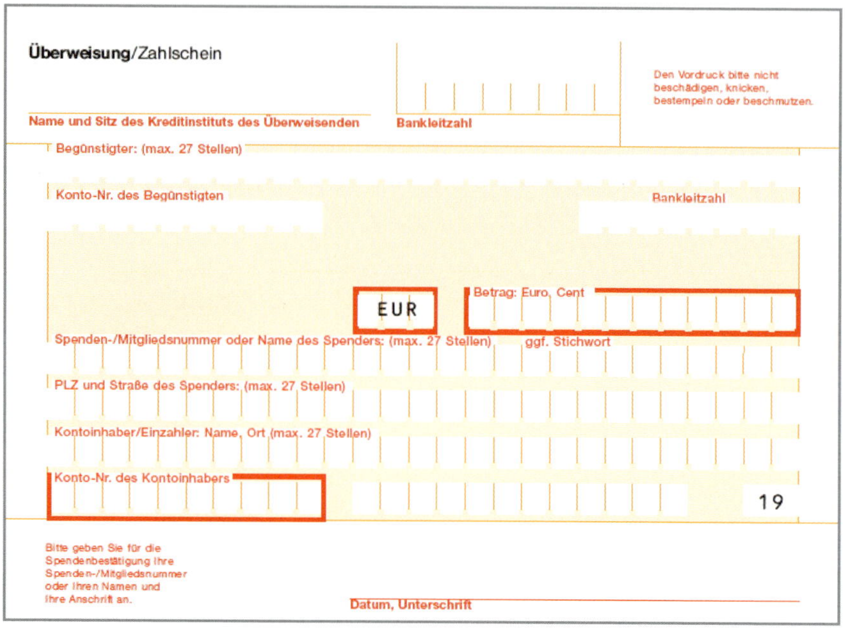
Überweisung/Zahlschein

Den Vordruck bitte nicht beschädigen, knicken, bestempeln oder beschmutzen.

Name und Sitz des Kreditinstituts des Überweisenden

Bankleitzahl

Begünstigter: (max. 27 Stellen)

Konto-Nr. des Begünstigten

Bankleitzahl

EUR

Betrag: Euro, Cent

Spenden-/Mitgliedsnummer oder Name des Spenders: (max. 27 Stellen) ggf. Stichwort

PLZ und Straße des Spenders: (max. 27 Stellen)

Kontoinhaber/Einzahler: Name, Ort (max. 27 Stellen)

Konto-Nr. des Kontoinhabers

19

Bitte geben Sie für die Spendenbestätigung Ihre Spenden-/Mitgliedsnummer oder Ihren Namen und Ihre Anschrift an.

Datum, Unterschrift

Scheck: Anweisung einen bestimmten Geldbetrag zu zahlen.

Der Scheck ist die schriftliche Anweisung des Kontoinhabers an sein Geldinstitut, bei Sicht aus seinem Guthaben an den Scheckinhaber einen bestimmten Geldbetrag zu zahlen.

Der Kontoinhaber kann mittels Scheck über sein Bankguthaben verfügen, indem er ihn unmittelbar als Zahlungsmittel einsetzt.

Übergibt der Zahlungsempfänger den **Barscheck** dem kontoführenden Kreditinstitut, so wird ihm der angegebene Betrag in bar ausgezahlt.

Schecks werden von den Banken lose und fortlaufend durchnummeriert in einer Hülle ausgegeben, in der sich auch ein Verwendungsnachweis für die ausgestellten Schecks befindet.

Auf dem Verwendungsnachweis (Kartenblatt) werden die wichtigsten Angaben wie Betrag, Empfänger und Ausstellungsdatum eingetragen.

Die Banken sind berechtigt, jedem Inhaber eines Barschecks den angegebenen Betrag gegen Übergabe ohne Überprüfung der Personalien auszuzahlen.

Deshalb **Vorsicht vor Verlust eines Barschecks!**

Ist ein Scheck verloren gegangen, so muss man ihn unverzüglich beim Kreditinstitut sperren lassen.

Auch ein vordatierter Scheck ist bei Sicht zahlbar. Der Einlösungszeitraum beträgt in Deutschland 8 Tage, vom Zeitpunkt der Ausstellung an gerechnet.

Bei Verlust der EC-Karte ist eine für diese Situation eingerichtete Sperrhotline mit der Rufnummer 116116 in Frankfurt/Main zu benachrichtigen.

Musterbank GmbH DE

Zahlen Sie gegen diesen Scheck EUR Betrag: Euro, Cent

Betrag in Buchstaben

noch Betrag in Buchstaben

an oder Überbringer

Ausstellungsort, Datum Unterschrift des Ausstellers

S&S Der vorgedruckte Schecktext darf nicht geändert oder gestrichen werden. Die Angabe einer Zahlungsfrist auf dem Scheck gilt als nicht geschrieben. S&S

Scheck-Nr. X Konto-Nr. X Betrag X Bankleitzahl X Text

01H

Bitte dieses Feld nicht beschriften und nicht bestempeln

Der **bargeldlose Zahlungsverkehr** (unbare Zahlung) hat für Privat- und Geschäftspersonen erhebliche Vorteile, da es sich lediglich um eine Umbuchung von Konto zu Konto handelt.

Vorteile des bargeldlosen Zahlungsverkehrs:

- sicher
- schnell
- bequem
- verursacht geringe Kosten
- vermindert die Bargeldhaltung
- bringt u.U. Zinsen aus dem Guthabenkonto

Beim **Verrechnungsscheck** wird der Betrag dem Scheckinhaber nicht bar ausgezahlt, sondern seinem Konto gutgeschrieben. Jeder Barscheck kann durch den Vermerk »Nur zur Verrechnung« (oft bringt man auch nur zwei diagonale Striche schräg links oben im Scheckvordruck an) zum Verrechnungsscheck gemacht werden.

Verrechnungs-Scheck: Betrag kann nicht bar ausgezahlt werden

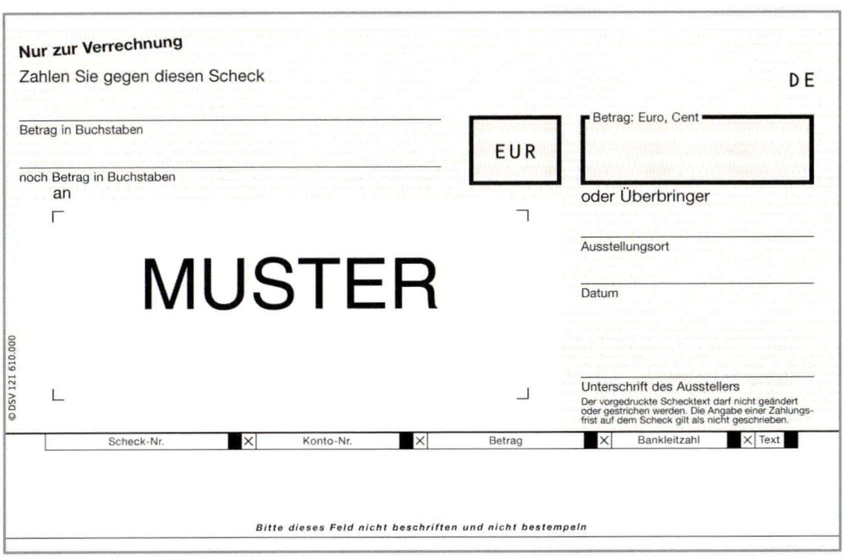
Nur zur Verrechnung

Zahlen Sie gegen diesen Scheck DE

Betrag in Buchstaben EUR Betrag: Euro, Cent

noch Betrag in Buchstaben

an oder Überbringer

MUSTER

Ausstellungsort

Datum

Unterschrift des Ausstellers

Der vorgedruckte Schecktext darf nicht geändert oder gestrichen werden. Die Angabe einer Zahlungsfrist auf dem Scheck gilt als nicht geschrieben.

© DSV 121 610.000

Scheck-Nr. X Konto-Nr. X Betrag X Bankleitzahl X Text

Bitte dieses Feld nicht beschriften und nicht bestempeln

Überweisung: Buchmäßige Übertragung von Konto zu Konto

Die **Überweisung,** die wohl häufigste Form der unbaren Zahlung, ermöglicht die buchmäßige Übertragung vom Konto des Zahlungspflichtigen auf das Konto des Zahlungsempfängers, ohne dass Bargeld bewegt wird.

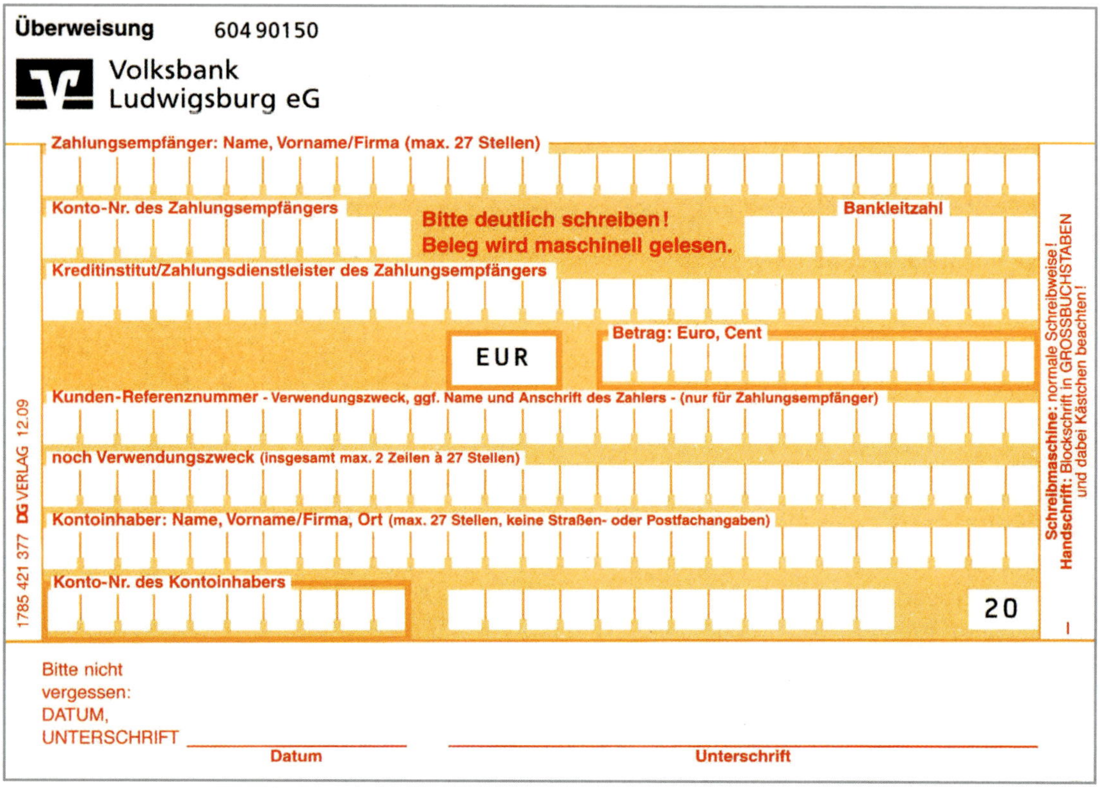

Überweisung 604 90150

Volksbank Ludwigsburg eG

Zahlungsempfänger: Name, Vorname/Firma (max. 27 Stellen)

Konto-Nr. des Zahlungsempfängers

Bitte deutlich schreiben! Beleg wird maschinell gelesen.

Bankleitzahl

Kreditinstitut/Zahlungsdienstleister des Zahlungsempfängers

EUR

Betrag: Euro, Cent

Kunden-Referenznummer - Verwendungszweck, ggf. Name und Anschrift des Zahlers - (nur für Zahlungsempfänger)

noch Verwendungszweck (insgesamt max. 2 Zeilen à 27 Stellen)

Kontoinhaber: Name, Vorname/Firma, Ort (max. 27 Stellen, keine Straßen- oder Postfachangaben)

Konto-Nr. des Kontoinhabers

20

Schreibmaschine: normale Schreibweise! Handschrift: Blockschrift in GROSSBUCHSTABEN und dabei Kästchen beachten!

1785 421 377 DG VERLAG 12.09

Bitte nicht vergessen: DATUM, UNTERSCHRIFT

Datum

Unterschrift

Dabei füllt der Überweisende (Zahlungspflichtige) ein für alle Banken und Sparkassen gültiges Einheitsformular aus. Die Bank behält als Überweisungsauftrag das Formular und der Zahlende sieht auf dem Kontoauszug die getätigte Überweisung.

Lastschriftverfahren

Regelmäßig wiederkehrende Zahlungen unterschiedlicher Höhe wie Telefongebühren, Stromrechnungen können auch ohne gesonderte Einzelaufträge des Kontoinhabers per **Lastschriftverfahren** durchgeführt werden. Die Lastschrift ist ein Einzugspapier.

Der Zahlungsempfänger lässt durch Vermittlung seines Kreditinstitutes aus dem Guthaben des Kontoinhabers einen ihm zustehenden Betrag abbuchen. Voraussetzung dafür ist, dass der Zahlungspflichtige dem Empfänger eine Einzugsermächtigung gegeben bzw. der Sparkasse einen Abbuchungsauftrag erteilt hat.

Die Lastschrift wird dem Kunden zur Information über den Belastungsgrund zusammen mit dem Kontoauszug ausgehändigt.

Man unterscheidet zwei Lastschriftverfahren:

- die **Einzugsermächtigung** und
- den **Abbuchungsauftrag.**

Bei der **Einzugsermächtigung** gibt der Kontoinhaber einem Gläubiger die schriftliche Erlaubnis, Geld von seinem Konto abzubuchen. Ob gegenüber dem Stromlieferanten oder dem Telefonunternehmen – diese Erlaubnis kann für einen einmal fälligen Betrag oder auch für mehrere Abbuchungen erteilt werden.

Ist der Verbraucher (Kunde) mit der Abbuchung nicht einverstanden, kann er die Lastschrift innerhalb von sechs Wochen widerrufen.

Der eingezogene Betrag wird dann auf sein Konto zurück gebucht. Auch bei Buchungsfehlern oder mangelnder Deckung auf dem Kundenkonto kann es zu einer Rückbuchung (Rücklastschrift) der bereits auf einem Konto gutgeschriebenen Summe kommen.

Das einziehende Unternehmen hat mithin bei einer Einzugsermächtigung keine absolute Zahlungsgarantie.

Beim **Abbuchungsauftrag** gibt der zahlungspflichtige Bankkunde seiner Bank den Auftrag, von seinem Konto den vom Empfänger jeweils zu zahlenden Betrag abzubuchen.

Im Gegensatz zur Ermächtigung ist beim Abbuchungsauftrag eine Rückbuchung nicht möglich.

Für Zahlungen, die regelmäßig und in gleicher Höhe wiederkehren (Miete, Raten, Versicherungsbeiträge, Unterhaltszahlungen etc.) ist es zweckmäßig, der Bank einen **Dauerauftrag** zu erteilen. Die Bank führt bis auf Widerruf den einmal erteilten Auftrag in regelmäßigen Abständen durch. Dadurch spart der Zahlungspflichtige Geld, Zeit und das Risiko der verspäteten Zahlung. Daueraufträge können sowohl durch die Bank als auch durch Postbankämter durchgeführt werden.

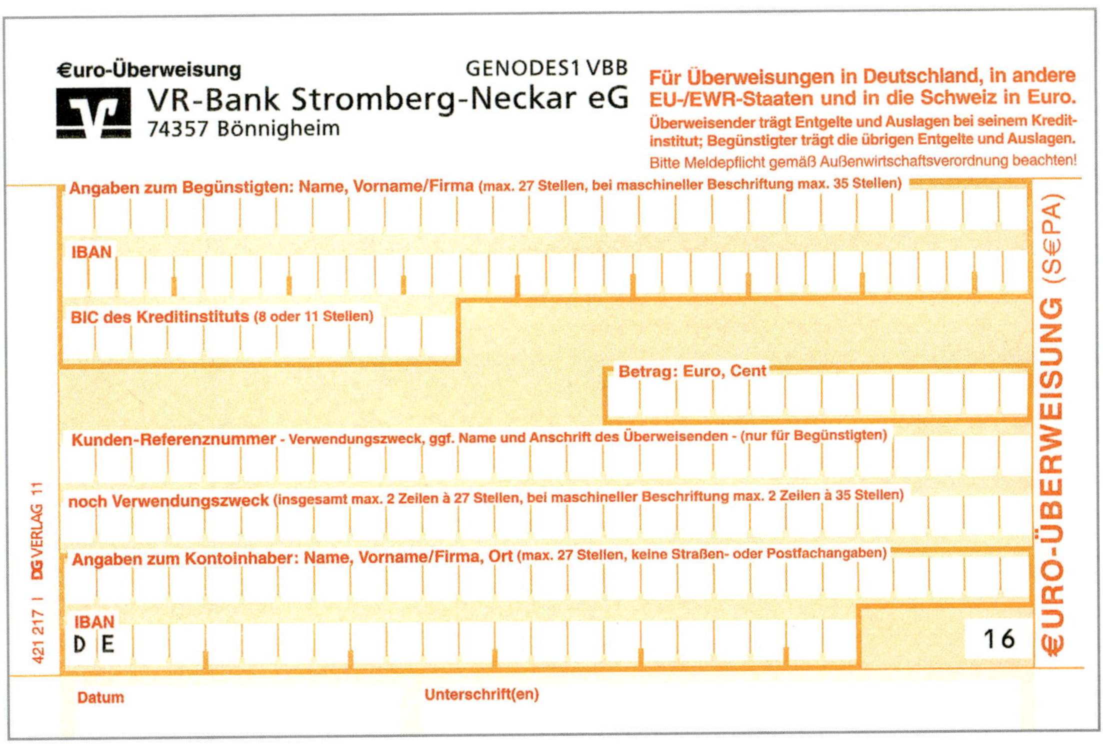
€uro-Überweisung
GENODES1 VBB
VR-Bank Stromberg-Neckar eG
74357 Bönnigheim

Für Überweisungen in Deutschland, in andere EU-/EWR-Staaten und in die Schweiz in Euro.
Überweisender trägt Entgelte und Auslagen bei seinem Kreditinstitut; Begünstigter trägt die übrigen Entgelte und Auslagen.
Bitte Meldepflicht gemäß Außenwirtschaftsverordnung beachten!

Angaben zum Begünstigten: Name, Vorname/Firma (max. 27 Stellen, bei maschineller Beschriftung max. 35 Stellen)
IBAN
BIC des Kreditinstituts (8 oder 11 Stellen)
Betrag: Euro, Cent
Kunden-Referenznummer - Verwendungszweck, ggf. Name und Anschrift des Überweisenden - (nur für Begünstigten)
noch Verwendungszweck (insgesamt max. 2 Zeilen à 27 Stellen, bei maschineller Beschriftung max. 2 Zeilen à 35 Stellen)
Angaben zum Kontoinhaber: Name, Vorname/Firma, Ort (max. 27 Stellen, keine Straßen- oder Postfachangaben)
IBAN
D E
16
Datum
Unterschrift(en)
421 217 I DG VERLAG 11
€URO-ÜBERWEISUNG (SEPA)

BANK IN NEUHAUSEN

Interne Vermerke

Dauerauftrag[1]

Kontoinhaber (Name und Anschrift)

MUSTER

[X] **Neueinrichtung**

[ ] **Änderung**[2]

[ ] **Löschung**

Entgelt €

zu Lasten Konto-Nr.	Dauerauftrags-Nr.

Ausführung

[ ] monatlich [ ] viertel-jährlich [ ] halbjährlich [ ] jährlich

jeweils am [ ] 1. [ ] 15.

sonstiges Datum[3]

erstmals am

befristet bis einschl.

Begünstigter: Name, Vorname/Firma (max. 27 Stellen) **Nachname voranstellen**

Konto-Nr. des Begünstigten

Bankleitzahl

Bitte die Daten von **links beginnend** in die Felder eintragen (Überweisungsbetrag ausgenommen).

Bankverbindung des Begünstigten (max. 27 Stellen)

EUR

Betrag: Euro, Cent

Kundenreferenz-Nr. (Zeile 1) – auch Verwendungszweck (nur für Empfänger bestimmte Angaben) max. 2 Zeilen à 27 Stellen

Verwendungszweck (Zeile 2)[4]

Kontoinhaber: Name, Vorname/Firma, Ort (max. 27 Stellen) **Nachname voranstellen**

Sofern die jeweils vorhandene Stellenzahl nicht ausreicht, bitten wir Sie, die Auftragsdaten sinnvoll zu kürzen.

Ort, Datum

Unterschrift des Kontoinhabers

Raum für sonstige Vermerke der Bank

[1] Bitte teilen Sie Angaben zum Dauerauftrag mindestens 12 Tage vor dem Ausführungstermin mit. Wird keine Befristung angegeben, ist der Dauerauftrag bis auf Widerruf gültig. [2] Bitte nur die zu ändernden Daten eintragen (Konto-Nr. und Dauerauftrags-Nr. immer angeben). [3] Ggf. besonderen Termin oder sonstiges Datum eintragen. [4] Bei Postbarscheck bitte in der 2. Verwendungszweckzeile eintragen: PLZ/Ort/Straße.

IBAN = International Bank Account Number

Diese international standardisierte Kontonummer vereinfacht den grenzüberschreitenden Zahlungsverkehr.

Durch die weltweit einheitliche Form ist eine vollautomatische Abwicklung des Geldtransfers möglich – Zeitgewinn und Kosten sparen inklusive.

SEPA-Überweisung = Single Euro Payments Area

Europaweiter Starttermin für SEPA-Überweisungen war der 28. Januar 2008. SEPA ist die Abkürzung für »Single Euro Payments Area«, den einheitlichen Euro-Zahlungsverkehrsraum.

Dieser besteht aus 32 europäischen Ländern. Innerhalb der SEPA werden europaweit standardisierte Überweisungen, Lastschriften und Kartenzahlungen angeboten.

Dadurch können Unternehmen und Verbraucher bargeldlose Zahlungen auch über die Ländergrenzen hinweg so einfach und bequem tätigen wie in ihrem Heimatland. Langfristig sollen die bisherigen inländschen Überweisungen und Lastschriften durch SEPA-Produkte abgelöst werden.

Kreditkarten: Ausweiskarten, mit denen ihr Inhaber bei Vertragsfirmen Rechnungen bargeldlos begleichen kann.

Eine weitere Form der bargeldlosen Zahlung ist die **Kreditkarte.**

Sie ist für Personen interessant, die viel reisen und verhältnismäßig hohe Ausgaben haben. Kreditkarten, z.B. American Express, Eurocard, Diners Club und Visa, bieten dem Karteninhaber den Vorteil, kein Bargeld mit sich führen zu müssen.

Wie funktioniert das System?

Geschäfte, Hotels u.a. sind bestimmten Kreditkartensystemen angeschlossen. Die Bezahlung von Rechnungen geschieht durch Unterschriftsleistung bei Vorlage der entsprechenden Kreditkarte.

Angefallene Rechnungen werden von den Unternehmen, die Waren oder Leistungen über Kreditkarten verkauft haben, den Kreditkarten-Unternehmen eingereicht.

Diese Kreditkarten-Unternehmen zahlen unter Einbehalt einer bestimmten Prozentsumme des Rechnungsbetrages den Rest an den Einreicher (Verkäufer) aus.

Der Karteninhaber bekommt einmal monatlich durch die Kreditkartenzentrale seine verausgabten Beträge vom Konto abgebucht.

Dem Zinsvorteil durch die erst mit zeitlichem Abstand erfolgende Kontobelastung stehen die jährlichen Kosten je nach Kreditkarte von ca. 20,00 € bis 80,00 € gegenüber.

22 Millionen sind im Umlauf – In Deutschland teilen sich vier Systeme den Markt – Mastercard und Visa dominieren

Kreditkarten gibt's in allen Varianten

Praktisch: Ohne Bargeld weltweit flüssig sein

Kreditkarten sind praktisch. Wer sie zücken kann, ist auch ohne Bargeld weltweit flüssig. Entsprechend wächst die Verbreitung ständig.

Die Kreditkarte ist aber eines der kompliziertesten Produkte überhaupt.

Das liegt an der Vielfalt: »Es gibt so viele Kreditkarten, wie es Banken gibt, und das sind mehrere tausend«, sagt der Kreditkarten-Experte Uwe Döhler von der Stiftung Warentest in Berlin.

Bei Kreditkarten haben Verbraucher inzwischen die Auswahl aus einer breiten Palette – ebenso groß sind die Unterschiede bei den jährlichen Gebühren, die von kostenlos bis zu 1000 Euro reichen können. *Foto: gms*

Anbieter: In Deutschland teilen sich vier Systeme den Markt. Nach Angaben von ConCardis erreichen die Marktführer Mastercard und VISA Marktanteile von 49 beziehungsweise 43 Prozent.

Nur die beiden kleineren Anbieter American Express und Diners, die auf Anteile von 7 und 1 Prozent kommen, geben ihre Karten auch selbst aus. Dagegen sind Mastercard und VISA Lizenzgeber. Ihre Karten erhält man durch Vermittlung einer Bank.

Co-Branding: Wenn es mehrere tausend Varianten von Kreditkarten gibt, so hängt das auch mit dem Trend zum Co-Branding zusammen. Dabei kommt ein weiterer Partner dazu, etwa ein Automobilclub, der die Kreditkarte auch als Kundenkarte nutzt. Da es dabei um Kundenbindung geht, wird die Jahresgebühr nicht selten erlassen.

V.I.P.-Karten: Das Gros der Verbraucher besitzt Standardkarten ohne besondere Zusatzleistungen. Doch die Anbieter nehmen zunehmend »Edelkunden« ins Visier. Für sie gibt es Premiumkarten mit noblem Design, zusätzlichem Versicherungsschutz und anderen Extras. »Immer mehr Wettbewerber drängen in diesen Markt«, sagt Ursula Hellstern vom Unternehmen American Express in Frankfurt, das mit der Centurion Card die wohl exklusivste Karte anbietet. Sie kostet 1000 Euro im Jahr, wird nur auf Einladung vergeben und umfasst auch einen Concièrge-Service »für ausgefallene Wünsche«.

Debit-Karten: So genannte Debit-Karten funktionieren ähnlich wie EC-Karten und wie diese nur in Verbindung mit einem Girokonto. Auch hier wird der Betrag wenige Tage nach dem Einkauf abgebucht.

Charge-Karte: Bei der Charge-Karte – dem Regelfall – erhält der Kunde einmal im Monat eine Rechnung, die per Lastschrift vom Konto eingezogen wird. Das durchschittliche Zahlungsziel beträgt auf diese Weise mindestens zwei Wochen, eine Spanne, in der die Kunden über einen zinslosen Kredit verfügen. »Der Vorteil wirkt sich gegenüber einer Debit-Karte aber nur aus, wenn auf dem Girokonto Guthabenzinsen gezahlt werden«, gibt Marcus Schoene von VISA in Frankfurt zu bedenken.

Echte Kreditkarten: Im strengen Sinne sind weder Debit- noch Charge-Karten echte Kreditkarten. Doch solche gibt es auch – sie erfreuen sich sogar wachsender Beliebtheit. Echte Kreditkarten räumen einen eigenen Kreditrahmen ein. Der Betrag kann wahlweise in einer Summe oder in Raten zurückgezahlt werden. »Die Zinsen sind aber meist ein paar Prozentpunkte höher als bei der Bank«, gibt Döhler den Hinweis.

Prepaid-Karten: Aufladbare Kreditkarten gab es in Deutschland bislang nicht. Jetzt geht American Express mit der Travelers Cheque Card an den Start. Die mit bis zu 2500 Euro aufladbare Karte eignet sich, auch wegen vergleichsweise geringer Gebühren beim Auslandseinsatz, vor allem für den Urlaub.

Tobias Wiethoff *(Rhein-Zeitung)*

Plastik-Geld - wozu?

Die wichtigsten Arten und wozu sie gut sind:

Scheckkarten

- ... für bargeldlose Zahlung
- ... zur Bargeld-Beschaffung
- Geld aus dem Automaten und anderes mehr

Kundenkarten

(z.B. von Ikea, Metro, Lufthansa)

- Bargeldloser Einkauf und anderes mehr

Kreditkarten

(z.B. Visa, Mastercard, American Express, Diners Club)

- Bezahlen per Unterschrift in angeschlossenen Hotels, Fachgeschäften, Reisebüros u.ä.
- Bargeld-Beschaffung bei bestimmten Auszahlungsstellen
- Versicherungen bei Reisen
- Kaution-Erlass für Mietwagen und anderes mehr

electronic cash: Zahlen mit Karte

Schon seit 1990 kann der Käufer ohne Bargeld oder ohne Scheck bezahlen. Nur die ec-Karte ist für **electronic cash** (= elektronische Barzahlung) erforderlich. Diese bequeme und sichere Zahlungsweise kann überall dort, wo das ec-Zeichen am Eingang oder an der Kasse zu sehen ist, getätigt werden. Der Käufer steckt hierzu seine ec-Karte in ein an der Kasse befindliches Lesegerät, drückt eine Taste zur Bestätigung des Geldbetrages und gibt seine Geheimzahl ein. Damit ist die Ware bezahlt. Eine Quittung wird anschließend ausgedruckt. Das Abzählen des Geldes und die Rückgabe von Wechselgeld entfallen. Schecks brauchen nicht mehr ausgefüllt bzw. kontrolliert zu werden. Lästiges Warten der nachfolgenden Kunden an der Kasse bleibt erspart.

Beim electronic-cash erfolgt die Zahlung im Online-Verfahren, wobei die Zahlungen durch das kartenausgebende Kreditinstitut garantiert werden und dem Konto des Kunden direkt belastet werden. Der Zahlungsempfänger erhält damit die Gutschrift abzüglich einer Provision.

electronic cash

Hier zahlen Sie zeitgemäß.

Ohne Bargeld, ohne Scheck, nur mit Ihrer Karte:

- Kaufbetrag bestätigen
- Karte in den Leser stecken
- persönliche Geheimzahl eingeben
- elektronische Anzeige »Zahlung erfolgt« abwarten
- Kassenbon entnehmen

Die Zeichen der Karten

Die ec-Karte ist die am weitesten verbreitete Bankkundenkarte und inzwischen eine Multifunktionskarte. Was der Kunde mit der ec-Karte machen kann, wird durch verschiedene Symbole auf der Vorder- und Rückseite bestimmt. Da die ec-Karte in der Regel an das Girokonto gekoppelt ist, erfolgen die Abbuchungen sofort (Debit-Card). 43 Millionen ec-Karten sind allein in Deutschland auf dem Markt, weit mehr als in jedem anderen europäischen Land. Bei Reisen ins Ausland ist ein vielfältiger Einsatz möglich, hauptsächlich wird sie jedoch zur Bargeldbeschaffung am Geldautomaten genutzt. Etwa 190000 Geldautomaten stehen in den europäischen Ländern zur Verfügung, außerhalb Europas ist das Netz zur Zeit noch wesentlich dünner. Allerdings wird es stark ausgebaut, vor allem in den USA.

Dieses Zeichen steht europaweit an vielen Geldautomaten. Zur Bargeldbeschaffung sind die Karte und die PIN-Nummer nötig.

Eufiserv ist ein Symbol des europäischen Sparkassenverbundes und findet sich an den Geldautomaten der Sparkassen in Europa. Benötigt werden Karte und Geheimzahl um Bargeld zu bekommen. Es steht meist in Verbindung mit der ec-Karte oder mit der Kundenkarte der Sparkassen.

1994 hob die europäische Kreditwirtschaft eine neue Marke für den innereuropäischen Zahlungsverkehr aus der Taufe: die european debit card, kurz edc. Das Pendant für den weltweiten Einsatz heißt Maestro. Beide Systeme sind in der Regel mit der ec-Karte verbunden und bieten dem Urlauber die Möglichkeit im Ausland ohne Scheck und Bargeld zu bezahlen oder am Geldautomaten Bargeld abzuheben. Benötigt werden Karte und Geheimnummer. Inzwischen werden edc-Zeichen europaweit durch Maestro-Logos ersetzt. Die Zahl der Akzeptanzstellen (wie Geschäfte, Restaurants, Hotels) beträgt weltweit mehr als 2,7 Millionen, in Europa über 1,65 Millionen.

Cirrus ist ein amerikanisches Symbol und taucht vereinzelt auch auf deutschen ec-Karten auf. An Geldautomaten mit diesem Logo ist das Abheben von Bargeld möglich – mit Karte und PIN. Für Nutzer aus Deutschland ist es im Prinzip überflüssig, da Maestro auch die Nutzung von Cirrus-Automaten abdeckt.

Nur in Deutschland

Electronic cash ermöglicht das bargeldlose Zahlen an elektronischen Kassen (»Point of sale«) mit der ec-Karte und Geheimnummer. Electronic cash ist ein rein deutsches Symbol. Das Besondere: Für den Händler ist dies neben dem Eurocheque das sicherste Verfahren, da eine Online-Überprüfung bei der kontoführenden Bank des Kunden stattfindet und die Zahlung garantiert ist.

Ähnlich wie bei electronic cash kann an der Kasse bezahlt werden, es reichen jedoch die Karte und eine Unterschrift. Die Eingabe einer Geheimzahl ist nicht nötig. Es handelt sich um eine Art Lastschriftverfahren ohne Zahlungsgarantie.

Die Geldkarte ist Bargeld im Kartenformat. Der Nutzer muss die Geldkarte bei seiner Bank oder Sparkasse an einer eigens eingerichteten Ladestation aufladen. Das Geld wird sofort vom Girokonto abgebucht. Er kann nur die Summe ausgeben, die auf den Chip geladen wurde (200 €). Der Einsatz ist nur sehr begrenzt möglich.

Beim **POZ-System** (**P**oint of Sale **o**hne **Z**ahlungsgarantie) erfolgt die Zahlung ohne Eingabe der Geheimzahl. Nachdem die Gültigkeit der Karte geprüft worden ist, unterschreibt der Kunde den Zahlungsbeleg und erteilt eine einmalige Einzugsermächtigung. Bei Nichteinlösung ist die kartenausgebende Bank berechtigt, dem Zahlungsempfänger Name und Adresse des Kunden mitzuteilen. Das Konto des Karteninhabers wird bei Kontodeckung belastet. Der Zahlungsempfänger erhält den Betrag abzüglich der Postengebühr gutgeschrieben. Der Händler trägt somit das Bonitätsrisiko.

POZ: Zahlung mit Karte ohne Geheimzahl

Bei Verlust der ec-Karte ist das Kreditinstitut sofort zu benachrichtigen, damit die Karte gesperrt wird. Ein unehrlicher Finder kann mit der ec-Karte allein kein Geld abheben, da er die persönliche Geheimzahl des ec-Kartenbesitzers nicht kennt. Übrigens entwertet der Automat bei wiederholt (dreimal) falscher Eingabe der Geheimzahl auch an verschiedenen Geldautomaten die ec-Karte und macht so jede weitere Verwendung unmöglich.

Ec-Karte und Geheimzahl sollten niemals zusammen aufbewahrt werden. Ebenso sollte auf keinen Fall die Geheimzahl auf der eurocheque-Karte vermerkt werden oder anderen Personen mitgeteilt werden.

Durch **Telefonbanking** können viele Bankgeschäfte (Kontostand abfragen, Überweisungen veranlassen), unabhängig von Schalteröffnungszeiten und von zu Hause aus durchgeführt werden. Telefonbanking bieten heute alle Banken an, doch nutzen insbesondere **filiallose Direktbanken,** die wegen der geringen Mitarbeiteranzahl ihre Leistungen dem Bankkunden zu günstigen Konditionen anbieten können, diese elektronische Auftragsabwicklung.

Andere elektronische Verfügungsformen

Mit **Homebanking** können unter Zuhilfenahme eines PCs und durch Nutzung des **Internets** z.B. mit »T-Online« Überweisungen, Daueraufträge etc. jederzeit von zu Hause aus durchgeführt werden.

Es werden zwei unterschiedliche Verfahren angeboten:

Online-Banking mit PIN und TAN

Der Kunde stellt die Verbindung zum Online-Dienst her. Mithilfe einer Software werden Zahlungsaufträge erstellt und anschließend eine Verbindung zum Bankrechner hergestellt.

Der Zugriff auf das Online-Konto steht offen, wenn der Kunde die persönliche Geheimzahl (PIN) eingibt. Diesen Code kann er jederzeit ändern. Für jede Transaktion (z.B. Überweisungsauftrag) benötigt der Kunde zusätzlich eine Transaktionsnummer (TAN). Dazu erhält er von der Bank eine Liste von z.B. 100 Transaktionsnummern, die der Reihenfolge nach verbraucht werden. Pro Transaktion wird eine neue Nummer verwendet. Nach z.B. 60 verbrauchten TAN erhält der Kunde von der Bank automatisch eine Folgeliste.

Die Online-Verbindung wird abgeschlossen. Die erteilten Kundenaufträge werden im Rahmen des banküblichen Arbeitsablaufs bearbeitet.

Das indizierte iTAN Verfahren soll für mehr Sicherheit beim Online-Banking sorgen. Es erschwert vor allem das so genannte Phishing. Hierbei handelt es sich um eine Kunstwort, das aus den Wörtern »Password« und »Fishing« zusammengesetzt ist.

Beim Phishing schicken Betrüger E-Mails, die wie offizielle Mails einer bestimmten Bank aussehen. In diesen Mails fordern sie die Kunden auf, eine bestimmte Internet-Seite zu besuchen. Diese Seite ist eine täuschend echte Kopie der richtigen Seite der jeweiligen Bank.

Auf der Seite sollen die Kunden dann persönliche Zugangsdaten wie die PIN oder TAN eingeben. Auf diese Weise kommen die Betrüger in den Besitz der Zugangsdaten der Kunden, gehen nun ihrerseits auf die echte Seite der Bank und können dort über das Konto verfügen.

Diese Gefahr wird durch die iTAN verringert. Normalerweise kann der Kunde eine beliebige TAN von seiner Liste angeben, um Zugang zu seinem Konto zu bekommen.

Beim iTAN-Verfahren muss es eine bestimmte Nummer von der Liste sein, die per Zufallsgenerator ausgewählt wird, z.B. die vierte.

Online-Banking mit chipTAN

Die neue chipTAN bringt die gleichen Vorteile wie ein Programm-Update auf dem Rechner:

Es erhöht die Sicherheit beim Online-Banking und bietet zusätzlichen Komfort. Mit chipTAN braucht man keine Nummern mehr zu suchen. Und durch die Kontrollfunktion wird der Bankkunde wirksam vor Angriffen durch Phishing oder Banking-Trojaner geschützt.

Die chipTAN ist doppelt sicher, da zwei Kommunikationsmedien (Computer und TAN-Generator) eingesetzt werden. Darüber hinaus werden im Display des TAN-Generators nochmals die wichtigsten Auftragsdaten zur Kontrolle angezeigt – inklusive einer TAN, die extra nur für diesen Auftrag errechnet wurde und nicht anderweitig einsetzbar ist.

1. **Wie gewohnt beim Online-Banking anmelden.**

2. **Auftrag ausfüllen und absenden.**

3. **Auf dem Bildschirm erscheint nun eine sog. animierte Grafik. Führen Sie Ihre EC-Karte in den TAN-Generator ein und drücken Sie die Taste „F".**

4. **Halten Sie den TAN-Generator an den Bildschirm auf die animierte Grafik. Die Daten werden nun über die lichtempfindlichen Kontakte auf der Rückseite übertragen.**

5. **Auf dem Display des TAN-Generators werden Ihnen nun nochmals die wichtigsten Daten Ihres Auftrages angezeigt.
Prüfen Sie die Daten (bei einer Überweisung z.B. Kontonummer, Betrag) auf ihre Richtigkeit und bestätigen Sie sie mit der Taste „ok", anschließend wird Ihnen die extra für diesen Auftrag errechnete TAN angezeigt.**

6. **Stimmen die Daten überein, können Sie den Auftrag am PC mit der angezeigten TAN freigeben. Fertig!**

P-Konto

Das Geld von Schuldnern ist nunmehr besser vor Pfändungen geschützt:

Verbraucher können sich ab 1. Juli 2010 ein **Pfändungsschutzkonto** einrichten lassen, das Monat für Monat einen Grundfreibetrag von 985,15 € sichert. Der Schutzbetrag erhöht sich bei Unterhaltspflichtigen um einen bestimmten Betrag. Gläubiger, deren Verbraucher noch Geld schulden, bekommen keinen Zugriff auf dieses Geld. Verbraucher haben einen Anspruch darauf, dass ihr bisheriges Konto in ein P-Konto umgewandelt wird. Verbraucherschützer und die Fachzeitschrift „Finanztest" raten Verbrauchern mit intakten Finanzen allerdings davon ab, ihr Konto umwandeln zu lassen – da es bei der Bewertung der Kreditwürdigkeit negativ sein könnte.

Kreditarten/ -sicherungen

Unter **Kredit** (lat.: credere = glauben, vertrauen) versteht man die Überlassung von Geld oder Waren an einen anderen mit der Vereinbarung, einen gleich hohen oder entsprechenden Geldbetrag nach Ablauf einer bestimmten Zeit (= Laufzeit) zurückzuzahlen. Die Rückzahlung (= Tilgung) kann in einer Summe oder auch in Raten erfolgen. Für die Inanspruchnahme eines Kredites wird meistens ein Entgelt, die Zinsen, vereinbart.

Heute versorgen Kreditinstitute die Wirtschaft und privaten Haushalte mit Krediten. Hierin liegt eine ihrer bedeutendsten volkswirtschaftlichen Funktionen.

Kredite werden nach verschiedenen Merkmalen aufgegliedert:

- nach Laufzeit (kurz-, mittel- oder langfristig)
- nach Kreditnehmer (privat oder öffentlich)
- nach Verwendungszweck (Produktions- oder Konsumkredit)
- nach Sicherheit.

Der **Kontokorrentkredit** – auch Buchkredit genannt – setzt ein laufendes Geschäftskonto voraus. Die Bank stellt dem Kreditnehmer Geld auf sein Geschäftskonto zur Verfügung. Dem Kreditnehmer wird auf diesem Geschäftskonto ein einmaliger oder auch laufender Kredit bis auf Widerruf eingeräumt.

Beispiel

Der Bauunternehmer Ernst Meyer kann aufgrund einer Vereinbarung mit seiner Bank sein Geschäftskonto bis 15000,00 € überziehen. Für den Überziehungsbetrag muss Herr Meyer natürlich Zinsen zahlen.

Der **Dispositionskredit** setzt ein Girokonto voraus, auf das einer Privatperson ein Kredit in ein- oder mehrfacher Höhe des monatlichen Einkommens ohne Formalitäten gewährt wird. Voraussetzung ist, dass die Privatperson über ein regelmäßiges Einkommen verfügt.

Beispiel

Der Angestellte Ingo Schmitz hat ein Girokonto bei der Volksbank Remagen. Auf dieses Girokonto wird sein monatliches Gehalt überwiesen. Dies beträgt 1900,00 € netto.

Ingo Schmitz muss unbedingt seinen acht Jahre alten Wagen für die Vorführung beim TÜV umfassend reparieren lassen. Diese Reparatur kostet 3200,00 €. Herr Schmitz bittet seine Bank um einen Dispositionskredit. Die Bank gewährt ihm einen Dispositionskredit in Höhe des doppelten Monatsgehaltes (3800,00 €).

In dem **Bürgschaftskreditvertrag** haftet neben dem Kreditnehmer noch ein Bürge. Dies bedeutet, dass zwei Schuldner für die Forderungen des Kreditgebers haften.

Kreditarten

Es gibt verschiedene Formen der Bürgschaft, doch bevorzugen heute die Kreditinstitute die selbstschuldnerische Bürgschaft; bei dieser Form haftet der Bürge wie der Kreditnehmer selbst.

Beispiel

Der junge Tischlermeister Egon Schmidt möchte sich selbstständig machen. Er selbst hat aber nur einen geringen Geldbetrag angespart; sein Schwiegervater ist jedoch sehr vermögend. Dieser stellt sich als Bürge für seinen Schwiegersohn zur Verfügung.

Kommt Egon Schmidt mit seinen Tilgungsraten nicht pünktlich nach, so kann die Bank den Schwiegervater bei seiner selbstschuldnerischen Bürgschaft sofort haftbar machen.

Der **Lieferantenkredit** ist ein Kredit, der vom Lieferanten bei Warenverkäufen durch Einräumung von Zahlungszielen (= zahlbar innerhalb 30 Tagen, bei Barzahlung 3% Skonto) zur Verfügung gestellt wird.

Beispiel

Die Baufirma Schneider & Co. hat Wärmedämmplatten gekauft.

Die Lieferantenrechnung lautet:
5000,00 €, zahlbar innerhalb 30 Tagen oder bar bei 3% Skonto.

Wie verhält sich die Baufirma am günstigsten?

Sind genügend flüssige Mittel (Bargeld) vorhanden, lohnt sich das Ausnutzen von Skonto immer.

Muss zur Begleichung der Rechnung Kredit aufgenommen werden, lohnt sich dies nur, wenn der Skonto die Nettokreditkosten (12%) übersteigt.

Ist der Skontoertrag niedriger als die Kreditkosten oder gleichen sich der Ertrag und die Kosten aus, empfiehlt es sich, den vollen Zielzeitraum in Anspruch zu nehmen.

Für die Baufirma Schneider & Co. ergeben sich rechnerisch **drei Möglichkeiten:**

① Wie viel Jahresprozent beträgt der Skontosatz?

1 Monat – 3%
12 Monate – x%

$$x = \frac{3 \cdot 12}{1} = 36\%$$

Der Skontoabzug lohnt sich, da die Skontoerträge auf den Zeitraum eines Jahres bezogen 36%, die Jahreskreditkosten aber nur 12% betragen.

② Wie viel € beträgt der Skontoabzug? Wie hoch ist die Überweisung?

Rechnungsbetrag	5000,00 €
– 3% Skonto	150,00 €
Überweisung	4850,00 €

③ Wie viel € betragen die Kreditkosten und der Finanzierungsgewinn?

Für die Kreditsumme von 4850,00 € entstehen 12% Jahreszinsen. Das sind für den Zielzeitraum von 1 Monat:

12 Monate – 12%
1 Monat – x%

$$x = \frac{12 \cdot 1}{12} = 1{,}0\%$$ Zinsen für 30 Tage (Skonto = 3%)

1,0% von 4850,00 € =	48,50 €	Kreditkosten für 1 Monat
	150,00 €	Skontoertrag
	101,50 €	Finanzierungsgewinn

Der Finanzierungsgewinn ist nur gegeben, wenn der Kredit nach einem Monat abgelöst werden kann.

Der **Pfandkredit** wird aufgrund der Verpfändung einer beweglichen Sache gewährt. Dies können beispielsweise Edelmetalle, Schmuck und Wertpapiere sein. Der Pfandempfänger lagert das Pfand ein (z.B. im Pfandhaus) und gewährt dem Kreditnehmer einen so genannten Pfandkredit, der einen bestimmten Prozentsatz des Pfandwertes ausmacht. Der Pfandempfänger (Pfandgläubiger) wird Besitzer der Sache, nicht jedoch Eigentümer. Dies bleibt der Kreditnehmer. Der Gegenstand kann durch den Kreditnehmer nicht mehr genutzt werden.

Beim **Sicherungsübereignungskredit** überträgt der Schuldner dem Gläubiger das Eigentum an einer Sache mit der Bedingung, dass das Eigentum an der Sache sofort wieder an den Schuldner zurückfällt, sobald die Schuld getilgt ist.

Der große Vorteil gegenüber dem Pfandkredit liegt beim Sicherungsübereignungskredit darin, dass der Kreditnehmer den Gegenstand benutzen kann, da der Kreditgeber zwar Eigentümer wird, der Kreditnehmer aber Besitzer bleibt und somit die Sache nutzen kann.

Beispiel

Der Elektromeister Jürgen Meyer möchte sich einen Lieferwagen für seinen Betrieb kaufen. Eigenmittel besitzt er nicht. Aus diesem Grunde bittet er seine Bank um einen entsprechenden Kredit. Diese ist dazu auch bereit, weil Jürgen Meyer der Bank den Kfz-Brief als Sicherheit überlässt. In diesem Augenblick ist die Bank Eigentümerin des Lieferwagens geworden. Jürgen Meyer kann aber den Lieferwagen nutzen, um seinen Kredit zurückzahlen zu können; er ist Besitzer des Lieferwagens geblieben.

Das **Hypothekendarlehen** ist ein langfristiger Kredit. Dieser Kredit wird durch die Belastung eines Grundstückes gesichert. Diese Belastung wird in das Grundbuch beim zuständigen Amtsgericht eingetragen.

Zahlt der Schuldner nicht, so kann der Gläubiger (die Bank) aufgrund des Hypothekenvertrages das Grundstück versteigern lassen, um sein ausgeliehenes Geld wieder zurück zu bekommen

Euro

In der Bundesrepublik Deutschland war seit 1948 die Deutsche Mark die gültige Währungseinheit. Seit 01. Januar 1999 ist der Euro als Buchgeld die gesetzliche **Währung** für die an der Währungsunion teilnehmenden EU-Mitgliedstaaten. Bis zur Einführung des Euro-Bargeldes zum 01. Januar 2002 war die DM gesetzliches Zahlungsmittel.

Seit 01. März 2002 sind alle nationalen Währungen, die zum Teilnehmerkreis der neuen gemeinsamen Währung gehören, ungültig. Vorteile der gemeinsamen Währung: Es entfallen Umtauschgebühren und zwischen den beteiligten Ländern gibt es kein Wechselkursrisiko mehr. Der Verbraucher kann von mehr Wettbewerb profitieren, Unternehmen haben eine verlässlichere Kalkulationsgrundlage für Handel und Investitionen.

Einheitliche Währung = Förderung des gemeinsamen Marktes

Grundlage der gemeinsamen Währung, des Euros, ist der am 07. Februar 1992 unterzeichnete **Vertrag von Maastricht.** Hierin haben sich die Mitgliedstaaten verpflichtet, die europäische Wirtschafts- und Währungsunion (WWU) zu errichten. Da die WWU als feste Gemeinschaft auf Dauer nicht ohne gemeinsames politisches Fundament auskommt, soll der Vertrag auch die politische Einigung stärken und fördern. Ein Scheitern würde Europa politisch und damit auch wirtschaftlich zurückwerfen.

So, wie die Bundesrepublik nach dem 2. Weltkrieg mit der DM groß geworden ist und damit Wiederaufbau, Wirtschaftswunder und Wohlstand eng verbunden sind, soll Europa nun noch enger zusammenwachsen. Der Euro als einheitliche Währung soll dabei helfen.

Die EZB ist die Hüterin des Euro.

Hüterin des Euro ist die Europäische Zentralbank (EZB) mit Sitz in Frankfurt am Main.

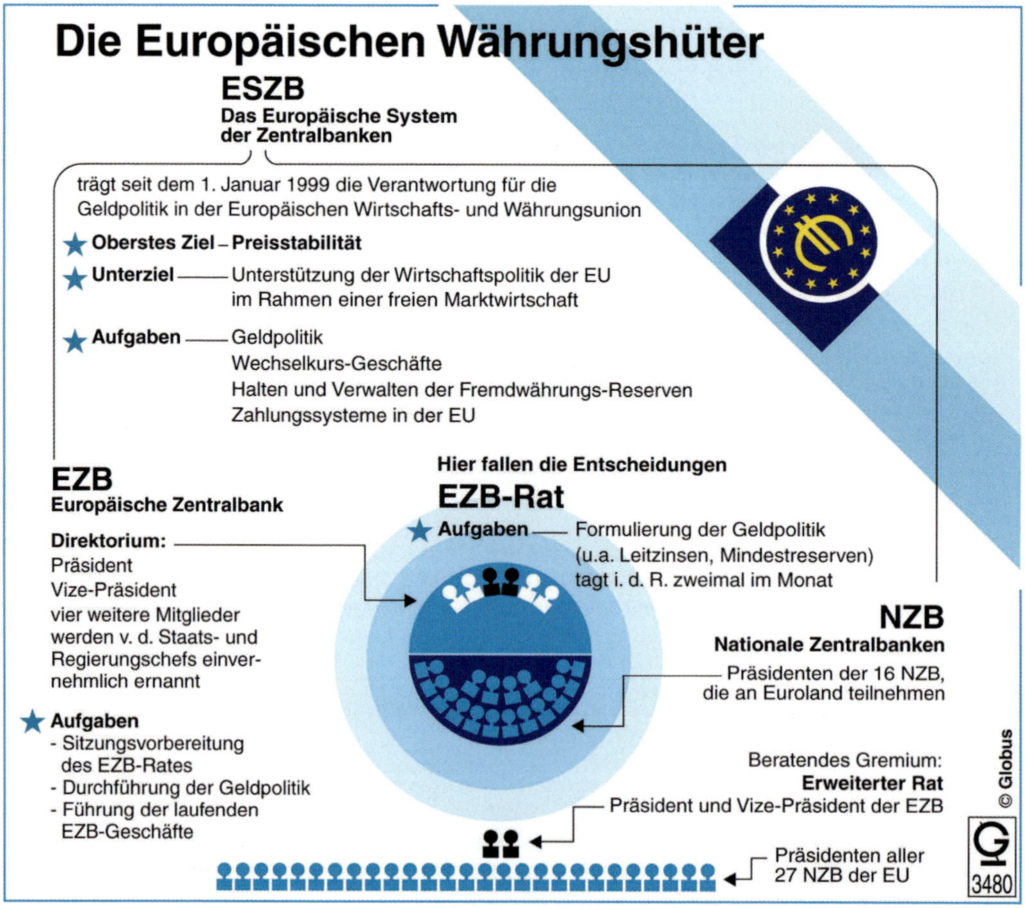

Seit dem 1. Januar 1999 ist die Europäische Zentralbank (EZB) für die Durchführung der Geldpolitik im Euro-Währungsgebiet – dem zweitgrößten Wirtschaftsraum der Welt nach den Vereinigten Staaten – verantwortlich.

Das Euro-Währungsgebiet entstand, als im Januar 1999 die Zuständigkeit für die Geldpolitik von den nationalen Zentralbanken von elf EU-Mitgliedstaaten auf die EZB übertragen wurde.

Im Jahr 2001 kam Griechenland hinzu, Slowenien schloss sich dem Eurogebiet 2007 an.

Zypern und Malta folgten 2008, die Slowakei trat dem Euroraum 2009 bei.

Die Schaffung des Euro-Währungsgebiets und die Errichtung einer neuen Institution, der EZB, waren Meilensteine im langen und komplexen Prozess der europäischen Integration.

Um dem Euro-Währungsgebiet beitreten zu dürfen, mussten die 16 Länder die Konvergenzkriterien erfüllen; auch die anderen EU-Mitgliedstaaten müssen diese Kriterien vor der Einführung des Euro erfüllen.

Die Konvergenzkriterien legen die wirtschaftlichen und rechtlichen Voraussetzungen für die erfolgreiche Teilnahme an der Wirtschafts- und Währungsunion fest.

Ihre wichtigste Aufgabe ist es, die Preisstabilität zu sichern. Sie alleine bestimmt und entscheidet über die geldpolitischen Strategien und Instrumente in der Währungsunion. Sie handelt völlig unabhängig von Weisungen politischer Instanzen. Es ist ihr strikt untersagt, Kredite an öffentliche Haushalte zu geben; sie darf die allgemeine Wirtschaftspolitik der Gemeinschaft nur soweit unterstützen, als das es mit dem Ziel der Preisstabilität vereinbar ist.

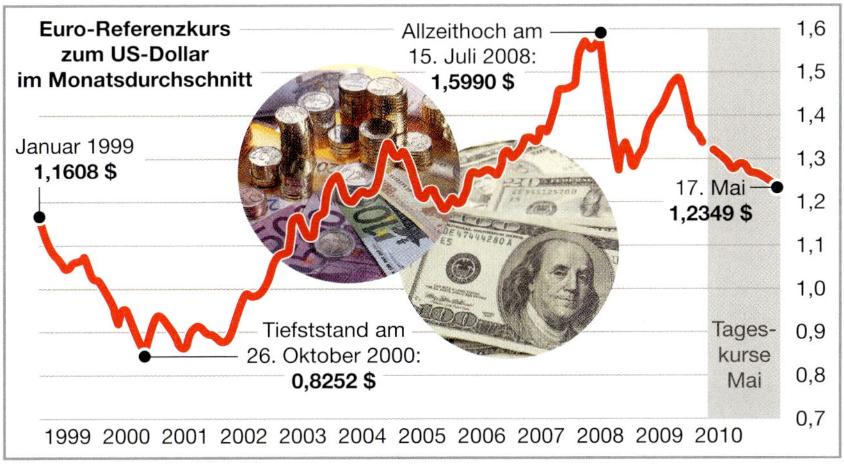

Anbieter und Nachfrager am Devisenmarkt sind die Kreditinstitute, die für ihre in- und ausländischen Kunden tätig werden. Gehandelt werden Anweisungen auf ausländisches Geld (Schecks, Wechsel auf ausländische Konten).

Dies geschieht beispielsweise, indem ein deutscher Exporteur ausländisches Geld anbietet (US-Dollars). Diese US-Dollars hat der Exporteur aufgrund seiner Güter- und Dienstleistungsexporte erhalten.

Da er das ausländische Geld in EURO umtauschen möchte, bietet er es der Bank an.

Umgekehrt ist der Vorgang beim Import von Waren und Dienstleistungen. Der Importeur bezieht Waren und Dienstleistungen aus dem Ausland. Für diese Importe (z. B. Bananen) muss er den ausländischen Lieferanten mit ausländischem Geld bezahlen.

Der Importeur fragt somit bei der Bank nach ausländischem Geld nach.

Wechselkurs = Austauschverhältnis zweier Währungen

Der Preis, der in inländischer Währung für ausländische Zahlungsmittel (Devisen) bezahlt werden muss, bezeichnet man als Wechselkurs (z.B. Wechselkurs am 25.11.2010: 1 Euro = 1,3365 US-Dollar).

Der Wechselkurs von Euro und US-Dollar ist für Unternehmer, Ökonomen und Bürger von großer Bedeutung. Insbesondere bestimmt der Dollarwechselkurs zu welchen Preisen Güter zwischen den Staaten des Euroraumes und der USA gehandelt werden und stellt damit einen erheblichen Wettbewerbsfaktor dar. Den Wert einer Währung im Vergleich zu anderen Währungen bestimmen Angebot und Nachfrage. Der Wechselkurs ergibt sich im freien Handel zwischen den Banken und wird täglich an den Devisenbörsen ermittelt.

Die Ursachen für die Entwicklung dieser wichtigen veränderlichen Größe sind keineswegs eindeutig bestimmbar und geklärt. Theoretisch gesehen müsste sich der Wechselkurs aus dem Zusammenspiel von u.a. Preisniveau, Zinsniveau sowie Wertpapierkursen der jeweiligen Länder ergeben.

Häufig spielen jedoch Erwartungen der Anleger und Spekulanten über die Wechselkursentwicklung eine entscheidende Rolle. Gehen diese beispielsweise von einer Aufwertung des Euros gegenüber dem US-Dollar aus, führt dieses zu Dollarverkäufen und Eurokäufen, um somit, falls die Vermutung zutrifft, Gewinne zu erzielen. Falls aber viele Anleger aufgrund solcher Erwartungen parallel vorgehen, steigt die Nachfrage nach dem Euro und somit auch der Wechselkurs gegenüber dem US-Dollar.

Für Deutschland spielt die Entwicklung des Wechselkurses eine besonders wichtige Rolle, da der Export in Deutschland von sehr hoher Bedeutung ist. Daher wird die derzeit starke Aufwertung des Euros mit großer Beunruhigung beobachtet, da ein steigender Wechselkurs dazu führen kann, dass die ausländische Nachfrage nach Exporten aus den Euroländern aufgrund gestiegener Preise sinkt.

Allerdings gehen von einer Aufwertung auch spürbar positive Effekte aus. Denn eine stärkere Währung verbilligt die Importe, welches sowohl Unternehmen als auch private Haushalte entlastet. Beispielsweise würde der Anstieg der Energiepreise ohne die Aufwertung des Euro gegenüber dem Dollar noch stärker ausfallen. Durch die günstiger werdenden Importpreise steigt das real verfügbare Einkommen, welches einen höheren Konsum ermöglicht (z.B. Tourismus).

Unternehmen, die hauptsächlich auf dem inländischen Markt agieren und einen Teil ihrer Vorleistungen aus dem Ausland beziehen, können aufgrund eines gestiegenen Wechselkurses des Euro profitieren. Aber auch für Exporteure ergibt sich aus billigeren Vorleistungsgütern eine Entlastung.

EZB
Streit um Euro-Rettungsschirm

Die EZB in Frankfurt hat sich wieder entschieden, an der Zinsschraube nicht zu drehen.

Die Sorgenkinder Spanien und Italien haben sich am Donnerstag erfolgreich am Kapitalmarkt mit frischem Geld versorgt. Dafür mussten sie allerdings deutlich höhere Zinsen in Kauf nehmen als zuletzt.

Das Signal: Die Schuldenkrise ist längst nicht überwunden und könnte jederzeit noch dramatischere Ausmaße annehmen. Die Europäische Zentralbank (EZB) beließ den Leitzins auf dem Rekordtief von 1,0 Prozent – schloss aber nicht aus, bald an der Zinsschraube zu drehen.

Doch vorerst stößt die von der EU-Kommission geforderte Aufstockung des Euro-Rettungsschirms in Deutschland bei Politik und Wirtschaftsexperten auf Ablehnung – auch Bundeskanzlerin Angela Merkel (CDU) hatte schon abgewunken.

EU-Kommissionspräsident José Manuel Barroso möchte mit dem Schritt die Märkte beruhigen. Denn Experten sind überzeugt, dass das aktuelle Volumen zwar noch für eine Portugal-Rettung reichen würde – nicht aber, wenn auch Spanien umkippen sollte.

Rückendeckung bekam Barroso am Donnerstag aus Frankfurt. EZB- Präsident Jean-Claude Trichet nahm kein Blatt vor den Mund: „Wir fordern die Regierungen auf, den Rettungsfonds quantitativ und qualitativ zu verbessern. Wir brauchen ein Maximum an Flexibilität."

Der Wirtschaftsweise Peter Bofinger lehnt eine Aufstockung des Euro-Rettungsschirms ab: „Denn es haften ja die Starken für die Schwachen. Wenn am Schluss aber nur noch wenige Starke überbleiben, dann ist die Summe, für die diese haften müssen, gigantisch", sagte er dem „Straubinger Tagblatt" (Freitag). Bofinger befürwortet stattdessen die Einführung von Euro-Bonds: Ein Euro-Land hätte dann keine Probleme mehr, günstigere Kredite aufzunehmen. Eine Verschlechterung der Zinssituation für Deutschland sieht er nicht.

Auch Bundeswirtschaftsminister Rainer Brüderle (FDP) wies die Forderung der EU-Kommission zurück: „Der Rettungsschirm ist ausreichend. Es ist nicht sinnvoll, ständig neue Vorschläge zu bringen." Portugal habe seine Anleihen gut platziert. „Man muss Respekt haben vor den Anstrengungen dieser Länder."

Der EZB-Rat beließ den Leitzins im Euroraum trotz der zuletzt gestiegenen Inflation auf dem Rekordtief von 1,0 Prozent. Doch Trichet machte deutlich, dass sich die Regierungen nicht darauf verlassen sollten, dass das Geld so billig bleibt. Er erinnerte an den Sommer 2008, als die EZB wegen gestiegener Inflationsrisiken die Zinsen angehoben hatte – obwohl sich die Finanzkrise schon zuspitzte.

Höhere Zinsen würden Kredite verteuern und könnten daher Gift für die Erholung der Konjunktur sein. Das würde insbesondere die Bemühungen der hochverschuldeten Staaten wie Irland, Griechenland oder Portugal zusätzlich erschweren, deren Wirtschaftsentwicklung durch die öffentlichen Sparmaßnahmen bereits schwer belastet wird.

Zum Anstieg der Inflationsrate von 1,9 Prozent auf 2,2 Prozent im Dezember in der Eurozone sagte Trichet: „Das war etwas höher als erwartet und reflektiert die gestiegenen Energiepreise." In den kommenden Monaten könne die Inflationsrate sogar noch ansteigen. Gegen Ende des Jahres dürfte die Rate aber wieder fallen. Risiken seien die Energiepreise und Steuererhöhungen in vielen Ländern.

Die EZB strebt eine jährliche Teuerung von knapp unter 2,0 an. Trichet betonte, er sehe auf mittlere Frist Preisstabilität. Seit der Euro-Einführung habe die Rate im Schnitt 1,97 Prozent betragen.

Für etwas Beruhigung sorgte am Donnerstag, dass sich Spanien und Italien etwas Luft verschaffen konnten: Die schuldengeplagten Länder platzierten wie zuvor Problemfall Portugal erfolgreich Staatsanleihen – müssen allerdings höhere Zinsen in Kauf nehmen.

Der spanische Staat erzielte Einnahmen von knapp drei Milliarden Euro. Allerdings stieg die Rendite für die Anleihen mit einer fünfjährigen Laufzeit – und damit die Zinsbelastung für Madrid – auf 4,59 Prozent. Dies ist fast ein Prozentpunkt mehr als bei einer vergleichbaren Auktion Anfang November 2010.

Auch Italien brachte ein Paket von Staatsanleihen unter und erzielte Einnahmen von rund sechs Milliarden Euro. Für die Italiener stiegen die Zinsen deutlich weniger stark als für die gebeutelten Spanier. „Das zeigt die großen Unterschiede bei der Markteinschätzung beider Länder", kommentierte die italiensiche Bank UniCredit. Die Rendite für die Anleihen mit fünfjähriger Laufzeit erhöhte sich auf 3,67 Prozent – im November waren es 3,24 Prozent.

Quelle: www.focus.de, 13.01.2011

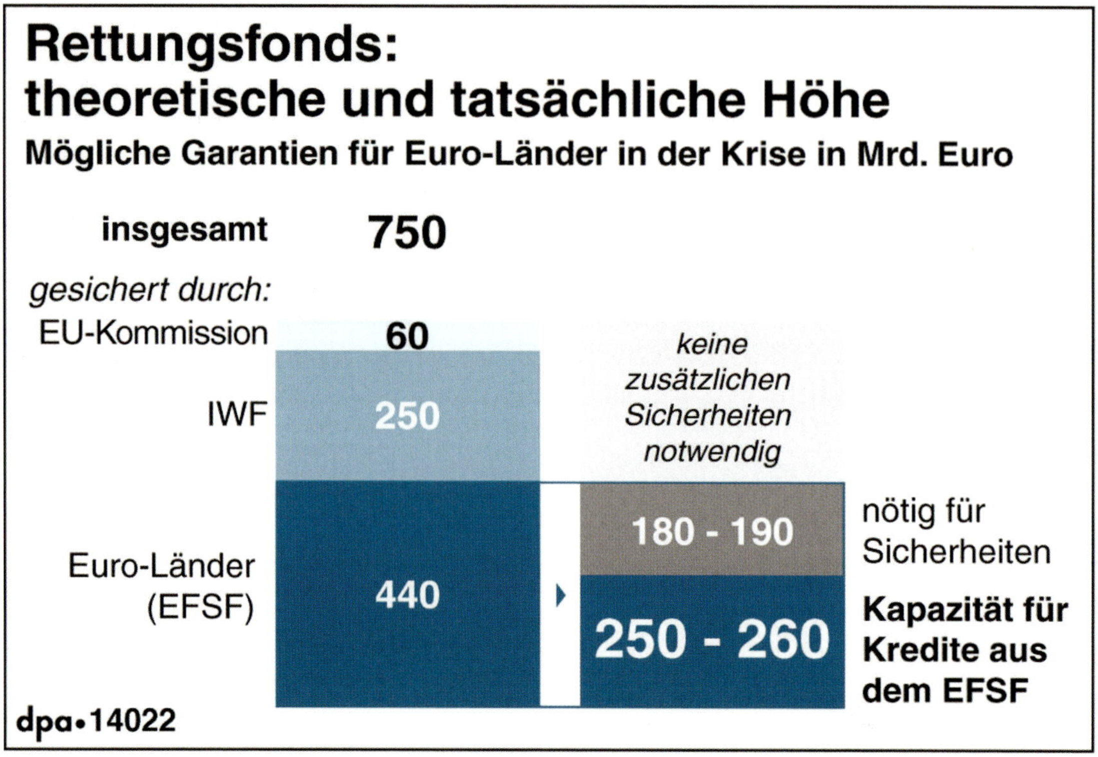

Der **Europäische Stabilisierungsmechanismus (ESM)** soll im Juni 2013 den bisherigen Euro-Rettungsschirm ersetzen. Den Plänen zufolge verfügt er über eine Kapitalbasis von 700 Mrd. €. Die Euro-Staaten zahlen 80 Mrd. € Grundkapital ein. Die restlichen 620 Mrd. € stehen als Garantien oder abrufbares Kapital bereit. Deutschland übernimmt 27,1 % und muss damit 21,7 Mrd. € überweisen und im Notfall weitere 168,3 Mrd. € abdecken. Als Gegenleistung für ESM-Hilfen müssen sich überschuldete Länder zu Sparprogrammen verpflichten. Über die Vergabe der Mittel entscheidet ein Gouverneursrat, in dem die Regierungen der Euro-Staaten stimmberechtigt sind.

LERN-BOX

- Die **Wirtschaft** hat sich durch die immer schnellere Entwicklung des technischen Fortschritts, durch internationale Arbeitsteilung und durch tiefgreifende Veränderungen von Qualifikationsanforderungen stark gewandelt.
- Knappe **Güter** und die Unersättlichkeit der **Bedürfnisse** zwingen zum Wirtschaften nach dem ökonomischen Prinzip (Minimalprinzip/Maximalprinzip).
- **Private Haushalte, Unternehmen, Staat und Banken** bezeichnet man als **Wirtschaftseinheiten**. Sie sind mit Geld- und Güterströme miteinander verbunden. (Einfacher, erweiterter Wirtschaftskreislauf).
- Zahlungsmöglichkeiten: bar (z.B. Postanweisung), halbbar (z.B. Scheck), bargeldlos (z.B. Überweisung, V-Scheck, Dauerauftrag, Kreditkarte, electronic-cash).
- Die **Gewährung von Krediten** (z.B. Kontokorrentkredit, Dispositionskredit, Lieferantenkredit, Hypothekarkredit) ist mit die wichtigste Aufgabe einer Bank.
- **Währung** ist die in einem Lande verwendete Geldeinheit.
  Seit 01. Januar 1999 ist der Euro gesetzliche Währung für die an der Währungsunion teilnehmenden EU-Mitgliedstaaten.

WISSENS-CHECK

❶ Nennen Sie die fünf wichtigsten **Wachstumsfelder,** die durch neue Technologien erschlossen werden und begründen Sie, warum die Mikroelektronik dabei eine Schlüsselfunktion einnimmt.

❷ Welche Maßnahmen können private Haushalte, das Handwerk, die Industrie und die Autofahrer ergreifen, um die zunehmende **Umweltbelastung** (Luft, Wasser, Boden) und den steigenden **Energieverbrauch** zu reduzieren?

❸ Klaus möchte sich einen kleinen Gebrauchtwagen kaufen. Erklären Sie sein **wirtschaftliches Handeln** nach dem Minimal- und Maximalprinzip.

❹ Um sich den Gebrauchtwagen leisten zu können, hat Klaus gearbeitet und Geld verdient und jeden Monat einen Teil seines Lohnes gespart. Verfolgen Sie unter Berücksichtigung des **erweiterten Wirtschaftskreislaufs** den Geldstrom bzw. den Güterstrom.

❺ Welche **Vorteile** hat der bargeldlose Zahlungsverkehr?

❻ Warum ist ein Verrechnungsscheck gegen Missbrauch **sicherer** als der Barscheck?

❼ Wann zahlen Sie mit Einzugsermächtigung, wann mit Dauerauftrag?
Geben Sie jeweils ein Beispiel an.

❽ Erläutern Sie die **Funktionsweise** des Kreditkartensystems.

❾ Herr Hoppen, Verkaufsleiter im Außendienst, benutzt gerne Kreditkarten. Erläutern Sie die Vorteile.

❿ Was versteht man unter electronic-cash?

⓫ Nach welchen Merkmalen/Kriterien können Kredite eingeteilt werden?

⓬ Vergleichen Sie anhand von drei verschiedenen Bankangeboten die **Kosten eines Sicherungsübereignungskredites** im Hinblick eines Pkw-Kaufes in Höhe von 10 000,00 €.

⓭ Erläutern Sie den **Unterschied** zwischen einem Pfandkredit und einem Sicherungsübereignungskredit.

⓮ Warum muss ein Hypothekarkredit ins **Grundbuch** eingetragen werden?

Rechts- und Geschäftsfähigkeit

»Die **Rechtsfähigkeit** des Menschen beginnt mit der Vollendung der Geburt«, so § 1 des BGB. Sie erlischt mit dem Tode

Beispiel

Architekt Werner Müller setzt sein dreijähriges Patenkind Peter als Erben seines Landhauses ein. Zwei Jahre später stirbt Herr Müller.

a) Ist das Patenkind nun Eigentümer des Landhauses?

b) Kann das Kind dieses Haus vermieten?

c) Muss das Kind die fälligen Grundsteuern bezahlen?

Mit Rechtsfähigkeit bezeichnet man die Fähigkeit, Rechte und Pflichten, z.B. Eigentum und Steuerpflicht, zu besitzen. Rechtsfähig können sowohl natürliche als auch juristische Personen sein.

Formen der Rechtsfähigkeit

Als **natürliche Person** bezeichnet man jeden Menschen, unabhängig seines Alters. Er erfüllt die Voraussetzung für die Teilnahme am Wirtschaftsleben mit der Fähigkeit, Rechte und Pflichten zu haben, d.h. eine Rechtspersönlichkeit zu sein.

Die Rechtsfähigkeit kann keinem Menschen genommen werden. Sie ist unabhängig davon, ob der Mensch geistig gesund oder krank ist, bei Bewusstsein oder bewusstlos ist, ob er sich verständlich machen kann oder nicht. Das Patenkind Peter kann somit Eigentümer des Landhauses werden, auch wenn es erst drei Jahre alt ist.

Als Eigentümer des Anwesens hat Peter Rechte, z.B. Verpachtungsrecht, Vermietungsrecht, aber auch Pflichten, z.B. Zahlungspflicht der Grundsteuer. Peter kann aber nicht selbst das Landhaus verkaufen.

Ebenfalls Rechte und Pflichten erwerben kann aber auch ein Verein, eine Aktiengesellschaft (AG) oder der Staat, wobei jede solche Vereinigung eine Rechtspersönlichkeit ist, die man als juristische Person im Gegensatz zur natürlichen Person (dem Menschen) bezeichnet.

Juristische Personen haben Rechte und Pflichten wie eine Einzelperson (natürliche Person). Sie können selbst Verträge abschließen, klagen und verklagt werden, kaufen und verkaufen, Eigentum erwerben und veräußern, denn ihre Rechte sind von denen der Mitglieder getrennt.

Man unterscheidet:

Juritische Personen des **privaten** Rechts, z.B.:

- eingetragene Vereine, wie etwa
  - Post-Sportverein e.V.
  - Deutsche Krebshilfe e.V.
- Daimler AG
- Stifungen, z.B. Stiftung Warentest

Juristische Personen des **öffentlichen** Rechts, z.B.:

- Bund, Länder, Gemeinden
- Kirchen, Industrie- und Handelskammern, Handwerkskammern
- Rundfunkanstalten
- Bundesagentur für Arbeit

Geschäftsfähigkeit ist die Fähigkeit, Rechte und Pflichten durch Rechtsgeschäfte selbstständig und gültig erwerben zu können. Wer geschäftsfähig ist, ist auch vertragsfähig, da er rechtswirksam Willenserklärungen abgeben kann.

Nach dem Lebensalter teilt man die Geschäftsfähigkeit in **drei Stufen** ein:

Stufen der Geschäftsfähigkeit

① **Geschäftsunfähig:** § 104 BGB

Kinder unter 7 Jahren, dauernd Geisteskranke
(für sie handelt ein gesetzlicher Vertreter, z.B. Vater, Betreuer)

Beispiel

Ein 6-jähriger Junge ist nicht im Stande, sein Fahrrad rechtswirksam zu verschenken. Die Eltern können das Fahrrad zurückverlangen.

② **Beschränkt geschäftsfähig:** §§ 106 – 109 BGB

Personen zwischen 7 und 18 Jahren.

Beispiel

Eine 17-jährige Schülerin kann sich nur mit Zustimmung des gesetzlichen Vertreters einen Computer kaufen.

③ **Voll geschäftsfähig**

Volljährige Personen mit Vollendung des 18. Lebensjahres können jedes Rechtsgeschäft eingehen, das nicht gegen Gesetz, gute Sitten oder Treu und Glauben verstößt.

Beispiel

Ein 18-jähriger Auszubildender kann einen Leasingvertrag rechtsgültig abschließen.

Für einen Volljährigen, der geistig, seelisch oder körperlich behindert ist, kann das Vormundschaftsgericht einen Betreuer bestellen. Er hat die Aufgabe, für den Behinderten in bestimmten Bereichen tätig zu werden. Der Betreute bleibt in diesen Situationen (z.B. Verwaltung des Vermögens) grundsätzlich voll geschäftsfähig.

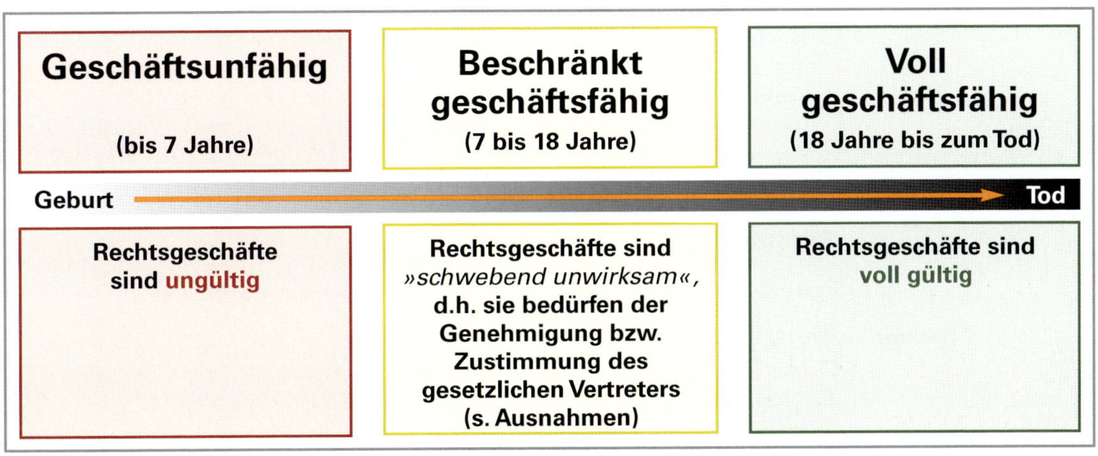

Ausnahmen:
Nicht zustimmungsbedürftig sind Willenserklärungen, durch die der Minderjährige rechtliche Vorteile erwirbt, bei denen er jedoch keine Pflichten übernimmt sowie solche Verträge, die der Minderjährige mit Mitteln erfüllt, über die der gesetzliche Vertreter ihm die **freie Verfügung** gestattet hat (§ 110 BGB = Taschengeldparagraph). Ratenkäufe (Kreditgeschäfte) bedürfen immer der Zustimmung des gesetzlichen Vertreters.

§ 110 BGB »Taschengeldparagraph«
»Ein von dem Minderjährigen ohne Zustimmung des gesetzlichen Vertreters geschlossener Vertrag gilt als von Anfang an wirksam, wenn der Minderjährige die vertragsmäßige Leistung mit Mitteln bewirkt, die ihm zu diesem Zweck oder zur freien Verfügung von dem Vertreter oder mit dessen Zustimmung von einem Dritten überlassen worden sind.«

Beispiel

Ein 13-jähriger Junge kauft mit den von seinen Eltern zu Weihnachten geschenkten 50,00 € zum Ärger seiner Eltern, einen gebrauchten Flipperautomaten. Da der Junge mit dem Kauf rechtliche Vorteile erwirbt, aber keine Pflichten übernimmt, und »der Minderjährige die vertragsmäßige Leistung mit Mitteln bewirkt, die ihm **zu diesem Zweck oder zu freier Verfügung**« von seinen Eltern überlassen worden sind, ist dieses Geschäft gültig.

»Berufsmündig« geworden, d.h. voll geschäftsfähig in Bezug auf sein Erwerbsleben (Dienst- oder Arbeitsverhältnis), ist ein Minderjähriger, wenn der gesetzliche Vertreter (Eltern) die Aufnahme einer Erwerbstätigkeit gestattet hat.

§ 113 BGB »Eingehung eines Dienst- oder Arbeitsverhältnisses«
»Ermächtigt der gesetzliche Vertreter den Minderjährigen, in Dienst oder Arbeit zu treten, so ist der Minderjährige für solche Rechtsgeschäfte unbeschränkt geschäftsfähig, welche die Eingehung oder Aufhebung eines Dienst- oder Arbeitsverhältnisses der gestatteten Art oder die Erfüllung der sich aus einem solchen Verhältnis ergebenden Verpflichtungen betreffen. Ausgenommen sind Verträge, zu denen der Vertreter der Genehmigung des Vormundschaftsgerichtes bedarf.«

Beispiel

Der 16-jährige Jürgen hat mit Zustimmung seiner Eltern ein Arbeitsverhältnis in einem Betrieb aufgenommen. Da er im Rahmen dieses Arbeitsverhältnisses voll geschäftsfähig ist, kann er die mit dem Erwerbsleben zusammenhängenden Entscheidungen (Willenserklärungen) wie Urlaub, Kündigung, Stellenwechsel usw. selbstständig treffen.

Besitz und Eigentum wird häufig nicht exakt unterschieden.

Erwerbbare Herrschaft über eine Sache oder ein Recht:

Besitzer

Besitz
Tatsächliche Herrschaft bzw. Verfügungsgewalt über Sachen und Rechte. Besitzer ist, wer die Sache oder das Recht hat.
Man unterscheidet Alleinbesitz und Mitbesitz.

Beispiele

Hans leiht Klaus sein Auto. Klaus ist dann der Besitzer des Fahrzeugs, während Hans weiterhin Eigentümer bleibt.

Kauft Dieter sich eine Stereoanlage, die er sofort bezahlt, ist er mit der Übergabe Besitzer und Eigentümer zugleich.

Besitzer und Eigentümer einer Sache ist normalerweise die gleiche Person. Beim Mieter, Pächter, Frachtführer, Lagerhalter, Kommissionär u.a. sind Besitz und Eigentum getrennt.

Eigentümer

Eigentum

Rechtliche Herrschaft bzw. Verfügungsgewalt über Sachen und Rechte. Eigentümer ist der, dem die Sache oder das Recht gehört.

Der Eigentümer kann im Rahmen der Gesetze und unter Beachtung der Rechte Dritter mit seiner Sache nach Belieben verfahren.

Man unterscheidet Alleineigentümer und Miteigentümer.

Beispiel

Elektromeister Hans Hoppen hat in der Innenstadt seinen Laden gemietet. Er ist somit zwar Besitzer aber nicht Eigentümer.

Rechtsgeschäfte

Rechtsgeschäfte werden durch Willenserklärungen geschlossen. Dabei gibt jeder Mensch täglich eine Vielzahl von Erklärungen und Handlungen ab.

Beispiel

Verabredung zu einem Tennismatch, Einsteigen in ein Taxi, Handheben bei Versteigerungen, Kauf und Verkauf von Waren, Terminabsprachen.

Allerdings ist nur ein Teil davon rechtlich von Bedeutung, d.h. eine Rechtshandlung, die eine gewollte rechtliche Bindung der Vertragspartner und eine Erfüllung des Vertrages einschließt.

Beispiel

Kauf und Verkauf von Waren, Aufnahme eines Kredits, Abschluss eines Mietvertrages, Ausstellung eines Schecks, Eingehen eines Arbeitsverhältnisses.

Grundlage eines jeden Rechtsgeschäftes ist der Vertrag

Liegt einer Erklärung oder Handlung ein ausdrücklicher Wille zu Grunde, spricht man von einer rechtsverbindlichen Willenserklärung. Durch die Willenserklärung ist ein Rechtsgeschäft zustande gekommen, das rechtliche Beziehungen zwischen Personen oder zwischen Personen und Gegenständen regelt.

Die Willenserklärung ist das wichtigste Merkmal eines jeden Rechtsgeschäftes.

Beispiel

Herr Klein und Herr Müller schließen einen Kaufvertrag über einen Laptop ab. Sie tätigen so ein Rechtsgeschäft. Sie geben Willenserklärungen ab, die zum Vertragsabschluss führen.

Die beabsichtigte Rechtswirkung ist das Entstehen des Kaufvertrages mit der Verpflichtung zur Übergabe des Computers und seiner Bezahlung.

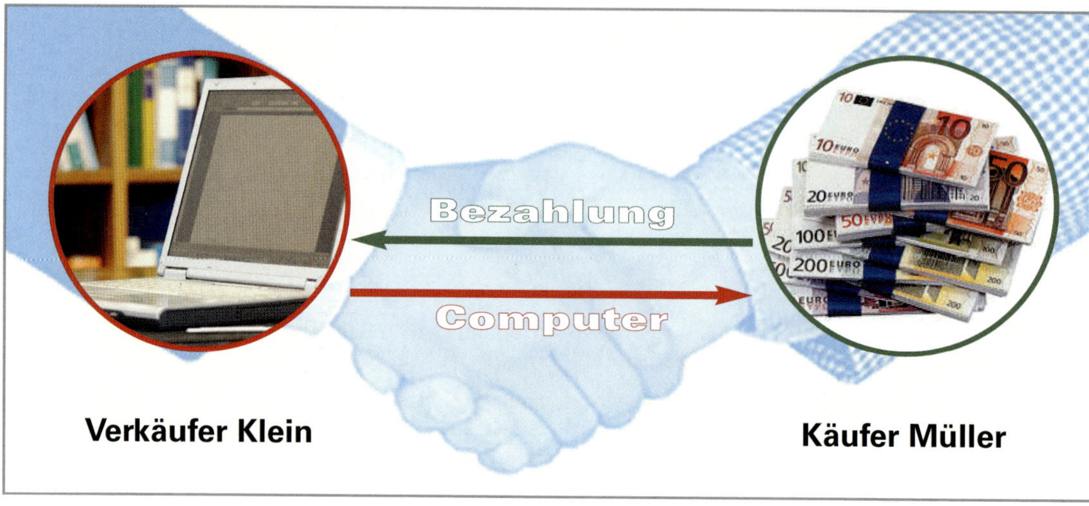

Fehlt bei Willenserklärungen die gewollte rechtliche Bindung, so spricht man von rein gesellschaftlichen Erklärungen.

Beispiele

Personen, die sich zu einem Tennismatch verabreden, wollen sich rechtlich nicht binden. Ihnen fehlt der auf die rechtliche Bindung gerichtete Wille. Daraus folgt: Personen, die sich verabreden, müssen die Verabredung nicht einhalten.

Sagt Jürgen zu seinem Freund Peter, er sei für immer mit ihm »verkracht«, so gibt Jürgen zwar eine Willenserklärung ab, die aber ohne rechtliche Bedeutung ist, weil die Erklärung keine Rechtsfolge nach sich ziehen kann.

Rechtsgeschäfte

Rechtsverbindliche (bindende) Willenserklärung
↓
Gewollte rechtliche Bindung der Vertragspartner
↓
Vertrag
Er enthält die Rechte und Pflichten der Vertragspartner

Unverbindliche Willenserklärung
↓
Rein gesellschaftliche Erklärungen

Unterschiedliche **Rechtsgeschäfte** werden alltäglich abgeschlossen.

Beispiel

1. Herr und Frau Höfer haben sich entschlossen einen Farbfernseher zu kaufen, nachdem der alte Fernseher nicht mehr funktionierte.
2. Kunsthändler Schmiedel ersteigert durch Handzeichen eine wertvolle Vase für einen guten Kunden.
3. In Folge Arbeitsmangel erhält der Werftarbeiter Helmut Andersen die Kündigung.

Diese drei völlig verschiedenen Vorgänge haben alle eine gemeinsame Grundlage. Es handelt sich um Rechtsgeschäfte. Dabei bilden Willenserklärungen den Hauptbestandteil von Rechtsgeschäften. Sie können zu Stande kommen und abgegeben werden durch:

Willenserklärung durch

ausdrückliche Äußerung des Willens	bloße Handlung, die den Willen erkennbar macht	Schweigen
• mündlich • schriftlich • telefonisch	• Einsteigen in ein Taxi • Handzeichen bei Versteigerungen • Hinzeigen auf eine Ware	• Schweigen als Willenserklärung auf einen Vertrag gilt meist als Ablehnung. • Unter Kaufleuten, die in regelmäßigem Geschäftsverkehr stehen, gilt Schweigen als Annahme des Vertrags.

Einseitige Rechtsgeschäfte kommen durch Willenserklärung »einer« Person zustande. Man unterscheidet:

Einseitiges Rechtsgeschäft

Einseitige Rechtsgeschäfte mit

empfangsbedürftiger Willenserklärung	nicht empfangsbedürftiger Willenserklärung
Sie sind gegenüber einer bestimmten Person abzugeben und werden erst mit Zugang bei der betreffenden Person wirksam.	Es handelt sich um Willenserklärungen, deren Wirksamkeit sofort mit ihrer Abgabe eintritt, also wo lediglich die Äußerung des Willens ausreichend ist.
Beispiele Kündigung, Mahnung Bürgschaft, Vollmachterteilung	***Beispiele*** Testament Stiftung

Ein einseitiges Rechtsgeschäft, das ein Minderjähriger ohne die schriftliche Einwilligung des gesetzlichen Vertreters vornimmt, ist unwirksam (§ 111 BGB).

§ 111 BGB (Einseitige Rechtsgeschäfte)

»Ein einseitiges Rechtsgeschäft, das der Minderjährige ohne die erforderliche Einwilligung des gesetzlichen Vertreters vornimmt, ist unwirksam. Nimmt der Minderjährige mit dieser Einwilligung ein solches Rechtsgeschäft einem anderen gegenüber vor, so ist das Rechtsgeschäft unwirksam, wenn der Minderjährige die Einwilligung nicht in schriftlicher Form vorlegt und der andere das Rechtsgeschäft aus diesem Grunde unverzüglich zurückweist. Die Zurückweisung ist ausgeschlossen, wenn der Vertreter den anderen von der Einwilligung in Kenntnis gesetzt hatte.«

Beispiel

Auszubildender Klaus Schmitz, 17 Jahre, kündigt nach Ablauf der Probezeit sein Ausbildungsverhältnis, weil er einen anderen Beruf ergreifen möchte. Ein solches einseitiges Rechtsgeschäft ist unwirksam, so lange nicht die schriftliche Einwilligung oder eine Benachrichtigung des gesetzlichen Vertreters vorliegt.

Zwei- und mehrseitige Rechtsgeschäfte kommen durch Willenserklärungen zweier oder mehrerer Personen zustande:

Wird keine inhaltliche Übereinstimmung erzielt, bleibt dies ohne Folgen, d.h. es ist kein Rechtsgeschäft (Vertrag) zustande gekommen.

Übereinstimmende wechselseitige Erklärungen führen zum Vertrag.

Ein Vertrag kommt durch **Antrag** (oft auch als Angebot bezeichnet) und **Annahme** zu Stande, wobei der Antrag sowohl vom Käufer als auch vom Verkäufer ausgehen kann.

Zweiseitiges Rechtsgeschäft

Beispiel

Frau Müller möchte sich einen neuen Staubsauger Marke »XZC« kaufen (Antrag). Der Elektrohändler Schulze nimmt den Antrag an und verkauft ihr den Staubsauger (Annahme). Frau Müller bezahlt bei Übergabe. Der Kaufvertrag ist geschlossen, weil die Willenserklärungen inhaltlich übereinstimmten, denn Frau Müller wollte Marke »XZC« kaufen, der Elektrohändler Schulze war bereit, ihr diesen Gegenstand zu verkaufen.

Angebot und Annahme werden häufig nicht ausdrücklich, sondern durch schlüssiges Handeln abgegeben.

Beispiel

Felix nimmt wortlos am Kiosk eine Tageszeitung, legt 1,00 € hin und geht mit einem Gruß weiter. Frau Lehmann betritt einen Bäckerladen und sagt zu dem Bäcker: »5 Brötchen bitte«. Wortlos packt der Bäcker die 5 Brötchen in eine Tüte und übergibt sie Frau Lehmann.

Durch sein Handeln hat der Bäcker zum Ausdruck gebracht, dass er das Zustandekommen des Kaufvertrages herbeiführen wollte.

Weitere wichtige Vertragsarten

Vertragsart	Vertragsinhalt	*Beispiel*
Berufs-ausbildungsvertrag	Leistung von Diensten	Thomas, 16 Jahre, lernt Tischler.
Arbeitsvertrag		Hans arbeitet als Hilfsarbeiter bei einer Spedition.
Kaufvertrag	Erwerb von Sachen und Rechten gegen Entgelt	Wolfgang, 18 Jahre, kauft sich ein Surfbrett.
Mietvertrag	Überlassen von Sachen zum Gebrauch gegen Entgelt	Niklas, Architekturstudent, mietet ein Zimmer.
Darlehensvertrag	Entgeltliche Überlassung von Geld gegen spätere Rückzahlung	Familie Meyer nimmt bei der Bank einen Kredit auf.

Unter bestimmten Bedingungen gibt es **Formvorschriften für Rechtsgeschäfte.** Grundsätzlich gilt jedoch im BGB die Formfreiheit, d.h., Willenserklärungen können in jeder beliebigen Weise abgegeben werden.

Es ist also für die Wirksamkeit eines Rechtsgeschäftes gleichgültig, ob die Beteiligten ihren Willen schriftlich, mündlich oder durch Gebärden ausdrücken.

Formvorschriften:
- **Gesetzliche Schriftform**
- **Öffentliche Beglaubigung**
- **Notarielle Beurkundung**

Rechtsgeschäfte unterliegen nur dann einem Formzwang, wenn

1. das Gesetz eine bestimmte Form vorschreibt und
2. wenn die Vertragsparteien vereinbaren, dass auch für Rechtsgeschäfte, die nach dem Gesetz formfrei sind, eine bestimmte Form eingehalten werden soll.

Bei Verstoß gegen die Formvorschriften ist das Rechtsgeschäft nichtig. Das Gesetz kennt drei verschiedene Formzwänge, die eingehalten werden müssen:

§ 126 BGB (Gesetzliche Schriftform)

»(1) Ist durch Gesetz schriftliche Form vorgeschrieben, so muss die Urkunde von dem Aussteller eigenhändig durch Namensunterschrift oder mittels notariell beglaubigten Handzeichen unterzeichnet werden.«

Bei der Schriftform muss der Aussteller die Urkunde eigenhändig unterschreiben.

Wer den Text geschrieben hat, ist gleichgültig. (Eine Urkunde ist jede schriftliche Gedankenäußerung, deren Inhalt rechtliche Auswirkungen hat.)

Die gesetzliche Schriftform ist u.a. erforderlich bei:
- Bürgschaftserklärung
- Kündigung eines Arbeitsvertrages oder eines Mietvertrages

§ 129 BGB (Öffentliche Beglaubigung)
»(1) Ist durch Gesetz für eine Erklärung öffentliche Beglaubigung vorgeschrieben, so muss die Erklärung schriftlich abgefasst und die Unterschrift des Erklärenden von einem Notar beglaubigt werden. Wird die Erklärung von dem Aussteller mittels Handzeichen unterzeichnet, so ist die im § 126 Abs. 1 vorgeschriebene Beglaubigung des Handzeichens erforderlich und genügend.
(2) Die öffentliche Beglaubigung wird durch die notarielle Beurkundung der Erklärung ersetzt.«

Diese ist gegeben, wenn der Notar die Echtheit der Unterschrift unter einer schriftlichen Erklärung bezeugt. Die öffentliche Beglaubigung bezieht sich nur auf die Unterschrift, nicht aber auf den Inhalt der Urkunde.

Gesetzlich vorgeschrieben ist die öffentliche Beglaubigung u.a. bei:
Anträgen auf Eintragung in öffentliche Register, wie
Grundbuch, Vereinsregister, Handelsregister, Güterrechtsregister

»**§ 128 BGB (Notarielle Beurkundung)**
Ist durch Gesetz notarielle Beurkundung eines Vertrags vorgeschrieben, so genügt es, wenn zunächst der Antrag und sodann die Annahme des Antrags von einem Notar beurkundet wird.«

Die Willenserklärung wird vom Notar als öffentliche Urkunde abgefasst und ihr ganzer Inhalt beurkundet, d.h. sie wird den Beteiligten in Gegenwart des Notars vorgelesen und von ihnen genehmigt. Die Beteiligten und der Notar unterschreiben sie eigenhändig.

Die notarielle Beurkundung ist u.a. vorgeschrieben bei:
Kauf und Verkauf von Grundstücken und Gebäuden, Ehevertrag, Belastung von Grundstücken, Erbvertrag, Schenkungsversprechen, Vermögensübertragung

Es empfiehlt sich aus Beweis- und Sicherheitsgründen sowie zur Vermeidung von Irrtümern und bei wichtigen Vertragsabschlüssen die Schriftform zu wählen.

Vertragswesen

Trotz der nach BGB vorherrschenden Vertragsfreiheit kann nicht jedes beliebige Rechtsgeschäft abgeschlossen werden. Aufgrund gesetzlicher Vorschriften sind **bestimmte Verträge** entweder **nichtig, d.h. ungültig** oder **anfechtbar,** d.h. sie können für unwirksam erklärt werden.

Nichtige und anfechtbare Verträge

Nichtig sind ...

➤ ... Geschäfte mit **geschäftsunfähigen** oder **beschränkt geschäftsfähigen** Personen ohne Zustimmung des gesetzlichen Vertreters.

Beispiele

Die 6-jährige Petra kauft sich vom ersparten Taschengeld einen MP3-Player. Der 15-jährige Klaus kauft ohne Wissen seiner Eltern ein Mofa.

➤ ... Geschäfte, die **im Zustande der Bewusstlosigkeit** oder **vorübergehender Störung der Geistestätigkeit** abgeschlossen wurden.

Beispiel

Ein Volltrunkener verkauft seine wertvolle Armbanduhr.

➤ ... Verträge, die die **gesetzlich vorgeschriebene Form** nicht erfüllen.

Beispiel

Kauf eines Grundstücks ohne notarielle Beurkundung.

➤ ... Verträge, die gegen ein **gesetzliches Verbot** verstoßen.

Beispiel

Rauschgifthandel

➤ ... Geschäfte, die **gegen die guten Sitten verstoßen,** d.h. wenn unter Ausbeutung der Notlage, des Leichtsinns oder der Unerfahrenheit eines anderen dieser auffällig übervorteilt wird.

Beispiel

Eine Großmutter möchte ihrem Enkel einen Roller zum Geburtstag schenken. Unwissend kauft sie einen gebrauchten Roller im Wert von 400,00 € zum fünffachen Preis, d.h. 2000,00 €.

➤ ... **Scherzgeschäfte,** denen eine nicht ernst gemeinte Willenserklärung zu Grunde liegt.

Beispiel

Ein Königreich für ein Glas Bier.

➤ ... **Scheingeschäfte,** auch wenn das Einverständnis des Vertragspartners zugrunde liegt.

Beispiel

Um Schenkungsteuer zu sparen, schließen Meyer und sein Schwiegersohn einen »Kaufvertrag« zum Schein ab.

Rechtsgeschäfte, die zunächst voll gültig sind, werden durch die **Anfechtung** rückwirkend ungültig. Da das angefochtene Rechtsgeschäft überhaupt keine Rechtswirkungen hat, werden alle Vertragspartner so gestellt, als ob kein Vertrag abgeschlossen worden wäre.

Beispiel

Herr Pusch kauft einen Gebrauchtwagen. Der Händler versichert ihm die Unfallfreiheit des Wagens. Im Nachhinein stellt sich jedoch heraus, dass der gekaufte Pkw einen Rahmenschaden hat. Herr Pusch wurde somit vom Gebrauchtwagenhändler arglistig getäuscht. Dies berechtigt ihn zur Anfechtung und damit zur Rückgängigmachung des Vertrages.

Man unterscheidet **drei** Anfechtungsgründe:

Anfechtung auf Grund eines Irrtums

Anfechtung auf Grund arglistiger Täuschung

Anfechtung auf Grund widerrechtlicher Drohung

Würde unsere Rechtsordnung jeden Irrtum anerkennen, wäre eine unerträgliche Rechtsunsicherheit die Folge. Jeder könnte dann Rechtsgeschäfte, die seine Erwartungen nicht erfüllen, anfechten und das Risiko auf seinen Vertragspartner abwälzen. Solch ein Vorgehen würde das Prinzip der Verbindlichkeit geschlossener Verträge aufheben.

Das BGB hat das Problem so gelöst, dass es nur bestimmte Irrtümer als Anfechtungsgründe zulässt:

- **Irrtum in der Erklärung**

  Der Erklärende verschreibt oder verspricht sich. Er gibt eine Willenserklärung in einer Art und Weise ab, in der er sie nicht abgeben wollte.

  Beispiel

  Der Winzer Söndgen macht dem Weinhändler Sauer-Beus ein Angebot. Er will die Flasche Eiswein zu 20,00 € anbieten. Söndgen verschreibt sich. Statt 20,00 € schreibt er 2,00 €. Sauer-Beus nimmt das Angebot an.

- **Irrtum über den Inhalt der Willenserklärung**

  Die Willenserklärung hat inhaltlich eine andere Bedeutung, als ihr der Erklärende beimessen wollte. Bei einem Inhaltsirrtum stimmt der Wille des Erklärenden mit dem objektiven Inhalt der Willenserklärung nicht überein (Übermittlungsfehler).

  Beispiel

  Peter lässt sich durch ein Telefax in einem Hotel ein Einbettzimmer reservieren. Durch einen Übermittlungsfehler werden zwei Zweibettzimmer geordert. Mit der Reservierung der Zimmer werden andere Gäste abgewiesen.

- **Irrtum über verkehrswesentliche Eigenschaften einer Person oder Sache**

  Wesentliche Eigenschaften einer Person sind z.B. Zahlungsfähigkeit bei Kreditgeschäften oder die Zuverlässigkeit der Vertragspartner bei Verträgen.

  Beispiel

  Schäfer hat Lehmann ein größeres Darlehen gewährt, weil er von der Kreditwürdigkeit Lehmanns ausgegangen ist. Nachdem Schäfer erfahren hat, dass Lehmann schon einmal in Konkurs gegangen ist und immer noch eine Menge Schulden hat, ist Schäfer anfechtungsberechtigt.

Wesentliche Eigenschaften eines Gegenstandes sind z.B. der Stoff und die Echtheit einer Ware, die Ertragsfähigkeit eines Grundstücks.

Beispiel

Das Originalbild, das Schulze zu kaufen glaubt, ist in Wirklichkeit eine Kopie.

Nicht anfechtbar ist der Motivirrtum. Wer sich z.B. Aktien gekauft hat in der Hoffnung auf steigende Kurse, kann bei sinkendem Kursverlauf den Irrtum nicht anfechten.

Unter **Anfechtung auf Grund arglistiger Täuschung** versteht man die arglistige Vorspiegelung falscher oder das Verschweigen wahrer Tatsachen, d.h. der durch die Täuschung hervorgerufene Irrtum muss bestimmend oder doch mitbestimmend für die Abgabe der Willenserklärung gewesen sein

Beispiel

Kauf eines Gebrauchtwagens, der vom Verkäufer als unfallfrei bezeichnet wird, obwohl er einen Unfall hatte.

Die **auf Grund einer widerrechtlichen Drohung** abgegebene Willenserklärung beruht nicht auf dem freien Willen des Erklärenden, d.h. der Erklärende steht unter dem Zwang, einen Vertrag abzuschließen.

Beispiel

Klaus Schäfer droht Paul Lehmann, er werde ihn wegen eines früher begangenen Diebstahls anzeigen, wenn er ihm die Rückzahlung eines Darlehens nicht erlasse. Paul Lehmann verzichtet auf die Rückzahlung. Er kann seine Verzichtserklärung anfechten.

Wichtig: Nicht jede Drohung ist widerrechtlich. Befindet sich B. im Zahlungsverzug und A. droht mit einer gerichtlichen Klage, so ist dies rechtlich nicht zu beanstanden.

Folgende Anfechtungsfristen werden unterschieden:

- **Irrtum**
  Die Anfechtung muss unverzüglich, d.h. nach der Entdeckung des Irrtums erfolgen.
- **Täuschung bzw. Drohung**
  Die Anfechtung muss innerhalb eines Jahres nach Kenntnis der Täuschung bzw. Beendigung der Zwangslage erfolgen.

Die Anfechtung ist nach Ablauf von 10 Jahren seit Abgabe der Willenserklärung ausgeschlossen.

LERN-BOX

- Mit **Rechtsfähigkeit** bezeichnet man die Fähigkeit Rechte und Pflichten, z.B. Eigentum und Steuerpflicht, zu besitzen. Man unterscheidet natürliche Personen (Menschen) von juristischen Personen (eingetragenen Vereine, Aktiengesellschaften, Bund, Länder, Gemeinden).

- **Geschäftsfähigkeit** ist die Fähigkeit, Rechte und Pflichten durch Rechtsgeschäfte selbstständig und gültig zu erwerben. Man unterscheidet zwischen geschäftsfähigen, beschränkt geschäftsfähigen und geschäftsunfähigen Personen.

- **Eigentum:** Rechtliche Herrschaft über eine Sache.

  Besitz: Tatsächliche Herrschaft über eine Sache.

- **Rechtsgeschäfte** werden durch Willenserklärungen geschlossen, verändert oder aufgehoben. Grundlage von Rechtsgeschäften ist der Vertrag mit den Rechten und Pflichten für die Vertragspartner. Für bestimmte Fälle (z. B. Kauf und Verkauf von Grundstücken und Häusern) schreibt das Gesetz Formvorschriften für Rechtsgeschäfte vor. Nichtige Rechtsgeschäfte sind von vornherein ungültig. Anfechtbare Verträge sind zunächst gültig, werden jedoch durch Anfechtung rückwirkend unwirksam.

WISSENS-CHECK

❶ Erklären Sie den Unterschied zwischen **Rechtsfähigkeit und Geschäftsfähigkeit.**

❷ Welche Personen sind **geschäftsunfähig, beschränkt geschäftsfähig** und **unbeschränkt geschäftsfähig?**

❸ Was versteht man unter dem Begriff »**juristische Person**«?

❹ Der 17-jährige Schüler Fred Fleißig arbeitet mit Zustimmung seiner Eltern während der Sommerferien als Aushilfe bei der Deutschen Post AG.
Beurteilen Sie das **Arbeitsverhältnis** im Hinblick auf die Geschäftsfähigkeit.

❺ Erarbeiten Sie je ein Beispiel, bei denen **Besitzer und Eigentümer** verschiedene Personen sind bzw. eine Person ist.

❻ Nennen Sie Beispiele für das **Zustandekommen von Rechtsgeschäften.**

❼ Erklären Sie den Unterschied zwischen einer **Willenserklärung** und einer **gesellschaftlichen Erklärung.**

❽ In welcher **Form** können Willenserklärungen abgegeben werden?

❾ Formulieren Sie je ein Beispiel für ein **einseitiges bzw. zweiseitiges** Rechtsgeschäft.

❿ Beurteilen Sie, ob in den nachfolgenden Fällen ein **Vertrag** zu Stande gekommen ist:

a) Niklas nimmt wortlos am Kiosk eine Zeitung, legt 1,00 € hin und geht mit einem Gruß weiter.

b) Sabine winkt ihrer Freudin Kerstin zu, die auf der gegenüberliegenden Straßenseite steht. Ein vorbeifahrender Taxifahrer sieht dieses Zeichen, hält an und will Sabine einsteigen lassen, da sie ihn auf Grund des Handzeichens angehalten habe.

⓫ Entwickeln Sie jeweils ein Beispiel für eine **empfangsbedürftige** und eine **nicht empfangsbedürftige** Willenerklärung.

⓬ Nennen Sie Gründe, warum der Gesetzgeber für bestimmte Rechtsgeschäfte eine **besondere Form** (z.B. öffentliche Beglaubigung, notarielle Beurkundung) vorschreibt.

⓭ Beurteilen Sie folgende Fälle im Hinblick auf **Nichtigkeit und Anfechtbarkeit:**

a) Schneider kauft von Schäfer ein Grundstück zum Preis von 45000,00 €. Um Steuern zu sparen schließen sie einen notariellen Vertrag über 30000,00 € ab.

b) Kaufmann Borens ist stark verschuldet. Die Bank gewährt ihm keinen weiteren Kredit mehr. Ein Privatmann ist jedoch bereit, ihm ein Darlehen zu einem jährlichen Zinssatz von 30% zu geben.

c) Ein Radio- und Fernsehhändler verkauft einen Vorführvideorecorder als fabrikneu.

d) Müller kauft von einem Dealer Heroin.

Eine **Anfrage** ist ein unverbindliches Schreiben an einen Lieferanten.

Beispiel

In der Fachzeitschrift »Technik« werden die neuesten Maschinen zur Herstellung von Bremsbelägen beschrieben. Dabei interessieren sich die Techniker und Ingenieure der Ringsdorfwerke besonders für die Anlage einer Weimarer Maschinenfabrik, zu der die Ringsdorfwerke bisher keine Kundenbeziehungen unterhielten. Die Ringsdorfwerke schreiben deshalb an den Weimarer Hersteller und bitten um ein ausführliches Angebot dieser betreffenden Anlage.

Das Schreiben an die Weimarer Maschinenfabrik nennt man Anfrage (schriftliche Anfrage). Geht ein Kunde in ein Einzelhandelsgeschäft und fragt nach einem Herrenhemd oder nach einem Anzug, so liegt ebenfalls eine Anfrage (mündliche Anfrage) vor.

Anfrage: Überblick über Angebote beschaffen

Durch die Anfrage soll festgestellt werden, zu welchen Preisen und Bedingungen von einem Lieferer Waren bezogen werden können. Gründe für eine Anfrage bei einem Lieferer können sein:

1. Anbahnung neuer Geschäftsbeziehungen, z.B. bei neuen Produkten,
2. Aufforderung bisheriger Lieferanten zur Abgabe eines Angebots, um den günstigsten Anbieter zu ermitteln.

Man unterscheidet zwei Arten der Anfrage:

allgemeine Anfrage	bestimmte Anfrage
Bitte um Zusendung von Prospekten, Katalogen, Preislisten oder Wunsch nach einem Vertreterbesuch. Der Kunde möchte sich über die zur Verfügung stehende Auswahl orientieren bzw. er möchte sich vor einer Anschaffung vom Vertreter beraten lassen.	Anforderung eines verbindlichen Angebotes, das – Art, Güte, Beschaffenheit, – Menge und Preis, – Liefer- und Zahlungsbedingungen, – Sonderbedingungen, Muster, Proben enthalten sollte.
→ **rechtlich unverbindlich** ←	

Eine Anfrage, gleichgültig ob sie schriftlich, mündlich, fernmündlich oder per E-mail erfolgt, bedeutet für die Anfragenden **keine** rechtliche Bindung.

Da die Anfrage keine rechtliche Wirkung hat, also völlig unverbindlich ist, besteht die Möglichkeit, Anfragen an mehrere Lieferanten gleichzeitig zu richten, um so die günstigste Bezugsquelle zu ermitteln.

In der Praxis ist es notwendig, einen Überblick über die laufenden Anfragen zu bewahren. Vielfach wird daher eine Anfragenkartei angelegt, in der die Anfragen nach Lieferanten oder Waren geordnet sind.

Das **Angebot** (Antrag) ist eine Willenserklärung des Verkäufers (Lieferanten) an eine bestimmte Person oder Personengruppe, unter bestimmten Bedingungen einen Kaufvertrag abzuschließen und Waren zu liefern.

Beispiel

Die Heizungsfirma Seifer macht dem Bauherrn Schulze ein Angebot über eine komplette Heizungsanlage für sein Einfamilienhaus.

Angebot: Willenserklärung des Verkäufers unter bestimmten Bedingungen einen Kaufvertrag abzuschließen

Angebotsbedingungen:

Zu den Bedingungen zählen Angaben über

- Art, Beschaffenheit und Güte der Ware
- Menge der Ware
- Preis der Ware
- Liefer- und Zahlungsbedingungen
- Erfüllungsort und Gerichtsstand

Mit dem abgegebenen Angebot bindet sich der Verkäufer. **Wird es vom Käufer angenommen, ist ein Kaufvertrag oder Werkvertrag zu Stande gekommen.** Der Verkäufer muss dem Käufer die Ware bzw. Leistung zu den angegebenen Bedingungen liefern bzw. erbringen.

Keine Angebote sind u.a. Schaufensterauslagen, Zeitungsanzeigen, das Zusenden von Katalogen.

Beispiel

1. Ein Versandhaus zeigt durch das Zusenden von Katalogen die Bereitschaft an, Kaufverträge abschließen zu wollen, verbunden mit der Aufforderung an seine Kunden, ihrerseits bindende Angebote zum Abschluss von Kaufverträgen an das Versandhaus zu richten. Angebote geben somit erst die Kunden über ihre ausgefüllten Bestellkarten ab.
2. Schaufensterauslagen sind nicht als bindende Angebote anzusehen, sondern lediglich als ein Zeichen der Bereitschaft des Ladeninhabers zum Abschluss von Verträgen. Auch wenn die Auslagen das Wort »Angebot« enthalten, gelten sie nicht als Angebot im rechtlichen Sinne, denn der Anbieter will sich nicht verpflichten.
3. Das Aufstellen von Waren in einem Selbstbedienungsgeschäft gilt noch nicht als Angebot. Der Käufer macht mit dem Vorlegen der Waren an der Kasse einen Antrag.

Aber: Das Aufstellen von Automaten gilt als Angebot an jeden, der die richtigen Münzen einwirft.

Wirbt ein Kaufmann mit Waren, die er nicht hat oder zeichnet er die Ware anders aus als er sie abgeben will, so verstößt er gegen das »Gesetz gegen den unlauteren Wettbewerb«.

Arten des Angebots

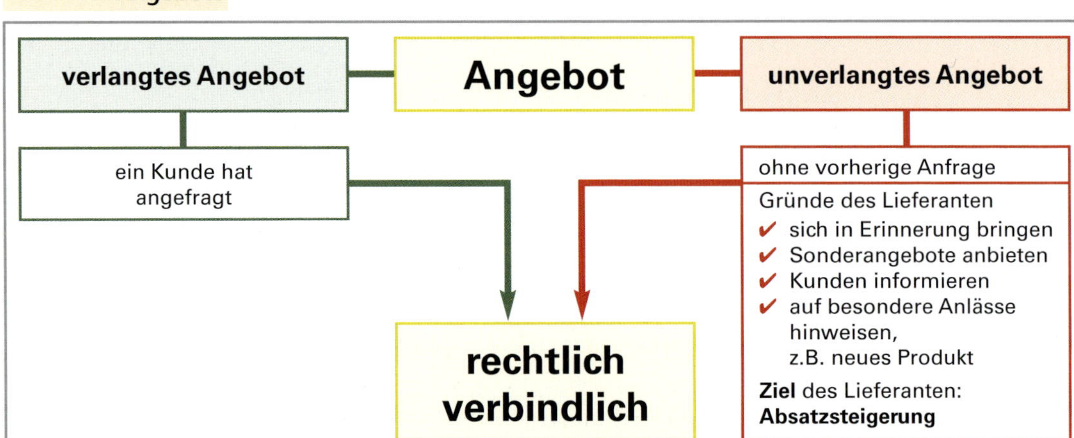

Es gibt keine vorgeschriebene **Form des Angebots.** Mündliche oder telefonische Angebote sind ebenso verpflichtend wie schriftliche. Um Irrtümer und Streitigkeiten zu vermeiden, ist jedoch die Schriftform zu empfehlen oder wenn dies nicht der Fall ist, sollte das Angebot schriftlich vom Annehmenden bestätigt werden.

Unter bestimmten Umständen kann der Verkäufer die **rechtliche Bindung** an sein Angebot durch eine sogenannte Freizeichnungsklausel einschränken oder ganz ausschließen (§ 145 BGB), z.B. »solange der Vorrat reicht«, »unverbindlich«.

§ 145 BGB (Bindung an den Antrag)

»Wer einem anderen die Schließung eines Vertrags anträgt, ist an den Antrag gebunden, es sei denn, dass er die Gebundenheit ausgeschlossen hat.«

Der Verkäufer ist nicht mehr an sein Angebot gebunden, wenn es vom Käufer

- abgelehnt,
- abgeändert oder
- nicht rechtzeitig angenommen wurde, d.h. wenn bei einem befristeten Angebot zu spät bestellt wurde.

Beispiel

Angebot ist bis zum 30. Juni gültig. Bestellt wurde erst am 05. Juli.

§ 150 BGB (Verspätete und abgeänderte Annahme)

»(1) Die verspätete Annahme eines Antrags gilt als neuer Antrag.

(2) Eine Annahme unter Erweiterungen, Einschränkungen oder sonstigen Änderungen gilt als Ablehnung verbunden mit einem neuen Antrage.«

Beispiel

Autohändler Emil Schwarz bietet Elektromeister Jürgen Schlösser einen gebrauchten Pkw, Marke XYZ zum Preis von 7000,00 € an. Elektromeister Schlösser fordert für den Preis von 7000,00 € noch einige Extras.

Mit seinen Forderungen lehnt Elektromeister Schlösser das von Autohändler Schwarz gemachte Angebot ab, sodass Emil Schwarz nicht mehr an sein Angebot gebunden ist. Ein Kaufvertrag wird nicht geschlossen.

Erklärt sich Emil Schwarz dagegen bereit, für den Preis von 7000,00 € auch die Forderungen von Jürgen Schlösser zu erfüllen, ist ein Kaufvertrag zu Stande gekommen.

Der Verkäufer ist auch nicht mehr an sein Angebot gebunden, wenn es von ihm rechtzeitig widerrufen wurde. Dies bedeutet, dass der Widerruf spätestens gleichzeitig mit dem Angebot beim Kunden eintreffen muss. Ein briefliches Angebot ist daher durch Eilbrief oder Fax, telefonisch oder per E-Mail zu widerrufen.

Über den **Inhalt des Angebotes** gibt es keine gesetzlichen Vorschriften. Allerdings dürfte es im eigenen Interesse wie auch im Sinne der Kunden sein, wenn das Angebot stets so klar und ausführlich aufgestellt ist, dass spätere Unklarheiten nicht zu Streitigkeiten oder u.U. zu Prozessen führen.

Falsche Preisangaben im Internet: Glückliche Käufer haben keine Chance

Düsseldorf (RPO). Immer wieder passieren peinliche Preis-Pannen im Internet: Notebooks und teure Elektronikartikel sind auf einmal zu einem Spottpreis erhältlich. Doch die Freude der Online-Schnäppchenjäger währt nur kurz: Die Anbieter kassieren ihre Angebote einfach wieder ein – ganz legal.

Immer wieder kommt es in Online-Shops zu Pannen mit der Preisauszeichnung. Ein Aufsehen erregender Fall ereignete sich erst im letzten August. Der Versandhändler Otto bot in seinem Online-Shop verschiedene Notebooks zu Preisen von 29,99 bzw. 49,99 Euro an. Das Ganze beruhte auf einer Panne bei der Dateneingabe.

Doch der Fehler wurde zu spät bemerkt. Innerhalb weniger Stunden sprach sich das günstige Angebot im Internet herum. 2565 Besteller orderten insgesamt 6534 Notebooks, die normalerweise bis zu 1.999,90 Euro kosten.

Doch die Vorfreude über die vermeintlichen Schnäppchen kam zu früh: Keine der Bestellungen wurde zu den im zeitweilig im Internet sichtbaren Preisen abgewickelt. Und Otto als Anbieter war dazu schlichtweg nicht verpflichtet. "Damit hat der Anbieter in der Regel recht", erklärte Thomas Bradler von der Verbraucherzentrale NRW gegenüber unserer Redaktion.

Der Bundesgerichtshof hat entschieden, dass wer im Internet Waren aufgrund eines Softwarefehlers versehentlich zu billig anbietet, den zu dem vermeintlichen Schnäppchenpreis zustande gekommenen Kaufvertrag wegen Erklärungsirrtums (§ 119 Abs. 1 BGB) anfechten kann. Nach § 119 Abs. 1 BGB kann, wer bei der Abgabe einer Willenserklärung über deren Inhalt im Irrtum war oder eine Erklärung dieses Inhalts überhaupt nicht abgeben wollte die Erklärung anfechten, wenn anzunehmen ist, dass er sie bei Kenntnis der Sachlage und bei verständiger Würdigung des Falles nicht abgegeben haben würde. *Quelle: Rheinische Post – 11.03.2010*

Vorteilhaft ist es, wenn der Anbietende alle Einzelheiten unter Berücksichtigung von Besonderheiten der Anfrage im Angebot festlegt, sodass der Kunde nur noch zuzustimmen braucht. Zumeist sind die Verkaufs- und Lieferbedingungen auf den Angebotsvordrucken auf der Rückseite aufgeführt. Fehlen einzelne Punkte in einem Angebot, dann gelten statt dessen die gesetzlichen Regelungen des BGB und HGB, die bisher zwischen den Vertragspartner üblichen Bedingungen oder die Einheitsbedingungen der Branche.

Das Angebot als Grundlage des Vertragsabschlusses sollte Aussagen enthalten über Art, Güte und Beschaffenheit der Ware, Menge und Preis der Ware, die Zahlungs- und Lieferbedingungen sowie den Erfüllungsort und Gerichtsstand.

Sowohl der Kaufmann als auch der Privatmann wird mehrere Angebote einholen und vergleichen. Dabei wäre es jedoch falsch, lediglich den Faktor Preis als Entscheidungskriterium heranzuziehen, wobei ein Preisvergleich natürlich nur bei Waren gleicher Güte einen Sinn hat. Für die Entscheidung, bei welchem Lieferanten die Ware nun bestellt werden soll, sind noch weitere Merkmale zu berücksichtigen:

- Qualitätsniveau
- Liefer- und Zahlungsbedingungen
- Zuverlässigkeit und Garantieleistungsbereitschaft
- Reklamationsbearbeitung
- persönliche Beziehung zum Lieferanten
- Abschluss von Gegengeschäften

Die Abhängigkeit von nur einem Lieferanten sollte vermieden werden.

Die **Bestellung** ist die Willenserklärung des Käufers, mit der er sich verpflichtet, eine bestimmte Ware zu den angegebenen Bedingungen zu kaufen.

Bestellung: Willenserklärung eines Käufers, eine bestimmte Ware zu angegebenen Bedingungen zu erwerben

Durch sie erklärt der Käufer seinen Willen zum Kauf, sodass mit dieser Willenserklärung der Kaufvertrag zustande kommt. Dies ist jedoch nur dann gegeben, wenn das verbindliche Angebot rechtzeitig und unverändert angenommen wurde, d.h. wenn die Willenserklärung des Verkäufers mit der Willenserklärung des Käufers übereinstimmt.

Wie das Angebot, so ist auch die Bestellung an keine Form gebunden, d.h. sie kann mündlich, telefonisch oder schriftlich erfolgen. Um Irrtümer auszuschalten und auch als Beweismittel bei Rechtsstreitigkeiten, sollten mündliche oder telefonische Bestellungen schriftlich bestätigt werden.

Inhaltlich sind in der Bestellung die gleichen Bestandteile wie im Angebot anzuführen: Art, Güte und Beschaffenheit der Ware, Menge und Preis, Liefer- und Zahlungsbedingungen, Erfüllungsort und Gerichtsstand. War das Angebot eindeutig und vollständig, genügt die Kurzform »Angebot angenommen«.

Die rechtliche Wirkung der Bestellung ist die gleiche wie beim Angebot: **Wie der Verkäufer an sein Angebot, so ist der Käufer an seine Bestellung gebunden.**

Die Bindung ist jedoch erst dann wirksam, wenn die Bestellung dem Empfänger zugegangen ist. Erhält der Besteller nachträglich ein günstigeres Angebot, so kann er die Bestellung widerrufen. Der Widerruf muss jedoch spätestens gleichzeitig mit der Bestellung beim Lieferanten eingehen.

Ändert der Käufer in seiner Bestellung die Angebotsbedingungen ab oder nimmt der Käufer das Angebot zwar unverändert, aber verspätet an, so ist die Bestellung für den Lieferanten als ein neuer Antrag zu werten. Dies ist auch dann gegeben, wenn der Käufer ohne vorliegendes Angebot Waren bestellt. In allen Fällen liegt es am Lieferanten, ob er den Antrag annimmt und einen Kaufvertrag abschließt oder ob er den Antrag ablehnt.

Beispiel

Anstreicher Günter Lehmann erhielt vom Farbengroßhändler Otto Werner ein bis zum 30.04. befristetes Angebot über Fassadenfarben. Anstreicher Lehmann bestellt erst am 03.05. auf dieses Angebot hin. Für den Farbengroßhändler Otto Werner ist dies als ein neuer Antrag zu verstehen, denn er ist nicht mehr an sein Angebot gebunden. Es liegt jetzt an ihm, ob er die Bestellung ausführt oder nicht und damit ein Kaufvertrag geschlossen wird oder nicht.

Die **Bestellungsannahme** oder auch **Auftragsbestätigung** muss der Lieferant erteilen, wenn

- das Angebot verspätet angenommen wurde (§ 150 I BGB)
- das Angebot abgeändert wurde (§ 150 II BGB)
- das Angebot freibleibend war (§ 145 BGB)
- ohne vorheriges Angebot bestellt wurde.

Wird mit einer Bestellung ein vorliegendes Angebot angenommen, so braucht sie vom Lieferanten nicht bestätigt zu werden. Tut er es dennoch, so hat dies rechtlich keine Bedeutung, d.h. der Kaufvertrag ist auch ohne Bestellungsannahme rechtsgültig.

Bei jedem Kauf oder Verkauf wird ein **Kaufvertrag** abgeschlossen. Der Kaufvertrag kommt wie alle zweiseitigen Rechtsgeschäfte durch Antrag und Annahme aufgrund übereinstimmender Willenserklärungen zu Stande. Der Antrag stellt, gleichgültig in welcher Form, immer das auslösende Moment des Kaufvertrages dar. Ausgehen kann der Antrag

1. vom **Verkäufer** durch ein Angebot, das der Käufer annimmt;
2. vom **Käufer** durch Abgabe einer Bestellung, ohne dass ein Angebot des Verkäufers vorliegt.

Kaufvertrag

Mit dem Abschluss des Kaufvertrages haben sich die Vertragspartner (Käufer und Verkäufer) verpflichtet, den Kaufvertrag zu erfüllen. Somit enthält der Kaufvertrag rechtlich zwei Teile:

➤ das Verpflichtungs- und ➤ das Erfüllungsgeschäft.

Das Verpflichtungsgeschäft ist im § 433 BGB verankert. Dort heißt es:

»(1) Durch den Kaufvertrag wird der Verkäufer einer Sache verpflichtet, dem Käufer die Sache zu übergeben und das Eigentum an der Sache zu verschaffen. Der Verkäufer hat dem Käufer die Sache frei von Sach- und Rechtsmängeln zu verkaufen.

(2) Der Käufer ist verpflichtet, dem Verkäufer den vereinbarten Kaufpreis zu zahlen und die gekaufte Sache abzunehmen.«

Aus dem Gesetz ergeben sich folgende Pflichten der Vertragspartner:

Pflichten des Verkäufers

1. dem Käufer die Sache mangelfrei und rechtzeitig zu übergeben (Besitz verschaffen)
2. dem Käufer das Eigentum daran zu verschaffen (Übereignung)
3. den Kaufpreis anzunehmen

Pflichten des Käufers

1. die ordnungsgemäß gelieferte Ware anzunehmen
2. den vereinbarten Kaufpreis rechtzeitig zu zahlen

→ **Verpflichtungsgeschäft** ←

Erfüllt wird der Kaufvertrag, wenn die Vertragspartner ihre jeweiligen Vertragspflichten erbringen.

Leistungen des Verkäufers

1. Übergabe der Sache
2. Eigentumsübertragung
3. Annahme des Kaufpreises

Leistungen des Käufers

1. Abnahme der Ware
2. Zahlung des Kaufpreises

→ **Erfüllungsgeschäft** ←

§ 362 BGB:
»Das Schuldverhältnis erlischt, wenn die geschuldete Leistung an den Gläubiger bewirkt wird.«

Verpflichtungs- und Erfüllungsgeschäft können

❶ ***zeitlich zusammenfallen***

Beispiel

Kauf in einem Lebensmittelgeschäft (Sofortkauf)

❷ **zeitlich auseinander liegen**

Beispiel

Kauf eines Neuwagens, der erst in 6 Monaten geliefert wird.

Im Kaufvertrag haben sich Verkäufer und Käufer geeinigt über Art, Güte, Beschaffenheit, Menge, Preis, Liefer- und Zahlungsbedingungen sowie den Erfüllungsort und Gerichtsstand. Nachfolgend werden die wichtigsten Merkmale beschrieben.

Nach dem Gesetz (§ 448 BGB) gilt:
Warenschulden sind Holschulden

Lieferbedingungen

Danach muss der Käufer die Transportkosten zahlen, wenn er die bestellte Ware nicht selbst beim Lieferanten abholt. Wird keine Vereinbarung getroffen, so tritt die **gesetzliche Regelung** in Kraft. Dabei sind die Kosten, insbesondere die Kosten des Messens und Wiegens, vom Verkäufer, dagegen die Kosten der Abnahme und des Transports zu einem anderen als dem Erfüllungsort vom Käufer zu tragen.

§ 448 BGB Kosten der Übergabe und vergleichbare Kosten

»(1) Der Verkäufer trägt die Kosten der Übergabe der Sache, der Käufer die Kosten der Abnahme und der Versendung der Sache nach einem anderen Ort als dem Erfüllungsort.

(2) Der Käufer eines Grundstückes trägt die Kosten der Beurkundung des Kaufvertrages und der Auflassung, der Eintragung ins Grundbuch und der zu der Eintragung erforderlichen Erklärungen.«

Falls für die Lieferzeit keine Vereinbarung getroffen wurde, so tritt die gesetzliche Regelung in Kraft. Nach § 271 BGB kann der Lieferant sofort liefern, und der Käufer kann sofortige Lieferung verlangen.

§ 271 BGB (Leistungszeit)

»(1) Ist eine Zeit für die Leistung weder bestimmt noch aus den Umständen zu entnehmen, so kann der Gläubiger die Leistung sofort verlangen, der Schuldner sie sofort bewirken.«

Im Angebot wird meistens eine Vereinbarung über Lieferzeit, Lieferfrist oder ein Lieferdatum angegeben, z.B. »Lieferung erfolgt 3 Monate nach Auftragseingang«. Ein Fixgeschäft liegt vor, wenn der Zeitpunkt der Lieferung genau bestimmt ist, z.B. »Lieferung am 19. April fix« (HGB § 376).

§ 376 HGB (Fixgeschäft)

»(1) Ist bedungen, dass die Leistung des einen Teils genau zu einer fest bestimmten Zeit oder innerhalb einer fest bestimmten Frist bewirkt werden soll, so kann der andere Teil, wenn die Leistung nicht zu der bestimmten Zeit oder nicht innerhalb der bestimmten Frist erfolgt, von dem Vertrage zurücktreten oder, falls der Schuldner im Verzug ist, statt der Erfüllung Schadenersatz wegen Nichterfüllung verlangen.«

Zahlungsbedingungen

Ist über den Zeitpunkt der Zahlung nichts vereinbart, so tritt die gesetzliche Regelung in Kraft, d.h. nach § 271 BGB kann der Verkäufer sofortige Zahlung verlangen. Dabei hat der Käufer die Kosten der Zahlung, z.B. Gebühren, selbst zu tragen, denn **Geldschulden sind Schick- oder Bringschulden** (Ausnahme: Wechselschulden).

Abweichend von der gesetzlichen Regelung können jedoch andere Zahlungstermine vereinbart werden:

Handelsübliche Zahlungsbedingungen / Vertragsformulierungen

Zahlung vor der Lieferung
Diese Form der Zahlung wird häufig zur Finanzierung großer Aufträge und mit noch unbekannten oder unsicheren Kunden vereinbart.

- »Zahlung bei Bestellung«
- »Anzahlung 1/3, Rest bei Lieferung«
- »Zahlung im Voraus«
- »netto Kasse gegen Rechnung«
- versandbereite Ware wird erst nach Eingang der Zahlung versandt

Zahlung bei der Lieferung
Diese Form der Zahlung ist vor allem im Einzelhandel üblich.

- »gegen bar«
- »gegen Kasse«
- »netto Kasse«
- »gegen Nachnahme«

Zahlung nach der Lieferung
Diese Ziel- oder Kreditkäufe setzen die Finanzierungsbereitschaft des Verkäufers und natürlich die Kreditwürdigkeit des Käufers voraus.

- »Ziel 1 Monat«
- »zahlbar innerhalb 30 Tagen«
- »auf Abzahlung«
- »zahlbar in 6 Raten«
- »zahlbar in 8 Tagen mit 2% Skonto«

Erfüllungsort

Der Erfüllungsort ist der Ort, an dem der Schuldner seine geschuldete Leistung zu erfüllen hat. An diesem Ort wird der Schuldner durch rechtzeitige und mangelfreie Leistungen von seiner vertraglichen Verpflichtung frei. Mit dem Abschluss des Kaufvertrages gibt es zwei Schuldner: den Verkäufer und den Käufer.

- Der Verkäufer schuldet dem Käufer die rechtzeitige und ordnungsgemäße Lieferung der Ware.
- Der Käufer schuldet dem Verkäufer den Kaufpreis.

Wenn nichts über den Erfüllungsort vereinbart wurde, gilt der gesetzliche Erfüllungsort. Neben dem gesetzlichen gibt es noch einen vertraglichen sowie einen natürlichen Erfüllungsort.

Erfüllungsort

Gesetzlicher Erfüllungsort

jeweils der Wohnsitz bzw. die gewerbliche Niederlassung des Schuldners, d.h.

- für die **Lieferung** der Ware der Wohn- oder Geschäftssitz des Verkäufers und
- für die **Zahlung** des Kaufpreises der Wohn- oder Geschäftssitz des Käufers.

Beispiel

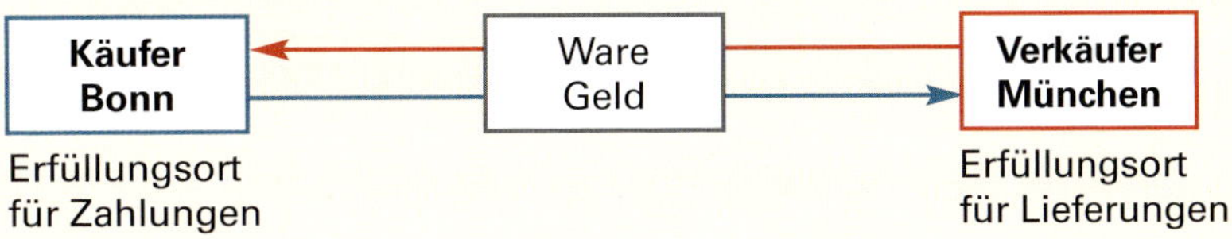

Vertraglicher Erfüllungsort

ist eine Vereinbarung zwischen Verkäufer und Käufer und für beide verbindlich.

Beispiel

»Erfüllungsort für beide Teile ist München«

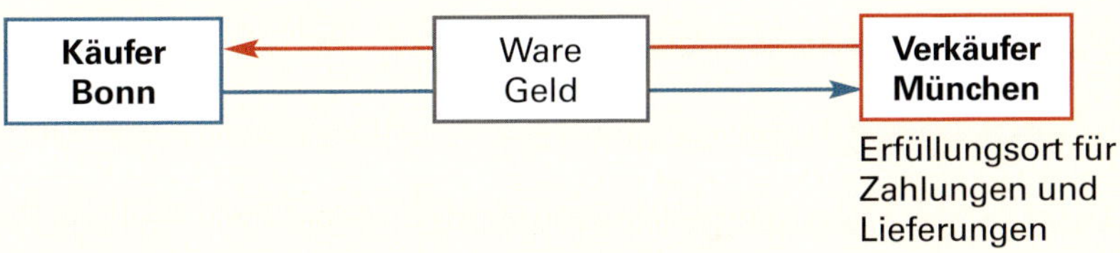

Die stärkere wirtschaftliche Position gibt in den Verhandlungen den Ausschlag.

Natürlicher Erfüllungsort

Hier kann die Leistung ihrer Natur nach nur an einem bestimmten Ort erbracht werden.

Beispiel

- Anlieferung von Baumaterialien zur Errichtung eines Gebäudes
- Ausführung von Reparaturarbeiten in einer Wohnung.

Gerichtsstand

Gesetzlicher Gerichtsstand

Dies ist der Gerichtsstand des Erfüllungsortes. Bei Streitigkeiten zwischen Verkäufer und Käufer, sei es wegen der Lieferung oder wegen der Zahlung, ist das Gericht zuständig, in dessen Bezirk der Erfüllungsort liegt.

Vertraglicher Gerichtsstand

Abweichend vom gesetzlichen Gerichtsstand können Vollkaufleute einen Gerichtsstand vereinbaren, wobei dies i.d.R. der Ort des Verkäufers ist.

Gesetzlicher Gerichtsstand

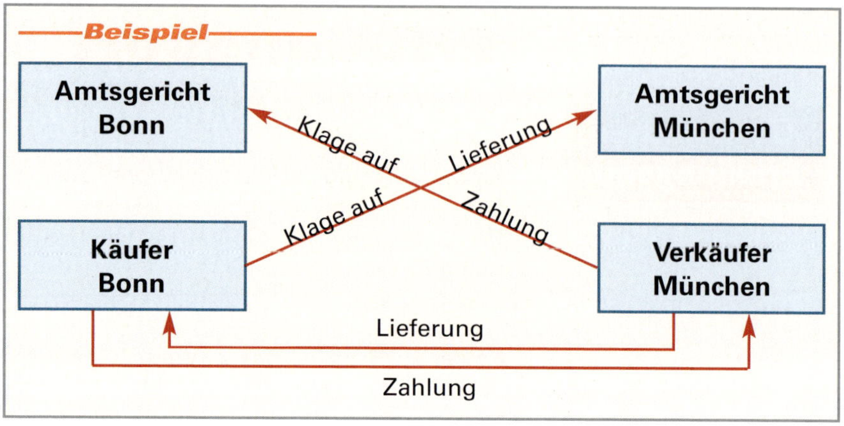

Das zuständige Gericht ist immer das Gericht des Geld- bzw. Warenschuldners. Somit wird der säumige Käufer (Geldschuldner) auf Zahlung bei seinem zuständigen Amtsgericht Bonn, der Verkäufer (Warenschuldner) auf Lieferung beim Amtsgericht in München verklagt.

Vertraglicher Gerichtsstand

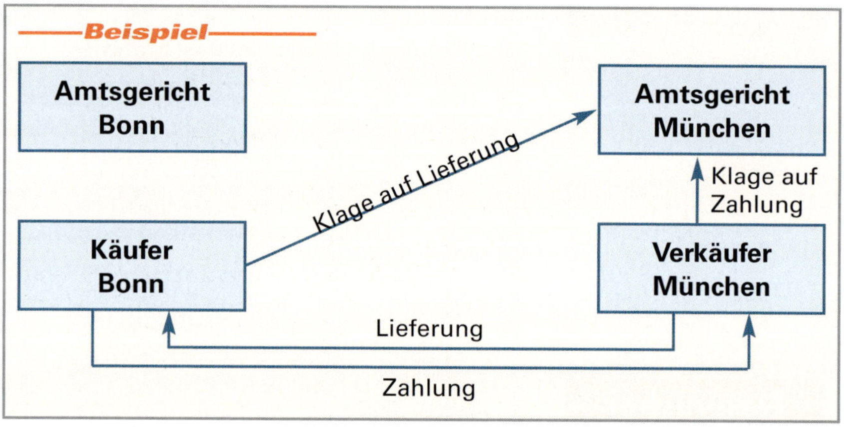

Für Privatpersonen ist eine Vereinbarung über den Gerichtsstand unzulässig. Diese Regelung stellt für den nicht kaufmännischen Personenkreis einen Schutz dar, da bisher die Unternehmen in ihren Allgemeinen Geschäftsbedingungen durchweg den Sitz des Unternehmens als Gerichtsstand vorsahen, und der wirtschaftlich schwächere und oft nicht so erfahrene Vertragspartner sich kaum entziehen konnte, den auswärtigen Gerichtsstand anzuerkennen.

Gefahrenübergang bei der Erfüllung des Kaufvertrages

Jeder Transport von Waren ist mit Risiken behaftet. Solche Risiken können entstehen durch

- Verlust der Ware
- Vernichtung der Ware
- Beschädigung der Ware

Risiken dieser Art sind verschuldet oder zufällig. Zufällige Beschädigung oder Vernichtung der Ware kann durch höhere Gewalt geschehen.

Beispiel

Naturkatastrophen wie Überschwemmungen, Hagel, Blitzschlag usw.

Gefahrenübergang durch Verschulden (§§ 276, 278, 447 [2] BGB)

Wenn durch Verschulden eines Vertragspartners oder des Frachtführers, z.B. Spediteur, die Ware einen Schaden erleidet, so ist der schuldige Teil ersatzpflichtig. Der Verkäufer muss bei der Verpackung sowie bei der Auswahl des Frachtführers die Sorgfalt eines ordentlichen Kaufmannes anwenden. Er muss Anweisungen des Käufers über die Art des Versandes beachten. Weicht er ohne dringenden Grund davon ab, ist der Verkäufer schadenersatzpflichtig.

Gefahrenübergang durch Zufall (§§ 446 [1], 447 [1] BGB)

Für den zufälligen Untergang oder die zufällige Verschlechterung ist der Erfüllungsort maßgebend. Bis zum Erfüllungsort trägt der Lieferant das Risiko, ab dem Erfüllungsort trägt es der Käufer.

➤ **§ 276 Verantwortlichkeit des Schuldners**

»(1) Der Schuldner hat Vorsatz und Fahrlässigkeit zu vertreten, wenn eine strengere oder mildere Haftung weder bestimmt noch aus dem sonstigen Inhalt des Schuldverhältnisses, insbesondere aus der Übernahme einer Garantie oder eines Beschaffungsrisikos zu entnehmen ist. Die Vorschriften der §§ 827 und 828 finden entsprechende Anwendung.

(2) Fahrlässig handelt, wer die im Verkehr erforderliche Sorgfalt außer Acht lässt.

(3) Die Haftung wegen Vorsatzes kann dem Schuldner nicht im Voraus erlassen werden.«

➤ **§ 278 Verantwortlichkeit des Schuldners für Dritte**

»Der Schuldner hat ein Verschulden seines gesetzlichen Vertreters und der Personen, deren er sich zur Erfüllung seiner Verbindlichkeit bedient, in gleichem Umfange zu vertreten wie eigenes Verschulden. Die Vorschrift des § 276 Abs. 3 findet keine Anwendung.«

Recht der Schuldverhältnisse

➤ **§ 446 Gefahr- und Lastenübergang**

»Mit der Übergabe der verkauften Sache geht die Gefahr des zufälligen Untergangs und der zufälligen Verschlechterung auf den Käufer über. Von der Übergabe an gebühren dem Käufer die Nutzungen und trägt er die Lasten der Sache. Der Übergabe steht es gleich, wenn der Käufer im Verzug der Annahme ist.«

➤ **§ 447 Gefahrenübergang beim Versendungskauf**

»Versendet der Verkäufer auf Verlangen des Käufers die verkaufte Sache nach einem anderen Ort als dem Erfüllungsort, so geht die Gefahr auf den Käufer über, sobald der Verkäufer die Sache dem Spediteur, dem Frachtführer oder der sonst zur Ausführung der Versendung bestimmten Person oder Anstalt ausgeliefert hat.

(2) Hat der Käufer eine besondere Anweisung über die Art der Versendung erteilt und weicht der Verkäufer ohne dringenden Grund von der Anweisung ab, so ist der Verkäufer dem Käufer für den daraus entstandenen Schaden verantwortlich.«

Gefahrenübergang bei den verschiedenen Kaufarten

➤ **Handkauf:** Übergabe erfolgt im Geschäft des Verkäufers, z.B. Kauf einer Vase. Mit der Übergabe geht die Gefahr auf den Käufer über.

➤ **Platzkauf:** Käufer und Verkäufer wohnen am gleichen Ort

- Ist als Erfüllungsort die Wohnung des Käufers vereinbart (bei handelsüblicher Zustellung frei Haus), so geht die Gefahr mit der Übergabe der Ware auf den Käufer über.
- Ist das Geschäft des Verkäufers als Erfüllungsort vereinbart, so tritt die Gefahr mit der Auslieferung an den Frachtführer ein.

Nach der rechtlichen Stellung unterscheidet man verschiedene **Sonderformen des Kaufvertrages.**

Der Kaufvertrag unterliegt unterschiedlichen gesetzlichen Regelungen. Dies hängt von der rechtlichen Stellung der Vertragspartner (Kaufmann oder Nichtkaufmann) und dem Zweck des Vertragsabschlusses (dient es einem privaten Zweck oder dem Zweck eines Handelsgewerbes) ab.

Folgende gesetzliche Bestimmungen sind für die unterschiedlichen Kaufarten maßgebend:

Verkäufer handelt als	**Käufer** handelt als	**Kaufart**	gesetzliche Grundlage
Privatperson	Privatperson	**Bürgerlicher Kauf** Beide Vertragspartner handeln als Privatleute. Darunter fällt auch der Kauf, den ein Kaufmann für seine privaten Zwecke abschließt. ***Beispiel*** Hans Meyer verkauft Fritz Schäfer seinen gebrauchten Computer	**BGB §§ 433ff.**
Privatperson	Unternehmer	**Einseitiger Handelskauf** Ein Vertragspartner ist Kaufmann, der den Kaufvertrag für geschäftliche Zwecke abschließt. ***Beispiel*** Ein Lebensmittelhändler kauft für sein Geschäft frisches Gemüse bei einem Bauern.	**BGB §§ 433ff. HGB §§ 343, 373ff.**
Unternehmer	Privatperson	**Verbrauchsgüterkauf** ***Beispiel*** Eine Hausfrau kauft Lebensmittel in einem Einzelhandelsgeschäft.	**BGB §§ 474ff.**

Bürgerlicher Kauf

Einseitiger Handelskauf

§ 345 HGB (Einseitige Handelsgeschäfte) Auf ein Rechtsgeschäft das für einen der beiden Teile ein Handelsgeschäft ist, kommen die Vorschriften über Handelsgeschäfte für beide Teile gleichmäßig zur Anwendung, soweit nicht aus diesen Vorschriften sich ein anderes ergibt.

Verkäufer handelt als	**Käufer** handelt als	**Kaufart**	gesetzliche Grundlage
Unternehmer	Unternehmer	**Zweiseitiger Handelskauf** Es handelt sich um einen Kauf, den beide Vertragspartner als Kaufleute für geschäftliche Zwecke abschließen. **Beispiel** Ein Geschäftsmann kauft bei einem Autohändler einen neuen Firmenwagen.	**HGB §§ 373ff.**

Zweiseitiger Handelskauf

§ 343 HGB (Handelsgeschäfte) (1) Handelsgeschäfte sind alle Geschäfte eines Kaufmanns, die zum Betriebe seines Handelsgewerbes gehören.

Die meisten Käufe der täglichen Praxis sind Verbrauchsgüterkäufe.

- **Kauf auf Probe**
  Es handelt sich um einen vorläufigen Kauf. Der Kunde hat ein Rückgaberecht bei Nichtgefallen innerhalb einer vereinbarten oder angemessenen Frist, z.B. Käufer bestellt ein Buch zur Ansicht.
- **Kauf nach Probe**
  Der Käufer bestellt nach einem Muster. Die Ware muss genau der Probe entsprechen.
- **Kauf zur Probe**
  Von einer Ware wird eine kleinere Menge zum Ausprobieren gekauft. Wenn die Ware den Erwartungen entsprechen sollte, wird eine größere Bestellung in Aussicht gestellt.
- **Fixkauf**
  Kauf, bei dem ein fester Termin für die Lieferung vereinbart wird, z.B. für Anzeigenkarten einer Familienfeier.
- **Kauf auf Abruf**
  Lieferung erfolgt erst, wenn der Käufer die Ware ganz oder teilweise abruft. Der Vorteil liegt in der Einsparung von Lagerkosten und bei den günstigeren Preisen bei Abnahme größerer Mengen.
- **Ratenkauf/Teilzahlungskauf**
  Hier wird der Kaufpreis in Raten gezahlt. Normalerweise leistet der Käufer eine Anzahlung und zahlt den Rest in gleich hohen Monatsraten ab.

Nicht immer läuft beim Kauf einer Ware alles reibungslos. **Störungen des Kaufvertrages** können nicht gänzlich ausgeschlossen werden.

Beispiel

Geschäftsführer Hugo Peters, Chef einer Kraftfahrzeugwerkstatt, kann sich über die Auftragslage seiner Unternehmung nicht beklagen. Dies erfordert eine fortwährende Auffüllung des Lagers, um die Aufträge der Kunden auszuführen. Heute sind verschiedene Lieferungen von der Bauer KG eingetroffen, von denen drei beanstandet werden müssen:

- falsche Kotflügel wurden geliefert,
- ein elektronisches Gerät zur Vergasereinstellung funktioniert nicht,
- eine Lieferung von Dichtungen weicht in einigen Positionen von der Bestellung ab.

Außerdem ist das neue Schweißgerät der Bauer KG trotz Mahnung noch nicht geliefert worden. Hugo Peters erkundigt sich, ob sein Unternehmen durch diese Störungen die rechtzeitige Abwicklung der Aufträge noch gewährleisten kann. Wenn nicht, könnten sich Schadenersatzansprüche ergeben. Geschäftsführer Hugo Peters weiß jedoch, dass Kauf und Verkauf nicht immer reibungslos ablaufen.

Beeinträchtigungen des Kaufvertrages

Wird vom Käufer oder Verkäufer der Kaufvertrag nicht oder nicht vollständig erfüllt, so liegen Sachmängel, Verzug des Gläubigers oder Verzug des Schuldners vor. Es wird zwischen folgenden Störungen unterschieden:

- Lieferungsverzug (Nicht-Rechtzeitig-Lieferung)
- Annahmeverzug (Gläubigerverzug)
- mangelhafte Lieferung (Schlechtleistung)
- Zahlungsverzug (Nicht-Rechtzeitig-Zahlung)

Sein Recht kann der geschädigte Vertragspartner nach den gesetzlichen Bestimmungen (BGB, HGB) und den Geschäftsbedingungen des Kaufvertrages wahren.

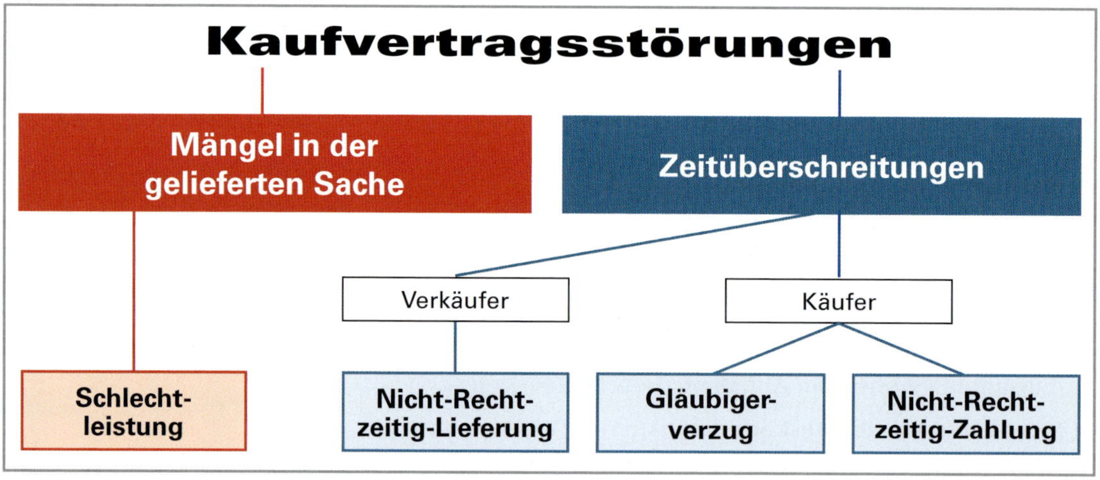

Mangelhafte Lieferung = Schlechtleistung

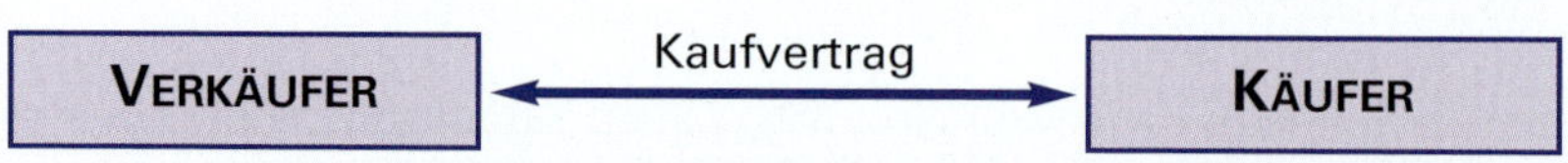

Gemäß § 433 BGB ist der Verkäufer durch einen Kaufvertrag verpflichtet, die Sache frei von Sach- und Rechtsmängeln dem Käufer zu übergeben und ihm das Eigentum an der Sache zu verschaffen. Der Käufer verpflichtet sich zur Kaufpreiszahlung und zur Annahme der gekauften Sache.

Die Sache ist frei von Sachmängeln, wenn sie bei Gefahrenübergang die vereinbarte Beschaffenheit hat. Man unterscheidet:

Sachmangel

Vertraglich vereinbart

- Abweichung der tatsächlichen von der vereinbarten Beschaffenheit

Vertraglich nicht vereinbart

- Keine Eignung zum übereinstimmend vorausgesetzten Gebrauch
- Beschaffenheit
  - unüblich
  - nach Art der Sache nicht zu erwarten
  - Abweichung von Angaben in der Werbung, auf der Verpackung
- Fehlerhafte Montage
  - durch den Verkäufer
  - aufgrund fehlerhafter Montageanleitung (Ikea-Klausel)
- Lieferung einer
  - anderen Sache
  - zu kleinen Menge

Im Hinblick auf die Erkennbarkeit von Mängeln unterscheidet man:

Offene Mängel

Sie sind bei der Prüfung des Kaufgegenstandes ohne weiteres sofort erkennbar.

Beispiel

Kratzer, Schrammen an einem Möbelstück.

Versteckte Mängel

Sie sind nicht so ohne weiteres ersichtlich und werden meist erst später festgestellt.

Beispiel

Verdorbene Konserven, unsichtbarer Materialfehler.

Der Käufer hat das Recht, festgestellte Mängel durch den Verkäufer beheben zu lassen. Zu diesem Zweck muss der Käufer dem Lieferanten die Mängel in einer **Mängelrüge** anzeigen. Dabei müssen die Mängel genau bezeichnet werden. Allgemeine Hinweise und Feststellungen z.B. »... die Ware ist schlecht« genügen nicht.

Ansprüche und Rechte des Käufers bei Mängeln

- **Nacherfüllung**

Vorrangiges Recht

Dabei steht dem Käufer das Wahlrecht auf Beseitigung des Mangels oder Lieferung einer mangelfreien Sache zu. Der Verkäufer kann die vom Käufer gewählte Form der Nacherfüllung verweigern, wenn sie nur mit unverhältnismäßig hohen Kosten möglich ist. Aufwendungen, die zum Zweck der Nacherfüllung notwendig sind, hat der Verkäufer zu tragen (§§ 437 Nr.1, 439 (1) BGB).

Beispiel 1

Herr Hoppen hat sich einen neuen Elektrorasenmäher für 259,00 € gekauft. Zu Hause erkennt er, dass die Aufhängung eines Rades verbogen ist. Die Reparatur würde laut Kostenvoranschlag 265,00 € kosten, d.h. die Kosten stehen in keinem Verhältnis zum Warenwert. Der Verkäufer kann somit eine Reparatur ablehnen und statt dessen eine Neulieferung veranlassen.

Beispiel 2

Herr Schröder kauft sich eine neue Rolex-Armbanduhr zum Preis von 3500,00 €. Als er die Uhr zu Hause auspackt, stellt er einen kleinen Fehler am Armband fest. Herr Schröder kann in diesem Falle keine Neulieferung fordern, sondern muss zunächst dem Verkäufer eine Reparatur zugestehen.

Ist die Nacherfüllung fehlgeschlagen, stehen dem Käufer folgende Rechte **wahlweise** zur Verfügung.

- **Rücktritt vom Kaufvertrag**

Nachrangige Rechte

Der Käufer tritt vom Kaufvertrag zurück, wenn er dem Verkäufer eine angemessene **Nachfrist** zur Leistung oder Nacherfüllung gesetzt hatte und diese verstrichen ist. Eine Nacherfüllung gilt spätestens nach dem zweiten erfolglosen Nachbesserungsversuch als fehlgeschlagen. Der Käufer kann den Kaufvertrag aufheben, ohne dass der Verkäufer zuzustimmen braucht. Die Aufhebung des Kaufvertrages erfolgt dadurch, dass der Käufer – einseitig – den Rücktritt vom Kaufvertrag erklärt. Wegen nur unerheblicher Mängel der Kaufsache darf der Käufer nicht zurücktreten (§ 323 (5) Satz 2 BGB).

Beispiel

Nachdem Frau Kulig ihre neu gekaufte Kaffeemaschine zweimal erfolglos hat reparieren lassen, hat sie ein Recht darauf, vom Kaufvertrag zurückzutreten.

- **Minderung**

Gleichberechtigte Alternative zum Rücktritt ist die Minderung, also Herabsetzung des Kaufpreises. Wenn der Verkäufer dem Käufer eine mangelhafte Kaufsache übergeben hat, muss der Käufer dem Verkäufer eine angemessene Frist setzen, um den Mangel zu beheben. Ist die Frist abgelaufen, kann der Käufer den Kaufpreis mindern. Die Minderung bemisst sich am Verhältnis vom Kaufpreis und tatsächlichem Wert der mangelhaften Sache. Eine Minderung ist auch bei sog. Bagatellfehlern möglich (§ 441 (1) BGB).

Beispiel

Die Reparatur bzw. Neulieferung einer hochwertigen Teppichs, der minimale Knüpffehler aufweist, war unmöglich. Da der Käufer aber gerade diesen Teppich erwerben möchte, kann er eine angemessene Minderung des Kaufpreises verlangen.

AG München:
Kauf eines Autos über ebay...

Verspricht ein Verkäufer, dass bei seinem Verkaufsobjekt bestimmte Eigenschaften vorliegen, kann er sich nachher nicht auf einen Gewährleistungsausschluss berufen.

Eine Frau bot über die Internetplattform ebay einen PKW VW T4 Multivan an. Bei der Beschreibung des Fahrzeugs gab sie an, dass es sich in einem gebrauchten, aber gut erhaltenen Zustand befinde. Es sei unfallfrei, scheckheftgepflegt und mit Standheizung und Tempomat ausgestattet.

Anfang Februar 2009 ersteigerte jemand für 3100 Euro dieses Fahrzeug. Anschließend wurde zusätzlich zwischen beiden ein schriftlicher Kaufvertrag mittels eines ADAC-Kaufvertragsformulars geschlossen. Da der linke Außenspiegel des Fahrzeugs beschädigt war, einigte man sich auf einen um 50 Euro reduzierten Kaufpreis.

Als der Käufer das Fahrzeug erhielt, stellte sich heraus, dass das Auto weder über Standheizung noch über einen Tempomat verfügte. Es wies einen Kilometerstand von 233.000 Kilometer auf. Laut dem Serviceheft erfolgte die letzte Wartung in einer Werkstatt Anfang 2004 bei einem Kilometerstand von 195.648. Eine weitere Inspektion bei Kilometerstand 220.000 war entgegen der Empfehlung der Werkstatt nicht durchgeführt worden.

Der Käufer erklärte deshalb sofort den Rücktritt und wollte seinen Kaufpreis zurück. Die Verkäuferin weigerte sich. Der Kaufvertrag sei gemäß dem ADAC-Kaufvertragsformular zustande gekommen. Hier sei vereinbart worden, dass der Käufer das Fahrzeug wie besehen erwerbe. Daher käme es auf die Fahrzeugbeschreibung bei ebay nicht an. Es sei eine Gewährleistungsausschluss vereinbart worden. Im Übrigen sei sie nicht zur Nachbesserung aufgefordert worden.

Der Käufer erhob Klage vor dem Amtsgericht München und bekam von der zuständigen Richterin Recht:

Der Käufer sei wirksam zurückgetreten. Das Fahrzeug weise einen Mangel auf, da es nicht über eine Standheizung und einen Tempomaten verfüge, obwohl beides nach dem Kaufvertrag geschuldet sei. Die Beklagte habe schließlich bei der Fahrzeugbeschreibung unter dem Punkt „Komfortausstattung" beides versprochen. Der Kaufvertrag sei auch durch den Zuschlag des Anbietenden schon auf ebay wirksam geschlossen worden.

Dass die Standheizung und der Tempomat in dem schriftlichen ADAC-Kaufvertragsformular nicht aufgeführt wurden, ändere daran nichts. Die Parteien hätten insoweit keinen neuen Kaufvertrag geschlossen. Die Parteien hätten den ursprünglichen Kaufvertrag nur hinsichtlich des Preises modifizieren wollen. Es lasse sich dem Vertrag nicht entnehmen, dass die Verkäuferin auch von ihren sonstigen Zusagen Abstand nehmen wollte und der Käufer damit einverstanden gewesen sei.

Die Parteien hätten auch die Gewährleistung nicht wirksam ausgeschlossen. Die Verkäuferin könne sich nicht durch widersprüchliches Verhalten von ihrer Gewährleistungspflicht befreien.

Sie könne nicht eine ganz bestimmte Beschaffenheit angeben und sich dann auf schriftliche Klauseln über den Gewährleistungsausschluss berufen. Im Übrigen habe sie auch arglistig gehandelt, da sie Beschaffenheiten zugesichert habe, die gar nicht vorlagen. Auf Grund dessen habe der Käufer auch gleich zurücktreten dürfen. Sich wegen einer Nachbesserung an die Verkäuferin zu wenden, sei ihm nicht zuzumuten.

Das Urteil ist rechtskräftig.

Urteil des AG München vom 11.12.2009, AZ 122 C 6879/09

RRT Rechtsanwälte, Recker, Reininghaus, Tachmatzidis- Spezialisierte Rechtsberatung im IT- und Internetrecht – Köln

Quelle: Pressemitteilung des AG München Nr. 47/10 vom 8.11.10

• Schadensersatz

Voraussetzung für den Schadenersatz ist die Pflichtverletzung des Verkäufers (d.h. Übergabe einer mangelhaften Kaufsache, für die er verantwortlich ist und/oder vertreten muss), eine angemessene Frist zur Nacherfüllung sowie das erfolglose Verstreichen der Frist. Liegen die dargestellten Voraussetzungen vor, kann der Käufer vom Verkäufer Ersatz des ihm entstandenen Schadens verlangen. Dieser Anspruch umfasst Schäden an der Kaufsache selbst (Mangelschäden), aber auch Schäden, die an anderen Sachen oder an Personen eingetreten sind (Mangelfolgeschäden). Der Käufer soll also so gestellt werden, als ob der Verkäufer den Kaufvertrag ordnungsgemäß erfüllt hätte.

Beispiel

Herr Wiedmann kauft beim Elektrofachhändler eine neue Waschmaschine, die von Mitarbeitern der Firma im Badezimmer angeschlossen wird. Aufgrund fehlerhafter Montage verliert die Maschine während der ersten Benutzung Wasser. Herr Wiedmann kann die Reparatur der Waschmaschine und den Ersatz des Mangel-Folge-Schadens, z.B. Beschädigung des Teppichbodens durch Wasser oder der Badmöbel, verlangen.

• Ersatz vergeblicher Aufwendungen

Es gibt Fälle, in denen investiert der Käufer im Vertrauen darauf, die Kaufsache tatsächlich zu erhalten. Diese Aufwendungen sind dann vergeblich, wenn der Käufer die Kaufsache tatsächlich nicht erhält.

Beispiel

Für einen Hotelaufzug wurde der Aufzugschacht nach den Vorgaben der Aufzugsfirma betoniert. Der Aufzug konnte trotz zweier Reparaturversuche nicht auf die vorhandenen Geschosshöhen eingestellt werden, sondern blieb zwischen den Geschossen stehen. Die Kosten für den gebauten Betonschacht hat der Hersteller der Aufzugfirma zu tragen.

Ein Kaufmann muss im Rahmen des zweiseitigen Handelskaufs die Ware unverzüglich prüfen und offene Mängel sofort rügen. Versäumt er diese Pflicht, verliert er seine Gewährleistungsrechte. Ansprüche wegen eines Mangels an einer gekauften Sache verjähren i.d.R. **nach 2 Jahren** ab Ablieferung.

Verjährungsfristen

Versteckte Mängel sind unverzüglich nach Entdeckung – jedoch innerhalb der Gewährleistungs- oder Garantiefrist – zu rügen. Für »Second-Hand-Waren« gilt eine Gewährleistungsfrist von mindestens einem Jahr ab Ablieferung der Sache.

Die Ansprüche aus mangelhafter Lieferung wegen arglistig verschwiegener Mängel verjähren in der Verjährungsfrist von **drei Jahren,** beginnend am Ende des Jahres, in dem der Anspruch entstanden ist, und wenn der Gläubiger von den Umständen und der Person des Schuldners Kenntnis erlangt. Der Anspruch muss innerhalb von 30 Jahren nach Vertragsschluss geltend gemacht werden.

Die Regeln gelten grundsätzlich unabhängig davon, ob der Käufer ein Verbraucher oder ein Unternehmer ist. Darüber hinaus sieht das Schuldrecht einige spezielle Vorschriften vor, die ausschließlich für den Verbrauchsgüterkauf gelten, weil der Verbraucher besonders geschützt werden soll.

Verbrauchsgüterkauf (§§ 474-479 BGB)

Kauft ein Verbraucher von einem Unternehmer eine bewegliche Sache, spricht man von einem Verbrauchsgüterkauf.

Beispiel

Bauherr Müller kauft eine Mischmaschine im Baumarkt.

Verbrauchsgüterkauf

Unternehmer	**Verbraucher**
Jede Person, die bei Abschluss eines Rechtsgeschäftes in Ausübung einer gewerblichen oder selbstständigen beruflichen Tätigkeit handelt (§ 14 BGB).	Jede Person, die ein Rechtsgeschäft abschließt, das weder ihrer gewerblichen noch ihrer selbstständigen beruflichen Tätigkeit zugeordnet werden kann (§ 13 BGB).

Wichtige Besonderheiten des Verbrauchsgüterkaufs:

- Die Vertragsparteien können die Ansprüche und Rechte des Käufers (Verbraucher), insbesondere die **Gewährleistungsrechte** des Käufers, (fast) **nicht einschränken;** auch nicht durch Allgemeine Geschäftsbedingungen oder durch Individualvereinbarungen.

Beweislastumkehr

- Grundsätzlich muss der **Verkäufer nachweisen,** dass die verkaufte Sache zum Zeitpunkt der Übergabe keinen Mangel hatte. Beim Verbrauchgüterkauf wird während der ersten sechs Monate der zweijährigen Gewährleistungsfrist vermutet, dass der **Mangel bereits bei Übergabe** vorhanden war, es sei denn, der Mangel ist offensichtlich später aufgetreten.
- Gewährt ein Unternehmer einem Verbraucher eine Garantie, muss die **Garantieerklärung** einfach und verständlich geschrieben sein und darüber hinaus Auskunft geben, für welche Defekte sie gilt und den Hinweis beinhalten, dass die Gewährleistungsrechte des Käufers unabhängig von der Garantie bestehen.

Damit der Verkäufer durch die Beweislastumkehr nicht übermäßig hart getroffen wird, sieht das BGB ein **Rückgriffsrecht** des Verkäufers gegenüber seinem Lieferanten vor.

- Der Verkäufer muss bei Rücktritt, Minderung und Schadenersatz keine Nachfrist setzen.
- Der Verkäufer kann vom Lieferanten Ersatz seiner Aufwendungen (z.B. Wege-, Arbeits- und Materialkosten) fordern.
- Die Beweislastumkehr gilt auch zu Gunsten des Verkäufers.
- Der Verkäufer behält die Möglichkeit des Rückgriffs auch, wenn er nicht unverzüglich beim Lieferanten gerügt hat.

Lieferungsverzug

Der **Lieferungsverzug** ist die Verzögerung der Lieferung oder Leistung aus einem rechtsgültig abgeschlossenen Kaufvertrag (Nichterfüllung der Lieferverpflichtung).

Die Lieferung muss nachholbar sein, sonst liegt Leistungsunvermögen vor, das andere Rechtsfolgen bewirkt.

Voraussetzungen (§ 286 BGB)

➤ **Fälligkeit**
Die Lieferung oder Leistung muss gemäß Kaufvertrag fällig sein.

➤ **Verschulden**
Der Lieferant verzögert oder unterlässt schuldhaft, d.h. vorsätzlich oder fahrlässig die vertragliche Lieferung.

Höhere Gewalt führt nicht zum Lieferungsverzug.

➤ **Mahnung**
Sie ist nur erforderlich, wenn der Liefertermin nicht kalendermäßig bestimmt ist, z.B. »Lieferung ab März«.

§ 276 BGB (Verantwortlichkeit des Schuldners)
»(1) Der Schuldner hat, sofern nicht ein anderes bestimmt ist, Vorsatz und Fahrlässigkeit zu vertreten...«

Vorsatz:
Vorsätzlich handelt, wer absichtlich eine Handlung vollzieht.

Fahrlässigkeit:
Fahrlässig handelt, wer die den Umständen nach angemessene Sorgfalt außer Acht lässt, z.B. unterlässt bei Kanalarbeiten die ausführende Unternehmung, den Graben durch Beleuchtung und Absperrung zu sichern.

§ 286 BGB (Verzug des Schuldners)
»(1) Leistet der Schuldner auf eine Mahnung des Gläubigers nicht, die nach dem Eintritt der Fälligkeit erfolgt, so kommt er durch die Mahnung in Verzug. Der Mahnung stehen die Erhebung der Klage auf die Leistung sowie die Zustellung eines Mahnbescheids im Mahnverfahren gleich.

(2) Der Mahnung bedarf es nicht, wenn

1. für die Leistung eine Zeit nach dem Kalender bestimmt ist,
2. der Leistung ein Ereignis vorauszugehen hat und eine angemessene Zeit für die Leistung in der Weise bestimmt ist, dass sie sich von dem Ereignis an nach dem Kalender berechnen lässt,
3. der Schuldner die Leistung ernsthaft und endgültig verweigert,
4. aus besonderen Gründen unter Abwägung der beiderseitigen Interessen der sofortige Eintritt des Verzugs gerechtfertigt ist.

(4) Der Schuldner kommt nicht in Verzug, solange die Leistung infolge eines Umstandes unterbleibt, den er nicht zu vertreten hat.«

Eine Mahnung ist nicht erforderlich ...

➤ ... wenn der Liefertermin kalendermäßig bestimmt ist **(Fixgeschäft)** z.B. »Lieferung am 20. Juni«.

➤ ... bei Selbstinverzugsetzung, d.h. wenn der Lieferant erklärt, er könne oder wolle nicht liefern.

➤ ... beim Zweckkauf, d.h. wenn die Lieferung für den Käufer keinen Zweck mehr hat, z.B. Lieferung von Osterhasen nach Ostern.

Schadenersatz

Beim Schadenersatz »statt der Leistung« muss der Lieferer den Käufer so stellen (§ 249 BGB), als ob er seine Leistungspflicht (Lieferung) erbracht hätte.

Schadenersatzberechnung

Der Schaden muss nachgewiesen werden.
Man unterscheidet:

konkreter Schaden	abstrakter Schaden
Er lässt sich genau belegen. Käufer nimmt einen Deckungskauf vor. Der Schaden ergibt sich aus dem Mehrpreis zuzüglich der Kosten. ***Beispiel*** Bäckermeister Anton Weber hat einen Kaufvertrag über 5 Zentner Mehl abgeschlossen. Trotz gesetzter Nachfrist liefert die Getreidemühle nicht. Wegen anhaltender Nachfrage muss er das Mehl zu einem höheren Preis von einem anderen Lieferanten beziehen. Diesen Preisunterschied kann der Käufer als Schadenersatz wegen Nichterfüllung vom vertragsbrüchigen Lieferanten verlangen.	Er kann entweder nur geschätzt werden oder ist nur schwer zu beweisen und stößt zumeist auf Schwierigkeiten. Ein solcher Fall liegt vor, wenn einem Käufer durch verspätete Lieferung oder Nichtlieferung ein Gewinn entgangen ist. Der Käufer konnte seinerseits einen Auftrag nicht ausführen. ***Beispiel*** Die Kfz-Werkstatt Vogt konnte eine Reparatur am Lkw der Baufirma Schneider nicht durchführen, weil der Zulieferer mit dem benötigten Ersatzteil in Lieferungsverzug geraten war.

Um Streitigkeiten über die Höhe eines Verzugsschadens zu vermeiden, vereinbart der Käufer mit dem Lieferanten häufig eine **Vertragsstrafe (Konventionalstrafe).** Tritt der Lieferungsverzug ein, so ist eine bestimmte Geldsumme an den Käufer zu zahlen. Die Konventionalstrafe wird häufig im Baugewerbe vereinbart, beispielsweise kostet jeder Tag der Terminüberschreitung 2000,00 €.

Beim Lieferungsverzug erweitert sich die Haftung des Lieferanten auf Beschädigung und Vernichtung der Ware durch höhere Gewalt.

Befindet sich der Lieferer in Verzug, kann der Käufer **wahlweise** folgende Rechte in Anspruch nehmen:

Rechte bei Nicht-Rechtzeitig-Lieferung

- **Lieferung** verlangen (Vertragserfüllung), wenn z.B. die Ware sonst nicht erhältlich ist.
- **Lieferung und Schadenersatz wegen Verzögerung** verlangen. Verzögerungsschäden sind Kosten, die dem Käufer zusätzlich zum Kaufpreis entstehen, etwa wegen des Verzugs vergeblich durchgeführte Abholfahrten zum Verkäufer. Wenn durch Verzug eine Produktionsmaschine nicht rechtzeitig geliefert wird, muss der Verkäufer den dadurch entstandenen Schaden tragen (§ 280 (2) BGB).
- **Rücktritt vom Vertrag** fordern. Hat der Käufer dem in Verzug geratenen Verkäufer eine Frist gesetzt, um die Leistung der Kaufsache nachzuholen und ist diese Frist fruchtlos verstrichen, kann der Käufer vom Vertrag zurücktreten. Dieses Recht wird der Käufer in Anspruch nehmen, wenn er inzwischen die Kaufsache günstiger beschaffen kann (§ 323 BGB).

➤ **Schadenersatz statt der Leistung** wird der Käufer **zusätzlich** zum Rücktritt verlangen, wenn ihm Kosten entstanden sind. Dies liegt dann z.B. vor, wenn die Sache bei einem anderen Lieferanten nur teurer erworben werden kann (§ 281 BGB).

Das Setzen einer Nachfrist ist entbehrlich, wenn
- der Verkäufer die Leistung ernsthaft und endgültig ablehnt
- es sich um ein Fixgeschäft oder einen Zweckkauf handelt.

Annahmeverzug

Der Käufer gerät in **Annahmeverzug** (Gläubigerverzug), wenn er die rechtzeitig und ordnungsgemäß gelieferte Ware nicht annimmt oder schon vor der Lieferung erklärt, nicht annehmen zu wollen. Dabei ist die Frage des Verschuldens unerheblich. (§§ 293 ff. BGB).

§ 293 BGB (Annahmeverzug)
»Der Gläubiger kommt in Verzug, wenn er die ihm angebotene Leistung nicht annimmt.«

Beispiel

Die Tischlerei Heuser hat beim Sägewerk Scherf 2 m^3 Eichenholz bestellt. Trotz ordnungsgemäßer und pünktlicher Lieferung von Seiten des Sägewerks nimmt die Tischlerei die bestellte Ware nicht an. Damit ist die Tischlerei Heuser in Annahmeverzug geraten.

Rechte des Lieferanten beim Annahmeverzug

1. Lieferant kann die Ware behalten und an einen anderen verkaufen (Rücktritt vom Vertrag).
2. Lieferant kann die Ware zurücknehmen und sie entweder
   a) in eigene Verwahrung nehmen und den Käufer auf Abnahme der Ware und Zahlung des Kaufpreises verklagen,
   b) auf Kosten und Gefahr des Käufers in einem öffentlichen Lagerhaus hinterlegen und den Käufer auf Abnahme der Ware und Zahlung des Kaufpreises verklagen.
3. Lieferant kann bei verderblicher Ware und ohne vorherige Mitteilung an den Käufer einen Notverkauf für dessen Rechnung vornehmen. Einen eventuellen Mindererlös trägt der Käufer.
4. Lieferant kann die eingelagerte oder hinterlegte Ware für Rechnung des Käufers im Selbsthilfeverkauf veräußern. Dies geschieht
   a) bei Waren mit einem Börsen- oder Marktpreis im freihändigen Verkauf
   b) bei sonstigen Waren in einer öffentlichen Versteigerung.
   Voraussetzung für einen Selbsthilfeverkauf:
   - Festsetzung einer Frist zur Abnahme der Ware und Androhung des Selbsthilfeverkaufs
   - Mitteilung von Ort und Zeit der Versteigerung oder des freihändigen Verkaufs
   - Mitteilung des Ergebnisses. Einen Mindererlös und die Kosten des Selbsthilfeverkaufs hat der Käufer zu tragen.

Zahlungsverzug

Der **Zahlungsverzug** (Nicht-Rechtzeitig-Zahlung) tritt ein, wenn der Schuldner seine Zahlungspflicht aus einem rechtsgültig abgeschlossenen Kaufvertrag schuldhaft nicht oder nicht rechtzeitig erfüllt. Als Gründe für einen eingetretenen Zahlungsverzug sind Vergesslichkeit, die Zahlungsunfähigkeit des Schuldners sowie die bewusste böswillige Zahlungsverweigerung zu nennen.

Man unterscheidet folgende Situationen:

- **Zahlungstag fest vereinbart**
  Käufer befindet sich vom Fälligkeitstag an in Verzug, eine Mahnung ist somit nicht notwendig. Eine Mahnung ist auch dann entbehrlich, wenn die Vertragspartner Zahlung mit Ablauf einer festen Zeit nach einem bestimmten Ereignis vereinbart hatten, z.B. zehn Tage nach Lieferung.
- **Zahlungstag nicht fest vereinbart**
  Gem. § 286 (3) BGB gerät der Schuldner **spätestens** 30 Tage nach Fälligkeit und Zugang der Rechnung in Verzug. Somit hat der Verkäufer die Möglichkeit, durch schnellere Mahnung schon vor Ablauf des dreißigsten Tages Verzug herbeizuführen.

Die Frist von 30 Tagen gilt beim Verbraucher nur dann, wenn er in der Rechnung ausdrücklich hierauf hingewiesen wurde. Ist der Käufer ein Unternehmer und bestreitet er den Zugang der Rechnung, beginnt die 30-Tagesfrist mit dem Erhalt der Ware (§ 286 (3) Satz 1 und 2 BGB).

Befindet sich der Käufer in **Zahlungsverzug,** kann der Verkäufer wahlweise folgende Rechte in Anspruch nehmen:

Rechte bei Nicht-Rechtzeitig-Zahlung

- ➤ Verkäufer kann Zahlung verlangen (Erfüllung des Vertrages) und diese durch das gerichtliche Mahn- und Klageverfahren erzwingen.
- ➤ Verkäufer kann Zahlung und Schadenersatz verlangen, in der Regel in Form von Verzugszinsen.
- ➤ Verkäufer kann vom Vertrag zurücktreten und/oder Schadenersatz statt der Leistung verlangen. Der Verkäufer kann diese Rechte einzeln oder zusammen einfordern, wenn dem Schuldner eine angemessene Nachfrist gesetzt wurde.

Da dem Verkäufer durch den Zahlungsverzug des Käufers ein finanzieller Schaden entsteht, erlaubt ihm das Gesetz, Verzugszinsen sowie Kostenersatz (z.B. Rücknahmekosten) zu verlangen.

Ist an dem Kaufvertrag ein Verbraucher beteiligt, sei es als Käufer oder als Verkäufer, beträgt der Zinssatz für Verzugszinsen 5 % über dem Basiszinssatz der Europäischen Zentralbank (Stand seit dem 1. Juli 2009 unverändert: 0,12%); das sind somit insgesamt 5,12%. Bei Kaufverträgen zwischen Unternehmern ist der Zinssatz 8 % über dem Basiszinssatz der Europäischen Zentralbank (somit: 8,12%) festgelegt (§ 288 (1) und (2) BGB).

Im Geschäftsleben wird der Verkäufer, bevor er seine Rechte in Anspruch nimmt, zunächst versuchen, über das außergerichtliche Mahnverfahren die Zahlung des Schuldners zu erwirken. Erst wenn der Schuldner dann noch nicht zahlt, muss er das gerichtliche Mahnverfahren einleiten.

Außergerichtliches Mahnverfahren

Im Geschäftsleben kommt es häufig vor, dass ein Kunde seine Schulden nicht fristgerecht bezahlt.

Dies kann folgende Ursachen haben:

- ➤ Vergesslichkeit oder Nachlässigkeit,
- ➤ Zahlungsunfähigkeit, z.B. wegen schlechter Finanzlage, schleppenden Eingangs der Forderungen, Ausfall von Forderungen in Folge des Insolvenzverfahrens von Kunden,
- ➤ Zahlungsunwilligkeit, z.B. bewusste Verweigerung der Zahlung, um Zinsen zu sparen.

Der Verkäufer muss den Eingang der Zahlungen überwachen,

- um zahlungsfähig zu bleiben und nicht unnötige, teure Bankkredite in Anspruch nehmen zu müssen,
- um selbst für seine Rechnungen durch vorzeitiges Zahlen Skonto in Anspruch nehmen zu können,
- um vor Verlusten beim Insolvenzverfahren eines Kunden gesichert zu sein,
- um Verluste durch Verjährung von Forderungen zu vermeiden.

Eine Mahnung ist eine heikle Angelegenheit, denn durch eine ungeschickte Zahlungserinnerung kann sich der Kunde verletzt fühlen und die Geschäftsbeziehung auflösen. Andererseits dürfen säumige Schuldner mit Recht an die Erfüllung ihrer Zahlungspflicht erinnert und zu einer pünktlichen Zahlungsweise angehalten werden. So erfordert jede Mahnung Einfühlungsvermögen und Takt.

Mit dem »**Gesetz zur Modernisierung des Schuldrechtes**«, in Kraft getreten am 01. Januar , haben sich bei Zahlungsverzug Änderungen ergeben.

Verzug: nach 30 Tagen

Das Gesetz steht nun der Mahnung gleich, wenn der Käufer die Zahlung ernsthaft und endgültig verweigert. Unabhängig von Fälligkeit und Mahnung gerät der Käufer nun spätestens 30 Tage nach Fälligkeit der Rechnung in Verzug.

Dabei ist zu beachten, dass die 30-Tage-Frist gegenüber dem Verbraucher nur gilt, wenn in der Rechnung ausdrücklich darauf hingewiesen wurde.

Im Geschäftsleben ist es – wie oben schon erwähnt – gegenüber guten Kunden jedoch üblich, bei Zahlungsverzug trotzdem erst zu mahnen:

Dabei könnte das Mahnschreiben wie folgt aussehen:

Beispiel

Auszug aus einem Mahnschreiben

Herrn
Peter Schneider
Mittlere Bleiche 10

55116 Mainz

Koblenz, den 05. Mai 20..

Mein Guthaben: 886,30 €

Sehr geehrter Herr Schneider,
leider kann ich bis zum heutigen Tage keinen entsprechenden Zahlungseingang auf meinem Konto feststellen. Ich bitte Sie daher, den Betrag in Höhe von EURO 886,30 umgehend zu überweisen.
Sollte sich dieses Schreiben mit Ihrer zwischenzeitlichen Zahlung gekreuzt haben, betrachten Sie dieses Schreiben bitte als gegenstandslos.

Mit freundlichen Grüßen

Das gerichtliche Mahnverfahren

Verweigert der Schuldner trotz vorausgegangener außergerichtlicher Mahnung die Zahlung, so kann der Gläubiger über das gerichtliche Mahnverfahren zu seinem Recht kommen. Die Grundlage der gerichtlichen Maßnahmen bildet die Zivilprozessordnung (ZPO).

Eingeleitet wird das gerichtliche Mahnverfahren beim zuständigen Amtsgericht. Zuständig ist z.B. für Rheinland-Pfalz das zentrale Mahngericht in Mayen. Der Mahnbescheid ist eine Mahnung durch das Gericht. Darin wird der Schuldner aufgefordert, die Schuld samt Kosten und Zinsen binnen 2 Wochen zu bezahlen oder beim Amtsgericht Widerspruch einzulegen.

Antragsteller (Gläubiger/Lieferant)

Gläubiger stellt bei dem für seinen Wohnsitz zuständigen Amtsgericht einen Antrag auf Erlass eines Mahnbescheides. Es besteht Formularzwang.

Das Amtsgericht stellt den Mahnbescheid dem Schuldner zu.

Antragsgegner (Schuldner) hat drei Möglichkeiten		
er zahlt	**er unternimmt nichts**	**er erhebt Widerspruch**
Mahnverfahren ist beendet.	Antragsteller stellt nach Ablauf der Widerspruchsfrist von 2 Wochen, aber innerhalb von 6 Monaten bei dem für den Antragsteller zuständigen Amtsgericht einen Antrag auf Vollstreckung. ↓ Vollstreckungsbescheid ↓ Zustellung des Vollstreckungsbescheides durch das Amtsgericht.	Antragsgegner erhebt innerhalb einer Frist von 2 Wochen Widerspruch bei dem für seinen Wohnsitz zuständigen Gericht (Prozessgericht). Prozessgericht setzt Termin an zur **mündlichen Verhandlung**[1] ↓ Urteil ↓ Zwangsvollstreckung

Zustellung des Vollstreckungsbescheides durch das Amtsgericht

Antragsgegner (Schuldner) hat drei Möglichkeiten		
er zahlt	**er unternimmt nichts**	**er erhebt Widerspruch**
Mahnverfahren ist beendet.	Antragsteller stellt nach Ablauf der Einspruchsfrist von 2 Wochen einen Antrag auf Zwangsvollstreckung in das Vermögen des Schuldners. ↓ Zwangsvollstreckung	Antragsgegner erhebt innerhalb einer Frist von 2 Wochen Einspruch gegen den Vollstreckungsbescheid. **Prozessgericht** setzt Termin an zur **mündlichen Verhandlung**[1] ↓ Urteil ↓ Zwangsvollstreckung

1 Beim Klageverfahren ist bei einem Streitwert bis 5000,00 € das Amtsgericht, über 5000,00 € das Landgericht zuständig.

Bei der Zwangsvollstreckung kann der Gläubiger durch einen Gerichtsvollzieher bei dem säumigen Schuldner eine Pfändung vornehmen lassen.

Pfändung

Bei der Pfändung des **beweglichen Vermögens** unterscheidet man:

Faustpfandprinzip
Gerichtsvollzieher nimmt wertvolle Gegenstände in seinen Besitz. Es handelt sich um leicht transportable Sachen.

Pfandsiegelanbringung
Durch Aufkleben von Pfandsiegelmarken wird bei schwer transportablen Gegenständen (Möbeln, Maschinen) die Pfändung gekennzeichnet. Nicht gepfändet werden dürfen Gegenstände, die zur Lebensführung und Berufsausübung unbedingt benötigt werden.

Austauschpfändung
Eine teure Stereoanlage kann gepfändet werden. Wenn kein zweites Radio vorhanden ist, würde ein Radio anstelle der Stereoanlage aufgestellt.

Die Zwangsvollstreckung in das **unbewegliche Vermögen** (Haus und Grundstück) kann auf folgende Weise durchgeführt werden:

Eintragung
Eine Hypothek wird ins Grundbuch eingetragen, um die Forderung zu sichern.

Zwangsverwaltung
Die Einkünfte aus dem unbeweglichen Vermögen werden von einem Zwangsverwalter eingezogen, die Aufwendungen (Steuern, Abgaben) beglichen und der Einnahmeüberschuss dem Gläubiger übergeben.

Zwangsversteigerung
Das unbewegliche Vermögen wird vom Gericht versteigert. Mit dem Erlös wird der Gläubiger befriedigt.

Die Pfändung von Forderungen und Arbeitseinkommen geschieht durch einen Pfändungs- und Überweisungsbeschluss des Amtsgerichts. Dadurch werden Forderungen des Schuldners an seine Kunden (Drittschuldner) beschlagnahmt und sofort an den Gläubiger überwiesen. Auch Bankguthaben, Löhne und Gehälter können gepfändet werden. Unpfändbar sind bestimmte Beträge des Arbeitseinkommens, die dem Unterhalt des Schuldners dienen sollen.

Ist die Zwangsvollstreckung erfolgreich, bekommt der Gläubiger (Verkäufer) sein Geld.

Findet der Gerichtsvollzieher beim Schuldner keine pfändbaren Gegenstände (erfolglose Pfändung), stellt er dem Gläubiger eine Unpfändbarkeitserklärung aus. Der Gläubiger hat nun noch die Möglichkeit, den Schuldner zur Abgabe einer eidesstattlichen Versicherung zu veranlassen.

Damit will er sicher sein, ob nicht der Schuldner noch Vermögensgegenstände weggeschafft oder verheimlicht hat. Der Schuldner muss auf Antrag des Gläubigers ein **Vermögensverzeichnis** erstellen, dessen Richtigkeit er vor Gericht mit einer eidesstattlichen Versicherung bekräftigen muss. Ein etwaiger **Falscheid (Meineid)** wird mit Freiheitsstrafe belegt.

Verweigert der Schuldner die eidesstattliche Versicherung ohne Grund, hat das Gericht auf Antrag und Kosten des Gläubigers Haft anzuordnen, die sich bis zu 6 Monaten erstrecken kann. Auch bei dieser Maßnahme kommt der Gläubiger nicht zu seinem Geld.

Führt das gerichtliche Mahnverfahren für den Antragsteller nicht zum Erfolg, kann er seine Forderung abschreiben. Sein Anspruch gegenüber dem Schuldner bleibt jedoch 30 Jahre lang erhalten.

Ist eine vom Gesetz genau vorgeschriebene **Frist abgelaufen,** so ist der Schuldner berechtigt, die **Leistung** zu **verweigern.** Die Forderung besteht zwar weiterhin, der Gläubiger hat dann aber keine Möglichkeit mehr, seinen Anspruch gerichtlich durchzusetzen (Einrede der Verjährung). Erfüllt der Schuldner dennoch eine bereits verjährte Forderung, so kann er das zur Befriedigung eines verjährten Anspruchs Geleistete nicht mehr zurückfordern (214 BGB).

Regelmäßige Verjährungsfrist

Eine Kaufpreisforderung verjährt grundsätzlich innerhalb von **drei Jahren,** unabhängig davon, ob an dem Kaufvertrag Verbraucher oder Unternehmer beteiligt sind (§ 195 BGB).

Die Frist beginnt regelmäßig zum Schluss des Jahres, in dem der Anspruch entstand und der Gläubiger von den den Anspruch begründenden Umständen Kenntnis hat (§ 199 (1) BGB).

Hemmung

Bevor die Verjährungsfrist abläuft, kann sie auf Grund eines bestimmten Ereignisses vorübergehend gehemmt werden, sodass sich die **Frist um diesen Zeitraum verlängert** (§ 209 BGB).

Der Ablauf der Verjährungsfrist wird u.a. dann gehemmt (§ 204 BGB), wenn:

- der Erlass eines Vollstreckungsbescheides vorliegt,
- der Verkäufer den Käufer auf Zahlung des Kaufpreises verklagt,
- der Verkäufer wegen seiner Kaufpreisforderung gegen den Käufer Mahnbescheid beantragt und der entsprechende Mahnbescheid dem Käufer zugestellt wird,
- die Anmeldung des Anspruchs im Insolvenzverfahren erfolgt.

Da Gerichtsverfahren grundsätzlich zur Hemmung führen, ist bestimmt, dass die Hemmung sechs Monate nach der rechtskräftigen Entscheidung oder anderweitigen Erledigung des eingeleiteten Verfahrens endet.

Darüber hinaus führt zu einer Hemmung, wenn

- der Schuldner auf Grund einer Vereinbarung mit dem Gläubiger vorübergehend die Leistung verweigert (§ 205 BGB)
- der Gläubiger innerhalb der letzten 6 Monate der Verjährungsfrist durch höhere Gewalt an der Rechtsverfolgung gehindert ist (§ 206 BGB).

Neubeginn der Verjährung

Die **Verjährung beginnt erneut** (d.h. die bisher verstrichene Zeit bleibt unberücksichtigt), wenn

- der Käufer die Kaufpreiszahlung anerkennt (z.B. durch Zinszahlung, Abschlagszahlung), oder
- der Verkäufer gegen den Käufer vollstrecken lässt oder dies beantragt (§ 212 BGB).

Verlängerte Verjährungsfristen

Rechte, die aus der Übertragung an einem Grundstück geltend gemacht werden, verjähren in **10 Jahren.**

Ansprüche beispielsweise aus Insolvenzverfahren, Herausgabeansprüche aus Eigentum oder anderen dinglichen Rechten sowie Rechtsansprüche aus Erbstreitigkeiten verjähren nach **30 Jahren.**

Ratenkauf

Ein Kaufvertrag, für den besondere Rechtsnormen gelten, ist der Abzahlungskauf oder auch **Ratenkauf bzw. Teilzahlungskauf** genannt. Der Käufer verpflichtet sich, den Kaufgegenstand in mehreren Raten zu bezahlen. Dies bedeutet, dass der Lieferant dem Käufer einen Teilzahlungskredit gewährt. Diese Geschäfte werden meistens im Rahmen der Finanzierung langlebiger Konsumgüter wie Waschmaschinen, Kühlschränke, Fernseher, DVD-Player und Autos getätigt.

Der Raten-Kaufvertrag muss schriftlich abgeschlossen werden. Eine Abschrift der Kaufurkunde ist dem Käufer auszuhändigen.

Beim Ratenkauf schützt sich der Verkäufer durch den so genannten **»Eigentumsvorbehalt«.**

Die Vertragsklausel »Die Ware bleibt bis zur vollständigen Bezahlung unser Eigentum« soll den Verkäufer schützen, wenn er Ware geliefert hat. Der Käufer wird zunächst nur Besitzer, während der Verkäufer bis zur Bezahlung des Kaufpreises Eigentümer bleibt. Kommt der Käufer mit der Zahlung in Verzug, so hat der Verkäufer das Recht, die Ware zurück zu nehmen und vom Vertrag zurück zu treten. Eine Kündigung kann nur erfolgen, wenn der Käufer mit mindestens zwei aufeinander folgenden Raten und mit mindestens 10% der Darlehenssumme in Verzug geraten ist (§ 498 BGB).

Durch das Widerrufsrecht ist vor allem die Position des Käufers in folgenden Punkten wesentlich verbessert worden:

Widerrufsrecht: zwei Wochen

§ 495 BGB (Widerrufsrecht)

»(1) Dem Darlehensnehmer steht bei einem Verbraucherdarlehensvertrag ein Widerrufsrecht nach § 355 zu.«

§ 355 BGB (Widerrufsrecht bei Verbraucherverträgen)

»(1) Wird einem Verbraucher durch Gesetz ein Widerrufsrecht nach dieser Vorschrift eingeräumt, so ist er an seine auf den Abschluss des Vertrages gerichtete Willenserklärung nicht mehr gebunden, wenn er sie fristgerecht widerrufen hat. Der Widerruf muss keine Begründung enthalten und ist in Textform oder durch Rücksendung der Sache innerhalb von zwei Wochen gegenüber dem Unternehmer zu erklären; zur Fristwahrung genügt die rechtzeitige Absendung.«

Werden beispielsweise einer Rentnerin Trimm-Dich-Geräte aufgeschwatzt, kann sie binnen zwei Wochen durch einen einseitigen, nicht zu begründenden schriftlichen Widerruf vom Kreditgeschäft zurücktreten. Es ist gleichgültig, ob es sich um ein Haustürgeschäft handelt oder ob der Käufer den Vertrag in einem Einzelhandelsgeschäft abgeschlossen hat.

Zur Wahrung der Frist genügt die rechtzeitige Absendung des Widerrufs. **Der Lauf der Frist beginnt erst, wenn dem Verbraucher eine drucktechnisch deutlich gestaltete und vom Verbraucher gesondert zu unterschreibende Belehrung über sein Widerrufsrecht ausgehändigt worden ist.**

Auch Internet-Ersteigerer haben Rechte

Auktionen im Netz sind nicht mit einer normalen Versteigerung zu vergleichen – Ware darf bei Nichtgefallen zurückgegeben werden – Gerichtsurteil

Wer im Internet einkauft und insbesondere Waren ersteigert, hat bestimmte Rechte. So darf er beispielsweise Verträge widerrufen und Produkte zurückschicken. Aber nur, wenn der Verkäufer kein Privatanbieter ist. Meist gilt dabei die Zwei-Wochen-Frist. Sie begint ab dem Zeitpunkt, an dem der Käufer über sein Widerrufsrecht informiert wurde.

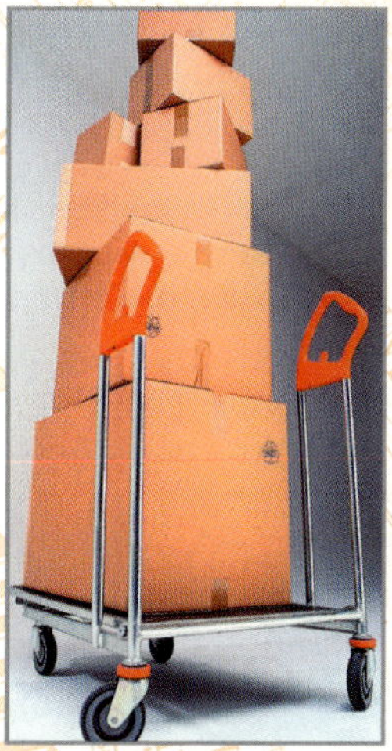

Ersteigerte Waren aus dem Internet dürfen zurückgegeben werden, wenn sie nicht gefallen oder passen.

Bis zum Urteil des Bundesgerichtshofs Anfang November 2004 war strittig, ob Internetauktionen mit einer normalen Versteigerung zu vergleichen sind. Jetzt ist klar: Dem ist nicht so. In der Praxis bedeutet das unanfechtbare Gerichtsurteil (Aktenzeichen: VIII ZR 375/03), dass Händlerware von ebay & Co bei Nichtgefallen wieder zurückgeschickt werden kann. Der beim Kauf zustande kommende Vertrag gilt als Fernabsatzvertrag. Käufer solcher Ware können sich also in Ruhe die neuen Erwerbungen erst einmal anschauen und überlegen, ob sie die Ware behalten wollen oder nicht.

Doch Vorsicht: Die Entscheidung des Bundesgerichtshofs bezieht sich nicht auf Waren, die von Privatanbietern veräußert wurden. Privatmann ist man gemäß Paragraf 14 des Bürgerlichen Gesetzbuches nicht mehr, wenn man planmäßig und dauerhaft Leistungen oder Waren am Markt anbietet – eine interpretationsfähige Definition.

Hier die wichtigsten gesetzlichen Regelungen zum Widerruf:

- Verkäufer und Käufer dürfen sich bis zum Vertragsschluss nicht persönlich begegnen. Der Vertragsschluss muss ausschließlich unter Verwendung von Fernkommunikationsmitteln zustande gekommen sein. Das sind E-Mail, Telefon, Brief oder Fax.
- Der Käufer kann den Vertrag innerhalb von zwei Wochen widerrufen und braucht dafür keine Gründe zu nennen. Die Zwei-Wochen-Frist beginnt, wenn der Kunde über sein Widerrufsrecht belehrt wurde und die Ware/Dienstleistung erhalten hat. Wird der Verbraucher – zum Beispiel in den Allgemeinen Geschäftsbedingungen – gar nicht über sein Widerrufsrecht belehrt, kann er zeitlich unbegrenzt widerrufen. Der Unternehmer muss beweisen, dass er den Verbraucher belehrt hat.
- Widerrufen kann er zum Beispiel durch Brief, E-Mail oder Fax, aber auch durch Zurücksenden der Ware. Die Frist ist bei rechtzeitiger Absendung gewahrt.

Rückgabe statt Widerruf

- Der Unternehmer kann bei Vertragsschluss das Widerrufsrecht durch ein Rückgaberecht ersetzen. Die Fristen sind dieselben wie beim Widerruf, beginnen aber erst ab Erhalt der Ware zu laufen.
- Der Kunde hat im Fall des Widerrufs Anspruch auf Rückzahlung des Kaufpreises, muss aber die Ware zurücksenden. Der Verkäufer trägt die Kosten der Rücksendung. Allerdings kann er – beispielsweise durch die Allgemeinen Geschäftsbedingungen – bei einem Wert der zurückzusendenden Sache bis zu 40 Euro die Rücksendekosten dem Kunden auferlegen.

Auch bei einem darüber liegenden Preis dürfen dem Käufer die Rücksendekosten aufgebürdet werden, wenn er zum Zeitpunkt seines Widerrufs noch nichts gezahlt hat. Diese Regelung entfällt, wenn die Ware von der Bestellung abweicht oder fehlerhaft war.

Quelle: Rhein-Zeitung

Pflicht: Angabe von effektiven Jahreszinsen

Der Verbraucherdarlehensvertrag muss angeben:

- Nettodarlehensbetrag
- Gesamtbetrag aller zu entrichteten Teilzahlungen
- Art und Weise der Rückzahlung
- Zinssatz und alle sonstigen Kosten
- (anfänglichen) effektiven Jahreszins
- Kosten einer Restschuldversicherung
- Sicherheiten

Die Vertragsurkunde muss also nicht nur den **Gesamtpreis,** den **Teilzahlungspreis** sowie **Betrag, Zahl** und **Fälligkeit** der Teilzahlungen, sondern auch die **effektiven Jahreszinsen** enthalten.

Mit dieser Regelung soll dem Verbraucher deutlich die Belastung durch den Teilzahlungskauf vor Augen geführt werden; der Käufer kann Konkurrenzangebote besser und überschaubarer vergleichen.

Verboten: Gerichtsstandklausel

Unternehmer und Geschäftsinhaber waren bisher im Vorteil, wenn sie mit einem Kunden eine gerichtliche Auseinandersetzung hatten. Sie konnten nämlich mit dem Käufer für solche Fälle den Gerichtsstand am eigenen Firmensitz vereinbaren.

Der Kunde, der oft weit entfernt wohnte, war von vornherein benachteiligt, denn er musste entweder selbst zum Ort des Prozesses reisen oder einen dort zugelassenen Anwalt beauftragen. Aus diesem Grunde wurden alle Erfüllungsort- und Gerichtsstandsvereinbarungen mit **Nichtkaufleuten (Privatpersonen)** verboten.

Jeder Verbraucher kann also wegen Ansprüchen aus Verträgen, die er abgeschlossen hat, nur noch an seinem Wohnsitzgericht verklagt werden, wo er sich leichter verteidigen kann (Gerichtsstandsvereinbarungsgesetz).

Aber: Wenn beide Vertragspartner eingetragene Kaufleute sind, gilt das Verbot von Gerichtsstandsvereinbarungen nicht.

1. Beispiel

Fred Müller möchte sich ein Farbfernsehgerät kaufen. Da er zur Zeit über wenig Bargeld verfügt, schließt er mit dem Elektrohändler Schmitz einen Ratenkaufvertrag ab. Der Elektrohändler vereinbart seinerseits mit Fred Müller einen Eigentumsvorbehalt auf dieses Gerät.

Bei Barzahlung kostet das Farbfernsehgerät 2000,00 €. Fred Müller möchte es in 24 Monatsraten bezahlen. Dafür muss er 0,8% Zinsen pro Monat und 2% Bearbeitungsgebühr bezahlen. Es ergibt sich für ihn folgende Rechnung:

	Kaufpreis	2000,00 €
+	Zinsen 0,8% pro Monat für 24 Monate (24 · 0,8 = 19,2%) 19,2% von 2000,00 €	384,00 €
+	2% Bearbeitungsgebühr	40,00 €
	effektiv zu zahlender Kaufpreis	2424,00 €
	Höhe der 1. Rate	124,00 €
+	23 Folgeraten zu je	100,00 €

Bei einer Laufzeit von 24 Monaten ergibt sich für Fred Müller eine tatsächliche Zinsbelastung von 20,35%.

Ratenkauf oder Barkauf?

Vergleicht man den Barpreis (2000,00 €) mit dem Teilzahlungspreis (2424,00 €), so stellt man fest, dass der Abzahlungskauf wesentlich teurer ist als der Barkauf, zumal die monatliche Zinsbelastung häufig höher liegt.

In unserem Beispiel zahlt Fred Müller beim Abzahlungskauf gut 20% mehr für das Farbfernsehgerät. Es kommt hinzu, dass die Zinsen immer vom ursprünglichen Kaufpreis berechnet werden, und zwar ohne Rücksicht auf die Tatsache, dass der Kaufpreis durch die Ratenzahlungen laufend abnimmt.

Die Raten müssen regelmäßig und pünktlich gezahlt werden, sonst wird die Restsumme auf einmal fällig oder der Gegenstand vom Verkäufer wieder abgeholt.

2. Beispiel

Student Ernst Schäfer benötigt für sein Studium unbedingt einen Laptop. Er kann diesen jedoch nur über einen Ratenkauf erwerben. Der Computer kostet 600,00 €. Ernst Schäfer möchte ihn in 6 Monatsraten bezahlen. Der Händler berechnet 0,6% Zinsen pro Monat und 2% Bearbeitungsgebühr.

Es ergibt sich folgende Rechnung:

	Kaufpreis	600,00 €
+	Zinsen 0,6% pro Monat 0,6% · 6 = 3,6% von 600,00 €	21,60 €
+	2% Bearbeitungsgebühr	12,00 €
	effektiv zu zahlender Kaufpreis	633,60 €
	Höhe der 1. Rate	133,60 €
+	5 Folgeraten zu je	100,00 €

Bei einer Laufzeit von 6 Monaten ergibt sich für Ernst Schäfer eine tatsächliche Zinsbelastung von 19,2%.

Mietverträge werden für die unterschiedlichsten Gegenstände abgeschlossen.

Beispiele

Mietvertrag für Häuser, Wohnungen, Geschäftsräume, Kraftfahrzeuge, Wohnwagen (Wohnmobile).

Im Mietvertrag wird die entgeltliche Überlassung von Sachen zum Gebrauch vereinbart. Die Miete als Entgelt für die Gebrauchsüberlassung (= Benutzung) wird meistens monatlich oder jährlich gezahlt. Gesetzliche Regelungen zum Mietrecht finden sich in den §§ 535 – 580a BGB und im Wohnraumkündigungsschutzgesetz.

Mietrecht

§ 535 Inhalt und Hauptpflichten des Mietvertrages

»(1) Durch den Mietvertrag wird der Vermieter verpflichtet, dem Mieter den Gebrauch der Mietsache während der Mietzeit zu gewähren. Der Vermieter hat die Mietsache dem Mieter in einem zum **vertragsgemäßen** Gebrauch geeigneten Zustand zu überlassen und sie während der Mietzeit in diesem Zustand zu erhalten. Er hat die auf der Mietsache ruhenden Lasten zu tragen.

(2) Der Mieter ist verpflichtet, dem Vermieter die vereinbarte Miete zu entrichten.«

Für den **Abschluss eines Mietvertrages** ist grundsätzlich keine besondere Form vorgeschrieben. Vielmehr genügt es, wenn sich Vermieter und Mieter mündlich darüber einigen, Wohnraum zu vermieten bzw. zu mieten. Lediglich Mietverträge, die für eine längere Dauer als ein Jahr abgeschlossen werden, sollten schriftlich erfolgen. Bei Nichtbeachtung gilt der Mietvertrag auf unbestimmte Zeit. Der Vertrag sollte in zwei gleichlautenden Exemplaren angefertigt und unterschrieben werden, damit beiden Vertragsparteien eine Ausfertigung zur Verfügung steht.

§ 550 Form des Mietvertrags und bestimmter Erklärungen

»(1) Wird der Mietvertrag für längere Zeit als ein Jahr nicht in schriftlicher Form geschlossen, so gilt er für unbestimmte Zeit. Die Kündigung ist jedoch frühestens zum Ablauf eines Jahres nach Überlassung des Wohnraumes zulässig.«

Kaution

Früher musste der Vermieter die Kaution bei einem Kreditinstitut zu dem für Spareinlagen mit 3-monatiger Kündigungsfrist üblichen Zinssatz anlegen. Nach dem neuen Mietrecht können die Mietvertragsparteien eine andere Anlageform vereinbaren. Denkbar sind allerdings nur solche, die auch Erträge in Form von Zinsen oder Dividenden abwerfen.

Abweichend vom Grundsatz der Vertragsfreiheit enthält das Mietrecht jedoch Bestimmungen, die zum Schutze des Mieters erlassen wurden und zwingend vorgeschrieben sind.

Rechte des Mieters, die vertraglich nicht ausgeschlossen werden dürfen.

- Den Mietpreis dann herabsetzen, wenn die Wohnung mit erheblichen Mängeln behaftet ist (§ 536 BGB).
- Das Mietverhältnis fristlos zu kündigen, wenn das Bewohnen der Räume zu einer erheblichen Gesundheitsgefährdung führt (§ 569 BGB).
- Einrichtungen, mit denen der Mieter die Wohnräume versehen hat, bei seinem Auszug mitzunehmen, es sei denn, der Vermieter leistet eine angemessene Entschädigung (§ 539 BGB).
- Einer unzulässigen Kündigung durch den Vermieter aufgrund der Sozialklausel zu widersprechen (§ 574 BGB), d.h. wenn die Kündigung für den Mieter oder seine Familie eine unzumutbare Härte bedeuten würde.
- Sich gegenüber einer unberechtigten Kündigung des Vermieters auf die Kündigungsschutzvorschriften zu berufen (§§ 568, 549 BGB).
- Den Mietvertrag fristlos zu kündigen, wenn der Gebrauch der Mietsache nicht gewährt oder später wieder entzogen wird (§ 543 BGB).
- Die Rückerstattung der für eine Zeit nach Beendigung des Mietverhältnisses im Voraus entrichteten Miete oder eines Baukostenzuschusses (§ 547 BGB).
- Bei einem unbefristeten Mietverhältnis zu jedem Monatsletzten unter Einhaltung der Kündigungsfrist zu kündigen (§§ 573, 580 BGB).

Um den Abschluss eines Mietvertrages zu erleichtern, werden in der Praxis vielfach **Mustermietverträge** verwandt, die laufend im Hinblick auf Gesetzesänderungen sowie die neueste Rechtsprechung überarbeitet und vom Bundesminister der Justiz herausgegeben werden. Im einzelnen enthält ein solcher Mietvertrag Vereinbarungen über:

Vereinbarungsempfehlungen

➤ Bezeichnung der Mietsache ➤ Höhe der Miete und Form der Mietzahlungen ➤ Mietdauer ➤ Kündigung ➤ Ersatzmieter ➤ Schönheitsreparaturen und Bagatellschäden ➤ Benutzung der Mietsache ➤ Überlassung der Mietsache an Dritte	➤ Untervermietung ➤ Aufstellung von Haushaltsmaschinen ➤ Instandhalten der Mietsache ➤ Betreten der Mietsache durch den Vermieter ➤ Rückgabe der Mietsache ➤ Personenmehrheit als Mieter (z.B. Ehegatten) ➤ Hausordnung

Jeder Vertrag, also auch der Mietvertrag, legt sowohl dem Mieter als auch dem Vermieter **Rechte und Pflichten** auf, die erfüllt werden müssen.

Pflichten beider Vertragspartner

Pflichten des Vermieters

Überlassen der Mietsache zum vertragsmäßigen Gebrauch.

Instandhaltungs- und Instandsetzungspflicht der Mietsache.

Gewährleistungspflicht für Mängel wie

➤ **Sachmängel**

Beispiele

Undichte Fenster und Türen, schadhafte Fußböden, feuchte Wände

➤ **Rechtsmangel**

Er liegt vor, wenn ein Dritter gegen den Mieter ein Recht auf die Mietsache geltend macht.

Beispiel

Dieselbe Wohnung ist mehrfach an verschiedene Mieter vermietet worden und diesen wurde dadurch der Gebrauch entzogen.

➤ **Vertraglich zugesicherte Eigenschaften**

Beispiel

Der Mieter muss sich auf die ausdrückliche Zusicherung des Vermieters verlassen können, z.B. hinsichtlich Größe, Lage, Beschaffenheit der Räume.

Beim Vorliegen von Mängeln kann der Mieter die Miete mindern und Schadenersatz verlangen oder nach Selbstbeseitigung der Mängel den Ersatz der Aufwendungen fordern.

Ersatz von Aufwendungen, wenn sie notwendig oder nützlich waren (§ 536a BGB).

Beispiele

Maßnahmen zur Verhinderung einer zunehmenden Baufälligkeit, zur Beseitigung eines Wasserrohrbruchs, zur Beseitigung der Verstopfung eines Ablaufrohres, Erneuerung der vom Hagel zerstörten Fensterscheiben.

Pflichten des Mieters

Frist- und ordnungsgemäße Zahlung der Miete

Obhutspflicht.

Sie besteht für alle Räume, an denen dem Mieter ein Benutzungs- oder Mitbenutzungsrecht zusteht. Der Mieter ist verpflichtet, die Räume zu lüften und zu reinigen, die Fenster und Türen bei Unwetter und Frost zu schließen, mit Elektrizität und Gas sorgfältig umzugehen, die sanitären Anlagen schonend zu benutzen und bei längerer Abwesenheit für die Betreuung der Wohnung zu sorgen.

Pflicht zur Anzeige von Mängeln

Damit soll dem Vermieter die Gelegenheit gegeben werden, die Mängel zu beheben (Instandhaltung).

Die Anzeigepflicht besteht für den Mieter in zwei Fällen:

a) bei jedem Fehler der Mietsache (siehe o.a. Mängel),

b) wenn der Mietsache eine unvorhergesehene Gefahr droht, z.B. Sturmschaden am Dach, Wassereinbruch.

Rückgabepflicht

Mit Beendigung des Mietverhältnisses erlischt das Recht des Mieters auf Gebrauch der Mietsache. Dieser ist verpflichtet, dem Vermieter die Mietsache zurückzugeben (§ 546 BGB).

Kommt der Mieter dieser Pflicht nicht nach, kann der Vermieter vor Gericht eine Klage auf Herausgabe der Mietsache erheben.

Darüber hinaus ergeben sich aus dem Wesen des Mietvertrages sowohl für den Mieter als auch für den Vermieter besondere Treuepflichten. Für die Vertragspartner ist ein gegenseitiges Vertrauen und eine gebührende Rücksichtnahme auf ihre berechtigten Interessen für die Dauer des Mietverhältnisses erforderlich.

Der Gesetzgeber hat durch den **Mieterschutz** und durch andere Gesetze den Mieter vor Willkürmaßnahmen und Missständen des Vermieters geschützt, wobei aber auch die schutzwürdigen Belange des Vermieters berücksichtigt werden.

Ist ein Mietverhältnis für eine bestimmte Zeit eingegangen worden (qualifizierter Zeitmietvertrag), endet es grundsätzlich mit Ablauf der vertraglich vereinbarten Mietzeit. Eine Kündigung ist nicht erforderlich.

Der Mieter kann spätestens zwei Monate vor Beendigung durch eine schriftliche Erklärung gegenüber dem Vermieter die Fortsetzung des Mietverhältnisses verlangen, wenn nicht der Vermieter ein »berechtigtes Interesse« an der Beendigung hat.

Wurde keine bestimmte Mietzeit vereinbart, dann endet das Mietverhältnis, wenn es vom Mieter oder Vermieter wirksam gekündigt wird und die Kündigungsfrist abgelaufen ist.

Dabei hat der Vermieter die Gründe im Kündigungsschreiben anzugeben.

Reparaturen: Wer zahlt was?

Wann der Mieter bei Reparaturen haften muss

EB Köln. Der Bundesgerichtshof hat nun rechtsgültig geregelt, wie künftig Kleinreparaturklauseln in Mietverträgen auszusehen haben und welche Rechte und Pflichten sich daraus für den Mieter wie auch für den Vermieter ergeben.

So darf ab sofort der Mieter nur für Schäden an solchen Sachen haftbar gemacht werden, die »seinem direkten und häufigen Zugriff ausgesetzt sind«.

Welche Schäden darunter fallen, zeigt die vom Wirtschaftsmagazin »Capital« erstellte Grafik.

Weiterhin ist aufgrund der aktuellen Rechtsprechung von Bedeutung, dass ein Schaden nur dann eine auf den Mieter abschiebbare Bagatelle ist, wenn die Reparatur nicht mehr als 75,00 € ohne MWSt kostet. Die momentane Rechtsprechung begrenzt diesen Betrag auf maximal 6% der Jahreskaltmiete.

Ist die Rechnung höher, kann der Vermieter den Mieter nicht an den Kosten beteiligen.

Künftig muss auch jede im Mietvertrag festgehaltene Kleinreparaturklausel einen Höchstbetrag ausweisen, bis zu dem der Mieter pro Jahr maximal die Kosten mittragen muss. Wie hoch dieser Betrag ist, ließ der Bundesgerichtshof leider offen.

Die Tabelle zeigt, wer für Kleinreparaturen zahlt.

Wer für welche Schäden zahlt

Schadenbereich	§ Vermieter	§ Regelung im Einzelfall strittig	§ Mieter
	Rolladenmechanik, Markisenmechanik	Kabelschäden (außenliegend)	Fensterverschlüsse, Klinken, Schlösser, Türhebel
	Kabelschäden (verputzt)	Öfen	Lichtschalter, Steckdosen, Klingel
	Wohnungstür außen, Fenster außen	Heizkörper	Rolladenband, -riegel
	Wasser- und Abwasserleitungen (Ausnahme: Verstopfung)		Äußere Schäden an Herd, Kühlschrank sowie deren Bedienungselemente
	Heizungsrohre		Wasserhähne, Ausgüsse, Duschköpfe
			Thermostatventile

Kündigung des Mietverhältnisses

Die Kündigung muss **schriftlich** erfolgen (§ 549 Abs. 1 BGB). Das Kündigungsschreiben muss eigenhändig unterschrieben sein.

Für den **Mieter** gilt unabhängig von der Dauer des Mietverhältnisses eine Kündigungsfrist von 3 Monaten.

Der **Vermieter** kann grundsätzlich nur unter Einhaltung bestimmter gesetzlicher Fristen kündigen. Er muss die Kündigung schriftlich begründen.

Diese richten sich nach der **Dauer des Mietverhältnisses:**

von weniger als	5 Jahren	Kündigungsfrist:	3 Monate
von mehr als	5 Jahren	Kündigungsfrist:	6 Monate
von mehr als	8 Jahren	Kündigungsfrist:	9 Monate

Die schriftliche Kündigung muss dem Vertragspartner spätestens am **dritten Werktage** des Monats (Samstag gilt als Werktag) zugehen, wenn sie für den Ablauf der jeweiligen Kündigungsfrist wirksam sein soll. Wird das Kündigungsschreiben später zugestellt, ist die Kündigung nicht unwirksam, die Beendigung des Mietverhältnisses wird jedoch um einen Monat verschoben.

Beispiele

1. Die Kündigung geht dem Vertragspartner rechtzeitig am 4. Januar 20.. (3. Werktag des Monats) zu; sie wird wirksam z.B. bei einer Kündigungsfrist von 3 Monaten zum 31. März 20..
2. Die Kündigung geht dem Vertragspartner verspätet am 7. Januar 20.. zu; sie wird wirksam z.B. bei einer Kündigungsfrist von 3 Monaten zum 30. April 20..

Unter bestimmten Voraussetzungen können beide Vertragsparteien das Mietverhältnis ohne Einhaltung einer Frist kündigen. Eine **fristlose Kündigung** ist zulässig, wenn sich der Vertragspartner so **schwerwiegende Vertragsverletzungen** zuschulden kommen lässt, dass dem anderen Teil eine Fortsetzung des Mietverhältnisses nicht zugemutet werden kann. Solche Gründe können sich beispielsweise aus schwerer Beleidigung, Bedrohung, tätlichem Angriff oder Störung des Hausfriedens ergeben.

Kündigungsschutz für Mieter

Der Vermieter kann ein Mietverhältnis über Wohnraum nur dann kündigen, wenn er ein »berechtigtes Interesse« an der Beendigung des Mietverhältnisses hat. Als berechtigtes Interesse sieht das Gesetz folgende Fälle an:

❶ Der Mieter hat seine vertraglichen Verpflichtungen schuldhaft erheblich verletzt.

Beispiele

- dauernde unpünktliche Mietzahlung
- Mietrückstände
- Beleidigung gegenüber dem Vermieter
- Verstöße gegen die Hausordnung, soweit sie nicht im Einzelfall zur fristlosen Kündigung rechtfertigen.

Von den Gerichten anerkannte Rechte des Mieters, also **keine Kündigungsgründe** und damit keine schuldhafte Vertragsverletzung, liegen in folgenden Fällen vor:

- bei Aufnahme eines Hundes ohne ausdrücklichen vertraglichen Ausschluss
- bei Vogelhaltung in der Wohnung
- bei Aufnahme von Gästen und Verwandten über das Wochenende in der Wohnung des Mieters
- bei normalem Kinderlärm
- bei Aufhängen der Wäsche im Vorgarten
- bei Unstimmigkeiten über die Abrechnung der Nebenkosten
- gelegentliches Duschen auch nach 22 Uhr

- mit der erwachsenen Verlobten in einer gemeinsamen Wohnung zusammenleben
- wenn unverheiratete Mieterin mit ledigem Freund zusammenlebt
- bei Aufstellen von Haushaltsmaschinen soweit die vorhandenen Installationen ausreichen und Hausbewohner nicht belästigt werden.

❷ **Der Vermieter benötigt die Räume als Wohnung für sich (Eigenbedarf).** Die Gerichte legen bei der Beurteilung des Eigenbedarfs einen strengen Maßstab an.

Kein Eigenbedarf ist nach der Rechtsprechung gegeben:

- wenn der Vermieter den Eigenbedarf durch Hausverkauf selbst verschuldet hat
- bei nur eineinhalbjähriger Wohndauer des Mieters
- wenn der Vermieter die Wohnräume nur für einige Monate benötigt
- bei im selben Hause gleichzeitig leerstehender weiterer Wohnung
- wenn der Vermieter die gekündigte Wohnung für einen Mieter benötigt, der ihm Schnee fegt
- wenn ein neuer Mieter dem älteren Vermieter Haus- und Gartenarbeiten abnehmen soll
- wenn die gekündigte Wohnung gewerblich genutzt werden soll
- wenn Wohnraum für entfernte Verwandte des Vermieters, z.B. Neffen, benötigt wird. Diese zählen nicht zu den Familienangehörigen
- wenn dem Vermieter Wohnraum in ausreichendem Maße zur Verfügung steht.

Widerspruchsrecht nach der Sozialklausel

Einer wirksamen, d.h. mit rechtfertigendem Grund ausgesprochenen Kündigung des Vermieters kann der Mieter unter bestimmten Voraussetzungen widersprechen und die Fortsetzung des Mietverhältnisses verlangen. Ein Widerspruchsrecht steht dem Mieter nach der Sozialklausel des § 574 BGB dann zu,

»... wenn die Beendigung des Mietverhältnisses für den Mieter, seine Familie oder einen anderen Angehörigen seines Haushalts eine Härte bedeuten würde, die auch unter Würdigung der berechtigten Interessen des Vermieters nicht zu rechtfertigen ist. Dies gilt nicht, wenn ein Grund vorliegt, der den Vermieter zur außerordentlichen fristlosen Kündigung berechtigt.

(2) Eine Härte liegt auch vor, wenn angemessener Ersatzwohnraum zu zumutbaren Bedingungen nicht beschafft werden kann.«

Welche Ersatzwohnung für den gekündigten Mieter angemessen ist, kann nur von Fall zu Fall unter Berücksichtigung der persönlichen und wirtschaftlichen Verhältnisse des Mieters geprüft werden.

Im Zweifelsfall entscheidet das Gericht, wann die Beendigung des Mietverhältnisses für den Mieter eine Härte bedeutet.

Nach bisheriger Rechtsprechung können folgende Umstände eine Härte bedeuten:

- hohes Alter,
- Invalidität,
- Gebrechlichkeit,
- fortgeschrittene Schwangerschaft,
- Kinder bzw. Schwierigkeiten bei ihrer Ausbildung,
- bevorstehende Examina,
- geringes Einkommen,
- schwere Erkrankung,
- besondere finanzielle Aufwendungen für die Wohnung,
- lange Mietdauer.

Mieterhöhungen nur durch qualifizierten Mietspiegel

Bei Mieterhöhungen darf auch künftig die ortsübliche Vergleichsmiete nicht überschritten werden. Ein so genannter qualifizierter Mietspiegel ist nun zwingendes Begründungsmittel im vorgerichtlichen Mieterhöhungsverfahren. Der Vermieter darf aber trotz Vorliegens eines solchen Mietspiegels sein Mieterhöhungsverlangen auch auf andere Begründungsmittel stützen. Dies allerdings nur, wenn er der Auffassung ist, dass die ortübliche Vergleichsmiete für seine Wohnung höher liegt, als im qualifizierten Mietspiegel angegeben. Als neues Begründungsmittel kommt künftig auch eine Mietdatenbank in Betracht.

Leasing: Auf Zeit mieten

Leasing ist eine in den letzten Jahren immer mehr in Anspruch genommene Art, ein Gut auf Zeit zu mieten.

In Folge des technischen Fortschritts wird die Nutzungsdauer für viele Maschinen und Anlagen immer kürzer. Es liegt daher nahe, solche Anlagegüter nicht mehr zu kaufen, sondern nur noch zu mieten bzw. zu pachten (leasen). Dies geschieht durch den Leasingvertrag.

So funktioniert Leasing

An die Stelle des Kaufes tritt also die befristete Nutzung durch Miete oder Pacht. Durch Leasing werden die Nutzungsrechte, z.B. für EDV-Anlagen, Kraftfahrzeuge (Auto-Leasing), aber auch von Grundstücken und Gebäuden übertragen. Vermieter bzw. Verpächter sind entweder die Produzenten (Hersteller) der Anlagen oder spezielle Leasinggesellschaften, welche die Gegenstände von den Herstellern erworben haben.

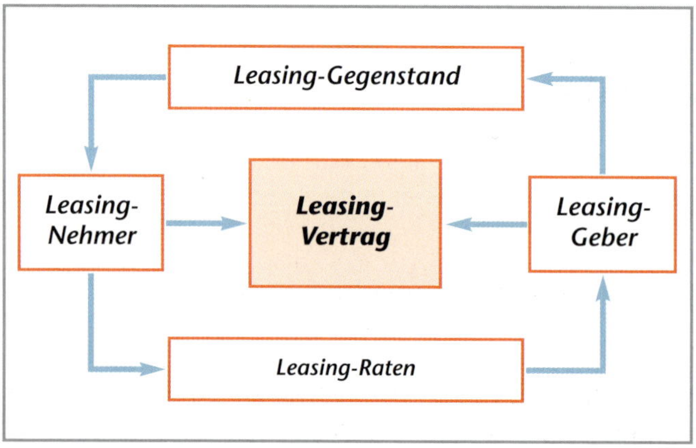

Das kann privat oder geschäftlich geleast werden:

- Gebrauchsgüter (z.B. Autos)
- Immobilien
- Arbeitskleidung
- Mobilien (Maschinen/Anlagen)
- Personal

Der Unternehmer kann mit dem Leasing-System eine Anpassung seiner Anlagen an den neuesten Stand der Technik vollziehen, ohne hierzu Kapital durch Eigen- und Fremdfinanzierung bereitstellen zu müssen. Eine Inanspruchnahme größerer Betriebsmittel für Investitionen ist nicht erforderlich; der Kapitalbedarf wird verringert. Zudem ist eine fortwährende Betreuung und Beratung gegeben.

Allerdings muss der Leasingnehmer einen Mietzins zahlen, dessen Höhe sich nach der Vertragsdauer richtet. Hinzu kommen noch weitere Kosten, z.B. für Transport, Montage, Instandhaltung.

Leasing – mieten statt kaufen

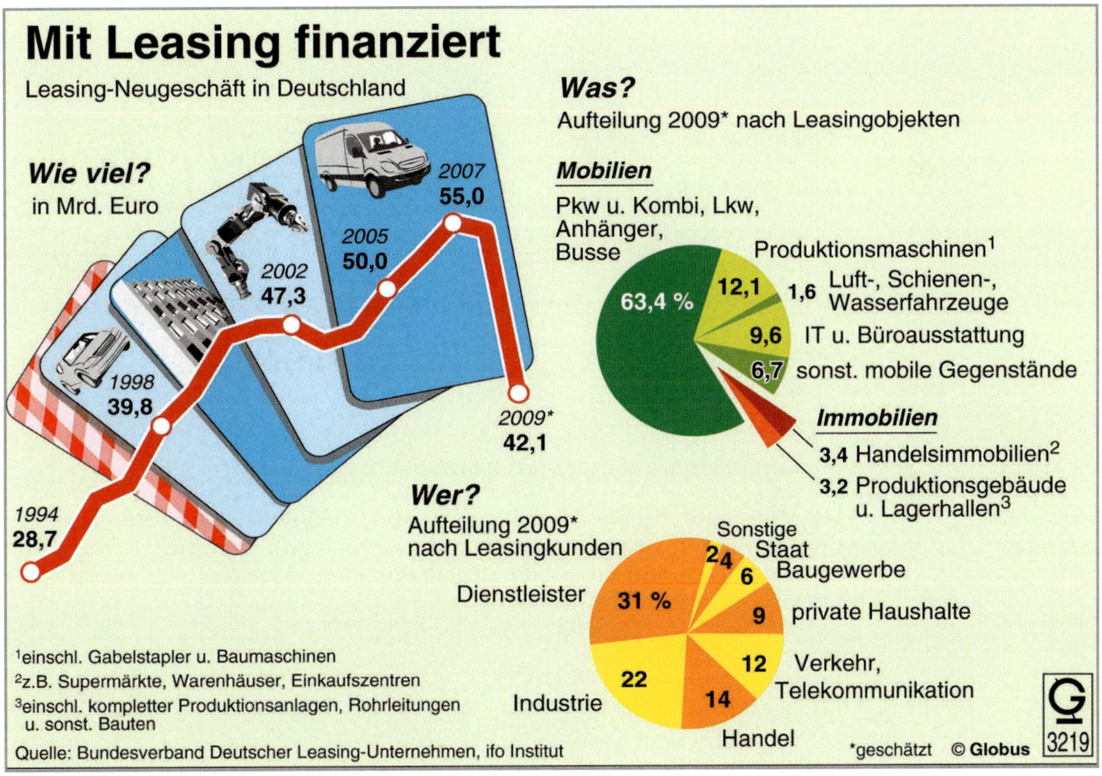

Mit Leasing finanziert. Kaufen oder auf Zeit mieten?

Aus betriebswirtschaftlichen Gründen entscheiden sich viele Unternehmen, die neue Immobilien wie Produktionsgebäude und Lagerhallen, Produktionsmaschinen oder neue Lkw oder Busse bzw. Pkw anschaffen müssen, für Leasing.

Nach stetigem Wachstum des Leasing-Neugeschäftes sank die Leasinghöhe von 55 Mrd. Euro im Jahre 2007 auf 42,1 Mrd. im Jahre 2009. Die größten Kunden in der Leasingbranche waren die Dienstleister (31%) gefolgt von Industrie (22%), Handel (14%) und Verkehr, Telekommunikation mit 12 % Kundenanteil.

Private Haushalte machten 9% der Leasingkunden im Jahre 2009 aus. Dabei wurden hauptsächlich Pkw, Lkw, Anhänger und Busse geleast (63,4%).

Vorteile des Leasings

Leasingnehmer

- ⊕ geringer Kapitalbedarf
- ⊕ keine Überalterung der Anlagen
- ⊕ Rationalisierung der Verwaltung
- ⊕ guter Kundendienst

Leasinggeber

- ⊕ Förderung des Absatzes
- ⊕ Zusatzverkäufe durch Wartung und Reparatur
- ⊕ dauerhafter und intensiver Kundenkontakt

Nachteile des Leasings

Leasingnehmer

- ⊖ Belastung der Liquidität durch monatliche Mietzinszahlung (hohe Fixkosten)
- ⊖ höhere Kostenbelastung als beim Kauf des Anlage-Gegenstandes

Leasinggeber

- ⊖ Schwierigkeiten bei der Verwertbarkeit von Spezialmaschinen und -geräten
- ⊖ Risiko der Kündigung des Leasingvertrages

Die Entscheidung über Leasing oder andere Finanzierungsformen ist von der jeweiligen betrieblichen Situation abhängig. Leasing ist nur dann interessant, wenn mit Hilfe der gemieteten Anlagen ein zusätzlicher Gewinn erwirtschaftet wird.

Verbraucherschutz

Der Verbraucherschutz (Schutz des privaten Endverbrauchers) erweist sich aus verschiedenen Gründen als notwendig:

❶ Steigender Wohlstand in den Industrieländern führt zu steigender Nachfrage an Waren und Dienstleistungen und zu verstärktem Angebot, z.B. Digitalkameras, HiFi-Anlagen, Handys, LCD-Fernseher.

❷ Der Einfluss, die Marktmacht der Unternehmen auf das Angebot ist durch zunehmende Unternehmenszusammenschlüsse, Beteiligungen und Unternehmensverflechtungen gewachsen.

Notwendigkeit des Verbraucherschutzes

❸ Der Endverbraucher verliert aufgrund des vielfältigen Warenangebots die Übersicht. Er kann nicht mehr erkennen, ob und welche Gefahren für seine Gesundheit von einzelnen Produkten ausgehen können, z.B. bei Medikamenten. Außerdem wird über die Werbung versucht, den Verbraucher zu beeinflussen, sodass er seine eigene Entscheidungsfreiheit zu verlieren droht. Er ist auch vor unlauteren Geschäftsmethoden zu bewahren.

Diese überall verbreitete Unterlegenheit des Endverbrauchers verstärkt den Ruf nach Maßnahmen zum Schutz des Verbrauchers.

Tricks unseriöser Vertreter

- Sie setzen ein falsches Datum ein.
- Sie rückdatieren den Vertrag, damit die Widerrufsfrist früher zu Ende ist.
- Sie lassen die Durchschrift, die für den Kunden bestimmt ist, verschwinden. Dann weiß man hinterher nicht, wie und wo man das Geschäft widerrufen kann.
- Sie lassen sich Unterschriften als »Besuchs-Bestätigung« oder ähnliches geben. Und auf einmal hat man unbemerkt einen Kaufvertrag unterschrieben.
- Sie bieten die Ware bei Barzahlung sehr viel billiger an und sagen, man könne ja hinterher noch immer auf Ratenzahlung umstellen. Rechtlich sind solche mündlichen Absprachen völlig unverbindlich.

»Den Leuten ist es hinterher oft peinlich«

Polizei warnt vor Psychodruck bei Kaffeefahrten – Verbraucherzentrale gibt Tipps zum Widerruf

MAINZ. Die Polizei warnt vor Fahrten, wie sie Eva M. erlebt hat. »Das Beste ist man lässt die Finger davon«, sagt Lothar Neumann, Sprecher der Mainzer Polizei. Oft würden die Anbieter mit Versprechungen, Tricks und psychologischem Druck zum Kauf ihrer Waren bewegen.

Die meist älteren Leute werden mit Prospekten gelockt, die Sonderangebote und Tagesreisen anpreisen oder eben Rätsel mit hohen Geld- oder Autogewinnen versprechen. Neumann: »Es ist schwer, in diesen Fällen Betrug nachzuweisen.« Zu Anzeigen kommt es selten. »Den Leuten ist hinterher oft peinlich, dass sie auf so etwas reingefallen sind.« Die Verbraucherzentrale und der Bundesverband Deutscher Vertriebsfirmen (BDV) raten:

- Unbedingt darauf achten, dass im Kaufvertrag schriftlich das gesetzliche Widerrufsrecht für Bar- und Ratenkäufe eingeräumt wird (§ 312 BGB).
- Die gesetzlich vorgeschriebene Frist zum Rücktritt vom Kauf beträgt eine Woche. Wer mit der Ware unzufrieden ist, sollte sich per Einschreiben mit Rückschein bei der Firma melden.
- Die Widerrufsbelehrung muss ein deutlich erkennbarer Teil der Kaufverträge sein. Nicht zu widerrufen sind Einkäufe, bei denen der Kunde die Ware sofort erhalten und bezahlt hat und der Preis nicht mehr als 40,00 € beträgt.
- Wichtig: Das Widerrufsrecht gilt auch bei Verkaufsreisen von Deutschland ins Ausland. (ver/job)

Rhein-Zeitung

Kaffeefahrten: Darauf sollte man achten

- Kaffeefahrten sollen in erster Linie die Kasse des Verkäufers zum Klingeln bringen. Dabei gilt: Je günstiger die Reise, desto spärlicher touristische Attraktionen. Lassen Sie im Zweifel die Finger davon.
- Wer trotzdem mitfahren will: Keiner kann Sie zwingen, an der Verkaufsveranstaltung teilzunehmen. Sie können in der Zeit ebenso etwas anderes unternehmen. Trotzdem haben Sie einen Anspruch auf alle bezahlten Leistungen. Der Veranstalter darf Sie nicht von der gebuchten Schifffahrt ausschließen oder die Verpflegung streichen. Auch die versprochenen – oft geringwertigen – Geschenke dürfen Sie einfordern. Ob Sie diese auch bekommen, ist eine andere Frage.
- Denken Sie dran: Die auf der Werbeveranstaltung angebotenen Waren sind meist überteuert oder minderwertig. Fallen Sie nicht auf die unzähligen Versprechungen der Verkäufer herein; Wundermittel gibt es nicht! Vorsicht ist auch bei Sonderangeboten und Spezialrabatten angebracht. Selbst die sind häufig noch teurer als vergleichbare Produkte zu regulären Preisen.
- Lassen Sie sich auf keinen Fall zu einem Kauf drängen. Unterschreiben Sie nichts, was Sie nicht wollen oder nicht verstanden haben. Lassen Sie sich nicht durch Drohungen einschüchtern.
- Achten Sie bei einer Bestellung auf das richtige Datum im Vertrag und verlangen Sie die Vertragsdurchschrift. Name und Adresse des Verkäufers müssen dort vollständig angegeben sein. Ein Postfach reicht für eine spätere Reklamation nicht aus. Vorsicht ist trotzdem angebracht, denn manche Händleradressen sind frei erfunden.
- Zahlen Sie nichts an. Wer den Kaufvertrag widerruft, bekommt sonst womöglich nur schwer sein Geld wieder zurück.
- Wer den Kauf bereut: Die meisten Verträge, die auf Kaffeefahrten geschlossen werden, können ohne Begründung innerhalb von zwei Wochen widerrufen werden – am besten per Einschreiben mit Rückschein. Ohne ordnungsgemäße Widerrufsbelehrung bleibt Ihnen auch noch länger Zeit, sich vom Vertrag zu lösen.

Verbraucherzentrale NRW

Haustürgeschäfte

§ 312 Widerrufsrecht bei Haustürgeschäften (Auszug)

(1) Bei einem Vertrag zwischen einem Unternehmer und einem Verbraucher, der eine entgeltliche Leistung zum Gegenstand hat und zu dessen Abschluss der Verbraucher

1. durch mündliche Verhandlungen an seinem Arbeitsplatz oder im Bereich einer Privatwohnung,
2. anlässlich einer vom Unternehmer oder von einem Dritten zumindest auch im Interesse des Unternehmers durchgeführten Freizeitveranstaltung oder
3. im Anschluss an ein überraschendes Ansprechen in Verkehrsmitteln oder im Bereich öffentlich zugänglicher Verkehrsflächen

bestimmt worden ist (Haustürgeschäft), steht dem Verbraucher ein Widerrufsrecht gemäß § 355 zu.

Leute, die an die Tür klopfen:

»Guten Tag, Sie wollen doch sicher auch billiger telefonieren. Zeigen Sie doch mal Ihre Telefonrechnung!« – Mit dieser Masche versuchen zurzeit dreiste Werber an der Haustür, Kunden den Wechsel zu einem anderen Tarif oder sogar einen Vertrag mit einem anderen Telefonanbieter unterzujubeln. Vorgegaukelt wird den überraschten Verbrauchern, es ließen sich erhebliche Kosten einsparen – wenn sie mal eben ein Formular unterschrieben bzw. den Vertreterbesuch schriftlich bestätigten. Tatsächlich handeln sich die Kunden so einen Vertrag mit einem neuen Telefonanbieter ein und ihr Anschluss bei der Deutschen Telekom wird gekündigt.

Verbraucherzentrale NRW

Unseriöse Werber jubeln Telefonkunden neue Verträge unter:

- **Auftraggeber:**
  Die unangemeldeten Direkt-Vermarkter gehen zum Beispiel für die Telefongesellschaft Arcor oder unter der Firmenbezeichnung Alice für den Telefonanbieter Hansenet auf Kundenfang. Jeder Vertrag sichert ihnen Provision.
  Deshalb setzen sie ihre Gesprächspartner oftmals verbal massiv unter Druck.

- **Widerruf:**
  Kunden, die an der Haustür mit unguten Gefühlen eine Unterschrift geleistet haben, sollten rasch handeln und den Vertrag innerhalb von zwei Wochen schriftlich widerrufen – am besten per Einschreiben mit Rückschein.

- **Bisherige Telefonvertragspartner:**
  Reuige Kunden müssen damit rechnen, dass der bisherige Telefonnetzbetreiber den Telefonanschluss abschaltet, falls er nichts vom Vertragsrücktritt erfährt.
  Deshalb sollte der alte Vertragspartner – in der Regel ist dies die Deutsche Telekom – auf alle Fälle eine Durchschrift des Widerrufschreibens erhalten.

- **Beratung:** Wer Probleme mit der Vertragsauflösung hat, zum Beispiel weil er keine Kopie der Vereinbarung bekommen hat, sollte sich umgehend an eine örtliche Beratungsstelle der Verbraucherzentrale NRW wenden und sich dort beraten lassen. *Verbraucherzentrale NRW*

Angestrebte Ziele des Verbraucherschutzes

Folgende **Ziele** werden durch den Verbraucherschutz angestrebt:

❶ Schutz von Sicherheit und Gesundheit

Der Verbraucher soll vor Schäden bewahrt werden, die sich aus dem Verbrauch bestimmter Waren ergeben können, z.B. der gesundheitlichen Unverträglichkeit bestimmter Nahrungs- und Genussmittel und Arzneien.

❷ Schutz vor Täuschung und Übervorteilung

Der Verbraucher ist den ausgeklügelten Werbe- und Reklameeinflüssen sowie undurchsichtigen Vertragsformularen ausgesetzt, aber nicht gewachsen.
Dagegen muss er geschützt werden, damit er nicht durch irreführende Beschriftung und Verpackung von Waren einen Kauf tätigt, den er bei genauerer Information nicht vorgenommen hätte, z.B. bei Mogelpackungen.

❸ Verbraucheraufklärung

Über den Verbraucherschutz soll der Konsument als Nachfrager von Gütern und Dienstleistungen geschützt werden. Seine Interessen sollen gewahrt und seine Stellung am Markt gegenüber den Unternehmen (Anbietern) gestärkt werden.

Die Rechtsposition des Verbrauchers wird durch eine Reihe wichtiger Maßnahmen gestärkt, um ihn in seiner schwächeren Marktsituation zu unterstützen und ihn vor gesundheitlichen Schäden zu bewahren.

Online-Kauf: Erst die Ware

Vorauskasse bei Internet-Shopping nicht erlaubt

Beim elektronischen Einkauf via Internet lassen sich die Kunden zu viel gefallen. Der sonst geläufige Grundsatz »Erst die Ware, dann das Geld« werde online kaum beachtet, warnt die Arbeitsgemeinschaft der Verbraucherverbände (AgV) in Bonn.

Erst eine kleine Minderheit von Internet-Kaufhäusern bietet die Möglichkeit, nach Erhalt der Ware per Rechnung zu zahlen. Nur die wenigsten Online-Kunden protestieren, wenn sie zur Vorauskasse per Bankeinzug oder Kreditkarte gedrängt werden – ein Unding beim »normalen« Shopping. Nach der Lieferung schlechter Ware haben sie zudem schlechte Karten, Ansprüche durchzusetzen.

Vorsicht ist besonders beim Kauf von Elektrosachen und Büchern geboten: Häufig werden Preise »ohne Gewähr« angegeben. Einige Anbieter behalten sich sogar nachträgliche Preisänderungen vor. Das alles verstößt eindeutig gegen die Preisangabenverordnung, die auch für das Online-Shoppen gilt, so die Experten.

Auch das Angebot an Online-Kunden, persönliche Daten und vor allem die Kreditkartennummern zu verschlüsseln, ist laut Stichprobenanalyse der Verbraucherschützer noch lange kein Standard. Die meisten Käufer werden gar nicht erst darüber informiert, was mit ihren erfassten Daten passiert. In einigen Fällen werden Daten gespeichert, ohne – wie gesetzlich vorgeschrieben – eine ausdrückliche Einwilligung des Kunden dafür einzuholen, kritisiert die AgV. Keine Seltenheit ist auch, dass Daten an Dritte weitergegeben werden. Ausnahme: Nur, wenn der Kunde ausdrücklich widerspricht. »Eine völlige Umkehrung der gesetzlichen Vorschriften«, warnen die Fachleute. In Amerika wird Online-Shoppern dagegen fast durchweg angeboten, Daten zu verschlüsseln. Außerdem wird ihnen dazu ausführlich erklärt, welche Techniken verwendet werden.

Probleme gibt es auch mit den »Allgemeinen Geschäftsbedingungen«, dem Kleingedruckten in den meisten Kaufverträgen. Sie lassen sich meist nicht auf der Website nachlesen, trotzdem weisen Anbieter darauf hin. Juristisch nicht haltbar, heißt es. Im Streitfall kann der Kunde aber benachteiligt sein, wenn er seine Rechte nicht kennt, der Verkäufer jedoch auf seinen Bedingungen besteht. Wer die Fallstricke beim Internet-Shopping schon zu spüren bekommen hat, kann seine Erfahrungen bei der AgV loswerden. Die Verbraucherschützer sammeln Infos, um die Interessen der Online-Kunden besser durchsetzen zu können. – Internet: meckereckeagv.de

Rhein-Zeitung

Verbraucherschutzgesetze

Dies geschieht in der Bundesrepublik Deutschland durch **verschiedene Gesetze,** von denen einige aufgeführt werden:

- **Kartellgesetz**

  Mit diesem Gesetz möchte der Staat einen funktionierenden Wettbewerb gewährleisten. Er verbietet z.B. Preisabsprachen und gibt dem für die Überwachung des Wettbewerbs zuständigen Bundeskartellamt in Bonn eine Vielzahl weiterer Möglichkeiten, den Wettbewerb zu sichern.

- **Unlauterer Wettbewerb**

  Dieses Gesetz soll Täuschungen bei Geschäftsabschlüssen verhindern. Gleichzeitig dient es dazu, den Verbraucher vor unseriösen Geschäftspraktiken und Werbemethoden zu schützen.

  Es verbietet so u.a. irreführende und sittenwidrige Werbung. Hierzu zählen beispielsweise Lockvogelangebote, bei denen durch Herausstellen einzelner Niedrigpreisartikel ein preisgünstiges Gesamtangebot vorgetäuscht wird. Dies ist irreführend. Sittenwidrig sind z.B. das Zusenden nicht bestellter Waren oder unerbetene Telefonanrufe, um Geschäftsabschlüsse anzubahnen.

Zwei Jahre Garantie

MÜNCHEN. Seit 2002 ist das Gewährleistungsgesetz in Kraft, das verspricht: Ein Händler muss eine Ware kostenlos reparieren, Ersatz liefern oder zurück nehmen, wenn sie innerhalb von zwei Jahren einen Fehler aufweist. Bislang betrug die Garantiefrist nur sechs Monate.

Für alle Second-Hand-Waren vom Händler gilt grundsätzlich ein Jahr Gewährleistungszeit inklusive einer weiteren kundenfreundlichen Neuerung, die für alle Einkäufe – egal, ob neu oder gebraucht – besagt: Innerhalb der ersten sechs Monate nach dem Kauf im Geschäft muss nicht der Käufer beweisen, dass die Sache schon bei Lieferung mangelhaft war. Davon geht der Gesetzgeber dann automatisch aus. Die Fehlerfreiheit wird der Verkäufer nachweisen müssen, wenn er nicht gleich nachbessern will. Nach den sechs Monaten liegt die Beweislast wieder beim Kunden. Für Geschäfte von privat an privat gelten diese Regeln nicht.

Der Käufer hat auch die Wahl zwischen Reparatur einer defekten Ware oder einem neuen Produkt. Wochenlanges Warten auf die Wiederherstellung eines eingeschickten Gerätes muss nicht mehr grundsätzlich hingenommen werden. Verweigert der Händler dieses Wahlrecht, kann der Kunde notfalls vom Kauf zurücktreten oder den Preis mindern. Bei Autos hat der Händler dagegen mehrfache Versuche zum Nachbessern und Reparieren.

Auch bei Werkstattpfusch haben Autobesitzer bessere Karten. Ein Jahr Gewährleistungspflicht gilt ausnahmslos für alle Auto-Reparaturfirmen – und nicht nur für Mitgliedsbetriebe der Kfz-Innung.

Bonner Rundschau, gekürzt

Auch Computer, die nicht vom Fachhandel veräußert werden, unterliegen den neuen Gewährleistungsfristen.

Rechte der Verbraucher werden gestärkt

Bundeskabinett verabschiedet neuen Gesetzentwurf –
Mehr Transparenz soll beim Einkaufen größere Sicherheit gegen – Kritiker bemängeln Lücken

Beim Einkauf sollte sich jeder Bürger darauf verlassen können, dass er auch das bekommt, was auf der Packung steht. Da dies manchmal nicht der Fall ist, ist besondere Aufmerksamkeit geboten. Um die Rechte der Verbraucher zu stärken, hat das Bundeskabinett einen neuen Gesetzentwurf verabschiedet. Kritikern gehen die Regelungen allerdings nicht weit genug.

BERLIN. Die Interessen der Verbraucher erhalten mehr Gewicht. Das Bundeskabinett verabschiedete jetzt einen nachgebesserten Entwurf zum Verbraucherinformationsgesetz, mit dem die Bürger einen begrenzten Auskunftsanspruch gegenüber Behörden erhalten. Dies soll insbesondere in der Lebensmittelbranche mehr Transparenz schaffen.

Das Gesetz war bereits im September 2006 vom Bundesrat verabschiedet worden. Bundespräsident Horst Köhler hatte sich jedoch wegen verfassungsrechtlicher Bedenken geweigert, die Vorlage zu unterzeichnen. Auslöser war die Föderalismusreform, nach der der Bund den Kommunen keine Aufgaben auf direktem Weg übertragen darf.

Vorlage verfassungsfest?

In der überarbeiteten Vorlage, die Verbraucherschutzminister Horst Seehofer (CSU) nun als verfassungsfest einstuft, wurden deshalb die Länder für eine Herausgabe der Informationen dazwischengeschaltet. Für den Verbraucher ändert sich dadurch nichts. Gegen den Widerstand der Opposition gab es auch keine inhaltlichen Nachbesserungen.

So bleibt es dabei, dass Behörden verpflichtet werden, Verbraucheranfragen über Lebens- und Futtermittel sowie Bedarfsgegenstände innerhalb von vier Wochen umfassend zu beantworten. Liegt keine Beanstandung vor, können sie dafür auch Gebühren erheben.

Gegenüber Unternehmen haben Verbraucher weiterhin keinen Auskunftsanspruch. Allerdings sollen die Behörden die Öffentlichkeit auch unter Namensnennung der Hersteller oder Händler informieren. Betriebs- und Geschäftsgeheimnisse müssen dabei weiter berücksichtigt werden. Das gilt allerdings nicht bei Rechtsverstößen. So darf ein möglicher Schaden für die Firma die Behörden nicht davon abhalten, die Öffentlichkeit zum Beispiel über Gesundheitsgefahren bei Lebensmitteln zu unterrichten.

Nach den geltenden Bestimmungen können mit Verstößen gegen das Lebens- und Futtermittelrecht behaftete Produkte nur dann genannt werden, wenn sie noch im Handel sind. Künftig müssen die Behörden bei Verstößen grundsätzlich informieren. Damit können zum Beispiel Fleischbetriebe, deren verdorbene Ware bereits aus den regalen genommen wurde, auch nachträglich an den Pranger gestellt werden.

Grüne: Wand des Schweigens

Den Kritikern gehen die Bestimmungen nicht weit genug. »Der Entwurf macht es den Behörden leicht, Verbrauchern Informationen zu verweigern«, sagte die stellvertretende Fraktionsvorsitzende der Grünen, Bärbel Höhn. Betriebe sind demnach überhaupt nicht zur Auskunft verpflichtet. Vielmehr hätten Betriebsgeheimnisse Priorität gegenüber den Informationen der Verbraucher. »So wird Missbrauch und Geheimniskrämerei Tür und Tor geöffnet. Da laufen die Verbraucher gegen eine Wand des Schweigens«, meinte Höhn.

Der Bundesverband der Verbraucherzentralen beklagte den eingeschränkten Geltungsbereich des Gesetzes. Nicht erfasst sind Sportartikel, Dienstleistungen und klimabelastende Produkte wie Kühlschränke. Bei Werkzeugen haben die Konsumenten ebenfalls kein Auskunftsrecht. Bei einem solchen Produkt sind erst kürzlich krebserregede Weichmacher in den Kunststoffgriffen festgestellt worden.

Horst Seehofer sprach von einem effektiven und praktikablen Gesetz. Nachbesserungen wollte er aber nicht ausschließen. Sollten nach zwei Jahren Erfahrung, Korrekturen notwendig sein, wird das Ministerium entsprechende Vorschläge unterbreiten, sagte Seehofer.

Stefan Vetter (Berlin), Rhein-Zeitung, 05.04.2007

- **§§ 491 ff. – Verbraucherdarlehensvertrag**
  Diese Gesetze schützen den Verbraucher bei allen Kreditverträgen mit gewerblichen Kreditgebern.
  Ferner enthalten diese Paragrafen Regelungen, die die Position des Verbrauchers beim Ratenkauf/Kreditkauf stärken. Anzuführen sind:
  - das Widerrufsrecht
  - das gesetzliche Verbot der Gerichtsstandsklausel
  - die Angabe der effektiven Jahreszinsen

- **Haustürgeschäfte**
  Der Käufer hat nach diesem Gesetz ein Recht zum Widerruf innerhalb von zwei Wochen (§§ 312, 355 BGB). Betroffen sind davon Haustürgeschäfte sowie Geschäfte, die durch Ansprechen in der Öffentlichkeit oder auf Kaffeefahrten abgeschlossen werden.
  Sollte eine Belehrung über das Widerrufsrecht fehlen, so steht dem Käufer sogar das Recht zum Rücktritt innerhalb des Monats ab dem Zeitpunkt zu, in dem beide Vertragspartner ihre Vertragspflichten voll erfüllt haben.

Haustürgeschäfte

Verkäufer muss über Rechte aufklären

Der Bundesgerichtshof urteilte: Bleibt unklar, wie lange der Kunde vom Vertrag zurücktreten darf, verlängert sich die Widerrufsfrist.

Bei Haustürgeschäften steht laut Bürgerlichem Gesetzbuch dem Verbraucher das Recht zu, seinen Vertragsabschluss binnen zwei Wochen zu widerrufen. Die Frist beginnt mit dem Zeitpunkt, an dem er über das Widerrufsrecht aufgeklärt wurde.

Eine Widerrufsbelehrung muss Kunden umfassend informieren

Frist läuft nicht

Der Bundesgerichtshof (BGH) betonte nun, dass ohne eine ausreichende Widerrufsbelehrung die zweiwöchige Frist nicht beginnt (AZ: VII ZR 122/06).

Der Schutz des Verbrauchers erfordere eine möglichst umfassende, unmissverständliche und eindeutige Belehrung. Es genüge nicht, nur die Pflichten im Falle des Widerrufs aufzuführen, entschieden die Richter. Die Rechte des Verbrauchers bestünden darin, dass nach dem Widerruf das gesetzliche Rücktrittsrecht anwendbar sei.

Dazu gehöre etwa, von einem Unternehmer die bereits geleisteten Zahlungen und auch Zinsen zu verlangen.

Im verhandelten Fall hatte der Handelsvertreter eines Unternehmers den Kunden in dessen Wohnung aufgesucht und ihm Fassadenarbeiten zu einem Festpreis angeboten. Der Kunde unterschrieb zunächst den Auftrag, widerrief ihn aber mehr als zwei Wochen später, weil er nicht mehr bereit war, die Arbeiten vornehmen zu lassen. Der Unternehmer verlangte daraufhin eine pauschale Entschädigung. Vor dem BGH blieb die Klage ohne Erfolg. Die Widerrufsbelehrung habe nicht über die wesentlichen Rechte des Verbrauchers informiert und damit den gesetzlichen Anforderungen nicht entsprochen, betonten die Richter des 7. Zivilsenats.

Quelle: www.focus.de

Allgemeine Geschäftsbedingungen

Die Allgemeinen Geschäftsbedingungen sind im BGB durch die §§ 305ff. verankert.

Sie schützen den Verbraucher vor dem »Kleingedruckten« in vorformulierten Verträgen und verbietet Regelungen, die den Verkäufer unangemessen begünstigen.

Diese Vertragsbedingungen werden häufig auf einem besonderen Blatt oder auf Vertragsurkunden (Angebots- oder Bestellformular) abgedruckt.

Preisangabenverordnung

Wer nach § 1 Preisangabenverordnung Letztverbrauchern regelmäßig Waren oder Dienstleistungen anbietet oder unter Angabe von Preisen für Waren oder Leistungen gegenüber Letztverbrauchern wirbt, z.B. Einzelhandelsbetriebe, Tankstellen oder Gaststätten, muss

- die Preise angeben, welche einschl. der USt und sonstigen Preisbestandteilen unabhängig von einer Rabattgewährung zu zahlen sind (Bruttopreise), und
- mit den Preisen die üblichen Verkaufs- oder Leistungseinheiten und die Gütebezeichnungen angeben.

Selbstkontrolle der Wirtschaft

Sie kann freiwillig oder aufgrund staatlicher Anregungen zur Einhaltung bestimmter Anforderungen führen und damit dem Verbraucherschutz dienen. Als Beispiel sind die Gütezeichen anzuführen. Gütezeichen sind Zeichen, die von einer Gütergemeinschaft geschaffen und die von den betreffenden Händler- und Erzeugerverbänden eingehalten werden.

Beispiele

- Deutsche Weinsiegelgesellschaft
- Gütegemeinschaft Deutscher Möbel

Sie sind ein Garantieausweis für eine bestimmte Warengüte und tragen zur Vereinheitlichung der Qualität bei.

In jedem Bundesland gibt es Verbraucherzentralen und -beratungsstellen, die jedem Ratsuchenden Auskunft über das Warenangebot, die Qualität und Preise geben.

Durch ihre Aufklärung können sie wesentlich zum Verbraucherschutz beitragen.

Sie sollen den Verbraucher u.a. dabei unterstützen, …

- … seine Rechte zu kennen und gegenüber dem Anbieter (Unternehmen) auch wahrzunehmen.
- … als bewusst handelnder, preis- und qualitätsbewusster Partner am Wirtschaftsleben teilzunehmen.
- … die Qualifikation zu erwerben und aus verschiedenen Angeboten das für ihn günstigste auszuwählen.

Verbraucherschutz leistet auch die **Stiftung Warentest.**

Die Ergebnisse aus dem Vergleich von Waren werden in der monatlich erscheinenden Zeitschrift »**test**« veröffentlicht.

LERN-BOX

- Ein **Kaufvertrag** kommt durch mindestens zwei übereinstimmende Willenserklärungen (Antrag, Annahme) zu Stande. Er enthält rechtlich zwei Teile (Verpflichtungsgeschäft, Erfüllungsgeschäft). Man unterscheidet folgende Kaufvertragsstörungen: Mangelhafte Lieferung, Lieferungsverzug, Annahmeverzug, Zahlungsverzug.
- Die Vorgehensweise beim außergerichtlichen **Mahnverfahren** ist nicht festgelegt. Führt das außergerichtliche Mahnverfahren nicht zum Erfolg, wird ein gerichtliches Mahn- und Klageverfahren eingeleitet.
- Ist ein **Forderungsanspruch verjährt,** kann der Gläubiger die Zahlung nicht mehr erzwingen.
- Beim **Ratenkauf** zahlt der Käufer die Ware in mehreren Raten (Verbraucherkreditgesetz).
- **Mietvertrag:**
  Entgeltliche Überlassung von Sachen zum Gebrauch (Wohnung, Geschäftsräume, Garage).
- **Leasing:**
  Zeitlich befristete Nutzung von Autos, Maschinen und Anlagen durch Zahlung eines Mietzinses.
- Ziele des **Verbraucherschutzes:**
  Schutz von Sicherheit und Gesundheit, Schutz vor Täuschung und Übervorteilung, Verbraucheraufklärung. Maßnahmen: Gesetze und Verordnungen, Selbstkontrolle der Wirtschaft durch Gütezeichen, Verbraucherzentralen und Verbraucherberatungsstellen.

WISSENS-CHECK

1. Erklären Sie die Aussage: »**Die Anfrage hat keine rechtliche Wirkung.**«
2. Welche **Merkmale** sind beim Angebotsvergleich außer dem Preis noch zu berücksichtigen?
3. Ein Kaufvertrag besteht rechtlich aus **zwei Teilen.** Nennen und erläutern Sie diese.
4. Welche **Leistungen** haben Käufer und Verkäufer nach Abschluss eines Kaufvertrages zu erbringen?
5. Welche **Vorteile** bietet ein Kauf auf Abruf für den Unternehmer?
6. Welche **Rechte** hat ein Käufer bei mangelhafter Lieferung?
7. Nennen und erklären Sie die **Rechte des Lieferanten,** wenn der Kunde sich im Zahlungsverzug befindet.
8. Wo und wie muss ein **Mahnbescheid** beantragt werden?
9. Worin liegt die Bedeutung einer **eidesstattlichen Versicherung?**

⑩ Nach welcher Zeit **verjähren Ansprüche** aus einem erfolglosen gerichtlichen Mahnverfahren?

⑪ Welche **Verjährungsdauer** liegt folgenden Ansprüchen zugrunde?
- Pacht und Miete
- Darlehensforderungen
- Löhne gegenüber dem Arbeitgeber
- Honorare von Ärzten, Rechtanwälten, Architekten
- Forderungen von Kaufleuten an Privatpersonen
- Forderungen von Privatleuten untereinander
- Forderungen von Kaufleuten untereinander

⑫ Nennen Sie einige Beispiele von **Rechten des Mieters,** die nicht durch vertragliche Vereinbarungen ausgeschlossen werden dürfen.

⑬ Welche **mietvertraglichen Verletzungen** stellen einen Kündigungsgrund dar?
- Dauernde, unpünktliche Mietzahlungen.
- Vogelhaltung in der Wohnung.
- Aufnahme von Gästen über das Wochenende.
- Beleidigungen gegenüber dem Vermieter.
- Gelegentliches duschen spätabends.

⑭ Erklären Sie anhand von Beispielen die **Unterschiede** zwischen Miet-, Pacht-, Leih- und Leasingvertrag.

⑮ Beschreiben Sie die **Vor- und Nachteile** des Leasings aus der Sicht des Leasingnehmers.

⑯ Aus welchen drei Gründen ist **Verbraucherschutz** wichtig und notwendig?

Privatinsolvenz

Der Tischlerauszubildende Niklas Schumacher möchte sich ein neues Handy kaufen. Er und seine Mitberufsschüler sind der Auffassung, sein vier Jahre altes Handy sei nicht mehr zeitgemäß.

In einem Werbeprospekt findet er folgendes Angebot:

Smartphone mit Internetnutzungsmöglichkeit ohne Vertrag 850,00 €, mit Vertrag 240,00 €.

Niklas Freund Enrico empfindet das Angebot als zu teuer, zumal er im ersten Ausbildungsjahr nur ca. 350,00 Euro verdient. Soll Niklas trotzdem das Handy kaufen?

Aus dem heutigen Alltag ist mobiles Telefonieren nicht mehr wegzudenken. Dabei werden jedoch Handys gerade für junge Menschen immer häufiger zur Schuldenfalle.

Bei Verträgen mit meist 24 Monaten Laufzeit sind die Kosten vergleichsweise gering, doch die monatliche Belastung und die Verbindungspreise sind hoch. Hinzu kommen noch Klingeltöne und Spiele, die die Handy-Rechnung noch teurer werden lassen.

Laut Bundesverband der deutschen Inkasso-Unternehmen hatten im Jahre 2004 zwölf Prozent der 13- bis 24-Jährigen Schulden in Höhe von durchschnittlich 1800,00 Euro. Eine häufige Ursache dafür ist die Mobilfunkrechnung sowie der Fast-food-Verzehr.

Doch nicht nur junge Menschen haben Schulden. Die private Verschuldung wächst allgemein. Durch Verlust des Arbeitsplatzes oder durch Ehescheidung geraten immer mehr Menschen in Deutschland in die private Insolvenz (Verbraucherinsolvenz). Autos, Möbel, Urlaubsreisen etc. werden auf Pump gekauft.

Folge: Diese kreditfinanzierten Ausgaben werden zur Schuldenfalle, aus der viele ohne Hilfe nicht mehr herauskommen.

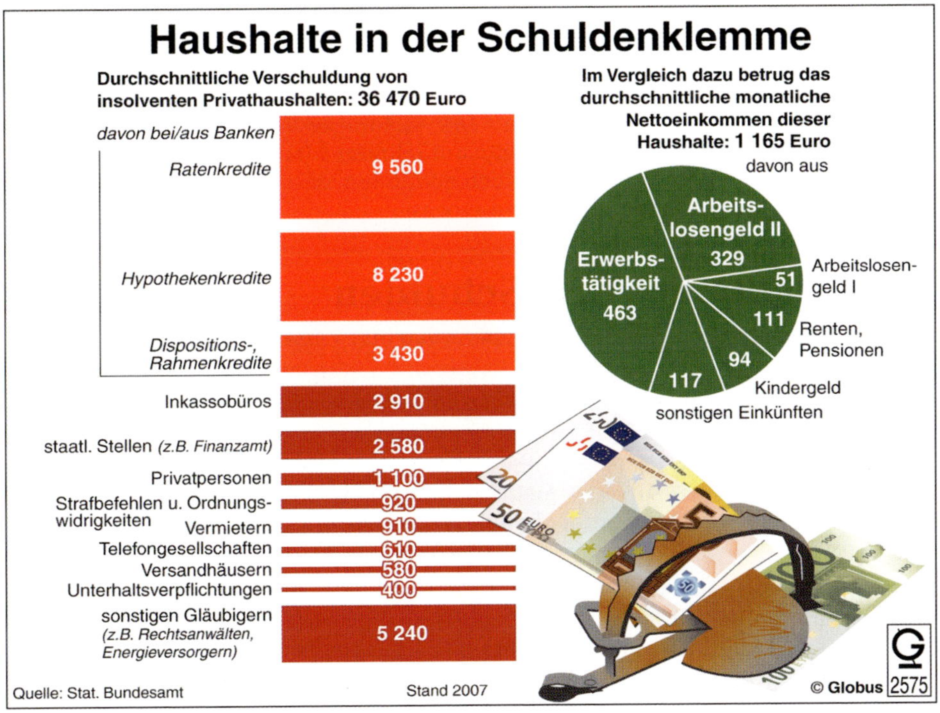

Das private Insolvenzrecht ermöglicht es Privatleuten, sich aus einer Schuldenfalle zu befreien. Dies kann dadurch geschehen, dass sie sich unter bestimmten Verfahrensvoraussetzungen mit ihren Gläubigern (z.B. der Bank) einigen. Dabei sollte folgende Vorgehensweise beachtet werden:

1. Der erste Schritt ist der Gang in eine Schuldnerberatungsstelle. Die Mitarbeiter unterstützen und begleiten den Schuldner während des gesamten Verfahrens – und das unentgeltlich.

2. Der Schuldner versucht, sich mit seinen Gläubigern außergerichtlich zu einigen.

3 Wenn der Versuch der außergerichtlichen Einigung scheitert, muss in einem gerichtlichen Schuldenbereinigungsverfahren mit den Gläubigern verhandelt werden.

4 Erst wenn sich die Beteiligten auch im Schuldenbereinigungsverfahren nicht einigen können, kommt es zum eigentlichen gerichtlichen Verfahren. Das Gericht legt dann die Art und Weise der Schuldentilgung in einem Schuldenbereinigungsplan fest.

5 Während einer so genannten Wohlverhaltensphase muss der Schuldner dafür sorgen, dass seine Gläubiger pünktlich die Zahlungen entsprechend dem Schuldenbereinigungsplan erhalten. Die Wohlverhaltensphase dauert sechs Jahre und beginnt mit der Eröffnung des Insolvenzverfahrens.

6 Kommt der Schuldner seinen Verpflichtungen nach, erhält er nach Ablauf der Wohlverhaltensphase eine Restschuldbefreiung. Er ist damit schuldenfrei.

Selbstverständlich ist es besser, gar nicht erst in eine Schuldenfalle hineinzulaufen. Ist man erst einmal darin gefangen, werden die Schulden meist trotz Sparmaßnahmen immer höher. Dann ist es wichtig, schnell aktiv zu werden und so bald wie möglich einen Termin bei einer Schuldenberatungsstelle wahrzunehmen. Die Gläubiger sollten persönlich angeschrieben und auf die Zahlungsunfähigkeit hingewiesen werden. Dabei sollte der Schuldner ausdrücklich erwähnen, dass er an dem Verbraucherinsolvenzverfahren teilnehmen möchte.

Mit gezielter Hilfe aus den Schulden

Immer mehr Deutsche leben über ihre Verhältnisse – Beratung gibt Tipps

Viele Deutsche geraten in die Schuldenfalle: Inkasso-Unternehmen rechnen für das laufende Jahr mit rund 70.000 Verbraucherinsolvenzen und damit einem neuen Rekordniveau. Schon eine einmalige Auflistung der Ein- und Ausgaben kann aufzeigen, wo gespart werden kann.

Wer mehr ausgibt als einnimmt, macht schnell Schulden. Geld einsparen lässt sich am ehesten beim Auto, sagt Marius Stark, Sprecher der Arbeitsgemeinschaft Schuldnerberatung der Verbände (AG SBV) in Köln. Doch auch bei der Miete und den täglichen Bankgeschäften lässt sich sparen.

Einmal alles auflisten

Dem Schuldnerberater zufolge geraten viele Verbraucher vor allem deshalb in die roten Zahlen, weil sie sich nicht klar machen, wie hoch ihre Einnahmen und Ausgaben sind. »Dabei muss man nicht gleich über Monate oder Jahre ein Haushaltsbuch führen.« Es genügt, seiner Ansicht nach, einmal Ausgaben und Einnahmen auf einer Liste gegenüberzustellen. Dabei sollten auch finanzielle Belastungen aufgeführt werden, die nur alle paar Monate auftreten, zum Beispiel Versicherungsbeiträge.

Zeigt diese Liste, dass die Ausgaben höher sind als die Einnahmen, sollte aber doch ein Haushaltsbuch geführt werden. Manchmal kann auch ein Umzug nötig sein: »Die Miete sollte maximal 40 Prozent des Einkommens ausmachen«, so Stark.

Allerdings ist die Einhaltung solcher Faustregeln oft schwierig. Gerade die Ausgaben für das Wohnen sind zuletzt wegen der hohen Nebenkosten vielerorts sehr stark gestiegen. Auch bei den täglichen Bankgeschäften lassen sich Regelungen finden, die einem Abgleiten in die »Schuldenfalle« entgegen wirken. Mit einem sogenannten Guthabenkonto lassen sich die roten Zahlen in der Haushaltskasse vermeiden. Ein solches Konto lässt sich nicht überziehen, erklärt Tanja Boller vom Bundesverband deutscher Banken in Berlin. Lastschriften können nicht eingelöst werden, wenn das Konto ungedeckt ist – etwa weil der Arbeitgeber das Gehalt ein paar Tage später überwiesen hat.

Rhein-Zeitung

Unternehmen

Aufbau von Unternehmen

Bei der Aufbauorganisation erfolgt die Einteilung von funktionsgerechten Abteilungen und Bereichen sowie die Festlegung und Übertragung von Aufgaben, Verantwortung und Kompetenzen. Die Aufbauorganisation befasst sich darüber hinaus mit den Informationswegen in den Unternehmen. Die Aufbauorganisation wird meistens durch ein Organigramm dargestellt.

Beispiel für den Aufbau eines Handwerksbetriebes

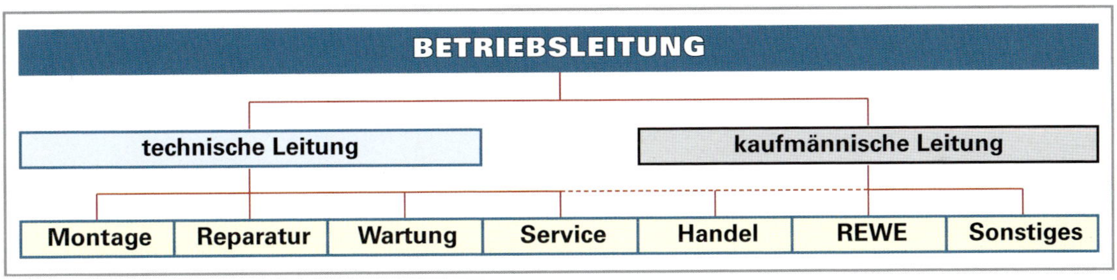

In den meisten Fällen steht der Betriebsinhaber und Meister an der Spitze seines Unternehmens. Er ist der Chef. Er trägt letztlich die Verantwortung; er muss entscheiden.

Dabei helfen ihm ausgesuchte Mitarbeiter, die dem Meister sowohl auf der kaufmännischen Ebene als auch auf der technischen Seite zuarbeiten. Der Chef delegiert in vielen Fällen; er gibt Anweisungen. Die Mitarbeiter sind in Teilbereichen für ihre Arbeitsleistung selbst verantwortlich.

Auszubildende sind entweder dem Meister direkt oder einem Ausbilder unterstellt. Meister bzw. Ausbilder sind maßgeblich für eine gute Berufsausbildung verantwortlich. Sie haben die Aufgabe, den Auszubildenden während der gesamten Ausbildungszeit zu betreuen, ihm Kenntnisse, Fertigkeiten und Berufserfahrungen zu vermitteln und im Rahmen des dualen Systems Kontakte mit der zuständigen Berufsschule zu pflegen.

Die Aufbauorganisation ist die zielgerechte Ordnung der Aufgabenträger.

Der Auszubildende ist entweder dem Meister/Ausbilder oder einem anderen erfahrenen Mitarbeiter (Gesellen) bei der Arbeit behilflich. Mit fortschreitender Ausbildung macht der Auszubildende auch kleinere Arbeiten selbstständig und integriert sich so nach und nach in den Produktions- und Arbeitsprozess des Betriebes.

Ein Unternehmen ist nicht isoliert zu sehen, sondern es ist in ein Beziehungsgeflecht eingebettet. So setzt der Staat die Rahmenbedingungen für das unternehmerische Schaffen. Beziehungen zum Staat sind durch zu zahlende Steuern, Gebühren und Beiträge gegeben. Andererseits kann der Staat Unternehmen Subventionen zukommen lassen.

Seit 2004 gilt eine neue Handwerksordnung

Mit der Reform der kleinen und großen Handwerksordnung gibt es den **Meisterzwang nur noch in 41 statt bisher in 94 Berufen.**

Gesellen können in 53 Handwerkszweigen ohne einen Meisterbrief einen Betrieb gründen, wenn sie zuvor sechs Jahre in dem Gewerbe (davon vier Jahre in leitender Stellung) gearbeitet haben.

Handwerke mit und ohne Meisterzwang

Gewerbe, die als zulassungspflichtige Handwerksgewerbe betrieben werden können.

- Maurer und Betonbauer
- Ofen- und Luftheizungsbauer
- Zimmerer
- Dachdecker
- Straßenbauer
- Wärme-, Kälte- , Schallschutzisolierer
- Brunnenbauer
- Steinmetzen und Steinbildhauer
- Stuckateure
- Maler und Lackierer
- Gerüstbauer
- Schornsteinfeger
- Metallbauer
- Chirurgiemechaniker
- Karosserie- und Fahrzeugbauer
- Feinwerkmechaniker
- Zweiradmechaniker
- Kälteanlagenbauer
- Informationstechniker
- Kraftfahrzeugtechniker
- Landmaschinenmechaniker
- Büchsenmacher
- Klempner
- Installateur und Heizungsbauer
- Elektrotechniker
- Elektromechaniker
- Tischler
- Boots- und Schiffbauer
- Seiler
- Bäcker
- Konditor
- Fleischer
- Augenoptiker
- Hörgeräteakustiker
- Orthopädietechniker
- Orthopädieschuhmacher
- Zahntechniker
- Friseure
- Glaser
- Glasbläser und Glasapparatebauer
- Vulkaniseure und Reifenmechaniker

Gewerbe, für welche die bisherige Voraussetzung des Meisterbriefes künftig entfällt.

- Fliesen-, Platten- und Mosaikleger
- Betonstein- und Terrazzohersteller
- Estrichleger
- Behälter- und Apparatebauer
- Uhrmacher
- Graveure
- Metallbinder
- Galvaniseure
- Metall- und Glockengießer
- Schneidewerkzeugmechaniker
- Gold- und Silberschmiede
- Parkettleger
- Rollladen- und Jalousiebauer
- Modellbauer
- Drechsler (Elfenbein/Holzspielzeug)
- Holzbildhauer
- Böttcher
- Korbmacher
- Damen- und Herrenschneider
- Sticker
- Modisten
- Weber
- Segelmacher
- Kürschner
- Schuhmacher
- Metallblas-, Holzblas-, Zupfinstrumentenmacher
- Sattler und Feintäschner
- Raumausstatter
- Müller
- Brauer und Mälzer
- Weinküfer
- Textilreiniger
- Wachszieher
- Gebäudereiniger
- Glasveredler
- Feinoptiker
- Glas- und Porzellanmaler
- Edelsteinschleifer und -graveure
- Fotografen
- Buchbinder
- Buchdrucker, Schriftsetzer, Drucker
- Siebdrucker
- Flexografen
- Keramiker
- Orgel- und Harmoniumsbauer
- Klavier- und Cembalobauer
- Handzuginstrumentenmacher
- Geigenbauer
- Bogenbauer
- Vergolder
- Schilder- und Lichtreklamehersteller

Aufbau und Abhängigkeit eines Industriebetriebes

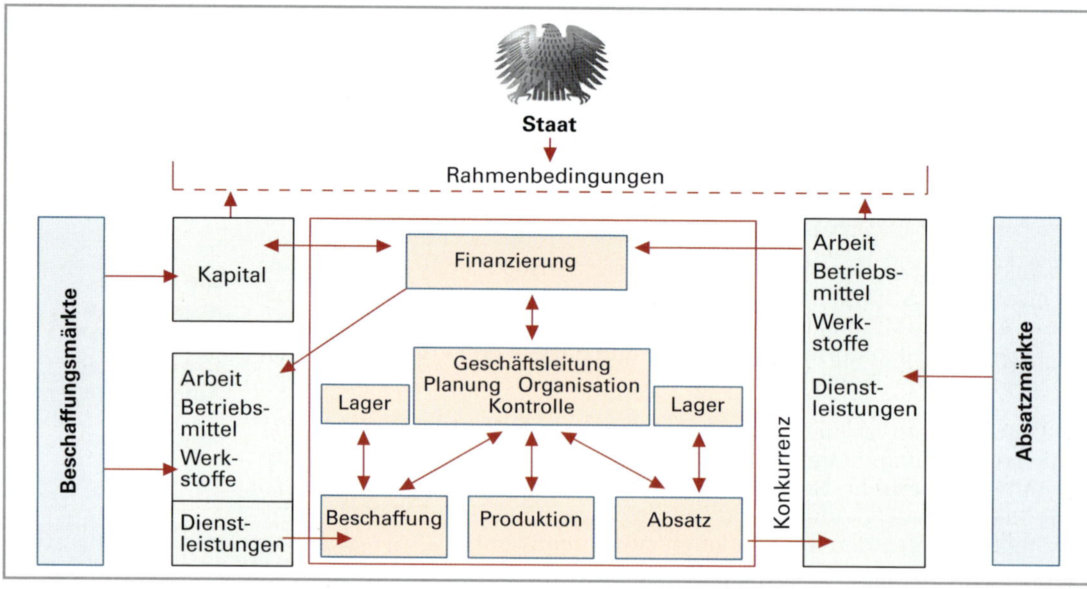

Bevor ein Unternehmen produzieren kann, muss es auf den Beschaffungsmärkten die Produktionsfaktoren einkaufen, die im Unternehmen unter Beachtung des ökonomischen Prinzips so miteinander kombiniert werden, dass das Unternehmen mit einer wettbewerbsfähigen Leistung auf dem Absatzmarkt auftreten kann. Die Absatzbeziehungen sind entweder zu anderen Unternehmen, zu Haushalten, zum Staat oder zum Ausland gegeben.

Aufgaben von Betrieben

Funktionen eines Betriebes

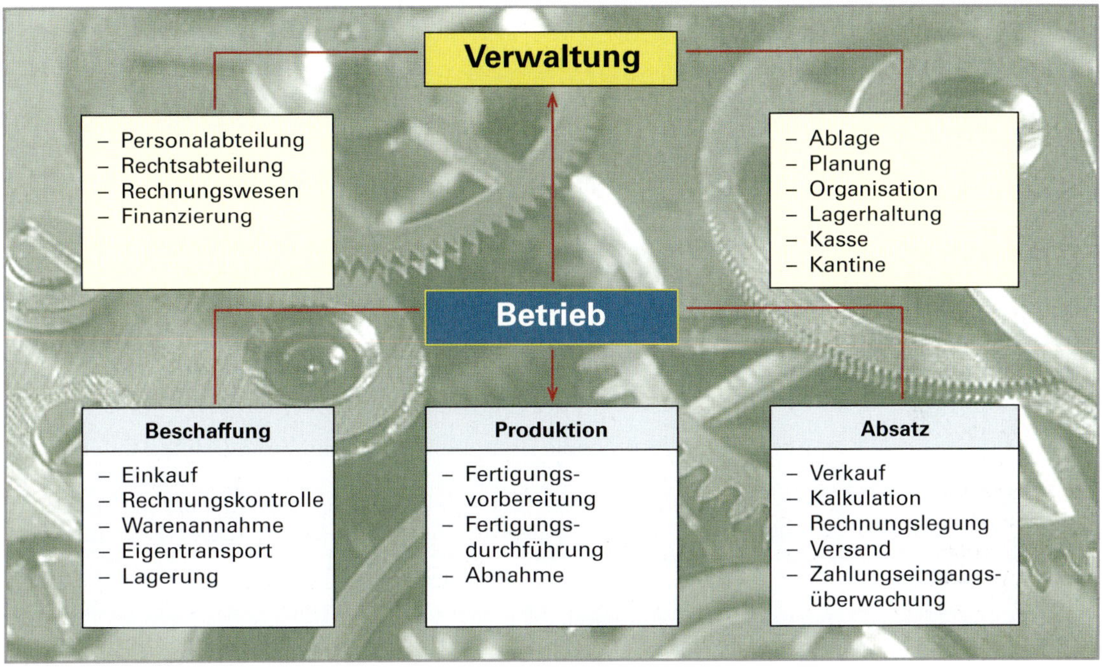

Beschaffung

Roh-, Hilfs- und Betriebsstoffe werden zur Produktion benötigt und auf dem Beschaffungsmarkt eingekauft. Nach dem Eintreffen der Roh-, Hilfs- und Betriebsstoffe werden diese Güter auf dem Werksgelände gelagert, bis sie bei Bedarf in die Fertigungsvorbereitung kommen.

Produktion

Die Produktion beginnt mit der Fertigungsvorbereitung. Hier werden Roh- und Hilfsstoffe sinnvoll vom Arbeitsablauf her für die Fertigungsdurchführung aufeinander abgestuft. Betriebsstoffe sind für die Pflege und Wartung der Maschinen notwendig. Wichtiger Bestandteil der Produktion ist die Abnahme, d.h. die Endkontrolle des Produktes.

Absatz

Der Absatz eines Industriebetriebes umfasst den Verkauf, die Kalkulation, die Rechnungslegung, den Versand und die Überwachung der Zahlungseingänge. Das hergestellte Produkt, die Ware, muss auf dem Absatzmarkt abgesetzt werden. Dies erfordert bei neu auf dem Markt erscheinenden Waren eine Marktforschung, um das Absatzrisiko in Grenzen zu halten. Sinn und Zweck einer solchen Marktforschung ist es, möglichst exakte Daten über die gegenwärtige Marktsituation und die weitere Marktentwicklung zu erfassen, um dann aufgrund der Marktforschungsergebnisse absatzpolitische Entscheidungen zu treffen.

Verwaltung

Ohne den »Verwaltungsapparat« eines Industriebetriebes geht nichts. Hier werden Entscheidungen getroffen, die für den Betrieb von äußerster Wichtigkeit sind, beispielsweise Finanzierungsfragen, Organisationsprobleme etc. Daher finden wir auch in einem Industriebetrieb verschiedene, nach Bearbeitungssparten unterteilte Abteilungen wie die Personalabteilung, die Rechtsabteilung, die Abteilung für Rechnungswesen usw.

Stellung von Unternehmen in der Wirtschaft

Unternehmen:
Industrie
Dienstleistung
Handwerk
Behörden

Die Wirtschaft übernimmt die Aufgabe, knappe Güter in eine bedarfsgerechte Form umzuwandeln und der menschlichen Bedürfnisbefriedigung zuzuführen.

Industriebetrieb

Grundfunktion eines Industriebetriebes sind Beschaffung, Lagerung, Produktion und Absatz.

Dabei unterscheidet man:

- Arbeitskostenintensive Betriebe: z.B. Uhrenherstellung, Musikinstrumentenbau
- Anlagenintensive Betriebe: z.B. Schiffsbau, chem. Industrie, Automobilbau
- Rohstoffintensive Betriebe: z.B. Textil-, Möbelindustrie
- Energiekostenintensive Betriebe: z.B. Aluminiumherstellung

Besondere Merkmale der industriellen Fertigung sind die weitgehende Arbeitsteilung, hoher Anteil an Maschinenarbeit, hoher Kapitaleinsatz sowie die Produktion für den anonymen Markt.

Dienstleistungsbetrieb

Da ein Industriebetrieb nicht jede Aufgabe selbst wahrnehmen kann, beansprucht er Leistungen anderer Betriebe:

- Handelsbetriebe übernehmen die Güterverteilung bis zum Verbraucher.
- Banken führen gewerbsmäßig den Zahlungsverkehr, den Kreditverkehr und den Kapitalverkehr durch.
- Versicherungen decken durch besondere Ereignisse aufgetretene Schäden, indem sie die Belastungen auf eine Vielzahl von Personen verteilen.
- Transport, Verkehr und Kommunikation vermitteln oder übernehmen selbst den Transport von Gütern, Personen oder Daten.

Handwerksbetrieb

Ein Handwerksbetrieb beinhaltet sowohl die betriebliche Funktion der »Produktion« als auch die Erbringung handwerklicher Reparatur- und Dienstleistungen. Im Gegensatz zum Industriebetrieb steht beim Handwerksbetrieb die Befriedigung individualisierter Bedürfnisse im Vordergrund.

Behörden

Hierbei handelt es sich um Unternehmen des Staates, die auf Bundes-, Landes- oder Gemeindeebene alle Angelegenheiten des Staates wahrnehmen, z.B. Finanzamt, Polizei, Standesamt, Bundes- und Landesministerien.

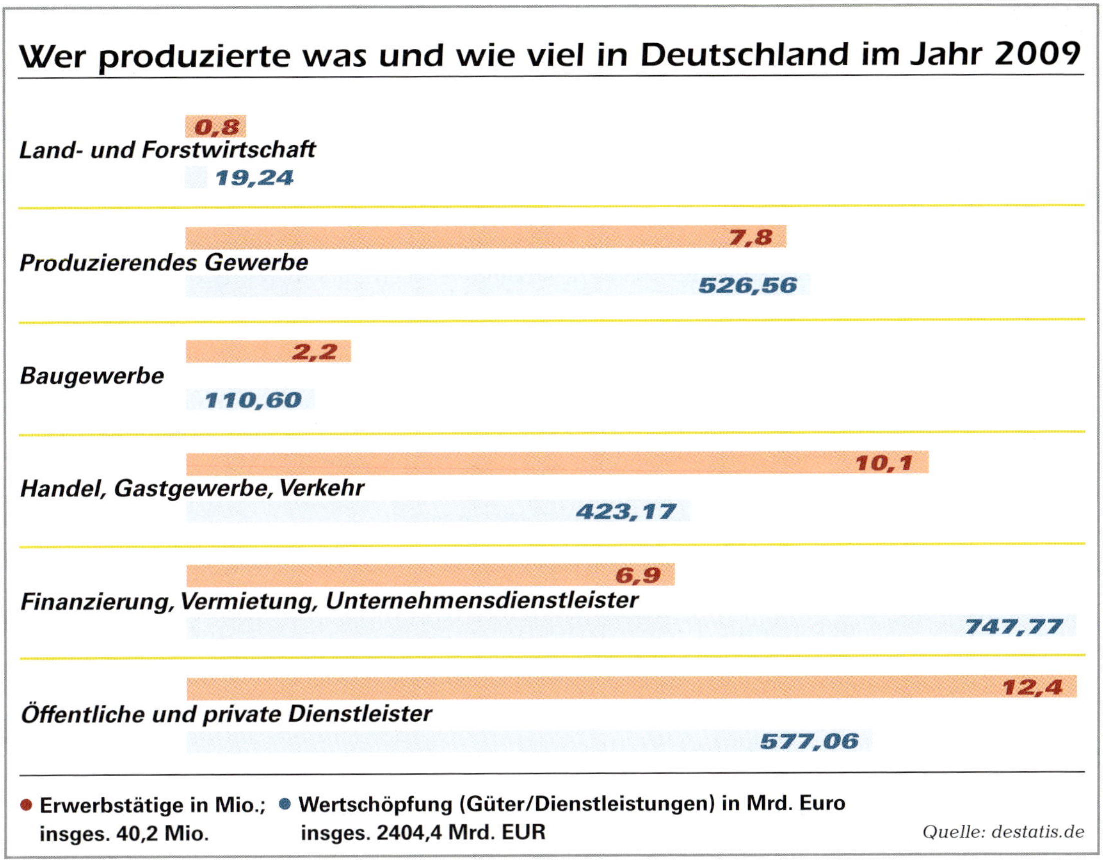

Rund 40 Millionen Männer und Frauen haben im vergangenen Jahr in Deutschland Güter und Dienstleistungen im Wert von fast 2,4 Billionen Euro produziert. Die Daten des Statistischen Bundesamtes machen es möglich, das Bild unserer Wirtschaft etwas genauer zu zeichnen: Der Sektor Finanzierung, Vermietung und Unternehmensdienstleister leistete mit 747,77 Milliarden Euro den größten Einzelbeitrag zum Wirtschaftskuchen. Das produzierende Gewerbe (also die Unternehmen in Industrie und Bergbau) steuerten 526,56 Milliarden Euro bei; die öffentlichen und privaten Dienstleister – die mit 12,4 Millionen den Sektor mit den meisten Beschäftigten stellten – kamen auf eine Wertschöpfung von 577,06 Milliarden Euro.

Von der Industriegesellschaft zur Dienstleistungsgesellschaft

Die Arbeitswelt hat sich in nur einem Jahrzehnt deutlich gewandelt. Immer mehr Erwerbstätige arbeiten heute im Dienstleistungsbereich, d.h., 68% der Arbeitnehmer produzieren keine Güter, sondern handeln, beraten und vermitteln.

Besonders drastisch war der Abbau der Arbeitsplätze in der Landwirtschaft. Hier hat sich der Anteil der Beschäftigten halbiert, von vier Prozent auf 1,9 Prozent.

Gewinner des Strukturwandels ist der Dienstleistungsbereich.

Dazu zählen nicht nur die reinen Dienstleistungsunternehmen, sondern im weitesten Sinne auch die Unternehmen im Bereich Handel und Verkehr sowie der Staat mit seinen Behörden.

Zwei von drei Erwerbstätigen sind heute »Dienst-Leister«.

Unternehmerische Zielsetzungen

»VW plant stark steigenden Gewinn«

»Umsatz bis zum Jahr 2012 verdreifachen«

»Verpackungsindustrie will höheren Marktanteil«

So unterschiedlich die am Wirtschaftsleben Beteiligten sind, so unterschiedlich sind ihre Zielsetzungen. Ziele, die sich Unternehmen setzen, werden von den verschiedenen Interessensgruppen beeinflusst.

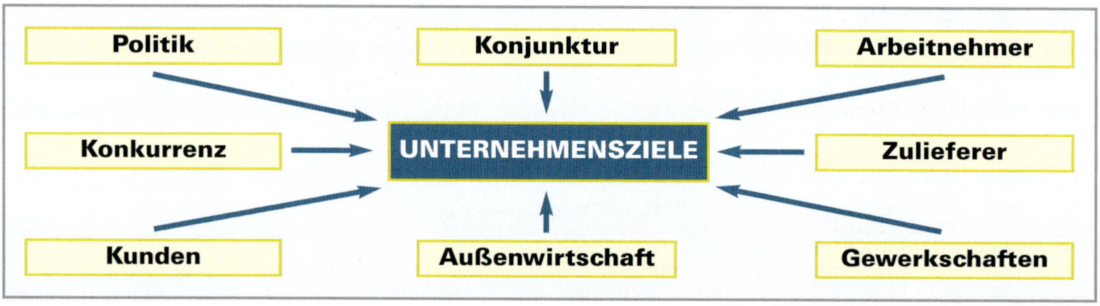

Einflüsse auf Unternehmensziele

Erwerbswirtschaftlich orientierte Unternehmen verfolgen in erster Linie folgende Ziele:

Wirtschaftliche Ziele			Soziale Ziele	Ökologische Ziele
Leistungsziele	**Erfolgsziele**	**Finanzziele**		
➤ höhere Produktqualität ➤ höherer Marktanteil ➤ Steigerung der Produktivität	➤ höherer Umsatz ➤ höhere Rentabilität ➤ höherer Gewinn	➤ Sicherung der Liquidität ➤ Verbesserung der Eigenkapitalquote	➤ soziale Leistungen an Mitarbeiter ➤ Errichtung sozialer Einrichtungen	➤ Umwelt-verträgliche Produkte ➤ Umwelt-schonende Herstellung ➤ Ressourcen-schonung

Da nicht alle Ziele gleichzeitig erreicht werden können, legt das Unternehmen ein Zielsystem durch Verbindung der verschiedenen Ziele miteinander und die Festlegung der Zielrangfolge fest.

Das Wirtschaftsprinzip des Staates ist das Bedarfsdeckungsprinzip **(gemeinwirtschaftliches Prinzip).** Der Staat »produziert« Ordnung, Recht und Sicherheit und übernimmt viele soziale Aufgaben. Hier stehen Chancengleichheit, Gemeinwohl und die bestmögliche Versorgung der Bevölkerung mit Waren und Dienstleistungen zu sozialen Bedingungen im Vordergrund.

Betriebliche Kennziffern

Wer als Unternehmer im täglichen Wettbewerb erfolgreich sein will, muss laufend die Leistungen seines Betriebes kontrollieren. Jeder Betriebsinhaber wird daher ständig die Kosten überwachen und wichtige Entscheidungen danach ausrichten. Die absoluten Zahlen jedoch, wie sie die Buchhaltung liefert, sagen für sich allein betrachtet noch verhältnismäßig wenig aus. Um eine aufschlussreiche Kontrolle zu erhalten, setzt man deshalb diese Zahlen in Beziehung zu anderen Größen.

Produktivität

Die menschliche Arbeitskraft ist heute viel »produktiver« als früher, d.h. mit gleichem Arbeitseinsatz wird heute ein wesentlich höherer Ertrag erwirtschaftet. Die Produktivität drückt also die Ergiebigkeit einer wirtschaftlichen Tätigkeit aus. Man misst die Produktivität, indem man die produzierte Menge in Beziehung setzt zu dem eingesetzten Material oder der eingesetzten Arbeit.

$$\text{Produktivität} = \frac{\text{Erzeugte Menge}}{\text{Material- bzw. Arbeitseinsatz}}$$

Die Messung dieser Kennzahl kann auch in Werten (EURO) erfolgen:

$$\text{Arbeits-Produktivität} = \frac{\text{Produktionswert}}{\text{Arbeitseinsatz in Stunden}}$$

Rentabilität

Die Rentabilität eines Unternehmens zeigt sich an der Verzinsung des eingesetzten Kapitals. Durch sie wird der Unternehmer informiert, ob der Gewinn einer Unternehmung ausreicht, sein eingesetztes Kapital angemessen zu verzinsen.

$$\text{Unternehmerrentabilität} = \frac{\text{Gewinn} \cdot 100}{\text{Eigenkapital}}$$

$$\text{Unternehmensrentabilität} = \frac{(\text{Gewinn} + \text{Fremdkapitalzinsen}) \times 100}{\text{Gesamtkapital}}$$

Die Umsatzrentabilität errechnet man als Prozentsatz vom Gewinn der Unternehmung zu deren Umsatz.

$$\text{Umsatzrentabilität} = \frac{\text{Gewinn} \cdot 100}{\text{Umsatz}}$$

Die Umsatzrentabilität zeigt somit an, wie viel Prozent Gewinn der Umsatz in einem Abrechnungszeitraum macht.

Wirtschaftlichkeit

Die Wirtschaftlichkeit misst das Verhältnis zwischen Leistungen und Kosten. Hierbei sollte jeder Betrieb bestrebt sein, nach dem Wirtschaftlichkeitsprinzip zu arbeiten. Er wird versuchen, mit den eingesetzten Mitteln den maximalen Erfolg zu erzielen, oder aber er möchte einen bestimmten Zweck mit minimalen Kosten erreichen.

$$\text{Wirtschaftlichkeit} = \frac{\text{Leistungen}}{\text{Kosten}}$$

Arbeitskosten international: Deutschland in der Spitzengruppe

je Arbeitnehmerstunde im Verarbeitenden Gewerbe im Jahr 2009 in Euro

Land	Euro	Land	Euro
Norwegen	43,64	Korea	11,49
Belgien	38,59	Malta	10,27
Schweiz	37,14	Portugal	10,03
Westdeutschland	36,05	Tschechien	8,86
Dänemark	35,08	Kroatien	7,89
Finnland	33,76	Slowakische Republik	7,80
Frankreich	33,31	Estland	7,30
Österreich	33,20	Ungarn	6,94
Luxemburg	33,09	Polen	6,04
Schweden	32,88	Litauen	5,45
Niederlande	32,75	Lettland	5,25
Irland	29,62	Türkei	4,33
Italien	27,40	Russland	3,61
USA	22,95	Rumänien	3,39
Japan	22,86	Weißrussland	2,67
Vereinigtes Königreich	22,21	Bulgarien	2,44
Spanien	21,87	China	2,25
Ostdeutschland	21,11	Ukraine	1,81
Kanada	21,01	Moldawien	1,74
Griechenland	16,44	Georgien	1,65
Slowenien	13,18	Philippinen	1,33
Zypern	12,98		

unter Berücksichtigung des Vorleistungsverbunds

Land	Euro	Land	Euro
Belgien	37,68	Slowakische Republik	7,92
Dänemark	35,49	Estland	7,67
Finnland	33,27	Ungarn	7,17
Deutschland	33,14	Polen	6,25
Frankreich	33,12	Litauen	5,69
Schweden	32,71	Lettland	5,45
Österreich	32,52	Rumänien	3,56
Niederlande	32,42	Bulgarien	2,51
Luxemburg	32,16		
Irland	29,59		
Italien	27,40		
Vereinigtes Königreich	22,05		
Spanien	21,54		
Griechenland	16,86		
Slowenien	13,89		
Zypern	13,50		
Portugal	10,91		
Malta	10,49		
Tschechien	9,16		

Zahlen zum Teil vorläufig; Umrechnung anhand der jahresdurchschnittlichen amtlichen Devisenkurse; Westdeutschland einschließlich Berlin; Ostdeutschland ohne Berlin; Vorleistungsverbund: Die inländischen Vorleistungsbezüge der Industrie und damit die unterschiedlichen Arbeitskosten in den zuliefernden Branchen werden eingerechnet; Berechnung nur für die Länder der Europäischen Union möglich

Ursprungsdaten: Deutsche Bundesbank, Eurostat, ILO, nationale Quellen, Statistisches Bundesamt, U.S. Department of Labor

Institut der deutschen Wirtschaft Köln

Rumänen arbeiten am längsten

Tatsächliche wöchentliche Arbeitszeit in Stunden

Land	Stunden
Rumänien	41,8
Tschechien	41,7
Lettland	41,7
Polen	41,7
Österreich	41,6
Bulgarien	41,5
Deutschland	41,2
Estland	41,1
Slowenien	41,1
Großbritannien	40,9
Zypern	40,8
Griechenland	40,8
Malta	40,6
Ungarn	40,5
EU	*40,4*
Spanien	40,4
Litauen	40,2
Portugal	40,2
Luxemburg	39,9
Niederlande	39,9
Schweden	39,6
Italien	39,5
Slowakei	39,5
Dänemark	39,2
Finnland	39,0
Irland	38,9
Belgien	38,6
Frankreich	38,4

Stand: 3. Quartal 2008

dpa•11194

Quelle: EU-Behörde zur Verbesserung der Lebens- und Arbeitsbedingungen

LERN-BOX

- Die Zahl der Verbraucherinsolvenzen ist in den letzten Jahren stets gestiegen. Das private Insolvenzrecht ermöglicht Privatleuten unter Einhaltung bestimmter Verfahrensvoraussetzungen aus der Schuldenfalle herauszufinden.
- Die wichtigsten **Funktionen eines Betriebes** sind:
  Beschaffung, Produktion, Absatz und Verwaltung.
- Die Wirtschaft übernimmt die Aufgabe, knappe Güter in eine bedarfsgerechte Form umzuwandeln.
- Industriebetriebe, Dienstleistungsbetriebe, Handwerksbetriebe und Behörden haben unterschiedliche Aufgaben.
- Unternehmensziele werden von verschiedenen Interessensgruppen beeinflusst.
- **Produktivität:**
  Verhältnis zwischen der produzierten Menge und dem eingesetzten Material.
- **Rentabilität:**
  Verhältnis Gewinn zum eingesetzten Eigenkapital
- **Wirtschaftlichkeit:**
  Verhältnis zwischen Leistungen und Kosten

WISSENS-CHECK

1. Beschreiben Sie die sechs Schritte, die aus einer Schuldenfalle führen können.
2. Nennen und erläutern Sie die **Hauptfunktionen** eines Industriebetriebes.
3. Vergleichen Sie den Aufbau eines **Handwerks- und eines Industriebetriebes** und arbeiten Sie Ähnlichkeiten und Unterschiede heraus.
4. Grenzen Sie die Begriffe

   Produktivität,
   Rentabilität und
   Wirtschaftlichkeit

   von einander ab.
5. Erläutern Sie den Satz:
   »Die europäische Landwirtschaft ist **produktiv** aber nicht wirtschaftlich.«

Unternehmensformen

Kraftfahrzeugmeister Paul Becker will sich selbstständig machen und Unternehmer werden. Welche Voraussetzungen muss er erfüllen, wenn er als erfolgreicher Unternehmer tätig sein will?

Voraussetzungen zur Gründung eines Unternehmens

Art. 12 Grundgesetz:
»Alle Deutschen haben das Recht, Beruf, Arbeitsplatz und Ausbildungsstätte frei zu wählen. Die Berufsausübung kann durch Gesetz geregelt werden.«

§ 1 Gewerbeordnung:
»Der Betrieb eines Gewerbes ist jedermann gestattet, soweit nicht durch dieses Gesetz Ausnahmen ... vorgeschrieben ... sind.«

Die oben angeführten gesetzlichen Grundlagen zeigen, dass in der Bundesrepublik Deutschland Gewerbefreiheit herrscht, d.h., grundsätzlich kann jeder einen Gewerbebetrieb eröffnen. Dennoch sind für die Gründung eines Betriebes bestimmte Voraussetzungen notwendig:

- persönliche Voraussetzungen
- wirtschaftliche und rechtliche Voraussetzungen

Persönliche Voraussetzungen

Zur Gründung und vor allem erfolgreichen Führung eines Unternehmens gehören ausgezeichnete Fachkenntnisse und eine gute Allgemeinbildung.

Der Unternehmer muss darüber hinaus

- Willens- und Tatkraft
- Entschlussfähigkeit
- Durchhaltevermögen
- schöpferische Phantasie
- Organisationsfähigkeit
- gute Umgangsformen
- Menschenkenntnis und Fähigkeit zur Menschenführung

besitzen.

Diese Eigenschaften sind notwendig, um den stärker werdenden Anforderungen in der Wirtschaft und dem Wettbewerb gewachsen zu sein. Die Selbstständigkeit und Freiheit, die mit dem Beruf verbunden sind, bergen Risiken, bieten aber vor allem auch die Chancen des Erfolges. Ferner beinhaltet die Selbstständigkeit neben einem gewissen Status auch Macht- und Einflussmöglichkeiten sowie das Gebot des verantwortlichen Handelns.

Wirtschaftliche und rechtliche Voraussetzungen

Neben den persönlichen Voraussetzungen müssen sachliche bzw. wirtschaftliche Überlegungen berücksichtigt werden. Es spielen natürlich auch die Wahl des Geschäftszweiges und die Größe des Betriebes eine wichtige Rolle. Ebenso ausschlaggebend ist die Wahl des künftigen Standortes.

Man unterscheidet:

- rohstoffgünstiger Standort (Bergwerk, Kiesgrube)
- energiegünstiger Standort (Betriebe mit viel Energiebedarf)
- verkehrsgünstiger Standort (geringe Transportkosten)
- mitarbeiterorientierter Standort (Vorhandensein von qualifizierten Mitarbeitern)

Außerdem benötigt man für eine Unternehmensgründung Geld, das entweder durch Eigenkapital oder durch Fremdkapital (meist von Kreditinstituten) aufgebracht wird. Je nach dem, ob man das Geschäft als Einzel- oder Gesellschaftsunternehmen führen soll, stellt sich die Frage nach der Wahl der Rechtsform. Natürlich muss der Firmengründer rechts- und geschäftsfähig sein und die Meisterprüfung erfolgreich abgelegt haben.

Das Unternehmen muss ferner bei folgenden öffentlichen Stellen angemeldet werden:

- Gewerbeamt
- Amtsgericht
- Finanzamt
- Berufsgenossenschaft
- übrige Sozialversicherungsträger
- Industrie- und Handelskammer oder/und Handwerkskammer

Handelsregister

Das Handelsregister ist ein öffentliches Verzeichnis aller Kaufleute eines oder mehrerer Amtsgerichtsbezirke. Es wird beim Amtsgericht geführt. Es unterrichtet die Öffentlichkeit über wichtige Tatbestände und schafft klare Rechtsverhältnisse. Alle Eintragungen werden im Bundesanzeiger und im amtlichen Verkündigungsblatt veröffentlicht. Jedermann kann das Handelsregister einsehen.

Das Handelsregister gliedert sich in

Abteilung A	Abteilung B
für Einzelunternehmen und Personengesellschaften (OHG, KG, GmbH & Co. KG)	für Kapitalgesellschaften (AG, KGaA, GmbH und für Versicherungsvereine)

Aufgabe des bei den Amtsgerichten geführten Partnerschaftsregisters ist es, die tatsächlichen und rechtlichen Verhältnisse einer Partnerschaft (z.B. Zusammenschluss mehrerer Rechtsanwälte) zu offenbaren. Es dient daher der Sicherheit des geschäftlichen Verkehrs mit der P.-gesellschaft (s.S. 401).

Partnerschaftsregister

In Rheinland-Pfalz wird das Partnerschaftsregister nur bei den Amtsgerichten Koblenz und Zweibrücken geführt.

Dem Partnerschaftsregister sind zu entnehmen:

- Name, Sitz und Gegenstand der Partnerschaft
- die Berufsbezeichnungen aller zur Partnerschaft gehörenden Berufe
- die an der Partnerschaft beteiligten Partner nebst Vertretungsbefugnis
- die Eröffnung, Einstellung oder Aufhebung des Insolvenzverfahrens
- die Auflösung der Partnerschaft
- das Erlöschen der Partnerschaft

Die Firma

§ 17 HGB

Die Firma eines Kaufmanns ist der Name, unter dem er seine Geschäfte betreibt und die Unterschrift abgibt. Ein Kaufmann kann unter seine Firma klagen und verklagt werden.

§ 29 HGB

Jeder Kaufmann ist verpflichtet, seine Firma zur Eintragung in das Handelsregister anzumelden.

§ 37a HGB

Auf allen Geschäftsbriefen des Kaufmanns, die an einen bestimmten Empfänger gerichtet werden, müssen seine Firma, die Rechtsform, der Ort und die Handelsregisternummer angegeben werden. Wer dieser Pflicht nicht nachkommt hat Zwangsgeld zu zahlen.

Freie Firmenwahl: Kein Freibrief für irreführende Firmierungen

Es ist also streng zwischen dem bürgerlichen Namen eines Kaufmanns, unter dem er seine Privatangelegenheiten erledigt und dem kaufmännischen Namen (Firma), mit dem er seine Geschäfte betreibt, zu unterscheiden.

Allen Unternehmen ist die freie Wahl einer aussagekräftigen und werbewirksamen Firma gestattet. Zu beachten ist jedoch, dass in jedem Fall die verschiedenen Unternehmensformen einen Zusatz entsprechend ihrer Rechtsform enthalten müssen. Die Firma muss unterscheidungsfähig sein sowie die Gesellschafts- und Haftungsverhältnisse offen legen.

Zwischen folgenden **Firmenarten** kann frei gewählt werden:

- **Personenfirma:**
  Die Firma besteht aus einem oder mehreren bürgerlichen Namen, z.B. »Gerhard Stupp, e.K.«
- **Sachfirma:**
  Der Gegenstand des Unternehmens bildet die Firma, z.B. »Winzergenossenschaft Dernau e.G.«, »Bayerische Motorenwerke Aktiengesellschaft« oder »Tiefbau OHG«
- **Phantasiefirma:**
  Sie enthält eine werbewirksame, häufig aus Abkürzungen oder Firmenzeichen abgeleitete Bezeichnung, z.B. »Gemüsehandlung Frisch und Fruchtig GmbH«, »Kanalreinigung Blitzsauber, e.K.« oder »Allianz AG«, »Retros AG«
- **Gemischte Firma:**
  Die Firma bildet sich sowohl aus Personennamen als auch aus dem Gegenstand des Unternehmens, z.B. »Transportgesellschaft mbH Otto Neukirch« oder »Karl Saubermann, Textilreinigung KG«

Kaufmannseigenschaften

Kaufmann im Sinne des § 1 HGB ist jeder, der ein Handelsgewerbe betreibt.

Probleme und Sorgen des deutschen Mittelstandes

Der Mittelstand sieht Innovationsbarrieren durch (%):

Finanzierungsschwierigkeiten	26
Ingenieurmangel	23
Fachkräftemangel allgemein	23
Zu wenig Kooperationen mit Partner (z.B. Hochschulen)	21
Gesetzliche Rahmenbedingungen	8

Der Mittelstand leidet unter Ingenieurmangel im Bereich (%):

Forschung und Entwicklung	27
Konstruktion	26
Vertrieb und Marketing	22
Produktion, Betrieb und Montage	16
Qualitätssicherung, Sicherheit und Umweltschutz	6
Einkauf	3

Der Mittelstand besetzt freie Stellen nicht wegen (%):

Ungenügender Qualifikation	29
Zu hohen Gehaltsvorstellungen	20
Mangelnder Bewerberzahlen	19
Fehlender Berufserfahrung	15
Mangelnder Mobilität	10
Mangelnder Flexibilität	5
Sonstiger Gründe	2

Quelle: VDI

Ein Handelsgewerbe ist dann gegeben, wenn folgende Kennzeichen gegeben sind:

- eine **selbstständige nachhaltige Tätigkeit,**
- die mit **Gewinnerzielungsabsicht** durchgeführt wird,
- sich **am allgemeinen Wirtschaftsleben** beteiligt,
- und **nicht** als **Ausübung von Land- und Forstwirtschaft** oder eines **freien Berufes** (Ärzte, Rechtsanwälte, Steuerberater, Künstler) anzusehen ist.

Somit ist ein Handelsbetrieb jeder Gewerbebetrieb, es sein denn, dass das Unternehmen nach **Art und Umfang keinen in kaufmännischer Weise eingerichteten Geschäftsbetrieb** erfordert (z.B. Imbiss-Stand, Kiosk).

Kaufleute im Sinne des Handelsgesetzbuches

Istkaufmann — **§ 1 HGB**

Kaufmann kraft Gewerbebetrieb, der eine kaufmännische Organisation erfordert

Kannkaufmann — **§§ 2 und 3 HGB**

- Kleingewerbetreibende
- Land- und Forstwirte

Scheinkaufmann — **§ 5 HGB**

Kaufmann kraft faktischer Eintragung im Handelsregister

Formkaufmann — **§ 6 HGB**

Kaufmann kraft Rechtsform (Kapitalgesellschaften und Genossenschaften)

LERN-BOX

- Bei der Gründung eines Unternehmens sind **persönliche, wirtschaftliche** und **rechtliche** Voraussetzungen zu berücksichtigen.
- Das Handelsregister ist das Verzeichnis aller Kaufleute eines Amtsgerichtsbezirkes.
- Die Firma ist der Name, unter dem der Kaufmann seine Geschäfte betreibt.
- **Istkaufmann** ist jeder, der ein Handelsgewerbe nach § 1 HGB betreibt.
- **Kannkaufmann** ist ein Kleingewerbetreibender oder ein Land- und Forstwirt; sie können sich in das Handelsregister eintragen lassen.
- Der **Scheinkaufmann** ist Kaufmann Kraft tatsächlicher Eintragung in das Handelsregister.
- Der **Formkaufmann** ist Kaufmann kraft Rechtsform.

WISSENS-CHECK

1. Welche **persönlichen** Voraussetzungen sind für die Gründung eines Unternehmens erforderlich?
2. Nennen Sie **Standortfaktoren,** die bei einer Unternehmensgründung beachtet werden sollen.
3. Wodurch **unterscheiden** sich die Abteilungen A und B des Handelsregisters?
4. Welche **Tatsachen** werden in das Handelsregister eingetragen?
5. Was ist unter dem Begriff »**Firma**« zu verstehen?
6. Unterscheiden Sie die **Firmenarten.**
7. Unterscheiden Sie zwischen **Ist-** und **Kannkaufmann.**
8. Welche Tatsachen kennzeichnen ein Handelsgewerbe?
9. Welche **rechtlichen Konsequenzen** ergeben sich für den Scheinkaufmann auf Grund seiner Eintragung in das Handelsregister?

Die Unternehmensform kennzeichnet die rechtliche Verfassung (Rechtsform) der Unternehmung, durch die die Rechtsbeziehungen der Unternehmung im Innen- und Außenverhältnis geregelt werden.

Unternehmensformen im Überblick

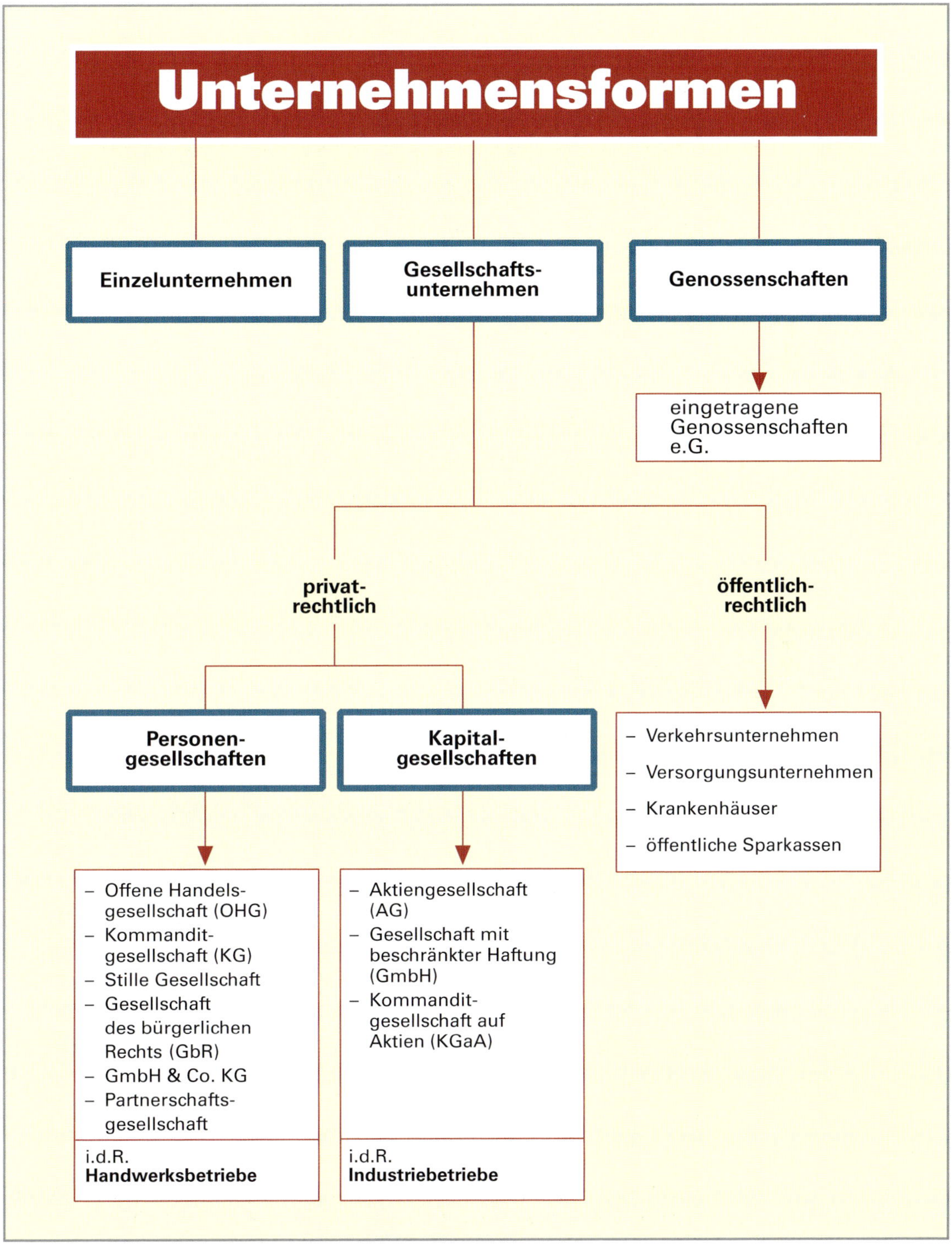

Einzelunternehmung

Paul Becker hat vor kurzem seine Meisterprüfung im Kfz-Handwerk bestanden. Nun möchte er seinen lang ersehnten Berufswunsch realisieren und sich selbstständig machen. In der Tageszeitung teilt er der Öffentlichkeit die Eröffnung seines Handwerksbetriebes mit:

Neueröffnung

KFZ-Meisterbetrieb Paul Becker, e. K.

Langendorfer Straße 65 · 56072 Koblenz-Metternich
Telefon 0261/26126

Die meisten Einzelhandelsgeschäfte und fast alle Handwerksbetriebe sind Einzelunternehmen. Das heißt, eine geschäftsfähige Person kann alleine ein Einzelunternehmen gründen. Die Einzelunternehmung trägt hierbei den Namen des Inhabers mit dem Zusatz e. K. soweit er im Handelsregister eingetragen ist.

Der Einzelunternehmer als alleiniger Eigentümer hat alle Rechte und Pflichten in seiner Person vereinigt.

Geschäftsführung

Der Inhaber hat das ausschließliche Recht zur Geschäftsführung und zur Vertretung. Er kann allein, frei und rasch Entscheidungen fällen.

Haftung

Der Einzelunternehmer haftet allein für die eingegangenen Verpflichtungen. Die Haftung erstreckt sich dabei auf das gesamte Vermögen d.h. Geschäfts- und Privatvermögen.

Gewinn oder Verlust

Da der Inhaber das gesamte Kapital aufbringen muss, kann er dementsprechend auch den Gewinn für sich allein beanspruchen. Verluste muss der Inhaber ebenfalls allein tragen.

Nachteilig für das Einzelunternehmen ist die verhältnismäßig schlechte Kreditbasis. Kredit wird dem Unternehmer nur auf Grund seiner Vermögenslage, Vertrauenswürdigkeit und der Rentabilität seiner Unternehmung gewährt. Aus diesem Grunde sind Betriebserweiterungen nur in begrenztem Umfange möglich. Vielfach ist das Kapital zu gering. Diese Rechtsform ist daher nur für kleinere bis mittlere Unternehmen geeignet, wo die Kenntnisse und Erfahrungen sowie die Kapitalkraft eines Einzelnen ausreichen.

Vorteile

Einzelunternehmung: Vorteile

- ⊕ Unternehmer trifft alle Entscheidungen allein, keine Meinungsverschiedenheiten
- ⊕ schnelle Entscheidungsmöglichkeiten und schnelle Anpassung an veränderte wirtschaftliche Verhältnisse sind gewährleistet
- ⊕ Eindeutigkeit und Klarheit der Unternehmensführung
- ⊕ alleiniger Gewinnanspruch

Einzelunternehmung: Nachteile

Nachteile

- ⊖ Unternehmer trägt allein das Risiko
- ⊖ Haftung mit dem Geschäfts- und Privatvermögen
- ⊖ geringe Kapitalkraft und beschränkte Kreditbeschaffungsmöglichkeiten
- ⊖ betriebliche Arbeit wird durch persönliche Charaktereigenschaften, den Lebensstil des Unternehmers beeinflusst

Gesellschaftsunternehmen

Bei einem Gesellschaftsunternehmen übernehmen mehrere Teilhaber/Gesellschafter Rechte und Pflichten, die im Gesellschaftsvertrag festgelegt sind.

Gründe für die Gesellschaftsbildung

Für die Gesellschaftsbildung sind verschiedene Gründe denkbar:

- Familienangelegenheiten wie Alter, Krankheit, Erbfall führen häufig zur Gründung einer Gesellschaft
- Erhöhung des Eigenkapitals, da mehrere Personen Kapital einbringen
- Erhöhung der Kreditwürdigkeit durch Erweiterung der Haftung
- Verteilung des Unternehmerrisikos
- Ergänzung der Arbeitskraft und Verteilung der Arbeitslast
- Ausschaltung der gegenseitigen Konkurrenz durch Kauf oder Beteiligung an einem gleichartigen Unternehmen
- steuerliche Vorteile durch Gründung bestimmter Unternehmensformen

Vor- und Nachteile der Gesellschaftsbildung

Vorteile

- ⊕ Entscheidungen werden kollegial getroffen und verantwortet
- ⊕ Verteilung des Risikos auf mehrere Personen
- ⊕ verstärkte Kapitalzuführung und damit erweiterte Kreditbasis durch breitere Haftungsgrundlage
- ⊕ u.U. steuerliche Vorteile
- ⊕ Verteilung des Verlustes

Nachteile

- ⊖ Meinungsverschiedenheiten
- ⊖ Entscheidungsfindung kann sich verzögern; ein situationsgerechtes Anpassen und Reagieren wird erschwert
- ⊖ Aufteilung des Gewinns

Personengesellschaften

Schreinermeister Hubert Müller hat im Laufe der Jahre seinen Handwerksbetrieb kontinuierlich erweitert. Er hat sich auf die Herstellung bestimmter Küchenmöbel für einige große Einrichtungshäuser spezialisiert.

Hubert Müller plant nun eine Erweiterung seines Verkaufsprogrammes durch die Angliederung einer Möbelhandlung mit entsprechenden Ausstellungsräumen, um von den großen Einrichtungshäusern unabhängig zu sein.

Sein Freund Anton Meyer ist bereit, sich mit seinen Ersparnissen an dem Geschäft zu beteiligen. Anton Meyer ist langjähriger Angestellter eines

Möbelgeschäftes gewesen und mit den kaufmännischen Problemen des Möbelhandels vertraut. Die Freunde Müller und Meyer beschließen, eine OHG zu gründen, in die Hubert Müller seine Fabrik und Anton Meyer 100000,00 € in bar einbringen.

Offene Handelsgesellschaft (OHG)

Was müssen die beiden für die Rechtsform der OHG beachten?

Merkmale Ⓜ und Erläuterungen Ⓔ

Ⓜ **Gründung**

Ⓔ Gründung und Weiterführung der **OHG** erfolgt durch mindestens zwei Personen. Erforderlich sind ein Gesellschaftsvertrag und eine Kapitaleinlage. Der Gesellschaftsvertrag kann zwar formlos abgeschlossen werden, üblich ist jedoch die Schriftform. Die Gesellschaft muss ins Handelsregister eingetragen werden.

Ⓜ **Firma**

Ⓔ Die Firma enthält die Bezeichnung »offene Handelsgesellschaft« oder eine allgemein verständliche Abkürzung dieser Bezeichnung.

Beispiele

Müller OHG, Holzwurm OHG, Sportartikel OHG.

Ⓜ **Haftung**

Ⓔ Die OHG-Gesellschafter (Vollhafter) haften
- unbeschränkt, d.h. mit ihrem Geschäfts- und Privatvermögen.
- unmittelbar, d.h. ein Gläubiger braucht sich nicht an die OHG zu wenden, sondern kann seine Forderung gegenüber jedem beliebigen Gesellschafter geltend machen.
- gesamtschuldnerisch, d.h. jeder Gesellschafter haftet allein für die gesamten Schulden der Gesellschaft.

Scheidet ein Gesellschafter aus, so haftet er noch 5 Jahre lang für alle Verbindlichkeiten, die vor seinem Ausscheiden bestanden.

Ⓜ **Geschäftsführung**

Ⓔ Jeder Gesellschafter ist allein zur Geschäftsführung innerhalb der Gesellschaft berechtigt. Man nennt dies Einzelgeschäftsführungsbefugnis. Dies gilt allerdings nur für Handlungen, die der Betrieb gewöhnlich mit sich bringt und wenn kein Gesellschafter widerspricht.

Außergewöhnliche Handlungen, z.B. die Bestellung eines Prokuristen, bedürfen der Zustimmung aller Gesellschafter.

Ⓜ **Vertretung**

Ⓔ Solange im Handelsregister keine besonderen Regelungen der Vertretungsbefugnis eingetragen wurden, ist jeder Gesellschafter allein zur Vertretung der OHG (nach außen) berechtigt. Man nennt dies Einzelvertretungsbefugnis. Bei der Vertretung gibt es keine Unterscheidung zwischen gewöhnlichen und außergewöhnlichen Handlungen.

Ⓜ **Gewinn/Verlust**

Ⓔ Nach der gesetzlichen Gewinnverteilung erhält jeder Gesellschafter zunächst 4% seiner Kapitaleinlage. Der Rest wird nach Köpfen verteilt. Andere Regelungen sind möglich. Entstandene Verluste werden nach Köpfen verteilt.

Beispiel

Gesetzliche Gewinnverteilung
Gewinn: 90000,00 €

Gesell.	Eigenkapital	4% Verzinsung	Restgewinn	Gesamtgewinn
A	600000,00 €	24000,00 €	27000,00 €	51000,00 €
B	300000,00 €	12000,00 €	27000,00 €	39000,00 €
		36000,00 €	54000,00 €	90000,00 €

Kommanditgesellschaft

Im Unterschied zur OHG ist bei der **KG** die Möglichkeit gegeben, sich an einem Unternehmen mit Kapital zu beteiligen, ohne persönlich mitarbeiten und voll haften zu müssen. Die KG besteht somit mindestens aus einem Vollhafter (Komplementär) und mindestens einem Teilhafter (Kommanditist). Die Kapitalgrundlage des Vollhafters wird erweitert, ohne dass dieser in der Geschäftsführung wesentlich eingeschränkt würde, wenn er einen Teilhafter in die Gesellschaft aufnimmt.

Merkmale Ⓜ und **Erläuterungen** Ⓔ

Ⓜ **Gründung**

Ⓔ Die Gründung der KG muss durch mindestens zwei geschäftsfähige Personen erfolgen, wobei mindestens einer unbeschränkt und einer beschränkt haftet. Erforderlich sind ein Gesellschaftsvertrag und eine Kapitaleinlage. Im Gesellschaftsvertrag wird festgelegt, wer Vollhafter und wer Teilhafter ist. Die Gesellschaft muss ins Handelsregister eingetragen werden.

Ⓜ **Firma**

Ⓔ Die Firma enthält die Bezeichnung »Kommanditgesellschaft« oder eine allgemein verständliche Abkürzung dieser Bezeichnung.

Beispiele

Kulig KG, Stromkabel KG, Softy KG

Ⓜ **Haftung**

Ⓔ Die **Haftung des Vollhafters** (Komplementär) ist die gleiche wie bei der OHG und erstreckt sich auf das gesamte Vermögen.

Die **Haftung des Teilhafters** (Kommanditist) beschränkt sich auf die Kapitaleinlage. Scheidet er aus, so haftet er noch 5 Jahre für alle Verbindlichkeiten, die vor seinem Ausscheiden bestanden.

Ⓜ **Geschäftsführung und Vertretung**

Ⓔ Die Geschäftsführung und Vertretung steht nur dem Vollhafter zu; der Teilhafter ist davon ausgeschlossen. Er kann aber bei außergewöhnlichen Rechtsgeschäften, z.B. Umwandlung, Auflösung des Betriebes, Änderung der Firma oder des Gewerbezweiges, widersprechen.

Allerdings hat der Teilhafter ein Informationsrecht und ein Recht auf Einsicht in die Geschäftsbücher zum Jahresabschluss. Eine laufende Kontrolle der Geschäftsbücher ist nicht möglich.

Ⓜ **Gewinn/Verlust**

Ⓔ Nach der gesetzlichen Gewinnverteilung erhält jeder Gesellschafter zunächst 4 % seines Kapitalanteils, der Rest ist in einem angemessenen Verhältnis, z.B. im Verhältnis der Kapitaleinlagen zu verteilen. Andere Regelungen sind im Gesellschaftsvertrag durchaus möglich.

Entstandene Verluste werden im angemessenen Verhältnis aufgeteilt.

Ⓜ **Bedeutung der KG**

Ⓔ Durch die Einlage des Teilhafters wird das Vermögen des Unternehmens erhöht, ohne dass der Vollhafter in seiner Entscheidungsfreiheit eingeschränkt wird.

Stille Gesellschaft

Der Charakter eines Einzelunternehmens bleibt gewahrt. Der »**stille Gesellschafter**« stellt dem Unternehmen Kapital zur Verfügung und erhält dafür einen vertraglich festgelegten Gewinnanteil.

Er hat keinen Einfluss auf das Unternehmen und tritt auch in der Firma nicht in Erscheinung. Zur Mitarbeit im Unternehmen ist er nicht verpflichtet und nicht berechtigt. Von der Verlustbeteiligung kann er vertraglich ausgeschlossen werden.

GbR Gesellschaft bürgerlichen Rechts

Die **Gesellschaft des bürgerlichen Rechts** ist die vertragliche Vereinbarung von Personen zur Verwirklichung eines bestimmten Vorhabens, z.B. Bau eines Hochhauses oder die Lotto-Tippgemeinschaft mehrerer Personen.

Die Gesellschaft hat keine Firma, wird nicht ins Handelsregister eingetragen und endet mit der Erfüllung des beabsichtigten Zweckes.

Geschäftsführung und -vertretung stehen allen Gesellschaftern gemeinschaftlich zu. Für die Verbindlichkeiten haften alle Gesellschafter mit ihrem gesamten Vermögen.

Gewinn oder Verlust werden nach Köpfen oder laut Gesellschaftsvertrag verteilt. Ist etwas im Gesellschaftsvertrag nicht geregelt, so gelten die Bestimmungen des Bürgerlichen Gesetzbuches.

GmbH & Co. KG

Bei der **GmbH & Co. KG** handelt es sich um eine Doppelgesellschaft, deren Vollhafter die GmbH (juristische Person) ist. Der Teilhafter ist eine natürliche Person. Dadurch wird die Haftung beschränkt. Bei dieser Unternehmensform haften die Gesellschaftsanteile der GmbH (Komplementär) und die Einlagen der Kommanditisten. Das Privatvermögen bleibt unangetastet. Diese Mischform ist heute deswegen so häufig vorzufinden, weil sie …

- … eine Haftungsbeschränkung erlaubt, die sonst nur bei Kapitalgesellschaften möglich ist. Vermieden wird die Vollhaftung der reinen KG, da die GmbH nur mit den Einlagen ihrer Gesellschafter haftet.
- … als Personengesellschaft weniger strengen Vorschriften unterliegt.

Beispiel

GmbH	&	Co. KG
Vollhafter **Lehmann & Schäfer GmbH** Gesellschafter – Lehmann 20 000,00 € – Schäfer 30 000,00 € Stammkapital der Gesellschaft: 50 000,00 €		Teilhafter (Kommanditisten) – Lehmann 25 000,00 € – Schäfer 22 000,00 € Kommandit-einlage: 47 000,00 €

Meist sind die Gesellschafter der GmbH auch die Kommanditisten der KG wie in vorstehendem Beispiel.

Partnerschaftsgesellschaft

Das Partnerschaftsgesellschaftsgesetz (PartGG) ermöglicht es Angehörigen freier Berufe, also Ärzten, Rechtsanwälten, Steuer- und Unternehmensberatern, Journalisten und anderen Freiberuflern, ihren Beruf in der Rechtsform der Partnerschaftsgesellschaft auszuüben. Die Partnerschaftsgesellschaft übt kein Handelsgewerbe aus. Mindestkapital ist nicht erforderlich.

Merkmale Ⓜ und **Erläuterungen** Ⓔ

Ⓜ **Gründung**

Ⓔ Der Partnerschaftsvertrag muss schriftlich abgefasst werden und enthält:

- den Namen und den Sitz der Partnerschaft,
- den Namen und den Vornamen sowie den in der Partnerschaft ausgeübten Beruf,
- den Wohnort jedes Partners,
- den Gegenstand der Partnerschaft.

Die Anmeldung erfolgt beim elektronischen Partnerschaftsregister. Dies übernimmt der Notar, der diese Anmeldung (Unterschriften der Partner) auch beglaubigen muss.

Ⓜ **Firma**

Ⓔ Die Firma der Partnerschaft setzt sich aus drei Elementen zusammen:

- dem Namen eines oder mehrerer Partner,
- dem Zusatz »und Partner« oder »Partnerschaft«,
- sowie den Bezeichnungen aller in der Partnerschaft vertretenen Berufe.

Ⓜ **Haftung**

Ⓔ Das Besondere an der Partnerschaftsgesellschaft ist die Möglichkeit der Haftungsbeschränkung.

Generell haften die Partner für Verbindlichkeiten der Partnerschaft gesamtschuldnerisch und persönlich. Waren allerdings nur einzelne Partner mit der Bearbeitung eines Auftrags befasst, haften nur sie für daraus entstandene berufliche Fehler. Das heißt, die anderen Partner haften in diesem Fall nicht mit ihrem Privatvermögen. »Auftrag« im Sinne der Regelung ist z.B. der Beratungsauftrag, das anwaltliche Mandat, der ärztliche Behandlungsvertrag etc.

»Befasst sein« bedeutet, dass der Partner den Auftrag selbst bearbeitet oder seine Bearbeitung überwacht hat oder dies nach der internen Zuständigkeitsverteilung hätte tun müssen.

Dies setzt voraus, dass zumindest ein Partner mit dem Auftrag befasst war und damit zumindest ein Partner in der Gesellschaft die persönliche Verantwortung und Haftung für den Berufsfehler übernimmt. Haben mehrere Partner die Sache bearbeitet, so haften sie gesamtschuldnerisch.

M **Geschäftsführung und Vertretung**

E Im Partnerschaftsvertrag müssen die Zuständigkeiten der Geschäftsführung und Vertretung enthalten sein. Wenn nicht anderes festgelegt, sind alle Partner zur Geschäftsführung und Vertretung befugt.

M **Gewinn/Verlust**

E Die Gewinn- und Verlustbeteiligung sollte schriftlich im Partnerschaftsvertrag festgehalten werden.

Kapitalgesellschaften

Die Bayerischen Motorenwerke in München planen aufgrund der gestiegenen Nachfrage nach ihren Pkw ein Werk in den USA. Zur Finanzierung der hohen Investitionskosten sind viele Kapitalgeber erforderlich. Daher gibt BMW weitere Anteilspapiere (Aktien) aus, die von den neuen Geldgebern (Aktionären) gekauft werden. Auf diese Weise erhält die BMW AG von vielen Aktionären das benötigte Kapital.

Aktiengesellschaft (AG)

Die **AG** ist eine juristische Person, d.h. sie ist rechtsfähig. Sie selbst ist es, die Rechtsgeschäfte abschließt, klagen oder verklagt werden kann. Das Grundkapital einer AG ist in zahlreiche Anteile (Aktien) aufgeteilt. Ihre Teilhaber nennt man Aktionäre. Sie haften mit ihrer Einlage und sind zur Geschäftsführung nicht berechtigt.

Seit 1994 gibt es ein Gesetz für kleinere Aktiengesellschaften. Sie sind definiert als Aktiengesellschaft unter 500 Beschäftigten.

Kleines ABC der Aktienkennzahlen

Dividendenrendite: Verhältnis zwischen Dividende und Börsenkurs. Die Dividende pro Aktie ergibt sich aus dem ausgeschütteten Gewinn geteilt durch die Anzahl der ausgegebenen Aktien.

Ebt: Abkürzung für „Earnings before taxes" = Ergebnis (Gewinn/Verlust) vor Steuern.

Ebit: Abkürzung für „Earnings before interest and taxes" = Ergebnis vor Zinsen und Steuern.

Ebitda: Abkürzung für „Earnings before interest, taxes, depreciation and amortisation" = Ergebnis vor Zinsen, Steuern, Abschreibungen und Firmenwertanpassungen. Beinhaltet die reine Ertragskraft derUnternehmen.

Eigenkapitalquote: Gilt als Maßstab für finanzielle und wirtschaftliche Stabilität eines Unternehmens. Je höher die Eigenkapitalquote, umso größer die Ausgleichsmöglichkeit von eingetretenen Verlusten. Bei den meisten DAX-Werten liegt sie zwischen 10 und 30 Prozent.

Operativer Gewinn: Ergebnis der Geschäftstätigkeit, bereinigt um Sondereinflüsse und reine Bilanzbuchungen.

§ 2 erlaubt die Gründung durch eine Person (natürliche oder juristische), die vereinfachte Durchführung der Hauptversammlung sowie die Mitbestimmungsfreiheit. Dies bedeutet, dass der Aufsichtsrat bei den kleinen AG nur aus Aktionären besteht. Das Grundkapital von 50000,00 € ist gestückelt zum Mindestnennbetrag von 1,00 € oder in Stückaktien. 25% des Nennwertes müssen eingezahlt sein. Der alleinige Gründer hat zusätzlich eine Sicherheit für den noch nicht eingezahlten Geldbetrag auf den Nennwert zu stellen (i.d.R. eine Bankbürgschaft).

Für die kleineren AG's wird die Hauptversammlung entbürokratisiert, d.h., sind alle Aktionäre der Gesellschaft bekannt, kann die Einberufung der Hauptversammlung durch Einschreibebrief bekannt gemacht werden. Es entfällt die Veröffentlichung im Bundesanzeiger.

Nachfolgend wird die »normale« Aktiengesellschaft erläutert.

Merkmale Ⓜ und Erläuterungen Ⓔ

Ⓜ **Gründung**

Ⓔ Zur Gründung einer AG sind 1 Person, ein Grundkapital von mindestens 50000,00 €, ein notariell beurkundeter Gesellschaftsvertrag (Satzung) und die Eintragung ins Handelsregister erforderlich.

Ⓜ **Firma**

Ⓔ Die Firma der Aktiengesellschaft muss die Bezeichnung »Aktiengesellschaft« oder eine allgemein verständliche Abkürzung dieser Bezeichnung enthalten.

Beispiele

Infineon AG, E.ON AG, Bayerische Motorenwerke AG

Ⓜ **Aktien**

Ⓔ Aktien sind Urkunden über die Beteiligung an einer Aktiengesellschaft. Sie werden entweder in Nennwertaktien mit einem Mindestnennwert von 1,00 € oder in Form von Stückaktien, die einen bestimmten Anteil an der Aktiengesellschaft verbriefen, ausgegeben.

Bei der Aktie unterscheidet man zwischen Nennwert und Kurswert:

Nennwert
Dies ist der auf der Aktie vermerkte Betrag, mit dem der Aktionär am Grundkapital der Gesellschaft beteiligt ist.

Kurswert
Dies ist der Preis, der sich durch Angebot und Nachfrage ergibt; der Preis, den eine Aktie beim Kauf oder Verkauf an der Börse erzielt.

Beispiele

Nennwert einer BMW-Aktie: 5,00 € Kurswert: 24,55 €

Ⓜ **Haftung**

Ⓔ Die Aktionäre haften lediglich mit ihrer Kapitaleinlage. Nach außen haftet das Vermögen der Gesellschaft. Durch gesetzliche Vorschriften wird die Haftungsgrundlage erweitert, indem die Bildung von Rücklagen aus dem Gewinn vorgeschrieben ist.

Organage

Da die AG als juristische Person nicht wie ein Mensch handeln kann, benötigt sie Organe, um handlungsfähig zu sein. Diese Organe sind:

- Vorstand (leitendes Organ)
- Aufsichtsrat (überwachendes Organ)
- Hauptversammlung (beschlussfassendes Organ)

Vorstand

Der Vorstand besteht meist aus mehreren Direktoren. Er besorgt die Geschäftsführung und -vertretung in eigener Verantwortung. Gegenüber dem Aufsichtsrat ist er zur regelmäßigen Berichterstattung über den Gang der Geschäfte und die Lage des Unternehmens verpflichtet. Außerdem muss er den Jahresabschluss und den Geschäftsbericht erstellen. Der Aufsichtsrat wählt die Vorstandsmitglieder für höchstens 5 Jahre. Eine Wiederwahl für 5 Jahre ist möglich.

Aufsichtsrat

Der Aufsichtsrat ist das Aufsichtsorgan der AG. Er wird auf vier Jahre bestellt. Der Aufsichtsrat bestellt den Vorstand, überwacht seine Tätigkeit und beruft ihn ab, wenn ein wichtiger Grund vorliegt. Er prüft den Jahresabschluss, den Geschäftsbericht und den Vorschlag des Vorstandes über die Gewinnverwendung.

Hauptversammlung

Die Hauptversammlung ist die Versammlung der Aktionäre. In ihr nehmen sie ihre Rechte durch Ausübung des Stimmrechts wahr (Stimmrecht entsprechend des Anteils). Wer als Aktionär nicht zur Hauptversammlung gehen will, kann sein Stimmrecht durch ein Kreditinstitut wahrnehmen lassen.

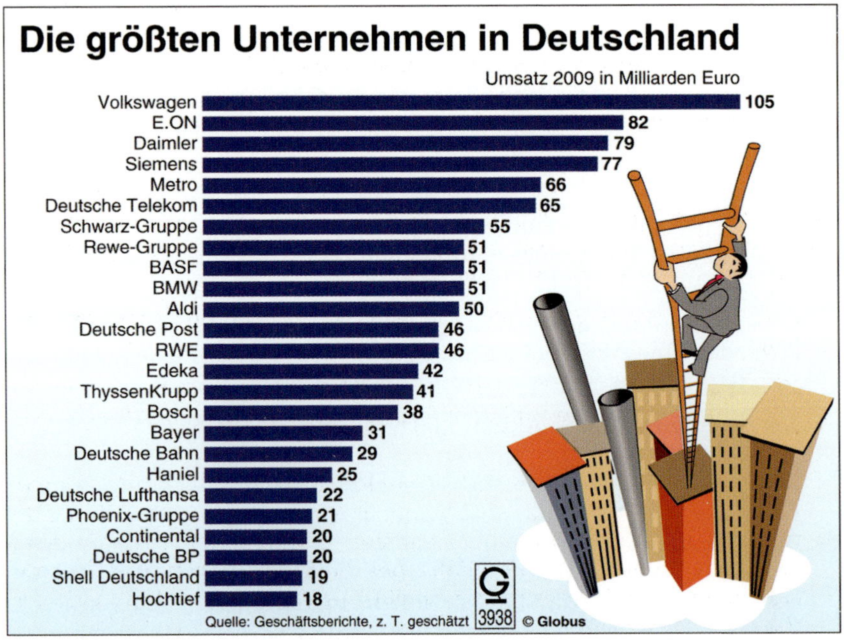

Die Hauptversammlung beschließt über wichtige Angelegenheiten, u.a. Gewinnverteilung, Kapitalerhöhung und -herabsetzung, Verschmelzung mit anderen Unternehmen, Wahl der Aufsichtsratsmitglieder.

M Gewinn/Verlust

E Der Vorstand stellt den Jahresabschluss fest, weist Teile des Jahresüberschusses den gesetzlichen oder freien Rücklagen zu und gibt einen Vorschlag über die Gewinnverwendung. Über diesen Vorschlag entscheidet die Hauptversammlung. Der an die Aktionäre auszuschüttende Betrag heißt Dividende.

Verluste werden aus den gesetzlichen und freien Rücklagen gedeckt oder auf das kommende Geschäftsjahr vorgetragen.

M Bedeutung

E Über die Ausgabe von Aktien kann leicht Kapital beschafft werden.

- Aktien lassen sich problemlos kaufen und verkaufen.
- Für den Aktionär bleibt die Haftung auf seinen Anteil begrenzt.

Gesellschaft mit beschränkter Haftung

Kfz-Meister Manfred Müller möchte seinen Betrieb erweitern und braucht dafür Kapital. Sein Steuerberater empfiehlt Herrn Müller die Rechtsform einer GmbH, da ...

- ➤ ... die Haftung auf das Geschäftsvermögen begrenzt ist und
- ➤ ... seit 1981 die Gründung einer Ein-Mann-Gesellschaft möglich ist.

Herr Müller folgt diesem Rat und gründet die Müller GmbH, eine Unternehmensform, die auch für Handwerksbetriebe überlegenswert ist.

Die **GmbH** ist als Kapitalgesellschaft eine eigene Rechtspersönlichkeit (juristische Person), deren Gesellschafter mit Stammeinlagen an dem in Geschäftsanteile zerlegten Stammkapital beteiligt sind.

Merkmale M und Erläuterungen E

M Gründung

E Zur Gründung einer GmbH sind ein Stammkapital von wenigstens 25000,00 €, ein notariell beurkundeter Gesellschaftsvertrag und die Eintragung ins Handelsregister erforderlich.

Seit 1981 ist für diese Rechtsform auch eine Ein-Mann-Gründung möglich.

Die Einlage kann durch Bareinlagen, Sacheinlagen (z.B. Maschinen) oder durch gemischte Einlagen (Bar- und Sacheinlagen) erbracht werden.

Sacheinlagen müssen vor der Anmeldung der Gesellschaft geleistet sein. Bei Bareinlagen muss vor Anmeldung mindestens ein Viertel der Summe einbezahlt werden. Zusammen mit einer etwaigen Sacheinlage muss mindestens die Hälfte des Mindeststammkapitals vor der Anmeldung der Gesellschaft erbracht werden, also mindestens 12.500 Euro.

Firma

Die Firma der GmbH kann eine Sach-, Personen-, Misch- oder Phantasiefirma mit der Bezeichnung »Gesellschaft mit beschränkter Haftung« oder einer allgemein verständlichen Abkürzung dieser Bezeichnung sein.

Beispiele

Braun GmbH, Entsorgungsgesellschaft mbH, Meyer-Brauerei GmbH

Geschäftsanteil

Beim Geschäftsanteil handelt es sich um den von einem Gesellschafter übernommenen Anteil am Stammkapital. Er kann für jeden Gesellschafter verschieden hoch sein.
Die Summe der Nennbeträge aller Geschäftsanteile muss mit dem Stammkapital übereinstimmen.
Der Nennbetrag jedes Geschäftsanteiles muss auf volle Euro lauten.
Über den Geschäftsanteil wird eine Urkunde ausgestellt. Sie ist aber kein Wertpapier wie die Aktie, sondern nur Beweisurkunde. Der Geschäftsanteil kann durch notarielle Beurkundung verkauft oder vererbt werden.

Haftung

Jeder Gesellschafter haftet in Höhe der Stammeinlage. Es besteht keine persönliche Haftung mit dem Privatvermögen. Sofern es der Gesellschaftsvertrag vorsieht, können die Gesellschafter zur Leistung von Nachschüssen verpflichtet werden, wobei zwischen der beschränkten oder unbeschränkten Nachschusspflicht unterschieden wird.

Organe

Geschäftsführung

Zu Geschäftsführern dürfen ein oder mehrere Gesellschafter oder auch Nichtgesellschafter bestellt werden. Die Geschäftsführung wird durch die Gesellschafterversammlung bestellt oder abberufen. Sie ist an die Weisungen der Gesellschafter gebunden. Ihre Rechte und Pflichten sind ähnlich denen des Vorstandes einer AG.

Aufsichtsrat

Der Aufsichtsrat kontrolliert die Geschäftsführung. Nach dem Gesetz ist er nur bei größeren Gesellschaften mit über 500 Beschäftigten vorgeschrieben.

Versammlung der Gesellschafter

Sie entspricht der Hauptversammlung einer AG. Die Gesellschafterversammlung ist das beschließende Organ.
Ihre Aufgabe besteht u.a. in der Ernennung von Prokuristen und Handlungsbevollmächtigten, der Bestellung und Abberufung von Geschäftsführern, der Feststellung des Jahresabschlusses, der evtl. Festsetzung von Nachschüssen, der Festlegung der Gewinnverwendung und der Wahl des Aufsichtsrates.
Jeder Euro eines Geschäftsanteils gewährt eine Stimme.

Gewinn/Verlust

Der Gewinn wird im Verhältnis der Geschäftsanteile verteilt. Es sind jedoch andere Regelungen im Gesellschaftsvertrag möglich. Verluste werden aus Rücklagen oder Geschäftsanteilen gedeckt.
Die Gesellschafter können auch zur Nachschusspflicht herangezogen werden, sofern der Gesellschaftsvertrag dies vorsieht.

Unternehmergesellschaft (haftungsbeschränkt)

Eine Variante der GmbH ist die Unternehmergesellschaft (haftungsbeschränkt). Die UG (haftungsbeschränkt) wird von mindestens einem Gesellschafter gegründet. Das Stammkapital beträgt mindestens ein Euro.

Gewinne dürfen nicht in voller Höhe ausgeschüttet werden. 25% des Gewinns müssen so lange in eine gesetzliche Rücklage fließen, bis das Mindeststammkapital von 25.000 € aufgebracht ist. Eine zeitliche Frist gibt es nicht. Wenn die Gesellschaft keine Gewinne erzielt, muss sie auch nichts in die gesetzliche Rücklage einstellen. Die Ansparpflicht darf aber nicht dadurch umgangen werden, dass Gewinne verdeckt ausgeschüttet werden, z.B. durch überhöhte Geschäftsführerbezüge. Erhöht die Gesellschaft ihr Stammkapital auf mindestens 25.000 €, fallen die Beschränkungen weg. Der Gesellschaft steht es frei, in eine »normale« GmbH umzufirmieren oder die Bezeichnung als Unternehmergesellschaft (haftungsbeschränkt) beizubehalten.

Der Name kann in Form einer Personen-, Sach-, Phantasie- oder Mischfirma gewählt werden. Der Zusatz »Unternehmergesellschaft (haftungsbeschränkt)« oder »UG (haftungsbeschränkt)« ist verpflichtend.

Kommanditgesellschaft auf Aktien (KGaA)

Die **KGaA** hat einen unbeschränkt haftenden Gesellschafter, der allein zur Geschäftsführung und Vertretung des Unternehmens berechtigt ist.

Die Teilhafter, auch Kommanditaktionäre genannt, sind reine Kapitalgeber und haften nur mit ihrer Einlage.

Diese Unternehmensform kommt selten vor, da die Geschicke des Unternehmens von dem einzigen Geschäftsführer abhängig sind.

Genossenschaften

Die **Genossenschaft** ist eine Gesellschaft mit nicht geschlossener Mitgliederzahl. Sie hat das Ziel, den Erwerb oder die Wirtschaft ihrer Mitglieder zu fördern. Die Genossenschaft ist mit eigener Rechtspersönlichkeit ausgestattet (juristische Person) und ist Kaufmann im Sinne des HGB.

Der Aufbau einer Genossenschaft ähnelt dem einer Aktiengesellschaft. Allerdings handelt es sich bei der Genossenschaft im Gegensatz zu den anderen Unternehmensformen nicht um ein Erwerbsunternehmen.

Ihre Zielsetzung hat sozialen Charakter. Die Mitglieder wollen gemeinschaftlich ihre wirtschaftlichen Interessen wahrnehmen, weil der einzelne in der Regel dazu nicht in der Lage ist (Solidaritätsdenken = einer für alle und alle für einen). Entstanden sind die Genossenschaften aus der früheren Not der Handwerker, Kaufleute und Landwirte. Die ersten Genossenschaften wurden in Deutschland von Schulze-Delitzsch für die gewerblichen und von Raiffeisen für die landwirtschaftlichen Bereiche gegründet.

Merkmale Ⓜ und **Erläuterungen** Ⓔ

Ⓜ Gründung

Ⓔ Zur Gründung einer Genossenschaft sind mindestens 7 Personen notwendig. Als weitere Voraussetzungen sind zu nennen:

- schriftliches Statut (Satzung),
- Einzahlung des im Statut festgelegten Geschäftsanteils,
- Eintragung in das Genossenschaftsregister des zuständigen Amtsgerichts.

Ⓜ **Firma**

Ⓔ Die Firma muss eine Personen-, Phantasie-, Gemischt- oder Sachfirma sein mit dem Zusatz »eingetragene Genossenschaft« oder der Abkürzung »eG«.

Beispiel

Vereinigte Ahr-Winzergenossenschaften eG

Ⓜ **Mitgliedschaft**

Ⓔ Mitglieder einer Genossenschaft können natürliche und juristische Personen sein, die die Anforderungen des Statuts erfüllen. Die Mitgliedschaft wird erst mit der Eintragung in die beim Registergericht geführte Liste der Genossen wirksam.

Gekündigt werden kann die Mitgliedschaft zum Ende eines jeden Geschäftsjahres. Eine Veräußerung von Geschäftsanteilen kann nur an Personen erfolgen, die selbst Genossen werden wollen.

Ⓜ **Einlage**

Ⓔ Genossenschaften haben im Gegensatz zur AG und GmbH kein festes Grundkapital. Die Mitglieder der Genossenschaft zeichnen Geschäftsanteile, deren Höhe sich nach der Satzung bestimmt. Die Geschäftsanteile müssen nicht voll eingezahlt sein.

Beispiel

Geschäftsanteil	1000,00 €
Geschäftsguthaben	450,00 € (das, was eingezahlt ist)
Mindesteinlage	100,00 €

Gewinne werden dem Geschäftsguthaben zugeschrieben.

Ⓜ **Haftung**

Ⓔ Für die Verbindlichkeiten (Schulden) der Genossenschaft haftet das Vermögen der Genossenschaft. Jeder Genosse haftet nur mit seinem Geschäftsanteil. Allerdings kann die Satzung auch eine höhere Haftsumme festlegen. Sie kann auf eine bestimmte Summe beschränkt oder auch unbeschränkt sein.

Ⓜ **Arten**

1. Erwerbsgenossenschaften

Ⓔ *Gewerbliche Genossenschaften*

Kreditgenossenschaften

- Spar- und Darlehenskassen, Raiffeisenbanken und Volksbanken gewähren ihren Mitgliedern zinsgünstige Kredite.
- Einkaufsgenossenschaften

Sie erleichtern Handwerkern und Händlern den Bezug von Waren und Rohstoffen.

Ⓔ *Ländliche Genossenschaften*

Warengenossenschaften

- Als Bezugsgenossenschaft dient sie der Beschaffung landwirtschaftlicher Bedarfsstoffe, z.B. Düngemittel, Saatgut.

– Als Absatz- und Verwertungsgenossenschaft dient sie dem Verkauf landwirtschaftlicher Erzeugnisse, z.B. Milch- und Molkereigenossenschaft, Winzergenossenschaft.

Betriebsgenossenschaft

– Sie gibt landwirtschaftlichen Betrieben technische Hilfe, z.B. durch Vermietung von Maschinen.

2. Wirtschaftsgenossenschaften

E *Verbrauchergenossenschaften* (Konsumgenossenschaften)

– Die Genossen sind Verbraucher, die vorhandene Einkommen besser nutzen wollen.

Baugenossenschaften

– Sie errichten zu vorteilhaften Bedingungen für ihre Mitglieder Mietwohnungen, Eigentumswohnungen und Eigenheime.

M Organe

Vorstand

E Der Vorstand ist das geschäftsführende Organ. Er muss aus mindestens zwei Personen bestehen, die von der Generalversammlung bestellt werden. Mitglieder des Vorstandes müssen Genossen sein.

Der Vorstand ist zur Auskunft gegenüber dem Aufsichtsrat und der Generalversammlung verpflichtet.

Aufsichtsrat

E Der Aufsichtsrat als Kontrollorgan besteht aus mindestens 3 Genossen. Seine Aufgaben und Zusammensetzung entsprechen denen des Aufsichtsrates einer AG.

Generalversammlung

E Die Generalversammlung besteht aus den Mitgliedern der Genossenschaft und ist oberstes Entscheidungsorgan.

Sie wählt den Aufsichtsrat und den Vorstand und beschließt u.a. über die Gewinn- und Verlustverteilung.

Die Abstimmung erfolgt nach Köpfen.

Jeder Genosse hat unabhängig von der Zahl seiner Geschäftsanteile und der Höhe seines Geschäftsguthabens eine Stimme (Stimmrecht nach Köpfen).

M Gewinn/Verlust

E Die Tätigkeit der Genossenschaft ist nicht auf Gewinnerzielung ausgerichtet.

Sind Gewinne entstanden, so entscheidet die Generalversammlung über deren Verwendung.

Ebenso entscheidet sie über die Verlustverteilung.

Formen / Merkmale	Einzelunternehmen	Personengesellschaften				Kapitalgesellschaften		Sonstige Gesellschaftsformen
	Einzelunternehmung	**OHG**	**KG**	**Stille Gesellschaft**	**GmbH & Co. KG**	**AG**	**GmbH**	**Genossenschaften**
Gründung	Allein	2 Gesellschafter oder mehr	2 Gesellschafter oder mehr	Inhaber übernimmt stille Beteiligung	GmbH und mindestens 1 weiterer Gesellschafter; Stammkapital der GmbH mindestens 25 000,00 €	Mindestens 1 Gründer. Grundkapital: mindestens 50 000,00 €	Meist 2 Personen oder mehr. Seit 1981 auch Ein-Personen-Gründung zulässig. Stammkapital: mindestens 25 000,00 €	7 Personen und mehr
Firma	Personen-, Sach, Gemischt- oder Phantasiefirma Handelsregister mit Zusatz e. K	Personen-, Sach, Gemischt- oder Phantasiefirma mit Zusatz »OHG«, Handelsregister	Personen-, Sach, Gemischt- oder Phantasiefirma mit Zusatz »KG«, Handelsregister	Ohne Kennzeichen. Keine Eintragung	Personen-, Sach, Gemischt- oder Phantasiefirma, Zusatz »GmbH & Co. KG« Handelsregister	Personen-, Sach, Gemischt- oder Phantasiefirma mit Zusatz »AG« Handelsregister	Personen-, Sach, Gemischt- oder Phantasiefirma mit Zusatz »GmbH« Handelsregister	Personen-, Sach, Gemischt- oder Phantasiefirma mit Zusatz »eG« Genossenschaftsregister
Finanzierung	Aus eigenen Mitteln; geringe Fremdmittel	Durch Gesellschafter	Durch Gesellschafter	Gesellschafter mit Geldeinlage	Durch Einlage der GmbH und des (der) Kommanditisten	Durch Aktien (Grundkapital)	Durch Gesellschaftsanteile (Stammkapital)	Durch Geschäftsanteil (Geschäftsguthaben)
Haftung	Allein unbeschränkt (Geschäfts- und Privatvermögen)	Alle Gesellschafter haften unbeschränkt, unmittelbar und solidarisch	Komplementär: unbeschränkt, unmittelbar und solidarisch; Kommanditist mit Einlage	Inhaber unbeschränkt; Gesellschafter mit Einlage	GmbH ist Vollhafter, Kommanditisten sind Teilhafter Keine Haftung mit dem Privatvermögen	Mit der Kapitaleinlage	Mit dem Geschäftsanteil (Nachschusspflicht)	Mit dem Geschäftsanteil bzw. nach Satzung
Gewinn	Allein	4% von der Kapitaleinlage, Rest nach »Köpfen«	4% von der Einlage, Rest im angemessenen Verhältnis	Nach Vertrag	Nach Vertrag	Anteilsmäßiger Gewinnbetrag (Dividende)	Nach Geschäftsanteil	Im Verhältnis der Geschäftsanteile
Verlust	Allein	Alle Gesellschafter gleichmäßig	In angemessenem Verhältnis	Nach Vertrag	Nach Vertrag bzw. Anteilen	Keinen Verlustanteil; bei Insolvenz evtl. Verlust des Aktienanteils	Nach Geschäftsanteil	Nach Geschäftsanteil

LERN-BOX

- Bei der **Einzelunternehmung** liegen alle Rechte und Pflichten beim alleinigen Eigentümer.
- Bei den Gesellschaftsformen unterscheidet man **Personen- und Kapitalgesellschaften.**
- Die Gründung einer **OHG** erfolgt durch zwei oder mehr Personen und Leistung einer Einlage. Jeder Gesellschafter ist berechtigt, die Gesellschaft zu vertreten.
- Die Gründung einer **KG** erfolgt durch zwei oder mehr Personen und Leistung einer Einlage. Die Haftung der Gesellschafter ist unterschiedlich:
  - **Vollhafter** (Komplementär) haftet mit seinem gesamten Vermögen (entsprechend der OHG)
  - **Teilhafter** (Kommanditist) haftet nur mit seiner Einlage.
- Die **Aktiengesellschaft (AG)** ist eine juristische Person und wird mit der Eintragung in das Handelsregister rechtsfähig. Zur Gründung sind mindestens ein Gründer und ein Grundkapital von mindestens 50000,00 € notwendig. Das Grundkapital ist in Stückaktien oder in Nennwertaktien mit einem Mindestnennbetrag von mindestens 1,00 € zerlegt. Die Haftung der Aktionäre ist auf die Kapitaleinlage beschränkt. Die Organe der AG sind: Vorstand, Aufsichtsrat und Hauptversammlung.
- Die **Gesellschaft mit beschränkter Haftung (GmbH)** ist eine juristische Person und wird mit der Eintragung in das Handelsregister rechtsfähig. Zur Gründung ist ein Stammkapital von 25000,00 € notwendig. Die Gründung einer Ein-Personen-GmbH ist möglich. Das Stammkapital ist in Stammeinlagen von mindestens 1,00 € aufgeteilt.
- Die **Genossenschaft** ist eine juristische Person, die mit der Eintragung in das Genossenschaftsregister rechtskräftig wird. Genossenschaften sind Selbsthilfeeinrichtungen wirtschaftlich schwacher Gruppen. Nicht die Gewinnerzielung, sondern die soziale Zielsetzung steht im Mittelpunkt.

WISSENS-CHECK

1. Erläutern Sie **Vor- und Nachteile** einer Einzelunternehmung.
2. Nennen Sie Gründe, die zur **Gründung** von Gesellschaften führen.
3. Welche Vor- und Nachteile hat die Gründung von **Gesellschaftsunternehmen?**
4. Wodurch unterscheiden sich **OHG** und **KG** in folgenden Punkten:
   - Haftung
   - Firma
   - Geschäftsführung und Vertretung
   - Gewinnverteilung?
5. Welche **Rechte** hat der Teilhafter einer KG?
6. Was versteht man unter **Aktien,** wie werden sie erworben und woraus ergibt sich der Unterschied zwischen Nennwert und Kurswert?
7. Nennen Sie die wesentlichen **Aufgaben** von Vorstand, Aufsichtsrat und Hauptversammlung einer AG.
8. Welchen Zweck verfolgen die Genossenschaften?
9. Nennen Sie die wesentlichen Aufgaben der Organe einer Genossenschaft.
10. Halten Sie es für richtig, dass jeder Genosse **unabhängig** von der Zahl seiner Geschäftsanteile nur eine Stimme hat? Begründen Sie Ihre Meinung.

Unternehmenszusammenschlüsse

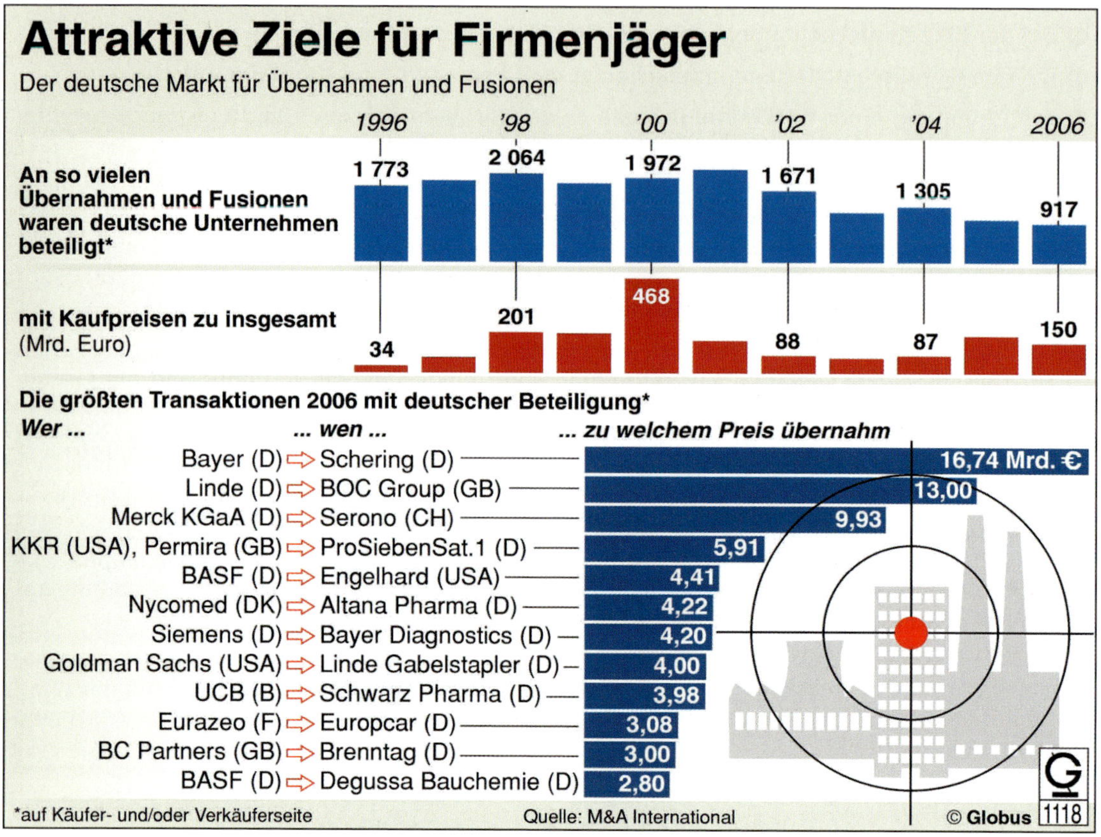

In der Marktwirtschaft stehen die einzelnen Unternehmen in scharfem Wettbewerb um den Kunden. Der Konkurrenzkampf zwingt sie, ihre Produkte und Dienstleistungen ständig zu verbessern und möglichst zu verbilligen. Damit wird den Wünschen der Verbraucher entsprochen.

Die Hersteller und Unternehmer möchten hingegen die Auswirkungen des freien Wettbewerbs durch Absprachen und Vereinbarungen, z.B. über Produktionsmengen oder Preise sowie durch Unternehmenszusammenschlüsse abschwächen oder ausschließen. Ein Zusammenschluss von Betrieben oder Unternehmen zu größeren Einheiten führt zu einer Konzentration der Wirtschaft.

Diese Zusammenschlüsse können die wirtschaftliche und rechtliche Selbstständigkeit der Unternehmen ganz oder teilweise aufheben.

Erhaltung wirtschaftlicher und rechtlicher Selbstständigkeit der Unternehmen

Unter **Interessengemeinschaft (IG)** versteht man Zusammenschlüsse von Unternehmungen, die rechtlich selbstständig bleiben, aber ihre wirtschaftliche Selbstständigkeit meist in höherem Maße als beim Kartell aufgeben. Sinn der vertraglichen Abmachungen ist die Förderung der gemeinsamen Interessen, z.B. Forschungs- und Entwicklungsaufgaben, Austausch technischer Erfahrungen, gemeinsame Verwaltung und Betriebsabrechnung.

Heute werden die Interessengemeinschaften meistens in der Rechtsform einer BGB-Gesellschaft geführt.

Beim **Konsortium** handelt es sich um Unternehmungszusammenschlüsse mit zeitlich begrenzten Aufgaben. Konsortien werden häufig bei Banken gebildet. Mehrere Banken übernehmen z.B. die Aktien neu zu gründender Aktiengesellschaften und verkaufen sie an Interessenten.
Ist der Auftrag erfüllt, löst sich das Konsortium auf.

Kartelle sind vertragliche Zusammenschlüsse von Unternehmen, die rechtlich zwar selbstständig bleiben und ihren Unternehmensnamen behalten, aber ihre wirtschaftliche Selbstständigkeit teilweise aufgeben, indem z.B. die Produktionsmenge vorgeschrieben wird. Ziel des Kartellvertrages ist es, durch eine gemeinsame Handlungsweise in Bezug auf Preise, Konditionen, Absatzgebiete den Wettbewerb am Markt zu beschränken oder ganz auszuschließen. Für den Fall einer Vertragsverletzung ist eine vorher vereinbarte Vertragsstrafe zu zahlen. Da Kartelle eine Beeinflussung des Marktes beabsichtigen, unterliegen sie in der Bundesrepublik Deutschland dem Gesetz gegen Wettbewerbsbeschränkungen (Kartellgesetz). Das Bundeskartellamt prüft die wirtschaftlichen Absprachen, ob sie den gesetzlichen Bestimmungen entsprechen.

Ministererlaubnis

Der Bundesminister für Wirtschaft und Technologie kann einen vom Bundeskartellamt untersagten Unternehmenszusammenschluss erlauben, wenn im Einzelfall die Wettbewerbsbeschränkung infolge des Zusammenschlusses von gesamtwirtschaftlichen Vorteilen aufgewogen wird oder der Zusammenschluss durch ein überragendes Interesse der Allgemeinheit gerechtfertigt ist.

Zuletzt hat der Bundesminister für Wirtschaft und Technologie am 17. April 2008 für das Zusammenschlussvorhaben zwischen dem Universitätsklinikum Greifswald und dem Kreiskrankenhaus Wolgast eine Ministererlaubnis erteilt.

Das **Gesetz gegen Wettbewerbsbeschränkungen (GWB)** ist darüber hinaus die gesetzliche Grundlage für die Prüfung von Zusammenschlüssen. Kontrollpflichtige Zusammenschlüsse liegen dann vor, wenn im letzten Geschäftsjahr vor dem Zusammenschluss

§ 35 GWB

- die beteiligten Unternehmen insgesamt weltweit Umsatzerlöse von mehr als 500 Mio. € und
- mindestens ein beteiligtes Unternehmen im Inland Umsatzerlöse von mehr als 25 Mio. € erzielt.

Als Zusammenschlüsse im Sinne des GWB gelten folgende Unternehmensverbindungen:

§ 37 (1) GWB

- der **Erwerb des Vermögens** eines anderen Unternehmens ganz oder zu einem wesentlichen Teil,
- der **Erwerb der Kontrolle** über die Gesamtheit oder Teile eines oder mehrerer anderer Unternehmen,
- der **Erwerb von Anteilen** an einem anderen Unternehmen, wenn diese Anteile allein oder zusammen mit sonstigen, dem Unternehmen bereits gehörenden Anteilen **50 %** oder **25 %** des Kapitals oder der Stimmrechte des anderen Unternehmens erreichen oder übersteigen,
- jede sonstige Verbindung von Unternehmen, wenn dadurch ein Unternehmen einen **wettbewerblich erheblichen Einfluss** auf ein anderes Unternehmen ausüben kann.

Kartelle: Der organisierte Verbraucherbetrug

Erst Zement, dann Kaffee, Dachziegel und Brillengläser. Und jetzt auch noch Badewannen. Die spektakulären Kartelle häufen sich. Wettbewerbshüter jagen nach modernen Kartellbrüdern, die sich heimlich in Flughafenhotels treffen.

Was Wettbewerbshüter beschäftigt: überhöhte Preise für Zement, Dachziegel, Kaffee und Brillengläser.

Die Treffen waren fein säuberlich vorbereitet – bis hin zu den Hinweisschildern mit den Unternehmensnamen, die den Kartellbrüdern den Weg zum Sitzungszimmer zeigten. Konferiert wurde meistens in einem Flughafenhotel in Hamburg oder Bremen, gut erreichbar für die vielbeschäftigten Geschäftsführer und Vertriebsleiter von Melitta, Dallmayr, Kraft Foods und Tchibo. Das Verfahren hatte sich über die Jahre gut eingespielt. Eingeladen wurde telefonisch. Nur der Verzicht auf schriftliche Tagesordnungen und Teilnehmerlisten deutete darauf hin, dass es sich nicht um ganz normale Geschäftstreffen handelte. Manchmal war der organisierte Kundenbetrug schon nach einer halben Stunde erledigt, länger als drei Stunden saßen die Herren aus den vier Unternehmen nie beisammen, um die „Preisarchitektur" auf dem deutschen Kaffeemarkt zu besprechen.

Die Ausflüge – wenigstens zwanzig Treffen gab es von 2000 bis 2008 – waren zunächst ein voller Erfolg. Mit seiner geballten gemeinsamen Marktmacht schaffte es das Quartett regelmäßig, die angepeilten Preiserhöhungen im Einzelhandel durchzusetzen. Erst ein Verräter in den eigenen Reihen setzte dem Treiben ein Ende. Ermittler des Bundeskartellamtes stellten die Chefetagen der Unternehmen auf den Kopf. Weihnachten 2009 bekam das „Kaffeekränzchen" die Quittung: ein Bußgeld über 160 Mio. €. Vor wenigen Tagen folgte ein zweiter Bescheid über 30 Mio. €, weil sich Hinweise auf ein weiteres Kartell bei der Belieferung von Großverbrauchern erhärtet hatten. Insgesamt acht Kaffeeunternehmen und der Deutsche Kaffeeverband waren daran beteiligt.

Auch in anderen Branchen ist die Versuchung groß, sich dem harten Wettbewerb zu entziehen. Die spektakulären Fälle häufen sich. Gerade hat die EU-Kommission Geldbußen von 622 Mio. € gegen ein Badewannen-Kartell ausgesprochen. Wenige Tage zuvor waren mehrere Brillenglashersteller an der Reihe, denen das Kartellamt 115 Mio. € aufgebrummt hat.

Den bisherigen, vor Gericht allerdings noch umstrittenen, deutschen Bußgeldrekord hält mit 661 Mio. € ein Zementkartell. Allen Fällen ist die professionelle, gut organisierte Vorgehensweise gemeinsam. Moderne Kartellbrüder machen im großen Stil und in fest etablierten Strukturen „Preispolitik" quer durch die jeweilige Branche. In „Gesprächskreisen" oder „Arbeitsgruppen" werden Absatzgebiete aufgeteilt, Rabatte und Boni vereinbart und „Preisempfehlungen" ausgehandelt.

Preise steigen um ein Viertel

Der Schaden für die Verbraucher ist schwer zu beziffern. „Man geht davon aus, dass Kartelle im Mittel zu um 25 % überhöhten Preisen führen. Zum Teil sogar deutlich darüber hinaus", sagte Kartellamtspräsident Andreas Mundt der F.A.Z. Schätzungen zufolge hat allein das Kaffeekartell die deutschen Verbraucher über die Jahre hinweg mehr als 4 Milliarden € gekostet. Es profitieren nicht nur die Bösewichte. Unbeteiligte Unternehmen werden zu Trittbrettfahrern, weil es ihnen die Absprachen erleichtert, die eigenen Preise ebenfalls in die Höhe zu treiben. „Oft kann man unmittelbar nach unseren Aktionen schon deutliche Preissenkungen beobachten", sagte Mundt.

Die Verbraucher sind weitgehend machtlos. Nach dem Beispiel geschädigter Großkunden können sie theoretisch zwar versuchen, Schadensersatz einzuklagen. Aber der Einzelnachweis dafür ist kaum zu führen oder so teuer, dass sich ein Verfahren nicht lohnt. Also bleibt nur die Hoffnung, dass das Kartellamt den Preistreibern das Handwerk legt und Nachahmer abschreckt.

Immer mehr Kartelle in der Konsumgüterbranche

In der Vergangenheit fanden sich Kartelle meistens dort, wo eine kleine Zahl von Industrieunternehmen austauschbare Produkte verkauft. Typische Fälle waren das Zementkartell, Absprachen unter Dachziegelproduzenten und Fahrstuhlherstellern oder das Vitamin-Kartell der Chemieindustrie. Doch inzwischen rücken auch die Hersteller von Konsumgütern immer stärker in das Visier der Wettbewerbshüter. Bisheriger Höhepunkt war im Frühjahr die Razzia im Einzelhandel: Zwei Dutzend Handelsunternehmen und Markenartikelhersteller sollen Mindestpreise für Tierfutter, Süßwaren und Kaffee vereinbart haben. Einen Grund für diese Entwicklung sieht Justus Haucap, der Vorsitzende der Monopolkommission, in der Marktkonsolidierung. Auch im Handel und in den verbrauchernahen Branchen sinkt die Zahl der Anbieter, und oligopolistische Strukturen sind nun einmal der beste Nährboden für Kartelle. Mundt glaubt nicht mehr daran, dass es Branchen gibt, die vor illegalen Absprachen gefeit sind. Man gewinne zunehmend den Eindruck, dass Kartelle querbeet in den unterschiedlichsten Wirtschaftsbereichen vorkämen: „Es ist wie mit dem Stein, den man ins Wasser wirft. Ein erstes größeres Verfahren in einer Branche schlägt Wellen und dann führt schnell eins zum anderen."

Quelle: www.faz.net, 25. Juni 2010

In den kontrollpflichtigen Fällen hat das Bundeskartellamt in Bonn grundsätzlich einen Prüfungszeitraum von 4 Monaten nach Eingang der Anmeldung; d.h. es kann innerhalb dieser Frist den Zusammenschluss untersagen.

Dazu muss es aber den anmeldenden Unternehmen innerhalb eines Monats nach Eingang der Anmeldung mitteilen (sog. »Monatsbrief«), dass es in die Prüfung des Zusammenschlusses (Hauptprüfverfahren) eingetreten ist. In diesem Verfahren entscheidet das Bundeskartellamt durch Verfügung, ob der Zusammenschluss untersagt oder freigegeben wird.

Aktuelle angemeldete Zusammenschlussvorhaben sind nachzulesen unter: www.bundeskartellamt.de

§ 86a GWB

Ein **Konzern** (engl.: concern = Geschäftsbeziehung) ist ein horizontaler bzw. vertikaler Zusammenschluss von Unternehmungen. Hierbei bleiben die Unternehmungen zwar rechtlich selbstständig, wirtschaftlich verlieren sie jedoch ihre Unabhängigkeit.

Aufgabe wirtschaftlicher Selbstständigkeit der Unternehmen

Die wirtschaftliche Selbstständigkeit wird somit durch einheitliche Leitung aufgegeben. Dies bedeutet auch ein kapitalmäßiger Zusammenschluss. Die Konzernunternehmen (Tochtergesellschaften) bleiben rechtlich selbstständig, bilden aber wirtschaftlich eine Einheit.

Die Leitung übernimmt das wirtschaftlich führende Konzernunternehmen (Muttergesellschaft), das meist in der Rechtsform einer AG oder GmbH geführt wird, z.B. Volkswagen-Konzern, BASF-Konzern.

Das Hauptunternehmen (Muttergesellschaft) ist an anderen Unternehmen mit einem Kapitalanteil beteiligt. Durch die Kapitalverflechtung entsteht ein sog. Mutter-Tochter-Verhältnis, wobei die Muttergesellschaft meist einen beherrschenden Einfluss ausübt.

Sind zwei oder mehr Konzernunternehmen durch einen Austausch von Geschäftsanteilen untereinander verflochten, spricht man von Schwestergesellschaften.

Nach dem Aktiengesetz genügt ein Anteil von mehr als 25% am Aktienkapital, um an einem anderen Unternehmen Einflussnahme auszuüben (Sperrminorität).

Schließen sich gleichartige Betriebe zusammen, so spricht man von einem **horizontalen Konzern,** z.B. Versicherungskonzern, Elektrokonzern. Sind die Unternehmen über verschiedene aufeinander folgende Produktionsstufen zusammengeschlossen, so ist dies ein **vertikaler Konzern.**

Ein »klassisches« Beispiel für vertikale Unternehmenskonzentration ist der Bertelsmann-Konzern. Er agiert in mehr als 50 Ländern und beschäftigt 60.000 Angestellte. Seine Tätigkeitsfelder sind Information, Bildung, Unterhaltung, Entwicklung von Software, Produktion und Dienstleistungen für Medien.

Er ist in folgenden Branchen präsent: Buchklubs, Verlagen, Tageszeitungen und Zeitschriften, Musik- und Filmstudios, Radio- und Fernsehanstalten, Online-Diensten, Druckereien und anderen technischen Diensten.

Bei einem **anorganischen oder diagonalen** Konzern sind Unternehmen aus verschiedenen Wirtschaftsbereichen zusammengeschlossen.

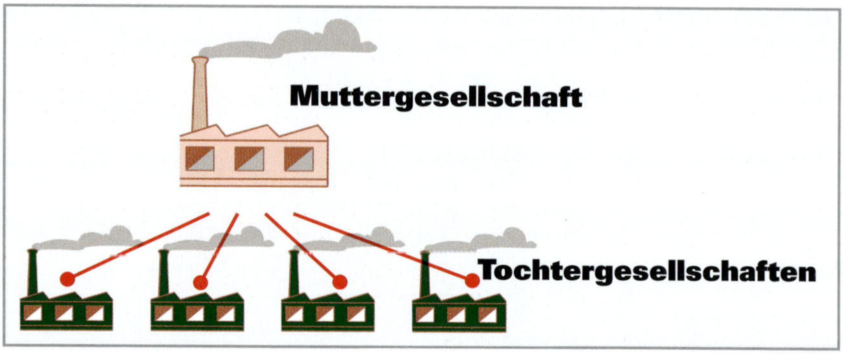

Das Familienunternehmen Dr. Oetker KG gehört zu den bekanntesten diagonalen Konzernen. Zur Oetker-Gruppe gehörten 2010 weltweit 24.000 Mitarbeiter, die einen Jahresumsatz von ca. 8 Mrd. EUR erreichten.

Eine breite Angebotspalette in sechs Geschäftsfeldern mit mehr als 400 Firmen weltweit kennzeichnet das international agierende Unternehmen, das bereits seit über 100 Jahren besteht.

1. Nahrungsmittel
2. Bier und alkoholfreie Getränke (Radeberger, Jever, Clausthaler, Selters Mineralwasser)
3. Wein, Sekt und Spirituosen (u.a. Henkell-Trocken, Söhnlein, Kupferberg, Scharlachberg Weinbrennerei, Garbatschow Wodka)
4. Schifffahrt
5. Bank (Bankhaus Lampe)
6. Weitere Interessen (Unternehmen der chemischen Industrie und aus dem Verlagswesen sowie 4 Luxushotels)

Um eine **Holding-Gesellschaft** (engl.: to hold = halten) handelt es sich, wenn die Leitung eines Konzerns einer eigenen Verwaltungsgesellschaft übertragen wurde. Als Dachgesellschaft besitzt die Holding die Mehrheit der Kapitalanteile der einzelnen Konzernunternehmen und lenkt somit die Geschicke des Konzerns. Die Konzernunternehmen erhalten ihrerseits Anteile an der Dachgesellschaft.

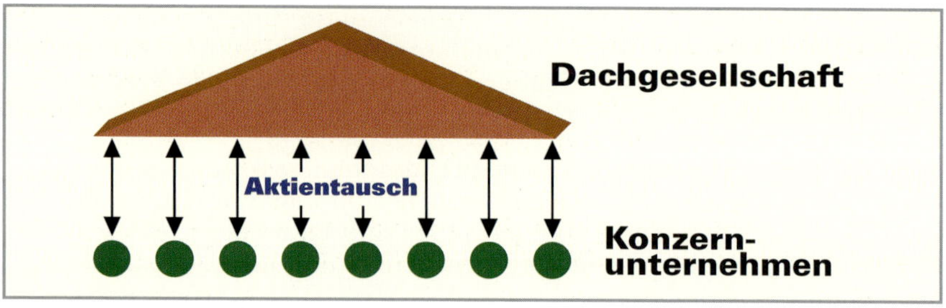

Verlust der wirtschaftlichen und rechtlichen Selbstständigkeit der Unternehmen

Der **Trust** (engl.: trust = Vertrauen) ist ein Zusammenschluss von Unternehmen, die neben der wirtschaftlichen auch die rechtliche Unabhängigkeit aufgeben.

Ein Trust entsteht, wenn aus zwei oder mehreren Unternehmen im Wege der Verschmelzung (Fusion) ein neues Unternehmen hervorgeht.

Die Fusion kann erfolgen durch:

- Aufnahme von Unternehmen, d.h. die anzugliedernden Unternehmen übertragen ihr Vermögen in eine bestehende Gesellschaft und sie bekommen im Austausch entsprechende Aktien dieser Gesellschaft.

- Neubildung einer Unternehmung, d.h. es wird eine neue Gesellschaft gebildet, auf die das Vermögen der sich auflösenden Unternehmen übertragen wird.

Beispiel

Zusammenschluss von Rhône-Poulenc und Hoechst AG zur Aventis AG (heute Sanofi-Aventis).

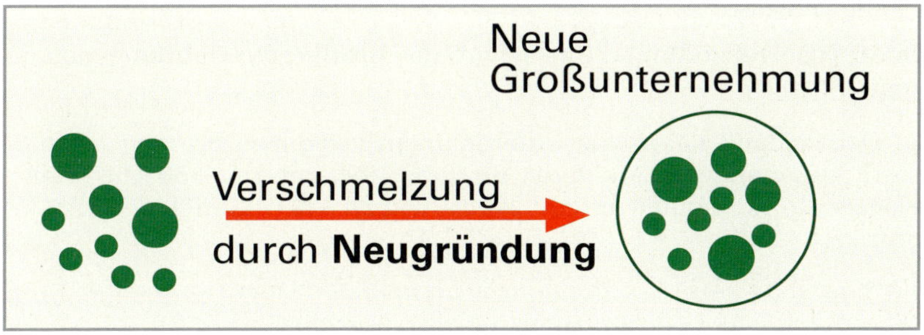

Auch der Trust kann horizontal (gleiche Produktionsstufe) oder vertikal (verschiedene Produktionsstufen) gegliedert sein.

Für den Verbraucher können Unternehmenszusammenschlüsse von Vorteil sein, wenn beispielsweise die Unternehmen die eingesparten Kosten an den Konsumenten durch Preissenkung weitergeben oder durch Rationalisierung eine mengen- und gütemäßige Leistungssteigerung hervorgebracht wird, die einer besseren Versorgung des Verbrauchers dient.

Außerdem können Unternehmenszusammenschlüsse bewirken, dass der Markt transparenter wird, also eine größere Übersichtlichkeit erhält.

Zusammengeschlossene Unternehmen verfügen über ein höheres Eigenkapital und dies verbessert die Möglichkeit zur Beschaffung von Fremdkapital. Dadurch lassen sich entsprechende Forschungs- und Entwicklungsaufgaben leichter durchführen.

Außerdem kann es zu einheitlichen Konditionen kommen, so dass der Verbraucher eine bessere Marktübersicht gewinnt.

Nachteilig können Unternehmenszusammenschlüsse sein, wenn die Marktmacht zur Beschränkung bzw. Beseitigung des Wettbewerbs missbraucht wird und dem Verbraucher überhöhte Preise abverlangt werden, die zu ungerechtfertigten Gewinnen führen.

Um dies zu verhindern, wurde schon 1958 das Gesetz gegen Wettbewerbsbeschränkungen (Kartellgesetz) geschaffen, wonach Unternehmenszusammenschlüsse beim Kartellamt angemeldet und von diesem genehmigt werden müssen.

Betriebliche Insolvenz

Als **betriebliche Insolvenz** wird die Zahlungsunfähigkeit, die drohende Zahlungsunfähigkeit oder Überschuldung eines Unternehmens bezeichnet.

Kann ein Betrieb oder Unternehmen seine Zahlungsunfähigkeit auf Dauer nicht vermeiden, kommt es zur Eröffnung eines gerichtlich angeordneten Vergleichs-, bzw. Konkursverfahrens.

In der Insolvenzordnung (InsO) wird das **Insolvenzverfahren** genau geregelt.

In Deutschland haben die Unternehmensinsolenzen bis zum Jahre 2009 stark zugenommen. Meldeten im Jahr 1993 rund 15.150 Unternehmen Konkurs an, so stellten im Jahr 2003 schon 39.320 Unternehmen Insolvenzanträge.

Im Jahr 2009 wurden von den Amtsgerichten 32.687 Unternehmensinsolvenzen gemeldet – 11,6% mehr als im Jahre 2008.

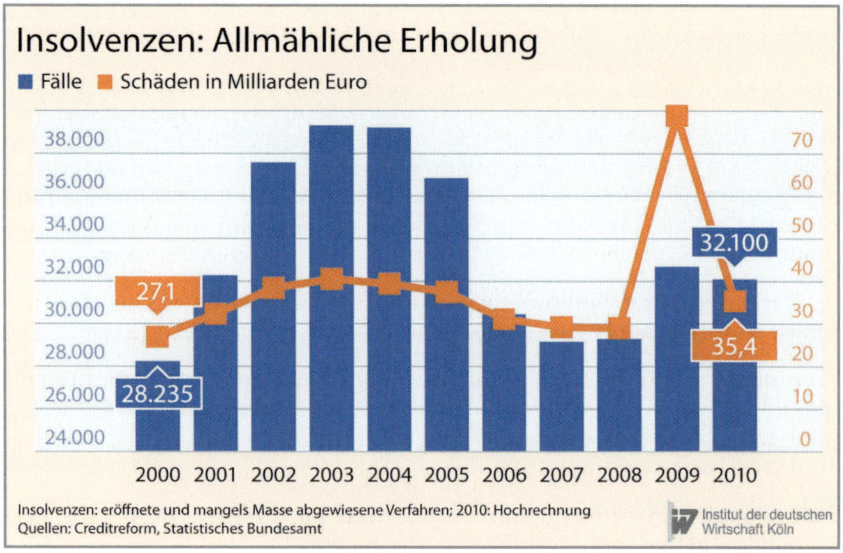

Insolvenzverfahren

Kann ein verschuldeter Betrieb seine Verbindlichkeiten nicht mehr begleichen, müssen der oder die Gläubiger die ausstehenden Forderungen im Wege der Einzelvollstreckung einfordern.

Dabei soll das Insolvenzgericht alle Gläubiger möglichst gleichmäßig berücksichtigen. Um dies umzusetzen, wird vom Insolvenzgericht ein Gerichtsvollzieher eingesetzt, der das noch vorhandene Vermögen des Schuldners registriert und aufpasst, dass das verschuldete Unternehmen nicht willkürlich zerschlagen wird.

Antrag und Eröffnungsverfahren

Das Insolvenzverfahren wird nicht von Amts wegen, sondern nur auf Antrag eingeleitet. Grundsätzlich kann dieser Antrag vom Schuldner selbst oder von einem Gläubiger beim zuständigen Insolvenzgericht gestellt werden. Mit dem Eingang des Antrages beginnt das so genannte Eröffnungsverfahren.

In diesem Verfahren prüft und ermittelt das Insolvenzgericht

- ob der Antrag zulässig ist,
- ob ein Insolvenzgrund vorliegt,
- ob ausreichend Masse vorhanden ist, um zumindest die Verfahrenskosten zu decken,
- ob eine Stundung der Kosten des Insolvenzverfahrens bewilligt werden kann.

Dabei ist der Schuldner verpflichtet, dem Insolvenzgericht alle Auskünfte zu erteilen, die für eine Entscheidung des Antrages relevant und erforderlich sind.

Bei vielen Firmen, die Insolvenz anmelden, reicht das vorhandene Vermögen nicht aus, um die voraussichtlichen Verfahrenskosten zu decken. Dann lehnt das Insolvenzgericht die Eröffnung des Insolvenzverfahrens »mangels Masse« ab – die Gläubiger gehen leer aus. Ansonsten verteilt der Insolvenzverwalter das Geld.

Liegen sowohl Eröffnungsgrund als auch ausreichend Masse vor, wird das Insolvenzverfahren eröffnet.

Berichtstermin

Das eigentliche Insolvenzverfahren beginnt mit dem Eröffnungsbeschluss.

Hierzu ernennt das Gericht einen Insolvenzverwalter und bestimmt den Berichtstermin sowie den Prüfungstermin.

Der Insolvenzverwalter

- nimmt die Insolvenzmasse (Vermögen des Schuldners) in Besitz,
- prüft und verwaltet die Bestände,
- entscheidet über Fortsetzung oder Beendigung von Verträgen,
- prüft, ob Gegenstände, die evtl. aus dem Schuldnervermögen entfernt wurden, zurückgeholt werden können,
- führt gegebenenfalls das Unternehmen des Schuldners vorübergehend weiter,
- verwertet das Vermögen des Schuldners und verteilt den Erlös an die Gläubiger.

Die Eröffnung des Insolvenzverfahrens hat insbesondere zur Konsequenz, dass die Gläubiger nicht mehr im Wege der Einzelvollstreckung gegen den Schuldner vorgehen können, sondern auf die Gesamtvollstreckung begrenzt sind.

Das Verfügungsrecht über das Unternehmensvermögen geht von den bisherigen Eigentümern auf den Insolvenzverwalter über.

Die Entscheidung, ob eine Unternehmensfortführung oder eine Liquidation erfolgen soll, wird im Berichtstermin getroffen. Der Insolvenzverwalter berichtet über den Zustand des Unternehmens und gibt eine Einschätzung ab, ob nach seiner Auffassung eine Fortführung des Unternehmens sinnvoll erscheint oder eine Liquidation erfolgen soll. Die letztendliche Entscheidung obliegt aber der Gläubigerversammlung.

Die Gläubigerversammlung ist das oberste Selbstverwaltungsorgan des Insolvenzverfahrens. Alle Gläubiger des Schuldners sind berechtigt, Mitglied der Gläubigerversammlung zu werden.

Die Versammlung fasst ihre Beschlüsse mit der absoluten Mehrheit der Stimmen. Die Stimmenanzahl errechnet sich aus den Forderungsbeträgen der erschienenen Gläubiger.

Beschließt die Gläubigerversammlung, dass das Unternehmen saniert werden soll, stellt der Insolvenzverwalter einen Sanierungsplan auf.

Dieser Plan hat das Ziel, die Ertragskraft des schuldnerischen Unternehmens wiederherzustellen und die Gläubiger aus den künftigen Überschüssen zu befriedigen.

Beschließt die Gläubigerversammlung dagegen, dass das Unternehmen ganz oder teilweise liquidiert werden soll, so muss der Insolvenzverwalter sofort das zur Masse gehörende Vermögen verwerten.

Bei einer Auflösung des Schuldnerbetriebes müssen die Gläubiger ihre Forderungen beim Insolvenzverwalter bis spätestens zum Prüfungstermin anmelden.

Die angemeldeten Insolvenzforderungen werden im Prüfungstermin von der Gläubigerversammlung, dem Schuldner und dem Insolvenzverwalter geprüft.

Die berechtigten Forderungen werden vom Insolvenzverwalter in die Forderungstabelle aufgenommen. Dadurch werden ihre Inhaber berechtigt, sich an der Insolvenzmasse zu befriedigen.

Prüfungstermin

Nach dem Prüfungstermin und der Verwertung des Vermögens des Schuldners erfolgt die Erlösverteilung. Der Insolvenzverwalter verwertet das gesamte Vermögen, d.h., die Vermögensgegenstände werden veräußert.

Bei der Erlösverteilung werden die Gläubiger aufgrund der im Prüfungstermin erstellten Forderungstabelle befriedigt.

Aufhebungsbeschluss

Ist das Vermögen des Schuldners verwertet, wird ein Schlusstermin abgehalten. Das Verfahren wird dann durch Beschluss aufgehoben. Mit den ausgezahlten Quoten erlöschen die Forderungen der Gläubiger in Höhe der gezahlten Beträge.

Nach Beendigung des Insolvenzverfahrens können Insolvenzgläubiger ihre Restforderungen wieder uneingeschränkt gegen den Schuldner geltend machen (§ 201 InsO).

Dies gilt jedoch nicht, wenn der Schuldner eine natürliche Person ist, da durch Antrag auf Restschuldbefreiung der Schuldner von seinen Verbindlichkeiten befreit werden kann (§§ 286 ff. InsO).

Handelt es sich bei dem Schuldner dagegen um eine juristische Person oder um eine Personengesellschaft, so greift der gegebene Vollstreckungszugriff ins Leere, weil ein Vermögen, das der Vollstreckung unterliegen könnte, nach der Verteilung nicht mehr existiert und bei Kapitalgesellschaften mit der Löschung der Gesellschaft im Handelsregister auch deren Rechtspersönlichkeit erlischt.

LERN-BOX

- Durch Unternehmenszusammenschlüsse wird der freie Wettbewerb eingeschränkt oder ausgeschaltet.

  Unternehmenszusammenschlüsse führen zu einer **Konzentration** der Wirtschaft.

- Die Zusammenschlüsse können auf vertraglicher Grundlage unter Beibehaltung der wirtschaftlichen und rechtlichen **Selbstständigkeit** der Unternehmen vereinbart werden.

- Unternehmenszusammenschlüsse können auch durch **Kapitalbeteiligung** herbeigeführt werden:

  Konzern

  Rechtlich selbstständige Unternehmen werden zu wirtschaftlichen Zwecken unter einheitlicher Leitung zusammengefasst. Es wird zwischen horizontalem und vertikalem Konzern unterschieden.

  Holding-Gesellschaft

  Konzernleitung wird einer eigenen Verwaltungsgesellschaft übertragen.

  Trust

  Aufgabe der wirtschaftlichen und rechtlichen Selbstständigkeit.

- **Bedeutung der Zusammenschlüsse für den Verbraucher:**

  Vorteile

  - höhere Wirtschaftlichkeit und Rentabilität durch Nutzung des technischen Fortschritts,
  - Kosteneinsparungen ermöglichen eine Verbilligung der Waren,
  - bessere Finanzierungsmöglichkeiten zur Durchführung von Forschungs- und Entwicklungsaufgaben,
  - einheitliche Konditionen fördern die Marktübersicht.

  Nachteile

  - Erworbene Marktmacht kann missbraucht werden,
  - Festsetzung überhöhter Preise.

- Als **betriebliche Insolvenz** wird die Zahlungsunfähigkeit, die drohende Zahlungsunfähigkeit und die Überschuldung eines Unternehmens bezeichnet.

WISSENS-CHECK

1. Welche Vor- und Nachteile hat die **Konzentration** in der Wirtschaft?

2. Geben Sie die Unternehmenszusammenschlüsse an, bei denen die **wirtschaftliche** und **rechtliche** Selbstständigkeit erhalten bleibt!

3. Was versteht man unter **Kartelle** und welche Ziele verfolgen sie?

4. Warum sind verschiedene Kartelle verboten? Welche Kartelle müssen genehmigt werden?

5. Was ist ein **Konzern** und wie entsteht er?

6. Was ist ein **Trust** und wie wird er gebildet?

7. Kann ein Betrieb oder ein Unternehmen seine Zahlungsunfähigkeit auf Dauer nicht vermeiden, kommt es zur Eröffnung eines gerichtlich angeordneten Vergleichs- bzw. Konkursverfahrens (Insolvenzverfahren).

   Beschreiben Sie kurz die fünf Stationen dieses Verfahrens.

Quellenverzeichnis

Firma/Verband/Agentur	Ort	Seite/Bild-Nr.
ADT-Bundesverband e.V. (www.adt-online.de)	Berlin	287
akg images GmbH	Berlin	30, 247
Bergmoser + Höller Verlag AG	Aachen	8, 11, 101, 142
Bundesamt für Verfassungsschutz	Köln	23, 24
Bundesbildstelle	Berlin	109/1-7
Burkhard Mohr	Königswinter	67, 93
CCC	Pfaffenhofen	10/1, 36, 57, 58, 64, 74, 79, 83, 90/2, 105, 120, 133/2, 135, 144, 198, 203, 205
Corbis	Berlin	175
CSU	München	60/4
dapd Nachrichtenagentur GmbH	Berlin	96
ddp images GmbH	Hamburg	47/1, 51/2, 136/3, 172
Deutscher Bundestag	Berlin	107
Die Linke	Berlin	60/3
dpa/akg images GmbH	Berlin	91
dpa Picture Alliance GmbH	Frankfurt	4/1, 7/1–2, 19, 20, 21, 32, 33, 43, 44, 45, 48, 51/1, 62/1, 63, 82, 104, 109/8, 112/2, 114, 123, 127, 130, 131, 133/1, 139, 145, 147, 148, 149, 155, 157, 161, 167, 168/1, 169/2, 171/2, 173/1, 179, 183, 184, 189, 197, 204, 207, 214, 243, 269, 271, 277, 289, 310, 312, 314, 367, 375, 379, 388/2, 404
Fotolia.com	Berlin	170/1, 313
Handelsblatt GmbH, Grafik »Lagerstätten von Bodenschätzen« aus dem Artikel »Deutschland, reich an Bodenschätzen«; WirtschaftsWoche vom 07.07.08	Düsseldorf	281
Haus der Geschichte	Bonn	66, 72, 90/1, 143
Holger Appenzeller	Stuttgart	78
Imago Stock & People GmbH Foto: Emil Umdorf	Berlin	199
iwd – Informationsdienst d. Instituts der deutschen Wirtschaft Köln Medien GmbH	Köln	150, 238, 254, 262, 264, 388/2, 418

Firma/Verband/Agentur	Ort	Seite/Bild-Nr.
Katinka Krieger Rep., Fotograf Andreas Herzau	Hamburg	60/1
Klaus Stuttmann	Berlin	61/1, 71/2
Landesbildstelle	Berlin	31
Manfred Ritter	Nürnberg	180/1
Merkur Verlag	Rinteln	227
MEV Verlag GmbH	Augsburg	193, 195, 196, 200, 258, 259, 260
Peter Graupner	Ockenfels	181, 182, 225, 234
Photothek.net	Radevormwald	162
Presse- und Informationsamt d. Bundesregierung	Berlin	111
SPD	Berlin	60/5
Stefanie Klein (init AG) im Auftrag des Bundesministeriums des Innern	Berlin	185, 186
Stöer Out of Home Media GmbH	Köln	178
Süddeutsche Zeitung, Foto ddp	München	250
Ullstein GmbH, © ullstein bild	Berlin	12, 14, 15/1, 17/1, 28
Ullstein GmbH, © ullstein bild – Allgaier	Berlin	70
Ullstein GmbH, © ullstein bild – AP	Berlin	71/1
Ullstein GmbH, © ullstein bild – Becker & Bredel	Berlin	42
Ullstein GmbH, © ullstein bild – Bonn – Sequenz	Berlin	208/2
Ullstein GmbH, © ullstein bild – Borgas	Berlin	15/2
Ullstein GmbH, © ullstein bild – Bunk	Berlin	17/2
Ullstein GmbH, © ullstein bild – ddp Nachrichtenagentur	Berlin	106
Ullstein GmbH, © ullstein bild – Drescher	Berlin	49/1 – 2
Ullstein GmbH, © ullstein bild – JOKER/Allgöwer	Berlin	174
Ullstein GmbH, © ullstein bild – Poly-Press	Berlin	33
Ullstein GmbH, © ullstein bild – Seyboldt	Berlin	62/2, 71/3
Vectur & Icon	Köln	100/1
Zum goldenen Hirsch	Berlin	60/6

Sachwortverzeichnis

A

B

D

H

I

J

K